JN272276

中・近世西欧における
社会統合の諸相

田北廣道 編著

九州大学出版会

序
—— 「小経営統合から社会統合へ」 ——

田 北 廣 道

　本論文集は，平成7年度—9年度に科学研究費補助金の給付のもと，森本芳樹教授と筆者を代表者として組織された研究会の成果の一部をなす[1]。ここでは，「社会統合」という西欧中・近世史ではいささか耳慣れないタームを標題に掲げて成果の集約をはかるに至った理由を，研究会の歩みを辿りながら簡単に述べ，次いで本書の構成に沿って各論文の要旨を紹介することで，前置きに代えたい。

(1) 研究会の歩み

　社会科学の様々な分野で「市場ないし市場経済」を論題に掲げた文献が，時代・地域を越えて，まさにインフレの表現がふさわしいほど氾濫している。このような状況を生みだした今日の経済社会からの要請は，代表的な見出し語だけを挙げても，東欧革命・ソ連解体後の市場経済化，中国の社会主義市場経済，ヨーロッパの経済・通貨統合，日米貿易摩擦と市場開放，国内の価格破壊，と枚挙にいとまがないほどである[2]。「市場」への関心の高まりという点で西欧中世史も例外ではなく，狭義の歴史諸科学に限らず，考古学，人類学，社会学と広範な分野で脚光を浴びている。たとえば，1990年国際都市史委員会による「定期市・歳市・都市の発展」の共通テーマへの選定，あるいは1993年「前近代の市場と都市——西欧の場合」を標題とした「市場史研究会」の開催も，その氷山の一角をなしている[3]。その際，内外学界の最近の潮流として特筆すべきは，中心地理論やネットワーク論に代表される新たな道具立ての活用と，「市場」における経済的，政治的，文化・宗教的要素の絡み合いの摘出とである[4]。

われわれは，先に森本教授を中心にして「西欧中世都市・農村関係研究会」を組織し，西欧諸国における1960年以降の研究動向に関する綿密な調査を踏まえた上で，1987, 1988年には当テーマに関連する翻訳集・論文集を上梓した[5]。そこでは都市・農村間の経済的，政治的，宗教・文化的な交互関係の一環として，あるいは都市・農村が遭遇する場として「市場」の重要性にも注意を喚起していた[6]。その後を受けて新たに組織した「西欧中世社会経済・史料論」をテーマとする研究会でも，対象とする時代・地域や扱われる史料類型にかかわりなく，ヒト・モノ・カネ・情報の流れの存在と重要性が浮上して，この現象を「市場」を媒介とした経済社会的，政治的，文化的な統合として総合的に研究する機が熟している，と考えた。ただ，方法的には，アメリカ学界の一部にみられる，中世西欧社会における複数の生産様式論や世界システム論のような既成の大理論から出発することをせずに[7]，これまでの研究会活動の成果を継承し，時代・地域・史料類型を限定した実証研究から将来の理論化のための基礎固めを行う計画をたてた。端的には，最小の経済単位である家族経済に注目し，それを取り巻く様々な次元の制度的な条件下に生ずるヒト・モノ・カネ・情報の流れ，その結節点である「市場」を通じた関係の調整，そしてそれと裏腹に機能している様々なレベルの領主制・共同体への小経営統合，これらのあり方を追究してきた。この発想は，森本氏の所領明細帳に関する研究——三圃農法形成に伴う生産力上昇，定地賦役も通過点とする農民経営の地位上昇，荘園領主による生産物流通の組織と農民経営の統合と前述の2契機によるその弛緩——から得られたが，この農村史以外にも都市史・市場史の最近の潮流をつよく意識し，さらに経済史・歴史学の分野で時代を問わず広く採用されている，地域史の方法に触発されたことを付言しておく[8]。

　本研究の当初の狙いは，「家族経済・市場・制度」と関連づけた，中世初期・盛期・後期の小経営統合の特質の析出と，その間の連続・断絶の検討とにあった。ただ，研究会の回を重ねるうちに，市場以外にも共同体的・領主制的な社会制度全体と関連づけ，しかも身分・階層を越えた「社会統合」の諸相を考察する必要性が痛感されるに至った。すなわち，西欧中世社会には何らかの「小経営」を保有・所有する農民，手工業者，商人以外に，そこから排除された貧

民,病人,巡礼者や宗教的マイノリティも含めた諸層が含まれ,経済的,政治・法制的および宗教的な紐帯によって統合されており[9],彼らをも視野に収めつつ統合の具体相を解明しようというのである。

ところで,われわれの研究会では「社会統合」の形態・組織・制度として,下記のものを意識しつつ史料分析に取り組んできた。第一に,経済的統合の場ないし制度として市場(定期市,市場特権,市場機能),商業施設(取引所,港湾施設,市場(イチバ)),貨幣・信用(小額貨幣の果たす機能,自然経済・貨幣経済の対立概念に代わる互酬・再分配・交換の絡み合い,信用の担い手・制度),外来者法(シュターペル,委託商業など他の制度との関連)。第二に,政治的統合の形態としてギルド・兄弟団(構成員の社会構成とその変化,それが担当する経済社会的,政治的,宗教的機能の変化),都市(貴族都市・平民都市,政治的指導層と経済基盤,行財政制度の変化),領域国家(中央・地方行財政制度の整備,市場・流通の組織化,慣習法の明文化と領域支配の法的統一),王権(王権と都市の「自由・自治」)に代表される領主制的・共同体的な関係。第三に,宗教的統合の組織として,教会領主(それが担う広域・在地流通の組織化と市場も通じた再分配機能),教区(定住発達と小教区再編,そこを舞台とした宗教・社会生活の実態),施療院(巡礼・社会的弱者と当局との関係)の担う役割。もちろん,現実の歴史過程において,それらは重層的に現れ複雑に絡み合っており,いわば「社会システム」的な接近を心がけ,「市場と権力」,社会集団相互間の合意と妥協の産物としての「制度」,あるいは領主制・共同体,富者・貧者,聖・俗両界の対立をはらみながらも互恵的な相互依存=「もたれあい構造」にも注意を払った。それにより,従来内外の研究で好んで用いられてきた,「都市の初期・先行形態としての市場」のような発展段階論的視角や,「自然経済か貨幣経済か」,「都市か農村か」,「遠隔地か在地か」,「自由か規制か」,「共同体か領主制か」といった二項対立図式では捉えきれない,複合的で動態的な歴史像を浮き彫りにすることで,独自の貢献を果たせると判断したからである。

その間,1996年には社会経済史学会第65回大会(於,九州大学)の共通論題に「市場史の射程」を掲げて,研究成果の中間総括を行った。その詳細は,『社会経済史学』第63巻第2号(第65回大会特集号)所収の論文とコメントを参照いた

だくとして，この場では本論文集のいわば原型ともなる論点がおよそ出揃って，われわれにとって大きな転換点となったことを再確認しておきたい。すなわち，「市場を狭義の経済現象とではなく，社会システムの集約点として位置づけること」，「既存の大理論に依存せずに，史料に密着した作業から始めること」の2点を共通認識とした共同作業は，近代イスラム社会の市場を扱った加藤論文を含めて，市場史を「社会統合」論の観点から読み解く姿勢を，かなり鮮明に打ち出した。この点を西欧中世史に関する3論考から読みとれる限りで略述すれば，次の通りである[10]。

　丹下栄氏は，中世初期パリ地方において教会領主と教会組織を担い手とし，とくに市場を通じて行われる物資の調達と再分配のあり方を追究して，市場が在地・遠隔地を問わず生活必需品交換の場となっていただけでなく，狭義の領主・農民関係には収まりきらない周縁民を含む広範な諸層にとって，互酬・再分配を通じた緩やかな社会統合の場を提供したことを明らかにした。山田雅彦氏は，中世中期フランドル伯領において広域流通の活性化と領域国家体制の強大化が並進した事実に目を留め，「市場と権力」の関係を取り上げている。氏の見解によれば，伯は広域支配の要として市場網の整備，造幣・安全護送権の掌握，流通税額の確定(慣習法の成文化)など主に調整者の役割に徹しており，角度を変えれば，市場を含む諸制度は在地領主・市民・農民の社会統合の場に利用されていたというのである。田北は，中世後期ケルン空間における穀物市場を通じた社会統合の諸相を都市内外にわたり検討した。都市内では経済構造の転換に伴う社会的編成替えを受けて，中・下層民の要求に見合った新たなパン重量・価格制度と救貧体制の整備が進む。他方，対外的には穀物価格公定やシュターペル法に訴えることなく，農民・領主の余剰穀物の市場への吸引をはかり，またケルンの音頭取りで領域支配を強めてきた周辺領邦君主とも共同の穀物政策をとるなど，穀物需給における一種の「運命共同体」をも形成していた[11]。

　以上のような中間総括の成果に立脚しつつ，われわれは研究成果を論文集としてまとめ上げる作業を進めた。本論文集の4本柱として「社会統合の諸相」を考察する問題領域——「都市・農村関係」，「領主制」，「生産・流通」，「権力構造」——は，以上の中間総括のなかに，すでに出揃っている。

ところで，研究会の過程でわれわれは，西欧中世史と共通の問題が近世史でも近年活発な論議を呼んでいることに気づいた。1970年代から四半世紀余にわたり内外学界で論争が闘わされている「プロト工業化」が，その代表例を提供する[12]。「プロト工業化」理論は，都市と農村の峻別から出発し，農村を舞台とした農業・工業・人口動態(「家族経済」)の相互作用による産業(資本主義)社会への移行を主張しており，当初からプロト工業をめぐる都市・農村の諸層の統合を含意していた。

　もっとも，この第一世代の理論は，1980年代以降地域研究が進展する中で大きな手直しを余儀なくされてきた。とくに1990年代初頭に「第二世代」を標榜しつつ登場した歴史家たちは，経済社会の単線的進化に関する仮説を退けるとともに，工業化の経路に多大な影響を与える要素として領主制的・共同体的な制度の役割を重要視してきた。最新の実証研究の成果は1996–98年の論文集数点にまとめられているが，それから判断する限り，第一世代の理論とは違って，それら制度のもつ積極的・消極的作用の双方を見極めつつ，経済的，政治・法制的および宗教・文化的な統合とその変化を冷静に跡づけている印象を受ける[13]。そこで「社会統合」という問題視角の必要性を強調するために，そして中世との比較のためにも，本論文集には近世史の専門家2人の論考も収めることにした。

　本書における論文の配列が時代ごとにではなく，むしろ「社会統合の諸相」をめぐる問題領域別に行われたのも，上述の事情を考慮してのことである。もっとも，(2)でも触れるように，各論文は必ずしも特定の一領域に狭く焦点を絞り込まずに，各執筆者の得意とする問題領域・史料類型から「社会統合」を論じていることを，お断りしておく。この限定を付した上で，4部編成の順に従って各論文の要旨を整理しておこう。

(2)　論文要旨

　(a)　第1部「都市・農村関係と社会統合」には，時代順に市原，森本，丸田の3論文を配した。ただ，前述のように「都市・農村関係」が第一期の研究会テーマをなしていた事情も手伝って，大半の論考が程度の差こそあれ，この問

題に言及している。

　市原論文は，1980年代後半以降，東方植民前の北西スラヴ(バルト海南岸)社会研究の焦点に据えられている交易地を取り上げ，考古資料と中心地理論を援用しつつ，その社会経済構造の解明を行い，併せて交易地が社会発展にとってもつ歴史的意義を明らかにする。その際，1990年代以降新たな成果が公表されたラルスヴィークとメンツリンの2つの交易地に関する考古学的発掘成果の吟味と，それ以外の4交易地を含めた研究史の批判的検討とを通じて，都市史・国制史から低く評価されてきた交易地を「点」ではなく，「面的広がり」において再評価をはかる。すなわち，交易地は活発な手工業活動をも足場に，バルト海圏ネットワークに接しつつ北欧との人的・物的交流の結節点をなすと同時に，近隣定住に対しても，土着宗教の神殿の存在からうかがえる政治・社会的，経済的な中心地機能を担うことで有機的な結びつきをもっていた。それら交易地を遠隔地商業の拠点として周辺地域から浮き上がった存在と片づけずに，広域的な商業ネットワークに開かれた「地域史」の観点から，いわば地域的な「社会統合」の再編過程として社会経済的発展の連続性も考慮すべきだと言うのである。

　森本論文は，1988年論文「9世紀西欧農村の都市形成力に関する考察」において提示された所説——プリュム修道院領において重量運搬賦役を通じて組織された流通が所領外の都市形成と維持を支えただけでなく，修道院生活の拠点にも都市的性格を生み出すことで，中世初期西欧にも内在的な都市・農村関係を検出できるとする——を，最近の研究潮流を踏まえつつ一段と発展させている。まず，最近のプリュム修道院をめぐる研究史に特徴的な商品・貨幣流通への関心の高まりを歓迎しつつも，特定所領・領民のブドウ栽培などへの専門化，あるいはそれに立脚した遠隔地交易への参加の側面を強調する動きに軌道修正を迫る。すなわち，シュタープやイルジーグラーが自説の論拠に据える，プリュム修道院所領明細帳の第24章に厳密な史料批判を交えながら精緻な分析を加え，それらの所説の限界が，所領経営の全体を貫くマンス制度による保有地の整序原理の看過，ピクトゥラに関する定地賦役としての有力な解釈の存在，および所領の専門化と遠隔地交易の重要性の相対化，などの諸点で指摘され，併

せて88年の所説の有効性が再確認される。ただ，このような9世紀末プリュム所領の在地性を森本氏は，立地の辺鄙さとも関連した職業商人の不在や広域流通の不活発さのような消極的文脈で捉えずに，貨幣史・都市史の最近の成果との対話を通じて，9世紀末から10世紀西欧の社会経済構造の「在地化」を示す証拠として積極的文脈で解釈している。

　丸田論文は，「プロト工業化」論争の一方の火付け役となったドイツのネオ・マルキストの歴史家，クリーテの実証基盤をなす都市クレーフェルト絹工業を対象にし，18世紀における都市・周辺地関係の変化を追跡する。初めに，1990年代の「第二世代のプロト工業化研究」が取り組んできた社会制度に関する成果を摂取し，新しい製品と技術の導入，多様な質の労働力の適正配置，あるいは都市・郊外市・周辺地域との製品・工程間分業の編成など，企業家の柔軟で積極的な役割を強調しつつアプローチする。考察の焦点は，18世紀ライン地方最大の絹企業であるライエン会社に置かれ，その発展につれて次第に鮮明となる都市内，郊外市，周辺地域の地誌的な三層構造の形成過程が，三段階にわたり追究される。本論の成果のなかで「社会統合」にとって興味深いのは，18世紀後半以降ライエン会社の主力製品の交代が都市内外にわたる空間的・社会的な編成替えの一大画期となったとする論点である。すなわち，都市・近郊と周辺地の間で高級品・並製品の製品間分業が形作られるなか，都市内ではライエン会社による織布工の自立性の蚕食と支配強化を伴いつつ，熟練工から間接雇用の女性・児童に至る階層序列化が進行し，そして都市外では都市内より一段労働力の質が劣り，経済局面の急変時には「調整弁」の役割を担う「周辺化」が，鮮明となったというのである。

　(b)　第2部「領主制と社会統合」には，丹下，舟橋，碓井の3論文を配した。閉鎖的家経済や自然経済といった概念に囚われずに，所領内外にわたる流通を通じて領主制が周辺世界と取り結ぶ諸関係や，そうした相互関係による領主制的編成の変容の問題が，社会統合の観点から扱われる。第1部の森本論文，第3部の城戸論文，第4部の佐藤論文も，このような最近の潮流をつよく意識していることを付言しておく。

丹下論文は，カロリング期の古典荘園制の歴史的意義をめぐる論争の到達状況——古典荘園が典型的に形成され発達したその地域をロワール・ライン間に限定しつつも，直領地・保有地の二元構成と賦役労働による所領経営の形成を西欧全体に共通する動きと捉える「荘園制の進化モデル」と，荘園制的関係の広がりを低く評価し自立した農民経営の意義を強調する「独立農民モデル」との対立——を踏まえつつ，これら両説の対話をはかる。すなわち，それら両説が拠り所とする所領明細帳に立ち返り，とくにサン・ジェルマン・デ・プレ修道院の所領明細帳を取り上げ，マンス保有農民以外の領民(hospicium, donatio)にも注意しつつ詳細な分析を加える。結論は明快で，所領内の保有単位・負担の均一化傾向，つまりマンス制度に準ずる単位への組み替えの意図を検出して，「進化モデル」に軍配をあげる。しかし，大所領の「社会統合」作用は決して自己完結的ではなく，余剰物資(直営地で栽培される小麦など)の領外販売と必需品流通，あるいは直営地における一部労働需要の独立農民や修道院の保護民による充足を通じて所領外にも及んでいたという。内的には多様な領民層から均質な保有民層を作りだし，外的には所領外の独自の小経営の存立基盤を保障するという，大所領の担う経済・宗教的機能に注目して氏は「統合装置」の概念を当てている。

舟橋論文は，中世盛期の改革派修道院による森林・牧畜経営に光を当て，とくにベルギー南部のオルヴァル(シトー会)修道院とフロレフ(プレモントレ会)修道院とに伝来する12–13世紀の森林係争文書の分析から，周辺の多様な社会層(伯から農民まで)との相互関係とその変化を探る。まず，これら2修道院における周辺諸階層との関係と基本財産を概観し，伯や在地領主(騎士・村落役職者など)からなる寄進者・利害当事者との緊密な相互関係と森林・採草地の重要性の確認からはじめる。次いで，12世紀と13世紀における森林係争の質的な変化を考察し，12世紀と13世紀の好対照をなす特質を検出する。すなわち，12世紀までは寄進物件の相続権をめぐる俗人領主との争いにしろ，あるいは十分の一税をめぐる教会領主との争いにしろ，伯の後押しもあり，貨幣など一定の代価支払いや「枯れ木」権の容認などを通じて，周辺住民との棲み分けが達成された。しかし，13世紀に修道院の積極的な森林・牧畜経営が周辺住民の権利を

侵食するようになると，この時期の社会諸階層の関係変化を投影するかのように，係争は新たな様相を呈する。下級貴族は，いまや共同体への結束を強めた周辺農民と連帯して修道院と対決し，住民の用益権を次第に認めさせていく。

碓井論文は，18 世紀中葉北東ボヘミアにおける「代表的な手工業定住」シュタルケンバッハに焦点を絞り込み，域外・域内市場向け手工業の発展と並行した領主制の変容過程を考察する。その際，「グーツヘルシャフト」研究における古典学説――「体僕・裁判・土地領主制」の三位一体的な結合による貫徹を主張する所説――を相対化する新潮流，および既述の「第二世代のプロト工業化研究」における経済発展と制度変化の複合性に関する新動向を念頭に置きながら，土地台帳や領主裁定録の分析に進む。この所領は，比較的農業条件に恵まれた南部と，山地部の零細保有の支配的な北部に分かれていた。このうち北部にはシュレージェンとの地域間分業のもと麻工業とガラス工業が根付いていたが，18 世紀半ばからこれらの工業の自立化と域内手工業・商業の活性化が進み，「手工業定住」の体裁が整ってくる。この経済的な展開を受けて北部が先行する形で領主制の再編も進み，一部直営地を含む耕地・採草地の小作化，小作料決定における恣意の排除，賦役の金納化，手工業ギルドの形成，手工業手数料の定額化，領外修業の制限撤廃など，領主制の根幹に関わる諸点で変化をとげた。このような新たな状況のなかで領主制は，内的には「手工業定住」の中核的要素として共同体的結束を強めた領民層の経済的，社会的，法制的な統合の，そして対外的には往来の活発な手工業者・商人の経済的統合の場となっていた。

(c) 第 3 部「生産・流通と社会統合」は，既述の社会経済史学会における共通論題「市場史の射程」で提示された「市場統合」の論点を継承しており，それと関連した城戸，奥西，田北の 3 論考を配した。ここでも，第 1 部の 3 論文，第 2 部の丹下論文と碓井論文，第 4 部の藤井論文が，多少とも論点を共有していることを指摘しておく。

城戸論文は，8–10 世紀北イタリアの修道院が，河川交通や流通への積極的関与を通じて行う「社会統合」の具体的な在り方を考察する。まず，ボローニャ学派を中心とした農村史からの豊かな成果から出発し，農村を自足的世界と

理解してきた所説を退けるにとどまらず，大所領(農村・手工業)による都市的機能の集約を説くトゥベールの見解を踏襲しつつ接近をはかる。そして，8世紀リゥトプランド王とコマッキオ住民の「約定」の解釈をめぐる考古学者バルザレッティの所説の批判的検討を通じて，本論の基本視角が鮮明に打ち出される。すなわち，氏の対象とするポー河とその支流における航行・流通に関して，次の三層性モデルが提示される。第一に，国王や周辺貴族層の需要する奢侈品を中心とし，安全確保のため公権力の介在した，イタリア全土にわたる広域的な航行・流通。第二に，修道院・司教など在地領主層の組織する，塩や在地的な食料品を中心とした地域間(都市間，都市・所領間)の航行・流通。第三に，農村の余剰生産物を中心とした，局地間(農村所領と領主館・修道院の間)の航行・流通。その論証のために，サン・コロンバノ・ディ・ボッビオ修道院とサンタ・ジュリア・ディ・ブレシア修道院を対象に選び，国王文書，係争文書および所領明細帳にみえる船着場，流通関係の諸徴収，市場に関わる史料証言の網羅的な検討が行われる。とくに，分析の焦点に据えられる塩の流通の検討からは，生産地からの輸送における領主の主導的役割，税として徴収されたり所領生産物との交換で得られた塩の領民への販売・再分配が明らかにされ，修道院が在地的な社会統合に果たした中核的役割が活写されている。

　奥西論文は，中世末以来穀物の広域流通の先進地域であるフランデレン(フランドル)を対象にして，穀物の流通構造と流通制度・規制の史的展開との相互関係を，価格史と絡めて考察する。まず，中世後期フランデレンにおける穀物の流通構造が，研究史の概観とホスピタール会計記録の分析を通じて明らかにされる。北イタリアと並ぶ都市化の先進地域として，域外穀物への高い依存度を前提としてきた所説に対し，農村史・商業史の成果に照らして軌道修正をはかる。すなわち，都市の近周辺地からの在地穀物，生産の地域特化の進行により緊密度を増したフランデレンの穀物，および北フランスとバルト海地域の穀物からなる三層構造を明らかにし，そしてこの穀物流通の多重性こそが，価格の同時性を生み出しつつ穀物の安定供給を保障したと論じている。この穀物流通の広域性・多重性のためもあって市場・流通に対する規制は全体に緩やかだったが，ヘントの穀物スターペルはその例外をなす。しかし，14世紀後半に整備

されるスターペルは，通過・販売強制の体系，すなわち取引独占策として消極的文脈で捉えられるわけではない。むしろ，ヘントへの穀物取引の集約を通じ，いわば「プライステイカー」の役割を担うことで，他の都市と地域全体にとって比較的廉価な供給を保障して地域的な社会統合にも寄与するというのである。もっとも，他都市との間の穀物スターペルをめぐる抗争の頻発に象徴されるように，極端に楽観的な展望が与えられているわけではない。

　田北論文は，中世後期ケルン市場が広範な社会層を相手に担う「高次の分配機能」を，それを支える制度の一つとしてシュターペル法と関連づけて考察する。まず，学説史の概観からシュターペルを，自由主義の色眼鏡を通して「自由に対する規制の体系」と捉えずに，「必需品確保，検査・規格化，積替え」の複合的政策と，しかもその内部で時代をおって重心移動をとげる動的な制度と理解する必要が強調される。次いで，15世紀ケルン・シュターペル確立の契機とされてきたノイスとのシュターペル抗争を取り上げ，多様な類型の史料を駆使して対立激化の足跡を辿る。その際，史料論的な検討から，これまでシュターペル法令に分類されてきた1497年文書が1476年魚取引法令を下敷きに作成されていることの確認からはじめ，この史料が，抗争の頂点をなす1497年に，「シュターペル法令」の名のもとで発布されざるを得なかった意味を問いつつ接近する。そして，15世紀後半に低地諸邦(生産地)・上部ドイツ(消費地)を結ぶ鰊の中継商業においてケルンが果たす重要な調整者機能に注目し，それが動揺をきたした1490年代半ば「検査・規格化」政策の徹底が図られたと主張する。ただ，シュターペルが正常に機能するためには，鰊商業に利害関係のある都市・諸侯の同意が不可欠であり，それは1470年代以降「利益共有地」の語がシュターペル関係の史料に浸透してくるように，ケルンの調整者機能の拡充と歩調を合わせて達成されたという。

　(d)　第4部「権力構造と社会統合」には，都市か農村かを問わず政治・支配構造の転換に対応した社会統合の再編に関わる，佐藤，花田，藤井，関の4論文が配されている。いずれも，垂直的(領主制)・水平的(共同体)関係の交差の視点から「社会統合」の実態に迫っており，ここでも第1部の市原論文，森本

論文，第 2 部の碓井論文，第 3 部の城戸論文，田北論文が類似の問題に関説していることを一言しておく。

　佐藤論文は，西欧中世世界の形成を後期古代からの緩やかな構造変化として理解する最近の潮流を意識しつつ，7 世紀の「ポスト・ローマ期」の社会的変化を考察する。その際，616 年に作成されたル・マン司教ベルトラムヌスの遺言状を素材とし，司教座教会による司教管区全体への強い人的・物的影響力の浸透と統合力に注目した「キウィタス共和国」説の当否を問いつつ接近する。まず，遺言状の伝来状況をめぐる史料論的概観を行った後，そこに記された土地財産を中心に分析に進み，ウィラ，ロクス，コロニカなど農民の隷属化と保有地形成の端緒をうかがわせる所領単位を，後期ローマ的生産形態を示唆するとの理解が示される。次いで，土地財産の取得状況(有償取得・贈与)と取得相手の社会編成の考察に進み，土地の帰属変動がおもに社会的上層に留まり農民を捉えるには至らないこと，6 世紀末から 7 世紀初頭フランク王国の内訌の社会的地殻変動が，ネウストリア政権による土地の強制的な再分配として刻印を留めていること，の 2 点を明らかにする。この現象は，ガロ・ローマ系貴族に代わるフランク支配層の台頭と所領形成の起点と解釈されることになる。最後に，土地財産の遺贈相手を司教管区内外に分けて考察し，ベルトラムヌスの意識的な司教管区政策を検出する。すなわち，管区外の所領は基本的に当該管区の司教座教会や修道院に返還し，逆に購入取得分も含め隣接する管区境界近くの所領は司教座教会へ，そして河川交通の便のよい所領はサン・ピエール＝サン・ポール修道院へ贈られるというのである。ただ，ル・マン司教管区に隣接するトゥール司教管区では「キウィタス共和国」とは逆方向の発展が見られるとして，性急な一般化に警鐘を鳴らすことを忘れてはいない。

　花田論文は，中世後期北フランス都市における行・財政制度の展開過程を社会統合の観点から追究する。学説史的には，中世後期「危機」論を相対化し，近代社会への「転換点」と積極的に捉える最近の潮流を踏まえつつ，シャンパーニュ諸都市を素材として接近する。まず，中世後期シャンパーニュ都市の行政制度の特質が，住民総会と都市評議会の社会構成と役割を中心に概観される。これら 2 つの合議団は，都市の社会経済・政治構造の違いも反映して都市ごとに

若干性格を異にするが，聖・俗と身分を越えた幅広い社会層の結合に基づく，自立的な行財政・軍事全般の中核機関という特徴を共有すると理解されており，それを通じて，14–15世紀王権の伸張につれコミューン期の「自由・自治」は剥奪されたと捉える通説が退けられる。それに続き，会計記録の分析から，百年戦争期に急務とされた防備強化とそのための財源確保の努力のなかで進む，直接税(タイユ・租税)から間接税(消費税・取引税)への重心移動が明らかにされる。これらの特質をもつ都市行・財政制度は，広範な諸階層・身分の住民総会と都市評議会への政治統合とそれを踏まえた大衆課税としての間接税体制への経済統合を，つよく印象づけるという。角度を変えていえば，シャンパーニュ「大市」の運営において培われてきた聖界諸施設，都市民，上級権力(伯・国王)の協調体制が，大市衰退後の「構造転換」期に，新たな制度的装いのもとに再構成されたのである。

　藤井論文は，中世後期ブリュッセルを素材に，新興市民層の市政参与という政治状況の変動をつぶさに検討することによって，「中世都市のもつ持続的生命力」という命題を検証する。13世紀に遡るとされるブリュッセルの主導的市民層(都市貴族)7家門は，市政支配を実現していただけでなく，「毛織物ギルド」を通じて，都市の経済的基礎である毛織物商工業の上にも君臨していた。しかしながら，その体制は，14世紀初頭の内乱を一大契機とする，手工業者層の政治・経済的実力の上昇とともに揺らぎ始め，都市貴族間にそもそも内在していた利害関係の衝突も伴いつつ，14世紀から15世紀初めにかけて市政構造の再編を見せることとなる。この過程から浮かび上がるのが，領邦君主ブラバント公を後盾とした手工業者の結合組織「ナシオン」の存在であり，それは1421年を第二の画期として，都市貴族層の市政独占体制を瓦解させ，毛織物ギルドをも根底から変容させることへと導く。しかし，このことは手工業者の台頭と民主的市政の実現といった単純な過程を意味してはいなかった。当該時期を通じて見られる，7家門を中心とした都市貴族内部の流動的な力関係が，市政と毛織物ギルドという制度的基盤の上で，手工業者上層を巻き込みつつ上述の再編を促進させたことは明らかである。つまり，新旧「指導層」の複雑な利害関係が，結果としてその断続的な融合を導き，中世後期ブリュッセルの都市的活力の源泉

となったのである。

　関論文は，サンティアゴ巡礼路沿いの小都市アストルガにおける兄弟団の組織・活動に焦点を合わせながら，都市・周辺農村(属域)をめぐる社会統合を考察する。まず，14–16世紀都市アストルガのプロフィールの概観を通じて，中世末に「職業・身分・裁判権により分断された都市内外の住民の自発結合」として兄弟団の叢生をもたらした要因が明らかにされる。経済社会的要因として，巡礼の衰微と在地市場向の手工業・商業の停滞のため財政的に都市が慈善活動を担えず，物的・霊的相互扶助を絆とした組織を必要としたこと，そして政治的要因として，14世紀から貴族・一部有力商人による寡頭支配が次第に強化され，とくに15世紀半ばアストルガ公の都市領主権が確立して，住民総会が実質上機能を停止したため，「地域住民」の再結集の組織を必要としたことの2点が指摘される。それに続いて，4類型の兄弟団の統廃合，会員・執行部・入会規定・財産など組織的編成，施療院での慈善活動がきめ細かに考察される。この文脈で重要な論点は，自発的な水平結合が「支配の受け皿」として寡頭支配を正当化する役目も担っており，同時に垂直的な社会統合にも寄与するというものである。この点は，執行部の社会構成が都市の寡頭支配層と広く重なりあっている事実，あるいは兄弟団活動への職業・身分・親族関係の強い影響からも読みとれる。この地域的な社会統合の核としての兄弟団活動は，「王国の神秘的身体」である王権の貧民・弱者救済にも通底しており，16世紀以降は国家レベルで慈善の効率化を目的にした統廃合が進むことになる，と展望されている。

　最後になったが，本論文集の刊行に際しては，研究会メンバー以外にも数多くの人々のご協力をいただいた。とくに，社会経済史学会の共通論題報告を快くお引き受けいただいた一橋大学の加藤博教授，それぞれ経済学，中国史，日本史の立場から有益なコメントをいただいた九州大学の磯谷明徳助教授，東京大学の岸本美緒教授，神戸大学の浦長瀬隆教授に心よりお礼申し上げたい。また，編集途中で体調を崩した田北に代わり，厄介な編集作業を担当いただいた同僚の藤井美男教授には，とくに感謝申し上げたい。氏の温かい協力がなければ，森本芳樹教授を編者として近い将来に出版が予定されている「西欧中世史料論」

への引継も，このようにスムーズには進まなかったであろう。重ねてお礼申し上げたい。さらに校正・索引作成作業では，ゼミ卒業生の碓井寿江さんと九州大学経済学部3年生の長濱幸一君の手を煩わした。ここに記して謝意を表したい。

　執筆予定者のうち熊本大学の山田雅彦氏と九州産業大学の大宅明美氏の二人が，病気を理由に論文寄稿を辞退された。一日も早い全復と今後の御活躍をお祈りしたい。この予想もしなかった事態もあって，本論文集の構成は当初の計画とはかなり違ったものとなった。この論文の配列も含め編集過程で，九州大学出版会編集長の藤木雅幸氏と伊藤麻里さんにはご迷惑のかけ通しだった。心よりお詫び申し上げるとともに，ご協力に深く感謝したい。

注

1) 「西欧中世における小経営統合に関する研究——家族経済・市場・制度」基盤研究（B）(1) 課題番号07303010。研究会活動の足跡と成果の詳細は，平成10年3月「研究成果報告書」を参照のこと。
2) 田北廣道「市場史の射程」『社会経済史学』63-2，1997年，所収。
3) Johanek, P. / Stoob, H. (hrsg.), *Europäische Messen und Märktesysteme in Mittelalter und Neuzeit*. Köln-Weimar-Wien 1996：『市場史研究』14，1995年。
4) 森本芳樹「市場史研究の現状と方向」『市場史研究』14，1995年，所収：山田雅彦「市と交易」江川溫他編著『西欧中世史』中巻，ミネルヴァ書房，1995年，所収：田北廣道「中世都市史の研究方法としての中心地論の意義と限界」『商学論叢』32-3，1987年，を参照されたい。
5) 森本芳樹編訳『西欧中世における都市と農村』九州大学出版会，1987年：森本芳樹編著『西欧中世における都市＝農村関係の研究』九州大学出版会，1988年，とくに森本芳樹「欧日学界状況の比較と本書成立の経緯」を参照のこと。
6) 森本芳樹「西欧中世の都市・農村関係」社会経済史学会編『社会経済史学の課題と展望』有斐閣，1992年，所収：Verhulst, A./Morimoto, Y. (éd.), *Economie Rurale et Economie Urbaine au Moyen Age*. Kyushu University Press, 1994.
7) Hechter, M./Brustein, W., Regional Modes of Production and Patterns of State Formation in Western Europe. in: *American Journal of Sociology*, 85-5, 1980: Chase-Dunn, Ch. / Hall, T.D. (ed.), *Core-Periphery Relations in Precapitalist Worlds*. Oxford 1991.
8) 森本芳樹「西欧中世初期荘園制の諸側面 (1)–(4)——最近5年間における農村史の研究状況」『経済学研究』58-2，1992年，同誌58-4・5，1993年，同誌59-5・6，60-1・2，1994年：藤井美男『中世後期南ネーデルラント毛織物工業史の研究』九州大学出版会，1998年：丹下栄「西欧中世初期社会の流通構造」佐藤彰一他編著『西欧中世史』上巻，

ミネルヴァ書房，1995 年，所収：山田雅彦「市と交易」江川溫他編著『西欧中世史』中巻，ミネルヴァ書房，1995 年，所収：田北廣道「都市と農村」朝治啓三他編著『西洋中世史』下巻，ミネルヴァ書房，1995 年，所収．

9) 関哲行「中世のサンティアゴ巡礼と民衆信仰」歴史学研究会編『地中海世界の巡礼』青木書店，1998 年，所収．

10) 森本芳樹「結論」に簡にして要を得た総括がある．

11) 丹下栄「西欧中世初期における市場の地位——カロリング期パリ地方を中心として」；山田雅彦「中世中期における市場と権力—— 12 世紀フランドル伯領を中心に」；田北廣道「中世後期ケルン空間における経済・社会・制度——社会統合論としての市場史研究に向けて」．

12) F. メンデルス，R. ブラウン他著（篠塚義信・石坂昭雄・安元稔編訳）『西欧近代と農村工業』北海道大学図書刊行会，1991 年：田北廣道「プロト工業化から手工業地域へ——第 8 回国際経済史会議以降の欧米学界」『経済学研究』62-1/6, 1996 年：田北廣道「西欧工業化期の経済と制度——第二世代のプロト工業化研究に寄せて」伊東弘文・徳増俫洪編『現代経済システムの展望』九州大学出版会，1997 年，所収．

13) Ebeling, D. / Mager, W. (hrsg.), *Protoindustrialisierung in der Region*.Bielefeld 1997: Kriedte, P./Medick, H. / Schlumbohm, J., Eine Forschungslandschaft in Bewegung.in: *Jahrbuch für Wirtschaftsgeschichte*, 1998–2: Leboutte, R.（éd）, *Protoindustrialisation*. Genève 1996.

＊本論文集の刊行に当たっては，平成 11 年度科学研究費補助金「研究成果公開促進費（一般学術図書）申請番号 202118」の交付を受けた．

目　次

序──「小経営統合から社会統合へ」── .... 田北廣道　i
　(1)　研究会の歩み i
　(2)　論文要旨 v

第1部　都市・農村関係と社会統合

1. 中世前期バルト海南岸における交易と定住ネットワーク
　　──北西スラヴ社会における交易地の意義について── .... 市原宏一　3
　　はじめに 3
　　I　バルト海南岸の交易地をめぐる研究状況 4
　　II　二つの交易地：ラルスヴィークとメンツリン 8
　　　(1)　神殿とスラヴ舟：ラルスヴィーク 8
　　　(2)　船型列石墓と外来者：メンツリン 13
　　　(3)　交易地についての二つの見解 17
　　　　(a)　屋敷構造をとる定住地
　　　　(b)　ヴァイキングの集落
　　III　交易地の性格 19
　　　(1)　多様な人種の共生：バルト海圏ネットワーク 19
　　　(2)　在地的中心地機能：ローカル・ネットワーク 21
　　　　(a)　経済的要素：後背地との関係
　　　　(b)　社会的要素：土着宗教の神殿
　　　(3)　交易地における定住構造の変遷と連続性 23
　　　　(a)　屋敷構造から街路へ
　　　　(b)　地域としての連続性
　　むすび 24

注・文献目録		25

2. 9世紀末プリュム修道院領の在地性と広域性
　　　――所領明細帳第24章の分析を中心に―― .... 森本芳樹　33

　Ⅰ　最近の研究史と課題の設定 33
　Ⅱ　プリュム修道院所領明細帳第24章の分析 37
　　　――モーゼル河畔所領でのブドウの単作は証明できるか――
　　(1)　史　　　料 37
　　(2)　分　　　析 43
　　　(a)　予備的考察
　　　(b)　プリュム明細帳の史料論から
　　　(c)　ブドウ栽培/ワイン生産以外の言及
　　　(d)　マンスの地位
　　　(e)　ピクトゥラの多義性と定地賦役の論証
　　　(f)　小　　括
　Ⅲ　9世紀末プリュム領の在地的性格 55
　　注・文献目録 59

3. 工業化初期の企業展開と地域的な社会統合
　　　――18世紀のクレーフェルトとその周辺地域―― .... 丸田嘉範　65

　はじめに 65
　Ⅰ　18世紀クレーフェルト市史の概観 70
　　(1)　都市の人口的・地誌的拡大 70
　　(2)　絹工業の発達――ライエン会社の城下町形成 71
　Ⅱ　絹工業会社を核とした「社会統合」 73
　　(1)　第1期(18世紀前半)――市壁の拡大 73
　　(2)　第2期(1760–90年代前半)――並製品の農村への拡散 76
　　(3)　第3期(フランス占領期)――三層構造の完成 81
　Ⅲ　総　　括 83
　　注・文献目録・図表 84

第2部 領主制と社会統合

1. 統合装置としてのカロリング期大所領
　　——所領明細帳の所見から—— .... 丹下　栄　97

　　はじめに 97
　　Ⅰ　マンス保有農民の経済生活 99
　　　(1) マンスの規模と穀物栽培 99
　　　(2) マンス保有農民の生活水準 101
　　　(3) 農民諸負担の多様性 103
　　Ⅱ　マンス以外の土地を持つ領民 106
　　　(1) 小地片の保有民 106
　　　(2) donatio の諸相 109
　　Ⅲ　領主的経営の一面 113
　　　(1) 穀物栽培の実際 113
　　　(2) 領主経営の労働力 118
　　おわりに 122
　　注・表 124

2. 12・13世紀修道院領における森林係争
　　——オルヴァル修道院(シトー会)・フロレフ修道院(プレモントレ会)
　　　の場合—— .... 舟橋倫子　139

　　はじめに 139
　　Ⅰ　オルヴァル修道院の場合 143
　　　(1) 修道院と周辺諸階層 143
　　　(2) 修道院領における森林と牧畜 146
　　　(3) 13世紀修道院領における森林係争 149
　　Ⅱ　フロレフ修道院の場合 155
　　　(1) 修道院と周辺諸階層 155
　　　(2) 修道院領における森林と牧畜 158
　　　(3) 修道院領での森林係争 159

おわりに 166
注 168

3. 近世北東ボヘミアにおける手工業と領主制
     ——18世紀中葉シュタルケンバッハ所領の事例に即して——
     .... 碓井 仁 173

はじめに——研究史の概観と問題の所在—— 173
 I シュタルケンバッハ所領の構造的特質とその変化 179
  (1) 17世紀末シュタルケンバッハ所領の社会経済構造 179
  (2) 18世紀前半における所領経営再編 181
 II 18世紀中葉ロホリッツにおける手工業発展 184
  (1) 麻 工 業 184
  (2) ガラス工業 186
  (3) 域内市場向け手工業 188
 III 18世紀中葉シュタルケンバッハ所領の経営再編 190
  (1) 直営地穀作経営 190
  (2) 牧 畜 業 192
  (3) 農業外の領主直接経営 192
おわりに 194
注・文献目録 196

第3部 生産・流通と社会統合

1. 8–10世紀北イタリアにおける流通構造と地域統合
     ——修道院経済との関係—— .... 城戸照子 207

問題の所在 207
 I 農村と流通をめぐる研究動向 209
  (1) 8–9世紀農村の経済成長 209
  (2) 中世初期の商業と都市の問い直し 211
  (3) 中世初期北イタリアの大修道院の所領経営と所領明細帳 212
 II ポー河及び支流の河川航行と流通 214

(1)	8世紀リゥトプランド王とコマッキオ住民の『約定』«pactum» をめぐる論争	214
(2)	9–10 世紀の王文書に見られる河川航行と流通	219
(3)	ベレンガリウス王文書に見る市場	223
(4)	9世紀の塩商業	227

III 修道院経済と流通構造 230
 (1) 修道院経営と河川航行 230
 (2) 修道院と塩 233
 (3) 所領内部での河川航行の可能性 237
  ——サンタ・ジュリア・ディ・ブレシア修道院の場合——
今後の課題 238
注・参考文献・地図 240

2. 15世紀フランデレンの穀物流通とその構造 .... 奥西孝至 247

はじめに 247
I フランデレン穀物流通研究の動向と問題の所在 248
 (1) ベルギーにおける流通史研究 248
 (2) 問題の所在 253
II 15世紀フランデレンの地理的状況と穀物流通構造 257
 (1) フランデレンの都市と農村 257
 (2) 穀物市場と市場外取引，直接調達 259
III 15世紀フランデレンの流通制度と価格変動 264
 (1) フランデレン・ブラバントの流通制度 264
 (2) ヘントの流通制度・市場規制 265
 (3) 15世紀の穀物価格変動と流通構造 271
おわりに 274
注・文献目録 275

3. 中世後期ケルン空間における「市場」統合と制度
　　——15世紀ケルン・ノイス間のシュターペル抗争を素材として——
　　　　　　　　　　　　　　　　　　　　　　　　　　　　田北廣道　287

　はじめに 287
　I　15世紀ケルン・ノイス抗争をめぐる研究史と史料の概観 290
　　（1）研究史の検討 290
　　（2）伝来史料の概観 292
　　　（a）シュターペル法令
　　　（b）皇帝・国王ないし諸侯の発給・追認した特権文書
　　　（c）会談議事録ないし会談用「資料」
　　　（d）苦情（改善要求）書
　　　（e）事情聴取記録・調査報告書（証言録）
　　　（f）財の没収と商人・船主の身柄拘束に関する記録
　II　15世紀ケルン・ノイス抗争の展開 298
　　（1）15世紀前半；蜜月時代 298
　　（2）1460年代—70年代；小競り合いの時代 299
　　（3）1480年代—90年代前半；抗争のエスカレート 301
　　（4）1496年—1505年；抗争の頂点 302
　III　15世紀鯡取引をめぐる制度整備とシュターペル抗争 307
　　（1）15世紀前半；シュターペルの基礎条件の形成 307
　　（2）1470年代—80年代；生産地・消費地間の調整者機能の拡大 ... 308
　　（3）1490年代—1505年；「検査・規格化」政策の確立 310
　むすび 312
　注・参考文献・図表 314

第4部　権力構造と社会統合

1. メロヴィング朝期ル・マン地方の土地変動と司教管区
　　——司教ベルトラムヌスの遺言状（616年）を中心に——......... 佐藤彰一　323

　はじめに 323

I	史料に関する若干の考察	324
II	記載不動産の概況	326
III	土地財産の帰属変動	333
(1)	有償取得	333
(2)	贈　与	336
(3)	変動の社会的位相	338
IV	遺贈財産と司教管区政策	342
(1)	遺贈財産の地理的分布	343
(2)	ル・マン教会機関への遺贈とその意味	346

結論と展望 351
注 353

2. 中世後期フランス都市行・財政制度の特質
―― シャンパーニュ諸都市の場合 ―― .... 花田洋一郎 359

はじめに 359

I	研究史の概観	360
II	シャンパーニュ諸都市における行政制度：住民総会と都市評議会	364
(1)	トロワ	365
(2)	ランス	367
(3)	シャロン＝シュル＝マルヌ	369
(4)	プロヴァン	371
III	シャンパーニュ諸都市における財政制度	373
(1)	トロワ	374
(2)	ランス	375
(3)	シャロン＝シュル＝マルヌ	376
(4)	プロヴァン	377
IV	シャンパーニュ諸都市の行・財政制度における社会統合の諸側面	378
(1)	政治面	379
(2)	経済面	380

むすび 381
注・文献目録 382

3. 14–15世紀ブリュッセルにおける権力構造の再編
　　——毛織物ギルドとナシオンの統合をめぐって—— .... 藤井美男 393

　は じ め に 393
　Ⅰ　研究動向と史料伝来の状況 394
　　（1）研 究 史 394
　　（2）史　　料 396
　Ⅱ　都市貴族7家門の成立 397
　Ⅲ　毛織物ギルドの成長 399
　　（1）経済的機能の拡大 399
　　（2）法的・政治的権力の強化 400
　Ⅳ　ナシオンの台頭と毛織物ギルドの再編 402
　　（1）市政改革と反動体制——1303–1306年—— 402
　　（2）手工業者の台頭——14世紀後半—— 404
　　（3）ナシオンと毛織物ギルドの統合——15世紀前半—— 406
　結　　論 408
　注・参照史料・文献目録 409

4. 14–16世紀の巡礼路都市アストルガの兄弟団 .... 関　哲行 427

　Ⅰ　問題の所在 427
　Ⅱ　巡礼路都市アストルガの基本構造 429
　　（1）都 市 景 観 430
　　（2）経済・社会構造 431
　　（3）市　　政 432
　　（4）都 市 財 政 434
　　（5）都市・農村関係 435
　Ⅲ　アストルガ市の兄弟団 436
　　（1）兄弟団の理念と目的 437
　　（2）兄弟団の類型と統廃合 438
　　（3）兄弟団の組織と構成 440
　　　（a）兄弟団の構成と総会，会員数

        (b) 兄弟団執行部
        (c) 入会規定と兄弟団の選択
        (d) 会員の権利・義務と脱会規定
    (4) 兄弟団財産 444
  IV 施療院での慈善活動 446
    (1) 施療院設備と備品 447
    (2) 施療院組織 448
    (3) 慈善対象者と慈善サービスの内容 449
  V 結　び 451
  注・地図 453

索　引

  人名索引 461
  地名索引 465

第 1 部

都市・農村関係と社会統合

中世前期バルト海南岸における交易と
定住ネットワーク

――北西スラヴ社会における交易地の意義について――

市原 宏一

はじめに

　ドイツ人らが東方植民により本格的に移住する 12, 13 世紀まで，バルト海南岸，すなわちメクレンブルクおよびポンメルンにおいては，6 世紀末頃から定着したスラヴ人が，部族ないしはある地域的まとまりを形成していた。この歴史過程については文献資料上の制約により，主に考古学資料に依拠した検討が進められており，これに基づいて，第 2 次大戦後の東欧諸国を中心とする西スラヴ社会研究は豊かな成果を築いてきた。しかし，その際には，しばしば社会的形成力としてのスラヴ的要素の析出にのみ力点のあったことが今日では大きな反省点の一つとなっている[1]。そうした意味で 1980 年代半ば以降の北西スラヴ社会研究の一つの焦点となっているのが，「初期都市的定住地」frühstädtische Siedlung あるいは「交易地」Handelsplatz, trading place である。この定住類型は中世初期に広くヨーロッパ北部沿岸地域において見いだされ，遠隔地交易を中心とする交易・手工業活動を活発に展開した大集落である[2]。北西スラヴ社会研究ではこの類型をバルト海南岸にも見いだすことにより，北欧・西欧と共通する，あるいは比肩しうる定住史上の特徴があることを確認し，さらに北海・バルト海圏全体の広がりの中で北西スラヴ社会論を捉え直そうとしているのである。本稿は，北海・バルト海域における交易地の論議を踏まえながら，バルト海南岸の北西スラヴ社会において，交易地が果たした歴史的な意味を明らかにすることを目的としている。

I　バルト海南岸の交易地をめぐる研究状況

　バルト海南岸の交易地では，集落の形成は早くともスラヴ人の定着とほぼ同時であり，外洋へ通じる河川の河口近くに，すなわち外洋への連絡が良好で，同時に直接には面していない地点に形成された。北西スラヴ人の定着したバルト海南岸で従来交易地と見なされた大集落は，グロース＝シュトロェームケンドルフ Groß Strömkendorf, ロストック＝ディルコウ Rostock-Dierkow, メンツリン Menzlin, ラルスヴィーク Ralswiek, ヴォリン Wolin, シチェチン Szczezin などである(図1)。グロース＝シュトロェームケンドルフとロストック＝ディルコウはより西方に位置し，比較的早く8世紀には定住地が成立したが，その放棄もまた早期であった。オーデル河口のヴォリンとシチェチンは先の2交易地とほぼ同じ時期に成立したが，全く同地点で中世盛期の都市へと発展した。これらに対して，ラルスヴィークとメンツリンはやや遅く成立し，10世紀中には定住地が放棄されている。筆者は，早期に定住地の成立したオーデル河口の2交易地とメクレンブルクの2交易地について既に検討を加えており[3]，以下ではまず，それぞれから明らかになった交易地の性格について，発掘調査にあたった研究者による特徴づけを整理する。特に，交易地の定住構造の特性，外来者の意味そしてその後の都市化ないしは地域展開過程における交易地の意義について簡単に触れよう。

　交易地グロース＝シュトロェームケンドルフを当初調査したヴィタツィコフスキィはバルト海南岸の交易地について以下のような性格規定を行った[4]。交易地の住人としては，交易と手工業の一部に従事する外来者が重要である。交易地を特徴づけたのは，第一に，沿岸の良好な交通条件を生かした遠隔地交易，すなわち西欧，北海，北欧などとの交易である。ただし，同時に後背地たる内陸の政治的拠点に，社会的上層へ向けた奢侈品を供給するという，近隣との交易においても中心地として機能した。なお，グロース＝シュトロェームケンドルフでは在地のオボドリト侯だけでなく，デーン王へも貢納を行い，政治的中立性を保っていた。ここは9世紀前半に放棄されるが，地点としては連続してい

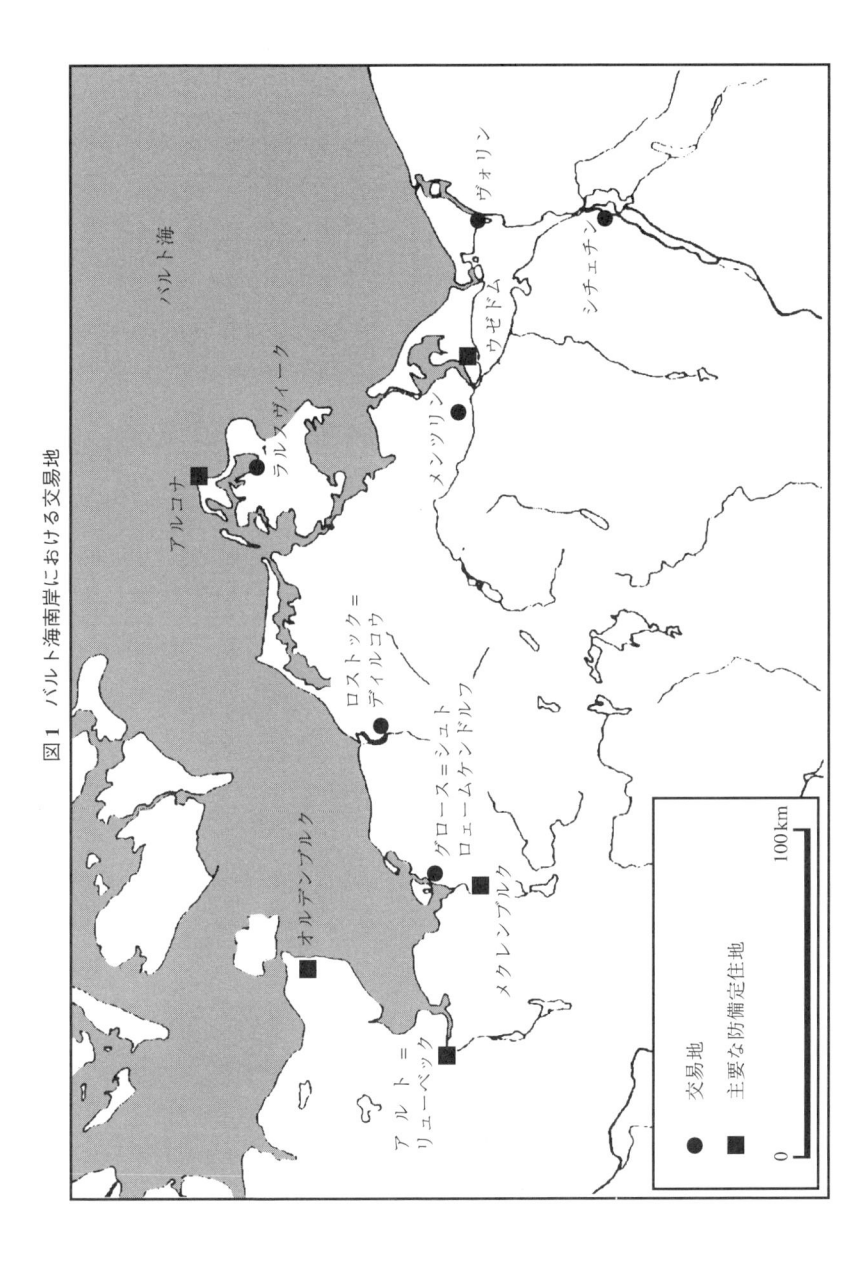

図1 バルト海南岸における交易地

なくとも，後背地も含む近隣全体としての経済活動の連続が，付近の集落からの貨幣・貴金属の出土によって明らかとなった。

　また，1990年代後半からグロース＝シュトロェームケンドルフ発掘を担当しているヨェンツは大枠として，ヴィタツィコフスキィの像を引き継いでいるようである。ただし，元来スラヴ的とされていたいくつかの要素を見直しており，地域定住史の展開の中に交易地を位置づけはするが，それを単純にスラヴ社会の内在的な発展とはせず，葬制や住居建築様式を例として，従来の想定よりも早期の，西欧からの多面的な影響を強調している[5]。

　ポンメルン地方の検討を行ったレチイェヴィチは，ポーランドを含む西スラヴ全体の初期都市的定住地の性格規定の関連で以下のような論議を提起した[6]。オーデル河口も含め西スラヴにおける都市的定住地の起源は部族的なまとまりにある。しかし，西スラヴの多くの部族で初期封建的な国家の成立が都市的定住地の急速な発展を生んだのに対して，シチェチンやヴォリンなど，オーデル河口の初期的都市の展開は異なった。ここではむしろ部族期からの継続性が発展の基盤であり，これらは11, 12世紀には文献上確認される住民による集会制度や考古学的にも証明されたスラヴ固有宗教の祭礼などである。その原因は内陸の政治的まとまりに対する非集権的傾向と，外的圧力に抗する政治的イデオロギーとしての意味も持った土着宗教の高まりの結果であった。この初期都市の成立モデルは他方で，北欧の，そして北欧人が利用した交易路上の，防備の薄い交易地とも異なった。すなわちオーデル河口での出発点は防備を伴う部族拠点であり，交換や多様な手工業活動の中継点であったばかりでなく，集会や異教の神殿にその場を提供した。オーデル河口の都市も，他の西スラヴ都市的定住地が初期封建的なスラヴ人君主制の下でより早期にそうであったように，12世紀前半にはポンメルン侯により変化を被る。ヴォリンが急速に衰退した一方，ポンメルン侯が拠点としたシチェチンでは，建築物が貧弱かつ均等化するなど定住構造に根本的な変化が生じ，ポンメルン侯国家の枠内で経済的行政的な諸機能を享受するだけになる。

　メクレンブルクおよびオーデル河口を対象とした上述の成果からは，いくつかの論点が浮かび上がる。論点の一つは，交易地が早期に成立しながらも，中

世盛期までの確固とした連続性が見いだされるとは言い難いという点であろう。メクレンブルクの場合には交易地を含む地域としてのみ連続性が語られ，また，オーデル河口では同一地点で中世盛期にも都市が継続したが，王侯権力の支配拠点という性格の変換が問題とされた。第二に，交易地と近隣ないしは後背地との関係である。メクレンブルクの場合はもっぱら経済的なレベルで語られるのに対して，オーデル河口では宗教・社会的機能の結節点としての意義も語られた。

　ヨーロッパにおける都市形成に関わる論議はわが国でも継続して取り組まれてきたのであって，本稿が対象とした時代と地域も含め，またこれに関わる研究が近年も公刊され，論議されているところである[7]。ヨーロッパ学界でも，わが国でも挙げられた論点は，交易地の成立と展開における外在的要因の意義，あるいは逆に北海・バルト海域における交易地の位置，また，そうした交易地をめぐる関係の中世盛期へといたる連続性，にあると考えられる。いわば，交易地という定住地の形をとったネットワーク構造の成立と展開ということが問題となっているのである。以下ではそれらの論点に留意しながら，筆者がまだ検討を加えていない2交易地の分析を行い，この社会的な構造の解明を試みることとしたい。ここで扱うラルスヴィークおよびメンツリンは，定住が継続せず，放棄以後には再び大集落として現れることがなかったという点で，グロース＝シュトローメケンドルフやロストック＝ディルコウとも共通するが，それらよりも定住地としての成立時期が遅い点に特徴がある。また，調査は早くから取り組まれており，その重要性については広く知られた交易地であるが，北西スラヴ定住史の中では孤立した例外的事象と長らく見なされてきた。1990年代に入り，メクレンブルク地方西方の先の2交易地について新たな知見が得られており，バルト海南岸の交易地全体を総合的に捉えるためにも，東方のオーデル河口との比較も含めて，この2交易地を検討する必要がある。

II 二つの交易地：ラルスヴィークとメンツリン

(1) 神殿とスラヴ舟：ラルスヴィーク

　ラルスヴィークは，リューゲン島北部に広がる大ヤースムント湾のもっとも深く入り込んだ地点，湾最南端に位置し，島中心部に位置しながら，外海との連絡も容易な場所にある。1980年代半ばまでに当時の東ドイツアカデミーの考古学部門責任者であるヘルマンにより，ほぼ4分の1にあたる約3,400 m²が発掘され，8世紀後半のスラヴ人による定住開始から10世紀まで4層にわたる定住跡が確認されている[8]。ここでは，船着き場を伴う集落を中心として，集落北の小規模な墓地と湾を挟んだ東の墓地があり，集落と東の墓地の中間に神殿が位置していた(図2)。

　集落からは建物址98棟が発掘され，そのうち23が遅くとも9世紀初め(第1層)に，30が9世紀(第2層)に，45が10世紀の第3，4層に属し[9]，第2と第3層の間，焼失層を境に遺物や遺構が際立って貧弱かつ単調になった。注目されるのは先行する二つの層である。そこではほぼ同様な建築構成が現れており，中心住居と付属する複数の作業小屋からなる屋敷 Hofverband が三つ見いだされる[10]。第1層発掘部南では，炉を伴う二間仕切りの建物を中心に，周囲の建物3棟からは琥珀加工と骨角器加工，鉄鍛冶の痕が見いだされ，発掘部中央では炉を伴う建物を中心に，周囲の建物2棟から鉄鍛冶および青銅冶金，櫛加工が，また発掘部北では，炉のある建物を中心に建物3棟から木工作業痕が見いだされている。

　船着き場は，波の害を受けにくい内陸側，集落西側の内海に設けられた。約160 mにわたり14～16の船着き場が一列に並んでおり，それぞれの奥行きは12～15 mで，幅4～9 mの堀と，杭および板で土止めされた突堤から構成された。漸次的に浅くなった堀底には，数十センチ幅で竜骨の引き上げ跡が明確に残っていた[11]。船着き場は東側に接した個々の屋敷と結びついていたと考えられ，それらの位置から2～3の船着き場が一つの屋敷に対応していたと見なされる。

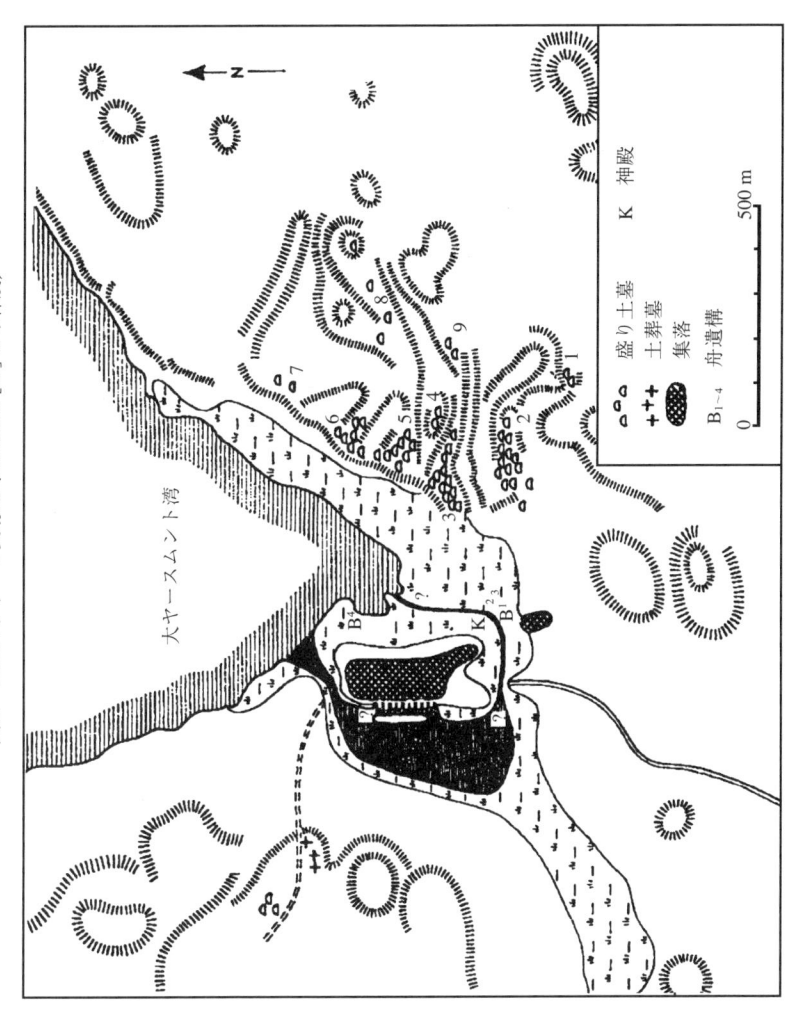

図2 ラルスヴィーク交易地 (Herrmann [21] より作成)

船着き場の規模はこの集落から発見された4艘の舟遺構と合致した。東岸北端に1艘，南端に3艘が発見されており，バルト海海岸で一ヵ所から発掘された中ではヴォリンについで多い[12]。地層の重なりと，同時に出土した土器の編年から10世紀頃に放置されたと見なされ，また北端の第4舟遺構は，舷材の年輪年代測定により，848年と測定されている[13]。これら4艘は幅2.5〜3.4 m，長さ9.5〜13 mと小型ながら，T型竜骨と4〜5対のオール受け，マストを備えており，バルト海内の航行が可能であったと見なされている[14]。工法としては，ヴァイキング船などとも共通し，上側の舷材を外側に重ね外側からだぼを打ちつけるクリンカービルト（鎧張り）が用いられた。ただし，鉄釘で船材を固定した北欧風工法とは異なり，ヴォリンでも知られているように，カシ材製舷材相互の固定や舷材と肋材の固定などの場合はマツないしはポプラ材製のだぼを用いた点が特徴的である[15]。

　これらの舟遺構からは建造や補修がこの地で行われたと推定できる証拠を見いだすことができた。第2舟遺構では，右舷舷材の内側数ヵ所が板で補修されたが，これらの板には舷材自体や船首材に刻まれたのと同じ溝模様が丁寧に装飾されており，建造された場所と同じ所で補修も受けたと考えられる。第4舟遺構でも左舷第1と第2舷材の裂け目に板による補修の痕があった。また，第1および第4舟遺構では，肋材から舷材がはずされ，撤去されていた。航行不能な損傷を受けるなどした場合には，船材を再利用するために岸に引き上げられ，そこで解体されていったと考えられる。従ってこれらの舟は，難破して放棄されたというわけではなく，むしろ船材を再利用すべく岸に引き上げられたと考えられる。

　集落から隔たり，南東の湿地にある建物は，住居より大型で，暖炉と生活痕がなく，土器遺物がまれなために神殿とみなされている[16]。神殿は，第1層では8×11 mの2間で，建物の西側は集落の南端に向いた入り口が置かれた。東側は屋根のない編み枝造りの壇が設けられ，壇上では多数の人，犬，馬の骨が出土した。第2層では，2間仕切り9×16 mの建物に拡大された。神殿周囲の低湿地には，牛馬の頭蓋骨や犬，豚，山羊，羊などの家畜骨が見いだされたほか，さらに細かく砕かれた人の頭蓋骨と関節すべての損なわれた骨が見いださ

れた。また，火を燃やした痕や，石で囲まれ，おそらく馬頭蓋骨が載せられていたと見なされる木柱も出土している。なお，9世紀後半の集落北の船着き場からは数十 cm の木製神像が出土した。頭部に目歯，顎髭が刻まれ，胴体には曲げた腕が描かれ，先端はとがっており，石ないし木製の土台に差し込まれていたとみなされている[17]。第2層が焼失した後には，この地域においても根本的な変化が生じており，かつての神殿と集落の間の低湿地は埋め立てられ，神殿址には住居が置かれ，集落と結合した。

スラヴ固有宗教の神殿が存在したことは他のバルト海南岸交易地でも知られており，ヴォリンでも同様に，内庭と厩の付属する神殿と複数の神像が発見された。シチェチンでは考古学上は明らかになっていないが，文献上確認されている[18]。馬などの家畜の頭蓋骨がスラヴ固有宗教施設と密接な関連をもつことは，北西スラヴ人の祭祀施設ではしばしば考古学上確認されており，また，リューゲン島アルコナ神殿で多数の馬が飼育されていたという史料叙述もある[19]。

集落部からは多量の手工業遺物が出土するが，遠隔地との交流を示す遺物も注目すべき成果が得られている[20]。第2層第1屋敷中心住居炉傍の小型の編み枝カゴから，総量 2,211 枚，2,750 g の銀貨および銀製腕輪が出土した。銀貨は古いもので7世紀前半のササン朝貨から9世紀半ばまでのアッバス朝貨で構成された。また，銀貨と同様東方からの物資としては，アラビア語の刻印されたペンがあり，その他に，ノルウェー特産滑石器と北欧風ブローチ，バルト風青銅装身具などから北方との交流が明らかになった。

入り江を挟んで集落の東側対岸の丘シュヴァルツェ＝ベルゲに，400基にのぼる盛り土墓が見いだされている。これらは高さ2 m，直径2〜15 m の円形あるいは楕円形に土を盛り上げた墓であり，おおよそ9群に分かれて，湾と集落に臨む斜面に東西 500 m，南北 800 m で分布している。1985年までに約300が調査され，その成果のほとんどはヴァルンケによってまとめられた[21]。必ずしもすべての墓に豊かな遺物が副葬されているわけではないので，編年は容易ではないが，ほぼすべてが集落の第3層と重なる10, 11世紀と推定される。

遺体は別の場所かその場で副葬品とともに火葬され，均すか窪ませた地表に，

遺骨と火葬に用いた木材の燃え残りが一緒に撒かれ、その後盛り土された。火葬場所が別の場合は、土器壺や木桶、青銅鉢で移送し、これらと一緒に置かれたが、容器に収めたままではなく、墓の地表に撒いたと考えられる。規模の大きな墓の場合には金銀、青銅、鉄などの副葬品の質でも際立った。

特に注目されるのは、墓地最北の丘の最頂部に位置する、900以上の焼け焦げた鉄鋲・釘などの鉄製品が出土する盛り土火葬墓である。そこには数cm以下の鋲約400、やや長めの釘約100などがあった。そうした鉄製品の半分が、火葬遺骨と副葬品、炭化した木材とともに墓中心の半径1ｍの焦げ土の痕の上に見いだされた。このことから、遺骸はその場で、鉄製品の付属する木材を燃料として燃やされ、その後そのまま盛り土されたとみなされた。また、中心部外でも一定の列をなした多数の鉄鋲が見いだされることから、釘・鋲のついた板が火葬場所の覆いとして使われていたようである。これら一部先をつぶしたものも含まれる鉄鋲・釘は船材の接合に用いられたものとみなされている[22]。同様に、多数の鉄鋲・釘が出土する墓としては、南端の墓群北東に、鉄鋲200、若干の鉄釘・金具の出土する平地土葬墓があり、これに北欧風の銀・青銅製ペンダントを伴う火葬墓二つが接していた[23]。また、墓地中央の最大の墓群東縁にも、鉄鋲・釘50以上の集中する火葬墓があり、その傍らには、北欧風土器の副葬された30代女性土葬墓もともに設けられていた[24]。

船に関わる葬制は北欧で頻出しており、ここと同様に、火葬の際に船材を燃やし、焼け残った多数の鉄鋲・釘が出土する事例も見いだされる。バルト海南岸では、遙かに少ない量ではあるが、後述する交易地メンツリンの墓地でも鉄鋲・釘が出土した。また、北欧では一艘をそのまま船葬墓として用いる例がよく知られており、バルト海南岸では交易地グロース＝シュトロェームケンドルフで見いだされている[25]。シュヴァルツェ＝ベルゲ墓地の事例での鋲の配置からは、船がそのまま設置されたとは考えられないが、同時にまた、船材が完全に解体にされることなく、ある程度は船材どうしが接合されたままで供えられたと推定されている。ただし、集落岸から発見されたような、当地で建造されたとみなされる舟の場合には、木製だぼが多用されており、鉄製品が多量に用いられることはなかった。従って、北欧風の建造様式の舟をそなえた火葬で

あって，その際舟の一部は火葬の薪とされ，残りは盛り土とともに墓の覆いに用いられた，と考えられている。

副葬品としては，北の墓群で成人女性の火葬盛り土墓にビルカ墓地出土例類似の青銅鎖付きペンダントが出土し，中央の墓群西側でもビルカ出土類似青銅製角杯金具と10世紀後半ドレシュタット・デナリウス貨の北欧における模倣品が[26]，南の墓群ではウップランド製戦斧や金箔を施した銀・青銅製ブローチ，ビルカ出土類似の青銅製木皿縁飾りが見いだされるなど北欧との関連の強さが推定された[27]。他方でスラヴ風副葬品は乏しく，南の墓群から11世紀後半のベルト留め具一つが出土しただけであった[28]。

ラルスヴィーク近隣で特徴的な定住地としては6km南のベルゲンに，古スラヴ語で「リューゲン人のブルク」を意味する防備定住地ルガルドがある[29]。8–9世紀に最初の塁壁が設けられ，当初内部には生活痕は見いだされなかったが，一度建て直した後には塁壁後ろに炉をもつ住居址が見いだされ，塁壁焼失後も定住は継続したと考えられている。遺物は，ラルスヴィークと同時期の822年までの編年のアラブ貨12片，銀製秤が出土した。また，大ヤースムント湾に沿って北側，島北端の防備定住地アルコナでは，スラヴ土着宗教の神殿がラルスヴィークと同様に考古学的にも，また文献上でも証明され，8世紀頃からラルスヴィークが放棄された後の12世紀まで定住が継続していた[30]。

(2) 船型列石墓と外来者：メンツリン

メンツリンはペーネ河口から十数km入り込んだ内陸に位置しており，河口正面はウゼドム島に遮られてはいるが，ペーネ河を経由して容易に外海との往来が可能であった。バルト海南岸の交易地の中では比較的早くに調査が進められており，1970年代にショクネヒトによりまとめられた成果によると，約10haの集落自体はペーネ左岸の低湿地に囲まれており，東には墓地の丘が控え，集落南の川岸には船着き場などの施設が展開していた[31]（図3）。出土する土器やそのほかの遺物の編年からは9世紀から10世紀半ばの交易地と見なされ，また船着き場の木材の年輪年代測定でも，9世紀半ばとされた[32]。

集落はその一部が発掘されただけであるが，ラルスヴィークと同様な屋敷構

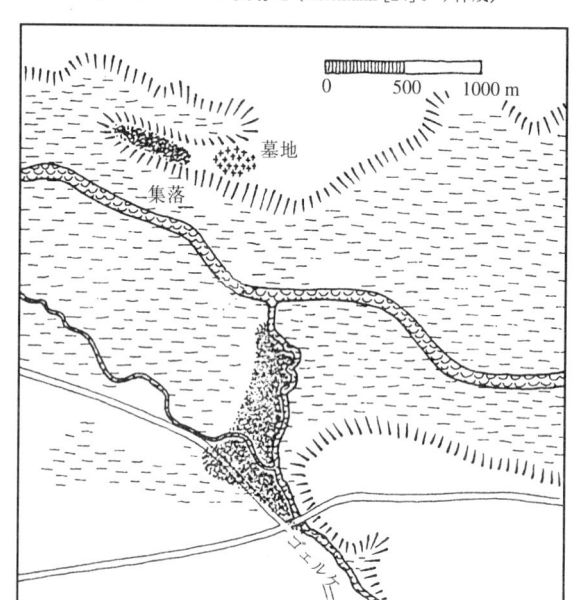

図3 メンツリン交易地 (Herrmann [24]より作成)

造がメンツリンでも見いだされた。炉を備え，粘土製穀物容器の出土した約15 m^{2}の建物が住居と見なされた。住居の南に3棟の作業小屋があり，それらのうち東の建物からは，加工途中と完成した櫛・紡錘，そして材料の鹿骨角が，また同様に加工途中と完成したペンダントや珠そして材料の琥珀が出土しており，骨角器および琥珀加工用の建物と推定された。南の建物は，東と同様に骨角器および琥珀加工が推定されたほか，棒鉄に加え，鍛冶滓や鏃のほとんどが出土しており，鉄鍛冶に用いられた建物と見なされた。縦糸おもしが集中的に出土した西の建物は織布用の建物と見なされた。調査区域で出土した，鑿・鋸・錐などすべての道具は建物址からのみ出土しており，これら建物が多様な手工業活動に活用されていた証拠と見なされる。中心住居と作業小屋で同一のスラヴ土器片や同一の外来土器の破片が出土しており，これらの建物間の関係の強さが推定できる[33]。

集落から出土する遺物には多数の外来品が見いだされた。ミニチュアの斧，トール神のもつハンマー，左右対称飾り青銅ブローチ，楕円皿型青銅ブローチなどが北欧との密接な交流を推定させている。また，ドレシュタットなど北海沿岸で頻出する球形壺，およびフリースラントなど北海沿岸で見いだされたターティングタイプ水差しの土器片は，交易地ロストック＝ディルコウで出土しているだけでメクレンブルク地方ではまれである。ライン流域で製造されていたバードルフタイプ土器はここ以外ではロストック＝ディルコウと，同じく交易地であるグロース＝シュトロェームケンドルフで出土しただけで，また，ドレシュタット出土類似の漏斗状ガラス杯片も他にはグロース＝シュトロェームケンドルフで出土しただけで，いずれもメクレンブルク地方ではきわめてまれである[34]。また，川岸の調査から見いだされた三角形柄頭をもつ片刃剣はフリースラントなど北海沿岸地域で製造されたと考えられている[35]。

　集落北東の丘約3 haには，墓約800基が分布しており，このうち1,100 m²，33基が発掘されている。円形や船型に石を並べ，列石中央には遺骨を直接地面におくか，壺に入れて配置し，その上に火葬の燃え残りおよび土が盛られた。長軸で2〜3 mから最大でも7.5 mの規模であって，盛り土の高さは1 mであった。骨壺に収納されたかどうかはほぼ半々であるが，すべての墓が火葬であった。墓地の分布する丘の南東端には木炭と火葬体の一部も出土した不定形の焦げ痕があり，火葬場所と見なされた。副葬品は特に豊かではなく，鉄鋲や鉄釘は多量にではないが，半数以上の墓から出土した。骨壺として使用された土器は集落から出土するものと同様であり，その他の遺物も集落と同様なタイプであることから，この墓地についても同様に9世紀から10世紀と推定されている。

　調査区域中で南東の列石墓5基が最も注目される。このうち3基は船型で南北に長軸を重ねて一列に連なり，両脇に円形2基が配置されていた。船型墓は規模に若干の差違がみられるものの，長さ4〜6 m，幅約3 mで，列石の中でも北に配置された石が大きさや形状で際立ち，いわば舳先を北に向けたように見なせる。平面的に舟を模しているだけでなく，個々の列石の高さも中央を最も低く，北（舳先）・南（艫）へ向け斜めにせり上がり，立体的にも船型を模してい

た，と考えられる。副葬品としては，ベルト留め具，約3 cm鉄釘と鉄鋲若干，ウップランド製楕円形青銅ブローチ，青銅指輪，青銅鍵，熔けたガラス玉などが備えられていた[36]。

列石墓自体は北西スラヴ地域において，必ずしもまれな形態ではないが，船型は同時代の北西スラヴには他に類例が全く見いだされていない。船に関わる葬制が頻出する北欧の場合，船型列石墓はスウェーデン本土，ゴトランドなどで多数見いだされるが，編年ができないか，ないしは青銅器・鉄器時代が一般的である。メンツリンと同時期の墓多数が含まれるのはデンマークのリンホルム＝ホイエであり，ここでは同様にいくつかの船型火葬列石墓から鉄鋲数十が出土した[37]。メンツリン墓地におけるこうした葬制からは北欧とのきわめて強い，恒常的な交流が推定される。

墓地からも量は多くないが，多様な外来品が出土した。ウップランド製ブローチやデーン，ノルウェー，スウェーデン，リトアニアなどで8世紀に頻出する16突起付き青銅リング状ブローチ，ノルウェー製馬具，ヘルイェー出土類似の馬具ベルト先，スコットランド，ヘーゼビューで類似例が出土したアイルランド製リング付きピンなどが出土し，北欧風の副葬品が目立つとともに，西方からの遺物も見いだされた[38]。

メンツリン近隣では際立った定住地遺跡は今のところ発見されていないが，貨幣や外来品がペーネ河に沿って河口まで分布した。メンツリン同時代の遺物が出土するのは比較的近距離の地点からであった。対岸のゴェルケ Görke では先述したメンツリン出土類似の片刃剣が発見されたほか，ペーネに合流する小川から10世紀アラブ貨116片とドイツ貨1片が見いだされた[39]。メンツリン西数kmにあるクライン＝ポルツィン Klein Polzin では868年アラブ銀貨片が出土し[40]，ペーネ河口北数kmのピンノウ Pinnow からは8世紀から9世紀半ばにかけてのアラブ銀貨3百枚が出土した[41]。南十数kmのシュヴェリンスブルク Schwerinsburg では10世紀末とされる銀腕輪が出土した[42]。

メンツリンが放棄されて以降の時代については，ペーネの上流と下流の離れた地点でそれぞれに貨幣や外来品が出土した。メンツリン北約10 kmのツュッソウ Züssow では9世紀末から11世紀前半の貨幣が[43]，ペーネ上流数kmのシュ

トルペ Stolpe で 11 世紀頃の貨幣が出土し[44]，ペーネ上流約 20 km のデッミン付近では，11 世紀とされるバルト風の青銅腕輪が北のトリッテルヴィッツ Trittelwitz から，また南のフォルクスドルフ Volksdorf から北欧風の青銅腕輪と，シェーンフェルト Schönfeld から鳥型青銅ブローチがそれぞれ出土している[45]。

ペーネ河口前に広がるウゼドム島では，近年の調査によって，ペーネ河口対岸のウゼドム湖北端に遅くとも 11 世紀中には，大規模な塁壁前集落を伴う防備定住地が形成されていたことが明らかになった[46]。調査は継続中であるため，詳細は未だ不明の部分が多いが，多量の手工業活動を示す遺物と，11 から 12 世紀初頭のケルン造幣模倣貨や青銅秤など交易を示す遺物が出土しており，史料上でも 12 世紀半ば以降にはポンメルン侯の拠点の一つとなっている[47]。ウゼドム島では他にも，レーツォウ Reetzow で 10 世紀前半のアラブ貨数片と銀製装身具が[48]，クヴィリィツ Quilitz で 9 世紀末から 11 世紀前半銀貨が 2 千枚，3 千グラム以上出土し[49]，ゲレンティン Gellenthin では 11 世紀銀貨 9 千枚が出土した[50]。また，ペーネ河口からウゼドム島の北側に抜けるペーネストローム沿いのカリン Karrin では 13 世紀の貨幣が出土するなど[51]，メンツリン放棄後にはペーネ河口付近で外来品や貨幣が集中的に現れている。

(3) 交易地についての二つの見解

(a) 屋敷構造をとる定住地

ヘルマンは北海・バルト海の交易地を展望しながらも，バルト海南岸の交易地を二つの類型に分けているようである[52]。初期の交易地は，10 世紀以前のラルスヴィークで考古学的に検証されるような屋敷を構成の基礎単位とした。すなわち，屋敷に付属する多様な仕事場が遠隔地交易向けの生産活動に従事し，これにより個々の屋敷がバルト海圏の経済と直接に結びついた。同時に屋敷は後背地との交易活動に関わっており，両者に向けた生産を行うとした。

バルト海南岸でもオーデル河口のような良好な条件の下では，ヴォリンとシチェチンのように屋敷から構成された交易地の類型は都市に展開していくとして，この場合は屋敷保有者が都市貴族となり，後背地に対しては大土地所有者となったとした。しかしながら，典型的な都市への道は屋敷構成をとる交易地

からではなく，ブルク都市から生じた。つまり，内陸では8/9世紀交以来，手工業と交易は部族拠点ないしは政治拠点と関係しており，政治権力は屋敷団強化発展の兆しを摘んでしまったのだという[53]。従って，屋敷によって構成されるラルスヴィークやメンツリンなどの交易地の類型は，都市の前期的・初期的形態だとされながらも，当該地域の政治権力とはかけ離れていたため，これらは解体され，住民は移住させられ，その意義を失ったとしている。

(b) ヴァイキングの集落

メンツリンを発掘したショクネヒトが第一に注目するのは定住主体である[54]。大規模な船型列石墓から，北欧出身のかなりの数にのぼる住民＝ヴァイキングが，出身地の葬制で墓地を設けるほど長い期間，ないしはある周期で定住していたとみなした。また，墓と集落の建物遺構から出土した楕円形皿形ブローチなど北欧風の装身具は，女性を含む集団，ないし北欧人家族が移住・定着した証拠とした。なお，同時にスラヴ人の定住も見込んでいるが，スラヴ風の墓が見いだされないのは，おそらく別の墓地が設けられたからと推定している。また，特化した都市居住商人および手工業者に集落内ないしは付近のスラヴ人農民が生産物を供給したと見なし，その証拠としては，供給された生産物への対価とみなされる，近郊から出土する貨幣や北欧出自の品が挙げられた。

ショクネヒトはメンツリンを，ラルスヴィーク，ヘーゼビュー，ビルカ，カウパングやバルト海外ではドレシュタットのような，沿岸地方で良好な交通条件が典型的である定住地とみなした。さらに，ここでの交易を，北欧との海外交易，広範な後背地との交易，周辺集落との交易という三類型に分けた。交易を通じて，交易地は豊富な奢侈品を社会的上層に供給し，他方で近隣を手工業・非農業生産では低いレベルにとどめさせたとする。また，無防備である点もすべてに共通するが，このことは交易地が局地的な対立から無縁な，個々の地域の社会的状況から超越した地点であることを証明しているという。つまり，交易地は国家発展や近隣集落の拠点機能とは関係なく，単に遠隔地商人の需要を満たすための集落とされた。ただしこうした交易地は封建化の過程において，支配層居所＝ブルクに伴う塁壁前定住地などが発展すると，ほとんどが意義を失う。メンツリンなどの交易地は10世紀初頭か半ばには放棄されたが，ペーネ

河口地域を中心として，近隣の地域が交易地の担った経済的機能を継受したことが強調された。

本稿で中心的に紹介した交易地について，直接調査した研究者の主張を大まかに整理したが，ヘルマンは交易地の定住構造としての屋敷構造を強調することで，相対的に交易地における外来者・多人種共生という特徴を後景に押しやった。他方ショクネヒトはこれとは逆に，ヴァイキングのバルト海南岸における集落という点を強調して，交易地がそこでの社会構造とは直接的には関連がないとした。ただし，ともに交易地が都市発展の前期的・初期的形態であることを指摘しながらも，両交易地とも結局定住放棄がなされたという事実から，都市化・都市形成では本質的な展開過程にはなかったとしている。

III　交易地の性格

（1）　多様な人種の共生：バルト海圏ネットワーク

交易地に典型的なのは船に関わる遺構や遺物であった。舟自体や船着き場の遺構はラルスヴィークやヴォリンで多数発見されていた。交易地の性格を規定する重要な遺構としては，スラヴ地域一般には欠けた，北欧ないしは西欧風の葬制である。船葬（グロース＝シュトロェームケンドルフ）や船型列石（メンツリン），あるいは船材を火葬に用い，そのまま副葬する（ラルスヴィーク，メンツリン）などの事例が見いだされた。また，北西スラヴ人では一般的に副葬品が乏しい中で，交易地の墓地からは北欧など外来品を副葬している点が特に注目された。中でもメンツリンは，調査された墓がすべて北欧風とされている。さらに，北欧製の女性装身具などが副葬品としてだけでなく，集落の主に建物址から出土しており，北欧人が日常的に定住する集落像が浮き彫りになっている。ただし，ラルスヴィークとヴォリンで出土した舟は，北欧に一般的な様式とは異なり，木製だぼを多用したスラヴ固有の建造方法であった。この舟は，ヴァイキング船のような大型の船舶ではないが，バルト海域の航行には十分能力を発揮していた。なお，このタイプの舟の出土はバルト海圏におよぶ交流の担い

手についても一つの示唆を与えている。

　集落部での北欧・西欧の外来品の出土や，墓地から判明した北欧人の定住は，バルト海南岸の交易地を，少なくともバルト海の，そして場合によっては北海にまでおよぶ交流圏の中に位置づけさせてくれる。ただし，メンツリンを一つの典型とする，周囲の定住地から際立つ交易活動の証拠は，外来交易者の通過拠点というイメージをもたらす。その結果，当地の社会構造に関わる論議において，交易地自体を例外的な存在として，考慮外に置くという傾向をもたらした。中世盛期の都市に直接連続するオーデル河口交易地に注目するウォシニスキは，ラルスヴィークでは定住地最盛期に対応する墓地がないことを挙げて，デンマークのリーベのような北欧人の季節集落とみなし，メンツリンやロストック＝ディルコウとともに，スラヴ都市の発展においては傍流にすぎないとした[55]。メンツリンを発掘したショクネヒト自身も，国家的発展や付近の集落の中心とは関係ない，遠隔地商人の需要を満たすための集落とし，かつメクレンブルクでは同時期の沿岸には類似規模の集落はない，と断言して，メンツリンが北西スラヴ社会において例外的な存在であったかのような表現をしばしば繰り返した。

　ショクネヒトやレチィェヴィチが主要な交易地の成果を発表した当時には，なおグロース＝シュトロェームケンドルフやロストック＝ディルコウ交易地遺跡が知られておらず，ラルスヴィークについてさえ十分な成果の公刊がなされていなかったのであって，交易地が北西スラヴ社会において果たした役割について過小評価されるのも当然ではあった。しかし，新たな知見が獲得されている今日，交易地を例外とせずに，バルト海南岸の地域史の中で捉え直す必要があるのではないだろうか。そうした観点から，遠隔地との交流に参加した交易地定住の土着スラヴ人の存在を浮かび上がらせるのは，バルト海も航行可能であったスラヴ固有の建造様式による舟である。この点は，やや時代は下るが，史料上でも，舟をもち，バルト海を往来するスラヴ人の存在がオーデル河口交易地で言及されて，裏付けられている[56]。また，メンツリン以外のバルト海南岸交易地の墓地では，外来北欧風の葬制と土着スラヴ風の葬制が併存していた。例えば，ラルスヴィークの列石墓については，交易地以外のスラヴ人墓地からも

類例が見いだされ、スラヴ的・土着の葬制とも見なされている[57]。なお、墓地の編年から、北欧人の季節集落と見なされたラルスヴィークの問題があるが、交易地を例外として、一般的には北西スラヴ定住地において、墓地を伴う事例がきわめて少ない点を考慮する必要があり、少なくとも、墓地と集落をつねに固定的な関係で理解するかどうかは保留せねばならない[58]。

もっとも各論者ともに交易地が、北欧などの外来者によってのみ定住された交易路の通過点であったと特徴づけるのには慎重である。たとえば、ショクネヒトもまた、メンツリンに定住するスラヴ人墓地の存在を推定している。その際には根拠としてスラヴ人と外来者がともに生活していたという史料叙述や[59]、特に骨壺として墓地からであれ、日用品として定住地からであれ、ほとんどすべての土器がスラヴ様式であった点が強調されている。従って、そこから導き出されるのは専ら北欧人に定住された集落ではなく、多くの人種により共生された定住地という性格である。

(2) 在地的中心地機能：ローカル・ネットワーク

(a) 経済的要素：後背地との関係

交易地を北欧など外来者が定住した集落と規定する論者も、周辺のスラヴ人と何らの交流も想定していなかったわけではない。スラヴ人が交易地内に共生していないと想定した場合には、交易地から出土するスラヴ風生産物はすべて近隣から供給されたということになる。また、食料なども周辺から供給されていたと考えられている。ヴォリンの船着き場からは大量のライ麦と小麦が発見されており、内陸から河川を通じて、舟でもたらされた証拠と見なされている。またこれに対応した丸木舟などの小型船舶による内陸河川交通のネットワーク形成についての検証も進められている[60]。しかしながら、交易地内の遺物の中から、周辺からの供給物を立証するのはしばしば困難が伴う。これに対して、交易地近隣の、遺構や遺跡のない地点から貨幣や貴金属・装身具などが発見がされた場合には、農村からの供給物への交易地からの対価とみなされている。メンツリン近隣では、同時代の数km圏内の農村定住地から貨幣や外来装飾品などがしばしば見いだされた。こうした事例は他の交易地グロース＝シュト

ロェームケンドルフやロストック゠ディルコウ，ヴォリン，シチェチンにおいても同様に知られている[61]。

(b) 社会的要素：土着宗教の神殿

在地的中心地機能を最も明確に示しているのはラルスヴィークにおける神殿遺構である。ここでは，北西スラヴの祭祀施設に共通する様式が見いだされた。集落の住居・建物からは明らかに隔てられ，集落のはずれに，住居機能を持たない神殿を設置している点，牛馬などの犠牲や，敷石の土台をもつ木柱の設置などが共通する。船着き場からの神像とあわせて，神殿の存在は交易地とスラヴ土着の風習との密接な結びつきを示している。

ところで，北西スラヴ社会において，土着宗教の神殿が見いだされるのは，スラヴ人有力者の支配拠点か，少なくとも塁壁などの防備施設のある定住地で，その意味ではシチェチンやヴォリンも有力者の居所となりまた塁壁も備えていた。従って，スラヴ固有の祭礼が執り行われる機能が，シチェチンやヴォリンの定住地としてのどのような要素から導出されたかの判断は難しかった。しかし，有力者による居住も防備もないラルスヴィークの神殿によって，スラヴ固有の宗教と交易地との関係が一層明確化したといえよう。すなわち，交易地は防備定住と並んで，近隣における宗教上の機能の結節点をなしていたと考えられるのである。

また，北西スラヴ社会におけるこの時期の土着宗教が果たした役割を考慮するならば，神殿の存在は単なる宗教拠点としてだけではなく，政治・社会的な地域拠点という意味合いも浮かび上がらせる。年代記などの文献史料では，11-12世紀のリューゲン島や東メクレンブルク地方において，弱体な君侯層に代わって，地域統合の役割を果たした土着宗教とそのリーダーとしての祭司に言及している[62]。すなわち，レチィエヴィチが指摘したように，土着宗教は単にキリスト教化に対抗しただけでなく，集権国家への編成に抗して，地域社会を糾合する役割も果たしていたと考えられ，そうした点では神殿が置かれた交易地が，ある地域的まとまりにおいて，単なる経済・宗教的中心を越えた社会的拠点として機能していたことが推定できる。

（3） 交易地における定住構造の変遷と連続性

（a） 屋敷構造から街路へ

　交易地において，大規模に展開していた多様な手工業および交易活動の単位として，ヘルマンは屋敷を挙げた。定住構造上，屋敷を構成するのは，住居を中心とし，多様な生産活動を担う作業建物，ラルスヴィークでは船着き場までもが屋敷を構成していたと見なされている。たしかに，農村定住地など，生け垣などの何らかの仕切がある場合には，外観から一つの単位としての屋敷経営を断定することは困難ではない。しかし，比較的狭い範囲に建物が密集している交易地の場合には，一つの経営単位としての屋敷析出は容易ではない。屋敷の検出という点で興味深いのは，住居・建物間のまとまりを証明するメンツリンからの成果である。住居も含む各作業小屋から，希少な外来品を含む複数の同一土器の破片が出土しており，日常的にそれぞれの施設が密接な関連を保持していたことが推定できる。

　ヘルマンの論議の特徴は，交易地の定住構成において，基礎単位として屋敷構造を見いだし，ここから交易地の社会構成の単位を屋敷経営の保持者とする点である。従って定住構造の変化は，屋敷保持層の没落ないしは上昇転化という，何らかの社会構成上の変化を意味することになる。オーデル河口地域のように，放棄されずに定住の持続した交易地の場合，12世紀に生じた定住構造の変化，つまり，建物の均等化と遺物の貧弱化が，屋敷保持層がこの定住地の主体ではなくなり，君侯層の支配拠点と変わったことを証明するものと理解された。

　定住構造が直接的に個々の定住地の社会構成を明確に規定できるかどうかについては，なお，十分な検討が必要と思われる。ただし，ここで注目すべきは，定住の連続した交易地では，定住構造の変化，すなわち屋敷構造の消滅と遺構・遺物の貧弱化が，王侯層による支配拠点化としばしば重なっていたという事実である。少なくとも，定住構造の変化により社会構成上の変動との関連を追求することができると考えられる。

(b) 地域としての連続性

バルト海南岸西方の交易地は，同一地点での定住が中世盛期まで継続することはなかった。これに対してより東方，オーデル河口の場合には長く定住が継続した。ただし，定住の連続した交易地の場合でも，定住構造上の特徴では質的な変化が生じた。12世紀のオーデル河口交易地で，シチェチンがポンメルン侯の支配拠点とされて以降には，当地域の交易地では従来のような多様で豊富な質をもつ遺構は見いだされず，建物は均等な規模となり出土遺物は貧弱になった。

オーデル河口地域でシチェチンの定住構造変化と同時に周囲の交易地でも変化が生じたように，西方の交易地が放棄された時期は，交易地近隣における定住地の新設や変化の時期とも対応していた。ラルスヴィークの場合には交易地としての最盛期後にアルコナに神殿を伴う防備定住地が，グロース＝シュトロェームケンドルフの場合はメクレンブルクに防備定住地が，また，ロストック＝ディルコウの場合はヴァルノウ川対岸に防備定住地が，そしてメンツリンの場合はウゼドムに防備定住地が，それぞれの交易地の定住放棄後に成立・展開していった。ここからは，定住構造の変化と定住の放棄が近隣における拠点形成と関連しているということが想定できる。交易地自体では定住および経済活動の連続性を見いだせなくとも，近隣・周辺に新たにそうした経済活動の継続性が見いだされ，交易地の果たしていた機能が地域的に継受されていったと考えられるのである。

むすび

北海沿岸や北欧に見いだされた交易地は，近年の成果によりバルト海南岸においても決して例外的な定住地ではなく，エルベ・オーデル間だけでも4定住地が見いだされた。ここでは，同一地点で継続的に定住が発展したわけではなく，また，外生的要素が交易地の成立と展開に大きな影響を与えていたことも明白である。そうした点を踏まえると，交易地が当該地域の歴史展開を直接的に規定したかどうかは明白に証明しがたい。外来者の定住を確認し，さらには，

彼らのこの定住地でのイニシアティブなど，強固な外来性をまず認める必要がある。交易地における，他から際立った，質量ともに豊かな手工業や交易などの経済活動が外来者の存在によるところが大きいのは否定できない。しかしながら，そうした集落が，近隣に何らの影響を与えなかったと考えられるだろうか。交易地とは別個に政治権力が生じ，これにより社会経済的展開や都市形成がなされたというのは，交易地の過小評価ではないのだろうか。本稿では，従来遠隔地交易の中の中継点として位置づけられていた交易地について，経済的要素以外にも在地的な社会構造の中で中心地機能を果たしている点の検証を試みた。そうした検討過程から浮かび上がるのは，交易地を地域間の枠組みの中だけで理解することはできない，ということである。また同時に，交易地の検討を通じて，北西スラヴ社会がバルト海圏という地域の枠組みの中にあるという，一つの様相が明らかになった。交易地のみを地域間構造の中で捉えるのではなく，交易など経済的関係以外の社会状況もまた，交易地と同様に地域間的なまとまりの中で捉えるという観点が必要であろう。またこれによってこそ，ドイツ人植民を含む，多様な民族・人種間の相互影響の下で，ついに国家形成には至らなかったバルト海南岸北西スラヴ社会の特殊性についても，より理解を深めることが可能となるように考えられる。

注

1) たとえば従来スラヴ風と見なされてきたエルベ・オーデル間の考古学成果のいくつかの見直しが提起されている。Brather [11] [12], Jöns [32].
2) 北海・バルト海における「交易地」についての全般的な概観については，Ambrosiani / Clarke [7], Callmer [13], Brachmann / Herrmann [10]. 本稿ではこの定住類型を「交易地」と称するが，ここでの目的はこの定住地の性格を検証すること自体にあり，その意味では予見を与える名称は望ましくない。とりあえず，遠隔地交易に関わる遺物が豊富に出土する大集落であることを念頭に置き，同時に商品流通に特化したイメージを与えにくい，よりプリミティブな表現と考えられる「交易地」を用いた。
3) メクレンブルク地方の交易地であるグロース＝シュトゥレームケンドルフ，ロストック＝ディルコウについては市原 [62]，西ポンメルンの交易地であるヴォリン，シチェチンについては市原 [61] を参照。
4) Wieterzichowski [57], S. 44–45.
5) Jöns / Lüth / Müller-Wille [33], S. 207–216. Jöns [32], S. 138–141.
6) Leciejewicz [36], S. 226. [37], S. 181–183.

7) 中でもまさに都市・農村関係論として都市成立研究を展望した森本と，北欧社会論としてバルト海のヴァイキング植民地に言及した熊野の論考は，本稿での主要な論点とも重なる。森本は，ヨーロッパ学界での成果を示す中で，特に北海・バルト海の商業地については，消滅が見られながらも地域にとっての都市的諸機能の連続が証明されているとした。また，中世初期における都市化がおおよそ共通に認識されてはいるが，集落の多核的構造に見られるような，権力的背景，遠隔地ないしは後背地商業など多様な要素が個別の都市発展に考慮されているとする。他方で熊野は，ヴァイキング植民地としての交易地が，まず，農民＝ヴァイキングの経済的自給・自立性を前提として，王侯による下賜を含む互酬経済など固有の社会関係の中で生じたとし，中世前期までの交易地は，その放棄後に近隣に生じた，農村・都市分業に基づく中世都市の形成と，直接に重ねられないとしている。森本 [64]，熊野 [63]。

8) ヘルマンによる総括報告書の公刊が長らく期待されていたが，近年ようやく出版された。Herrmann [28]．筆者は未読であるが，交易地の全体像と集落に関わる主要な成果報告は既に 1980 年代半ばまでに行われており，本稿ではこれらに依拠して考察した。Herrmann [21] [22] [25] [26]．

9) 集落の定住構成については Herrmann [25]，第 3 層井戸の木材年輪年代測定によれば，最終年輪が欠けているので断定はできないが，10 世紀半ばと推定され，ほぼ確固とした編年が得られた。Herrmann / Heußner [30], S. 268–269．

10) ヘルマンは，中世前期の農村定住地において，定住地の構成単位として，中心住居とこれに付属する納屋・廏・穀物倉・作業小屋からなるまとまり，すなわち屋敷 Hofverband, Gehöft を見いだしていた。Herrmann [19], S. 385–405．

11) 船着き場の発掘成果については Herrmann [22], S. 156–159．

12) 第 1～3 舟遺構については Herfert [18]，第 4 舟遺構については Herrmann [23]。ヴォリンでは従来 7 艘が発掘されていたが Filipowiak/Gundlach [16], S. 76–77，当地の発掘調査にあたっているシチェチン国立博物館フィリポヴィアク館長によると，1998 年さらに 1 艘発見されたということであった。

13) Herrmann / Feußner [30], S. 268．

14) ここでの成果を活用して，フィリポヴィアクの指導下に復元・建造されたスラヴ船スターリガルド号が，1994 年にヴォリンからオルデンブルクまでバルト南岸沿いを航行し，現在もオルデンブルク塁壁博物館に野外展示されている。

15) 北端の第 4 舟遺構だけが舷側材の間に防水詰め物用の溝がない点に差異があるが，基本的には共通した建造法である。鉄釘は縦方向に舷材を接合する場合と，船首船尾材の舷材との固定の場合に用いられただけで，ほとんどが木製だぼによる。木製だぼが強度上鉄釘に劣ると簡単に決めつけることはできない。船材に用いられたカシに比べ，だぼにされたマツ材は水分吸収と膨張率が高く，この差違からいったん進水すればしっかりと固定された。

16) 神殿の発掘成果については Herrmann [25], S. 130–133．

17) なお，北西スラヴの神像で歯を刻まれた例は従来見いだされておらず，むしろノルウェーのオーセベル船葬墓出土四輪車の装飾との類似が指摘され，北欧風の遺物との推定もなされている。Herrmann [22], S. 160．敷石などの上に木柱を立てた祭礼場所はオ

ルデンブルク:Gabriel [17], S. 75–77, 市原 [59], 47 頁, やグロース゠ラーデン: Schuldt [47], S. 214 で発掘された。
18) ヴォリンにおける神殿については,Filipowiak [14], Filipowiak / Gundlach [16], S. 102–104, 市原 [61], 7 頁。シチェチンの神殿については,ポンメルン司教区の創設にあたった司教オットー・フォン・バンベルクについての,ミカエルスベルク修道院の聖職者エボーによる 12 世紀半ばの伝記で言及された。Ebo [2], III–16, S. 675, 市原 [61], 18–19 頁。
19) 交易地ではないが,馬の骨が出土するスラヴ土着神殿としてはオルデンブルク: Gabriel [17], S. 75–77, 市原 [59], 47 頁。ノイブランデンルク・ファンフヴァダー島: Schmidt [43], S. 61–62, 市原 [60], 48 頁。記述史料上では,オーデル流域スラヴ人が祭祀のために馬を飼育していたことは, 13 世紀前半のサクソ「デーン人事績録」が言及している。Saxo [5], S. 566.
20) 集落からの遺物については Herrmann [21], S. 168–169。
21) Warnke [49] [50] [52] [53]. なお,集落北にもう一つの墓地があり,そこには正方形列石墓 1 基を含む盛り土墓数基があるが,部分的な発掘のみで詳細は判明していない。Warnke [51], S. 255.
22) Warnke [52].
23) Warnke [53], S. 233
24) Warnke [50], S. 279.
25) 北欧の墓地で見いだされる場合,鉄釘・鋲は多くとも 200 程度である。ラルスヴィークと同時代の特徴的な事例としては,スウェーデンの Tuna-Sollentuna で一艘の船の中央に鉄鋲・釘約 200 と遺骨,火葬灰がおかれた船葬墓がある。Müller-Wille [42], S. 36, 157. グロース゠シュトロェームケンドルフでは墓に残る釘・鋲痕から鉄鋲を用いた板張り舟と考えられる船葬墓 3 基が見いだされた。Jöns / Lüth / Müller-Wille [33], S. 207–214, 市原 [62], 14 頁。
26) Warnke [49], S. 107.
27) Warnke [53], S. 233.
28) Warnke [49], S. 108, [50], S. 281.
29) ルガルドについては Herrmann [21], S. 171–172. ルガルド Rygart は 13 世紀半ばリューゲン島ヤロマル侯が発給した文書で発行場所として史料に初出した PUB [4], II, Nr. 656, S. 53.
30) アルコナの神殿にはリューゲン島全体から毎年貢納が集められたとされている。Saxo [5], S. 566. 従来の考古学上の成果については Herrmann [20]. 現在調査を行っているヘファト元ストラールズント博物館長によると,成果は公刊されていないが,従来の想定よりもより塁壁近くから祭祀を執り行った痕跡が発見されているという。
31) Schoknecht [45].
32) Herrmann / Heußner [30], S. 269.
33) 櫛の歯を用いた Y 型文様の同一のスラヴ土器片が中心住居内と南端の作業小屋前に,また,同一の球形壺土器からの 6 片と同一のターティング・ポットからの 9 片も各作業小屋に散らばっていた。Schoknecht [45], S. 109–111, 136.

34) ロストック=ディルコウからの遺物については Warnke [55], S. 70–71, グロース=シュトロェームケンドルフからの遺物については Wieterzichowski [57], S. 24–25, 市原 [62], 13 頁。
35) Schoknecht [46], S. 228–229.
36) Schoknecht [45], S. 12–13.
37) Müller-Wille [42], S. 24, 186.
38) Schoknecht [45], S. 38–42.
39) Herrmann / Donat [29], Nr. 49 / 58, S. 334.
40) Schoknecht [46], S. 233.
41) Herrmann / Donat [29], Nr. 49 / 131, S. 349.
42) Herrmann / Donat [29], Nr. 49 / 159, S. 355.
43) Herrmann / Donat [29], Nr. 43 / 202, S. 180–182.
44) Herrmann / Donat [29], Nr. 49 / 58, S. 334.
45) Schoknecht [46], S. 233.
46) Mangelsdorf [41].
47) 初出は 1140 年教皇インノケンティウス 2 世がポンメルン司教区を確認した文書でブルク castrum として言及された。PUB [4], I, Nr. 30, S. 33.
48) Herrmann / Donat [29], Nr. 44 / 132, S. 213.
49) Herrmann / Donat [29], Nr. 44 / 118, S. 208.
50) Herrmann / Donat [29], Nr. 44 / 23, S. 186–188.
51) Herrmann / Donat [29], Nr. 44 / 38, S. 191.
52) Herrmann [26].
53) 内陸における屋敷構造の発展阻止の例としては小ブルク定住地トルノウが言及されている。一つの定住地内に当初見いだされた複数の屋敷構造が, 小ブルク建設後にはブルク前の屋敷のみになり, 他の建物は均等小規模化したという。Herrmann [19], S. 385–399.
54) Schoknecht [45] S. 55, 136–142.
55) Losiński [38], S. 86–87.
56) 先に挙げた司教オットー伝では, 布教協力者として, 複数の舟を保持し, ザクセンで改宗するほどの西方世界滞在と交流の経験を持っていた住民が言及されており, Ebo [2], II-8, S. 631, II-9, S. 631–632, これとは別に, 複数艘の舟を持ち, デーンへの略奪行を組織している住民も言及された。Ebo [2], III-2, S. 652, 市原 [61], 20–23 頁。
57) シュヴァルツェ=ベルゲ第 1, 第 2 群の列石墓については, リューゲン島 Pulitz; Herrmann / Donat [29], Nr. 41 / 265, S. 95, ドイツ本土の Loecknitz; Stange / Gralow [48], Forst Friedrichstal; Lampe [35] に類例が見いだされ, これらは土着的スラヴ的葬制と見なされている。Warnke [53], S. 235.
58) 交易地以外で, 北西スラヴの大集落に付属する墓地が見いだされるのは, リープス湖の防備住地に伴う, 墓 129 基を備えた 11 世紀初頭の墓地ウザーデルだけである。Schmidt [44], 市原 [60], 49 頁。このほかにもオルデンブルクやアルト=リューベックなどの防備定住地でも発見されているが, 墓の数は必ずしも多くなく, 防備施設の中心にある建物の下にあって, 副葬も豊かであるため, 住民一般ではなく, 上層の墓と見

なされる。オルデンブルクについてはGabriel [17], 市原 [59], 46頁, アルト＝リューベックについてはKempke [34]。

59) 11世紀後半の聖職者アダム・フォン・ブレーメン『ハンブルク司教事績録』における, 交易地ヴォリンと比定されている都市ユムネについての言及『実際ここはヨーロッパに含まれるすべての都市の中で最大で, スラヴ人が他の人種, ギリシア人や蛮族とともに定住している。』Adam [1], II-22, S. 252.

60) ヴォリンの穀物遺物については, Filipowiak / Gundlach [16], S. 101. 内陸河川ネットワークについては中部ポンメルン・オドラ河上流域で検証されている。Filipowiak [15]。

61) ヴォリン, シチェチン付近の貨幣などの出土については市原 [61], 8, 12-13頁。グロース＝シュトロェームケンドルフとロストック＝ディルコウについては市原 [62], 15頁。

62) 12世紀後半のボサウの聖職者ヘルモルドゥスの『スラヴ年代記』によると, リューゲン島アルコナ神殿の祭司は防衛戦争の際にリューゲン人の代表として現れた。Helmoldus [3], I-38, S. 156. また11世紀前半メルゼルク司教ティトマルスの『年代記』では, 東メクレンブルクのリュティツ人には支配者がいないとされていたが, 代わって軍事行動などの際に土着宗教が全体を統合する旗印になっていた。Thietmarus [6], V-23, S. 266-269, 市原 [60], 34-35頁。

文献目録

史　料

[1]　Adam Bremensis, Gesta Hamburgensis ecclesiae pontificum, hrsg. W. Trillmich, *Ausgewählte Quellen zur deutschen Geschichte des Mittelalters*, Bd. 8, Darmstadt 1978.

[2]　Ebo, *Vita Ottonis episcopi Bambergensis*, ed. Phil. Jaffé, Monumenta Bambergensia (Bibl. rer. Germ., 5), Berlin 1869.

[3]　Helmoldus, Chronica Slavorum, hrsg. H. Stoob, *Ausgewählte Quellen zur deutschen Geschichte des Mittelalters*, Bd. 19, Darmstadt 1963.

[4]　Pommersches Urkundenbuch (PUB), Bd. 1, 2, bearbeitet. K. Conrad, Köln 1970.

[5]　Saxo Grammaticus, *Gesta Danorum*, hrsg. A. Holder, Strassburg 1886.

[6]　Thietmarus, Chronicon, hrsg. W. Trillmich, *Ausgewählte Quellen zur deutschen Geschichte des Mittelalters*, Bd. 9, Darmstadt 1958.

研究文献

[7]　Ambrosiani, B. / H. Clarke 1991: *Towns in the Viking Age*, Leicester.

[8]　Ambrosiani, B. / H. Clarke (Hrsg.) 1994: *Developments Around the Baltic and the North Sea in the Viking Age. Birka Studies 3 (The Twelfth Viking Congress)*, Stockholm.

[9]　Brachmann, Hansjurgen (Hrsg.) 1995: *Burg — Burgstadt — Stadt. Zur Gnese mittelalterlicher nichtagrarischer Zenteren in Ostmitteleuropa*, Berlin.

[10]　Brachmann, H. / Herrman J. (Hrsg.) 1995: *Frühgeschichte der europäischen Stadt. Schriften zur Ur- und Frühgeschichte*, Berlin.

[11]　Brather, Sebastian 1995: Nordslawische Siedlungskeramik der Karolingerzeit — Fränkische

Waren als Vorbild?, in *Germania*, Bd. 73, S. 404–420.

[12] Brather 1996: Merowinger- und karolingerzeitliches "Fremdgut" bei den Nordwestslawen Gebrauchsgut und Elitenkultur im südwestlichen Ostseeraum, in *Praehistorische Zeitschrift*, Bd. 71, S. 46–84.

[13] Callmer, Johan 1994: Urbanization in Scandinavia and the Baltic Region ca. AD 700–1100: Trading Places, Centres and Early Urban Sites, in [8], p. 50–90.

[14] Filipowiak, Władysław 1982: Der Götzentempel von Wolin, in *Beiträge zur Ur- und Frühgeschichte, 2. Arbeits- und Forschungsgeschichte zur Sächsischen Bodendenkmalpflege*, Beiheft 17, S. 109–123.

[15] Filipowiak 1997: Die Bedeutung der Binnenschffahrt im Odergebiet, in *Germania* 75, S. 481–493.

[16] Filipowiak, W. / H. Gundlach 1992: *Wolin Vineta. Die tatsächliche Legende vom Untergang und Aufstieg der Stadt*, Rostock.

[17] Gabriel, Ingo 1984: Strukturwandel in Starigard Oldenburg während der zweiten Hälfte des 10. Jahrhunderts auf Grund archäologischer Befunde: Slawische Fürstenherrschaft, ottonischer Bischofssitz, heidnische Gegenbewegung, in *Zeitschrift für Archäologie (ZfA)*, Bd. 18, 1984, S. 63–80.

[18] Herfert, Peter 1968: Frühmittelalterliche Bootsfunde in Ralswiek, Kr. Rügen, in *Ausgrabungen und Funde (AuF)*, Bd. 13, S. 211–222.

[19] Herrmann, Joachim 1973: *Die germanischen und slawischen Siedlungen und das mittelalterliche Dorf von Tornow, Kr. Calau*, Berlin.

[20] Herrmann 1974: Arkona auf Rügen — Tempelburg und politisches Zentrum der Ranen vom 9. bis 12. Jahrhundert, in *ZfA*, Bd. 8, S. 177–209.

[21] Herrmann 1978: Ralswiek auf Rügen — ein Handelsplatz des 9. Jahrhunderts und die Fernhandelsbeziehungen im Ostseegebiet, in *ZfA*, Bd. 12, S. 163–180.

[22] Herrmann 1980: Die Ausgrabungen im nordwestslawischen Seehandelsplatz Ralswiek auf Rügen 1978–1979, in *AuF*, Bd. 25, S. 154–161.

[23] Herrmann 1981: Ein neuer Bootsfund im Seehandelsplatz Ralswiek auf Rügen, in *AuF*, Bd. 26, S. 145–158.

[24] Herrmann 1982 (hrsg.): *Wikinger und Slawen. Zur Frühgeschichte der Ostseevölker*, Berlin.

[25] Herrmann 1984: Ralswiek Seehandelsplatz, Hafen und Kultstätte. Arbeitsstand 1983. in *AuF*, Bd. 29, S. 128–133.

[26] Herrmann 1985: Hofverband und Handwerksproduktion als Grundlage des frühgeschichtlichen Handels im Ostseegebiet. in *Society and trade in the Baltic during the Viking Age (Acta Visbensia 7)*, S. 55–62.

[27] Herrmann 1985 (hrsg.): *Dei Slawen in Deutschland. Ein Handbuch*, Berlin.

[28] Herrmann 1997: *Ralswiek auf Rügen. Die slawisch-wikingischen Siedlungen und deren Hinterland. Beiträge zur Ur- und Frühgeschichte Mecklenburg-Vorpommerns*, Bd. 32, Berlin.

[29] Herrmann, J. / P. Donat 1979: *Corpus archäologischer Quellen zur Frühgeschichte auf dem Gebiet der DDR (7. bis 12. Jahrhundert)*, Bd. 2, Berlin.

[30] Herrmann, J. / K-U. Heußner 1991 : Dendrochronologie, Archäologie und Frühgeschichte vom 6. bis 12. Jahrhundert, in den Gebieten zwischen Saale, Elbe und Oder, in *AuF*, Bd. 36, S. 255–290.

[31] Jankuhn, Herbert 1972 (hrsg.): *Vor-und Frühformen der europäischen Städte im Mittelalter*. T. 2, Güttingen.

[32] Hauke, Jöns 1998: Der frühgeschichtliche Seehandelsplatz von Groß Strömkendorf, in [39], S. 127–144.

[33] Jöns, H. / F. Lüth / M. Müller-Wille 1997: Ausgrabungen auf dem frühgeschichtlichen Seehandelsplatz von Groß Strömkendorf, Kr. Nordwestmecklenburg, in *Germania*, Bd. 75, 1997, S. 193–221.

[34] Kempke, Torsten 1984: Alt Lübecks Aufstieg zur Königsresidenz, in *ZfA*, Bd. 18, S. 93–100.

[35] Lampe, Willi 1975: Slawische Hügelgräber im Forst Friedrichsthal, Kr. Wolgast, in *Bodendenkmalpflege in Mecklenburg*, S. 307–327.

[36] Leciejewicz, Lech 1972: Die Entstehung der Stadt Szczecin im Rahmen der frühen Stadtentwicklung an der südlichen Ostseeküste, in [31], S. 209–229.

[37] Leciejewicz 1985: Die Stammesburgen als Ausgangspunkt der frühen Stadtentwicklung an der pommerschen Ostseeküste, in *Society and trade in the Baltic during the Viking Age* (*Acta Visbensia* 7), S. 181–183.

[38] Łosiński, Władysław 1995: Zur Genese der frühstädtischen Zentren bei den Ostseeslawen, in [9], S. 68–91.

[39] Lübke, Christian (hrsg.) 1998: *Struktur und Wandel im Früh- und Hochmittelalter. Eine Bestandsaufnahme aktueller Forschungen zur Germania Slavica*, Stuttgart.

[40] Mangelsdorf, Günter (hrsg.) 1997: *Die Insel Usedom in slawisch-frühdeutscher Zeit. Greifswalder Mitteilungen. Beiträge zu Ur- und Frühgeschiche und Mittelalterarchäologie*, Frankfurt.

[41] Mangelsdorf 1997: Usedom und Wollin — zwei frühstädtische Zentren im Odermündungsgebiet, in [40], S. 117–126.

[42] Müller-Wille, Michael 1970: Bestattung im Boot. Studien zu einer nordeuropäischen Grabsitte, in *Offa*, Bd. 25 / 26, 1968 / 69.

[43] Schmidt, Volker 1984: *Lieps. Eine slawische Siedlungskammer am Südende des Tollensesees*, Berlin.

[44] Schmidt 1992: *Lieps. Die slawischen Gräberfelder und Kultbauten am Südende des Tollensesees*, Lübstorf.

[45] Schoknecht, Ulrich 1977: *Menzlin. Ein frühgeschichtlicher Handelsplatz an der Peene*, Berlin.

[46] Schoknecht 1978: Handelsbeziehungen der frühmittelalterlichen Siedlung Menzlin bei Anklam, in *ZfA*, Bd. 12, S. 225–234.

[47] Schuldt, Ewald 1985: *Groß Raden. Ein slawischer Tempelort des 9./10. Jahrhunderts in Mecklenburg*, Berlin.

[48] Stange, H. / K.-D. Gralow 1972: Ein slawisches Hügelgrab von Löcknitz, Kr. Pasewalk, in

[49] Warnke, Dieter 1975: Das frühgeschihctliche Hügelgräberfeld in den „Schwarzen Bergen" bei Ralswiek, Kreis Rügen. Vorbericht über die Grabung 1972/73, in *ZfA*, Bd. 9, S. 89–127.

[50] Warnke 1978: Funde und Grabsitten des Gräberfeldes in den „Schwarzen Bergen" bei Ralswiek im Rahmen der kulturellen Beziehungen im Ostseegebiet, in *ZfA*, Bd. 12, S. 275–282.

[51] Warnke 1979: Slawische Bestattungssitten auf Insel Rügen, in *ZfA*, Bd. 13, S. 251–263.

[52] Warnke 1981: Eine Bestattung mit skandinavischen Schiffsresten aus den „Schwarzen Bergen" bei Ralswiek, Kreis Rügen, in *AuF*, Bd. 26, S. 159–165.

[53] Warnke 1985: Skandinavische Einflüsse in nordwestslawischen Grabbefunden, in *Society and trade in the Baltic during the Viking Age* (*Acta Visbensia* 7), S. 229–236.

[54] Warnke 1991: Ein Brunnen mit Hortfund eines Goldschmiedes aus der 1. Hälfte des 9. Jahrhundert vom Handwerkerplatz Rostock-Dierkow, in *AuF*, Bd. 36, S. 294–295.

[55] Warnke 1992: Rostock-Dierkow — ein Wirtschaftszentrum des 8./9. Jahrhunderts and der Unterwarnow, in *Zeitschrift für Archäologie des Mittelalters*, Bd. 20, S. 63–80.

[56] Warnke 1992 / 93: Der Hort eines Edelmetallschmiedes aus der frühslawischen Siedlung Rostock-Dierkow, in *Offa*, Bd. 49 / 50, S. 197–206.

[57] Wieterzichowski, Frank 1993: *Untersuchungen zu den Anfängen des frühmittelaterlichen Seehandels in südlichen Ostseeraum unter besonderer Berücksichtigung der Grabungsergebnisse von Groß Strömkendorf. Wismar Studien zur Archäologie und Geschichte*, Bd. 3.

[58] 市原宏一1989：「中世北西スラヴ人定住の1類型──6〜12世紀エルベ・オーデル間農村定住遺跡の考察から──」『九州大学大学院経済論究』75号1–20頁。

[59] 市原1991：「中世前期北西スラヴ人の定住形態と社会構成──エルベ・オーデル＝ナイセ間防備定住遺跡を中心として──」『社会経済史学』57巻1号27–56頁。

[60] 市原1996：「前ドイツ植民期メクレンブルク東部のスラヴ人拠点について」『大分大学経済論集』47巻5号31–58頁。

[61] 市原1997：「南部バルト海沿岸西ポンメルンのスラヴ人交易定住」『大分大学経済論集』49巻2号1–27頁。

[62] 市原1999：「バルト海南岸の交易地〜近年の発掘成果から〜」『環バルト海研究会第1回現地調査報告書（1998年7月31日〜8月14日）』SIS/GSHI School of Informatics and Sciences, Nagoya University, Discussion Paper No. 99-1, 10–20頁。

[63] 熊野聰1998：「ヴァイキング社会論」『ヨーロッパの誕生：4–10世紀』（岩波講座世界歴史7），267–290頁。

[64] 森本芳樹1998：「都市・農村関係論」『ヨーロッパの誕生：4–10世紀』（岩波講座世界歴史7），291–314頁。

9世紀末プリュム修道院領の在地性と広域性
——所領明細帳第24章の分析を中心に——*

森本芳樹

I　最近の研究史と課題の設定

　本稿の目的は，中世初期プリュム修道院領を場とする社会的統合解明の一齣として，1988年の前稿(森本[47])以降のヨーロッパ中世初期社会経済史の研究状況を考慮し，その中でもことにプリュム領に関して出されている論点を参照しつつ，さらに議論を進めることである。前稿では，所収の論文集の主旨に沿って，それまでの研究史に対する批判がきわめて強く意識されていた。すなわち，カロリング期には荘園制の支配する農村には内在的な発展要因がなく，中世都市は西欧の外部から波及してくる「商業の復活」によって，遠隔地商人を主たる担い手として中世盛期に初めて形成されるというそれまでの通説に対抗して，運搬賦役を駆使した修道院の流通組織を通じて，9世紀末のプリュム領が内外で都市的集落を形成し，維持する役割を果たしていると論じたのである。その限りで，在地的な社会経済発展とその中での荘園制の機能との積極的評価に，議論の方向が向けられていた。しかし前回の論文集以降，内外学界でのヨーロッパ中世初期社会経済史の研究は，考古学が次々と提供する新しい知見を取り入れながら，私の前稿が打ち出したような論調をも含み込みつつ，より総合的な方向を目指しているように思われる。ことに都市＝農村関係を中心に別稿で論じたように，古代末期からの連続を基調としながらも断絶的な個々の局面が検出され，在地的発展と遠隔地交易との関係が改めて検討されるとともに，王権，教会，さらに領主層による主導を認めた上で，農民，手工業者，そして商

人の果たした独自な役割も浮き彫りされているのである(森本[51])。以下でもそうした方向に棹さしつつ，前稿を貫いていた研究動向転換への寄与という意図からは離れて，より柔軟な立場からの議論を心がけたい。

　次に，本稿での具体的な論点を設定するために，前稿以降挙げられた中世初期プリュム修道院領についての業績を検討してみよう。1970年代末に始まった中世初期荘園制研究の進展の中で，プリュム修道院領に関する仕事は大きな柱を成していた。ことに，すでに長い研究史を持っていた同修道院の所領明細帳が再検討の対象となり，クッヘンブッフによる全面的分析 (Kuchenbuch [15]) が1978年に出された後に，1983年にはシュワープによる新版 (Schwab [28]) が刊行されたのである。その後研究をいっそう盛んにしたのが，1993年の所領明細帳作成千百年祭であり，2冊の記念論文集が刊行された (Nolden [22]; *Das Prümer Urbar* [27])。これらを含めて，80年代後半から現在に至る中世初期プリュム領に関する文献目録を作成すると，文献の数はおよそ50点にも達する(森本[53])が，そこでの代表的な論点を探ってみたい。

　すぐに気付くのは，近年でのプリュム領研究が土地所有＝経営という伝統的な観点からではなく，むしろ商品＝貨幣流通への関心から主として行われていることである。これは中世初期荘園制研究の最近の傾向(同[48](4) 1–5)と符合しているが，プリュム領そのものが修道院が主導する流通組織となっていて，要所には市場が設けられ，商品＝貨幣流通が活発だったことを強調する，きわめて積極的な論調 (Hägermann [9]; Irsigler [11] 60–62) が主流となっている。なかでも重要なのは，以前から見られたプリュム領内部での所領や領民の専門化を重視する立場が，さらに強まったことであろう。ことに明細帳第24章記載のモーゼル河畔のメーリンクで，きわめて進んだブドウ栽培への専門化が見られたとされるのである。ここでワイン生産が盛んであったことは，ランプレヒト (Lamprecht [18] II / 71–76) → ヴィルヴェルシュ (Willwersch [35] 14–15, 42–43) → ペラン (Perrin [24] 74–77) → クッヘンブッフ (Kuchenbuch [15] 231–233) と続いたプリュム明細帳の研究史で，しばしば指摘されてきた。ところがシュワープがその新版への序論で，メーリンクではブドウ栽培が主力となっているとの見解 (Schwab [28] 64–70) を示し，ついで，最近つとに中世初期におけるワイン生産・

9世紀末プリュム修道院領の配置と本稿で言及されている地名

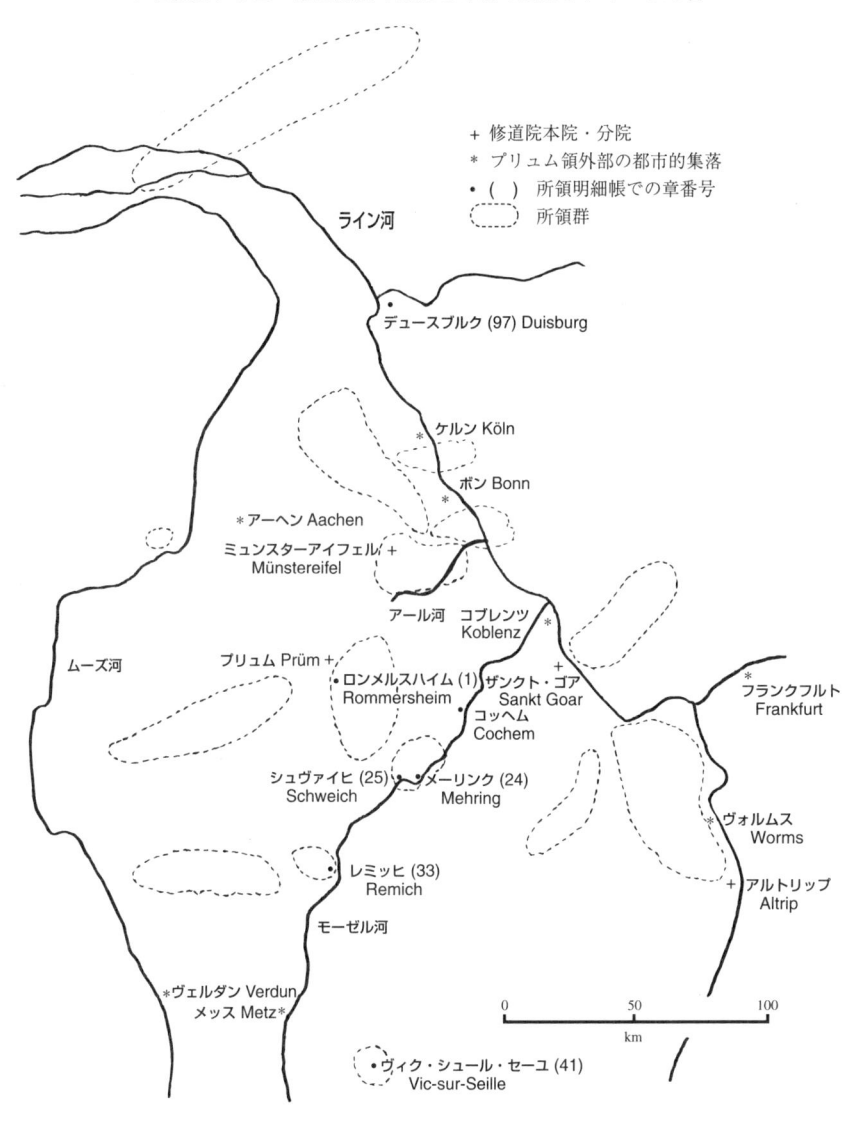

+ 修道院本院・分院
* プリュム領外部の都市的集落
• ( ) 所領明細帳での章番号
(⌒) 所領群

ライン河

デュースブルク (97) Duisburg

ケルン Köln

ボン Bonn

*アーヘン Aachen

ミュンスターアイフェル + Münstereifel

アール河

コブレンツ Koblenz

ムーズ河

プリュム Prüm +

ロンメルスハイム (1) Rommersheim

ザンクト・ゴア Sankt Goar

コッヘム Cochem

フランクフルト Frankfurt

シュヴァイヒ (25) Schweich

メーリンク (24) Mehring

ヴォルムス Worms

レミッヒ (33) Remich

アルトリップ Altrip

モーゼル河

*ヴェルダン Verdun
メッス Metz*

0   50   100
km

ヴィク・シュール・セーユ (41) Vic-sur-Seille

流通に関する専門家となっているシュタープが，明細帳第 24 章を有力な材料として同様な見方を展開した (Staab [30] 20–25)。ついでイルジーグラーとなると，メーリンクを「ブドウ栽培者の村」Winzerdorf と呼んで，ほとんどブドウ単作と言えるほどの専門化を示唆しつつ，そこではローマ期からの伝統のもとに，大型のしぼり器を備えた領主経営と並んで，多数の小規模ブドウ栽培経営が存在しており，ワインが大量に販売されていたとするのである (Irsigler [12])。ブドウ栽培への高度な専門化というこのような考え方が，プリュム領が遠隔地交易によって広域的な流通のうちに組み込まれているという見解と繋がっていくことは，確かであろう。

　他方で，プリュム領における活発な商品＝貨幣流通を，古銭史料をも用いて強調したのがペトリの仕事である。それは，明細帳に記載された貨幣貢租の総額は 3 万デナリウスを越えると，きわめて印象的な記述を行なった (Petry [25]) 上で，プリュム修道院の荘園が市場と貨幣とを構造的に内包していたことを力説している (Id. [26])。ただし，後の論点との関係で指摘しておかねばならないのは，ペトリの業績には，880 年代以降およそ 1 世紀の間は，ムーズ中流・下流地帯において貨幣経済が後退していたという所見が含まれており，商品＝貨幣流通がむしろ収縮する局面が具体的に指摘されていることである (Id. [25] 29–36; [26] 29–30)。

　このようなプリュム領での商品＝貨幣流通の積極評価自体は，新しい傾向として歓迎すべきであったが (森本 [48] (4) 1–5)，その行き過ぎには批判的たらざるをえない。私は前稿でも所領と領民との専門化の過大評価を戒めていた (同 [47] 117–119, 134–135) が，貨幣貢租の展開についても，それがペトリの言うほどではなかったと指摘する機会があった (Morimoto [19a] 520–523)。予め言っておけば，本稿もまたそのような方向での議論が試みられる。

　きわめて興味深いのは，最近の中世初期プリュム領の研究では，商品＝貨幣流通を積極的に評価する論調が一方にありながら，都市＝農村関係という次元では，なぜか都市存在への消極論が目立つことである。イルジーグラーの場合も，荘園制内部での市場の展開を強調しながらも，そこでは商業が領主によって統括されていて，自立的な商人によって都市が展開し始めるのは，紀元千年

以降だと考えている (Irsigler [11] 68-71) ようであるが, ニコライ・パンターとなるとより明白で, やはりプリュムと分院所在地での市場が強い中心地機能を果たしたとしながら, 都市は制度的には荘園制とは別物であるとして, 中世初期プリュム領の都市形成での役割は評価しない (Nikolay-Panter [21])。

これに対して, 中世初期都市 = 農村関係論の先駆者デスピィ (Despy [6]) への献呈論文集で, プリュム領に言及する二つの論文は違った見方をとっている。すなわち, ことにムーズ地域を扱ったドヴロワ / ゾレールは, カロリング期に目立った国際的な商業が到達していなかったここでは, 都市的なものは所領に包含されて表れてくると結論しており (Devroey / Zoller [2]), また私自身も, 中世初期に都市を検出しようとしたデスピィの業績を生産的に継受するためには, プリュム領の拠点を都市的集落と考える必要があるとしたのである (Morimoto [19a])。

以上の中世初期プリュム領に関する最近の研究史を背景として, まず本稿での史料分析の対象を, ブドウ栽培とワイン生産への著しい専門化を示すとして注意を惹いている, 所領明細帳第 24 章メーリンクに定めたい。現在の中世初期荘園制研究の大きな焦点である商品 = 貨幣流通と都市 = 農村関係との問題を考える上で, それが戦略的と言えるほどの重要性を持っていると思われるからである。その上で, 中世初期プリュム領の性格について, より理論的に考察することにしたい。

II プリュム修道院所領明細帳第 24 章の分析
——モーゼル河畔所領でのブドウの単作は証明できるか——

(1) 史　料

プリュム明細帳第 24 章を訳出するに当たって, シュワープ版 (Schwab [28]) を底本とするが, 筆者が多少の編集を加える。ことに, 骨格が明白となるように適宜改行を施して段落ごとに番号を付け, ラテン語原文もそれぞれに分けて示すことにする。この章との関係で書かれたカエサリウスによる注はおよそ 25 に

上るが，ここでは本稿の論旨に必要な三つに限って引用し，記号をつけておく。

①　『メーリンクには 2½ マンスがあり，そこに領民 53 名が居住する。これらは奉仕するが，屋敷地 2 筆とブドウ畑を 2 ピクトゥラと 3 トリアラ持つハダボルドゥスとベンゾは除く。』 «Sunt in Merreghe mansa II et dimidium, ubi resident homines LIII, que servicium faciunt absque Hadaboldo et Benzoni, qui habent curtiles II et vineas picturas II et trialas III.» (fol. 14r.-l.18)

②　『ここに，領主採草地 1 筆があり，干し草 20 台分が取り入れられうる。ここに 58 ピクトゥラ，領主直領の新ブドウ畑 8 筆，及びアデルベルトゥスが寄進した小ブドウ畑がある。』 «Est ibi broil I, ubi potest colligi de feno carradas XX. Sunt ibi picturas LVIII, plantati dominicati VIII et pecioles, que Adelbertus dedit.» (fol. 14v.-l.2)

③　『上述のマンスのうち，エウリクが 1 完全マンスと 1 ピクトゥラを持つ。樽 1 個，搾り器用材 3 本，樹皮 5 束，棒材 12 本，鶏 3 羽，卵 20 個を支払う。5 モディウスのワイン，板 100 枚，角材 100 本，竿 200 本。国王の到来時に鶏 1 羽，卵 5 個。4 マンスで重量運搬賦役 1 単位。パンとビールを作り，警備をする。週に 3 日，いずれの時も，牛とともに，あるいは手で。彼らにパンが与えられるであろう。牛を持つ者は犂をもって犂耕賦役 3 単位をする。持たない者は，垣根で囲み，畑で掘り返す。ハイスタルドゥスも同様に。』 «Ex supradictis mansis habet Eurihc mansum I integrum et picturam I; solvit tonnam I, gardos III, daurastuvas V, faculas XII, pullos III, ova XX. De vino modios V, scindalas C, palos C, perticas CC. In adventu regis pullum I, ova V; angariam I inter IIII; facit panem, cervisam et wactas. In ebdomada dies III, omni tempore cum bove vel manu et dabitur eis panis; facit corvadas III cum aratro, qui boves habent, et qui non habet, trahit perticas aut fodiat in campo; haistaldi similiter.» (fol. 14v.-l.5)

④　『ブドウ畑で結枝するためケンテナ 1 組，掘り返すため別の 1 組，取り入れるため彼らの車とともに第 3 の組，穀物を取り入れるために第 4 の組。ドングリ 5 モディウスを集め，舟による運搬賦役をなし，7 パギナ（簗で 1，屋敷で 4，ブドウ畑で 2）の垣根を作る。』 «Ad vineas ligandas centenam I, ad fodiendam alteram, ad colligendam terciam simul cum carro suo, ad messem colligendam quartam.

Colligit glandes modios V, navigium facit, facit pagines VII: in venna I, in curtem IIII, in vinea II.» (fol. 14v.-l.13)

⑤ 『彼らがいかに奉仕しなければならないかの説明。その妻は10モディウスのワインを支払い，キイチゴ¼モディウスを集め，芥子1壺，菜園地でニンニク畑1片を手入れし，葱畑1½片を手入れする。亜麻を取り入れて整え，羊を洗って毛を刈らねばならない。採草地と穀物畑とブドウ収穫においては，夫と妻とは毎日彼らの荷車をもって働く。』«Ratio quomodo servire debeant. Uxor illius solvit de vino modios X, moras colligit quartalem I, sinapum staupum I, de porritto mundat in orto agrum I, de porro maiore agrum I et dimidium; linum debet colligere et componere, verveces lavare et tondere. In prato et in messe et in vindemiam et vir et uxor cotidie operari cum carro suo.» (fol. 14v.-l.18)

⑥ 『グンテルスと彼の妻が同様に，……［以下夫婦28組記名列挙］……。』«Guhntherus et uxor eius similiter, . . . » (fol. 15r.-l.4)

⑦ 『以下のこれらの者たちは，以上の者たちと同様にすべてを支払う。ただし，以上の者たちのように麻畑を持たないので，2モディウス少なく支払うことを除いて。ヒルドラドゥス，……［以下男26名記名列挙］……。ワレフリドゥスがすべての奉仕をする。レギヌルフスが毎週1日をし，彼の妻は5モディウスのワインを支払う。』«Isti inferiores solvunt sicut superiores omnia, nisi quod unusquisque solvit minus modios II, eo quod canaveras non habent sicut superiores: Hildradus, . . . Walefridus facit omne servitium; Reginulfus facit omni ebdomada diem I, uxor eius solvit de vino modios V.» (fol. 15r.-l.15)

⑧ 『モンスに3マンスがある。各々鶏2羽，卵10個を支払う。2日。ハデバルドゥスがモンスに1マンスを持ち，ベンゾが1。ここにハイスタルドゥス6名がいる。木材，それを森林で15夜賦役に際して伐り出す。牛を持つ者も持たない者も，棒100本を運び，彼らにパン丸1個が与えられる。カルヴェルスの妻が鶏5羽，卵25個を支払い，そしてその子孫であるすべての女たちも。』«Sunt in Monte mansi III. Solvit unusquisque pullos duos, ova X; dies II. Hadebaldus habet in Monte mansum I et Benzo I. Sunt ibi haistaldi VI. Matrimen, quod in silva ad XV noctes faciunt; centum palos ducunt, qui boves habent et qui non habent et dabitur eis panis integer. Femina Caluelli solvit pullos V, ova XXV et omnes femine ex progenia eius.» (fol. 15v.-l.4)

⑨ 『ベネフィキウムについて。ロンメルスハイムの教会に属するブドウ畑2筆があり，それは1ピクトゥラである。この教会に属して，3マンスがある。1をウィリベルトゥスが保有し，鶏3羽，卵20個を支払う。ルヴェテルスとフルケルスが2を保有し，各々鶏2羽，卵10個を支払う。3日をする。』«De beneficiis. De ecclesia de Rumersheym sunt vinee II, id est pictura I; de ecclesia in ipso Merreghe sunt mansi III: unum tenet Willibertus, qui solvit pullos III, ova XX, Luuetellus et Fulkerus tenent II, solvit unusquisque pullos II, ova X; facit dies III.» (fol. 15v.-l.10)

⑩ 『ここにブドウ畑3½ピクトゥラと小ブドウ畑がある。司祭フベルトゥスが屋敷地1筆とブドウ畑15モディウス分を持ち，司祭マギンフリドゥスが1ピクトゥラ，ロトゲルスが1ピクトゥラ，アデルランムスが1台分，フランコが½台分，レケルスが10モディウス分，ウルフロが1台分，ロタルドゥスが1ピクトゥラ，フンフリドゥスが2台分，ラインベルヌスが1½ピクトゥラ，グントヘルスが1½，ロホスが2台分と3トリアラ，エキレクとエトフリドゥスが1ピクトゥラをレルシュに，そして小ブドウ畑1筆をメーリンクに，エロがブドウ畑1片，ニトヘルスが荒廃した½ピクトゥラ，エギルが½ピクトゥラとレルシュに1マンスと1ピクトゥラ，リクイヌスが3マンスと3ピクトゥラと屋敷地，ゲロルドゥスがロンゲンに3ピクトゥラ，ブデンスハイムの教会に属する12杯分の小ブドウ畑1筆，ワレルスが1ピクトゥラ。』«Sunt ibi vinee pictura III et dimidium et petiola. Hubertus presbiter habet curtilem I et vineas ad modios XV, Maginfridus presbiter picturam I, Rotgerus picturam I, Adelrammus ad carradam I, Franco ad carradam dimidiam, Rekerus ad modios X, Wlfroh ad carradam I, Rothardus picturam I, Hunfridus ad carradas II, Rainbernus picturam I et dimidiam, Guntcherus I et dimidiam, Rochoz ad carradas II et triles III, Ekilec et Etfridus picturam I ad Loysse et ad Merrighe petiolam I, Ello vineam I, Nitcherus picturam dimidiam desertam, Egil picturam dimidiam et ad Loysse mansum I et picturam I, Ricuinus mansa III et picturas III et curtilem, Geroldus ad Longun picturas III, ad ecclesiam de Budensheym peciolem I ad situlas XII, Walerus picturam I.» (fol. 15v.-l.14)

⑪ 『いかなる給養が彼らに与えられるべきか。重量運搬賦役において，1人ずつにパン3個と[ワイン]2単位。メッスまで航行するなら，舟の舵取りにパン5個と3単位。舟での働き手1人ずつにパン4個と2単位，コッヘムかレミッヒまでなら，パン2個と1単位。修道院まで行くなら，パン2個。ハイスタルドゥスがそこに荷を運ぶなら，パン3個。角材か竿を彼らのものから納める際には，1人ずつにパン3個と1単位。ケンテナでは，犁1基ごとにパン1$\frac{1}{2}$個，副食，そして4回の飲物。ブドウ畑での結枝と掘り返しのケンテナでは，パン1$\frac{1}{4}$個，副食，そして4回の飲物。ブドウ収穫のケンテナには，何も与えられないように。草刈りでは，予めケンテナにパン$\frac{1}{4}$個と何か肉と飲物が，そして後からパン1個と1単位が，また干し草を運ぶ際には，パン1個が与えられるように。草刈りの女にはパン$\frac{1}{2}$個，穀物収穫の際には同様に。外部者にはパン丸1個。』 «Qualis prebenda detur illis. In angaria detur unicuique panes III, portiones II; gubernatori navis, si ad Metis navigat, panes V, portiones III; operarios in navi unicuique panes IIII et portiones II, ad Cuhckeme vel ad Remeghe panes II et portio I; si ad monasterium pergit, panes II; si haistaldus illuc pondus portat, panes III. Cum palos vel perticas reddunt de suo, detur unicuique panes III et portio I. Ad centenam unoquoque aratro panes II et dimidium et compane et IIII vices bibere; centena ad vineas ligandas et fodiendas panem I et quartarium et compane et quatuor vices bibere; centena ad vindemiandum nichil ei detur; ad fenum secandum prius detur ei quartarium de pane et aliquid ex carne et bibere et postea panem I et porcio I et, quando fenum ducit, panem I. Femine ad fenum panem dimidium, ad messem colligendam similiter; extraneis panis integer.» (fol. 16r.-l.7)

⑫ 『この所領の女で，われわれからは持っていないが，ここで彼女自身の所に住んでいれば，5モディウスのワインを支払い，自分の所を持っていなければ，何も支払わない。』 «Femine de ipsius villa, que a nobis non habent, ibi residentes in propriolo suo, solvunt de vino modios V, et si propriolo non habent, nichil solvunt.» (fol. 16v.-l.2)

⑬ 『合計。2$\frac{1}{2}$マンスがある。これらのうち30が，450モディウスのワイン（これが車15台分になる），他の27が351モディウス（これが車11台分と桶21

杯になる)。鶏171羽，卵1,140個。板5,700枚，角材同じだけ，竿11,400本。重量運搬賦役として車14台分，犁耕賦役3単位，ケンテナ4組，ドングリ285モディウス，芥子57壺，キイチゴ57カルタリス(これが12$^1/_2$モディウスになる)。』«Summa. Sunt mansa II et dimidium. Ex his solvunt XXX de vino modios CCCCL, qui faciunt carradas XV et alii XXVII modios CCCLI qui faciunt carradas XI et situlas XXI; pullos CLXXI, ova MCXL; scindalas quinque milia et septingentas, palos totidem, perticas undecim milia et quadringentas; in angaria carradas XIIII, corvadas III, centenas IIII; glandos modios CCLXXXV, sinapum staupos LVII, moras quartales LVII, qui faciunt modios XII et dimidium.» (fol. 16v.-l.4)

(a) 『ピクトゥラを今はピッテレンと呼んでいる。』«picturas modo appellamus pitteren.» (fol. 14v.-n.1)

(b) 『メーリンクに多くのマンスや，あるいは，耕作されうる土地があるわけではない。しかしここには58ピッテレンがあり，これらがこの箇所でマンスと呼ばれているが，本当にマンスなのではなく，他の場所では日常語でレーンと呼ばれている，保有地なのである。すなわちこれら保有地は，個々の敷地(それを屋敷地と呼んでいる)と若干の耕地と時に若干の採草地を含んでいる。しかしながら大量のブドウ畑を持っていて，それらをここに住む領民が保有して，原本に表示されているとおりの奉仕を，われわれにしなければならない。』«In Merreche enim non sunt multi mansi vel terra, que arari possit; sunt autem ibi piteren LVIII, que mansi appellantur ibidem, sed non sunt veraciter mansi, feoda enim sunt, que aliis in locis appellantur vulgariter leyn; que videlicet leyn habent singulas areas, aream appellamus houestat, et terras aliquas arabiles et forte aliqua prata; et tamen habent vineas in bona quantitate, quas tenent homines ibidem manentes et tale nobis servitium facere debent, sicut expressum est in attentico.» (fol. 14v.-n.2)

(c) 『以下のことを知られたい。われわれの保有地を保有する居住民たちは，それらの保有地に割り当てられたピクトゥラをよく立派に耕作し，ブドウ収穫に際しては取り入れ，われわれの搾り場に運んで，そこでわれわれの

搾り器でワインを搾り，そこから出るワインの 2/3 をわれわれが取ることになっている。残りの 1/3 の部分から居住民たちは，われわれの貢租とわれわれの代官たちへ彼らの賦課を支払わねばならない。そして，まれに起こることであるが，居住民たちに若干でも不足があって，彼らの賦課を完全に支払うことができなければ，彼らの別のブドウ畑のワインから，この不足を補わなければならない。そして，前述のピクトゥラから余分に生産されれば，自分のためにとっておくことができる。しかるにもし，これらがこの賦課やわれわれの賦課を忠実に完済しないなら，修道院長殿かその代理は彼らの保有地を，しかるべき義務の履行まで空けてしまう，すなわちヴローネンすべきである。』 «Sciendum est, quod mansionarii, qui tenent feoda nostra, tenentur picturas illis feodis assignatas bene et optime colere et in vindemia debent eas colligere et ad calcatorium nostrum deducere et ibidem in nostro torculari vinum elicere et duas partes de vino, quod inde provenit, debemus percipere; de tercia autem parte residua mansionarii censum nostrum et propositis nostris iura sua debent persolvere; et si aliquid defuerit eis, quod non possint iura sua plene persolvere, quod tamen raro contingit, de vino aliarum vinearum suarum debent defectum illum supplere; et si superhabundaverit de pictura predicta, sibi possunt reservare. Si autem ipsi ista et alia iura nostra non fideliter peregerint, dominus abbas vel qui locum eius tenet, feoda eorum usque ad condignam satisfactionem debet absare, id est vvronen.» (fol. 16v.-n.6)

(2) 分　　析

(a) 予備的考察

この第 24 章での個々の語義についてここで詳述する余裕はないが，幸い最新のドイツ語訳 (Nösges [23]) に至る先行研究を参照すれば，解釈にそれほどの困難は生じない。しかし，プリュム明細帳でもきわめて長大で，しかも構成が複合的なこの章の全体的な理解は，それほど容易ではない。次項以降の叙述の前提となるように，予め若干の考察をしておこう。

まず①で農民保有地の記載から入るのは，この明細帳で通例の仕方であるが，そこに居住するという領民数と，また章の長さが想定させる所領の大規模

性と比して，マンス数がいかにも少ない。続く②での領主直領地の記載には耕地が含まれていないのに対して，ピクトゥラという地目が58単位も記載されるだけでなく，『植えられた』という表現で領主の新しいブドウ畑が登録されている。続けて③と⑤では代表的な領民とその妻を選んで，マンス保有者の負担範例を記しているが，無保有領民であるハイスタルドゥスの記述が混じり込んでいる。また，賦役労働における領民共同組織と思われるケンテナ[1]についての記述④が，その中に割り込んで入っている。しかし，③⑤と④とでの労働種目に重複はないから，領民が集団で賦役に従事する場合を別建てで示したとしてよい。続く⑥と⑦での領民列挙(ここでは人名を省略した)も，問題をはらんでいる。カエサリウスはこれらが当所領にある二つの領主屋敷に属する別々の集団としていた (fol. 15r.-n.2 / n.3) が，これを後の研究者のいずれもが受け入れており，イルジーグラーは二つの屋敷の在地での比定までも行っている (Irsigler [12] 311)。⑦の27名による支払いが各自2モディウス軽減されているのは，この章でのモディウスの用法からしてワインに間違いないが，なぜかそれが麻畑の不在と関係させられている。続く⑧はモンスという付属所領(現在まで，いずれの研究者によっても比定されていない)についての記述で，ここには数マンスがあってそれぞれ③〜⑤とは異なった負担をしているが，各々1マンス保有をするハデバルドゥスとベンゾが，①に登場していた2人と同名である。さらに⑨となると，明細帳第1章に描写されている大規模所領ロンメルスハイムの教会が，40キロ離れたここにマンスとブドウ畑を保有しているという，珍しい事態が記されている。続く⑩は，まとまったブドウ畑の記載となっている。保有者名のない最初の項目は領主直領地かと思われるが，それに続いて司祭2名など約20名に属する保有地があり，モディウス数や車の台数を用いての収穫量による面積表示と並んで，ピクトゥラが頻出している。賦役労働に際しての給養は所領明細帳にしばしば言及されるが，⑪のようなまとまった記述はまれである。さらに⑫は，所領に居住する者の多様な構成の一端を示していて，これも短いながら珍しい内容である。最後に⑬の合計は，③④⑤の負担範例の一部を基数とし，③⑦⑧から数え上げた合計57名を乗数として，後から計算した様子がよく分かる表現になっているが，2$^1/_2$マンスを30マンスと27マンスに分けるとい

う矛盾を犯している。

(b) プリュム明細帳の史料論から

　第24章の分析を本稿でさらに取り上げる理由の一つは，最近の大胆な議論が，プリュム明細帳の史料論に関して提出されてきた問題点を，本文についてもカエサリウス注釈についても，十分に考慮することなく進められていることである。すなわち，シュワープ新版を批判して，カエサリウス写本によって伝来しているテキストは原本そのものではなく，かなりの改変を蒙っているとした私の議論(森本[45])には，有力な賛成意見がある(Kuchenbuch [17] 290–293; Staab [33] 44)にも拘わらず，シュワープ自身は認めていない(Schwab [29])ようで，イルジーグラーも第24章の検討ではシュワープに従っている(Irsigler [12] 301–302)。また，カエサリウス注釈の史料としての価値を，それが執筆された13世紀についてのみ認める通説(その典型として，Hägermann [8] を見よ)に対して，そこにはより早い時期についての情報もあり，その一部は確実に中世初期に遡るとした私の見解(森本[46])は，それに近い立場が示されること(Kuchenbuch [16])はあったが，総じて問題とされていない。

　まず，この第24章の込み入った記述を，893年という一つの時点で多面的に存在していた事実のそのままの描写と見ることは，きわめて難しい。⑬の合計のように，別の段落がまとめられた後での計算であることが明白な部分や，下線で示したいくつかのサブタイトルのように，テキスト全体の中で浮き上がってしまっていて，伝来のある時点で追加されたと考えた方がよい部分もある。原本テキストの改変についての私の立場をここで繰り返す余裕はないが，シュワープのように伝来するテキストこそが893年の調査記録の集成であることを認めてしまうと，この章が所領管理においていったいどれだけの実用性を持ちえたかが，疑問となってしまうであろう(森本[45] 83–84)。第24章にも多くの追加部分を認めたペランの立場(Perrin [24] 74–77)に戻ることが，どうしても必要であろう。

　ただしそれはこの章が，中世初期メーリンクの史料として使い難くなることを意味しない。この点もすでに詳しく論じたが，ペランが断念した893年原本への追加や削除の年代決定は，ヴィスプリングホフのプリュム修道院での文書

の作成と管理の動向を背景とした考察 (Wisplinghoff [36]) 以降, 9 世紀の末から約半世紀程度の幅で考えられるようになっている (森本 [43] (2) 30–31)。従って, 第 24 章での込み入った描写も, 9 世紀末から 10 世紀前半にかけてのメーリンクに存在した事態が, おそらくいくつもの時点で, そして所領管理に関わる多様な目的で, 893 年に作成された所領明細帳内外に書き留められた上で, それらがやや雑多な仕方で集成されてしまった結果と考えてよい。だから, この章の個々の部分を厳密に年代決定しようという, およそ不可能に近い企てをしない限りは, 全体として 50 年を越える程度の年代幅のうちにあった事態が書き込まれている, 多少の矛盾を含んでいてもおかしくはない史料として, 第 24 章を取り扱うことができるのである。この点は, この章の冒頭で $2^1/_2$ とされ, ⑬『合計』の筆者もそれが 30 と 27 の和であると無理矢理書いてしまっているマンス数を, 続く領民 53 名, ピクトゥラ 58 単位, さらに ③エウリクと ⑥⑦で列挙される領民世帯の合計 57 戸という, 三つの数字の近似に基づいて, これらに近い数字の誤記と考える根拠を提供するだけに, きわめて重要である。

カエサリウス注釈に関しては, 第 24 章についての最近の議論ではおしなべてその史料批判が棚上げされ, しかも, かつての通説とは全く逆に, カエサリウスの言説が 9 世紀末の事態を示すものとして使われていることが, 大きな特徴である (Staab [30] 22; Irsigler [12] 302–303, 312)。確かにシュワープは, カエサリウス注釈について従来よりは柔軟な解釈を提示はしたが, その史料的価値はやはり 13 世紀に対して認めている (Schwab [28] 21–37) のであって, カエサリウス注釈を中世初期を対象とする仕事に使うには, 一定の手続きが必要なはずなのである。

あるいは, 9 世紀末についてカエサリウス注釈をそのまま援用する態度は, かつてヘーゲルマンがした (Hägermann [9]) ように, それを 13 世紀の史料としながらも, プリュム領でのあれこれの事態には 9 世紀と 13 世紀の間にそれほどの変化がなかった, と考えてのことかもしれない。しかしその場合でも, カエサリウスが第 24 章を筆写しつつ書いた注が, 1222 年前後のメーリンクについての十分な知識に基づいていた, などと考えてはならない。そこでは, ワイン貢租 2 モディウスの軽減と関係させられている麻畑について,『カナヴェレが何であ

るか知らない。……この所領で調査されたい』«Quid sint canavere, ignoramus, . . . ; investigate in ipsa curia» (fol. 15r.-n.1) と述べて，自分がメーリンクについてそれほど知らないと認めている点からも明らかであろう。他の章での多くの注もそうであったように，カエサリウスは自分の同時代的な知識を前提として，原本の文章を整合的に理解する試みを書き残していることが多い (森本 [46] 294–298)。例えば注 (b) では，ピクトゥラとマンスとの数の相違に注目したカエサリウスが，ピクトゥラ＝ピッテレンがブドウ畑を主とした保有地であるという同時代の知識と，原本に記載された領民 50 数名の義務＝修道院の権利とを，結びつけてしまっているのである。

(c) ブドウ栽培／ワイン生産以外の言及

メーリンクで広くブドウが栽培されていたことは，第 24 章を一読して明らかである。ことに⑩には，司祭を含む領民によって大半が保有されている，ブドウ畑のまとまった記述がある。この部分が書かれた時点の問題[2]もあり，そこでの負担関係などは明らかにならないが，ともかくブドウ畑の広範な存在を印象づけている。かといって，イルジーグラーが論文の冒頭でしているように，⑬合計に依拠して他の部門がきわめて小さいとする (Irsigler [12] 300–302) のは，誤解を与えかねない。というのも，穀物貢租はプリュム領の多くの場所で納付されておらず，それが合計に登場しないのは第 24 章に限ったことではない。また，計数の対象になり易い義務を選択的に取り上げる合計は，例えばメーリンクの農民が『牛とともに』，従ってブドウ畑以外で行うはずの週 3 日の賦役労働などは，それがいかに枢要な地位を占めていても言及しておらず，農民の活動範囲を満遍なく代表するとは期待できないのである。もちろん，メーリンクの地誌的再現 (Ibid. 305–313) を試みたイルジーグラーの功績は高く評価されるべきであり，その十分な批判的検討をする能力が私に欠けていることを，率直に認めなければならない。しかしそれとて，モーゼル河畔低地での領主屋敷の配置が主な内容で，周辺の高地に耕地が広がっている可能性が本当になかったのか，なお納得的に示されているわけではない。そこで現在私にできるのは，あくまでも明細帳第 24 章の読みとして，ブドウ畑以外の地目やブドウ栽培以外の活動を，以下のように検出してみることである。

まず，②の領主直領地でブドウ畑と採草地以外に耕地の言及がないのは，プリュム明細帳で一般的に見られる，領主直領地の不十分な記載というべきであろう。というのも，③④⑤に現れる賦役労働を材料に考えてみると，役畜を伴った週賦役の一部が向けられる耕地がなかったとは考え難く，犁耕賦役に至っては間違いなく耕地で行われたはずである。その上ケンテナによる賦役労働の第3回目は，明確に穀物の収穫のためであり，所領内部での収穫物の運搬を夫婦が車をもってする場としては，ブドウ畑，採草地と並んで穀物畑が挙げられている。さらに⑪では，給養の機会となるのが，所領外部へ出かける重量運搬賦役以外では，ブドウ畑と採草地での労働と運搬と並んで，犁耕と穀物収穫であるとされている。これに加えて，⑤にある妻の賦役労働の場として，ニンニク畑，葱畑，亜麻畑があり，またそこにキイチゴの採取があるだけでなく，③で様々な木材の給付が規定されているのを見れば，メーリンクの領主直領地がブドウ畑以外の諸地目を備えていたのは確実であり，従って農民の活動範囲もそれに相応した広がりを持っていたはずである。

　他方で，メーリンクの農民保有地の大半が，最近のドイツの研究者たちが言うように，主としてブドウ畑から構成されていたのであろうか。この点はひとえに，メーリンクでの農民保有地の通例の形態が，マンスであったかどうかとの判断にかかってくる。

　(d)　マンスの地位

　第24章が錯雑した構成を示していることは上述の通りであるが，かといって，プリュム明細帳に広く共通の形式からかけ離れてしまっているのではない。ことに，マンス制度によって整序された農民保有地の記載に重点をかけ，代表的な農民を選んで，その具体例によりながらマンス当たりの負担を規定するという，大部分の章で用いられている書式はメーリンクに対しても適用されており，この点こそ，最近の議論が無視してきたところなのである。1世帯による1マンス保有という古典的なマンス制度が，9世紀末のプリュム領で維持されてきたとする通説を，複数者保有と分数マンスとの比重の高さに注目して最近私は批判した(森本[49])が，それは同時に，マンス制度そのものが農民経済の動態に適応して活用されていたとの主張であった。そして，こうしたプリュム領での

マンスの枢要な地位は，第24章の記載方式からも読み取ることができるのである。

まず注意すべき点は，③でのエウリクによる負担に，④での集団での賦役労働，及び⑤での妻の負担を加えて，その全体をマンス当たりの賦課として観察するならば，その内容は他の諸所領に広く見られるものと変わらないことである。すなわち，プリュム領での農民負担の根幹を成している賦役労働(森本[50] 151-156)は，最も基礎的な週賦役を始めとして，年間の日数で定められている様々な労働としてここにも現れている。また，鶏/卵などの小物の納付や多様な木材の給付も，他の諸章と変わるところがなく，ただここでは夫婦合わせて15モディウスというワインの賦課が目立つだけである。従って，第24章でのマンス当たり負担規定には，次項で検討される定地賦役の行われる場がブドウ畑である点と，相当な量のワイン給付の存在という点を通じて，ブドウ栽培が広く行われているというメーリンクの事情を読み取ることができるが，それによってプリュム領での通例のマンス負担規定から，まったくかけ離れてしまっているのではないのである。

そして，エウリクを範例とするこの負担規定が，他の領民にも広く及んでいることも，第24章から十分に明らかなのである。そもそも最近の研究では，エウリクを領民の中では特別な地位にある者とする傾向が強い(Schwab [28] 69; Staab [30] 23-24; Irsigler [12] 316)が，カロリング期所領明細帳の負担範例に選ばれる領民に，所領役人が多い点から見てもそのこと自体は間違いとは言えない。しかし，エウリクの特別な地位という見方が，その負担例が領民の多数とは関係なかったという認識に連なっていけば，それは誤りである。というのも，⑥では『グンテルスと彼の妻が同様に』という，まさに所領明細帳でお馴染みの書式で導入しつつ，29世帯がこれに従っているとしており，さらに⑦では，ワイン2モディウスずつの軽減を認められる以外には，『これら以下の者たちは，以上の者たちと同様にすべてを支払う』として，27名の領民を挙げているからである。なぜ⑥では夫婦が単位とされているのに⑦では男名だけの列挙なのか，ワイン給付軽減の理由である麻畑の不在が何を意味するのか，現在の私にはこれを解明する材料がない。ともあれ，保有条件の多少の相違をこうした形で規

定するのも，プリュム明細帳でやはり通例なのであって，基本的にはエウリクの負担例が 50 数世帯の領民に適用されたとしてよいのである。

さらに注意すべきは，こうした第 24 章の読みがほとんどそのまま，これら 50 数世帯の領民をもマンス保有者と認めることになり，この章冒頭の $2^1/_2$ マンスを 50 数マンスと読み替える立場がこの点からも強まることである。『同様に』との書式が代表する範例方式が所領明細帳で重用されるのは，マンスで表示される同様な保有対象に，一つの所領内部では原則としてほぼ同じ負担が課されるからであって，マンス保有を前提とするエウリクの負担が，マンスを保有しない他の領民に対して範例となるとは考え難い。この点で，メーリンクでの領民の大多数がピクトゥラという小規模なブドウ畑の保有者であったという理解と，マンス保有農民であるエウリクの負担例が 50 数世帯に対して範例になっているという明白な事実とを，どのように両立させようというのであろうか。イルジーグラーは明確に，「給付のリストは……エウリクとその妻の場合をもって大幅に例示されている」(Irsigler [12] 316-n.68) と述べているが，こうした理解をとれば，小規模なピクトゥラのみを保有するというブドウ耕作農民が，ピクトゥラ貢租であるとされる 15 ないし 13 モディウスのワインに加えて，マンスと同様の重い負担をすることになるのであって，いかにも無理という他はない。

さらに加えて，マンス制度がメーリンクで規定的な意味を持っていたとの理解は，次の 2 点からも強められる。まず，⑧で付属所領モンスの記載が，マンス数の登録とマンス当たり負担の説明として行われている。ついで⑨では，大規模保有者としてのロンメルスハイム教会の保有地が，ブドウ畑以外はマンスによって測られ，3 名の再保有者の負担もマンス当たりで規定されている。プリュム領でのマンス制度は，数マンスを越える大規模保有地にも及んでいる(森本 [49] 185–186)が，メーリンクも例外ではなかったのである。

(e) ピクトゥラの多義性と定地賦役の論証

これまでの叙述からも推測されるように，第 24 章解釈の重要な鍵となっているのはピクトゥラであり，これを定地賦役義務に服するブドウ畑の地片であるとしたペラン理解 (Perrin [24] 765) と，それを受け継いでいるクッヘンブッフ (Kuchenbuch [15] 231) や私 (森本 [45] 56) の立場とは異なって，シュワープ (Schwab

[28] 65–66)，シュターブ (Staab [30] 21–23)，イルジーグラー (Irsigler [12] 308–309) の 3 名ともに，これを小規模なブドウ畑の保有地としているのが，最近の見解の特徴である。まず注意しておきたいのは，ブドウ畑によく用いられる面積単位であるピクトゥラが，具体的にはかなり多義的に用いられうるという事実である。例えばニールメイエルの中世ラテン語辞典を見ると，それが『足』«pes» / «pedes»（→フット / フィート）を基礎とする単位であるとの理解から，見出し語としては «pedatura» を採っているが，それが面積単位であるとともに，それによって量規定される義務の呼称ともなり，その他に通行税などの特別な意味を持ちうることをも明示している (Niermeyer [20] 782)。

　第 24 章での一つずつの使用例での意味の確定は難しいが，保有地の場合には確実に面積単位であることが多い。例えば，ブドウ畑のまとまった記述である⑩で，多くの領民が保有するブドウ畑に用いられるピクトゥラは，車 1 台への積載量やモディウスという，ブドウないしワインの収穫量による面積表示と並んでおり，面積単位であるとしてよい。しかし同じ⑩の当初項目には保有者の名前がなく，領主直領地の記載ということになるが，ここには 3½ ピクトゥラが『小ブドウ畑』«petiola» という特別な性格のブドウ[3]と並んでいて，面積単位ではない可能性が強い。そして，メーリンクでの主たる領主直領地の記載である②では，58 ピクトゥラが同じ『小ブドウ畑』ばかりではなく，やはり特別な資格である『新たに植えられたブドウ畑』(Niermeyer [20] 806) と並べられており，ここでのピクトゥラも特有な性格を持ったブドウ畑だったとの理解に有利である。その上で，③での範例が 1 マンス保有者が 1 ピクトゥラを持つ場合であることを考慮すれば，②の 58 ピクトゥラは定地賦役の対象であったとの解釈が強まってくるのである。

　しかしながら，私がメーリンクで広くブドウ畑の定地賦役が行われていたと考えるより有力な根拠は，第 24 章と他の諸章との比較なのである。そもそもプリュム明細帳には，定地賦役に関する貴重な証言が含まれていた。それは，第 1 章ロンメルスハイムでのマンス保有農民の負担範例にある『3 ユゲラ』«iugera III» という義務についての，『どのようにマンス保有者が，領主直領地のユゲラを，彼の時間で，犂耕し，播種し，収穫し，庫納し，かつ垣根を作り，また脱

穀しなければならないかは，ほとんどすべての者に明らかであるので，知られうること，あるいは知られていることを書くのは省略した』«Quomodo mansionarii debent iugera dominica arare, seminare, colligere et in orreum deducere suo tempore et sepem facere ac triturare, fere omnibus patet, et ideo ea sciri possunt vel sciuntur, scribere omisimus» (fol. 8r.-n.7) という，カエサリウスによる注である。すでに詳しく論じた (森本 [43] (1) 11–14) ように，ほとんど各章ごとに登場する定地賦役の長い規定の繰り返しに辟易したカエサリウスが，筆写をユゲラ数による割り当て地面積の表示に限定してしまい，その代わりにこの義務が最初に登場する箇所に，定型的な文例を1度だけ注として書いたものと考えられる。こうした経過によって，マンス保有農民が自己の責任において (→『彼の時間で』)，面積単位数で測られた領主直領地の耕地で耕作の全過程を遂行するという定地賦役の最も典型的な規定が，カエサリウスを通じてわれわれに与えられたのである。

ところで，1～3ユゲラと簡略化されてしまった形での定地賦役規定は，プリュム明細帳118章のうち実に90章近くまでに登場する (Kuchenbuch [15] 428–432: Rententabelle)。しかも，賦役労働がある程度以上の重みを持っている章では，週賦役及び年賦役と並んで，ほぼ必ずこれが言及されているのである。このように見てくるとき，第24章メーリンクでのピクトゥラが，定地賦役であろうとの想定が強まってくる。それはこの章での賦役労働のあり方を見てみると，プリュム領全体でのその三本柱のうち週賦役と年賦役とが明確に記載されていて，定地賦役の存在が要請されるからである。『週に3日，牛とともに，あるいは手で』という，週賦役規定は見紛うべくもない。確かに年賦役の典型的な形態である『十五夜』«XV noctes» は，⑧でのハイスタルドゥスの義務にしか登場しないが，重量運搬賦役，犂耕賦役，収穫賦役という重要な項目はあり，パン／ビール作り，警備，菜園地などでの雑多な労働も，一部は妻の義務として規定されていて，全体としての年賦役の重みも十分である。従って，他の諸所領で通例3ユゲラと定められていた穀物畑での定地賦役が，メーリンクではブドウ畑での責任耕作であるピクトゥラに置き換わっていたと考えることによって，賦役労働形態の観点からメーリンクをプリュム領の一環をなすものとして，整合

的に理解できることになる。

　こうして，プリュム明細帳第24章のピクトゥラを定地賦役地とする立場をとった場合，それをめぐる負担関係について一言しておかなければならない。というのも，マンス保有農民の負担範例③と⑤で合計15モディウス支払うとされるワイン給付を，イルジーグラーはピクトゥラ保有の対価と考えている(Irsigler [12] 317)からである。ピクトゥラが本来の定地賦役地であれば，領民の義務はその耕作全般であり，領主直領地に属するその収穫が当然のこととして直接に領主によって収納されて，それが領主の収入をなしていたはずである。そうだとすれば，15モディウスのワイン給付はピクトゥラとは別の生産物納付ということになるが，それはけっして無理な想定ではない。すなわち，プリュム明細帳はメーリンク以外でも，モーゼル河，アール河及びライン河近くのブドウ畑の言及の多い10所領において，マンス保有農民によるワイン貢租を規定しているからである。そして，そのうち3所領ではこれら農民が同時に穀物畑の定地賦役に従事しており，また4所領まではピクトゥラの存在(うち2所領では領主直領地で)を確認できる[4]。

　さらにここで批判しておかねばならないのは，ピクトゥラをめぐる負担関係について，一方では，本文から15モディウスのワイン納付を取り出してピクトゥラ貢租とした上で，他方では，カエサリウスによる注(c)での記述を利用して，ピクトゥラからの収穫の三分の二が修道院に，三分の一が農民に属するとしているイルジーグラーの見解(Irsigler [12] 312, 317)であり，それは，カエサリウスのこの注が中世初期の情報であるとは，到底思われないからである。かつて私は定地賦役を扱った論文で，12世紀ロレーヌの所領明細帳を分析して，この時期の定地賦役にはいくつもの変化が生じていたことを指摘した。それは，農民による種子の提供，標準収穫量の設定，さらに収穫の一部に対する農民の権利の発生であり，そうした変化の総体が，割当地の保有地への合体に伴う定地賦役の生産物給付への転化を示す，としたのである(森本 [42] 16-19)。カエサリウスの注(c)はブドウ畑に関するものであるから，種子の提供こそ問題にはなっていないが，標準収穫量設定と収穫への権利発生は明確に読み取ることができ，中世盛期の事態の説明であると思われる。そのことは，注の末尾にある

«absare» の語が，中世盛期の語義である「保有地を取り戻す」という意味で用いられている (Devroey [1] 449) ことからも，明らかなのである。それでは，カエサリウスが注 (a) (b) でピクトゥラをピッテレンとした上で，これをブドウ畑を主体とする保有地としながら，他方では (c) で，ピクトゥラを定地賦役地としているのはなぜであろうか。おそらくカエサリウスの同時代的知識のうちには，定地賦役からワイン給付に至る様々な負担形態と結びついて，ピクトゥラ＝ピッテレンの多様なあり方が含まれており，それが筆写に際してのカエサリウスによる明細帳本文解釈の過程で，整序されることなく表出されたと考えておく。

(f) 小　括

プリュム明細帳の史料論に十分の注意を払いつつ第 24 章を分析するなら，メーリンクでブドウ栽培がかなり手広く行われていたことは確実だが，ドイツの最近の研究者が与えようとしてきた印象とは異なって，単作に近いほどの専門化が行われたとはとても思われない。領民が修道院に向けて果たしていた諸義務の中で，ワイン生産以外の活動分野が広く登場するばかりではない。穀作を中心とする他の諸所領と，メーリンクが本質的な相違を持たなかったと確信させるのは，何よりも，ここでの住民の主体を成す 50 数戸が，マンス制度による保有地を享受していたという事実である。もちろん，メーリンクのマンスには他の所領でよりも耕地が少なく，それに代わるブドウ畑が含まれていたであろうことは，マンス保有農民が給付していたワイン貢租からも十分に想像できる。またこの所領では，マンス制度と関係のない領民の比率が，他の所領よりもおそらく高かったであろう。その中には，⑩に記載されていたブドウ畑のみを保有する領民もいる。さらに，プリュム修道院による領主直接経営で，ブドウ栽培への特化がより進んでいたかもしれない。しかしながら，それらすべての点を考慮に入れても，第 24 章の錯雑した記述の中にマンス制度による整序が貫徹していること自体が，メーリンクでも他の諸所領と構造的に異なることのない，穀作を含む幅広い農業が行われていたことを示している。そうした事情のもとでは，農民負担の基幹をなす賦役労働には，その一つの柱である定地賦役がブドウ畑で行われるという形で，メーリンクがワインを特産とする地帯に

あるという事実が反映されていたのである。

III 9世紀末プリュム領の在地的性格

メーリンクのブドウ栽培への特化の大きな評価が，中世初期社会経済史のどのような構想と繋がっているのかは，研究者ごとに必ずしも明確ではない。それがプリュム明細帳史料論から出ていないシュワープはおくとして，中世初期の経済水準に対する過小評価への反発と，荘園制がワイン生産・流通の展開に果たした役割の積極的評価を共有するシュタープとイルジーグラーの間にも，ある程度の相違が見て取れる。すなわち前者の場合には，フランク期におけるフリーセン商人とオットー期におけるユダヤ商人との，ワイン流通における活躍を強調 (Staab [32] 59–75) していて，メーリンクを例とする所領の専門化という認識が，職業商人による遠隔地商業の積極的評価に結びつくと思われるのに対して，荘園領民の流通担当者による運搬と商業を重く見る後者にとっては，同時に構想しているこうした領民的商人と自由な遠隔地商人との 9–10 世紀における融合 (Irsigler [11] 68–71) に対して，9 世紀末における所領の専門化が有力な基礎の一つを与えている，ということになるであろう。いずれにせよ，メーリンクにワインの単作に近い状況を見て取ることが，プリュム領での流通の遠隔地との連繋をより大きく評価し，プリュム領の広域的性格を強調する方向に結びついていくことは，間違いあるまい。

これに対して，プリュム明細帳第 24 章からブドウ栽培へのきわめて進んだ専門化を読み取ることを拒否する本稿では，メーリンクで生産されるワインの余剰が，その内外で交換されるとともに，一部が重量運搬賦役によって修道院領の拠点に送られたとすればよく，その意味で，9 世紀末プリュム領での流通を主として在地的な性格において捉え，それこそが都市を生み出す力を持つとした前稿での主張を，もう一度擁護することになる。というのも，前稿ではプリュム領を商業的性格をも内包する流通組織として捉えはしたが，その根幹が穀物／塩／ワインを広く所領から修道院拠点（プリュムの他に，分院所在地としてのミュンスターアイフェル，ザンクト・ゴア，アルトリップ）に集中する重量運

搬賦役網に置かれており，プリュム領を外部の都市的集落(アーヘン，ケルン，ボン，コブレンツ，メッス，ヴェルダン，フランクフルト，ヴォルムス)と結びつける役割を担った軽量運搬賦役網は，あくまでも副次的なものだと考えていた(森本[47] 142-144)。そして，こうした流通組織についての考え方が，修道生活の諸拠点にも積極的に都市的性格を認めることを通じて，プリュム領がその外部の都市を維持するだけでなく，その内部にも都市を作り出していた点を強調し，西欧中世初期にも内在的な都市＝農村関係が存在していたとする主張を支えていたのである。

　もちろん，前稿でも言及しているように，9世紀末のプリュム領が遠隔地との広域的な連関を持っていたことは，けっして否定できない。この点でまず触れなければならないのは，所領のきわめて高度な専門化が遠隔地商業と結びついている明白な例が，プリュム明細帳には含まれていることである。それは，これまた多くの分析の対象となってきた第41章であり，塩生産所領であるヴィク・シュール・セーユを描写している(森本[45] 61-63)。しかしここで用いられている書式は，プリュム領一般の場合のように，マンス制度によって整序される形をまったくとっておらず，ここにはメーリンクとは異なって，塩生産へのほぼ完全な特化を認めてよい。そして，この章にある塩の価格調査に関する指令は，ここで生産された塩の一部がプリュム領民以外の者に販売されていたことを示しており(同[47] 122)，その中に遠隔地商人の存在を考えてよかろう。

　もう一つ，プリュム明細帳で遠隔地商業との関連を示すとしてしばしば挙げられるのが，第97章デュースブルクでのフリーセン人の記載で，人数は特定されていないが《Fresones》(fol. 42v.-l.3)と複数形で記載され，当所領のマンス保有農民とはまったく区別されて，かなりの額の貨幣支払を義務づけられている。フリーセン人を中世初期の遠隔地商人そのものとする見方への批判は正当であった(Despy [6] 150-153; 邦訳78-83頁)が，その後の研究によっても，フリーセン商人が遠隔地商業で活躍したことは確証されており(最新の研究動向整理としてLebecq [19])，王宮に隣って市場が存在していたとされる9世紀末のデュースブルクという環境を考えても，これらが遠隔地商業に従事していた可能性は大きい(森本[47] 128)。

しかし，明細帳でのこれら二つの記載はともかく遠隔地交易との関連を示すと積極的に読み込んだとしても，いずれもプリュム領では周辺部に属しており，上述のプリュム領運搬組織の性格を根底的に変えるようなものではない。その上本稿で，プリュムに近いメーリンクでのブドウ栽培への特化が大きく相対化された。当時の西欧でワインの広域的流通が存在していたことは確実でも，それと必然的に連なるような生産事情が，プリュム領に備わっていたとは思われないのである。こうして，9世紀末のプリュム領が，同時代の史料がまさに『在地』«locus» と表現する本院や分院の所在地から統括され，人間や富をそこに集中させてゆく組織として，遠隔地との広域的関係は不可欠には違いないがあくまでも二義的とする，そうした性格を持っていたことはやはり動かし難いと考える。

こうして，結論として前稿での主張を繰り返すことになった本稿で，当初に目標とした柔軟な立場を打ち出しうるとすれば，それは中世初期西欧社会経済史の総合において，9世紀末プリュム領に見られるような強い在地的性格を，いかに位置づけるかという点にかかってくる。その際すぐに考えられるのは，9世紀末プリュム領という地理的・年代的枠組みから来る，モデルとしての制約性である。

まず，プリュム修道院がアイフェル高原の奥深くに位置しており，その所領の大半は遠隔地交易路から離れて配置されていた。その点で，中世初期修道院経済の研究でしばしば引き合いに出される，トゥールのサン・マルタン修道院（佐藤 [37] 34–36）や，パリのサン・ジェルマン・デ・プレ修道院（丹下 [38]）とサン・ドニ修道院（同 [39]）などと比べて，そもそもプリュム修道院の所領が遠隔地交易との関係が薄かったと考えられる。確かに同修道院は，ライン・ムーズ河口地帯やライン河沿いなど，遠隔地商業の経路と言える場所にも所領を配置してはいた。しかし，最近のクニッヘルによる研究が示しているように，それらの獲得と保持には商業的動機も否定はできないが，むしろカロリング王権の家修道院という資格から由来する，政治的状況が強く働いていたのである（Knichel [13]; [14]）。中世初期の修道院領主による流通の担当者を検討しつつドヴロワは，遠隔地商人がそれに加わっているサン・ドニ修道院の場合と，修道

院の要員と領民のみが言及されるプリュム修道院の例とを対照している (Devroey [4] 370–383) が,丹下もプリュム領で行われていたような主として運搬賦役による流通組織が,むしろ例外ではなかったかと問うている (丹下 [40] 47)[5]。

次に,プリュム領の研究で明細帳があまりにも有力な史料であるため,視点は勢い 9 世紀末に集中してしまい,そこから中世初期全体を語ろうとしがちであった。しかしながら,最近における中世初期社会経済史研究の進展の中で,9 世紀末から 10 世紀にかけての時期の独自な性格がいくつかの分野で指摘され,しかもそれが社会経済構造の在地化という共通の方向を指しているように見える点が,きわめて重要に思える。第 1 に,貨幣史において以前から出されてきた,この時期に遠隔地商業の衰退が見られるという所見が,最近では個別発見貨の検討という新しい手法で裏付けられていること (森本 [52])。第 2 に都市史においても,ヨーロッパ西北部について中世都市の起源が追究される中で,9 世紀末から 10 世紀を在地での領主制的組織化が都市展開の原動力となる時期と考える,有力な主張があること (Verhulst [34] X, XI)。第 3 に荘園制研究においても,プリュム領からそれほど遠くないライン中流地域に所領を分布させていた,ロルシュ修道院領における流通を検討したシュタープが,10 世紀後半になってから在地的市場の整備が進行することを指摘している (Staab [31] 47–54) こと。

そして,このような所見を参考にしてプリュム領を見てみると,次の二つのすでに知られた事実の意味が,新たに問われてくる。すなわち一方では,プリュム修道院は 763 年のピピンによる文書以降,何回かにわたって流通関係特権状を受給しているが,最初の 1 世紀はフランク王国全体にわたっての流通税免除だけを内容としていたものが,861 年のロタリウス二世の文書からは,所領内部での市場と造幣所の開設も含まれてくる。他方では,プリュム明細帳の追加部分と流通関連のカエサリウス注釈を分析してみると,893 年の明細帳作成以降少なくとも半世紀間は,プリュム修道院は運搬賦役に関心を持ち続け,それによる流通網を維持・強化しつつあった (森本 [47] 123–126, 132–142)。これら二つの事実は,プリュム領での流通組織の在地的性格が 9 世紀後半以降に強まることを示唆するが,そうであればそのモデルとしての有効性も,中世初期の終末に向けて明確化するということになる。

前稿と本稿で検出したプリュム領の在地的性格と，それに条件づけられた特有な都市＝農村関係が，中世初期荘園制の一つの本質を示していることを確信しているが，以上のように見てくると，その位置づけについてはなお多くの作業が必要であることを痛感する。幸い西欧中世初期社会経済史の研究は，ピレンヌに代表される伝統的な学説の批判が基本的には完了したこと[6]を前提に，ますます多産になっている。それらから学びつつ，さらに勉強を進めていきたいと願っている。

注

* * 与えられた紙数を有効に生かすために，本稿では参照文献をなるたけ少数に絞って末尾に目録として掲げ，文中では（ ）に入れた割注として引用する。ヨーロッパ学界での研究状況を検討する際には，筆者の欧文論文を参照するべきではあろうが，これも紙数の関係から1点を除いて割愛し，必要に応じて対応する邦文文献を引用した。なお，本稿でのプリュム修道院所領明細帳からの引用はシュワープの新版（Schwab [28]）によるが，（ ）内にカエサリウス写本で該当部分の始まる箇所(本文については葉番号と行番号，カエサリウス注釈については葉番号と刊本での番号)を示すことにする。シュワープ版がカエサリウス写本の体裁を忠実に再現しているため，この仕方で容易に検索できるはずである。
1) ケンテナが中世国制史で多くの議論を呼んだことは周知だが，このように賦役労働に関連して用いられることは珍しく，第24章のこの箇所にはなお検討が必要である。ケンテナについての最新の論文として，Genicot [7] を挙げておく。
2) ペランはこの部分を追加と考えているが，その根拠の一つは，ここでのピクトゥラがかつての定地賦役地から転化した保有地である点に，求められているようである。Perrin [24] 76-n.1. しかし，定地賦役地の農民保有地への合体が，プリュム明細帳が改変されたおよそ半世紀間に進行しえたかは疑問であり，私はむしろ，所領のブドウ畑の一部が特別な資格の領民への保有地となっていたと考えたい。
3) 語源的には小規模性を指しているこの語は，第24章では⑩で他に2回使われているが，そのうち1回は面積を示すワイン容量『12杯分』と等置されていて，この場合には面積単位でないことは確実である。また，プリュム明細帳での他の章での唯一の使用例である第118章ビンゲンでは，『ここに小ブドウ畑があり，上述の領民が保有して，二分の一で耕作している』 «Sunt ibi pecioles de vineis, quas tenent supradicti homines et faciunt ad medietatem» (fol. 49v.-l.14) と，これが特別な資格のブドウ畑だったことが示唆されている。
4) ワイン貢租の言及されている章の番号は，以下のとおりである。なお，下線はその章でのピクトゥラの存在を，それらのうちでイタリックはピクトゥラが領主直領地に含められていることを，そして太字は穀物畑での定地賦役の言及を示す。<u>25</u>, <u>26</u>, *<u>28</u>*, 29, **65**, <u>69</u>, **71**, 99, 112, **115**。

ただしこうした解釈への問題点として，同じモーゼル河畔所領群に属する第25章シュワイヒでのマンス保有農民の負担範例に，『ピクトゥラをするなら，ワイン10モディウスを支払う』«si picturam facit, solvit de vino modios X» (fol. 16v.-l.17) との規定があり，『する』という動詞でピクトゥラが賦役労働であることを示唆しつつ，それがワイン貢租の条件であると読める表現がされている。ただこの章では，『クリュッセラート Klüsserath の各々は，車を持っていればワイン1モディウスを支払い，持っていない者は1デナリウス』«de Clutterche unusquisque, qui carrum habet, solvit de vino modium I, et qui non habent I denarium» (fol. 17r.-l.11) とか，『エンシュ Ensch で車を持つ者は，ワイン1モディウスを支払う』«de Auncun, qui carrum habet, solvit de vino modium I» (fol. 17r.-l.14) という記載もあって，ワイン貢租納付義務を特定の資格と結びつけており，上記の規定でのワイン貢租も，必ずしもピクトゥラの対価とされているのではないと考えておきたい。

5) ここで引用したドヴロワと丹下との論文は，西欧中世初期の社会経済構造の骨格を見定めようとする，それぞれの努力の一部をなしている。ドヴロワの最近の仕事の特徴は，修道院領での商業化と利潤追求との自分自身によるかつての過大評価を訂正しつつ，教会領の動向をイデオロギーの水準から解明しようとしている点にある。Devroey [3]; [4]; [5]. また丹下は，中世初期の経済水準についての悲観論の批判が，そのまま手放しの楽観論になることを戒めて，そこでの地域や市場の地位を規定しようとしている。丹下 [38]; [41].

6) 現在のヨーロッパ学界では，具体的な次元でなおピレンヌによる問題提起に立ち返ることは確かに多いが，古代と中世との間の断絶論，在地的観点の希薄，都市と農村との峻別論など，その基礎となる見方は基本的に排されている。例えば古代から中世への移行期について，Hodges / Bowden [10] を見よ。

文 献 目 録

[1] Devroey, J.P.: *mansi absi*: indices de crise ou de croissance de l'économie rurale du moyen âge, in *Le Moyen Age*, 82, 1976, pp. 421–451.

[2] Devroey, J.P. / Zoller, Ch.: Villes, campagnes, croissance agraire avant l'an mil: vingt ans après..., in J.M. Duvosquel / A. Dierkens(ed.): *Villes et campagnes au moyen âge. Mélanges Georges Despy*, Bruxelles 1991, pp. 223–261.

[3] Devroey, J.P.: *Etudes sur le grand domaine carolingien*, (Variorum collective studies series, 391), Aldershot 1992.

[4] Devroey, J.P.: Courants et réseaux d'échange dans l'économie franque entre Loire et Rhin, in *Mercati e mercanti nell'alto Medioevo: L'area euroasiatica e l'area mediterranea*, (Settimane, 40), Spoleto 1993, pp. 327–389.

[5] Devroey, J.P.: «ad utilitatem monasterii». Mobiles et préoccupations de gestion dans l'économie monastique du monde franc, in *Revue bénédictine*, 103, 1993, pp. 224–240.

[6] Despy, G.: Villes et campagnes aux IXe et Xe siècles. L'exemple du pays mosan, in *Revue du Nord*, 50, 1968, pp. 145–168.（平嶋照子／森本芳樹訳「9-10世紀における都市と農村——

ムーズ地域の場合——」森本編 / G. デュビィ他著 / 宮松浩憲他訳『西欧中世における都市と農村』九州大学出版会, 1987 年, 71-122 頁。)

[7] Genicot, L.: La *centena* et le *centenarius* dans les sources «belges» antérieures à 1200, in E. Magnou-Nortier(ed.): *Aux sources de la gestion publique*, I, *Enquête lexicographique sur fundus, villa, domus, mansus*, Lille 1993, pp. 85–102.

[8] Hägermann, D.: Eine Grundherrschaft des 13. Jh. im Spiegel des Frühmittelalters. Caesarius von Prüm und seine kommentierte Abschrift des Urbars von 893, in *Rheinische Vierteljahrsblätter*, 45, 1981, pp. 1–34.

[9] Hägermann, D.: Grundherrschaft und Markt in Prümer Urbar, in *Das Prümer Urbar* [27], pp. 17–26.

[10] Hodges, R. / Bowden, W. (ed.): *The sixth century. Production, distribution and demand*, Leiden / Boston / Köln 1998.

[11] Irsigler, F.: Grundherrschaft, Handel und Märkte zwischen Maas und Rhein in frühen und hohen Mittelalter, in K. Flink / W. Janssen(ed.): *Grundherrschaft und Städtentwicklung am Niederrhein*, Kleve 1989, pp. 52–77.

[12] Irsigler, F.: Mehring, ein Prümer Winzerdorf um 900, in J.M. Duvosquel. / E. Thoen(ed.): *Peasants & townsmen in medieval Europe. Studia in honorem Adriaan Verhulst*, Gent 1995, pp. 297–324.

[13] Knichel, M.: *Geschichte des Fernbesitzes der Abtei Prüm in den heutigen Niederlanden, der Picardie, in Revin, Fumay und Fepin sowie in Awans und Loncin*, Mainz 1987.

[14] Knichel, M.: Geschichte des Fernbesitzes der Abtei Prüm, in *"anno verbi incarnati DCCCXCIII conscriptum"* [22], pp. 145–156.

[15] Kuchenbuch, L.: *Baüerliche Gesellschaft und Klosterherrschaft im 9. Jahrhundert. Studien zur Sozialstruktur der Familia der Abtei Prüm*, (VSWG Beiheft, 69), Wiesbaden 1978.

[16] Kuchenbuch, L.: Die Achtung vor dem alten Buch und die Fürcht vor dem Neuen. Cesarius von Milendonk erstellt 1222 eine Abschrift des Prümer Urbars von 893, in *Historische Anthropologie. Kultur-Gesellschaft-Alltag*, 3, 1995, pp. 175–202.

[17] Kuchenbuch, L.: Rund ums Jubiläum: 1100 Jahre Prümer Urbar von 893, in *Rheinische Vierteljahrsblätter*, 61, 1997, pp. 287–297.

[18] Lamprecht, K.: *Deutsches Wirtschaftsleben im Mittelalter. Untersuchungen über die Entwicklung der materiellen Kultur des platten Landes auf Grund zunächst des Mosellandes*, 3 vol., Leipzig 1885–1886.

[19] Lebecq, S.: Le grand commerce frison au début du moyen âge. Une mise au jour, in *Revue du Nord*, 79, 1997, pp. 995–1005.

[19a] Morimoto, Y.: Considérations nouvelles sur les «villes et campagnes» dans le domaine de Prüm au haut moyen âge, in *Villes et campagnes* [2], pp. 515–531.

[20] Niermeyer, J.F.: *Mediae latinitatis lexicon minus*, Leiden 1976.

[21] Nikolay-Panter, M.: Grundherrschaft und Stadtentstehung in den Rheinlanden am Beispiel der Abtei Prüm, in *Grundherrschaft und Stadtentwicklung* [11], pp. 99–118.

[22] Nolden, R. (ed.): *"anno verbi incarnati DCCCXCIII conscriptum". Im Jahre des Herrn 893*

[23] *geschrieben / 1100 Jahre Prümer Urbar*, Trier 1993.

[23] Nösges, N.: Das Prümer Urbar von 893 / 1222. Übersetzt und kommentiert, in "*anno verbi incarnati DCCCXCIII conscriptum*" [22], pp. 17–115.

[24] Perrin, Ch. Ed.: *Recherches sur la seigneurie rurale en Lorraine d'après les plus anciens censiers (IXe-XIIe siècle)*, Paris 1935.

[25] Petry, K.: Die Geldzinse im Prümer Urbar von 893. Bemerkungen zum spätkarolingischen Geldumlauf des Rhein-, Maas- und Moselraumes im 9. Jahrhundert, in *Rheinische Vierteljahrsblätter*, 52, 1988, pp. 16–42.

[26] Petry, K.: Die Münz- und Geldgeschichte der Abtei Prüm im Spiegel der Münzfunde und der schriftlichen Überlieferung, in *Das Prümer Urbar* [27], pp. 27–46.

[27] *Das Prümer Urbar als Geschichtsquelle und seine Bedeutung für das Bitburger und Luxemburger Land*, (Beiträge zur Geschichte des Bitburger Landes, 11 / 12), Bitburg 1993.

[28] Schwab, I. (ed.): *Das Prümer Urbar*, (Rheinische Urbare, 5), Düsseldorf 1983.

[29] Schwab, I.: Das Prümer Urbar — Überlieferung und Entstehung, in "*anno verbi incarnati DCCCXCIII conscriptum*" [22], pp. 119–126.

[30] Staab, F.: Agrarwissenschaft und Grundherrschaft zum Weinbau der Klöster im Frühmittelalter, in A. Gerlich (ed.): *Weinbau, Weinhandel und Weinkultur*, (Alzeyer Kolloquium, 6), Stuttgart 1993, pp. 1–47.

[31] Staab, F.: Markt, Münze, Stadt. Zur Förderung der Wirtschaftsstruktur am Oberrhein durch die Abtei Lorsch im 10. und 11. Jahrhundert, in *Geschichtsblätter Kreis Bergstrasse*, 37, 1994, pp. 31–69.

[32] Staab, F.: Weinwirtschaft im früheren Mittelalter, insbesondere im Frankenreich und unter Ottonen, in *Weinwirtschaft im Mittelalter*, Heilbronn 1997, pp. 29–76.

[33] Staab, F.: Gegenstand und Kommentar des Prümer Urbars von 893 aus der Perspektive von einigen bisher unterschiedlich identifizierten Ortsnamen, in U. Nonn / H. Vogelsang (ed.): *Landesgeschichte-Fachdidaktik-Lehrerbildung. Festgabe für Erwin Schaaf*, Landau 1998, pp. 35–65.

[34] Verhulst, A.: *Rural and urban aspects of early medieval Northwest Europe*, (Variorum collective studies series, 385), Aldershot 1992.

[35] Willwersch, M.: [Schwab, I. / Nolden, R. (ed.)], *Die Grundherrschaft des Klosters Prüm*, 1912[1], Trier 1989.

[36] Wisplinghoff, E.: Königsfreie und Scharmannen, in *Rheinische Vierteljahrsblätter*, 28, 1963, pp. 200–217.

[37] 佐藤彰一「中世初期のトゥールとロワール交易――一つの素描――」比較都市史研究会編『都市と共同体』(名著出版, 1991 年), 28–46 頁。

[38] 丹下栄「カロリング期北フランス地方の地域構造と流通――サン・ジェルマン・デ・プレ修道院所領再説――」『下関市立大学論集』35-2・3, 1992 年, 167–191 頁。

[39] 丹下栄「カロリング期北フランス地方における生産・流通関係――サン・ドニ修道院の所領経営――」佐藤篤士先生還暦記念論文集刊行委員会編『歴史における法の諸相』(敬文堂, 1994 年), 139–156 頁。

[40] 丹下栄「西欧中世初期における塩の生産と流通――ロワールとロレーヌ――」『下関市立大学論集』39, 1995 年，35-54 頁．

[41] 丹下栄「西欧中世初期における市場の地位――カロリング期パリ地方を中心として――」『社会経済史学』63-2, 1997 年，10-31 頁．

[42] 森本芳樹「『定地賦役』考」高橋幸八郎／安藤良雄／近藤晃編『市民社会の経済構造』(有斐閣，1973 年), 3-21 頁．

[43] 森本芳樹「プリュム修道院所領明細帳(893 年)の史料批判をめぐる二つの問題」(1); (2)『経済学研究(九州大学)』47-4, 1981 年, 1-14 頁; 48-1, 1982 年, 23-52 頁．

[44] 森本芳樹「プリュム修道院所領明細帳(893 年)のカエサリウス写本(1222 年)について．西欧中世農村史料伝来の1例」『経済学研究(九州大学)』46-4・5, 1984 年, 91-127 頁．

[45] 森本芳樹「プリュム修道院所領明細帳に追加部分はないか．シュワープによる新版に寄せて」『経済学研究(九州大学)』51-1・2, 1985 年, 47-85 頁．

[46] 森本芳樹「プリュム修道院所領明細帳(893 年)のカエサリウス注釈(1222 年)について．9 世紀の史料か，13 世紀の史料か」世良晃志郎編『ヨーロッパ身分制社会の歴史と構造』(創文社, 1987 年), 281-322 頁．

[47] 森本芳樹「9 世紀西欧農村の都市形成力に関する考察――プリュム修道院所領明細帳を主たる素材として――」森本芳樹編著『西欧中世における都市＝農村関係の研究』(九州大学出版会, 1988 年), 91-150 頁．

[48] 森本芳樹「西欧中世初期荘園制の諸側面――最近5年間における農村史の研究状況――」(1); (2); (3); (4)『経済学研究(九州大学)』58-2, 1992 年, 51-66 頁; 58-4・5, 1993 年, 223-241 頁; 59-5・6, 1994 年, 231-243 頁; 60-1・2, 1994 年, 1-15 頁．

[49] 森本芳樹「プリュム修道院所領明細帳に見える複数者保有マンスと分数マンスについて――古典荘園制における農民経済動態の解明のために――」『経済学研究(九州大学)』60-3・4, 1994 年, 171-188 頁．

[50] 森本芳樹「所領における生産・流通・支配」佐藤彰一・早川良弥編『西洋中世史[上]――継承と創造――』(ミネルヴァ書房, 1995 年), 141-165 頁．

[51] 森本芳樹「都市＝農村関係論」佐藤彰一編『世界歴史, 7, ヨーロッパの誕生(4-10 世紀)』(岩波書店, 1998 年), 291-314 頁．

[52] 森本芳樹「個別発見貨の意味――イギリス中世古銭学による問題提起と所領明細帳研究への波及――」『比較文化研究(久留米大学)』21, 1998 年, 103-125 頁．

[53] 森本芳樹「中世初期プリュム修道院領に関する最近の研究動向」『比較文化研究(久留米大学)』23, 1999 年, 1-18 頁．

工業化初期の企業展開と地域的な社会統合
―― 18世紀のクレーフェルトとその周辺地域 ――

丸 田 嘉 範

はじめに

　1869年H.リールは旅行記の中で，絹工業都市クレーフェルトの景観を次のように描き出した。「クレーフェルトの外見上の地誌的状況は，隣接する2つの工業地域，すなわちライン右岸のルール川とヴッパー川の間の地域とベルギーのルーア川とマース川の地域とは顕著に異なった相貌を呈している。後者は石炭層のただ中にあり，その上空は炭塵と煤煙に覆われており，巨大な煙突と集中化された大規模な工場の建物の中で蒸気機関が使用されている。数マイル離れたエッセンとルール地方においても同様の景観が見てとれる。ひとたびクレーフェルトへ目を向ければ対照的な状況がある。クレーフェルトの絹・ビロード織布業は多くの埃，煙，騒音を出さず，歴史の古い製造業都市としての特質を留めている。ベルギーにひと飛びして，大きな工場が立地する場所からみれば，非常に勤勉で清潔感溢れるクレーフェルトは，オランダと比肩可能である。小規模・中規模の，一部は真に洗練された家屋が都市内に満ち満ちており，更にそれを取り巻く形で庭畑付きの家，小規模な家屋，農民の家屋，分散した農業用の建物が位置している。更に距離を置いて織機で働く農民の家屋が取り巻いている。家内工業はここでは，まだ近代工業と絡み合っており，分散定住を生み出していた」(Kriedte, 1991, 13)。リールは家内工業的に編成された「清潔な」クレーフェルト絹工業と，「汚染が進んでいる」ルール工業地帯との対比の形で「近代工業」による「伝統的徳性」の破壊を暗に非難している。この家

父長的関係の称揚という点は措くとして，ここで注目すべきは，都市(市壁)内，農村的景観を留める周辺の法領域，農村工業にも従事する更に遠い周辺地域という三層構造とも言うべき地誌的景観が描き出されている点である。

そこから18世紀に目を移すと，リールによる観察とは異なった像が目に付く。1796/97年のフランス軍による軍税徴収の記録は，リールとは対照的に絹工業従事者の経済的困難にも注意を喚起しつつ，都市内とその法領域の社会構造を次のように描写している。「都市の人口の内642の家族が1796/97年の分担金を払うことができ，20スチューバーの割合だけ支払っているものがその内65家族，全く払っていない家族が784ある。更に642家族の内，もし工場が15日だけその仕事を中断したならば，乞食の状態に陥ることになる三分の一以上の人々がいる。法領域の世帯の内，70が馬を持った農家で，77が馬なしの小規模な農家であり，203世帯が日雇いや労働者として生計を立てている農家か小屋住である。農民家族あるいは農地を耕すことに従事している家族，同じく工場で働いている子供を含めると，全農村人口は1,000人以上と計算可能である。土地の不足のため，その働き手のすべてを雇用することができないので，その他の1,450人は都市(クレーフェルト)の工場に従事する労働者か日雇いである」(Kriedte, 1982a, 299)と。つまり，法領域内の農民子弟が都市手工業に依存しており，さらにそれ以外に1,450名が「工場」の労働者か日雇いとして働いていたのである[1]。しかし，P.クリーテが指摘しているように，このクレーフェルトの近郊地域では，労働集約度の高い市場向け農業が行われていたため，絹工業への労働力供給は1790年代に入ってからであったとされている(Kriedte, 1983, 248-49)。従って，リールが描写した，クレーフェルトの地誌的三層構造の形成は歴史的に長期的な変化の産物に他ならなかった。

本稿では，フォン・デァ・ライエン家の経営する企業(以後ライエン会社と略称)をはじめ絹企業家による新技術・新製品の導入を空間的・社会的編成替えの画期として重視する(丸田，1999)。このことは，下記のように，古典的業績ではある程度注目されていたが，これまで「プロト工業化」論争においては，ステレオタイプ化された商人＝問屋主が所与のものと前提されており，企業家の担った積極的役割はごく最近まで殆ど問題ともされなかったからである。例え

ば，K. レンベルトは染色に関してオランダ，スイスの技術を学び，それに創意工夫を重ねることで，それらを越えるデザインを生み出し，それがクレーフェルト絹工業の急成長の一因となったと述べている (Rembert, K. 1928)。またクレーフェルト市史に関して古典的業績を残した H. コイセンもオランダ，フランスからの新型織機や東インドからの新技術の導入が，ライエン会社発展の原動力を成し，18世紀後半の競合会社と製品の模倣をめぐる係争発生の原因となったと見なしている (Keussen, 1865, 474–75)。この点を特に強く印象づけるのが，絹企業家多数の属する再洗礼派の一派，メンノー派信徒の証言で，1798年にクレーフェルト経済に与えた彼らの貢献を次のように回顧している。「思慮深き我々のご先祖様は，当地の住民の一部しか占めていなかったが，その当時全く重要でなかった小さなこの地に絹工業を植え付けた。その "工場" は彼らの子孫である我々によって拡大され，現在では最高の水準にまで上昇している。数千の人々が収入と十分な生活の糧を得ており，工芸職人や熟練した労働者が遠隔の諸国からやってきた。その他の産業もクレーフェルトに吸収された結果クレーフェルトは有名になり，日々拡大し人口も増え，繁栄する都市となった」(Kriedte, 1992, 246)。つまり絹工業による数千人の雇用と生活保障をもたらし，クレーフェルトを産業都市にまで押し上げた原動力を，端的に「工芸職人と熟練労働者の遠隔の諸国からの吸引」と表現しているのである。本稿では，これら熟練労働者・技術者から農村の日雇い・労働者・農民子弟に至る様々な階層のクレーフェルト絹工業への統合のあり方とその変化を考察する。

ところで，以上の課題設定に際して筆者は，上でも述べたように，「プロト工業化」論争を強く意識している。過去四半世紀にわたる国際論争の行方については既に優れた論考が発表されているので，この場では本稿のテーマに関連する限りで触れておく[2]。本稿の対象をなすクレーフェルト絹工業，特に絹企業家ライエン家は，F. メンデルスと並び論争の火付け役となった，ドイツの三人のネオ・マルキストの歴史家のうちの一人，クリーテが自説のよりどころに据えている (Kriedte, 1983)。その意味から，プロト工業化研究の第一世代の成果を代表しているわけだが，1977年の共著『工業化以前の工業化』(Kriedte / Medick / Schlumbohm, 1977, 13–35) において提示された理論仮説がそのまま堅持されている

訳ではない。1980年代の『歴史と社会』誌上を中心とした論争を通じて，都市工業・ギルドについても一部手直しを施すなど，柔軟な対応を見せてきたからである(Schremmer, 1980: Linde, 1981: Kriedte / Medick / Schlumbohm, 1983)。クリーテもこの点例外ではない。商業資本から産業資本への段階的移行，あるいはそれと並行したプロレタリアート化をライトモチーフに掲げながらも，都市から農村への生産立地の移動を一方的に強調せずに，むしろ都市・農村間の工程間・製品間分業に基づく「立地の拡大」について語るなど，都市・農村の相互依存関係にも注意を払う最近の潮流を先取りさえしている(Kriedte, 1981, 36–42: 1983, 246–62)。

　もちろん1980年代以降に輩出した地域研究の成果に照らして考えるとき，クリーテの所説に手直しが必要な箇所もある。特に1990年代に「第二世代のプロト工業化研究」を標榜しつつ登場した歴史家たちは，工業化，あるいは資本主義への単線的発展経路を想定する第一世代の見解を退け，それに代わって移行の経路を左右する要因として，共同体的・領主制的な社会制度の果たした役割の重要性に注目し，その解明に力を注いでいる(田北，1997)。その際好んで対象とされるのが，都市・ギルド・カンパニー・領主制などのテーマである(Ogilvie, 1993)。とりわけ，供給の非弾力性や高い賃金コストを理由として，生産の農村への移動の促進要因として理解されてきた，ギルドについても見直しが進められてきた。ギルドの影響力の過大評価への反省，農村ギルドの広範な検出，あるいはギルドによる技術革新への積極的寄与といった具合である(田北，1996)。もちろん，古典的立場を踏襲する論者もいる[3]。S. C. オギルビーは，16–18世紀ヴュルテンベルク大公国の梳毛工業を例としてギルド，カンパニーと領邦国家の間に形成される特権授受と財政負担の互酬関係を摘出する(Ogilvie, 1997)。もっとも，H. メディックは，同じヴュルテンベルクの麻織物工業を素材として，都市・農村にまたがるギルドが大公特権を持つカンパニーを相手に「取引自由」を叫んで，鋭く対立していたことを確認している(Medick, 1982)。またクリーテらの1998年論考によれば，オギルビーの対象とした羊毛工業でも，ヴュルテンベルク内の別の地方ではギルド，カンパニーと大公権力の関係は大きく異なっていたという(Kriedte / Medick / Schlumbohm, 1998, 14–15)。

それ以上に注目されるのが D. エーベリンクと M. シュミットの業績である (Ebeling / Schmidt, 1997)。彼らは，18世紀アーヘン空間の高級毛織物工業を取り上げ，特にキッシュが提唱し，クリーテらを始め広く継承された所説——帝国都市アーヘンのギルド規制の形骸化がプロト工業化を促進したとする説——を批判的に検討する (Kisch, 1989: Kriedte, 1981)。彼らの出発点は，高級毛織物では，その生産技術の要請と急激なモードと市場の変化への柔軟で迅速な対応という要請から，都市，都市近郊，農村にわたる編成が不可欠であったという認識である。そこから「一部集中化されたマニュファクチャー」teilzentralisierte Monufaktur という新概念を打ち出すことになる。その際，アーヘンに本拠を置く企業家層は織布工を下請け問屋として使いながら，高度な熟練の必要な仕上げ工程を集中化して組織していた。従って，商人・企業家の集中作業場，都市工業，及び農村家内工業を通じた多様な質と存在形態を持った労働者の統合が不可欠だったのである。ギルドの熟練が労働編成に果たした積極的寄与に加えて，企業家の担う主導力が目を引く。これら最近の社会制度研究の成果に立脚して考えるとき，後述のように「自由 vs 独占」の図式に囚われているクリーテの絹会社理解には反省が必要と思われる[4]。そこで，本稿ではクリーテの描き出した都市・農村関係を叩き台にして，「第二世代」の研究成果——質的に多様な労働力の有効利用及び技術革新の成果の採用——を加味しつつ，既述のように初期工業化期の絹工業会社を軸とした社会統合の諸相を描き出すことを課題として設定したい。

最後に，本稿で利用する史料と論述手順を簡単に述べたい。史料はこの規模の都市とその周辺部としては刊行状況が良好である。貸借対照表，係争記録，請願書，新聞記事，書簡等が伝来し，『アクタボルシカ』(Schmoller / Hintze, 1892; ABI-III と略称) に所収されている。その後発見された史料に関しては郷土史関係の雑誌『ハイマート』に多く刊行されている。また研究史の蓄積も豊富なことから，未刊行史料の掘り起こしも論文の中で行われている。それらを利用しつつ，I では18世紀の都市クレーフェルトの簡単なプロフィールとライエン会社の発達史を紹介する。II では18世紀前半から19世紀初頭に至る絹工業の社会的・空間的編成の変化の考察から，絹工業を軸にした地域的な「社会統合」の

過程を描いていく。IIIでは総括を行う。

I　18世紀クレーフェルト市史の概観

(1)　都市の人口的・地誌的拡大

　クレーフェルトはライン左岸に位置し，18世紀初頭に農村的雰囲気を色濃く留めた人口約2,000人の小都市であった(表1参照)[5]。政治的には1702年までオラニエ家の支配下にあり，その宗教的寛容策が熟練手工業者や商人多数の移入を呼び，将来の経済発展の礎を据えたといわれる(Keussen, 1865, 455)。その後プロイセン領に編入されるが，プロイセン本国から遠く，周辺をケルン大司教領に囲まれた「飛び地」を形成していた事情もあって，政治的には特異な二重構造を帯びることとなった(図1参照)。当時プロイセンの政治・行政組織が再編期にあり，この事情がオラニエ家の支配構造を温存しながら，租税・裁判・行政制度の各分野において緩やかな移行を生み出し，東部のプロイセン本領とは違った体制を生み出していた。ベルリンの総監理府が中央の官庁であり，その下部組織であるクレーフェの軍事・御料地財務庁の下に形式上は置かれていたが，裁判・行政両面でプロイセンの間接支配に服していた。多様な経路の裁判・係争処理制度の存在，東部と西部では異なる関税制度が存在していたからである(Barkhausen, 1958, 13–14：丸田，1999)。その後7年戦争による打撃など，若干の紆余曲折はあれ，プロイセン政府の継承した宗教的寛容策もあって，人口数の増加に表現されるように都市の発展は続き(表1参照)，1711, 38, 52, 66の各年に市壁拡大が計られている[6]。それは郊外市の市壁内取り込みをもたらしつつ，前記の地誌的三層構造を準備することになった。

　18世紀前半まで，クレーフェルトの主要産業は麻織物工業であったが[7]，その後絹工業がそれに取って代わった(表2参照)。この絹工業こそが，18世紀の都市の経済・人口急成長の主要因となった。その契機となったのが1720年代以降のメンノー派の商人企業家ライエン家による絹工業会社の創設にある。そこで次節でライエン会社の発展の足跡を辿りつつ，絹工業の生産組織・労働力編成な

どの特質を概観しておこう。

(2) 絹工業の発達——ライエン会社の城下町形成

　ライエン家は17世紀に宗教難民としてクレーフェルトへ移住した時，商業に従事していたといわれる[8]。彼らが絹生産に本格的に進出したのは1720年代のことである。すなわち，ペーター，フリードリッヒ，ハインリッヒ，ヨハンらが(図2参照)，撚糸・染色・織布・仕上げなど主要工程にまたがる会社を設立している[9]。その後の発展は，自己資本や労働者数の増加のような規模の拡大と親族団を巻き込んだ同族会社の拡充と，2つの経路によって行われた。18世紀中の自己資本の急激な増加はライエン会社の中核会社であるフリードリッヒ＝ハインリッヒ会社の貸借対照表から見てとれる。1737年の約65,000ライヒスターラーから，1797年の約1,285,000ライヒスターラーへと20倍増している(図3参照)[10]。労働者数も18世紀末には3,000人とも4,000人ともいわれ，ライン地方でも有数の会社に成長した。ここで注目したいのは18世紀後半，量的比重は大きくないが，「固定資本」勘定が登場している点である(表3参照)。全体として流動資本の比率が大きく「賃金」項目もないことから，クリーテが想定する問屋制的関係の支配は否定しようもないが，この「固定資本」勘定の意味は小さくない[11]。つまり織機・器具などへの投資，別言すれば後述の新製品・新型織機の導入を梃子とした企業家主導の発展を象徴すると考えられるからである[12]。それと並んで，18世紀後半，娘婿の家系(フロー家とハイドヴァイラー家)を加え，製品種の多様化も図りつつ，同族会社として発展したことを忘れてはならない。

　以上のような，ライエン会社の発展につれ，生産組織も変化を遂げてくる。まず，ライエン会社の中核に位置するフリードリッヒ＝ハインリッヒ会社の例に基づき，工程別の組織形態を一瞥することから始めよう。この点はクレーフェルト絹工業の発展史を丹念に追跡したW. レヴィーによって，次のように余すことなく表現されている。「撚糸場から糸が送られた後，その糸は最初に染色場へまわされ，そこから中心部の，いわゆる"工場Fabrik"へ集められる。そこで加工された原料に対して，最初の準備作業が行われる。様々な巻き取り工がボビ

ンに糸を巻き付けるために，家へ糸の束(かせ)を持ち帰る。次に個別の仕事場から，糸が巻かれたボビンが再びクレーフェルトへ集められる。その後には，既にこの時期までに問屋主の家屋で行われていた工程が続く。縦糸が女性により縦糸すき Scherzettel を使って織物のために整えられ，次にビームに巻き付けられた。完成した縦糸は再び，それに付属した梳き櫛 Kämmen と共に(問屋主の)家から個々の経営へ送られた。それ以後原料は，賃金を受け取るために完成品を中心的な経営へ持ち込むまで，織布工の手の中にあった。その後，完成した製品は企業家の家屋内の倉庫に保管され，発送用に包装された。個々の商品については，発送される前に，更に仕上げが施された。この仕上げ工程の一部は"工場主"の経営の中で行われ，一部は仕上げ作業場において賃金労働として行われた。個々の経営内ではある種の分業が存在した。例えば，ビロード工業において織布仕事は男性のみによって行われ，女性は男性のために多様な補助労働を行った。縦糸の巻き取りが問屋主の家で既に済んでいなかった場合に限り，縦糸はすき枠 Scherrahmen から縦糸棒 Kettbaum に巻き付けられた。この巻き仕事は女性の仕事であったが，度々児童が糸の束(かせ)を巻き付けた」(Levie, 1929, 5–6)。

　従って，撚糸・染色工程と準備工程の一部，大部分の仕上げ工程はライエン会社自身の手で集中的に行われ，他の準備・織布工程は各世帯に分散して，一部は市壁外の農村地域で家内工業的に組織されていた。当然ライエン会社の成長過程で，各工程の拡充が行われる。染色場は1724年オランダで技術習得したゲルポットを責任者として建設され，1740年代に仕事の繁忙を理由に新たな染色場も建設されている。1768年にこれらの染色場で40人が働いていたという。撚糸機も1763年，68年にはそれぞれ15, 18台駆動しており，300人以上の熟練・半熟練・非熟練の労働者が雇用されていた(ABI, 608: ABII, 588: Rembert, K., 1928, 221–23)。

　しかし，ライエン会社の組織の中核部分を占めたのは，家内工業的に組織された織布工であった。1768年にはリボンと各種絹布の織布工数は3,000名を越えており(ABI, 608)[13]，19世紀初頭にも「町中に機音が響き渡る」(Rotthoff, 1959, 93)と言われたように，都市人口の急増を招いたのも彼らである(表2参照)。そ

の意味からクリーテが織布工＝親方に照準を合わせつつ，商業資本から産業資本への移行の経路を描き出したことも，十分首肯できる。クリーテに従えば，これら織布工（「工場親方」）は，ライエン会社には下請け人として，職人や整経工の児童には自前で賃金を支払う親方・雇主として，二重の役割を演じていた。しかし時が進むうちに，ライエン会社の織機・原料供給者としての力が増してきて，問屋制的関係下の家内労働者——もっとも整経工は織布工から雇用されるのが常だった——の地位に転落した (Kriedte, 1983, 238–39)。

ところで，クリーテは，ライエン会社の産業資本への移行に際して，次の諸段階を考えている。第1段階は，1720年代の創業期から18世紀中葉の競合会社との係争までの自由な関係下での成長期である。第2段階は，18世紀中葉からフランス占領下に実施された自由主義政策に至る，プロイセン特権を基礎に特定商品の営業独占権を行使し，「労働市場の寡占」を達成した時期に当る。クレーフェルト絹製品が世界的名声を博したのもこの時期のことである。第3段階は，フランス占領下にライエン会社の「独占」が解体する時期に当たる。筆者はクリーテのこの時期区分におよそ異存はない。ただ，既に別稿において指摘したように，この3つの時期ライエン会社の戦略商品がビロードとビロードリボンから，絹ハンカチへと移行していることに注目したい。1738年の「ナポリ絹」導入のための用意周到な準備から始め，ライエン会社による新製品・新型織機の採用と熟練労働者の招請を通じた発展の節目とも重なっていると考えられるからである(丸田, 1999)。戦略商品の変化も伴う以上の3時期につき，クレーフェルト絹工業の周辺地関係の展開を，社会統合と関連づけて考察することがIIの課題となる。

II　絹工業会社を核とした「社会統合」

(1)　第1期（18世紀前半）——市壁の拡大

18世紀前半，クレーフェルト絹工業は労働力の都市への吸引を通じて，都市型の発展の特質を示していた。工業化以前のライン地方の農村工業を概観した

C. アーデルマンも，クレーフェルト絹工業の持つ都市型の特質を強調している(Adelmann, 1979, 267)。特に，1743 年の市参事会議事録が，その点で興味深い情報を含んでいる。「クレーフェの軍事・御料地財務庁の指示に基づいて，租税顧問官のヘルマンは 1743 年 6 月 25 日にクレーフェルトの市政官に次のように提案している。ライエン兄弟に対して，ペーター・ライエンの寡婦の工場に所属していた領外の絹整経工を都市へ移住させるかどうか，どのようにして移住させることができるか，について尋問するようにと。市政官はライエン兄弟に 7 月 4 日にその事について尋ねた。ライエン兄弟は次のように答えた。その絹整経工は農民の妻か子供であり，その夫や父親は別の職業に従事しており，当然のことながら都市へ移住させることはできないと。その間に軍事・御料地財務庁は 7 月 1 日に次のように指示した。ライエン兄弟の絹労働者はクレーフェルト外の場所に居住しても構わないが，可能な限り都市へ移住させるべきであると」(ABⅡ, 593-4)。ライエン家を中心とした企業家側の要求とプロイセン政府の人口移入促進策・産業振興策が重なり合って都市型の発展を示したのである(Hersing, 1930 / 31)。

ところで，18 世紀中の急激な人口増加により，市壁が 4 度拡大された(1711, 38, 52, 66 年)ことは既に述べた。1711 年の市壁の拡大はプロイセン当局主導の下で南側へ向けて行われ，街区が整理された。その土地政策の最大の目的は，高い技術力と知識を併せ持った移民，特に宗教難民の受け入れであった[14]。この市壁拡大も急増する人口を受け入れるには十分でなく，第 2 次の市壁拡大が日程にあがる。それが実現されたのは 1738 年のことだが，その間の事情を軍事・御料地財務庁長官ミュンツは次のように述べている。「(クレーフェルトの市内には)使われていない家屋はもはや存在しないし，既に納屋の一部も住居用に転用されているほどである。また多くの人が屋根裏部屋で生活しているので，家賃は高騰し，よそ者は借家を見いだすことができず，結局，住居不足のために人々は引き移らなければならない」(Kriedte, 1983, 266)。その後も，ライエン会社の成長に歩調を合わせるかのように，1752 年に第 3 回の市壁拡大が行われたが問題は一向に解決しなかった[15]。

これらの市壁拡大が，人口移入の速度に追いつかなかった以上，市壁外に絹

工業と直接・間接に関連した人口が定着して，郊外市を形作ったことは想像に難くない。角度をかえれば，市壁拡大は郊外市の市内取り込みの過程に他ならなかった (Hersing, 1930, 243-44)。また染色場は，初期は都市市壁内にあったが，火災の危険を考慮して市壁外の「アルテ・ライエンタル」に移設されたといわれており (Rembert, K., 1928, 221-23)，織布も含め郊外市の重要性は，クリーテが考えていたより早期から大きかったと考えられる。

　しかし，この時期，絹生産が都市とその近郊でだけ行われたわけではなかった。コイセンの古典的業績が教えるように，プロイセン当局の関税優遇措置とも相まって，既に1740年代からヨハン・ライエンはクレーフェルトの法領域を越えて，生産の網の目を広げていた (Keussen, 1856, 470)。すなわち，都市ゲルデルンにリボン織機22台，アルデケルクに2台を置き，問屋制的関係下に組み込んでいる。1750年に織布工は200人程度だった状況を考慮するとき，その比重は決して小さくなかった(表2参照)。周辺小都市への関係拡大の例は以上に留まらない。まずプロイセン領内にあり，18世紀にも人口1,500人と小規模ながら，軍事・御料地財務庁が置かれ，政治的な要衝であったメルスがくる。ここでは19世紀中頃に絹・綿・毛織物製造業が繁栄するが (Keyser, 1956, 309)，既に1735-6年に4人，1737-8年に3人，1744-51年に2人のリボン織布工(おそらく専業の手工業者)が確認されている (Kriedte, 1983, 246)。次にプロイセン領内の人口約2,000人の小都市クサンテンは，メルスより遥かに重要な地位にあった。中世以来交通の要衝であり，週市・年市が開催されており商業の中心でもあったこの都市において，手工業(繊維産業)が明確な輪郭を現すのはメルスと同様に，19世紀になってからだった (Keyser, 1956, 434)。しかし，1743年に25台の織機と4台のリボン織機があり，その一部を扱う織布工がライエン会社の問屋制的支配に服していた (ABI, 70-74)。

　このように，ライエン会社の問屋制的関係は周辺小都市にまで伸張していたが，あくまで生産の中心は市壁内であると言わねばならない。原料の高価さとも関連して，家内労働者による横領防止や，監督強化の必要など，都市型工業の性格を強めたことは周知の通りである。クレーフェルトの場合，プロイセンの「飛び地」という地政学的位置が，その性格を一段と強めたようである。そ

の意味から，絹工業都市リヨンについて言われる「遅ればせのプロト工業化」はこのクレーフェルトにも当てはまる(カイエ，1991)。いずれにせよ，第1期から，集中作業場か分散的家内工業かを問わず，多様な層の労働者が雇用されていたことを確認しておきたい。

(2) 第2期(1760-90年代前半)――並製品の農村への拡散

第2期のクレーフェルト絹工業における都市・周辺地関係は以下にみるように，新しい局面に入るが，そのきっかけは2つある。一方は，ライエン会社の新製品・技術導入の成果として戦略商品の変化(ビロードとビロードリボンから絹ハンカチへ)を契機に進行した，「付加価値の高い製品」は都市へ，「付加価値の低い製品」は周辺へという拡大である(Adelmann, 1979, 267: Kriedte, 1981, 36-42)。この過程で，織機・原料所有者としてライエン会社の織布工に対する地位も強まり，都市内の生産組織も再編期に入ったことを指摘しておきたい。もう一方は，ライエン会社と競合会社の間に熟練工の引き抜きと製品模倣をめぐり発生した係争と，それに対するプロイセン当局の裁定による特定商品の「営業独占権」の確認であり，競合会社の主導下にプロイセン領外への立地拡大が推進された(Kriedte, 1983, 250: 丸田，1999)。その際，M. バルクハウゼンも指摘するように，都市内の高い売上税賦課が，この周辺化の過程に拍車をかけたことは言うまでもない(Barkhausen, 1958, 14)。以下，これら2つの側面を順次考察しよう。

第3回市壁拡大から10年後の1762年，ライエン兄弟は次のように述べ，市内の労働力不足と絡めて，周辺都市への立地拡大を説明する。「もはやこの地クレーフェルトに，この工場を継続するために十分な量の労働者は存在しない。そのため我々はメルスとクサンテンにその種のリボン織機を設置し，これらの都市を生産に引き入れることを試みた」(Kriedte, 1983, 246)。1763年ライエン会社が所有する紋織りリボンとビロードリボン用の小型織機97台の内，メルス，クサンテンだけで60台に達しており，並製品の周辺化の進行を印象づけている(ABII, 589)。それ以外に，クレーフェルト北西部に位置する小都市がこの時期に加わる。まず，ユーリッヒ大公領のズヒテルンは，18世紀には80台の織機を持つ土着のビロードリボン製造マニュファクチュアも確認される「絹産業」都市

の性格を持っていた (Kermann, 1972, 289-90)。特に，1785 年絹リボン織機 14 台がライエン会社のために働いていた。次に，フィールゼンでは 18 世紀から農工兼営の零細農民を担い手とした麻織物工業が繁栄し，人口の急増を招いていた。1763 年前述のライエン会社所有の 97 台の内の 4 台が当地に置かれており，「ライエン会社の独占下に入っていた」といわれる (Kermann, 1972, 292-94)。

ところで，並製品の周辺化は，ライエン会社の中核にあるフリードリッヒ＝ハインリッヒ会社によってだけでなく，同時に同族会社のハイドヴァイラー会社によっても強く推進された。別言すれば，ライエン会社内での製品分担の明瞭化を伴っていた。ハイドヴァイラー会社は，1769 年クサンテンの織布工と問屋制的関係を結び，1781 年には 16 台のリボン織機が稼動していたといわれる (Kriedte, 1983, 246)。ハイドヴァイラー会社の活動は，その他の都市・村落にも根付いていた。1765 年軍事・御料地財務庁が，フランクフルトの問屋主のために働いていたグレーフラートの縁飾り工の雇用をライエン会社に要請した書簡に対する返書の中に次の文言がある。「そのことは不可能である。なぜならその種の製品を製造している労働者は我々の指導下にあるのでなく，我々の従兄弟のフランツ・ハインリッヒ・ハイドヴァイラーに，この地の営業をまかせているから」(Kriedte, 1983, 253)。またズヒテルンにおけるハイドヴァイラー会社と織布工の関係について情報を与える史料として目を引くのが 1788 年文書である。「(織布親方はハイドヴァイラー会社から 20 から 30 ポンドの生糸を受け取り) 彼らの仕事場で加工し，より多くの織機を設置するだけでなく，またよりいっそう在庫向けの製品を完成させるためという条件の下で，仕事がない親方に (在庫向けの製品の完成の時点まで)，仕事を与えるということが許されていた」(Kriedte, 1983, 259)。すなわち，織布工は糸を受け取り，製品を引き渡しているが，この織布工は，同地の織布工を下請けに使用しているのである。同年に伝来する別の史料は，この織布工相互間でハイドヴァイラー会社に無断で行われる下請けの弊害を次のように述べている。「会社向けに働いているズヒテルンの親方は，加工するために受け取っている粗い生糸を，別の工場の労働者や問屋主に雇用されていない (自立的な) 親方達により製造された生産物 (ビロードリボン) と貨幣による手付け金と共に交換し，その生産物を問屋主の下へ通常の支払

いと交換に自分の生産物として送り届ける。その際，彼らは(本来の)生産者を犠牲にして多くの利得を得ている」(ABII, 663)。

　以上の立地拡大と並行して，新製品・新型織機の採用は問屋制下の織布工との関係変化を促進した。クリーテは，織機設置や職人雇用における主導権のライエン会社への決定的移動，別言すれば，生産過程そのものの統制強化とそれを表現した(Kriedte, 1983, 238-39)。その際，織機・製品の機密保持が重要な課題とされている。その点は1786年の「工場規則」から読みとれるので，3条項を紹介しておこう。「すべての法に適った親方と職人は仕事場で労働者を領外へ置くという謀議を生まないよう，用心するという義務を負っている。」「工場内の道具の製作とその持ち出しに加担しないよう注意されなければならない。」「労働者はお互いに，どんな甘言によっても誘惑されないように。そして領内外の工場主あるいはその労働者に，ライエン会社の絹生産物の生産方法や，その長所と短所がどこにあるかについて手がかりを与えぬよう監視するべきである」(ABII, 660)。

　ところで，熟練工——表2では「工場親方」と表現される——の重要性が高まる中で，ライエン会社は，経済局面の変化に関わりなく，工場親方の係留に強く意を用い始める。1767-70年前半と1789-94年の危機——特に後者の生糸価格の大幅上昇は織機稼働率の11%低下と雇用労働者数の28%減少を招いた——にも，労働時間の短縮と在庫のための生産により対応した。他方，農村の労働者が，不況時には最初に解雇された(Kriedte, 1986, 279-87)。ライエン会社のとるこの「トカゲの尾切断」的措置は，農民たちの反感を買っている。「(ケンペンの絹工場は)その繁忙期に農業から労働者を引き離し，労働者が年を取ると，再び(絹工場から)追放した。労働者の人生は工場主にのみ有利に活用され，その後，その老人たちは，土地を持つ共同体にとって重荷になった。……クレーフェルト周辺の農民が，クレーフェルトの製造業者のためでなく，自分たちのために，自分の製品を紡いだり織ったりすれば良かったのに」(Adelmann, 1979, 279-80)。クレーフェルト絹工業への依存度の高まりがもたらす弊害が，自立性の喪失——裏返せば，生産手段全般のライエン会社による掌握——と対比して述べられている。並製品の周辺化は，同時に労働力の質における落差拡大を伴っていただ

けに，社会的矛盾を内包した空間編成の変化だったことを銘記しておきたい。

　第2期の最大の特徴は，同族会社以外の競合会社主導の周辺地への立地拡大である。その代表例がプライアース会社，リンゲン会社，アンドレー会社である。プライアース，リンゲン会社についてはライエン会社との多数の係争文書が伝来するが，その詳細は別稿に譲り（丸田，1999），ここでは競合会社主導の立地移動に限って論述しよう。まず，プライアース会社は1750年に設立され，クレーフェルト，フィールゼン，カイゼルスベルトで営業を行っており，1775年当時，30台のビロード織機と209台のビロードリボン織機を所有していたことが知られている（Beckerath, 1951, 54–59）。しかし，1775年にライエン会社の独占に触れる品目を含めて経営拡大をはかると係争が発生し，それに敗れると，ライエン会社の勢力が強いクレーフェルトとフィールゼンから退き，その拠点をカイゼルスベルトへ移すこととなった（丸田，1999, 217）。ここカイゼルスベルトは，プライアース会社の移転を契機にして絹工業都市に急成長するが，その基礎となったのがプライアース会社がクレーフェルトから引き連れてきた200人を数える労働者だったという（Fritz, 1963, 52–53）。

　しかし，周辺への立地展開の点で先鞭を付けたのはリンゲン会社である。リンゲン会社は1750年に設立され，メンノー派のベッケラート家が経営を引き継いだ1761年から急成長し，1763年に労働者数は約400人を数えた。この会社は，ケルン大司教領内にあるクレーフェルト近郊の町アンラートに1759年から織機を設置しており，リボンを製造していた。しかしリンゲン会社の本拠が他ならぬクレーフェルトにあり，アンラートの低賃金による製品との競争を恐れたライエン会社と係争が発生した（ABII, 599–612）。この係争は1764年まで続き，その間プロイセン当局から，プロイセン本国への経営移転を勧められたが拒否した。残念ながらその後のリンゲン会社の活動については史料がなく，よく分からないが，中小の絹問屋主による周辺部への立地拡大の地ならしをしたことはよく知られている（Kriedte, 1983, 250–51）。

　これら小規模絹問屋主は，クレーフェルト近郊のケルン大司教領だけでなくゲルデルン地域や，ユーリッヒ大公領にも立地を拡大していた。特に，ニールス川の対岸地域で顕著で，グレーフラート，ヴァハテンドンクに57台のビロー

ドリボン織機，ロッベリッヒに8台の絹リボン織機があり(図1参照)，すべてがクレーフェルトの絹問屋主向けであったことが知られている。この時期，クレーフェルト近郊の郊外市アンラート，ヒュルス，セント・テーニスの織布工たちが相互扶助の目的から，組合組織を形成していたことが知られてはいるが，量的な拡大は第3期に属する(Kriedte, 1983, 251)。

これらの会社とは違って，初めからクレーフェルト外に拠点を置いて，ライエン会社に競争を挑むものもあった。ミュールハイム・アム・ラインに本拠を置く，アンドレー会社が代表例である。1744年以来ユーリッヒ・ベルク領で絹織物に関する特権を保持しており(ABII, 618–19)，ライエン会社と同様に仕上げ・染色工程および一部の織布工程を集中化する一方で，問屋制的生産の網の目を周辺に広げていた(Kermann, 1972, 302–4)。ライン地方ではこのアンドレー会社がライエン会社の最大のライバルであり，労働者の引き抜き問題も発生していた(Müller, 1987, 28–32: 丸田，1999, 217)。

第2期には，ライエン会社の主力製品の移行と市壁の拡大の停止をきっかけとして，並製品が徐々に周辺に押し出されていった。また都市内でもライエン会社は織機・原料所有者としての強い地位を背景として，織布工への統制を強めると共に，熟練労働力の確保を図る。いわば，都市・周辺地関係が労働力と製品の質の落差として再編されてきたことが第1の特徴である。「遅ればせのプロト」はこの特質を伴っていたのである。その際，周辺地域に関しては競合会社がライエン会社の「営業独占権」を迂回する形で，プロイセン領外に拡大したことを第2の特徴とする。従って，冒頭で触れた地誌的三層構造の原型はできつつあった。

ところで，第2期クレーフェルトの絹製造会社による，ビロードとビロードリボン生産の立地拡大は都市クレーフェルトの急成長とも相まって，周辺中小都市との間に新たな関係を生み出していた。1780年代のリン，イーディンゲンの行政長官の報告は次のような状況を伝える。「穀物，木材，バター，卵，チーズ，野菜のような生活必需品の大半につき，ほとんどプロイセンの貨幣で支払われるのであり，別の貨幣で評価され支払われたことはない。当地方において幾千もの労働者と貨物運搬人が存在しており，彼らはクレーフェルトの工場(の

労働者)や，菜園労働者，左官，それ以外の多くの手工業労働者として，1年を通じて賃金を得，生計を立てており，その支払いは常にプロイセン貨幣で行われている」(Kriedte, 1983, 220)。すなわち，生活必需品取引と貨幣流通を通じて，中小都市の商人・手工業者・運搬人・農業労働者など，絹工業と直接関わりのない社会層まで，絹工業都市クレーフェルトに間接的に統合されていたのである。

(3) 第3期(フランス占領期)——三層構造の完成

第2期の発展を受けて，クレーフェルトを核とした地誌的三層構造が完成されてくる。その際，フランス占領下に実施された自由主義的改革の重要性が強調されてきた(Kriedte, 1983, 266)。プロイセン当局が，ライエン会社に与えた「営業独占権」が撤廃され，「営業の自由」が宣言されたのだから，新たな企業創設の動きが活発化したことは間違いない。しかし，それも本稿の射程を超える1811年以降に属する(Kriedte, 1991)。むしろ政治境界線の変更に伴い，関税・通貨などの経済活動の制約が撤廃されたことが，これまでの過程を促進したようだ。クレーフェルト近郊で1797/98年に1,500人以上の農村居住者(児童を含む)が絹工業の労働者・日雇い人・補助労働者として働いていたこと，これが1790年代に，集約的な商業向け労働力を奪う形で進行したことは既に述べた。また並製品の周辺化の過程も一段と進んだ。それはクレーフェルト西部地域において顕著で，18世紀麻織物工業の衰退が，絹工業への移行を加速化したと言われる。例えば，1802年フィールゼンでは390人以上のリボン織布工がおり(Mackes, 1980, 11)，クリーテにより作成された1803年の周辺の絹労働者に関する図表によれば，ズヒテルン等でも専家か兼業かは不明ながら，絹工業労働者が100人以上存在し，クレーフェルトの問屋主向けに働いていた(表4参照)。

この時期の郊外市については，市壁拡大の停止後，都市内以上に絹工業への依存度が高かったことが知られている。特に，1804-15年にかけて市壁内から郊外市への織布工の移住が進み(Kriedte, 1982b, 74-77)，この結果，郊外市は人口も増加し，新しい地誌的景観を呈することとなった。その中心地点となったのが，ヒュルス，セント・テーニス等の郊外市で，まさに100人以上の織布工の居住

する「絹工業村落」の様相を呈したと言われている。近隣の「絹工業村落」や中小都市に，ビロードとビロードリボン生産の立地が移動したことで，第2期に始動した過程は一応終了して，ここにリールの観察した地誌的三層構造はおおよそ完成した(図1，表4参照)。

ところで，フランス占領期の史料にあって，しばしば言及されるのが児童労働である。1795年Chr.ワーグナーの紀行文はクレーフェルトの繁栄をもたらした要因として，絹工業と住民の勤勉さを挙げ，特に「4–5歳の子供さえ，パン(生活費)を稼ぐ」と述べている(Kriedte, 1982a, 295)。1796/97年の軍税徴収でも，農民子弟の絹工業従事が報告されている。第1期，第2期でも彼ら児童労働が，糸の巻き取り，整経や様々な補助作業で雇用されていたことは知られていた。クリーテは，ライエン会社から見れば間接雇用に当たる織布工による整経工使用を想定していたが，彼を含む研究者が直接の拠り所とするのが，1824年プロイセン当局の児童労働制限策と関連した実態調査の記録である(Rotthoff, 1959, 93–95)。これは19世紀のデータだが，18世紀の社会統合を考える上で重要だと考えられるので，簡単に紹介しよう。児童の携わる作業自体は簡単で単純なものだが，労働時間が不規則で長時間であることから初等教育には支障となっていた。彼らの生活は後に職人(16–7歳)・親方(18–20歳)になれる可能性があるといっても状況は悲惨だった。1824年の司祭の証言によれば，「工場の下で働いている児童は最も下層の国民に属する。彼らは初期の子供時代の大部分を貧困と不幸の中で過ごす。彼らは通常路上で過ごし，放り出されている。彼らが物心ついて7歳にもなれば，絹や綿工業に接する機会が与えられ，すぐにそこで働き口を見いだし，時には座ったり，時には立ったりしながら使用されている。しかし骨の折れる仕事はやらない。工場で働いていない児童は道ばたをうろつき回っている。」またプロテスタント派の司祭(宗務局長)のハイルマンは健康状態の悪化と早期からの飲酒・喫煙を報告している。表2にもあるように整経工に数えられるこれら児童，あるいは女性の数は300人にも達しており，軽視できない比重を占めていた。

このような周辺地域への織機の設置と多様な労働者の雇用の結果，フランス占領期にはクレーフェルトとその周辺地域に特有な都市・郊外市・農村地域の

分業関係が完成した。つまりライエン会社の経営内の変化と主力製品の重心移動に対応して，廉価な製品・熟練性があまり必要でない製品が周辺に押し出されるという特質がより顕在化してきた。しかし，都市内部では，高熟練が必要な高付加価値製品とそれに携わる労働者層の集中にもかかわらず，児童労働に見られるように，間接雇用のあるいは半熟練・未熟練の労働者層が幅広い裾野を形作っていた。

III 総　括

　第1期〜第3期までの都市クレーフェルトとその周辺地域の地誌的構造の変化とライエン会社の組織の変化とを絡めて叙述してきた。最後に，それぞれの時期をもう一度振り返りながら，まとめることにしたい。

　第1期はライエン会社の創設・成長期で，家内工業的編成にとって不可欠な十分な量の労働力の確保が死活問題であった。その際，絹工業特有の高価な原料に対する監督の必要性とプロイセン当局の産業育成・人口吸引策とが相まって，都市内を中心とした生産組織を生み出すことになった。この時期，自立性の高い下請け人として，織布工――自前で織機を設置し，職人・整経工を雇用する――が生産の中核部に位置していた。

　第2期に入り，ライエン会社が長年取り組んできた，新製品・新型織機導入の努力の成果として，戦略製品の移動（ビロードとビロードリボンから絹ハンカチへ）が起きると，都市内外の空間・社会編成も大きく変わる。都市内と近郊では高品質で高価な製品が，周辺地（小都市）ではリボンなど並製品が，それぞれ生産される傾向が生まれ，「遅ればせのプロト工業化」型の分業が一部形成された。それと並びライエン会社が特定商品に対する営業独占権をプロイセン当局から認められると，競合会社がそれを迂回すべく，生産の周辺化を推進した。そして，この時期の高級品化と歩調を合わせて織布工に関する監視が高まり，織機・原料所有者としてライエン会社の地位は強化された。ここに都市・周辺地間の製品間分業は労働力の質の階層序列化と並進することになった。

　第3期になると，これまでの染色場の立地あるいは農産物供給地という意義

を越えて，郊外市の比重が高まってきた。クレーフェルト絹工業で働く，農業人口を上回る数の労働者・日雇い・児童が確認され，この時期特有の「労働力編成」の縮図の感を呈している。ビロード，ビロードリボン生産の周辺化も，周辺小都市，郊外市，「絹工業村落」を巻き込みつつ一層進行し，ここに19世紀後半リールが観察した地誌的な三層構造が完成した。

　これらの三層構造の形成は単に地誌的な景観を変えただけではなかった。地域全体の社会的・経済的な統合をも進めたのである。第1にクレーフェルトの絹工業が広範囲に間接・直接に労働者を雇用することにより，農工兼業か専業かを問わず，また性別・年齢を問わず，幅広い層を手工業依存者として統合していった。第2にライエン会社を中心とした絹工業会社を核とする「社会統合」は，空間的に水平的な広がりを持っていただけではない。都市内では織布工・染色工など熟練工を頂点に仰ぎつつ，撚糸・巻き取り工を経て，間接雇用の女性・児童まで階層序列化されており，また第2期以降の並製品の周辺化が，都市・周辺地関係において同じ構造を再現させ，経済局面の変化に対する緩衝器の役割を押しつけた。第3に，都市クレーフェルトと周辺地を結びつける紐帯は手工業関係に留まらない。本稿では正面から扱えなかったが，食糧品市場における地域的な中心システムの再編など商品・貨幣関係全体にわたっている。またライエン家を初め，メンノー派の人的ネットワークやゲマインデ関係も生産拡大の伏線となっていた。

　このように，より広い視野の下に，クレーフェルト絹工業を核とし空間的三層構造の形成過程を考察することが今後の課題となる。

注

1) この「工場Fabrik」を近代の工場と取り違えてはならない。集中作業場や家内工業を含んだ経営全体を指している (Kermann, 1972, 78; 丸田，1999, 213)。
2) 「プロト工業化」をめぐる第一世代・第二世代の論争の現状に関しては，田北氏の代表的な業績がある(田北，1996: 1997)。
3) 以下，最近の「プロト工業化」論争の状況については田北氏から有益な教示を受けた。
4) 日本におけるクレーフェルトの絹織物業に関する先駆的業績として川本氏の研究が挙げられる。川本氏もクリーテと同様に，「自由な企業家」ではなく「古い権力と結合し，営業独占を自己の存立条件としている」と「自由 vs 独占」の文脈の中に位置づけてい

る(クリーテに関しては Kriedte, 1983, 232-35, 川本氏の研究に関しては,川本, 1971, 82-88 を参照)。
5) 表 1 は H. ボツェットの研究論文 (Botzet, 1965) を参照して作られているが,人口に関しては様々な統計がある。例えば K. レンベルトは 18 世紀初頭の人口は約 350 人と見積もっている (Rembert, K., 1932, 52)。しかし本稿では,クリーテも依拠しているボツェットの説に従う事にする (Kriedte, 1983, 222)。
6) 最初の市壁拡大は 1692 年に行われている (Rembert, C., 1928, 30-32)。
7) 1712 年に作成された人口登録簿「ミュンカーホーフ一覧」により,麻織物工業従事者が多数いたことが分っている (Rotthoff, 1965: 丸田,1999, 表 2 を参照)。
8) メンノー派の主要な出身地としてはユーリッヒ,グラードバッハ,ライトなどの周辺都市が知られる (Beckerath, 1951, 92-103)。ライエン家はベルク地方のラーデフォルムバルトから移住し,その地では手工業にも従事していたとも言われる (Nipoth, 1950, 156-58)。
9) ライエン会社の原料・資金調達から販売にわたる経営の概要は拙稿, 1997 を参照されたい。
10) ライエン会社の中核であるフリードリッヒ＝ハインリッヒ会社の貸借対照表については拙稿, 1997, 88 頁を参照されたい。
11) 賃金に関する情報が全くないわけではない。1768 年に当局に提示されたライエン家に関する一覧表では,約 175,000 ライヒスターラーが賃金として支払われている (ABI, 608)。
12) 固定資本への投資は織機・道具などだけでなく,集中作業場とおぼしき建物の建設にも行われたことが窺える(表 3 参照)。また 1784 年のクレーフェルトの都市役人の日記には「建設中の,大規模で新しいライエン家所有の工場家屋の建設が急がれている」と記載されている (ABII, 654)。
13) 同年のライエン会社の織機台数の記録と織機一人当たりの人員配置数に関する史料から計算すれば,織機 684 台,労働者数 3,026 人となる (ABI, 609)。しかしクリーテの作成した表 2 は,クレーフェルト市壁内と近郊地域に対象地域を限定していたため,不明を意味する?を用いたと思われる。
14) この土地政策,難民受け入れ政策はクレーフェルトに留まらず,プロイセン領内で長期間,広汎に行われた (Hersing, 1930, 153-56)。
15) この一つの理由はプロイセンの市壁拡大政策にもあった。建物の建築方法や資材を細かく規定し,特に若年層は郊外へ移り住まなければならなかった (Hersing, 1930, 243)。

文 献 目 録

Adelmann, C., 1979, Die ländlichen Textilegewerbe des Rheinlandes vor der Industrialisierung, in: *Rheinische Vierteljahrsblätter* 43, S. 260-88.

Barkhausen, M., 1954, Der Aufstieg der rheinischen Industrie im 18. Jahrhundert und die Entstehung eines industriellen Großbürgertums, in: *Rheinische Vierteljahrsblätter* 19, S. 135-77.

Barkhausen, M., 1958, Die Industriestadt Krefeld und das preußische Wirtschaftssystem, in: *Die Heimat*

29, S. 12–15.

Beckerath, G., 1951, *Die wirtschaftliche Bedeutung der Krefelder Mennnoniten und ihrer Vorfahren im 17. und 18. Jahrhundert*, Diss., Bonn.

Botzet, H., 1965, Die Krefelder Einwohnerzahlen im 17. und 18. Jahrhundert, in: *Die Heimat* 36, S. 80–97.

Ebeling, D. / Nagel, J.G., 1997, Frühindustrialisierung zwischen Rhein und Maas — Überlegung zu einer neuen Wirtschaftskarte der nördlichen Rheinlande um 1812, in: *Rheinische Vierteljahrsblätter* 61, S. 175–204.

Ebeling, D. / Schmidt, M., 1997, Zünftige Handwerkswirtschaft und protoindustrieller Arbeitsmarkt — Die Aachener Tuchregion (1750 bis 1815), in: Ebeling, D. / Mager, W. (hrsg.), *Protoindustrie in der Region*, Bielefeld, S. 321–46.

Fritz, G., 1963, Zur Geschichte der Seidenweberei in Kaiserswerth, in: *Die Heimat* 34, S. 52–59.

Hersing, M., 1930 / 31, Die Krefelder Stadterweiterungen im 18. Jahrhundert, unter besonderer Berücksichtigung der preußischen Bodenpolitik, in: *Die Heimat* 9, S. 151–58, 243–51: 10, S. 18–30.

Kermann, J., 1972, *Die Manufakture in Rheinland 1750–1833*, Bonn.

Keussen, H., 1865, *Geschichte der Stadt und Herrlichkeit Crefeld mit steter Bezugnahme auf der Geschichte der Grafschaft Moers*, Crefeld.

Keyser, E., 1956, *Rheinisches Städtebuch (Die Rheinländischen Städte)*, Stuttgart.

Kisch, H., 1989, *From Domestic Manufacture to Industrial Revolution — The Case of the Rhineland Textile Districts*, New York / Oxford.

Kriedte, P., 1981, Die Stadt im Prozess der europäischen Proto-Industrialisierung, in: *Die Alte Stadt* 8, S. 19–51.

Kriedte, P., 1982a, Lebensverhältnisse, Klassenstrukturen und Proto-Industrie in Krefeld während der französischen Zeit, in: *Mentalitäten und Lebensverhältnisse. Rudorf Vierhaus zum 60. Geburtstag*, Göttingen, S. 295–314.

Kriedte, P., 1982b, Das Krefelder Seidengewerbe im Jahre 1815, in: *Die Heimat* 35, 1982, S. 73–77.

Kriedte, P., 1983, Proto-Industrialisierung und großes Kapital — Das Seidengewerbe in Krefeld und seinem Umland zum Ende des Ancien Régime, in: *Archiv für Sozialgeschichte* 23, S. 219–66.

Kriedte, P., 1986, Demographic and Economic Rythms: the Rise of the Silk Industry in Krefeld in the Eighteenth Century, in: *The Journal of European Economic History* 15, pp. 259–89.

Kriedte, P., 1991, *Eine Stadt am seidenen Faden*, Göttingen.

Kriedte, P., 1992, Taufgesinnte, Dompelaars, Erweckte — Die mennonitische Gemeinde und der Aufstieg des proto-industriellen Kapitalismus in Krefeld im 17. und 18. Jahrhundert, in: R. Vierhaus und Mitarbeitern des Max-Planck-Instituts für Geschichte (hrsg.), *Frühe Neuzeit-Frühe Moderne?*, Göttingen, S. 245–70.

Kriedte, P., 1995, La dynastie des von der Leyen de Krefeld — Une famille de soyeux au 18e siècle entre mennonisme et monde moderne, in: *Annales. Histoire, Sciences Sociales* 50–4, pp. 725–52.

Kriedte, P. / Medick, H. / Schlumbohm, J., 1977, *Industrialisierung vor der Industrialisierung*, Göttingen.

Kriedte, P. / Medick, H. / Schlumbohm, J., 1983, Die Proto-industrialisierung auf dem Prüfstand der historischen Zunft, in: *Geschichte und Gesellschaft* 9, S. 87–105.

Kriedte, P. / Medick, H. / Schlumbohm, J., 1998, Eine Forschungslandschaft in Bewegung. Die Proto-Industrialisierung am Ende des 20. Jahrhunderts, in: *Jahrbuch für Wirtschaftsgeschichte*, S. 9–20.

Levie, W., 1929, *Die Krefelder Samt- und Seidenweberei — ihre betriebliche Entwicklung und Konzentration*, Diss., Benlin.

Linde, H., 1981, Proto-Industrialisierung: Zur Justierung eines neuen Leitbegriffs der sozialgeschichtlichen Forschung, in: *Geschichte und Gesellschaft* 6, S. 420–48.

Mackes, K.L. (hrsg.), 1980, *Viersen* (= Rheinischer Städteatlas, Nr. 34), Köln.

Mackes, K.L. (hrsg.), 1982, *Süchteln* (= Rheinischer Städteatlas, Nr. 41), Köln.

Mager, W., 1988, Protoindustrialisierung und Protoindustrie, in: *Geschichte und Gesellschaft* 14, S. 275–303.

Medick, H., 1982, "Freihandel für die Zunft". Ein Kapitel aus der Geschichte der Preiskämpfe im württembergischen Leinengewerbe des 18. Jahrhunderts, in: *Mentalität und Lebensverhältnisse. Rudorf Vierhaus zum 60. Geburtstag*, Göttingen, S. 277–94.

Müller, S., 1987, *Marktsituation und Absatzpolitik der Krefelder Samt- und Seiden-Industrie in der Zeit von Ende des 17. bis zum Ende des 19. Jahrhunderts*, Köln.

Nipoth, W., 1950, Zur Geschichte der Familie von der Leyen, in: *Die Heimat* 21, S. 156–58.

Ogilvie, S.C., 1993, Proto-industrialization in Europe, in: *Continuity and Change* 8 (2), pp. 159–79.

Ogilvie, S.C., 1997, Soziale Institutionen, Korporatismus und Protoindustrie. Die Württembergische Zeugmacherei (17. bis 19. Jahrhundert), in: Ebeling, D./Mager, W. (hrsg.), *Protoindustrie in der Region*, Bielefeld, S. 105–38.

Pohl, H., 1994, Unternehmerprofile in Seidengewerbe und Seidenhandel im 18. Jahrhundert, in: Nikolay-Panter, M., u.a. (hrsg.), *Geschichtliche Landeskunde der Rheinlande*, Köln/Weimar/Wien, S. 339–57.

Rembert, C., 1928, Zur Geschichte der ersten Krefelder Stadterweiterung 1678–1692, in: *Die Heimat* 7, S. 30–32.

Rembert, K., 1924, Bemerkungen zum Stammbaum von der Leyen etc, in: *Die Heimat* 3, S. 181–83.

Rembert, K., 1928, Die älteste Seidenfärberei in Krefeld, in: *Die Heimat* 7, S. 221–23.

Rembert, K., 1932, Zur politischen Geschichte Krefelds, in: *Die Heimat* 11, S. 48–55.

Rotthoff, G., 1959, Kinderarbeit in Krefelder Textilfirmen, in: *Die Heimat* 30, S. 93–95.

Rotthoff, G., 1965, Das Münkerhofverzeichnis, in: *Die Heimat* 36, S. 65–77.

Schmoller, G./Hintze, O. (hrsg.), 1892, *Die Preußische Seidenindustrie im 18. Jahrhundert und ihre Begründung durch Friedrich den Grossen* (= Acta Borussica. Denkmäler der Preußischen Staatsverwaltung im 18. Jahrhundert Seidenindustrie), Bd. 1–3, Berlin. (AB I–III と略す)。

Schremmer, E., 1980, Industrialisierung vor der Industrialisierung — Anmerkungen zu einem Konzept der Proto-Industrialisierung, in: *Geschichte und Gesellschaft* 6, S. 420–48.

カイエ, P. (見崎恵子訳), 1991 年「19 世紀前半リヨン絹織物工業の農村への拡散——プロト工業化モデルからの「ずれ」」, 篠塚信義/石坂昭雄/安元稔編訳『西欧近代と農村工業』, 北海道大学図書刊行会, 221–35 頁。

川本和良, 1971 年『ドイツ産業資本成立史論』, 未来社。

田北廣道, 1996 年「「プロト工業化」から「手工業地域」へ——第 8 回国際経済史会議以降

の欧米学界」,『経済学研究』62巻(九州大学経済学部創立70周年記念号), 149-69頁。

田北廣道, 1997年「西欧工業化期の経済と制度——第二世代の「プロト工業化」研究の成果に寄せて」, 伊東弘文・徳増佛洪編『現代経済システムの展望』, 九州大学出版会, 265-87頁。

丸田嘉範, 1997年「18世紀後半下ライン地方の企業家活動の特質」『九州経済学会年報』第35集, 87-92頁。

丸田嘉範, 1999年「18世紀都市クレーフェルトの絹工業経営——ライエン会社を中心に」『経済論究』九州大学大学院, 第103号, 207-27頁。

工業化初期の企業展開と地域的な社会統合　　　　　　　　　　　　　　　89

図1　1780年代のクレーフェルト周辺図

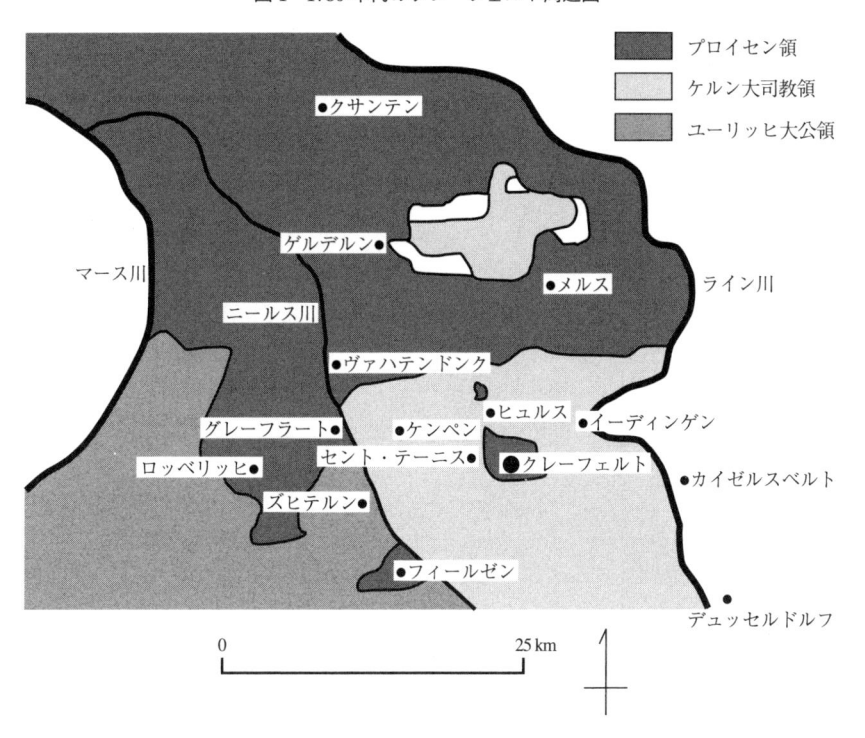

表1　17–18世紀におけるクレーフェルトの人口

(単位，人)

調査年	1688	1716	1722	1740	1750	1756	1763	1777	1780	1783	1785	1787	1790	1792	1832
都　市	1,400	1,932	2,300	3,522	3,932	4,339	4,756	5,265	5,492	5,564	5,774	5,928	6,092	6,319	15,015
農　村	500	600	633	1,054		1,328	1,326	1,393			1,968				4,025

(典拠) Botzet, 1965, 97.

表2 1716–1792年のクレーフェルトの麻・絹工業職業統計

(単位，人)

	1716	1735	1738	1750	1768	1787	1790	1791	1792
麻織布工	83[a]	32[b]	52[b]	7[c] (38)	35	3[d]	—	—	—
麻紡績工	15	—	—	—	4	—	—	—	—
麻織物・リボン問屋主	31	2	2	2	?	—	—	—	—
絹リボン織布工	14[e]			189[f]					
親方		87	87	(54)	37	38	40	40	40
職人						58	60	59	57
ビロード織布工				37	?	?	?	?	?
親方			5	4					
職人									
絹織物(絹布)織布工[g]	—	3[h]	5[h]	11	?				
親方						94[i]	90	92	98
職人						[272][i]	280	280	271
縁飾り親方					?	45	50	50	50
工場親方 (Fabrikenmeister)[k]	—	—	—	—	—	177	[180]	211	[188]
工場職人 (Fabrikenknechte)[k]	—	—	—	—	—	330	[340]	340	[328]
撚糸製造職人	—	7	—	5	?	30	30	30	30
染色業	—	5	5	11					
親方						10	9[l]	9[l]	9[l]
職人						9	12[l]	12[l]	12[l]
整経工	1	23	37[m]	17	?	290	?	300	?
絹工業労働者の合計	15	130	138	270	?	846[n]	?	902[n]	?
絹工業問屋主	1 [?]	5	5	8 (8)	6	12	?	13	?

(注) a) 2人の模様編み職人 (Gebildweber) を含む，b) 1人の麻・リボン織布工を含む，c) 7人の模様編み職人を含む，b) 1人の麻・ダマスクス織布工を含む，e) ここではリボン編み職人 (Lintwirker)，f) 3人のリボン編み職人を含む，g) 1787–1792年はビロード織布工も含む，h) 絹織物職人 (Etoffenmacker と Zeugmacker)，i) リボン織布工・縁飾り職人と工場親方・工場職人との差から，k) リボン織布工・ビロード織布工・絹織物織布工・縁飾り親方のすべてを含む，l) 青色染色工，光沢仕上げ工，m) 前年に含まれていない手工業を行う寡婦が含まれている，n) 工場親方，工場職人，撚糸製造職人，染色工親方，染色工職人，整経工の合計。

(典拠) Kriedte, 1983, 229.

図2 ライエン家の家系図

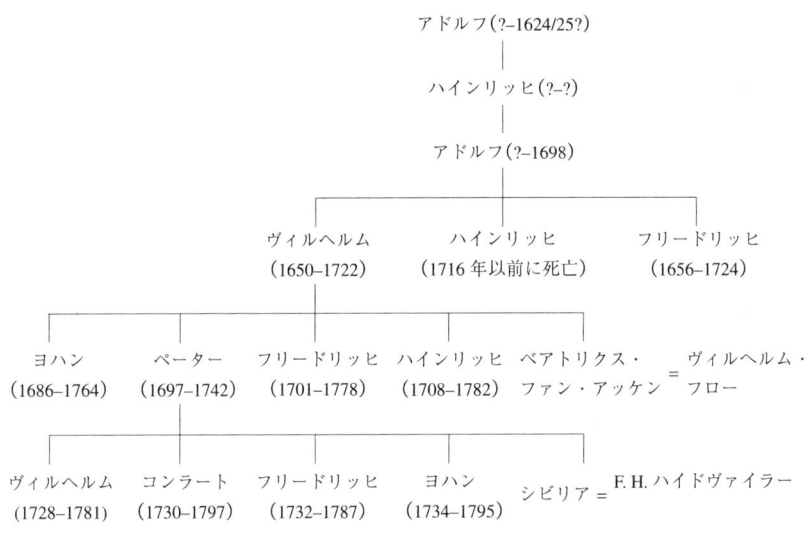

```
アドルフ(?–1624/25?)
    │
ハインリッヒ(?–?)
    │
アドルフ(?–1698)
    ├─────────────────┬─────────────────┐
ヴィルヘルム      ハインリッヒ       フリードリッヒ
(1650–1722)    (1716年以前に死亡)    (1656–1724)
```

| ヨハン | ペーター | フリードリッヒ | ハインリッヒ | ベアトリクス・ | = | ヴィルヘルム・ |
| (1686–1764) | (1697–1742) | (1701–1778) | (1708–1782) | ファン・アッケン | | フロー |

| ヴィルヘルム | コンラート | フリードリッヒ | ヨハン | シビリア | = | F. H. ハイドヴァイラー |
| (1728–1781) | (1730–1797) | (1732–1787) | (1734–1795) | | | |

(典拠) Kriedte, 1995, 729 から筆者が作成。

[ハイドヴァイラー家とフロー家について]

ハイドヴァイラー家:元来スペイン領ニーダーラントの出身だが,宗教迫害を逃れてクレーフェルトへ移住してきた。1749年にフランツ・ハインリッヒ・ハイドヴァイラーとペーターの娘のマリア・シビリアの結婚が行われたが,その際に絹靴下製造の権利を譲り渡され,本格的に絹生産へ参加した。やがて絹靴下に加え,ビロード生産にも手を広げ,フランツの兄弟のヨハン・バレンチン・ハイドヴァイラーを共同経営者として迎えた。しかしフランツが娘婿のリーガルを更に共同経営者に加える提案をしたことから,2人の間で仲違いが起き,1786年に会社は2つに分裂した。この対立はフランツが死ぬまで続き,その後,経営はヨハン・バレンチン・ハイドヴァイラー=リーガル会社に引き継がれた(AB II, 595)。

フロー家:17世紀末にクレーフェルトに移住して以来,麻織物工業に携わっていた。その後,ヴィルヘルム・フローがペーター・ライエンの義理の姉妹であるベアトリクス・ファン・アッケンと結婚し,ライエン家の親族となった。1750年にヨハン・ライエン会社の経営にコルネリウス・フローが参加し本格的に絹生産に関わりを持つようになった。フロー家とライエン家の関係は1750年代には良好であったのだが,1760年代になると対立が表面化し,係争が発生した(AB II, 621–2:係争については拙稿,1999, 216–17を参照されたい)。

図3 フリードリッヒ＝ハインリッヒ会社の自己資本の増加

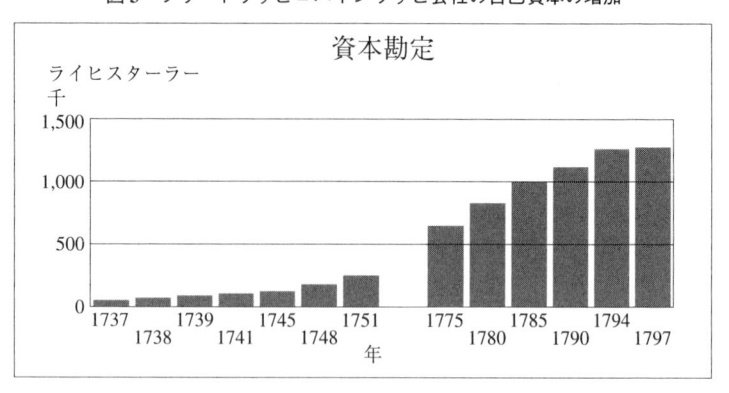

資本勘定

ライヒスターラー千

（縦軸：0〜1,500）

年：1737, 1738, 1739, 1741, 1745, 1748, 1751, 1775, 1780, 1785, 1790, 1794, 1797

（典拠） 1731–56年に関してはAB II, 585–8，1771–90年に関してはKriedte, 1983, 245，1794年に関してはBarkhausen, 1954, 162–63，1797年に関してはPohl, 1994, 344を参考にした。しかし、残念ながら経営の拡大期である1757–71年の分は焼失して、伝来していない。

表3 1797年のフリードリッヒ＝ハインリッヒ会社の貸借対照表

1797年の貸借対照表

借方	Rthlr.	Stbr.	Ort.	貸方	Rthlr.	Stbr.	Ort.
生糸の在庫	680,353			買掛金	425,980	10	2
商品在庫	424,986			自己資本	1,285,393	36	2
貯蓄（現金）	68,882	52					
売掛金	675,276	20	1				
器具	23,564	48	1				
黒色染色用の器具すべて	2,089	28					
色付け染色用の器具すべて	12,000						
倉庫と新都市の5つの工場家屋	27,160						
別の建物	4,637	37	2				
木炭勘定	5,188	29	3				
多様な共同建築	23,400						
ルーア川での木炭運搬船の購入	350						

［貨幣単位］ Rthlr（ライヒスターラ），Stbr（スチューバー），Ort（オルト），換算比率は1：60：240
（典拠） Pohl, 1994, 344.

表4 1803年段階でのクレーフェルト周辺地域における絹工業

クレーフェルトからの距離と地名		人口 人	麻織物織布工		絹工業労働者	
			実数	1,000人当たり	実数	1,000人当たり
5–10 km	セント・テーニス	1,377	8	6	170	123
	ヒュルス	1,551	7	5	167	108
10–15 km	メルス	2,562	18	7	8	3
	フィールゼン	5,597	361	64	392	70
	ズヒテルン	3,631	1	0	168	46
	ケンペン	3,405	61	18	143	42
15–20 km	グレーフラート	1,721	27	16	185	107
30–40 km	クサンテン	2,234	16	7	16	7

(典拠) Kriedte, 1983, 255 から作成。

第 2 部

領主制と社会統合

統合装置としてのカロリング期大所領
——所領明細帳の所見から——

丹下　栄

はじめに

　カロリング期の修道院のいくつかに伝来する所領明細帳は，西欧中世初期の社会と経済に関心を持つ者に，つねに多くの情報を与えてきた。そこにしばしば見出される所領構造——所領は領主直領地と農民保有地に分割され，前者は保有農民が行う賦役労働によって耕作されている——に着目して，19世紀の古典理論は，これを「古典荘園制」という概念に練りあげ，封建的土地所有の古典的形態，西欧封建社会の細胞として位置づけた。その後，古典理論はさまざまな批判にさらされるが，その多くは，「古典荘園制」の歴史的意義を低く評価することによって理論全体の有効性を否定するという方向をとっていた。例えばA. ドプシュは，カロリング期の大所領の所領形態はほとんどの場合散在的であったこと，またこの時期にも商品・貨幣流通が活発に行われていたことを強調し，「古典荘園制」が村落共同体の枠組みと対応し，同時に自給自足経済の単位となっていたとする構想を批判した[1]。さらに第2次世界大戦後，G. デュビィは，紀元千年以降，バン領主制の成立をもって本来の意味の西欧封建社会が成立すると主張し，カロリング期大所領の生産性の低さ，農民を把握する力の弱さを強調した[2]。さらに近年では，中世初期社会の中核的存在としてローマ期の自由農民の系譜を引く自営農民層を措定し，それによって「古典荘園制」の歴史的意義を否定しようとする議論が力を得ている[3]。こうして現在，「古典荘園制」が中世初期の西欧世界をくまなく覆っていたとする考えが，もはやそのま

まのかたちで維持できないのは，誰の目にも明らかと言わねばならない。

　しかしながら，カロリング期大所領の持つ歴史的意義が完全に否定されたわけではない。1965 年に A. フルヒュルストがスポレートで行った報告[4]以来，十分に発達した「古典荘園制」的所領が見られるのはカロリング期のロワール・ライン間地域，そのなかでもセーヌ河からライン河にかけてのきわめて限られた領域内にすぎないとしても，所領を「古典荘園制」的に編成，あるいは再編しようとする指向は西欧中世社会の各地に広範に存在していたとする議論が打ち出された。そしてこの議論では，「古典荘園制」の発展がさほど進まないままになっていると考えられたフランドル地方の知見をもとに，メロヴィング期の所領——所領の大部分を領主直領地が占め，農民保有地の比重はきわめて小さく，また，所領内に奴隷的非自由人を多数抱えている——が，開墾によって所領規模を拡大するとともに所領内の奴隷的非自由人の自立化に対応して彼らに土地を保有させ，カロリング期大所領，すなわち「古典荘園制」へと移行するという図式が提示され，「古典荘園制」は同時代の社会変動に対応した理想的な所領形態として位置づけられることになったのである。こうして現在，中世初期社会の中核を自営農民と彼らの行う小経営に求める「独立農民モデル」と，奴隷制の解体過程のなかで生まれてきた保有農民層とそれを用いた大経営に求める「荘園制の進化モデル」が並び立つ状態が現出している。2 つのモデルの真剣かつ建設的な相互批判は，中世初期社会の本質に迫るために不可欠の作業と思われるが，目下それは緒についたばかりである[5]。

　2 つのモデルの相互対話に向けた一歩として，「古典荘園制」概念の史料的基盤となった所領明細帳を手に取ることは，決して無駄ではあるまい。というのは，実際の所領明細帳には，「古典荘園制」という概念には収まらない，しばしばそれとは相容れない諸要素が記録されているからである。所領明細帳の代表的存在であるサン・ジェルマン・デ・プレ修道院のそれ[6]を例に取れば，それぞれの章には領主直領地とマンス保有農民に加えて，マンス以外の呼称を持つ保有地に定住する領民，人頭税納入者等々が記録されているほか，第 12 章は全篇 donatio と呼ばれる土地財産の記述に終始している。さらにいえば，「古典荘園制」概念の中心に位置するマンス保有農民も，賦役労働以外にも軍役税や人頭税

など，さまざまな「夾雑物」をまといながら記録されている。従来の研究は，こうした「不純物」を「古典荘園制」が十分に発達していないことの証として扱うのが常であった。「独立農民モデル」にとって，それは「古典荘園制」的所領構造の脆弱さ，ひるがえっては自営農民層の強力な持続力の傍証となり[7]，一方「荘園制の進化モデル」は，カロリング期大所領の展開過程を，領主層がこうした「不純物」を排除して「古典荘園制」を成立させていく過程として描きだそうとしてきた。しかしながら，中世初期社会を多様な社会集団がさまざまな統合原理によってそれなりのまとまりを維持していたとする考えを打ちだしつつある近年の研究動向に照らし合わせるならば，2つの一見相反する歴史モデルにとっての論拠が所領明細帳という一つの史料の中に混在していることには，無視できない意味があると思われる。この想定が正しいとするならば，マンス保有農民以外の多様な領民についても，その存在形態をそれ自体として十分に検討するべきであろう。以下，カロリング期大所領における統合原理のありかたを，所領明細帳，なかでもサン・ジェルマン・デ・プレ修道院のそれを素材として検討することとしよう。

I　マンス保有農民の経済生活

(1)　マンスの規模と穀物栽培

所領明細帳の大部分は，マンス保有農民をはじめとする領民の記録で占められている。けれども，彼らの生活のさまを直接語る文言は，実際にはほとんど見あたらず，それゆえ領民の生活を再構成するには，保有する土地，領主から課された負担などの間接的情報をつなぎ合わせていかなくてはならない。

マンス保有農民に関して，サン・ジェルマン所領明細帳は個々のマンスの種別，穀畑，葡萄畑，採草地——それに加えてしばしば森林や放牧地——の面積，保有農民の家族構成と負担を記している。穀畑の面積は，K. エルムスホイザーと A. ヘトヴィクの統計[8]によれば，平均して自由民マンスが7ボニエ，非自由民マンスが4.3ボニエ，全体では6.9ボニエ，しかし個々のマンスを見ると，そ

れは大は 20 ボニエを超えるものから小は 2 ボニエ程度までさまざまで，所領ごとの平均面積にもかなりのばらつきがある。なかでも第 20 章 *villa supra mare* では，穀畑と採草地を合計した面積の平均が 3 ボニエ弱，これは hospicium などと呼ばれる小保有地とさして変わらない水準である。葡萄畠の平均面積は穀畑と同じ順に 1.5, 0.7, 1.1 アルパン，しかし第 9 章 Villemeux では大半のマンスが葡萄畠や採草地の記録を欠き，第 11 章 Nully，第 13 章 Boissy-Maugis，第 20 章 *villa supra mare* のマンスには葡萄畠の記述は全く見られない。ちなみに第 9 章は領主直領地において，この明細帳のなかで最大の規模を持つ約 450 ボニエの穀畑を持ちながら葡萄畠の面積はわずかに 85 ボニエ，そして 1 ボニエあたりのワイン生産高は，1.8 ミュイという最低の水準にある。また第 11, 13, 20 各章では領主直領地に葡萄畠は存在していない。マンスに関する直接的な情報はほとんどこれに尽きている。以下では保有農民のさまざまな局面，特に領主に対する貢租や賦役に関する史料証言を，現在まで蓄積された研究成果と突きあわせることによって，彼らの生活実態を垣間見ることとしよう。

　まず，穀物貢租や定地賦役の規定から，マンスにおける穀物栽培[9]のさまが類推される。サン・ジェルマン所領明細帳では，全体で 4 箇所の所領でマンス保有農民による穀物貢租が見られる。すなわち第 9 章 Villemeux，第 13 章 Boissy-Maugis，第 20 章 *villa supra mare* ではスペルト——主に冬穀として栽培される——，第 19 章 Esmans では燕麦——夏穀としての栽培が主体——の貢租が課され，サン・ジェルマン領の領民が納める穀物には冬穀と夏穀とがあったことを示唆している。実際第 9 章 Villemeux の末尾近くに記された Dedda と Hisla が寄進した土地——donatio と呼ばれる——は，10 ボニエの穀畑にスペルトと燕麦を計 40 ミュイ播種すると記録され[10]，ここでは冬穀と夏穀の輪作が行われていたことがうかがえる。またサン・ジェルマン領のマンス保有民に課された定地賦役の大半は，冬畑と夏畑に区別して面積規定されている。この賦役は領主から割り当てられた一定面積の地片で播種から収穫までの一切の農作業を行い，収穫物を領主に引き渡すもので，それゆえ定地賦役地での作業は次第に農民保有地でのそれと一体化，同質化すると考えられている[11]。すなわち，マンス保有農民が定地賦役において冬畑と夏畑の両方を耕作している事実は，彼らが保有

地でも冬畑と夏畑を用いた輪作を行っていた可能性を示唆している。

しかしこの輪作は，完全な三圃制にはまだほど遠いとしなくてはならない。サン・ジェルマン明細帳では，定地賦役の面積は冬畑4ペルシュ，夏畑2ペルシュというように，冬畑の面積が夏畑のそれの2倍になっているものが多数を占め，冬畑，夏畑の面積が等しい定地賦役は例外的にしか現れない。現在の研究状況では，サン・ジェルマン領の農民保有地において行われていたのは冬穀栽培が優勢な，不完全な三圃制であったとする見解が有力である。

ここで注意すべきは，保有農民からの穀物貢租に小麦が全く現れないことである。後段で検討するように，サン・ジェルマン領の領主直領地では相当量の小麦が栽培されていたと思われるのにもかかわらず，保有農民と小麦の関わりをうかがわせるのは，わずかに一例，水車からの給付物資に小麦が含まれていることにすぎない。おそらくこれは当時の穀物栽培状況に由来していたと思われる。さきにあげたdonatioの例でも播種されていたのはスペルトと燕麦であった。そしてサン・ドニ修道院領であったパリ北部の小村落，Villiers-le-Sec と Baillet-en-Franceにおける土中に堆積した種子の分析によれば，カロリング期パリ地方では小麦も生産されてはいたものの，より大規模に栽培されていたのはライ麦であったという[12]。これらを考えあわせると，サン・ジェルマン・デ・プレ修道院領のマンス保有農民は，自己の保有地において輪作による複数品種の栽培を行っていたが，それは冬穀，それも小麦以外の作物を中心になされていたと想定することができよう。

(2) マンス保有農民の生活水準

このような穀物生産によって，マンス保有農民はどのくらいの収穫を得ていたのであろうか。そしてその収穫は彼らの生計維持を可能にしていたのであろうか。これを判断するためには収穫量とその人口扶養力を算出しなくてはならない。農民が手にする穀物の量は，理論的には穀畑の面積，面積あたりの播種量，収穫率によって推定できる。しかし，単位面積あたりの播種量，収穫率，さらにはボニエ等の現在の度量衡への換算率のいずれも，それを確とした数字で表すのは至難の業であり，それゆえ以下の論はおおよその傾向を把握する以上

のものではない。

　まず，マンスにおける播種量について，サン・ジェルマン明細帳には直接的な言及は見出せない。一方領主直領地の記述には，その面積と播種量を併記したものがいくつかあり，それを見ると，1 ボニエあたりの播種量は小は第 6 章 Epinay-sur-Orge の 1.7 ミュイ（穀物品種の記載なし），大は第 22 章 Saint-Germain-de-Secqueval の 7.4 ミュイ（小麦を播種）までの開きがあるが，最も頻出するのは 1 ボニエあたり 4 ミュイ程度を播種する所領である。ちなみに，さきにあげた第 9 章 Villemeux の donatio も，1 ボニエあたり 4 ミュイを播種している。これらを勘案すると，マンス保有農民の農業収入のおおよそを見積もるという目的のかぎりでは，サン・ジェルマン領のマンスでは 1 ボニエあたりおよそ 3 から 4 ミュイの種子が播かれたと仮定することが許されるであろう。次に，中世初期の収穫率をめぐっては，G. デュビィが『資財範例』の情報をもとに提示した，1.6 から 2 という数値[13]の評価がひとつの問題となる。デュビィの主張に対しては，発表後，この史料が作成されたのは極端な凶作の年にあたり，平年の数値としては使えないこと，デュビィが収穫量と考えたのは実際は収穫後貢租など，さまざまな控除が行われたのちに倉庫に保管された量であり，現実の収穫量はこれをかなり上回っていたと思われること，などの批判があい次ぎ，現在のところ，当時の収穫率は平年であれば 3 倍を大きく下回ることはないと考えて大過ないとされている[14]。

　以上のように仮定すると，サン・ジェルマン領マンスに含まれる穀畑 1 ボニエあたりの穀物収穫量は 9 から 12 ミュイと算出される。そして最後にこれがどのくらいの人口扶養力を持っているかが問題となる。これもまた長く錯綜した論争史を持っている[15]が，ミュイと現行度量衡との換算率や穀物の人口扶養力について確実に依拠できる数値は存在しないことを認めたうえで，この問題に関して現状では最も周到な考察のひとつと思われる佐藤彰一の計算を援用し，小麦を全く栽培せず，また農民家族の生活水準もかなり低かったと想定されている *Noviento* における数値[16]——ライ麦 70 ミュイ，大麦 105 ミュイ，燕麦 90 ミュイの収穫で 6 人家族約 7 世帯が扶養可能，ただしここでのミュイは度量衡改革前のもの——を適用すると，6 人家族が 1 年間生計を維持するにはカロリング期

の度量衡で25ミュイの穀物，すなわち穀畑約2ないし3ボニエが必要ということになる。そうであれば，穀畑7ボニエ弱を持つサン・ジェルマン領の平均的マンスからは，6人家族を2世帯扶養するに足る収穫が期待できることになろう。もちろんこれは，仮説に仮説を重ねた数値で，一応の目安以上のなにものでもない。しかし全体として，サン・ジェルマン領において，マンスが保有農民の生活基盤を確保していたとする考えを否定する積極的な証拠は見いだされないと言うことは可能であろう。

(3) 農民諸負担の多様性

サン・ジェルマン領のマンス保有農民がおしなべて生活基盤を確保していたとしても，しかし彼らに課された負担は決して一様ではなく，それはマンス保有民の経済生活にさまざまなヴァリアントがあったことを予想させる。この点を強調したのがH.-W. ゲーツである。彼はR. クーヘンブッフの地代地域論[17]に触発され，サン・ジェルマン領のマンス保有農民に課された負担が，マンスの種別，所領の立地に対応したいくつかの賦課パターンに分類できることを指摘した[18]。彼によれば，例えば放牧税の名目でワインを徴収するのはもっぱら東半分の所領に集中し，西方の所領では行われていないこと，鶏，卵以外の穀物やワイン，家畜の貢租は主として自由民マンスに課され，なかでも穀物貢租は遠隔地所領に，ワインのそれは修道院西方，セーヌ沿岸に立地する所領において課されていること，さらに軍役税は第2章 Palaiseau, 第17章 Morsang-sur-Seine以外の所領の自由民マンスに課され，西方の所領では家畜の提供が優勢で，第24章 Béconcelleより東方に位置する所領では貨幣貢租の形態をとっていること，等々が指摘できるという。ゲーツはこのような地域ごとの負担の差異を「在地の慣習」に由来すると考え，サン・ジェルマン・デ・プレ修道院所領もまた，空間的に限定された地代地域の集積にほかならないと指摘した。たしかにサン・ジェルマン明細帳には，それが彼の指摘するような事情に規定されているか否かは別として，ある種の負担がもっぱら特定の所領，あるいは特定の階層に課されている例をいくつか見いだすことができる。

その典型例のひとつは鉄の納入であろう。サン・ジェルマン明細帳では，唯

一第 13 章 Boissy-Maugis に鉄の貢租が記録されている。ここで所領明細帳は，付属地 Nouavilla のマンスを記録するにあたって，ほとんど 1 節ごとにこの負担の有無について言及している。すなわち 66 節では 2 家族がマンスを保有しているが，ここでは「各々 100 リブラの鉄を納め，他は同様にする」[19]とあり，鉄のみはマンス単位ではなく，保有民のそれぞれが 100 リブラを納めることが誤解の余地なく記されている。しかし 69 節に記された Rainbertivillare 所在のマンスからは，鉄は収受されていない[20]。さらに 70 節では，マンスは Nouavilla に所在するものの，リードゥスが非自由民マンスを保有しており，やはり鉄の貢租は課されていない[21]。そして 87 節は，セルヴス 4 家族とリードゥス 1 家族が保有した非自由民マンスを記録したなかで「同様にする。セルヴスである者は——(空白)を除いて鉄を納める。リードゥスである者はスペルトを納める」[22]と記している。鉄の納入が Nouavilla に住むセルヴスにのみ課されていることは，この記述からも明らかであろう。鉄の貢租がこの地にのみ見られるのは，おそらくこの近隣で鉄鉱石が産出する[23]ことと関連していると思われる。しかしセルヴスのみにそれが課された理由は明らかではない。ワイン生産に関わる賦役が本来的には非自由民マンスと結びついていたという指摘[24]を考えあわせると，これら労働集約的な生産活動はもともと非自由身分の者が担当していたとも考えられるが，推測の域を出ない。いずれにせよ，ゲーツが指摘する[25]ように，領民の負担が所領の立地，あるいはマンスの種別ないしは保有民の法的身分によってさまざまに変化し，カロリング期大所領が真に統一的な所領管理機構を作りあげるのを妨げていたことは，一面では確かであろう。しかしまた一面で，領主としての修道院は「在地の慣習」の前になすすべもなく立ちつくしていたわけではないことも確かである。農民負担の，少なくとも一部は，領主の意向によって，「在地の慣習」や農民の生産力の水準とは無関係に課されていたと思われる。そこでは負担の多様性は所領の統一性を阻害するものではなく，多彩な要素を持った所領をひとつの分業圏・流通圏にまとめ上げるための有力な梃子ともなりえたのである。以下，そのような例をいくつか指摘しておこう。

まず注目すべきは，穀物貢租のありかたである。すでに述べたように，サン・ジェルマン領でマンス保有農民による穀物貢租が見られるのは，第 9 章

Villemeux，第 13 章 Boissy-Maugis，第 19 章 Esmans，第 20 章 *villa supra mare* の 4 所領である。これを課された保有農民はいずれも冬畑と夏畑で定地賦役を行い，したがって保有地においても冬穀と夏穀を生産していると思われるが，しかし貢租の対象となる穀物が複数の種類に亘ることはない。このことは，穀物貢租が単に農民の余剰生産物を収取しようとしたものではなく，貢租を課す場所，穀物品種について領主が一定の意図を持って決定していたことを示唆している。例えば第 20 章 *villa supra mare* では，マンス保有農民はいずれもスペルト 1 ミュイの納入を課されている。しかしこの所領のマンスは大半が 2 分の 1 ないしは 4 分の 1 マンスであり，穀畑の面積は 2 ボニエ程度のものが多い。少なくともこの所領に関するかぎり，穀物貢租は，保有農民の収穫の少なさにもかかわらず，特定の意図に基づいて，あえて賦課されたものと考えざるを得ない。ところで，穀物貢租が現れる 4 所領は，いずれも修道院本拠地から遠く離れ，交通の要衝に位置するという点で，サン・ジェルマン領のなかでも特異な地位を占めている。実際，4 所領のうち第 19 章 Esmans を除く 3 所領では，領民は長距離の運搬賦役を行い，修道院をロワール水系やセーヌ河口，あるいは他の修道院の所領空間と結びつける働きを行っている。そして Esmans の場合も，セーヌ河とヨンヌ川の合流点近く，しかもサン・ジェルマン・デ・プレ修道院が市場とともに保持していた Marolles-sur-Seine の近隣という立地は，Esmans のありかたが交通や市場交易と無関係ではないことを示唆しているといえよう[26]。おそらく，しかるべき場所に領主が自由に利用できる穀物を備えることが必要な場合，当該所領，あるいはその近隣所領に穀物貢租が課されたものと思われる。

　ワイン貢租についても，流通との関係は不明ながら，負担の有無と生産量の多寡との間に対応関係が見いだされないという点では，穀物貢租と共通の性格を認めることができる。ワイン貢租を最も大量に行っている第 8 章 Nogent-l'Artaud では，25 の自由民マンスが合計で 279 ミュイ，10 の非自由民マンスが計 21 ミュイ——平均して 1 マンスあたり約 8.6 ミュイ——のワインを納めている。しかるにマンスに含まれる葡萄畑の平均面積は，自由民マンスでは 1.4 アルパン，非自由民マンスでは 1.2 アルパンにすぎない。これに対して，第 14 章

Thiais では，72 の自由民マンスで計 151 ミュイ，14 と 2 分の 1 の非自由民マンスが合わせて 43.5 ミュイ——1 マンスあたり約 2.2 ミュイ——を納めているが，マンスの葡萄畑の平均は自由民マンス 2.7 アルパン，非自由民マンス 1.6 アルパンとなり，自由民マンスの場合，Nogent-l'Artaud に較べて 2 倍近い面積の葡萄畑を持ちながら領主に納めるワインの量は 2 分の 1 程度となっている。すなわちワイン貢租量の多寡もまた，保有地の葡萄畑の面積の大小に対応しているとは言いがたいとしなくてはならない。このように，ゲーツの言う「在地の習慣」を否定することはできないにしても，保有農民の負担の多様性が，所領の有機的編成を目指す領主の指向とも対応していたことは，決して無視してはならないと言えよう。

II マンス以外の土地を持つ領民

(1) 小地片の保有民

さきに述べたように，カロリング期の所領明細帳はほとんど例外なく，マンス保有農民以外の領民をさまざまなかたちで記録している。サン・ジェルマン明細帳の場合，こうした保有地としては hospicium などと呼ばれる小地片と donatio に大別される。前者のうち，最も多くの所領に見いだされるのは hospicium で，第 1 章 Jouy-en-Josas，第 6 章 Epinay-sur-Orge，第 9 章 Villemeux，第 16 章 Combs-la-Ville，第 17 章 Morsang-sur-Seine，第 20 章 *villa supra mare*，第 21 章 Maule，第 23 章 Chavannes，第 24 章 Béconcelle に現れるが，実際には第 1, 6, 20, 24 章に集中している。また pars は第 9 章 Villemeux と第 13 章 Boissy-Maugis に，特に呼称を持たず単に terra と呼ばれる地片は第 7 章 La-Celle-Saint-Cloud に集中している。それらの面積は一般に同じ所領のマンスより狭小で，アンサンジュなど，ボニエ以外の単位で記される場合が多く，また葡萄畑を含む割合も低い。そしてほとんどの場合，1 つの保有単位に 1 農民家族が定住している。

まず hospicium は，さきにふれたように第 1, 6, 20, 24 章に集中して現れる。

ただし第1章 Jouy-en-Josas では，de hospitiis と書かれた項目に続いて 19 の保有単位が記録されているが，その多くは「～ボニエの穀畑を保有する」tenet de terra arabili... という文言で記録され，hospicium という語が明記されているのは 3 例のみである。ヘトヴィクとエルムスホイザーはこの 3 例のみを hospicium として扱っている[27]。ちなみに第 24 章でも第 1 章と同様の項目が見いだされるが，ここではすべて「hospicium を保有する」tenet hospicium... という文言がくり返されている。第 1 章の hospicium の扱いは，ここではとりあえず，hospicium と明示されたもののみを確実に hospicium であるとして扱い，他のものについての所見は参考にとどめておく。この保有単位の特徴としてあげられるのは，負担の大半が実際の賦役労働で，生産物や貨幣の貢租が含まれる機会がきわめて少ない点である。すなわち第 1 章で hospicium と明示されていないものを含め，大半は週賦役，あるいは定地賦役を行っている。そして第 6 章では葡萄畠の耕作が加わるが，貨幣の支払いは第 1 章の 2 例——27, 28 節。いずれも hospicium とは明示されていない——，および第 20 章 37 節，第 24 章 105 節のみである。ちなみにモンティエランデル修道院所領明細帳[28]の場合も，hospicium 保有民はほとんどが農業生産に関わる賦役を担当し，彼らが直領地での労働力として実際に使役されたとする想定を支えている。

　次に第 7 章 La-Celle-Saint-Cloud に集中しているのは，保有地それ自体が名称を持たず，単に「穀畑～を保有する」tenet de terra arabili... と記されたものである。56 節以下の数ヵ所では，週 1 日の賦役が負担の根幹をなす。それに対して 70 節以下で記されるものは，週賦役を行わず，貨幣の支払いを負担の根幹としている。さらに第 9, 13 章には pars が現れる。第 9 章では負担についての規定が見られないものが多いのに対して，第 13 章では，pars 保有民は定地賦役，家畜の提供など，多様な負担を履行している。

　これらの小地片の系譜について，所領明細帳は特に hospicium に関して何ヵ所か，それをほのめかす文言を記している。例えば，これは hospicium とは明示されていないものの，第 1 章 34 節に，「サン・ジェルマンのコロヌスである Dabertus は 1 アンサンジュの穀畑を保有し，tounatura を行う」[29]という記述が見られる。この tounatura——轆轤加工を意味すると思われる——という語は，

サン・ジェルマン明細帳の伝来部分で，この箇所にしか現れない。Dabertus が保有している土地が hospicium という呼称を帯びているか否かは別として，ここには小地片の保有民が手工業を主たる任務として所領内に生活しているさまを見いだすことができる。同様な例は第 20 章 *villa supra mare* の hospicium にも見られる。セーヌ河口付近に立地するこの遠隔地所領は，マンス保有農民に対する navigium と呼ばれる賦役の賦課など，いくつかの特徴を示しているが，hospicium に関しても特異な文言を含んでいる。まず 30 節の hospicium servile では，麦芽の納入，定地賦役などの規定に続いて，「彼に命じられた他の奉仕を行う」[30]と記されている。そして 38 節には「布を領主の亜麻で作る。鶏 6 羽を飼育する。彼に命じられた他の奉仕を行う」[31]との規定がなされ，それに続く 3 つの hospicium も同様の負担を課されている。ここに見られる領民は，完成した布を納めるのではなく，領主の持つ原料を加工することを命じられている。さきに見た轆轤加工を行う領民も，史料の文言を文字通りに受けとるならば，彼の製品を納めるのではなく加工作業そのものを命じられていると考えられる。手工業のこのようなありかたは，マンス保有民に課された手工業に関わる負担のほとんどが布，鉄といった製品の納入となっているのとは対照的である。おそらくそれは hospicium 保有民が，領主屋敷内で扶養されながら手工業を含む雑多な労働を行っていた隷属民の系譜を引いていることを反映している。第 20 章 *villa supra mare* に住む hospicium 保有民が「彼に命じられたすべての奉仕」[32]という，包括的な負担を課されていることも，彼らの出自を暗示しているように思われる。

　しかしながら，hospicium を含め，こうした小地片をマンスとは全く別のものと考えるのは正しくないであろう。たしかにこれらの地片は面積の点ではマンスに較べて狭小である。しかしそれぞれの所領における小地片の負担は，同じ場所のマンスのそれと何らかの関係を持っているように思われる。その一例が貢租のありかたである。まず貨幣納入をみると，これがマンスに対して頻出する第 7, 13 章では，いずれも小地片の多くに貨幣貢租が課されている。また穀物貢租がマンスに課されている 4 所領のうち，第 13 章 Boissy-Maugis ではマンスと同様にスペルトが，第 20 章ではマンスに対するものとは異なるが麦芽の貢

租が課されている。さらに第13章では、マンス保有農民がアンジェ、パリなどへの運搬賦役を行っている一方で、pars を保有した領民は定地賦役、貨幣支払いに加えて、運搬のために家畜を提供している[33]。これは決して偶然の一致ではなく、当該所領で必要な物資や労働力を可能な限り多くの領民から引きだそうとする領主の指向の現れと考えるべきであろう。しかもこれらの小地片に定住した領民は、身分規定のうえでもマンス保有農民に準じた扱いを受けている。その意味で、これらの小地片のありかたには、所領内に居住する多様な領民を統合しようとする領主の意図がいくらかなりとも表現されていると考えることができるであろう。

(2) donatio の諸相

サン・ジェルマン領内に存在する保有地として、いまひとつ忘れてはならないのが donatio と呼ばれる土地である。これはサン・ジェルマンのほか、サン・レミの所領明細帳にも見いだされるが、その数の多さ、特定の所領への集中という点で、前者における重要性は際だっている。

サン・ジェルマン明細帳の donatio についての記述は多くの場合、寄進者、マンス数、耕地、採草地、森林等の面積、さらに現在の保有者についての記述を含んでいる。これを見ると donatio は 2 つの範疇に分類できることが判る。ひとつは小規模な所領としての性格を見せるもので、直領マンス mansus indominicatus と単なるマンスが別個に記されていること、マンキピア mancipia 等の従属民が記録されていることを特徴とする。例えば、第12章 Corbon の 15 節は、Ebbo とその妻と思われる Ermenberga の寄進物件について、「建物を備え、12 ボニエの耕地、8 アルパンの採草地、12 ボニエの森を持つ直領マンス、同じヴィラに所在し、合計で耕地 23 ボニエ、採草地 6 アルパン、放牧地 5 ボニエからなる 9 つの小地片、マンキピア Audinga, Autberga を子供とともに、Leudinga, Ringonus ——その子供はサン・ジェルマン・デ・プレ修道院に属していない——、Uuilildus を、彼は寄進した。彼らは人頭税を 3 スー 4 ドゥニエ支払う。ワインの運搬とすべてのことを命じられただけ行う。鶏と卵を納める」[34]と記録され、2 人の寄進者が所持していた土地と従属民が、所領明細帳の作成時期か

らそれほど遠くない時期に一括して寄進されたことを示唆している。

　もうひとつはより狭小な，所領的性格を欠くものである。例えば19節は，Hautariusという人物が寄進した土地について，「3ボニエの穀畑，1と2分の1アルパンの採草地，2分の1ジュルナルの灌木林があり，これをUuineradusが保有し，半分を犂耕するか，あるいは12ドゥニエ支払う」[35]と記している。サン・レミ所領明細帳に記されたdonatioも同様の性格を示している。すなわち，Aubillyの記録で848年以降つけ加えられた部分に「BerunhardusとHartrudisの寄進について，Mutatioに建物と菜園を伴った1マンスがある。穀畑6マッパ，葡萄60ミュイが収穫できる葡萄畠1耕圃」[36]，またLouvercyの記録の末尾に，「聖職者Gogoの寄進地について。1マンスあり，耕地1マッパ，菜園7マッパ，飛地20マッパ」[37]と記され，いずれも1マンス程度の規模の土地が寄進の対象となっているさまが見てとれる。

　さきに見たHautariusの記述にもあるように，サン・ジェルマン明細帳には，donatioの現況についての情報が記されている。それによると，修道院に帰属した土地は，多くはしかるべき領民が保有し，一部はプレカリア，あるいはベネフィキウムとして請け出されている。そして，いずれの形態をとるにせよ，1つのdonatioがそのまま領民に委ねられる場合，複数のそれが一括して1人の領民に与えられる場合，さらに1 donatioが分割されて複数の領民の手に収められる場合が見られる。第1の例として，第12章24節では，Uuiniudisが寄進した穀畑8ボニエ，採草地1アルパンからなる1マンスをGuntoldusが妻と子2名とともに保有し，1人あたり4ドゥニエ，鶏，卵を納めている[38]。第2の例としては，さきにあげた15節，EbboとErmenbergaのdonatioが，それに先行して記録された11節から14節までのdonatio——多くは穀畑3ボニエ程度の小規模なマンス——とともに，Ermenbergaによってプレカリアとして請け出され，2スーを支払うとされている[39]のがその典型である。通常の土地保有の場合も，複数のdonatioをまとめて保有する例は決して稀ではない。例えば，19節と20節にある，同じヴィラに所在する2つのdonatioは，同一の人物の保有に帰し，この結果現在の保有者Uuineradusは，穀畑6ボニエ，採草地3と2分の1アルパンなどからなる土地を保有することになった[40]。さらに第3の例としては，第9

章267節に記された，13ボニエの耕地からなるdonatioが，6と2分の1ボニエずつに分割されているもの[41]，第12章39節に見られる，穀畑14と2分の1ボニエ，採草地4と2分の1アルパン，森林1ボニエからなるdonatioを2人の人物がプレカリアとして請け出している[42]ものなどがあげられる。これらの例に，狭小な地片を統合し，また広大なそれを分割して，マンスと同等の人口扶養力を持つ保有地を作ろうとする領主の指向を読みとることは，決して不可能ではないであろう。

　ここで注目すべきは，サン・ジェルマン明細帳が，donatioに定住している者のうち，「サン・ジェルマンに属する」すなわち修道院と人身的な関係を持つものだけを記録していることである。まず，土地とともに寄進されたマンキピアについては，本人のみならず子の名も列挙することを基本としながら，史料は時として，彼らがサン・ジェルマンに属していないことを理由として子を記録の対象から除外している。例えば第12章2節では，Rangsaudusの記録のなかで「子はサン・ジェルマンに属していない」とのみ記し，しかし続くRothildisについては子の名を列挙している[43]。同様に，現在の保有者についても，サン・ジェルマンに属していない者は記載の対象外となっている。12節は，「このdonatioを，現在サン・ジェルマンのコロヌスであるGeiruuasが保有する。その子はサン・ジェルマンに属していない」[44]と記し，子についての記述は省略されている。そして7節に見出される「これをサン・ジェルマンの人民は保有していない」[45]という記述は，donatioの保有者本人がサン・ジェルマンとの人身的関係の不在の故に明細帳に記されないままになっている可能性を示唆している。実際，donatioの居住者に関して，修道院はhomo sancti Germaniとされた者以外には何らの負担も求めてはいない。これは，彼らが修道院に対して何らかの義務を負う根拠が，donatioという地片の保有ではなく，homines sancti Germaniという地位にあったという想定を導くものである。ちなみに，マンス保有農民に関しては，彼がhomo sancti Germaniであることが明記されない者も負担が免除されることはなく，この点で，マンス保有民とdonatioのそれとの間には大きな相違があると言わねばならない。

　ところで，領民の子のうち，サン・ジェルマンに属していない者の記述を省

略する現象は、第9章末尾近くにある Fontenelle について記された部分にも見いだされる[46]。すでに見たように、この部分は小規模ではあるものの領主直領地とマンス、hospicium の記録と人頭税負担民のリストを具えた、小所領としてのまとまりを示しているが、ここに所在するマンスのうち2つにおいて、「子はサン・ジェルマンに属さない」という文言が現れる[47]。Fontenelle が修道院に帰属してまだ日が浅く、サン・ジェルマンの所領構造に十分に組み込まれていないがゆえにマンスの記述のなかにも donatio 保有者と領主との関係を表現する文言が残存していたとする考えが正しいならば、独自の経営を行っていた小農民を所領内に組み込む場合、あるいは彼らから何らかの負担を収受するにあたって、彼らを homo sancti Germani という地位に置くことが重要な意味を持っていたという仮説が浮かびあがってくる。それはまた、領民から負担を引きだす根拠として、donatio とマンスとに通底する、何らかの契機——おそらく土地保有以外の契機——が含まれていると想定することを可能にするようにも思われる。

donatio に関していまひとつ問題となるのが、ここに定住したマンキピアなどの従属民に課された負担は保有民——あるいはプレカリア保持者——に向けられたのか、それとも修道院に対してなのかという点である。例えばこれまでにもたびたびとりあげた第12章15節では、マンキピアの負担として「彼らは人頭税を3スーと4ドゥニエ支払う。ワインの運搬とすべてのことを命じられただけ行う。鶏と卵を納める」[48] と記している。この土地は他の地片とともに Ermenberga という人物がプレカリアとして請け出し、彼自身は灯明代として修道院に2スーを支払うよう規定されている。しかし問題の運搬賦役などを収受するのが Ermenberga なのか、修道院なのかを明細帳の文言から確実に判断することは不可能である。

ここで想起されるのが、サン・ベルタン所領明細帳にしばしば現れる非マンス地保有民である。特に、比較的大規模な土地を保有し、従属民を抱える層の記録では、従属民自身が行う負担が所領明細帳に記され、それが直接の主人である保有民に向けられたものか、修道院が収受するものであったかが問題となってきた。これについて森本芳樹は、こうした従属民の負担の大半は修道院が収受していることを、ほぼ手落ちなく論証した[49]。ちなみに B. ゲラールは、

所領明細帳は領主たる修道院が必要とする情報のみを記録していると指摘している[50]が，これらを勘案すると，サン・ジェルマン所領明細帳のマンキピアの行う負担もまた，直接の主人である donatio 保有者ではなく，修道院によって収受されたと考えて差し支えないと思われる。もしそうであれば，修道院はプレカリアとして請け出された土地に居住する従属民にまで何らかの義務を課す根拠を保持していたことになる。ここでもまた，修道院との人身的関係という，土地保有以外のモメントを賦課の根拠として想定しなくてはならないであろう。

III 領主的経営の一面

(1) 穀物栽培の実際

前章で検討した多様な保有民は，独自の小経営の主体であるとともに，領主による大経営とさまざまな水準で密接に関連づけられていた。その実態を検討することは，サン・ジェルマン領における社会的統合のさまを検討するうえで有効な情報をもたらすことが十分に予想できる。ここでは領主による経営のある面を代表する，領主直領地での穀物生産のありかたを，保有民との関わりを中心に検討することにしよう。

すでに述べたように，サン・ジェルマン明細帳の領主直領地の記録には，穀畑について面積とともに，多くの場合穀物の播種量が併記され，ここから領主直領地で生産された穀物品種をうかがうことができる。これを見てまず印象づけられるのは，播種する穀物として小麦の名が頻出することである。領主直領地の記述を持つ 21 章のうち，18 章で播種量の記録が見いだされる。このうち穀物の種類を特定せず播種量のみを記すのが 7 章，他の 11 章では穀物品種が明記されている。小麦が播種されるのは第 2 章 Palaiseau，第 3 章 La Celle-les-Bordes，第 4 章 Gagny，第 8 章 Nogent-l'Artaud（播種量の記載なし），第 9 章 Villemeux，第 13 章 Boissy-Maugis，第 16 章 Combs-la-Ville，第 21 章 Maule，第 22 章 Saint-Germain-de-Secqueval，第 24 章 Béconcelle，第 25 章 Maisons-sur-Seine の 11 章である。このうち第 25 章のみは小麦とライ麦を併せて 650 ミュイ播種すると定め

ているが，他は小麦のみが言及されている。また第9章の終わり近くに記された Fontenelle 所在の領主直領地ではライ麦を9ミュイ，第11章 Nully では燕麦を200ミュイ播種するよう規定されている[51]が，領主直領地で小麦以外の穀物が栽培されていることを明示しているのは，第25章を含めて3ヵ所にすぎない。所領明細帳が記す小麦の播種量は，ライ麦とともに，とされた650ミュイを除いて6,932ミュイ——第22章に記された開墾地の60ミュイを含む——，これは annona と記され，穀物の種類が特定されないものの4,325ミュイ，燕麦200ミュイを大きく上回っている。所領明細帳に拠るかぎり，サン・ジェルマンの領主直領地で生産される穀物の過半数は小麦が占めていると言えよう。

領主直領地での穀物生産における小麦の優勢という現象は，しかし同時代の他の所領明細帳と較べたとき，むしろ特異な部類に属する。領主直領地に小麦を播種することを明示する事例は，サン・ジェルマン・デ・プレ修道院のほかにはサン・レミ修道院の4所領，Aigny, Le Petit-Fleury, Gerson, Vestle に限られている。ちなみにサン・レミ領の領主直領地に播かれる穀物として頻出するのはライ麦，スペルトで，上記4所領でも，小麦の播種量がそれらを上回ることはない[52]。またプリュム修道院[53]の場合，播種される穀物として最も頻繁に現れるのは燕麦で，小麦はもっぱら運搬賦役によって運ばれる物品として現れている[54]。もちろんここから，サン・ジェルマン，およびサン・レミ領以外では領主直領地で小麦を栽培していないとするのは早計であろう。モンティエランデル修道院の所領明細帳では，領主直領地での播種量はすべて annona と記されている[55]が，種類を特定しない annona という語で表されるものに小麦が含まれている可能性は否定できない。また播種や製粉にあたって複数の穀物を混合させることもしばしば行われたようで，J.-P.ドヴロワによれば，その場合小麦とライ麦が混淆される場合が多かった[56]。けれども，サン・レミ所領明細帳の Courtsols に所在する水車が納める穀物を規定した部分では，「水車が3基あり，第1のものは小麦20ミュイ，混合穀物40ミュイを納める」[57]とあり，当時の用語法が annona と frumentum とを明確に区別していたことを示唆している。サン・ジェルマン所領明細帳が領主直領地に播種する穀物として小麦を明記したのは，修道院が領主直領地で行っていた穀物生産のありかたが，当時の一般的

状況とは一線を画していたこと，そして修道院は小麦の生産を，おそらくは意識的に行っていたことを示唆していよう。

　その理由を考える前に，サン・ジェルマンの修道士が毎年収穫する小麦の量のおおよそを見積もっておこう。カロリング期の収穫率についてはさきに検討したが，ここで収穫率を3程度と仮定するならば，種子として保管する分など各種の控除を行ったあとでも，修道士は小麦を少なくとも播種量と同程度，すなわち約6,000ミュイは確保できたと考えられる。ちなみに所領確認文書[58]が査定した修道士団が年間に必要とする小麦の量は1,620ミュイであり，平均的な作柄の場合，小麦の収穫量はこれを大きく上回っていたとして差し支えないであろう。佐藤の計算[59]に依拠し，修道士たちは小麦で作ったパンを1日1キログラム食し，また彼が1年間に摂るパンをまかなうには，カロリング期の度量衡で8ミュイの小麦が必要であると仮定すると，修道士に必要とされた1,620ミュイの小麦は約200人，そして6,000ミュイの小麦は約750人を1年間養うことができたことになる。この数値は概略以上の意味を持つものではないが，しかしながら，サン・ジェルマン・デ・プレ修道院の修道士に必要とされた小麦の量は，彼らの定員120名を上回る人数を養うに足り，さらに修道士たちは必要量の数倍に達する小麦を手にしていたことは認めてよいであろう。それは同時代の近隣所領における小麦生産の水準を抜くものであった。さきに見たように，サン・レミ修道院所領では，小麦の栽培は確実に想定できるものの，その比重は燕麦やスペルト小麦を凌駕するものではなかった。またパリ北郊に本拠を置き，サン・ジェルマンに優るとも劣らない活発な経済活動を行っていたと思われるサン・ドニ修道院では，150人の修道士が年間2,100ミュイの小麦を必要としていたことが史料から確認できる[60]が，その小麦を所領内で生産していたことを確実に示す史料は伝来していない。ロワール以北においては小麦はサン・ジェルマン領に偏在していたとさえ言えるのである。

　ここで再び，佐藤の指摘を想起すべきであろう。7世紀後半に作成されたトゥール，サン・マルタン修道院の会計文書を分析するなかで彼は，サン・マルタン所領のうち，ポワトゥー北部に所在し，農民の経営規模が大きい*Cuiciaco*において，生産物を小麦へ特化させ，その単一栽培に向かう傾向が認められる

ことを指摘し，その収穫の相当部分は流通へ投じられたと想定した[61]。「小麦は世俗的でいわば普通の生活のなかで消費する穀物であった」。そして「トゥール地方において，流通穀物の中核をなしたのは小麦であり，一般に非農業民が購入し，パンとして日常的に食したのは小麦であったと思われる」というのである[62]。小麦の栽培がそれほど盛んではなかったと思われるカロリング期のロワール以北の地でも，これが流通と深い関わりを持っていたという事情は，おそらく共通であったであろう。プリュム修道院の所領明細帳には，運搬する物品として小麦と明記した運搬賦役が第 33 章 Remich，第 45 章 Villance，第 52 章 Boeur-Borst に現れる[63]。またサン・モール・デ・フォッセ明細帳の第 12 章 Belsa にも，小麦の運搬賦役が記されている[64]。さらに小麦は，商品として最も価値ある穀物であった。794 年のフランクフルト勅令[65]は 1 ミュイあたりの穀物価格を，燕麦 1 ドゥニエ，大麦 2 ドゥニエ，ライ麦 3 ドゥニエ，小麦 4 ドゥニエと規定し，806 年のネイメーヘン勅令[66]では燕麦 1 ドゥニエ，大麦 3 ドゥニエ，ライ麦 4 ドゥニエ，小麦 6 ドゥニエ，スペルト 3 ドゥニエとしている。このように，小麦には麦類のなかで最も高価な価格設定がされている。これらを考えあわせると，サン・ジェルマン領で生産された小麦のかなりの部分は所領外に売却されていたという仮説が導き出される。実際何人かの歴史家は，カロリング期のパリ周辺において，サン・ドニの年市を訪れる外来の商人や領主制の外側で独自の経営を行う手工業者など，さまざまなかたちでの穀物需要があったことを想定している[67]。これはサン・ジェルマン領における商品作物の生産を直接に証拠だてるものではないが，しかし商品生産が成り立つ十分条件のひとつがカロリング期のパリ周辺に成立していたとすることは不可能ではないであろう。

　サン・ジェルマン領の小麦栽培が商品としての売却を視野に入れて行われていたという想定が誤りでないとすると，それはこの所領における三圃制度の評価にも，新たな論点を浮かびあがらせてくる。12 世紀のいわゆる中世農業革命のなかで西欧全域に普及したとされるこの農法は，カロリング期のロワール・ライン間地域にすでにそのほぼ完成された姿を見ることができる。すなわちサン・タマン修道院の所領明細帳断片は，領主直領地を正確に 3 等分し，それぞれを冬畑，夏畑，休閑地としたことを明記している[68]。しかしサン・ジェルマ

ン所領の場合，領主直領地の耕圃をこうしたローテーションによって運用したことをうかがわせる記述はまったく見られない。多くの研究は保有農民に課された定地賦役地——しばしば冬畑と夏畑からなるが大多数は冬畑が夏畑より広くなっている——の記述をもとに，三圃制度の普及の程度を探ってきた。そしてサン・ジェルマン領では定地賦役地において冬穀優先の耕作方法から三圃制度への移行過程が最も進行していたことが指摘されることになる[69]。

　これはひるがえって，「小麦を〜ミュイ播種する」と記録された所領で，実際に小麦の単作に近い穀物栽培が行われていた可能性を示唆することにもなる。いくつかの状況証拠がこの仮説を支えている。まずサン・ジェルマン所領明細帳では，すでに見たように，2ヵ所だけとはいえ，複数穀物の播種を明記している[70]。このような記載方式をとりながら，小麦を播種する所領では他の穀物についての記述を省略していると考える積極的な理由は存在しない。またさきにふれたように，ローマ期以来，そして中世初期においても小麦は流通・市場交易との関わりが最も深い，しかも最も市場価値の高い穀物であった。そしてこれが基本的には冬畑でのみ栽培可能である以上，一定面積の耕地から小麦をできる限り大量に収穫しようとするならば，冬畑を小麦栽培に特化させるとともに，耕地の可能な限り多くの部分を冬畑に充てることが必要となってくる。この考えに立つ限り，発達した三圃制度は，穀畑の3分の1でしか小麦を栽培できないという一点において，2分の1を小麦栽培に充てることができる二圃制度に較べて決定的に不利であると言わねばならない。もちろん，サン・ジェルマン修道院の修道士は，小麦以外の穀物をも必要としていた。領主直領地でのライ麦，燕麦の栽培が所領明細帳に明記されているほか，播種する穀物を annona と記した所領で小麦以外の穀物が作られていた可能性は高い。しかしながら，小麦を播種するとのみ明記した所領の頻出は，小経営による小麦の貢租がわずかに第16章1節 Combs-la-Ville の水車の例を数えるにすぎない[71]ことと相まって，サン・ジェルマン領において領主による直接経営の根幹は小麦の大量栽培であったという印象をいやがうえにも強めているといえよう。

（2） 領主経営の労働力

　それでは，こうした領主直領地における穀物栽培に必要な労働はどこから引きだされたのであろうか。まず考えられるのが，マンス保有農民の賦役労働である。彼らの負担を見ると，ほとんどの所領で賦役労働，特に穀物生産に関わる賦役が彼らに課されている。サン・ジェルマン領のマンスの場合，それは，犂耕賦役 corvada，車賦役 caropera，手賦役 manopera，伐採賦役 caplinum が一体となって記載されるものを標準とする。そして大半は，例えば第2章2節に見られる[72]ように，「命じられたとき」，あるいは「命じられただけ」という文言を含む，典型的な不定量賦役の形態をとっている。しかし，第1章2節のように，不定量賦役であることを明示する文言を含まないもの[73]も散見される。サン・ジェルマン領のマンス保有民の大半が課されているのはこのような不定量賦役で，それはマンスの種別，領民の身分を問わない。これに対して純粋な週賦役は，第25章24節に「毎週3日（の賦役を）なす」[74]という文言があるものの，このような典型的な週賦役規定が見られるのは，全体としてはきわめてわずかである。これはマンス保有民の負担が週賦役に集約され，自由身分の者には週2日，非自由身分の者には週3日の賦役が課されるとしたサン・ベルタン明細帳[75]とはかなり様相が異なっている。

　ところで，所領明細帳には不定量賦役と週賦役の間をつなぐ文言が随所に見いだされる。例えば第7章4節では，「毎週犂耕賦役2日，手賦役1日，鶏3羽，卵15個，車賦役を命じられた時に」[76]とあり，不定量賦役の一部が週賦役に転化している。また第6章39節では「手賦役を毎週」[77]，第9章9節では「犂耕賦役を必要な時，そして必要でないときは3日の手賦役を行う」[78]，そして第13章1節では，「各々の耕圃で犂耕賦役を3日，そして4日目と5日目をパンと飲料とともに，そして犂耕賦役を行わないときは毎週3日の手作業，そして犂耕賦役を行うときは，領主直領地での作業は極度の必要が生じたとき以外は行わない」[79]と，同様の文言が見いだされる。これらの文言では賦役を行う日数に特に限定句はついていないものの，いずれも週ごとの日数と解することで歴史家の見解はほぼ一致している[80]。

こうした規定から，次の2点が指摘できよう。まず，穀畑での労働の量は，1週間あたり3日に収斂する傾向にあった。さきにあげた第7章4節，第9章9節に加えて，第21章4節では「毎週各々の耕圃で犂耕賦役を2日，および1日（の労働），そして犂耕賦役を行わないときは3日（の労働）。車賦役を命じられただけ行う」[81]，第24章113節では「犂耕賦役の2頭の動物を伴って2日，しかるに犂耕賦役を行わないときは3日（の労働を）行う」[82]，第25章3節では「各々の耕圃で毎週犂耕賦役2日，手賦役1日，車賦役を行う」[83] と規定され，さまざまな内容の賦役のそれぞれに労働する日数を定める場合でも，その合計が週3日になるように配慮されているように思われる。さらに第20章3節は「犂耕賦役を，動物を持っているならば2日，持っていないならば1日。毎週3日，そして収穫時には4日（の労働）を行う」[84] と記し，マンス保有農民から引きだす労働は週3日を標準とすることを言外にほのめかしている。

次に，不定量賦役規定に記される4つの範疇のうち，週賦役に転化する傾向は犂耕賦役が最も顕著で，手賦役がそれに続く。そして他の2つ，特に車賦役は日数が定められない，あるいは不定量規定がつけられたままになっている例が少なくない。これは車賦役のように運搬，あるいは重要な道具を携行しての農作業[85] など，日時を定めて集中的に行われる作業は，年間を通じて毎週一定の労働を収受する週賦役と適合的ではないことを示していると思われるが，しかし車賦役と同様の性格を持つと思われる犂耕賦役は，手賦役といわば相互補完的関係に入ることによって週賦役への転化傾向を強めている。たしかにさきに見たとおり，繁忙期には週3日を超えて労働を引きだすことを定めた文言も皆無ではないが，それは裏返せば，マンス保有農民に対して領主が要求できる農作業は，基本的には年間を通じて週3日を上回らないという原則がおのずから成立していたことを意味するであろう。

ここで想起すべきは，サン・ジェルマン領において，穀物生産に関わる賦役の貨幣や生産物による代替は全く見られず，他の所領明細帳でも代替可能なのは年賦役に限られていることである。賦役の貨幣代替規定が比較的多く見られるモンティエランデル所領明細帳でも，貨幣代替は運搬賦役や森林での賦役に集中し，農業生産に関わる賦役の代替は，ほとんど十五夜賦役に限定されてい

る[86]｡またプリュム修道院所領明細帳第 45 章 Villance では,「8 月に犂耕賦役の代わりに子豚 4 頭,または 16 ドゥニエ——毎週三日(の賦役)——1 マンスを 3 家族が保有しているときは犂耕賦役を 3 日あるいは 12 ドゥニエ,2 家族保有の場合は 2 日あるいは 10 ドゥニエ,1 マンス 1 家族の場合は 1 日あるいは 7 ドゥニエ」[87]とあり,年間数日の犂耕賦役の貨幣代替が認められている一方で,週 3 日の賦役が明確に記録されている｡すなわち農業生産,特に穀物栽培に関しては,一定量の労働を恒常的にマンス保有民から引きだそうとする指向が,サン・ジェルマン領にかぎらず,カロリング期大所領のほとんどに認められているとして差し支えないであろう｡

こうした想定が誤りでないとして,しかし年間を通じて等量の労働力を確保する方式は,犂耕や収穫など,一時的かつ集中的な労働を不可欠とする農業生産とは決して適合的ではない｡実際サン・ジェルマン領には,領主直領地での穀物栽培に必要な労働力のすべてをマンス保有農民によってまかなうことが到底不可能と思われる所領が存在する｡第 11 章 Nully の領主直領地は,40 ボニエ,燕麦 200 ミュイを播種する穀畑を持つにもかかわらず,同地のマンスはわずか 9,しかもその保有民は長距離運搬賦役や各種貢租を課されているが,農業生産に関わる賦役は定地賦役に限られている｡また第 19 章 Esmans でも,マンス保有民の負担の代表例となる 8 節を見ると,車賦役,伐採賦役を命じられただけ,あるいは命じられたときに行うよう規定されながら,犂耕賦役,手賦役の規定は見あたらない[88]｡そして第 2 章 Palaiseau,第 13 章 Boissy-Maugis では,不定量賦役を行うのはマンス保有民のうち,半数にも満たない人数に限られている｡少なくとも第 11 章 Nully,第 19 章 Esmans などではおそらく日常的に,そして他の所領でも農繁期には,マンス保有農民以外の労働力が動員されたものと考えなくてはならない｡

かつて橡川一朗は,サン・ジェルマン領における不定量の犂耕賦役は年間数日程度のものであったとするゲラールの説を援用しつつ,マンス保有民は領主直領地の経営に必要な労働力としてはほとんど意味を持たず,領主は所領内に抱えた大量の奴隷を主要な労働力として直接経営を行っていたと主張した[89]｡現在の研究状況では,マンス保有民に課された不定量賦役の作業量は,年間数日

という水準ではなく，実際には週3日程度のものであったとする考えが有力であり，それゆえ，領主直領地の経営が全面的に奴隷的非自由人の労働に依存していたとすることは不可能であろう。しかし，奴隷的非自由人の姿が所領明細帳に現れる機会は決して稀ではない。例えばサン・ベルタン所領明細帳にはプレベンダリウス prebendarius と呼ばれる，領主屋敷内に住む奴隷的非自由人が多数記録されている[90]。サン・ジェルマン領の場合，それに近い層としてあげられるのは，領主直領地に付属する教会や donatio 内部の従属民として記録されたマンキピアに限られ，奴隷的非自由人が領主屋敷に居住していたことを直接語る文言は見いだされない。しかし，いくつかの所領に見られる，pars などと呼ばれる狭小な土地を保有する領民を，奴隷的非自由人がわずかな土地を与えられ自立化を開始したものと考えることができるならば，彼らの背後に領主の給養を受けながら所領内で使役されていた奴隷的非自由人の姿を見ることも可能になってこよう。

　それとともに，領主による直接経営に用いられた労働力のもうひとつの可能性として，サン・ジェルマンの領主制の周縁に位置する小生産者層を指摘することができる。これもまた，史料に直接の言及を見いだすことは不可能である。しかしいくつかの間接証拠をつなぎ合わせてこの仮説をいくらかなりとも補強するのは，決して不可能ではない。まず，カロリング期のパリ地方で，独自の経営が領主制の外側で存続しえたことを指摘したW. ブライバーの研究が参照されるべきである。彼女はサン・ジェルマン明細帳に見られる布を納める負担[91]に着目し，この規定の背後には原料となる亜麻や羊毛を扱う在地の市場が存在したこと，さらに在地市場の存在は，領主制を媒介とせずに生活必需物資を入手することを可能にし，これによって独自の小経営が持続しえたことを主張した[92]。この主張が正しいとすると，サン・ジェルマン領の周辺には，原料や食糧を市場で入手するために貨幣を必要とする社会層が存在したことになる。一方，サン・ジェルマン明細帳第13章に見られる，1週間のうち4日目以降は食糧を提供して賦役を課す文言[93]は，修道士たちが必要に応じて，しかるべき人物に報酬を与えて農作業を行わせていたことを暗示している。ここからただちに領主直領地での作業の一部が賃労働によってまかなわれていたと結論することはで

きないとしても，修道院と土地を媒介とした関係を取り結んでいない者が所領内の作業に携わっていた可能性は皆無とは言えないであろう。実際所領明細帳はしばしば，修道院の土地を保有せず，しかし修道院による何らかの保護の下にある社会集団がしかるべき貢租や労務の提供を行っていることを伝えている。彼らが保護関係と賃銀という2つのモメントによって農繁期の労働力として活用されたと考えるのは，あながち的はずれではないであろう。

おわりに

ここまでの検討結果をもとに，カロリング期大所領の果たす統合作用についての暫定的結論と若干の展望を述べて，まとめとしよう。

まず，所領明細帳に記録された領民は，マンス以外の土地を保有している者を含めて，その大多数が生計維持に必要な物質的基盤を確保していたと思われる。彼らの保有地は，その規模にはかなりの偏差が見られるものの，全体としてはそれは，保有農民家族の生計維持に必要なだけの人口扶養力を備えるべきものと認識されていたと思われる。第12章 Corbon には，修道院に帰属して日の浅い地片を，狭小なものはいくつか統合し，広大なものは分割してマンスに準じた規模を持つ保有単位に組み替えようとする動きが認められるが，これは，所領内において保有単位の規模を均質化する動きがあったことを想定させるものである。

次に，彼らの負担のあり方もある種の統合作用を受けていた。まずその根幹にはほとんどすべての所領を貫いて，領主直領地での農業生産があり，hospicium 保有民を含めて，それは3日週賦役に収斂する傾向を示していた。その一方で，特にマンス保有農民の負担に葡萄畠での作業，運搬賦役，さまざまな名目での生産物や貨幣貢租などが含まれ，それは所領ごとに，また保有民の階層ごとにさまざまなヴァリアントを伴っていた。それは一面では所領の立地点の地理的条件に由来していたが，同時に領主はそれらを結合させて所領をひとつの分業圏，再生産圏にまとめ上げようとしていたことを無視してはならない。そのなかでは，負担の種類，量は，必ずしも領民の生活水準や経営のあり

方を配慮して決められてはいなかった。例えば穀物の貢租が見られるのはもっぱら遠隔地所領，あるいは長距離運搬賦役を行う，交通拠点としての役割を持つ所領に見られ，しかもそのいくつかは，マンスの面積は狭小でそこから生みだされる穀物の量も決して多くはないと思われる状態にあった。すなわち穀物貢租の賦課は当該所領の所領編成上の位置によって決まり，マンスにおける農業生産の多寡に由来してはいなかったと考えられるのである。

このように，カロリング期の大所領は内包する多様な社会層の労働力を統合してひとつの再生産システムを編成することにある程度成功していたと考えられるが，しかしそれが決して自己完結的なものではなかったことも指摘しておかなくてはならない。大所領の生産物のかなりの部分は所領外で消費された。サン・ジェルマン領の場合，領主直領地における小麦生産は商品としての売却を前提として行われていた可能性が高い。大所領からさまざまな経路で流出する生活必需物資は自ずとひとつの流通圏を作りあげていたと思われる。

しかしながら，大所領による生活必需物資供給の基礎的条件となる領主直領地での生産活動は，そのすべてが保有農民によって担われていたとは考えられない。所領内で給養される奴隷的非自由人とともに，所領明細帳は所領外に独自の経営を保ちつつ修道院の保護を受けている社会層の存在，さらに繁忙期における賃労働の可能性をほのめかしている。もし繁忙期の季節的労働力――それを史料から直接にうらづけることはきわめて困難であるが――が，所領周辺の小経営主体から賃労働というかたちで引きだされているとすれば，大所領は彼らの生計維持に貢献するとともに，賃金，あるいは宗教的モメントを媒介とした統合作用を発揮することになったであろう。そして，生活必需物資の供給と収入機会の提供は，それが定期的，恒常的であるがゆえに，再生産圏の枠組が領主制を超えたひろがりを持つことを可能にしていったと思われるのである。

1970年代，デュビィは，中世初期の大所領について，頻発する凶作に備えてきわめて大きな安全率を見込んで作物を栽培し，したがって相当量の余剰がでるのが通例であったと指摘した[94]。そして1990年代に至り，ドヴロワは，中世初期の修道院に与えられた任務のひとつが，フランク世界全体における富の適正な分配であり，サン・ジェルマン・デ・プレ修道院はこうした富の配分シス

テムのひとつの核をなしていたことを論じている[95]。こうした見通しが正しいとするならば，またここで試みたサン・ジェルマン明細帳の検討が完全に的はずれではないならば，カロリング期の大所領は，多様な生産者層を所領内に吸収して等質な保有農民層を作りあげようとする一方で，期せずして，領主制の外にある独自の小経営の存立基盤を確保する機能をも果たしていたことになるであろう。

注

1) A. Dopsch, *Wirtschaftliche und soziale Grundlagen der europäischen Kulurentwicklung, aus der zeit von Caesar bis auf Karl der Großen*, 2. Edition, Wien, 1923–24, 野崎直治，石川操，中村宏訳『ヨーロッパ文化発展の経済的社会的基礎——カエサルからカール大帝にいたる時代の——』創文社，1980.

2) G. Duby, *L'économie rurale et la vie des campagnes dans l'occident médiéval*, Paris, 1962.

3) こうした動向については森本芳樹「西欧中世初期荘園制の諸側面——最近 5 年間における農村史の研究状況——」『経済学研究』(九州大学) 58-2, 1992, pp. 51–66; 58-4/5, 1993, pp. 223–41; 59–5/6, 1994, pp. 231–43; 60–1/2, 1994, pp. 1–15 を参照。

4) A. Verhulst, "La genèse du régime domanial classique en France au haut moyen âge", *Agricoltura e mondo rurale in Occidente ne'll alto medioevo* (*Settimane di studio*, XIII), Spoleto, 1966, pp. 135–60.

5) 森本「西欧中世初期における社会・経済発展の担い手を求めて。対話的研究の展望」『経済学研究』59-3/4, 1993, pp. 295–307.

6) D. Hägermann (ed.), *Das Polyptychon von Saint-Germain-des-Prés*, Köln / Weimar / Wien, 1993. 以下 PSG と略記。この刊本でも，B. ゲラールが最初に批判的刊本を編纂した際に挿入した節番号が踏襲されている。B. Guérard (ed.), *Polyptyque de l'abbé Irminon ou dénombrement des manses, des serfs et des revenus de l'abbaye de Saint-Germain-des-Prés sous le règne de Charlemagne*, Paris, 1844. この番号はきわめて正確，かつ便利なため，本稿でも検索の便を考えて，史料引用にあたってはこれを利用することとする。

7) R. Latouche, *Les origines de l'économie occidentale*, Paris, 1956, pp. 196–201.

8) K. Elmshäuser/A. Hedwig, *Studien zum Polyptychon von Saint-Germain-des-Prés*, Köln / Weimar / Wien, 1993, p. 491, Tabelle 9.

9) G. Comet, *Le paysan et son outil. Essai d'histoire technique des céréales* (*France, VIIIe-XVe siècle*), Paris, 1992, pp. 195–325. 各穀物の播種時期については p. 216, fig. 27 参照。

10) PSG, IX–278; Donationem quam fecit Dedda et Hisla . . . Dederunt ibi mansum .I. indominicatum cun casa; et dederunt ibi mansos .II. et dimidium. Aspiciunt ad ipsum mansum indominicatum de terra arabili bunaria .X., quae possunt seminari de modiis spelte et avenae .XL.; . . .

11) 森本「『定地賦役』考」高橋幸八郎他編『市民社会の経済構造』有斐閣，1972, pp. 3–21

参照。

12) J.-P. Devroey, "La céréaliculture dans le monde franc", *L'ambiente vegetale nell'alto medioevo* (*Settimane di studio*, XXXVII), Spoleto, 1990, p. 239; M.-P. Ruas, "Alimentation végétale, pratiques agricoles et environnement du VIIe au Xe siècle", J. Cuisenier/R. Guadagnin (dir.), *Un village au temps de Charlemagne. Moines et paysans de l'abbaye de Saint-Denis du VIIe siècle à l'An Mil*, Paris 1988, pp. 203–11.
13) Duby, *L'économie rurale et la vie campagne*（注2), t. 1, pp. 84–87.
14) 森本「収穫率についての覚書」『経済史研究』3, 1999, pp. 108–41.
15) M. Rouche, "La faim à l'époque carolingienne: essai sur quelques types de ration alimentaires", *Revue historique*, t. 250, 1973, pp. 295–320; J.-Cl. Hocquet, "Le pain, le vin et la juste mesure à la table des moines carolingiens", *Annales E.S.C.*, 40e année, 1985, pp. 661–90.
16) 佐藤彰一『修道院と農民。会計文書から見た中世形成期ロワール地方』名古屋大学出版会, 1997, pp. 327–476. *Noviento* については pp. 425–27 参照。
17) L. Kuchenbuch, *Bäuerliche Gesellschaft und Klosterherrschaft im 9. Jahrhundert. Studien zur Sozialstruktur der Familia der Abtei Prüm*, Wiesbaden, 1978.
18) H.-W. Goetz, "Bäuerliche Arbeit und regoinale Gewohnheit im Pariser Raum im frühen 9. Jahrhundert. Beobachtungen zur Grundherrschaft von Saint-Germain-des-Prés", H. Atsma (ed.), *La Neustrie. Les pays au nord de la Loire de 650 à 850*, Sigmaringen, 1989, t. 1, pp. 505–22. とりわけ pp. 511–18.
19) PSG, XIII–66; Solvit unusquisque .C. libras de ferro, cetera similiter.
20) PSG, XIII–69; Solvit similiter, praeter ferrum.
21) PSG, XIII–70; Solvit similiter, praeter ferrum.
22) PSG, XIII–87; Solvunt similiter. Illi, qui sunt servi, solvunt ferrum praeter（空白); et ille, qui lidus est, solvit modium de spelta.
23) Elmshäuser / Hedwig, *Studien*（注8), pp. 196–201.
24) Guerard (ed.), *Polyptyque de l'abbé Irminon*（注6) t. 1, pp. 746–47.
25) Goetz, "Bäuerliche Arbeit und regoinale Gewohnheit"（注18), pp. 518–21.
26) 丹下栄「カロリング時代の市場と地域——パリ地方を事例として——」『比較都市史研究』16–2, pp. 21–32. Marolles-sur-Seine については *MGH, Diplomatum Karolinorum*, t. 1, No. 154, pp. 208–10 参照。この文書にあるポルトゥス——船着場——と市場についての文言は後代の挿入と思われるが, この地の市場がサン・ジェルマンの手にあったことは, ある人物が10世紀末に修道院から市場の一部譲与されていることからも確認できる。R. Poupardin (ed.), *Recueil des chartes de l'abbaye de Saint-Germain-des-Prés des origines au début du XIIIe siècle*, Paris, 1909, No. 46, pp. 75–76.
27) Elmshäuser / Hedwig, *Studien*（注8), p. 483, Tabelle 7.
28) Cl.-D. Droste (ed.), *Das Polyptichon von Montierender. Kritische Edition und Analyse*, Trier, 1988.
29) PSG, I–34; Dalbertus, colonus sancti Germani, tenet de terra arabili antsingam .I.; inde facit tounatura.
30) PSG, XX–30; Arat ad hibernaticum perticam .I., ad tramissum .I. Facit uuactam, et aliam servicium

quod ei iniungitur.

31) PSG, XX–38; Facit camsilem de lino dominico; pascit pastas .VI. et aliud servicium quod ei iniungitur.

32) PSG, XX-35; . . . et facit uuactam et omne servicium quod ei iniungitur.

33) PSG, XIII-14; . . . ad hostem denarios .VIIII. Arat inter tres sationes perticas .III. . . . Et caropero, et magisca cum dimidia bove.

34) PSG, XII-15; XV. Donationem quam fecit Ebbo et Ermenberga in eodem pago et in eadem centena et in eadem villa. Dedit ibi mansum indominicatum cum aliis casticiis, habentem de terra arbili bunuaria .XII., de prato aripennos .VIII., de silva bunuaria .XII.; et alias mansuras .VIIII., in eadem villa, habentes de terra arabili inter totos bunuaria .XXXIII., de prato aripennos .VI., de pasturas bunaria .V.; et haec mancipia, Audingam, Autbergam cum infantes suos, Leudingam, Ringonem, cuius infantes non sunt sancti Germani, et Uuilildem. Solvit de capite suo solidos .III. et denarios .IIII. Faciunt angariam ad vinerciam, et omnia quicquid eis iniungitur. Solvunt pullos et ova.

35) PSG, XII–19; XVIIII. Donationem quam fecit Hautarius in Pago Oximense, in centena Corbonense, in villa quae dicitur Mons Droitmundi. Dedit ibi de terra arabili bunuaria .III., de prato aripennum .I. et dimidium, de concidis dimidium ionalem. Tenet eam Uuineradus; aut arat eam ad medietatem aut denarios .XII.

36) Devroey (ed.), *Le polyptyque et les listes de cens de l'Abbaye de Saint-Remi de Reims (IXe-XIe siècles)*, Reims, 1984. 以下 PSR と略記, p. 7; De donatione Bernardi et Hartrudis est in Mutationibus mansus .I. cum edificiis et horto, habens de terra arabili mappas .VI.; vineam .I. ubi possunt colligi de vino modii .LX.

37) PSR, p. 10; AD CRUCEM Sancti Siluini, de donatione Gogonis presbyteri, est mansus .I.; in sesso est mappa .I.; in olchis mappae .VI.; de forastica terra mappae .XX.

38) PSG, XII–24; XXIIII. donationem quam fecit Uuiniudis in pago Oximense, in centena Corbonense, in loco qui dicitur Curtis Dodleni. Dedit ibi mansum .I., Habentem de terra arabili bunuaria .VIII., de prato aripennum .I. Tenet eum nunc Guntoldus colonus et uxor eius colona, nomine Uuingildis, homines sancti Germani; isti sunt eorum infantes, Guntbertus, Guntrudis. Solvit .IIII. denarios de capite suo, pullos et ova.

39) PSG, XII–15; Has .XI. donationes deprecata est Ermenberga, et solvit inde solidos .II. ad luminaria sancti Germani.

40) PSG, XII–20; Has duas donationes tenet Uuineradus, colonus sancti Germani, . . .

41) PSG, IX–267; Donationem quam fecit Uualdo et Gemerisma in villa Nigri Luco. Dederunt ibi iter utrosque mansum .I., habentem de terra arabili bunuaria .XIII. Genoardus colonus et uxor eius colona, nomine Eodalberga, . . . Tenet medietatem ipsius donationes, habentem de terra arabili bunuaria .VI. et dimidium. . . . Ulfinus liber tenet alteram medietatem ipsius donationis, habentem de terra arabili bunuaria .VI. et dimidium, de vinea aripennum .I.

42) PSG, XII–39; XXXVIIII. Donationem Hildegarii in eodem pago et in eadem centena et in eadem villa. Dedit ibi mansum .I., habentem de terra arabili bunuaria .XIIII. et dimidium, de prato aripennos .IIII. et dimidium, de silva bunuarium .I. Et pro hac donatione deprecatus est

suprascriptas donationes Ermengarii et Hilduini.

43) PSG, XII-2; . . . et Rangaudum, quorum infantes non sunt sancti Germani; et Rothildem cum infantibus suis, id est, . . .
44) PSG, XII-12; Tenet nunc eum Geiruuas, colonus sancti Germani, cuius infantes non sunt sancti Germani.
45) PSG, XII-7; Istud non tenet homo sancti Germani.
46) Fontenelle については Elmshäuser / Hedwig, *Studien*（注 8），p. 107 を参照。
47) PSG, IX-289, 90; . . . quorum infantes non sunt sancti Germani.
48) PSG, XII-15; Solvunt de capite suo solidos .III. et denarios .IIII. Faciunt angariam ad vinerciam, et omnia quicquid eis iniungitur. Solvunt pullos et ova.
49) 森本「サン・ベルタン修道院所領明細帳(844 年～859 年)をめぐる諸問題」『経済学研究』48–5/6, 1983, pp. 49–62; 49–4/5/6, 1984, pp. 149–74。とりわけ (II) pp. 153–62.
50) Guérard, *Polyptyque de l'abbé Irminon*（注 6），t. 1, p. 847.
51) PSG, IX-287; Aspiciunt ad ipsum mansum de terra arabili bunuaria .III., quae possunt seminari de modiis sigali .VIIII.; XI-[A]; Habet ibi campellos .X., habentes bunuaria .XL., que possunt seminari de modiis avene .CC., . . .
52) PSR, p. 3; Sunt ibi aspicientes, inter maiores et minores campi .XLVI., continentes mappas .C., ubi possunt seminari de frumento modii .XXIIII., de sigilo modii .XXX. et dimidius, de spelta modii .LXXXV., . . . ; p. 6; . . . de terra arabili campi .XVII. continentes mappas .LVIII. ubi possunt seminari de frumento modii .XXVIII., de sigilo modii .XXX.; . . . ; p. 47; Sunt ibi campi .XVII. ubi seminantur frumenti modii .XXX., sigili .XXX.; . . . ; p. 54; Sunt ibi campi .XVII. continentes mappas .XLV. ubi possunt seminari frumenti modii .VIII., sigili modii .VIII., spelte modii .LVI.
53) I. Schwab (ed.), *Das Prümer Urbar* (*Rheinische Urbare,* 5. Band) 以下 PU と略記，Düsseldorf, 1983.
54) Devroey, "Les services de transport de l'abbaye de Prüm au IXème siècle", *Revue du Nord,* 61, pp. 543–69 を参照。
55) Droste, *Das Polyptichon von Montierender*（注 28）.
56) Devroey, "La céréaliculture dans le monde franc"（注 12），p. 226.
57) PSR, p. 16; Sunt et farinarii .III.: primus soluit de frumento modios .XX., de mixta annona modios .XL.; . . .
58) G. Tessier (ed.), *Recueil des actes de Charles II le Chauve, roi de France*, t. 2, Paris. 1955, No. 363, pp. 305–12.
59) 佐藤『修道院と農民』（注 16），pp. 357–88.
60) Tessier, *Actes de Charles le Chauve*（注 58），No. 247, t. 2, pp. 56–67.
61) 佐藤『修道院と農民』（注 16），p. 404.
62) 佐藤『修道院と農民』（注 16），pp. 507–08.
63) PU（注 53, 引用箇所の特定は，刊本に記されたフォリオの番号と行で行う），fo 19v-2; . . . ducit de frumento modios .V. ad Prumiam . . .; fo 23v–8; Si frumentum duxerit aut sigulum, tunc ducit unusquisque carra modios .XII., si avena, modios .XX. et in maio, si frumentum duxerit, modios .XV., si avena, .XX..; fo 30v-15; Inter tres mansos ducunt ad Prumie carradam .I. de vino

aut de frumento modios .XV..

64) Hägermann/Hedwig (ed.), *Das Polyptychon und die Notitia de Areis von Saint-Maur-des-Fossés. Analyse und Edition,* Sigmaringen, 1990, p. 95; Ducit de frumento ad monasterium modios .X.
65) *MGH, Capitularia Regum Francorum,* t. 1, No. 28, p. 74.
66) *MGH, Capitularia,* t. 1, No. 46, p. 132.
67) W. Bleiber, "Grundherrschaft, Handwerk und Markt im Gebiet von Paris in der Mitte des 9. Jahrhunderts", K.-H. Otto/J. Herrmann (ed.), *Siedlung, Burg und Stadt. Studien zu ihren Anfängen,* Berlin, 1969, pp. 140–52; Ea., "Grundherrschaft und Markt zwischen Loire und Rhein während des 9. Jahrhunderts", *Jahrbuch für Wirtschaftsgeschchite,* 1983/III, pp. 105–35; Devroey, "Courants et réseaux d'échange dans l'économie franque entre Loire et Rhin", *Mercatie e mercanti nell'alto medioevo: l'area Euroasiatica e l'area Mediterranea* (*Setimane di studio,* XL), Spoleto, 1993, pp. 327–93.
68) Hägermann / Hedwig (ed.), *Das Polyptychon und die Notitia* (注 64), p. 104; . . . habens de terra arabili bunaria .XXX. Seminantur ad hibernaticum bunaria .X., de modiis .XL. et ad tremissum bunaria .X., de modiis .LX. Bunaria .X. interiacent.
69) 森本「西欧中世初期における三圃制度をめぐって——所領明細帳の分析から——」『経済学研究』58–6, 1993, pp. 9–23; 59–1/2, 1993, pp. 1–16。とりわけ (II) pp. 1–4 参照。
70) 第25章, 小麦とライ麦を合せて 650 ミュイ, 第9章 278 節の donatio, 10 ボニエの耕地にスペルトと燕麦を合せて 40 ミュイ播種。
71) PSG, XVI-I; Habet ibi farinarios .II., unde exeunt in censu de annona modios .CXX., de frumento modios .XL., de mistura .LXXX.
72) PSG, II–2; . . . ; corvadas, carropera, manopera, caplim, quantum ei iubetur; . . .
73) PSG, I–2; . . . ; manopera, carropera, caplim; . . .
74) PSG, XXV–24; Et facit .III. dies in unaquaque ebdomada
75) F.-L. Ganshof, *Le polyptyque de l'abbaye de Saint-Bertin* (844–859). *Édition critique et commentaire,* Paris, 1975; 森本「サン・ベルタン修道院所領明細帳をめぐる諸問題」(注 49) を参照。
76) PSG, VII–4; In unaquaque ebdomada curvadas .II., manuoperam .I. Pullos .III., ova .XV., et caropera ubi ei iniungitur.
77) PSG, VI–39; . . . et manopera in unaquaque ebdomada.
78) PSG, IX–9; Faciunt curvadas, quantumcumque necesse fuerit; et quando non arant, faciunt tres dies; manopera.
79) PSG, XIII–1; . . . ; et per unamquamque sationem curvadas .III., et quartam et quintam, cum pane et potu. Et quando curvadas non faciunt, in unaqueque ebdomada .III. dies operatur cum manu; et quando curvadas faciunt, nullum diem operantur ad opus dominicum, nisi summa necessitas evenerit.
80) 森本「『週に命じられただけ賦役する』: 不定量賦役か, 週賦役か——中世初期賦役労働の研究に寄せて——」『土地制度史学』152, 1996, pp. 34–47 を参照。
81) PSG, XXI–4; In unaquaque ebdomada, per singulas sationes, curvads .II. et diem .I.; et quando curvadas non facit dies .III. Facit caropera ubicunque ei iniungitur.

82) PSG, XXIV-113; Facit curvada cun duobus animalibus, et duobus diebus; quando vero curvada non facit, facit dies .III.
83) PSG, XXV-3; Et in unaquaque satione, omni ebdomada, facit curvadas .II.; et manuopera diem .I.; facit caropera; ...
84) PSG, XX-3; Curvadas .II., si animalia habuerit, et si non habuerit, facit curvadam .I.; omni ebdomada dies .III., et tempora messis dies .IIII., ...
85) 森本「モンティエランデル修道院土地台帳の分析——『古典荘園制』未発達の一形態」『経済学研究』37-1/6, 1972, pp. 215-16 参照。
86) Droste (ed.), *Das Polyptichon von Montierender* (注 28), p. 29 [XIX]; Faciunt dies .XV. in monasterio et .XV. in silva aut denarios .VI., ... ; p. 32 [XXIV]; ... XV. dies in monaserio et .XV. in ipsa villa aut denarios .XX., ... ; [XXV]; ... XV. dies in monasterio aut denarios .X., ... ; p. 34 [XXVIII]; ..., faciunt diebus .VIII. aut denarios .III.; ...
87) PU (注 53), fo 23-18; In mense augusto pro corvada porcellas .IIII. aut denarios .XVI., ...; fo 23v-10; Faciunt omni ebdomada dies .III. ... Si tres homines super unum mansum sederint, ... corvadas .III. per denarios .XII.; ... Si duo homines super unum mansum sedent ...; corvadas .II. per denarios .X.; ... Si homo unus mansum unum aut dimidium tenet, ...; corvadam .I. per denarios .VII.; ...
88) PSG, XIX-8; Facit caplim quantum sibi iubetur. Facit caropera ubi ei iniungitur.
89) 橡川一朗『西欧封建社会の比較史的研究』青木書店，1972, pp. 96-119.
90) Ganshof, *Le polyptyque de Saint-Bertin* (注 75).
91) PSG, XXIII-27; Iste sunt lidae. Droihildis, Dominica. Iste debent solvere camsilos .IIII. aut denarios .XVI.
92) Bleiber, "Grundherrschaft, Handwerk und Markt im Gebiet von Paris" (注 67), pp. 146-49.
93) 前注 79 参照。
94) Duby, *Guerriers et paysans. VIIe-XIIe siècle, premier essor de l'économie européenne*, Paris, 1973, pp. 107-09.
95) Devroey, "«Ad utilitatem monasterii». Mobiles et préoccupations de gestion dans l'économie monastique du monde franc", *Revue bénédictine*, t. 103, pp. 224-40.

第 2 部　領主制と社会統合

表 1　サン・ジェル

章	地　名	領主直領地					自由民マンス			
		穀畑			葡萄畠		マンス数	平均面積		
		面積ボニエ	穀物種類	播種量ミュイ	面積アルパン	収穫量ミュイ		穀畑ボニエ	葡萄畠アルパン	採草地アルパン
1	Jouy-en-Josas						10¹/₂	7.7	0.7	0.8
2	Palaiseau	287	小麦	1,300	127	800	108	4.4	1.6	1.5
3	La Celle-les Bordes	65	小麦	300	14¹/₂		50	7.2	0.5	1.6
4	Gagny	48	小麦	192	66	400	23	3.5	1.6	0.5
5	Verrières	257		1,100	95	1,600	87	3.2	2.3	1.3
6	Epinay-sur-Orge	150		250	100	850	36	6.9	2.2	2.3
7	La Celle-Saint-Cloud			600	62	400	49¹/₂	6.5	1.6	1.7
8	Nogent-l'Artaud	55	小麦		41¹/₂	300	25	4.9	1.4	3
9	Villemeux	446	小麦	1,500	85	150	63¹/₂	15.2	0.05	0.3
		3	ライ麦	9						
11	Nully	40	燕麦	200						
13	Boissy-Maugis	192	小麦	480			28¹/₂	10.8	32	5
14	Thiais	170		800	143¹/₂	800	65¹/₂	4.8	2.7	2.7
15	Villeneuve-Saint-Georges	172		800	91	1,000	74¹/₂	4.3	1.4	4
16	Combs-la-Ville	168	小麦	850	94	1,200	74	7.2	1.8	2.1
17	Morsang-Sur-Seine	122		600	110	600	37	5.5	1.9	1.8
18	Coudray-sur-Seine	60		175	14	230	11	8.6		
19	Esmans	304			80	600	41	16.3	2.6	1
20	villa supra mare	37					12	2.8		
21	Maule	270	小麦	500	44	150	48	10.2	0.7	0.6
22	Saint-Germain-de-Secqueval	149	小麦	1,000	100	300	66	7.3	0.8	1.8
23	Chavannes						17¹/₂	7.4	0.6	0.08
24	Béconcelle	205	小麦	650	48	250	146¹/₂	7.6	0.7	0.3
25	Maisons-sur-Seine	220	小麦/ライ麦	650	50	100	28¹/₄	9.6	1.4	1.5

他に 22 章にイルミノンによる開墾地 2 耕圃。面積不明，小麦 60 ミュイ播種。

マン領の概要

章	地名	隷属民マンス マンス数	平均面積 穀畑ボニエ	平均面積 葡萄畠アルパン	平均面積 採草地アルパン	その他のマンス マンス数	平均面積 穀畑ボニエ	平均面積 採草地アルパン	マンス以外の保有地 hospicium	その他の名称
1	Jouy-en-Josas	6	7.4	0.4	1.4				3	
2	Palaiseau	5 1/4	1.3	1.1	0.4	1/4				
3	La Celle-les Bordes					5 1/2				
4	Gagny	7 1/2	3.4	0.9	0.1					
5	Verrières	2	1	2	1.8	1				
6	Epinay-sur-Orge	7	4.3	1.1	1	1			9	
7	La Celle-Saint-Cloud	5 1/2	3.6	1		1 1/2				12
8	Nogent-l'Artaud	10	3.5	1.2	2	1/2				
9	Villemeux	10	11.5		0.5	141	12.2	0.08	4	20.5
11	Nully					7	15.1	4.2		0.5
13	Boissy-Maugis	23 1/2	6.8		3.1	25	9.9	4		9
14	Thiais	13	4	1.8	1.4	1 1/2				1
15	Villeneuve-Saint-Georges	13 1/2	2.1	1.6	2.9	1				1
16	Combs-la-Ville	6.5	3.4	1.6	1.1	3/4			2 1/2	
17	Morsang-Sur-Seine	5.5	5	1.6	0.8	1/2			2	1
18	Coudray-sur-Seine					1/2				
19	Esmans					1 1/2				2
20	villa supra mare		4.9			4 3/4			10	5
21	Maule	15	6.9	0.7	0.7	10			5	1
22	Saint-Germain-de-Secqueval	6	6.8	0.9	1.2	16 1/2			4	2
23	Chavannes								1	6
24	Béconcelle	4 1/2	8.7	0.4	0.6	2			33	3
25	Maisons-sur-Seine					1 1/2				

表 2　サン・ジェルマン領の donatio

番号	寄進者	地目	地名	直領マンス					マンス					保有者		マンキピア		N.B.
				数	穀畑	採草地	森林	数	穀畑	採草地	放牧地	森林	水車	名	事項	数	負担	
第9章 152	Acleuertus	villa	Almidus	4									¼					
259	Eutbrandus								2½j					Eodalboldus Frodoardus				
264	Landa	villa	Villamilt	1					7	¼ap							犂耕1/2, 燈明代として4ドゥニエ	
265	Hincledus	villa	Sammarias						13					David Hincledus	2人ともTan-Culfusの子孫	1	1スー	
266	Tanculfus	locus	Matiani Villa	1					16					Flotcarius	lidus, 妻子あり		軍役税:1スー 車駄役として1スー スペルト5ミュイ, 鶏, 卵, 犂耕7ペルシュ	
267	Uualdo Generisma	villa	Nigeri Luco					1	13					Geroaldus	col. 半分の 6.5bを保有		2スー: 犂耕	
														Ulfnis	liber, 半分の 6.5bを保有		燈明代として2スー 犂耕	
268	Milo	villa	Brotcanti	1					9	1ap			1½	Haimericus			12 ドゥニエ	Haimericus の兄弟(サン・ジェルマンに属さず)が彼とともに保有。しかしHaimericus の

統合装置としてのカロリング期大所領　　　133

										子はサン・ジェルマンに属する。
278	Dedda Hisla	locus Unadrici Villa	1	10b スペルト麦40ムィ三播種	4ap 乾草車4台分	周囲2 2½リゥ、豚200頭放牧				
284	Ulmarus	villa Idonis Villaris					1	10	1	現在保有者なし。貢租も納入されていない	
第12章 1	Iderna	villa Pontis			4	25	13ap	1		19	
2	Godelhardus	villa Curtis Saonis	1	15	8ap	3	20	7ap	3	1	17 1.2節の8マンスで、車駅役として2ス～8ドゥニエ；布代として4ス～6ドゥニエ；鶏5、卵
3	Alda	Villa Landas				2	44	4ap	4		12 1～3節の10マンスで、燈明代として3スー
4	Alda	locus Curtis Ansgili					4	4ap		Alda 他のdonatioとともに保有	
5	Iohannes	villa Gamarziacas				1	4	1½ap			
6	Uualtcarius	locus villa Curtis Frudanis Gaumartiazas	1	8	7ap					Geroldus servus	
7	Uualtcarius	villa Curtis Dotleni				1	2½	1½ap		サン・ジェルマンのhomoは保有せず	

第2部　領主制と社会統合

番号	寄進者	地目	地名	直領マンス				マンス				水車	保有者		マンキピア		N.B.
				数	穀畑	採草地	森林	数	穀畑	採草地	放牧地		名	事項	数	負担	
8	Uualtcarius	villa	Mons Aldulfi	1				3	19	4ap		1ap			9		全4マンスの合計
9	Uualtcarius	villa	Manuis					2	15	13ap			Aguinus	colonus;妻と子もサン・ジェルマンのコロヌス			
10	Uualtcarius	villa	Curtis Ansgili					1	4	4ap		1	Rainhildis	ancilla			
11	Ingo	locus	Mons Acbodi					1	3	1ap		1	Rainberta	colona			
12	Ingobodus	villa	Mons Acbodi					1	3	1ap		1	Geiruuas	colonus;子はサン・ジェルマンに属さず			
13	Eblinus	villa	Mons Acbodi					1	3	1ap		1			6		この土地はすべて保有民によって分割
14	Electa	villa	Mons Acbodi					1	3	1ap		1					保有民によって分割
15	Ebbo/Ermenbarga	villa	Mons Acbodi	1	12	8ap	12	9	23	6ap	5				6	人頭税3スー、ワインドゥニエ、運搬、すべての負担を命ぜられただけ行う	5-15節のdonatioをErmenbergaがプレカリアとして保有,証明代として2スー
16	Oso	villa	Mosoni					1	4	3ap		2					
17	Stainoldus	villa	Mosoni					1	4	3ap		2					
18	Adalhildis	villa	Mosoni					1	4	4ap	1	3					17-18節のdonatioをプレカリアとして譲与、4ドゥニエ
19	Hautarius	villa	Mons Droitmundi					3	3	1½ap		½j	Uuineradus			半分を物耕、または12ドゥニエ	
20	Frotsindis	villa	Mons					1	3	2ap			Uuineradus	colonus			19-20節のdonatioをUuineradusが保有

統合装置としてのカロリング期大所領

		Droitmundi								
21	Emendrada	locus	Curtis Ansegili					Emendrada	寄進者自身が妻と保有	Uuineradusは購入によって耕地2ポニエ、森林2ポニエを持つ
22	Ainhardus	villa	Rotnis		17	5ap	2	2	Uuinegardus	colonus; 寄進者の子	半分を犂耕
23	Elinus	villa	Villaris	1	6	2ap			Amatlaicus	colonus	半分を犂耕、人頭税：4ドゥニエ、鶏、卵
24	Uuiniudis	locus	Curtis dodleni	1	8	1ap			Guntoldus	colonus	人頭税：4ドゥニエ、鶏、卵
25	Hadoardus	villa	Curtis Saxone	1	4	1½ap			Adalgardis	libera, 子はサン・ジェルマンに属さず	
26	Isemboldus	villa	Villaris	1	2½	2½ap	1		Adalgardis		半分を犂耕
27	Remis	villa	Curtis Sesoldi		3	1ap			Roteus	monboratus	半分を犂耕、または2スー
28	Adleuerta	locus	Garmartiacas	1	13	1½ap			現在保有者なし		
29	Scotardus	villa	Curtis Uualdradane		1	1ap			Amingus		
30	Godenardus	villa	Curtis Uualdradane			1ap			Solignanus		
31	Erpulfus	villa	Villaris	1	2½	2½ap					
32	Rainlanda	villa	Villaris		3½	2½ap			Airuifus	lidus, 31-32節のdonatioを保有	半分を犂耕
33	Adalcaus/Rainlanda	villa	Villaris	1	4	3ap			Rainboldus	servus	半分を犂耕、4ドゥニエ、鶏、卵

第2部　領主制と社会統合

番号	寄進者	地目	地名	直領マンス				マンス				保有者		マンキピア		N.B.
				数	穀畑	採草地	森林	数	穀畑	採草地	森林水車	名	事項	数	負担	
34	Uualateus	villa	Curtis Saxone						2	1ap						
35	Amadeus	villa	Curtis Saxone						$2^1/_2$	1ap	1/4					プレカリアとして譲与, 12ドゥニエ
36	Scotardus	villa	Villaris						$1^1/_2$	1/3ap	1/4	Ello				2ドゥニエ
37	Ermengarus	villa	Curtis Ansmundi					1	3		1					
38	Hilduinus	villa	Curtis Ansmundi					1	$6^1/_3$	1/3ap	1					
39	Hildedarius	villa	Curtis Ansmundi					1	$14^1/_2$	$4^1/_2$ap	1					プレカリアとして譲与
40	Uuitlacus	villa	Moleuardi					1	$4^1/_2$	$1^1/_2$ap		Teofridus	colonus			12ドゥニエ, 人頭税：4ドゥニエ, 鶏, 卵
41	Scothardus	villa	Moleuardi					1	4	1ap		Siluanius	colonus			12ドゥニエ, 人頭税：4ドゥニエ, 鶏, 卵
42	Amingus	villa	Moleuardi						$1^1/_2$b,10p			Siluanius				
43	Hildradus	villa	Mons Aihildis					1	3b, 37p	1ar,10p		Adleuertus	colonus			Gerardusがべべフィキウムとして半分を犂耕
44	Uualateus	villa	Peciau					1	$13^1/_2$	$2^1/_2$ap		Hildegausほか2名		3		保有者の1人は人頭税：4ドゥニエ, 鶏, 卵
45	Ostreboldus	villa	Arsicius					1	7b, 30p	4ar,28p		Gerhausほか2名	homines			2スー, 鶏, 卵

46	Uuarafius	villa	Lausei						1b, 17p	3p		Ageuertus	colonus, 子はサン・ジェルマンに属さず	
47	Maurharius	villa	Mauhardi						19b, 20p	7ap		extraneus 2名が保有		Unithaicusがべネフィキウムとして保有

面積単位
ap: アルパン
b: ボニエ
j: ジュルナル
p: ペルシュ
＊単位記入のないものはボニエ

12・13世紀修道院領における森林係争
——オルヴァル修道院(シトー会)・フロレフ修道院(プレモントレ会)の場合——

舟 橋 倫 子

はじめに

　シトー会とプレモントレ会のような12世紀の改革派修道院の特徴として，他者の労働の成果に依存し，時には財産管理さえも部外者に委ねた寄生的な既存の修道院とは対照的に，所領経営に積極的に参与した点を挙げることができる。両会の修道院は主に不動産と関連諸権利の獲得に努力し，それらの効率的編成と直接の管理によって，効果的な経営を実践しようとした[1]。このような改革派修道院がともかく独自な発展をなしえた理由については，議論は大きく分かれてきた。それは，一方には改革派修道院が地域社会から隔絶した経済活動を展開したとするフォシエ[2]，他方にはむしろそれらが地域経済に埋没したと考えるデスピィ[3]と，有力な二人の研究者の対極的な主張がある中で，周辺社会との関係について多様な見解があったからである。しかし，近年における研究の展開は，改革派修道院を経済的な視角からのみ分析しがちであった傾向への反省のもとに，いわばフォシエとデスピィの中間に共通の研究の枠組みを作り出してきているように思われる。ここで筆者が念頭においているのは，第一に中世盛期修道院史の研究の中で，シトー会修道院が地域の貴族層と多様な次元での相互依存関係を創り出していたことを強調した，ブーシャールの業績である[4]。第二は現在の環境や景観の保護運動と結びついて出てきたものだが，シトー会修道院を中心として作り出される空間での特有な景観を追求しようとする動向であり，そこにはその中での住民の状況をも探ろうとする意図も明確にされてい

る5)。このようにして，改革派修道院と周辺地域の諸関係を，多様な視角からさらに具体的に見直す仕事が現在進められており，筆者もその線でベルギーのシトー会修道院の研究を行ってきた6)が，本稿もその一環をなしている。

ところで，本稿でことに森林と牧畜に焦点を置く動機の一つも，やはり研究史から由来している。そもそも改革派修道院の積極的な所領経営が，ことに牧畜を対象として森林を舞台に展開し，それが市場と結びついていたことは，早くから指摘されていた7)。最近では，特に羊と豚の組織的飼育と周辺の需要に応じた早期からの市場向け供給が解明され8)，それがシトー会修道院領拡充の資金源となったとする見解も出される9)など，さらに注目を集めている。加えて，近年脚光を浴びてきたテーマとして，農村開発が過度に進行する傾向の見えた中世盛期における森林の保護がある。そこでは，森林の稀少性によってその価値が高まる中で生じていた，開発をめぐる規制と対立の強化も明らかにされている10)。こうした森林問題はシトー会修道院領の研究でも取り上げられ，例えばレオンセル修道院が，周辺住民の農業経営と森林の保護に配慮しつつ，自己の独自な経営を可能とする場を確保しようとした例が報告されている11)。

さて，12世紀における修道院改革の代表者としてまず挙げられるのは，言うまでもなくシトー会であるが，改革派修道院と周辺社会との関係を考えるに際しては，プレモントレ会も考慮に入れる必要がある。それはこの会が，俗世から隔たった生活を理想とするシトー会とは異なって，小教区教会での司牧を担当し得るため，周辺住民とより緊密な関係を結んでいたからである12)。そこで本稿では，ベルギー南部のアルデンヌ地方とナミュール地方に立地するシトー会のオルヴァル修道院とプレモントレ会のフロレフ修道院を取り上げる（地図1参照）。いずれもほぼ同時期に，そしてそれぞれの会派ではベルギー内で最初に創建され，森林経営に積極的であった点も共通している。しかし，両者を取りまく環境は対照的であり，アルデンヌ高原にあるオルヴァルが周辺を森林に囲まれて，周辺の集落も森林を隔てて所在していたのに対して，サンブル河に臨むフロレフは，同名の都市的集落に隣接していた。フロレフはオルヴァルより，周辺住民との間にずっと濃密な交渉をもったことが確実である。こうして，違った修道会に属し，異なった環境のもとにある二つの修道院を取り上げることで，

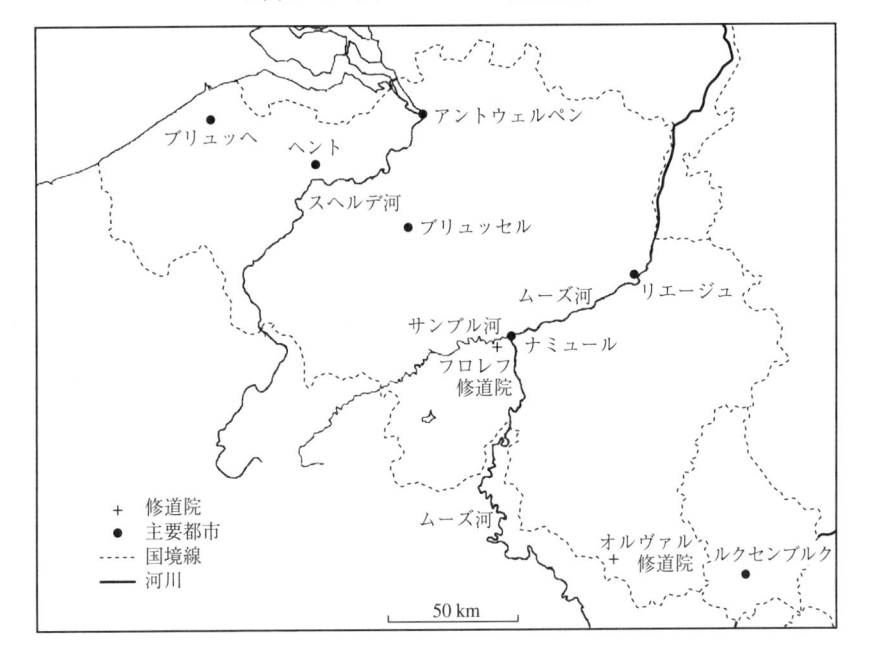

地図1　オルヴァル・フロレフ修道院所在地

改革派修道院特有の問題点を浮き彫りにすることが期待できる。

　両修道院にはそれぞれ多くの記述史料もあるが，本稿ではこれまた多数が伝来している文書史料を分析の対象とする。これは主にカルチュレールに収録された写本として伝来している，寄進文書，権利確認文書，紛争解決文書等である。オルヴァル修道院での史料伝来は決して良好とはいえないが，18世紀前半には3編のカルチュレールが作成され，そこに含まれている創建から1356年までの文書(うち12世紀90通，13世紀534通)がゴフィネによって刊行されている[13]。フロレフ修道院の史料に関しては，13世紀末に作成された著名なカルチュレールと，17世紀の補足的な2編が伝来しており，そのほぼすべて(うち12世紀89通，13世紀339通)がバルビエによって刊行されている[14]。

　両修道院に関しては豊富な研究史があり[15]，ことに最近の問題意識にたった代表的研究者達が，次のような所説を寄せていることが注目される。シトー会

についてはフォシエが，プレモントレ会についてはボーチエが，フランス東北部からベルギー南部という大きな地理的なまとまりの中で，初期のいくつかの主要な修道院を対象として，所領経営の実態を検討しており，その一例として，それぞれオルヴァルとフロレフに言及している[16]。彼らはいずれも，定住と開発が進行していたこの地方では，新しい修道院が広大で一円的な所領を形成する余地は少なく，しばしば周辺住民との利害対立を引き起こしたと考えている。これらに対してデスピィは，12世紀半ばにバス・ロタランジーで創建された新しい修道会を対象にした研究で，オルヴァルとフロレフの文書史料をそれぞれより綿密に検討し，創建時の修道士達が拡大過程にあった小集落に定着したことを明らかにした上で，彼らが農業の動向をよく承知しており，その恩恵にあずかるためにそこを選んだと主張した[17]。これらの経済的視点からの隔絶と埋没という対極的主張に対して，より柔軟で多面的な枠組みの中で，周辺社会との関係に着目した他の諸研究がある。パリスは11世紀後半以降のオルヴァル修道院をとりまくアルデンヌ諸伯との複雑な関係を明らかにし[18]，ノエルは，オルヴァル修道院による牧畜を取り上げ，それが行われた場である森林での農民との交渉を検討した[19]。フロレフに関しては，在地の諸関係に密着した研究を行ったペクトールが，隣接する都市フロレフとの関係から修道院史を検討し，特に森林用益権をめぐる住民との係争の経緯を明らかにしている[20]。ノエルとペクトールの研究は，農業空間での改革派修道院と周辺農民との関係を重視しつつある，最近の傾向を反映している点でことに重要であるが，修道院と周辺社会・経済との関係が十分に明らかにされているとは言いがたい。利用されていない関連史料はまだいくつも存在しており，なにより修道院を結節点とした多様な社会層との相互関係の全体像が浮かび上がっていないのが現状である。本稿は，12・13世紀の森林をめぐる係争文書を主要な材料として，これらの点に留意しつつ，オルヴァルとフロレフ両修道院の積極経営が展開され，やがて限界に突き当たる社会・経済的状況を解明することを目指すものである。

I オルヴァル修道院の場合

(1) 修道院と周辺諸階層[21]

　シトー会修道院としてのオルヴァルは，1130年代当初にシニィ伯の要請によって，トロワ・フォンテーヌ修道院からの一団のシトー会士が当地に定着した時点から始まる[22]。その一帯にはローマ期から街道も存在していたが，大規模な定住地がなくて広範に森林が広がっていた。オルヴァルも定住地内部や隣接地での創建を禁じたシトー会の原則に忠実で，周辺集落との間にはかなりの広さの森林があった。しかし，創建期からオルヴァルにもたらされた財産が，複数の者からの寄進と多くの関係者の確認によることからも，この地域では多様な諸利害と錯綜した権利関係が存在していたことが分かる。その中に入り込んだオルヴァル修道院が，交渉を持つことになる諸階層を，まず概観しておこう。

　11世紀にオルヴァル周辺には，ナミュール諸伯と呼ばれる中小の伯権力が林立していた。オルヴァル文書にもこれらが登場するが，その回数と重要性において創建者であるシニィ伯が圧倒的である。12世紀においてはまだ新興家系だったので，基盤強化のためにも「菩提寺」を求めてオルヴァル修道院を創建したが，その際，修道院境域とその周りのかなり広い土地を無償で寄進して基礎財産の設定を行ったことが，1173年のシニィ伯による財産確認文書から明らかになる[23]。その上で，この修道院に保護と特権を与え続けてゆくことで修道院との特別な関係を維持していった。しかし13世紀に領邦君主としての権威が確固たるものとなると，広大な所領を形成し，富を蓄積したオルヴァル修道院との間には，むしろ取引ともいうべき新しい関係が生じてくる。すなわち，I-(3)で詳しく述べるように，伯自身が採草地や森林について様々な権利要求を行って，その放棄の見返りとして貨幣支払いを引き出したり，係争を修道院に有利に解決することで，相当額の貨幣を受け取るようになるのである。

　領邦君主以外で文書へ登場する俗人達は，12世紀においては，その名は文書に記載されているものの，身分に関する記述がほとんどない。しかし，これら

はオルヴァルへの広大な寄進の主体であり，伯と住民層の中間に位置する幅広い領主層を含んでいると思われるので，ここでは在地有力者層と呼んでおこう。13世紀に入ると，文書には身分や資格を示す語がより広範に登場する。その多くはやはり在地有力者層に属すると思われるが，そのほとんどは «dominus» と «miles» である。その他に «majores» と «scabini» のような村落役職者，«hommes» や «villageois» といったより下位の人々も，寄進や紛争の当事者として記載されている[24]。

　前述のようにシニィ伯による基礎財産の設定は大規模だったが，オルヴァル修道院はロタリンギア公や伯から支配領域全体での流通税免除特権や通行権を獲得してもいる。同様に12世紀の間は，在地有力者による寄進も大規模で，特定人物の持つある場所での自有地全体とされたり，あるいは『所持しているもののすべて』«quicquid possedit» といった表現で，大きな領域的まとまりが一つの単位として譲渡されることが多かった。森林に関する譲渡に際しても『森のすべて』«totum boscum»，『領域内のすべての用益権』«usuaria tota in territorio» と記載された。他方教会関係では，既にオルヴァルが獲得していた土地の十分の一税が主に寄進されたが，12世紀の末になって小教区教会のパトロナージュ[25]の獲得が急激に増加する。

　13世紀になると規模の小さい寄進が大半を占めるようになるが，対象のほとんどは採草地，放牧地，森林用益権等，牧畜と森林の関係が中心となってくる。13世紀の対象が具体的に明記された寄進文書112通（確認文書を除く）の内，教会関係，製粉所及び貢租にかかわる41通を除く71通中，牧畜と森林関係文書は45通である。そしてこの時期には寄進だけではなく，購入や交換も目立って利用されており，所領の整備が行われたことが窺えるが，その際にも牧畜と森林が主な対象となっている。例えば，1259年文書[26]では，スルセ兄弟から6リーブルで彼らの森とその用益権を購入し，1269年文書[27]では，ジェラール・ド・トネルとの間でお互いの採草地を交換している。教会関係では十分の一税が相変わらず目立つが，既に入手している土地の十分の一税に加えて，11通の文書が土地から切り離された収入としての十分の一税の寄進の受け入れを記載している。また，依然として小教区教会のパトロナージュ所有関係の文書も多

く，新たな獲得を示す9通の文書から小教区教会の把握によって，周辺住民に対する支配を強化する意向が浮かび上がる。更に，16通の文書が伝来している製粉所の獲得と貢租や収穫物の定率納付といった領主的収入の寄進受け入れも，13世紀においてのみ見られるものである。

オルヴァル文書には係争解決文書も多いが，12世紀におけるその主な対象は十分の一税であった。その相手は，同じ十分の一税を分け合っている他の修道院と小教区司祭であったが，両者の態度には大きな相違があった。当時寄生化を強めていた教会領主は，定期的な収入で満足する態度が強く，十分の一税を譲渡した見返りに，一定額の年貢租をオルヴァルから徴収することで満足した。例えば1138年文書[28]によれば，サン・チュベール修道院はヴィリィの小教区の十分の一税を10スーの年貢租で譲渡した。しかし，小教区司祭にとって十分の一税はより重要であったらしく，執拗にその権利をオルヴァル修道院に対して要求したのである。しばしば長期にわたる折衝や裁判が行われたが，結局は教会上位者の仲介によって修道院に十分の一税を引き渡し，代わりに定額支払いを受け取ることになる。例えば，ヴィリィの小教区司祭は，十分の一税のかわりにオルヴァル修道院から支払われる貢租の受け取りを拒否し，『修道士達の耕地から何束か奪い去った』«aliquos manipulos a cultura fraturum deferri» が，最終的にはイヴォワの主席司祭の調停によってこれらを返却し，貢租受領を承諾させられている[29]。

次いで目立つのは，祖先がオルヴァルに寄進していた物件に対して，俗人領主が相続権を根拠に権利要求を行い，それを理由に係争が生ずる場合である。こうした係争の対象は自有地が多く，いずれも修道院側の一時的な支払いによって解決している。これらをめぐる文書を分析すると，結局在地有力者は修道院からの支払いを期待して権利要求をしているのであり，それを獲得して要求を撤回することで，土地の保全を目指す修道院とある種の棲み分けを成立させているとの印象が強い。例えばドゥドンは1153年から1173年にかけて，両親による15ジュルナルの土地の寄進と100ジュルナルの土地の売却に対して，相続権をたてに権利要求して何度も争論を起こすが，その度ごとにオルヴァルからの相当額の貨幣支払いによって権利放棄宣言をしている。さらに，その際し

ばしば自分自身による寄進もつけ加えている点からも，彼が土地ではなく，貨幣収入を欲していたことが明らかになる[30]。

　以上のように，12世紀のオルヴァル修道院も多くの係争を経験はしたが，その当事者は小教区司祭以外はすべて領主層に属している。そして，特定の財産や権利について係争が繰り返し起こってくることはあるが，それぞれの機会には，両者が妥協点を探り合って，オルヴァルによる支払いを見返りとする相手方の要求放棄となっている。しかし，13世紀に全く異なる状況になってきて，抜き差しならない対立が森林を場として現れてくるのであって，それが以下で扱われる本稿の主題である。

（2）　修道院領における森林と牧畜

　シトー会修道院領の常としてグランジアと呼ばれる単位に編成されていたオルヴァルの個別所領には，すべて森林が含まれており，そのあり方には一定のパターンが見られた。そもそもオルヴァル領の存在する地帯では，牧畜が盛んであったが採草地は不足しており，12世紀から森林での家畜の放牧が広く行われていた。人口増加と農村開発の進行に応じて，そして森林の用益に多くの諸利害が絡まって，それらの関係調整を含む森林規制が必要となり，その担い手がシニィ伯となっていた。オルヴァル文書でも伯が調停者として頻繁に登場しており，自己の介入が必要な森林をしばしば『我々の森』«nos fore» «nos bois»と呼んでいたのである。そうした状況のもとで，一つずつのグランジアの間近に確保され，オルヴァルが独占的に使用していた土地には，必ずある程度の森林が含まれていたが，その外側に広がるシニィ伯の統制が強く働いている森林では，周辺諸階層の既存の権利との対立と調整を経験せざるをえなかったのである[31]。例えば，代表的なグランジアであるブランシャンパーニュで，『他の人々によって以前に切り倒された場所に限って修道士が耕作する』«fratres in praedicto nemore terras excolerent, ubicumque ab aliis nemus ante excisum fuerit»[32]として，森林を耕地として利用するのを既に開発された範囲に限定したり，ヴィランシィでは修道院の家畜が周辺住民の『作物に害を与えない』«sine damno segetum»[33]よう注意され，損害が生じた場合には『近隣の人々がお互いに保っ

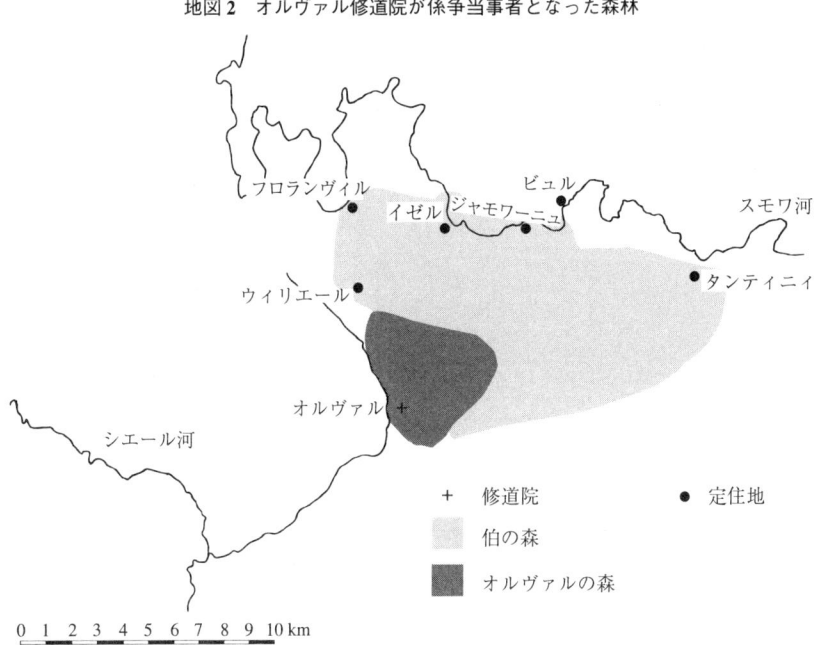

地図2　オルヴァル修道院が係争当事者となった森林

（地図中の地名：フロランヴィル、イゼル、ジャモワーニュ、ビュル、スモワ河、ウィリエール、タンティニィ、オルヴァル、シエール河。凡例：＋修道院、●定住地、伯の森、オルヴァルの森。縮尺 0-10 km）

ている習慣に従って損害を償う』«secundum consuetudinem quam vicini inter se habent, dampna restituent»[34] ことが定められていた。

　オルヴァル修道院所在地はグランギアに編成されてはいなかったものの，そこでの森林のあり方はこうした状況を背景として考えることができる。修道院は周囲を森林に囲まれており，ことに修道院の北東には広大な森林地帯があって，オルヴァルとフロランヴィル，イゼル，プレ，ジャモワーニュ，ウィリエール，といった小村に挟まれる形で存在していた。そしてこの森林地帯の中で，修道院に隣接した一帯が，『オルヴァルの森』«bois d'Orval» と呼ばれて，修道院の排他的な支配のもとにあった。それは，1132 年の修道院創建時に，シニィ伯から寄進された部分で，その範囲を確定するには様々な困難があるが，ノエルの研究によれば地図2で指定した部分に当たる[35]。実はこのオルヴァルの森に関しても，『何代にもわたって権利と法によって我々（＝シニィ伯）から与え

られていた十分の一税』«decimam quae per successiones a nobis jure et lege feodi descendit» が，俗人に属していたが，修道院への寄進に際して，この人々が『オルヴァルに永遠に保有すべきものとして自由に譲渡した』«Aureae Valli perpetuo tenendam libere contulerunt» ことも，1173 年文書に記されている。この十分の一税以外の権利関係についての言及は文書には現れないところからも，既に若干の権利関係は存在していた周辺の森林を，自由な経営が可能な領域として，シニィ伯の配慮によってオルヴァルが保持することになったと考えられる。

　この領域の外側に広がる森林では，様相が全く異なっていた。そもそも修道院の創建以前に，森林内に十分の一税のみでなく，1173 年文書に記されているパン焼き竈など複数の施設が存在しており，この事実からも明らかなように，いくつもの小村と接している森林の用益には，多くの権利所持者がせめぎあっていた。そもそも，森林の北側に所在するいくつもの小村の住民達が権利を持つ範囲は，『タンティニィとジャモワーニュとイゼルの境界とバン領域内において，そしてフロランヴィルとカサ・ペトラに付属している他の小村の境界とバン領域内において，そしてこれら小村の境界内において，畑においても採草地においても森林においても』«in confinio et banno de Tintigni, de Jamognes, de Isers et de caeteris villuis appenditiis de Florenvilla, de Casa petra, et in confinio harum villularum, in campis, pratis sylvis»[36] と表現されており，定住地とその間近の畑や採草地に接しても，ある程度の森林が住民達に確保されていたようである。そして，その外側の森林へも住民達は，特に家畜のための森林用益権を持っており，オルヴァルが確保できたのは住民と同様な用益権に限られていた。その点はやはり前述の創建文書で，修道院が伯から獲得していたのは，『修道士達のすべての家畜と彼らの必要物とに有益な私のすべての用益権』«omnia usuria mea, omnibus animalibus praedictorum fratrum et necessitatibus profutura» であり，しかもそれが『私の自由民達が用益権を保有するのが習わしである通りの内容と自由をもって』«eo tenore et libertate qua solent ea tenere liberi homines mei» というように明示されている。このような場所では，オルヴァル修道院の森林での行動が様々な制約を課されていたはずである。

　以上のように，12・13 世紀オルヴァル文書において，修道士達が森林として

は最も強い関心を向けている修道院北東方一帯では，修道院創建の時点で既にある程度まで用益関係が錯綜していた。その一角に定着した修道院はそれだけでも千ヘクタール以上ある隣接部分には，ほぼ排他的な権利を打ち立てることができた。そして，その外側の広大な森林には，創建者である領邦君主シニィ伯の配慮によって用益権を確保しつつ，ことにそれを隔てて存在する複数の定住地の住民の持つ権利との間で，棲み分けを図っていったのである。

このような森林の主な利用目的が，アルデンヌ南部の重要な産業であった牧畜経営であった。オルヴァル文書でも牧畜についての言及は多く，それが修道院による経済活動の中心であった点は確かである。それを最もよく示してくれるのが，寄進の内容であり，採草地，放牧地，そして森林とそれらの用益権という，牧畜用財産がその大半を占めている。ことにシニィ伯による確認文書[37]では，26件の寄進が記載されているが，その内19件が牧畜用財産である。さらに森林の使用目的が明記される場合には，建築資材や燃料の切りだしに言及されている場合もあるが，『修道士のすべての家畜に有益である』«omnibus animalibus fratrum profutura» という文言は極めて多くの文書に登場する。そして，1198年のシニィ伯夫人による文書[38]は，オルヴァルによる牧畜用財産増加の努力を明確に記している。すなわち『放牧に用いられる荒蕪地と，これにそれまでは隣接していたこの村の共同用益権を，永遠に所持されるものとして寄進した。これらは，修道士達が今までに自らの耕作と労働によって採草地にしてしまっている』«dederunt in elemosinam et pertuam possessionem, pasturas quasdam vacuas et sibi olim communes aisantias eidem villae adjacentes, quas modo ipsi fratres culta et labore suo in pratum redegerunt» というのである。

(3) 13世紀修道院領における森林係争

オルヴァル修道院領では12世紀から様々な係争があったが，13世紀後半になるとそれがオルヴァル周辺の森林に集中してきて，それまでの棲み分けが崩れていく過程がはっきりと現れてくる。

ここでの牧畜をめぐる最初の争論は，1259年にシニィ伯アルヌールによって発給された文書[39]に記されている。その原因は，『一方では我々，他方ではオル

ヴァル修道院との間で存在していた，我々の祖先が彼らに与えた古い文書（=1173年文書）によって，我々の森に彼らが置くことを望んだ豚に関する権利要求』«li bestens qui astoit entre nos d'une part, et l'abbeit d'Orval et le covent d'autre, des pors k'ilh voloient mettre en nos bos, por lor anciennes chartres k'ilh ont de nos ancessors» である。ここで『我々の森』と言われるのは，オルヴァルの森の外側に広がる森林を指すが，13世紀の文書では時にこれが『伯の森』«bois le conte» と呼ばれており，12世紀よりもその領域としてのまとまりが強く意識されていたようである。そして1259年文書に記された係争の解決は，オルヴァル修道院が『我々のすべての森と林での用益，毎年400頭の豚の放牧権』«l'aisance et ie curs de quattre cens pors, chascun an, en totes nos fores et toz nos bos» を保持することが認められ，『前述の400頭を，彼らがそれらを繁殖や購入や他のいかなる方法によって入手したのであれ，我々のすべての森に，毎年，平和に，何の支払いもなく，置くことができる』«ces quattre cens pors desornommeiz, soit k'ilh les aient de leur nuresson, ou d'achat ou autrement, puellent ilh mettre, chascun an, paisielement et franchement en totes nos fores» というものだった。ところで，ここで参照されている1173年の文書では，家畜の種類と頭数も，また放牧の範囲も規定されていない。従って1259年になってシニィ伯は具体的な数字と範囲を明記することで，修道院の権益を保証することになったのである。しかも，以上の文言に続いて，『そして，オルヴァルが何年かの間，我々の森に前述の豚の数を置かなかったとしても，彼らはそこでそれだけの権利をもっていないわけではないのだから，何年か後に前述の豚の数を彼らが望んでも，我々とその相続人は争論をおこすことはできない。これに関して我々は，オルヴァルの人々が我々の祖先から獲得した古い文書が損なわれることを望まないのである』«Et s'ilh avenoit ke li devantdis abbeit et li covens, par plusors anneies ne metissent le numbre de pors devantdis en nos fores, por ce n'i aroient ilh mies moins droit, ne nos ne notre oir nes en poriens quereleir s'ilh, apres ces annees, voloient mettre le numbre de pors devantdis en nos fores, et por ceste chose ne volons nos mies ke les ancinnes chartres ke cilh d'Orval ont de nos ancessors soient empiries ne amendeies» と，特徴的な表現によって修道院の権利を強固なものと認めている。しかし，逆に見れば，この係

争の背後には，修道院による牧畜の伯の森への拡大があり，伯は祖先の行った権利譲渡の尊重という形式を守って，同時に修道院への何らかの制約を設けようとしていた可能性が大きい。

　次の係争文書[40]は 1271 年にシニィ伯ルイによって発給されたもので，これはオルヴァルの森を対象としている。ここで目を引くのは，修道院に対抗する係争当事者として『ジャモワーニュとビュルとイゼルと，それらの村々のバン領域の村役人と参審人と住民団体』«majores et scabini, necnon communitas seu communites de Jamognes, de Bures, de Ysers, et bannis earundem villarum»，さらに，特に名を挙げて『騎士』«miles» を含む数名の代表が登場していることである。彼らは『前述の住民団体とその住民団体の自由人の名のもとに，村々とそれらのバン領域の騎士達あるいは騎士資格保有者，あるいは様々な自由人達』«nomine dictae communitatis seu dictarum communitatum ac liberorum hominum dictarum communitatum, villarum et earundem bannorum milites sive armigeri, ingenui, liberti seu libertini» とも表現され，オルヴァル修道院への対抗という状況下で，村の住民達と下層貴族が一体として言及されている。注意すべきは，この文書が記す結論の一つが，オルヴァルの森における，『住民団体の，あるいは住民団体の一人一人の』«communitatum, seu singuli de dicta communitate» 豚の放牧が，放棄させられたことだった点である。1173 年文書では，確かに住民達による伯の森の用益は認められているが，オルヴァルの森でのそれを認められていたわけではない。従って，1271 年文書が明らかにするのは，周辺住民達が二つの森の違いをあまり意識せずに放牧を行って，修道院が強い独占意識を抱いていたオルヴァルの森にも進出していたという事態である。この文書作成に至った係争の原因はおそらくそれで，このような状況において，伯は明らかに修道院側についてその利害を守っている。

　以上の状況は，同じ 1271 年にやはりシニィ伯ルイが発給した別の文書[41]によってより明確になる。この文書はいくつかの内容を含んでいるが，まず初めに，『一方では我々の，他方ではオルヴァル院長と修道士団の共通の同意』«commun assentement de nous d'une part, et del abbei et covent d'Orvals d'atre» によって，『一方はオルヴァルの人々に，（他方では）我々の領民，近隣の村々──

すなわち，オルヴァルの境界と村域に最も近いバン領域と村域——に属する森林と地所に役立つために』«pour desevreir les bois et les treffons qui partinent a ceus d'Orvaz, d'une part; a nous, nos homes et a villes visines, et les bans et les finages plus prochains des termes et des finages d'Orvaz», 境界付けがなされたことが記されている。そして，『そこに置かれたすべての境標は，オルヴァルの人々の森と伯の森についての取り決めからそこに置かれ』«totes les bonnes ki la sunt mises sunt d'asseurance do bois le conte et do bois ceas d'Orvaz» たが，『オルヴァルの人々は7ピエの幅で，5ピエの深さの溝を作り，壁や杭や囲いなしに彼らの森と地所を囲うことができる』«cilh d'Orvals puent faire fosseis de set pies de large et de cink de parfond, et closure sens murs, sens palis et sens plaiseis, entur lor bois et lor treffons» とされているのである。その上で，このオルヴァルの森に関しては，伯とその後継者達は『いかなる権利主張もできないし，すべきでない』«ne poons ne debvons rienn clameir» ことを表明しており，伯と修道院の合意によって，オルヴァルの森が境標によって明確にされ，必要に応じて溝によって囲まれたことが明らかになる。

　同じ1271年文書ではさらに，このオルヴァルの森の放牧権を主張しているウィリエールの人々のために，『我々の家臣である騎士達と，このために集められた多くの良き人々の見守る中で』«par l'enwart de chevaliers ki nostre home astoient et mut de bones gens ki por ce furent assembleit», シニィ伯によってオルヴァルの所有している文書が検討されたことが記載されている。その結果伯は，『ウィリエール（の人々）がオルヴァルの森の放牧地において主張していた彼らの豚の放牧権は，その権利も理由もない』«Wilhieres n'avoient droit ne raison ou cours de lor pors kil clamoient en la paison des bois d'Orvaz,» と判断し，『従って，彼らはそこから，騎士達の見守る中で法によって排除されたし，排除されている』«et ensi en furent ostei et sunt, par enwar de chevaliers et par droit» と決定している。さらに伯は，修道院にオルヴァルの森から『用益権や権利を主張していた，オルヴァルの森の近隣のすべての村々』«de tottes les villes visines a bois d'Orval, tel usage et teil droit com il ont clameit» の人々をも排除する約束をし，オルヴァルの森での修道院の権利を確固たるものとした。

その上,この文書では,伯の森についても言及されている。伯は修道院に対してそこでの400頭の豚の放牧権を確認し,さらに『上述の400頭の放牧権に加えて,我々は彼らに100頭の豚の放牧権を与え,許す』«awec le cours desdis quatre cens pors lors denons nos, et otroions le cours de cent pors en la paisson» として,伯の森においても修道院の権利を拡大している。しかしながら,伯は以上のような修道院への優遇を無償で行ったわけではなかった。文書の最後には,『上述のすべての物事と取り決めが』«por tates ces choses et ces convenences desordites» 守られるために,修道院から伯に800リーブルが支払われたことが記載されているのである。

バール伯チボーによって1280年に発給された文書[42]では,フロランヴィルとジャモワーニュの住民達が主張していた,『溝で囲まれたオルヴァルの森』«bois d'Orval, par dedens les fosseis» への豚の放牧に関する修道院と住民達との協定が確認されるとともに,新たに住民達にオルヴァルの森に隣接するヴィレール・ドゥヴァン・オルヴァルでの放牧権が確認されている。この協定とは,上述の1271年の第2の文書に記されているもので,具体的にはオルヴァルの森からの住民による豚の放牧の排除を指していると考えられる。ここで新たに名を挙げて2つの小村の住民達に対して協定の確認がなされているのは,彼らが1271年文書の決定を不服として,それ以後もオルヴァルの森に豚を送り込もうとしていたためであろう。しかし,この新たな文書で住民達に他の場所での放牧権が認められたことからもうかがえるように,彼らの牧畜への意欲は相変わらず強く,実際にその拡大を絶えず狙っていたのであろう。

最後は1293年の日付を持つ文書[43]で,それは,この時期オルヴァルの森をめぐる係争が実際に実力行使にまで展開していることを示すとともに,それをめぐる社会状況を探るのにさらに興味深い情報を提供してくれる。まず注意すべきは,これが今まで分析してきた諸文書よりも,明らかに下位の身分の人々によって発給されていることである。すなわち,それは『フロランヴィルの騎士身分保持者であるアルヌールと,その兄弟でイヴォワの参事会員であるジャン』«Arnus, escuiers, et Jehans, chanoines d'Yvois» であり,しかも『我々のために,そして我々の領民及びフロランヴィルの住民のために』«pour nous et pour nos homes et nos borgois de Florenville》と述べて，住民代表としての立場を明確にしている。これに対して係争において対立関係にある相手は，『オルヴァル修道院の院長と修道士団及び我々の領主であるシニィ伯ルイ』《homes religious labbeit et le convent d'Orvaz, et noble home nostre signor Loys, cont de Chieney》と表記され，修道院と領邦君主の結びつきが明記されている。

　これら両者の間には『いくつもの係争』《plusours discors》があったが，ことに次の2つが主要な争点であった。1つは，『フロランヴィルの前述の住民達と，彼らを代表する我々が，前述の我々の住民達の豚のためにオルヴァルの森での放牧の権利を主張していること』《li dit home et borgois de Florenville, et nos por eaus, clamiens usage en passons de bois d'Orvaz, por les pors nos borgois devant dis》であり，いま1つは，『私アルヌールが，トゥール貨で200リーブルかそれ以上の価値のあるオルヴァル修道院の家畜を奪ったこと，そして前述の伯が私アルヌールを捕らえて彼の牢に入れたこと』《je Arnus avoie pris des chateis les dis abbeit et convent a la valur de dous cens livres de tournois et plus; et de che que li dis cuens prist moi, dit Arnut, et tint en sa prison》である。このようにシニィ伯がここでは完全に修道院の利害の側に立っていること，修道院と以前から対立関係にあったアルヌールとジャンとが，フロランヴィルの住民達の代表となって，修道院に牧畜関連の要求を行っただけでなく，さらにアルヌールはおそらく，修道院の家畜に実力行使を行ったことが明らかになる。ここでアルヌールとジャンが求めたのが，彼らの伯父であるオットン・ド・トラゼニィ及びグランプレ伯ジャンへの仲裁である。彼らの社会的地位は，おそらくシニィ伯・オルヴァル修道院とアルヌール・ジャン・フロランヴィルの住民達との中間にあったと思われるが，係争当事者達は，彼らの裁定には従うと誓約する。

　結果においては，要求は受け入れられなかった。アルヌールは200リーブルを賠償し，住民達のオルヴァルの森での用益権も認められなかった。しかし，これまでの文書と比べた場合，常に修道院寄りの人物によるほとんど一方的な決定ではなく，在地住民達が下級貴族であるアルヌール達と組むことで，自分たちの要求を通す可能性をより多く持つことになったのは確実である。

II　フロレフ修道院の場合

（1）　修道院と周辺諸階層

　フロレフ修道院の文書には，周辺の領邦君主がすべて登場するが，中でもナミュール伯は特別な地位を占め，1121年に当修道院を創建した際の文書[44]には，その敷地，フロレフの小教区教会をはじめとする4つの教会とそれらの付属物，さらに一つの採草地を無償で寄進して，基礎財産を設定する旨が述べられている。さらに創建後も，1127年の施療院の寄進を始めとして[45]，教会，自有地，十分の一税，施療院などの大規模な財産を積極的に修道院に譲渡する寄進者であり続けた。例えば，1127年文書[46]では，自有地サール・ベルナールを，『所有者であるリシャール・ド・ウェルデから，彼に金を与えて獲得し』«a Richardo de Werde, ejusdem allodii possessore, dato illi pretio adquisita»，修道院に寄進したと記されており，伯の修道院の寄進に対する意欲を明らかにしている。それに加えてナミュール伯は，修道院に対して上からの保護を与え，領民達に修道院への寄進を許可し，さらに他者による寄進の確認や紛争の調停によって，フロレフ修道院に寄与するという役割も果たしている。他の領邦君主も，ナミュール伯に比べると関係文書の数は少ないが，それぞれ寄進，寄進確認，紛争解決，特権賦与といった多様な役割を果たしており，フロレフを取り巻く複雑な政治関係を形成している。例えば，十分の一税の寄進を記した1188年文書[47]は，ブラバン公，ナミュール伯，エノー伯の3人が発給者となっているのである。

　ここで特に言及しておく必要があるのがリエージュ司教であり，それはこの高位聖職者がフロレフの管轄司教であると同時に，領邦君主だったからである。ことにフロレフ修道院領のかなりの部分が教会関係の諸権利で占められていただけに，リエージュ司教はそれらの寄進の確認や係争の調停に姿を現しており，そのうちには，他の領邦君主が当事者である場合も含まれていた。例えば，1121年のナミュール伯の基礎財産の設定も，リエージュ司教によって1124年に確認されており[48]，1197年には同年ブラバン公が確認したある俗人の寄進が，や

はりリエージュ司教によって再確認されている[49]。リエージュ司教が寄進や売買を通じてフロレフ修道院と直接関係を結ぶ例がない点，係争解決において常に修道院に好意的である点を考え併せると，リエージュ司教の役割は上からの保護としてよい。

　フロレフ文書で言及される俗人のかなりの部分には，既に12世紀から身分を示す表現を見いだすことができる。それらは，『城主』«dominus castri»，『騎士』«miles»，『自由人』«liber homo» などであり，領邦君主と一般住民の中間に位置する広い範囲を覆っている。オルヴァルの場合と同様に，これらもやはり在地有力者と呼んでよいであろう[50]。そして，フロレフ文書に現れる在地有力者層の役割も，主として寄進であり，彼らは主にそれぞれの勢力が強い定住地域の中にある自有地を寄進した。フロレフの所領はオルヴァルほどには土地を中心にしていなかったため，土地寄進者として現れる彼らの回数は相対的に見て多くはない。しかし，自有地や森林のすべてといった大規模なものから，細分化された自有地の一部まで，その規模は多岐にわたっている。

　ここで注意しておきたいのは，フロレフ文書では在地住民の登場がオルヴァル文書よりも早いことである。それは修道院が都市フロレフに隣接していたことも大きく関係している。12世紀前半から13世紀半ばまでエノー伯と対立関係にあったナミュール伯にとって，部分的に突出しているフロレフは防衛の要であった[51]。すでに伯は12世紀初頭にはここに自有地を購入し，その際住民達にフランシーズ文書[52]を譲渡していたが，修道院創建のためにこの自有地を寄進したので，修道院はすでに都市的性格を帯びていた定住地フロレフに隣接することとなった。さらに，ナミュール伯によって1151年に都市と修道院が同じ囲壁によって防備化され，また，修道院の基礎財産にフロレフの小教区教会が含められたため，両者は一層緊密な関係のもとに置かれることとなった[53]。こうした状況のもとで，『フロレフの住民達』«Floreffenses»[54]が文章に早くから登場するのは当然であるが，彼らをはじめとして，他の場所の『住民達』«habitantes»や『領民達』«homines» も，寄進や係争の当事者として既に12世紀中から言及されている。例えばフロレフの創建文書においても，『伯の領民団』«familia nostra» による修道院への寄進の許可が記載されている。しかし，12世紀いっぱ

いは彼らは常に共同体として行動をとっており，住民が個人として取引や紛争の当事者や保証人となるのは，13世紀に入ってからである。

　フロレフ修道院も早くからいくつもの係争を経験したが，その相手のかなりの部分が在地有力者であった。その内容も多様で，祖先が寄進した財産への権利請求の中には，100ソリドゥスの年貢租支払いと引き替えに，それ以降一族による請求を行わないという誓約を記した1188年文書[55]のように，明らかに修道院からの支払いを期待しているものもあった。確かに1162年文書[56]のジル・ド・シメイによる請求のように，修道院から受け取っていた貢租を返還してでも，財産そのものの奪還を図る姿勢を示すこともあった。しかし，いずれにしても，結局在地有力者はフロレフ修道院との妥協に至っている。

　同じような係争と解決の例は，フロレフ文書に多数登場する，近隣の修道院との間にも見られた。これらはフロレフ修道院を相手にして，土地，教会，十分の一税，水車，貢租等の譲渡，交換，販売を行っていたので，時にはそれをめぐる係争の当事者となることもあった。しかし，結局は両者の利害が調整されて妥協が成立している。例えば教皇使節によって1154年に発給された文書[57]において，フロレフ修道院はリージー修道院との係争の原因となっていたラ・フェルテの水車の相手修道院への有償譲渡に同意している。しかし，見返りに同じ水流で新たに水車を作る保証を教皇使節から得ており，こうしたものが典型的な例である。こうした利害の調整による協定は，13世紀に入って所領が拡大し，重なり合う場合でもやはり結ばれた。その好例が1218年のヴィレール修道院との協定文書[58]である。それによると，フロレフ修道院が十分の一税徴収権を持つ二つの村に，ヴィレールは館を建てて家畜を送り込んでいるとして抗議を受けたが，結局一方の村から館を撤去し，それに属する漁労権の譲渡と引き替えに，他方の村での用益権を認められているのである。

　興味深いのは，フロレフはオルヴァルと違って，俗人同士の，あるいは俗人と教会組織との係争に介入して，財産の獲得を図っていた点である。例えばナミュール伯による1160年文書[59]には，アコスの自有地の質入れをめぐって起こったジャン・ド・ファンとその甥のテオドリックの係争に介入し，修道院が代金支払いを肩代わりすることでその土地を獲得したことが記されている。さ

らに，エノー伯が1165年に発給した係争解決文書[60]からは，ウォティエ・ド・フォンテーヌがサン・ヴァースト修道院に30マルクで質に入れていた十分の一税をフロレフ修道院が買い戻し，シャペルの土地への長年にわたる権利主張をウォティエが取り下げることを交換条件にして，十分の一税を引き渡したことが明らかになる。いずれの場合も，周辺の社会関係に入り込み，支出を惜しまずに折衝するフロレフ修道院の積極性を示している。

（2）　修道院領における森林と牧畜

　フロレフ修道院の所領は，ムーズ・サンブル間地域で，主にナミュール伯領内に広範に展開していた。ナミュール伯領では古くから定住は進んでいたが，約450ほどの小規模集落が散在していた。地形は起伏に富んで森林が多いため，穀作は発展せず，サンブル河に沿うわずかな畑で産出されるスペルト小麦が目立つくらいであった。ムーズ河を中心とした地帯は特に森林に覆われ，フロレフ修道士到着以前から周辺住民達は，建築資材や燃料のみならず，食糧の一部も森林から引き出していた。森林の価値は十分に認識されて，領邦君主や領主による管理の下にあった[61]。

　フロレフ修道院は，創建時から積極的に牧畜を行っていた。この点は，初期の文書に明確に表れている。すでに，1121年の創建文書に記される基礎財産のうちで，教会とその付属物以外の唯一のものが，ナミュール近郊の採草地であったことが，修道院の牧畜への熱意を示していた。また，修道院は多くの水車を獲得したが，水車は灌漑や排水にもしばしば利用され，それが採草地の創出や改良に役だったと言われている[62]。そして，フロレフ修道院による牧畜が森林をも舞台としていたことは，その後，1127年の寄進確認文書[63]で，在地有力者リシャール・ド・ウィエルドがサール・ベルナールでの自有地を寄進する際に，『隣接するいくつもの場所で持っているすべての森林』«quidquid silvarum in locis adiacentibus habet» において，『修道士達の家畜の群に，森林内外での放牧権』«pascua tam in silvis quam extra silvas pecoribus eorum» を，特に明記して譲渡している例などに明らかである。また，所領形成を目指して獲得した土地の種目が記される場合には，必ず採草地，森林や，森林での放牧権が含まれてい

る。その好例として、1126年文書[64]の自有地の寄進について記された、『畑、耕地と未耕地、森林、採草地、放牧地、水流のどこにおいても』 «ubicumque in agris, culturis cultis et incultis, silvis, pratis, pascuis et aquarum discursibus» という文言を挙げておこう。

もちろんフロレフ修道院領内外の森林は、住民達によっても利用され、彼らの権利が存在していた。ただし、住民達による少なくとも大規模な放牧は、オルヴァル文書の場合と異なってフロレフ文書には言及されておらず、住民達の森林用益は『枯れ木権』 «mortua silva» «mort bois»[65] を中心としていたようである。この点を修道院創建時の住民による森林利用を示す文書2通によって見てみよう。まず、放牧に関するものは、その内容が非常に間接的であり、1121年の創建文書において『森林での放牧地と家畜の増加分……の九分の一税』 «nonam de ... sylvarum pascuis, et pecudum nutrimentis» が、基礎財産の一部として譲渡されたという記載から、創建以前から森林で修道士以外の人々によって家畜の放牧が行われていたことが推測されるのみである。それに対して、1151年にナミュール伯によって発給された文書[66]は、修道院創建以前の伯による自有地購入時に、住民達に認められた特権を記載しているが、そのなかに伯領内のすべての森林における『枯れ木権』が明記されている。

(3) 修道院領での森林係争

ナミュール伯領の中心に立地して、既存の諸利害のただ中に定着したフロレフ修道院は、いくつかの係争を経験することになるが、その重要なものはいずれも森林をめぐって生じてくる。以下では、それらの舞台であった、マルラーニュ、フォレスティル、及びグラン・レーズの3つの森を場として検討する。

『フォレスティルの森』 «bois de Forestelle» と『マルラーニュの森』 «bois de Marlagne» とは、フロレフにほぼ接してサンブル河とムーズ河に挟まれた空間に広がっている(地図3を参照)。まず、フロレフ修道院に密着したフォレスティルの森については、1235年と1239年にナミュール伯によって発給された、ほとんど同文の文書が2通[67]伝来するのみであるが、周辺住民との関係が明白に記されている。それらは伯によるフロレフ修道院への寄進を内容としているが、第

地図3　フロレフ修道院が係争当事者となった森林

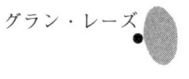

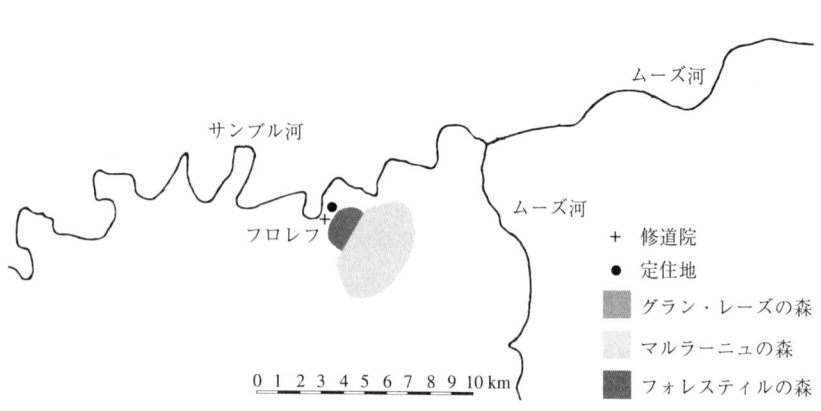

グラン・レーズ

サンブル河

ムーズ河

ムーズ河

フロレフ

0 1 2 3 4 5 6 7 8 9 10 km

＋　修道院
●　定住地
　　グラン・レーズの森
　　マルラーニュの森
　　フォレスティルの森

1の文書から引用するなら，『フォレスティルの我々の森100ボニエを，地所も生えているものも，永久に所有すべき権利によって譲り，与え，かつ寄進した』 «concessimus et dedimus atque tradidimus, ... centum bonuaria silve nostre de Forestella ... in fundo et cumblo, Iure perpetuo possidenda» と，対象を確認した上で，『それは一部を売却によって，一部はまさに寄進として』 «et hoc partim per venditionem, partim vero in elemosinam» と書いて，対価の支払いがあったことを明らかにする。そしてこの森が修道院の排他的な権利に属することが，以下の表現で書かれる。『（伯による）裁判権を何の障害ともせずに，フロレフの院長と修道士団は，前述の森において何をしてもよい。フロレフの院長と修道士団は，前述の森を自分達の森番によって管理させ，この森番は院長と修道士団の意志と恣意に従って，その森についての罰金を受け取る』 «sed non obstante ipsa justicia, ipse abbas et ecclesia Floreffensis supradictam silvam per suum proprium forestarium semper faciet custodiri; qui forestarius ad voluntatem et dispositionem abbatis et ecclesie accipiet ememdas de ipsa silva»。また，ナミュール伯が実力をもって保証するこの権利を，都市フロレフの共同体がそれに同意する手続きをとっていることが，

次のように示されている。『ことに，村役人と参審人と誓約者とフロレフのすべての共同体は，我々の面前で，共通の同意と自発的決意でもって，前述の森において教会が自ら持っていると述べたすべての権利を，前述の100ボニエの範囲で，我々の面前において教会に対して放棄する』«Presertim cum villicus, scabini et jurati communitasque tota ville Floreffflensis quicquid juris se dicebat habere in eadem silva, assensu communi et animo libenti, quantum ad supradicta censum bonuaria, in presentia nostra quittaverunt ecclesie memorate»。ところで，売却の価格は1235年文書には明示されないが，代替わりしたナミュール伯によって発給された1239年の確認文書によって，400リーブルであったことが明らかになる。そしてこの金額は，『売却によって前述の教会が我々に負うはずの金額は，完全に数えられ，我々に支払われたことを明示する』«Pecuniam autem quam ex venditione nobis predicta ecclesia debebat, plenarie nobis confitemur esse numeratam et solutam»とされており，ナミュール伯が資金源として修道院を利用し，その見返りに修道院への便宜をはかっていることは明白である。いずれにせよ，隣接したフォレスティルの森では修道院に排他的地位が認められていたと考えられる。

これに対してマルラーニュの森についてはより多くの文書があり，より複雑な関係を見て取れる。まず，ナミュール伯による1151年文書[68]によれば，フロレフの住民達は修道院の創建に先だって，ナミュール伯から『マルラーニュでのそして私の森林の至る所での枯れ木権』«morturam silvam in Malagnia et ubique in silvis meis»を譲渡されており，マルラーニュの森が特に名を挙げられていることからも，住民達にとってのその重要性が窺われる。しかし，1152年のドイツ国王フリードリッヒによるフロレフ修道院宛の所領確認文書[69]での«curtem de Marlange»の記載から，修道院が拠点を設置してこの森の経営に積極的に乗り出していったことが分かる。そして，13世紀にはここに修道院が確保しようとした権利が，周辺住民達とのせめぎ合いのうちにあったことを示す一連の文書がある。まず，1231年ナミュール伯は，『マルラーニュの森の枯れ木権を，（先代の）伯アンリがフロレフの住民達に譲渡したごとくに，フロレフの院長と修道士団に対しても住民達の文書に含まれているところに従って確認し，譲渡した』«recognoverunt et concesserunt abbati et conventui Floreffensibus usum mortuae silvae in nemore de Mallangne, sicut comes Henricus burgensibus Floreffiensibus contulerat, secundum quod in carta eorumdem burgensium continetur»[70]としている。これは確認であるから，おそらく以前から住民達と同様な権利が修道院にも譲渡されていたのであろう。そして同じ1231年の別の文書[71]では，フロレフ修道院が伯の要請に従って，マルラーニュの森の一部をヴィレール修道院に譲渡している。この事実は，修道院が単独で，この森への権利を部分的に手中にしていたことを示している。更に1237年になると，ナミュール伯はこれまでの修道院への負債を集計して，その支払い源となる貢租収入を具体的に定めた上で，あたかも負債弁済の猶予への謝意を表すように，『修道院の館に隣接し，院長が木を切らせていたマルラーニュと呼ばれる森を，前述の(フロレフ)教会に寄進として譲渡』«Sylvam autem, quam abbas fecit incidi, quae est juxta curiam dicti abbatis, quae vocatur Marligna, dictae ecclesiae contulimus in beneficium et eleemozinam»[72]した。ナミュール伯はフロレフ修道院の資金をそれまでも利用しており，今後も助力と援助を期待して，好意的な態度をとっていると考えられる。

　これまでの文書は，フロレフ修道院がマルラーニュの森にともかくその権利を植え付けていった過程を示しているが，1297年にナミュール伯によって発給された文書[73]は，趣を異にしている。その内容を示す部分では，以下のように述べられている。『我々は，フロレフの院長と修道士団に，神のための寄進として，マルラーニュの森の枯れ木権とその森の放牧権を以下のように譲渡したし，譲渡するものである。すなわち我々は，その教会が修道院とフロレフ小教区内にある院長と修道士団が持つ家々の暖房のために，枯れ木権を使うことを望む。そして我々は，次のように望み，与える。フロレフの修道院と小教区において修道院長と修道士団が持っている，または持つことになるすべての家畜が，前述の修道院としばしば名を挙げた教区の館の羊と豚を除いて，前述の森に平穏に放牧に行くことを』«labbe et le convent de leglise Nostre Dame de Floreffe, avons octroyet et octroyons, pour Dieu et en aumoisne, le usaige de no mort bos de Marlaingne et le pasturaige doudit bos, en maniere que nous volons que li ditte eglise prende le mort bos pour escofleir le dite abbie et toutes les maisons que li dit abbe et convens ont dedens le paroiche de Floreffe. Et volons et otroyons que toutes les bestes k'ils ont et aront en la ditte abbie et en le paroiche de Floreffe, voisent paisiblement ou pasturaige doudit bos, hors mis les brebis et les porcs dele ditte abbie et des cours dele paroiche souvent nommee»。この規定のすべてが，修道院による森林用益の制限につながっている。まず，これまでなかった家畜の放牧について言及されているが，森林での放牧の本来の主役であるはずの羊と豚の森林への立ち入りが禁じられている。さらに『枯れ木権』においても，暖房用の燃料採取に用途が限定されているのである。ナミュール伯がフロレフ修道院に対して態度を硬化させていく，その背景として，エノー伯との戦闘状態の終結によって，伯が修道院に財政的に依存する必要がなくなったという事態が考えられる[74]。

『グラン・レーズの森』«bois de Grand-Leez» は，修道院をへだてたサンブル河の対岸に，修道院からは多少離れて所在している。その森の初出は，ブラバン公が発給した1191年の係争解決文書[75]であり，まず以下のような興味深い文言で係争の由来を語っている。『アンリ・ド・グラン・レーズは自由人であり，……200ボニエの森林をフロレフの聖マリア教会に，8スーと4ドニエの年貢租を設定して寄進し，……私の父であるゴドフロワ公の手を通じて，引き渡した。しかし，私の父の死後，レーズの住民達はフロレフ教会に対して争いを起こし，前述の森における枯れ木権を要求し，教会が自分自身の森をその都合で使うことを許さなかった』«Henricus de Majori Laiz, homo libere... ducenta bonuaria sylve ecclesie beate Marie de Florefffia, sub constitutione annui census octo solidorum et quatour denariorum, contradidit,... in eleemosynam,... per manum Godefridi ducis, patris mei,... affectavit. Verum, quoniam post decessum patris mei, mansionarii de Leiz, contra Floreffensem ecclesiam litem moventes in predicta silva jus mortue silve reclamaverunt, nec uti ecclesiam silva ipsius ad commodum suum permiserunt»。そして，公が関与して以下の内容の妥協が図られた。『我々の仲介により，院長とその教会の修道士達の意志と住民達の譲歩によって，この争いが秩序をもって静められた。すなわち，前述のフロレフ教会に100ボニエの森林を開墾し，反対なしにこれを豊饒な土地にすることを許したのである。そして，残りの100ボニエにおいては，グラン・レーズの多くの住民達が単独で，森林の枯れ木の用益権を持つであろう』«mediantibus nobis, ex voluntate abbatis et fratrum euidem ecclesie, et concessu mansionariorum, hoc ordine sopitum est litigium, quod scilicet sepe dicte floreffensi ecclesie de prelibata silva centum bonuaria novare et in terram frugiferam redigere sine contradictione licebit; in reliquis autem centum bonuariis mansionarii tantum de Majori Leiz usum solummodo mortue silve habebunt»。12 世紀という早い時期に，住民達が代表もたてずに直接公に訴え，しかもそれが認められたという希有な例であるが，おそらく修道院への森林の譲渡以前から，保証されていた『枯れ木権』を根拠に，後から入り込んできたフロレフ修道院による開墾を，ともかくグラン・レーズの森の半分に押し込めるのに成功したかに見える。

しかし，このような先行文書の内容にも拘らず，1194 年の教皇による確認文書[76]では，グラン・レーズの森は『代価をもって買われた 200 ボニエの森林』«ducentis bonariis silve, precio empte» と記されており，この森をなるたけ独占的に使いたい修道院が，年貢租支払い条件を伴う寄進よりも，より強い権利をもたらす購買という表現を盛り込ませたと思われる。

しかしこれは，住民達だけでなく，寄進者の意向をも損なう行為であったから，次の段階では，寄進者であったアンリが修道院への係争の当事者となって姿を現わしてくる。すなわち，1197 年にリエージュ司教によって発給された文書[77]のなかで，フロレフ教会に対してアンリとその息子トマは，レーズ教会とその基礎財産，十分の一税，水車の半分，館，200 ボニエの森林という，先行文書の挙げたすべての寄進対象について自己の権利を主張したのである。それに対して，これらへのフロレフの権利を認めさせるためには，ウォエブル教会とその付属財産を，代償としてアンリとトマ親子に差し出さねばならなかったと記されている。

しかし，おそらく住民達と共同歩調をとり始めていた寄進者家系とフロレフ修道院との関係は，簡単には調整されなかったようである。ブラバン公によって同じく 1197 年に発給された文書[78]によれば，『騎士であるアンリは，多くの不正な要求でフロレフ教会を長いこと苦しめたので，多くの友人達の忠告によって，教会と協定することにした』«cum Henricus, miles de Minori Lees, multis iniustis querelis ecclesiam Floreffensem diu vexasset, tandem amicorum suorum consilio, ad componendum cum eadem ecclesia adductus est» が，フロレフ側はこれを信用せず，武力によってこの協定が破られることを恐れて，ブラバン公を『この協定の証人であり，保証であり，また協定が破られるなら処罰者』«compositionis illius testem et obsidem, etiam et ultorem, si pacta transgrederetur» とする取り決めをした。さらに同じ文書は，アンリが教会から毎年不正に要求していた半モディウスのカラス麦の収奪を停止させたことも記している。

　このような経過ののち 1255 年になると，修道院に対抗してアンリの息子トマと住民達はついに同じ側にたち，自分たちの主張を認めさせることに成功している。この間の事情は，トマとフロレフ修道院によってそれぞれ発給された，それぞれを一人称，相手を三人称で書いている，同一内容の 2 通の係争解決文書[79]にあきらかである。ここではトマによる文書から引用すれば，それは『一方はレーズの領主である私とレーズの私の保有民達，他方はフロレフの院長と修道院，これらの間での平和は以下のとおりである』«tele est li pais enyre moi ki suis sires de Leiz et mes masuiers de Leiz, d'une part, et l'abbet et l'eglise de Floreffe, d'atre» と始めた上で，『前述の教会がレーズで持っている森の中で，私と私の保有民達が自分達が持っていると言っている放牧権についてである』«si com des pasturages ke je et mi masuiers devant dis no disiens avoirens es bos ke l'eglise devant ditte a a Leiz» と，その対象を定めている。そして『それについては，前述の両者が以下のように同意した』«Sy en ce se sont totes les parties deseur dittes accordees» として，次のように定めている。『修道院長と教会は好きなときに，森の 10 ボニエを放牧のために切り始めることができる。そしてその後で，彼らの意志で，森の三分の一を切ることができる。そしてこの三分の一の後で，レーズの館の燃料と用益のために，その正面で 1 ボニエを切ることができる。そしてこのすべての伐採は，成長した森でなされねばならず，（森がそうなるまで）保証の 9 年間が必要である。保有民達の家畜は，9 年かそれ以上成長した森に放牧に行くことができる。森の三分の一とフロレフの用益のためにレーズの正面側の 1 ボニエを切った後で，我々はそれより若い森ではそれ以上切ってはならない』«ke l'abbes et l'eglise poront, quant il plaist, dis bonniers de lor bos commencier a talhier par devant les champials, et apres poront talhier par volentez de ci a tierce do bos; et aores le tierce do bos poront il prendre un bonnier de bos a front por le feu et l'usage dele court de Leiz. Et totes les talhies doent venir a cler bos, et doent avoir nuef ans de warde. Les bestes des masuiers puent aler es pasturages des bos ki aront plus de nuef ans d'aige, et ens el cler bos davantage. Et apres le tierce do bos talhiet, et apres le bonnier a front por les aisence dele maison de Leiz, ni ne poront il plus talhier de ci a tant ke li bos rait aige par derriere»。ここで注目されるのは，従来は枯れ木権を主体としていたはずの住民達の森林用益が，ここでは明白に放牧権にまで拡充されていることである。おそらく，畜産品需要の拡大[80]の中で，フロレフ領の領民のうちにも，牧畜に進出するものが増加しつつあったのであろう。その上で，このようなグラン・レーズの森でのトマと住民達との放牧権の獲得と，修道院による伐採の制限は，双方の森番による相互監視のなかで実行されると規定されたのである。

おわりに

　オルヴァル修道院は，領邦君主の支援を受けつつ，在地有力者層からの寄進によって所領を形成し，彼らと緊密な相互依存関係を生み出していた。森林での牧畜においては周辺住民の経営を妨害しないよう配慮し，少なくとも12世紀中は，利用範囲を確定した棲み分けによって，共存関係が成立していた。しかし，修道院と周辺住民との牧畜経営の積極的な展開は，相手領域への侵入を引き起こし，深刻な対立関係が生じてゆく。修道院は隣接する『オルヴァルの森』を境標で囲い，排他的な権利を確立することに一時は成功する。しかし，ここで注目されるのは，12世紀中はあくまでも間接的な庇護者であったシニィ伯が13世紀に入ると，利害関係によって修道院と緊密に結びついてゆくのに対して，当初は相互依存関係にあった下級貴族が修道院との利害対立を強めてくることである。そして13世紀後半になると，これらは共同体への結集力を強めている農村住民の代表となって，新たに修道院と対決する層を形成していったのである。その結果，この時期にはことに『伯の森』で住民の権利要求が激しくなるとともに，それが『オルヴァルの森』にも波及して，森林をめぐって妥協の余地のない係争が続いていった。

緩衝地域となる広い森林もなく，団体として既に強いまとまりを持っていた定住地に隣接して創建されたフロレフ修道院は，早くから多様な係争を経験したが，周辺状況を巧みに利用する積極的な態度で，特に社会の上層部と相互依存関係を成立させていた。フロレフに関しては修道院周辺の二つの森と多少離れた別の森を検討したが，いずれもオルヴァルで問題とした森林よりも規模が小さく，住民の権利としては主に『枯れ木権』が問題となっていた。周辺住民は当初からこの権利を保証されており，牧畜を重視する修道院との対立は当面は避けられたかにみえた。しかし，フロレフ修道院は積極的な経営を展開し，周辺住民の権利を侵食して係争を誘発してゆく。修道院は 13 世紀には隣接した『フォレスティルの森』において排他的な権利を獲得するが，その外側の『マルラーニュの森』では，伯によって住民の権利にも配慮が示され，修道院の権利が一部制限されている。また，フロレフから離れた『グラン・レーズの森』では，早くも 12 世紀に，周辺住民との対立に加え，フロレフ修道院の強引な態度によって，寄進者との敵対関係までも生じていた。13 世紀になると，この寄進者と住民達は修道院に対抗して同じ側にたち，森林利用に際して同等の立場でお互いを監視しあうという協定を成立させ，自分たちの主張を認めさせることに成功している。

　以上の 2 つの修道院の例では，12・13 世紀における改革派修道院による積極的所領経営と周辺社会との関係が，13 世紀の森林をめぐる係争文書のうちに集約的に示されている。シトー会のオルヴァル修道院とプレモントレ会のフロレフ修道院は，前者が周辺を森林に囲まれているのに対して，後者は同名の都市集落に隣接しているというように，確かに対照的な環境に立地していた。しかし，ともに権利関係の錯綜していた地域に創建され，森林における牧畜経営に熱心であった両者は，その積極経営の結果として，同じような係争を経験していったのである。12 世紀から周辺社会との間で多くの係争が起こったが，当初はそこには双方の利害を調整する余地があり，妥協点を見いだすことで周辺諸階層との相互受益関係が成立していた。しかし，13 世紀に向けてその関係は破綻し，特に森林において，修道院と周辺住民はその用益権を求めて決定的な係争状況に突入していったのである。その大きな背景としては，畜産品への需要

の高まりを基礎として牧畜経営への意欲がますます拡充する中で，森林保護の必要性もさらに増大していったと考えられる。しかし，決定的な要因は，下部から住民層が進出して，権利要求を強めていった点にあるとして良いであろう。

このように露呈されてきた改革派修道院による積極的所領経営の限界は，続く時期にはますます明確になってくる。オルヴァル修道院は，14世紀に『オルヴァルの森』への用益権を求める住民からの激しい要求にさらされ，徐々に彼らの侵食を許してゆかざるをえなくなったようである[81]。フロレフ修道院領の森林では，住民達はナミュール伯を味方につけ，伯領内のいずれの森においても，修道院の攻撃にさらされていた自分たちの権利を15世紀には完全に回復したのであった[82]。

注

1) *L'économie cistercienne. Géographie-mutation du moyen âge aux temps modernes*, (Flaran, 3), Auch, 1983; Brunel, G., Agriculture et équipement agricole à Prémontré, XIIe-XIIIe siècle, in *Monachisme et technologie dans la société médiévale du Xe au XIIIe siècle*, Cluny, 1994, pp. 123–150.

2) Fossier, R., La place des Cisterciens dans l'économie picarde des XIIe et XIIIe siècles, in *Aureavallis. Mélanges historiques réunis à l'occasion du neuvième centenaire de l'abbaye d'Orval*, Liège, 1975, pp. 273–281.

3) Despy, G., L'exploitation des curtes en Brabant du IXe siècle aux environs de 1300, in Janssen, W., et Lohrmann, D. (ed.), *Villa-Curtis-Grangia. Economie rurale entre Loire et Rhin de l'époque gallo-romaine aux XIIe-XIIIe siècle*, (Francia Beiheft, 11), Paris, 1983, pp. 185–204.

4) Bouchard, C., *Holy entrepreneurs: Cistercians, knights and economic exchange in twelfth century Burgundy*, Ithaca, 1991.

5) Pressouyre, L., (ed.), *L'espace cistercien*, (Comité des travaux historiques et scientifiques: Mémoires de la section d'archéologie et d'histoire de l'art, 5), Paris, 1994.

6) 舟橋倫子「シトー会グランギアの諸側面——ヴィレール修道院12世紀ヌーブ・クール関係文書の分析——」『史学』第64巻2号1995年77–97頁; 同「ヴィレール修道院の所領形成に関する一事例」『西洋史学』第180号1996年18–32頁; 同「12世紀ヴィレール修道院宛の教皇文書と領邦君主文書」『史学』第66巻3号1997年47–63頁，「シトー会修道院の所領形成と周辺社会——オルヴァル修道院12世紀文書の分析——」『社会経済史学』第65巻2号1999年47–67頁。

7) Duby, G., *L'économie rurale et la vie des campagnes dans l'Occident médiéval*, Paris, 1962, pp. 242–251; Genicot, L., *Le XIIIe siècle européen*, (Nouvelle clio, 18), Paris, 1968, pp. 75–79.

8) Brunel, G., L'élevage dans le Nord de la France (XIe-XIIIe siècles): Quelques jalons de recher-

che, in *Annales de Bretagne et des Pays de l'Ouest*, 106, 1999, pp. 41–61.
9) Berman, C., *Medieval agriculture: The southern French countryside and the early Cistercians*, Washington D.C., 1986.
10) Duby, *op. cit.*, pp. 242–246; Brunel, G., Bêtes sauvages et bêtes d'élevage: l'exemple de la fôret de Retz (XIIe-XIVe siècles), in Mornet, E. (ed.), *Campagnes médiévales: L'homme et son espace. Etudes offertes à Robert-Fossier*, Paris, 1995, pp. 157–162; Contamine, P., Bompaire, M., Lebecq, S., Sarrazin, J.-L., *L'économie médiévale*, Paris, 1997², p. 222.
11) Josserand, P., Une seigneurie monastique en Vercors: L'abbaye de Léoncel et les communautés paysannes, XIIe-XIIIe siècles, in *Les Cisterciens de Léoncel et le monde paysan*, (Les cahiers de Léoncel, 12), Valence, 1995, pp. 18–28.
12) Ardura, B., *Prémontrés. Histoire et spiritualité*, Saint-Etienne, 1995, pp. 8–12.
13) Goffinet, H., *Cartulaire de l'abbaye d'Orval, depuis l'origine de ce monastère, jusqu'à l'année 1356 inclusivement, époque de la réunion du comté de Chiney au duché de Luxembourg*, Bruxelles, 1879.
14) Barbier, V., *Histoire de l'abbaye de Floreffe*, Namur, 1892. なおバルビエは，既に信頼できる刊本が公になっている場合には，その版の参照を求めて，テキスト自体を省略している．本稿ではこうした場合のテキストは，該当する刊本から引用し，この刊本をも注44に見られる形式で記しておく．
15) 最も基本的で詳細な記述は，オルヴァルについては，Tillers, N., *Histoire de l'abbaye d'Orval*, Orval, 1967³，フロレフについては，Barbier, *op. cit.* である．
16) Fossier, R., L'économie cistercienne dans les plaines du nord-ouest de l'Europe, in *L'économie cistercienne, op. cit.*, pp. 53–74; Bautier, R.-H., Les ‹courts› de l'ordre de Prémontré au XIIe siècle: formation et premiers développements, in *L'espace cistercien, op. cit.*, pp. 216–225.
17) Despy, G., Note sur le domaine carolingien de Floreffe, in *Etudes d'histoire et archéologie namuroises dédiées à F. Courtoy*, Namur, 1952, pp. 191–198; Id., Cîteaux dans les Ardennes: Aux origines d'Orval, in *Economie et société au moyen âge. Mélanges offerts à Edouard Perroy*, Paris, 1973; Id., Les richesses de la terre: Cîteaux et Prémontré devant l'économie de profit aux XIIe et XIIIe siècles, in *Problèmes d'histoire du christrianisme*, 5, Bruxelles, 1975, pp. 58–80.
18) Parisse, M., Orval et les comtes d'Ardenne: Géographie historique et politique de la région d'Orval au cours de la seconde moitié du XIe siècle, in *Aureavallis, op. cit.*, pp. 55–64.
19) Noël, R., Orval et l'économie cistercienne aux XIIe et XIIIe siècles: Elevage et pâturage entre la Semois et la Chiers, *Ibid.*, pp. 283–296.
20) Pector, J.-M., *Histoire de Floreffe*, Mettet, 1973, pp. 108–211.
21) 本節でまとめるオルヴァル修道院の所領形成と周辺社会との関係については，舟橋「シトー会修道院の所領形成と周辺社会——オルヴァル修道院12世紀文書の分析——」を参照．
22) オルヴァル修道院の起源については様々な問題があることは，デスピィの一連の業績以来明らかになっている．Despy, G., Cîteaux et l'avoué, la dotation primitive de l'abbaye d'Orval, in *Revue du Nord*, 50, 1968, pp. 113–114; Id., Cîteaux dans les Ardennes, art. cit.,; Id., Les richesses de la terre, art. cit.. 本稿ではその詳細に立ち入る余裕はないが，いずれにせよ，

シトー会士到着以前の諸文書の真正性には大いに疑問がある点に注意を要する。
23) 前注のように，1130年代初頭までの文書の記載内容には疑問があるが，基礎財産の内容は，1173年の確認文書から正確に知ることができる。Goffinet, *op. cit.*, no. 29, pp. 44–49.
24) 隣接したナミュール伯領については，こうした諸社会層を総体的に扱った叙述として，Genicot, L., *L'économie rurale namuroise au bas moyen âge*, 3, *Les hommes-Le commun*, Bruxelles, 1982, pp. 353–365 がある。
25) パトロナージュについては，Imbart de la Tour, P., *Les paroisses rurales du IXe au XIe siècle*, Paris, 1900, pp. 175–215 を参照。オルヴァル修道院の小教区教会のパトロナージュ所有は，小教区教会に属する世俗収入の受益及び司教への司祭推薦権と規定される，狭義のパトロナージュを核としながらも，小教区の土地を対象としたかなり包括的な支配と捉えられていたようである。
26) Goffinet, *op. cit.*, no. 328, p. 352.
27) *Ibid.*, no. 427, p. 441.
28) *Ibid.*, no. 7, p. 13.
29) *Ibid.*, no. 38, pp. 64–65.
30) *Ibid.*, no. 16, pp. 23–27; no. 67, pp. 78–79.
31) 以上の点については，舟橋「シトー会修道院の所領形成と周辺社会――オルヴァル修道院12世紀文書の分析――」4頁を参照。
32) Goffinet, *op. cit.*, no. 16, pp. 23–27.
33) *Ibid.*, no. 35, pp. 57–62.
34) *Ibid.*, no. 72, pp. 111–112.
35) Noël, art. cit., p. 285.
36) Goffinet, *op. cit.*, no. 29, pp. 44–49.
37) *Ibid.*, no. 29, pp. 44–49.
38) *Ibid.*, no. 79, pp. 117–118.
39) *Ibid.*, no. 326, pp. 349–350.
40) *Ibid.*, no. 447, pp. 459–460.
41) *Ibid.*, no. 448, pp. 460–464.
42) *Ibid.*, no. 448, pp. 460–464.
43) *Ibid.*, no. 532, pp. 566–567.
44) Barbier, *op. cit.*, no. 1, p. 3: Miraeus et Foppens, *Opera diplomatica*, Bruxelles, 1734–1748, 4, pp. 194–195.
45) Barbier, *op. cit.*, no. 7, pp. 6–7.
46) *Ibid.*, no. 6, p. 6: *Analectes pour servir à l'histoire ecclésiastique de la Belgique*, Louvain, 1868–1890, 17, pp. 10–12.
47) Barbier, *op. cit.*, no. 65, p. 44: *Analectes*, 7, pp. 372–374.
48) Barbier, *op. cit.*, no. 2, p. 3: Miraeus et Foppens, 4, p. 359.
49) Barbier, *op. cit.*, no. 81, p. 49: *Analectes*, 8, p. 232.
50) このような階層については，Genicot, *L'économie rurale*, 3, *op. cit.*, pp. 353–365 を見よ。

51) Pector, *op. cit.*, pp. 124-127.
52) Barbier, *op. cit.*, no. 22, p. 13: *Analectes*, 11, p. 181.
53) Spède, R., Prémontré ou la place de l'ordre éponyme au sein de l'architecture monastique, in *L'ancienne abbaye de Floreffe, 1121-1996*, (Etudes et documents: Monuments et sites, 2), Namur, 1996, pp. 26-29.
54) Barbier, *op. cit.*, no. 22, p. 13: *Analectes*, 11, p. 181.
55) Barbier, *op. cit.*, no. 69, p. 45: *Analectes*, 9, pp. 265-266.
56) Barbier, *op. cit.*, no. 38, pp. 22-23.
57) *Ibid.*, no. 27, p. 14.
58) *Ibid.*, no. 148, p. 71.
59) *Ibid.*, no. 32, pp. 18-19.
60) *Ibid.*, no. 60, p. 27.
61) Genicot, L., *L'économie rurale namuroise au bas moyen âge*, 1, *La seigneurie foncière*, Namur, 1943, pp. 1-18.
62) Brunel, Agriculture et équipement, art. cit., pp. 129-130.
63) Barbier, *op. cit.*, no. 6, p. 6: *Analectes,* 17, pp. 10-12.
64) Barbier, *op. cit.*, no. 4, pp. 4-6.
65) 枯れ木権と呼ばれるものの内容は、研究史においても確定されていないようだが、ともかく燃料採取を主としており、放牧に必要な生の草を含んでいないことは確かである。
66) Barbier, *op. cit.*, no. 22, p. 13: *Analectes*, 11, p. 181.
67) Barbier, *op. cit.*, no. 196, p. 88; no. 209, p. 93: *Analectes*, 8, p. 371.
68) Barbier, *op. cit.*, no. 22, p. 13: *Analectes*, 11, p. 181.
69) Barbier, *op. cit.*, no. 24, p. 13: Hugo, Ch., *Sacri Ordinis Praemonstratensis annales*, Nancy, 1739, 1-prob., col. 56; 2-prob. col. 10.
70) Barbier, *op. cit.*, no. 187, p. 85: *Analectes*, 10, p. 377.
71) Barbier, *op. cit.*, no. 188, p. 85.
72) *Ibid.*, no. 204, p. 92: Galliot, *Histoire générale ecclésiastique et civile de la ville province de Namur*, Liège, 1788-1789, 5, p. 410.
73) Barbier, *op. cit.*, no. 451, pp. 250-251.
74) Pector, *op, cit.*, pp, 124-127.
75) Barbier, *op. cit.*, no. 74, p. 46: *Analectes*, 8, pp. 230-231.
76) Barbier, *op. cit.*, no. 76, pp. 46-47.
77) *Ibid.*, no. 82, p. 49: *Analectes*, 8, pp. 233-234.
78) Barbier, *op. cit.*, no. 83, p. 49.
79) *Ibid.*, no. 251, p. 109: *Analectes*, 17, pp. 64-65; Barbier, *op. cit.*, no. 252, p. 110: *Analectes*, 17, p. 66.
80) Brunel, L'élevage, art. cit., p. 57; Ervynck, A., et Meulemeester, J., La viande dans l'alimentation seigneuriale et la variété des terroirs: L'exemple des Pays-Bas méridionaux, in Colardelle, M. (ed.), *L'homme et la nature au moyen âge. Actes du Ve congrès international d'archéologie médiévale (Grenoble), 1993*, Paris, 1996, pp. 39-40.

81) Noël, art. cit., p. 287.
82) Pector, *op, cit.*, pp, 194-202.

近世北東ボヘミアにおける手工業と領主制
——18世紀中葉シュタルケンバッハ所領の事例に即して——

碓井　仁

はじめに——研究史の概観と問題の所在——

　15–16世紀以降のエルベ河以東地域に形成されたグーツヘルシャフトでは，領主が劣悪な保有権のみを保証された農民の賦役労働を駆使して大規模な市場向け農場経営を営み，農民を含む所領内居住民は，領主の排他的な裁判・警察権のもとで人身支配を受けていた。近世ヨーロッパにおけるエルベ河を挟む農業編成上の「二元性」の認識に基づき，G. クナップが提起した上のグーツヘルシャフト論は，今日に至るまで社会経済史研究の焦点の一つを形成している(Knapp, 1887)[1]。

　本稿で対象とするボヘミア地方についても，クナップ学派のC. グリュンベルク，および，その立場を忠実に継承したW. シュタークの業績を研究史の出発点としている (Grünberg, 1893: Stark, 1952)[2]。とくにシュタークは，グーツ管理機構の詳細な検討から，ボヘミア・グーツヘルシャフトの特徴を「内に向かって，すなわち社会構成においては封建的であったが，外に向けて，すなわち市場との関係においては資本主義的であった」と表現し (Ibid., 270)，領主の利潤追求に資本主義的特性を見出しつつも，基本的には15–19世紀を通じた重層的な封建的諸関係の貫徹を認めたのである。

　このシュターク説は，チェコの伝統的な民族的歴史学で主張されてきた三十年戦争後の「暗黒 (テムノ Temno) 時代」テーゼを社会経済史の側面から裏付けるものであったが，それに対して1970年代までには，その見直しを迫る見解

が政治史・文化史の側から提起された (Richter, 1974, 321-39)。それと時を同じくして社会経済史においても，1960年代以降の農村工業史研究の成果を携えたA. クリーマが，工業だけでなく農業においても，グーツヘルシャフト下に「農民的貨幣経済」が高度に展開したことを明らかにし，いわば「下から」の社会経済的諸力の上昇を照射したのである (Klíma, 1975)[3]。

ところで，クナップらが想定してきた中・東欧の一元的社会像も，実証研究の進展につれて，近年相対化されつつあることに注目したい。19世紀末から1980年代までの研究史を丹念に辿ったH. カークが，グーツヘルシャフトの歴史的基点や領主権の集積度合い，農業・自然諸条件，農村工業の発展水準，人口動態などの違いによる顕著な地域差を指摘し，それを踏まえた理論の抜本的再構成を最重要課題に挙げているからだ (Kaak, 1991, 289-98, 429-47: Kaak, 1994)。ただ，この点でボヘミア史研究が立ち遅れている事実は否めない。カークは，クリーマらの成果を引用しながら，ボヘミアを「グーツヘルシャフトの周辺地域」「エルベ以西・以東間の移行地域」に位置付けている (Kaak, 1991, 414-9)。しかし，ここでは総論的な論述にとどまっており，地域を絞り込んだ研究の必要性がいっそう痛感されるのである。

以上のグーツヘルシャフト論と系譜は異なるが，過去四半世紀以上にわたるプロト工業化論争でも新たな問題関心の高揚を看取できる。論争の出発点となった1970年代には，領主制的・共同体的な社会制度をプロト工業形成の障碍，そしてプロト工業の進展につれて自ずから解体されるものとする見解が有力であった (Kriedte, Medick & Schlumbohm, 1977, 26-35)[4]。しかし1990年代初頭から，「プロト工業研究の第二世代」を標榜する研究者を中心に，地域ごとに異なる社会制度と関連づけて，工業化の多様な経路を辿る試みが始まっているからだ (Ogilvie, 1996: 田北, 1997)。とくにオーストリア学界で「第二世代」を代表するM. チェアマンは，クリーマも取り上げた北部ボヘミア手工業地域の中核であるフリートラント FriedlandとライヒェンベルクReichenbergを対象に据えて，工業化と領主制の相互関係を追究している。彼の関心は現在までのところ，ウィーンの工業化を扱った論考を除けば (Cerman, 1993)，17世紀までの「プロト工業」形成期に向けられているが，今後の研究指針を示した成果として無視す

彼は，封建的諸関係をプロト工業化の阻碍要因に還元する姿勢に警鐘を鳴らしたクリーマ説を継承し，同時に，これまで手薄であった人口・家族史研究にも取り組みながら (Cerman, 1997a)，グーツヘルシャフト論の根本的再検討を始めている。そのために，まず14–17世紀に伝来する『土地台帳』Urbarium の網羅的分析から，14–15世紀中の山地部農村・荒蕪地への大量入植，および，それと並行した顕著な階層分化と農業外からの所得補完を必要とする農村下層民の発生という，社会構造上の変化を明らかにした。そしてここに，「ツンフトカウフ」の展開など，中東部ドイツ手工業地域全体を巻き込んだ16世紀以降の市場諸関係の変化にとって，農村下層民が家内紡績工として関与した社会経済的条件を見出したのである[6]。

このような変化に対してグーツヘルシャフト——彼はその指標に，世襲体僕制の浸透，領主による手工業・市場独占，グーツ収入構成の「地代型」から「直営型」への傾斜および賦役制強化の四点を挙げ，その起源を15–16世紀に遡及して考える (Cerman, 1996, 81–149)[7]——は，独自の仕方で対応したという。すなわち，亜麻などの領内資源が「最適利用」される限り，封建的規制それ自体がプロト工業を阻碍することはなく，その一方で，領主のプロト工業への積極的な関与も稀であった[8]。むしろ，プロト工業化の進行につれて土地から遊離しつつあった領民に対し，ますます多くの領主直営下の生産物——とくにビール・穀物・乳製品・木材——を販売するために，領主権の集積を強力に推進したのである (Ibid., 376–95)[9]。

チェアマンは，学位論文の結論で M. ミシュカの所説を引用しながら「ボヘミアのプロト工業は封建制の胎内で成立・成長した」と述べたが (Ibid., 513; Myška, 1996, 191)，ここから明らかなように，彼の最大の功績は，工業化とグーツヘルシャフトとを互いに排除し合うと捉えず，むしろ，それらの相互関係のなかに各々の発展の可能性を見出した点にある。とくに，プロト工業と領内商・工業との活性化にともなってグーツヘルシャフトが変化するとの視点は，本稿でも継承される。ただ，それらが領主権の強化，端的には，醸造業と農・林業を中心とする領主直接経営の拡充，および，それを維持するための賦役制や体僕制

の強化に導いたか否かについては，検討の余地があると考える。

　ところで，18世紀の「プロト工業」発展期に関して彼は，近年主張されている「1730-40年代ボヘミア経済の分水嶺」説を意識して (Ibid, 192-3: Svoboda, 1991, 122-3)[10]，1781年『農奴制廃止勅令』Leibeigenschaftsaufhebungspatent を待たずにグーツヘルシャフトの変容が促進されたと展望している。この問題について興味深い所説を提示したのが，隣接のハラッハ Harrach 伯領シュタルケンバッハ Starkenbach，および，その一ゲマインデであるロホリッツ・アン・デア・イーゼル Rochlitz an der Iser (以下ではロホリッツと略す。場所は地図1，2を参照) につき，1974年と93年に史料集を刊行したH. ドーントである (Donth, 1974 / 1993)。ここで彼は，各史料集の史料解説部でその制度的特質を概観し，とくに93年には，既述の研究動向の変化を踏まえて，硬直的なグーツヘルシャフト像の見直しの必要性を指摘した (Donth, 1974, 11-5: 1993, 20-7)。すなわち，18世紀前半に伝来する多様な類型の史料から，古典学説の骨格をなす土地領主制，裁判領主制および体僕支配制の諸特質——領民による貨幣・現物貢租の支払いおよび賦役給付義務，彼らに対する土地緊縛と移動・職業選択・婚姻上の制限，家産制的裁判権・行政権の行使，ならびに，製粉・ビール・塩に関わる営業独占——を再構成する手法は踏襲されている。その一方で18世紀中葉に関しては，域外市場向け手工業における生産・流通組織の再編，および，人口増加など社会経済構造の転換に対応した制限的措置の一部改革という領主制の変化を認めているのである (Ibid., 20-3)。ただ，93年にもドーントは，「シュタルケンバッハ所領における制度的特質の理論的総合は今後の課題」と述べるにとどまっており (Ibid, 20)，これを引き継いで追究することが本稿の狙いとなる。

　最後に，本論での論述手順を記せば次の通りである。まずIでは，18世紀における変化の諸相を浮き彫りにするために，その先行条件を概観する。そのために，1688年に作成された『土地台帳』(Donth, 1974, 183-302) に即してシュタルケンバッハ所領・ロホリッツの社会経済構造を一瞥した上で，1720年代まで訓令・指図書——1706年『代官マレークへの訓令』Instruktion für Hauptmann Marek (Donth, 1993, 237-69)，1722年『一般訓令』Universal Instruktion (Ibid., 271-329) および1729年 (44年に一部改訂) 『所領経営細目規則』Partikular Wirtschafts Punkta

近世北東ボヘミアにおける手工業と領主制　　　　　　　　　177

地図1　18世紀末ボヘミア地方における麻・ガラス工業の展開

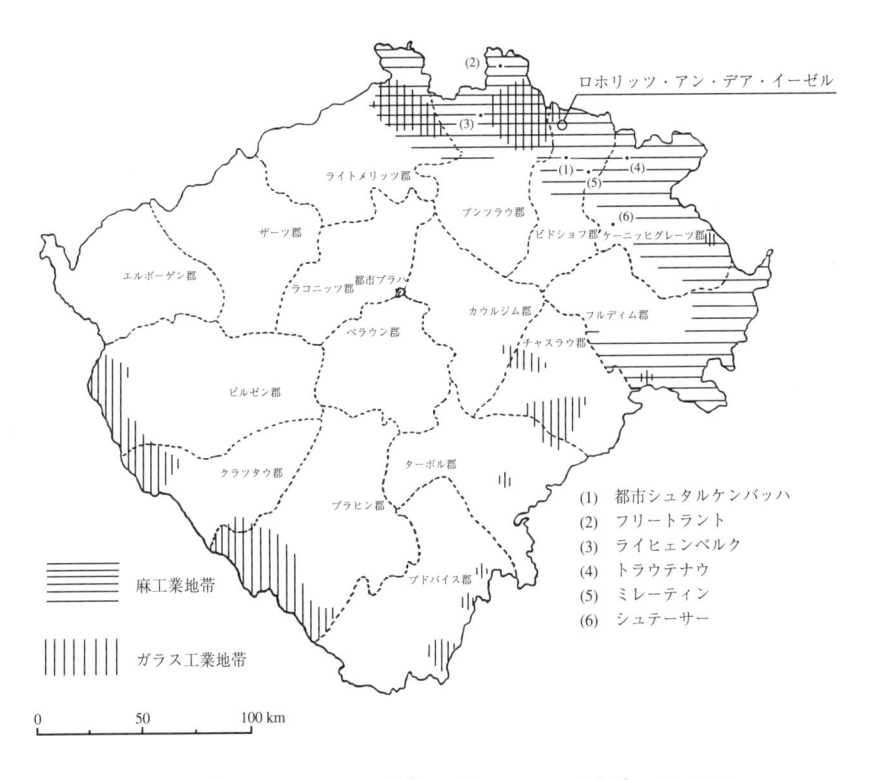

ロホリッツ・アン・デア・イーゼル

ライトメリッツ郡
ブンツラウ郡
ビドショフ郡　ケーニッヒグレーツ郡
ザーツ郡
エルボーゲン郡
ラコニッツ郡
都市プラハ
カウルジム郡　フルディム郡
ベラウン郡
チャスラウ郡
ビルゼン郡
クラッタウ郡
ターボル郡
プラヒン郡
ブドバイス郡

(1) 都市シュタルケンバッハ
(2) フリートラント
(3) ライヒェンベルク
(4) トラウテナウ
(5) ミレーティン
(6) シュテーサー

≡≡≡ 麻工業地帯

||| ガラス工業地帯

0　　50　　100 km

典拠：Myška, 1996, 189 および Otruba, 1965, 242–58, 295–303 より筆者作成。

地図 2　19 世紀前半のシュタルケンバッハ所領

1. シュタルケンバッハ
2. マルティニッツ Martinitz
3. ロストーク Rostok
4. カルロフ Karlow
5. クルーフ Kruch
6. クンドラティッツ Kundratitz
7. ヴェマーシッツ
8. ジトヴァ Sittowa
9. フラバチョフ Hrabačow
10. エストルジャーブ Jestřab
11. ヤブロネッツ Jablonetz
12. ロホリッツ・アン・デア・イーゼル
　(a) オーバーロホリッツ
　(b) ニーダーロホリッツ
　(c) フランツェンタール
　(d) ザイフェンバッハ
　(e) ノイヴェルト, ハラッハスドルフ

典拠: Donth, 1974, 47.

(*Ibid.*, 330–58)。なお史料上の性格は異なるが，18世紀中の変化を明らかにするために，記載内容が重なる項目について1744年改訂版『規則』を1688年『土地台帳』と比較する——の発布を通じて行われた，領主ハラッハ伯による段階的な所領経営再編の概要を確認する。それを踏まえてIIでは，18世紀中葉ロホリッツの社会経済的な構造変化を「手工業定住」の輪郭の確定という観点から考察し，続くIIIでは，それを契機とした所領再編の諸相を，上記のチェアマンとドーントに共通する視点を継承しながら追跡する。ここで史料基盤に据えるのは，領民の嘆願に対する伯の回答，伯が所領管理人 Gutsbeamten に向けて発布した「条例」Verordnung など，多様な類型の史料(計163通)からなる1720–55年『領主裁定録』Hauptprotokoll (*Ibid.*, 359–451。本論中で史料を引用する際には，省略形Hとおよそ年代順に付けられた史料番号とを併せてH1のように表記する)である。とくにIIIでは，ハラッハ伯エルンスト・キドー Ernst Quido (治世期1749–83年)が所領を世襲した直後に発布した，1749年(H129)と1752年条例(H144)を取り上げて考察する。両条例が，世襲前後の社会経済構造の変化に応じたエルンスト・キドーによる諸改革の方向性を示しており，その意味で，本稿の課題解明にとって絶好の素材を提供しているからである[11]。

I　シュタルケンバッハ所領の構造的特質とその変化

(1)　17世紀末シュタルケンバッハ所領の社会経済構造

1688年『土地台帳』によれば，領主直営地 Meierhof と世襲保有地(「ルスティカルラント」Rustikalland)[12]とを合わせたシュタルケンバッハ所領の耕地面積は，6,000シュトリヒ Strich 弱(1シュトリヒ=0.257 ha)，約1,500 haに達していた(表1および後掲の表2)。しかし，ボヘミア北部の山地帯にある当所領が農業条件に恵まれていたとは言い難い。生産量に関する情報は伝来していないが，肥沃度——「良」fruchtbar，「並」mittelmässig，「下」unfruchtbar および「下の下」schlecht unfruchtbar の四範疇——で「良」に分類されたゲマインデが領内に存在しないからである(表2)[13]。

表1 領主直営地

地図No.	立地	耕地面積	牧畜	
			1688年	1744年
1	シュタルケンバッハ	330 St.	38	50
4	カルロフ	346 St.	28	0
6	クンドラティツ	208 St. 4 V.	32	30
7	ヴェマーシッツ	228 St. 2 V.	31	35
9	フラバチョフ	324 St.	31	50
12	ロホリッツ	0	120	240
	ザザトカ	180 St.	32	0
	モラフシッツ	98 St.	6	16
	合計	1,715 St. 2 V.	318頭	421頭

典拠：1744年牧畜は Donth, 1993, 340-3、その他は Donth, 1974, 198-204。
注：耕地面積の単位は「シュトリヒ (St.) フィアテル Viertel (V.)」(表2も同じ)。
　　牧畜は牛と山羊の飼育数に限定した。ザザトカ Sasadka とモラフシッツ Morawschitz の場所は不明。

　その一方で、領内の社会経済構造は南北間で大きく異なっていた。まず、相対的に地味に恵まれた所領南部には、穀作向け領主直営地が集中し(表1)、また、比較的保有規模の大きい領民も多数確認される(表2)。それと対照的なのが、より山地部に位置する北部ゲマインデであった。そこに直営地は立地しておらず、とくに最北部のロホリッツでは、領民の保有規模は最大でも14シュトリヒ、平均では5〜6シュトリヒと零細保有の点で際立っている[14]。したがって、ドーントが「北東ボヘミア手工業定住の代表例」と表現したように(Donth, 1993, 7)、ロホリッツ領民の多くは、農・工兼営の形での手工業従事により糊口をしのいでいた。ただ、それを社会経済的な受け皿として人口は1723年の2,445人(1702年の人口密度は一平方キロメートル当たり29.5人)から、1788年には5,360人(人口密度同72.4人)へ急増し、それにつれて保有規模がいっそう細分化した事実も指摘しておきたい(Ibid., 10-2, 29-30)[15]。

　ところで、以上の17世紀末の農業基盤における南北格差が、そのまま賦役給付の軽重の対照を生み出していたわけではない。表2の「保有規模別」と「賦

役給付別」の領民数の比較から明らかなように，ロホリッツ領民が負った賦役は，彼らの狭小な保有規模にもかかわらず，他のゲマインデに比べて傑出している。とくに連畜賦役は，ロホリッツ以外のゲマインデで 12 シュトリヒ以上の耕地を保有する領民に課されるのが通常であったが，ロホリッツでは「入植者」Wüstigere を含む 108 名が給付した。

この間の事情は，ロホリッツにおける領主直営の「家畜飼育小屋」Gebirgsbauden の存在と，その 18 世紀前半の拡大とから説明できよう（表1）。すなわち，領内最大規模の家畜小屋がいわば「擬制直営地」の役割を担い，穀作労働と同じ重い賦役労働——家畜の放牧（夏）と厩内飼育（冬）——が要求されたのである。牧畜の基礎となる干し草産出高が，必ずしも他のゲマインデより有利であったとは言えないが（表2）[16]，このように重い賦課が行われたこと自体，南部＝穀作，北部＝手工業・牧畜という所領内分業の形成を狙うハラッハ伯の意図の介在を示唆して興味深い。

（2） 18 世紀前半における所領経営再編

以上のような所領全体の社会経済構造，および，18 世紀初頭に至るその変化に対応しつつ，ハラッハ伯は，1720 年代までにいくつかの段階を経て所領経営の再編を進めてきた。この点を筆者は，前記三訓令を手掛かりに別稿で検討したが，その要点をまとめれば次の通りである（碓井，1998）。

シュタルケンバッハ所領における再編の直接的契機は，1705 年ロホリッツで発生した「ビール醸造所係争」——伯によるロホリッツでの醸造所建設計画に端を発した足掛け 5 年にわたる「反賦役係争」——であった[17]。

この時期のロホリッツ手工業は，シュレージェン，ザクセンとの地域間分業に基づく麻糸・ガラス中間製品生産を核として，「手工業定住」への発展の「第一段階」にあった。それと並行して領内での農・工分業関係も創出されつつあり，このような状況の中で，伯の醸造所——後述のように領主最大の収入源であった——建設計画が浮上した。別言すれば，この計画は，ロホリッツを結節点に展開していた地域内外の商品・貨幣流通を最大限に利用し，収入増を図る狙いをもっていた。しかし，その際の賦役がロホリッツの社会経済的実情を無

表2　1688年世襲保有地

地図No.	ゲマインデ	肥沃度	耕地面積	干し草	保有規模 ~30 St.	~12 St.	~4 St.
1	シュタルケンバッハ	—	180 St. 2 V.	7 1/2		9	7
2	マルティニッツ	並	271 St.	75	4	7	1
3	ロストーク	下	519 St. 2 V.	82 1/2	6	15	2
4	カルロフ	並	79 St. 2 V.	19 1/2		4	
5	クルーフ	並	309 St.	53 5/8	2	10	3
6	クンドラティツ	並	525 St.	96	2	19	4
7	ヴェマーシッツ	並	612 St. 1 V.	97 1/2	7	17	4
8	ジトヴァ	下	165 St. 1 V.	40 1/2		8	5
9	フラバチョフ	下の下	213 St. 1 V.	48 1/2	2	8	2
10	エストルジャーブ	下	147 St.	39 3/4		8	4
11	ヤブロネッツ	下の下	447 St. 1 V.	87 3/4	2	19	7
12	ロホリッツ	下の下	666 St.	251 3/4		8	75
(a)	オーバーロホリッツ		282 St. 3 V.	86 1/8		3	37
(b)	ニーダーロホリッツ		348 St. 1 V.	138 5/8		5	36
(c)	フランツェンタール		30 St. 2 V.	21			2
(d)	ザイフェンバッハ		4 St. 2 V.	6			
	合計	—	4,135 St. 2 V.	899 7/8	25	132	113

典拠：Donth, 1974, 218–65。
注：「干し草」は，一番刈りと二番刈りとを合わせた産出量。単位は「フダー」Fuder（量目は不明）。
　　都市シュタルケンバッハには賦役給付義務を負わない9名の「自由人」がいるものと考えられる

視して課されようとし，また，「農民保護」の嚆矢であるレオポルト一世発布の1680年『賦役勅令』Robotpatentにも抵触していたため，下級裁判官Richterなど「村役人」を中心とする広範な領民層の頑強な反発を招いた。このような事態を受けた所領再編の「第一段階」として，1706年『訓令』が発布され，領内の自然・農業諸条件の違いを踏まえた賦役徴収原則の見直し，および，それに対応した所領管理組織の再編が開始されたのである。

　1720年代の「第二段階」は，プロト工業だけでなく，域内市場向け手工業の

(「ルスティカルラント」)

別　領　民　数			賦　役　給　付　別　領　民　数					
～0 St.	0	合計	連畜賦役	手賦役	シャルプナー	ホイスラー	入植者	合計
	43	59	1	17	32			50
1	12	25	11	1	13			25
	1	24	22	1		1		24
2	8	14	4			10		14
2	2	18	14	2		5		21
		25	21	4				25
	5	33	24	1	8			33
7	1	21	9	2	10			21
4	11	27	10	1	16			27
3	8	23	9	5		11		25
5	1	34	25	1		8		34
54	10	147	71	9		32	37	149
10	2	52						52
29	1	71						71
11	7	20						20
4		4						4
78	102	450	221	44	146		37	448

「シャルプナー」Chaluppner と「ホイスラー」Häusler との区別の基準は不明。
が，その他のゲマインデにつき，領民数が一致しない理由は不明。

成長，年市や居酒屋を舞台とした対外的な人的交流など，所領内外の社会的分業関係の深化によって特徴付けられる。この時期の所領再編では，「第一段階」の方向をさらに推進しただけでなく，伯の主要な収入項目——農業，森林経営およびビール醸造業を中心とする農業外の経営——に対応した所領管理人の再配置と，農業部門を中心とする経営の「合理化」とが進められた。

なお，「第一段階」の懸案であった賦役制再編の「第二段階」での行方については，1725年『土地台帳』Kataster (Donth, 1974, 304–52) にも情報はなく，後述

の紡績賦役の金納化などの断片的史実を除いて詳細は明らかでない。しかし，1722年『訓令』では，上記の「係争」で示された新たな社会経済的状況を考慮して，グーツヘルシャフトの根幹部にも手が加えられた。すなわち，領民各層の強固な共同体的結束の取りまとめ役を担った「村役人」層を所領管理組織に組み込んだだけでなく，相続などの非係争事項を中心とする下級裁判権も，彼らに移管されたのである。

ところで，1730年代以降ロホリッツは名実ともに「手工業村落」としての構造を確立し，この新たな状況に対応すべく，ハラッハ伯は1740–50年代に再び多数の「条例」を発布して所領経営の抜本的改革に踏み切る。したがって，II以下での検討が，所領経営再編の仕上げ局面をなす「第三段階」を対象としていることを再確認しておきたい。

II　18世紀中葉ロホリッツにおける手工業発展

1740–50年代のロホリッツ手工業は，質・量両面でこれまでにない大きな変化を経験した。この点を，転換の準備期である1720–30年代にまで遡り，プロト工業と域内市場向け手工業とにつき考察しよう[18]。

（1）麻 工 業

リーゼンゲビルゲ麻工業地帯の一角を占めたロホリッツでは，17世紀以来一貫してレース・ヴェール用の軽量糸Lothgarnが生産され，ドイツ商業資本の手を通じて低地諸邦の最終加工地に輸出されていた[19]。その内部構成について語る伝来史料は少ないが，ここでは，「第二段階」までの変化を端的に示す二つの重要な史料を挙げておきたい。その一方は，1722年『一般訓令』第186条で，17世紀以来賦役としても組織されていた紡績業が年300グルデンで金納化されたことを伝えている（Donth, 1993, 303, 348）。他方は1725年『土地台帳』で，137名のロホリッツ居住民のうち37名もの専業紡績工――織布工は1名に過ぎない――を挙げて，紡績賦役の金納化の背景にあった麻糸生産の浸透ぶりを浮き彫りにしている。また，ドイツ資本の代理人としてシュレージェン・ザクセン

との麻糸取引に携っていた「麻糸集配人」Garnsammler 家系, ベルクマン Bergman (クリストフ Christoph・ゲオルク Georg 兄弟) の名もあり, 域外との稠密な商業関係も窺わせた。

　その発展の延長線上に, 18 世紀中葉の新たな展開がくる。1774 年に北部ボヘミア手工業地域を巡察したツィンツェンドルフ Zinzendorf 伯の報告によれば, ロホリッツでは「織布工よりも紡績工が多く, おもにボヘミアおよびシュレージェン産の亜麻を用いた軽量糸――織布には適さない――が紡がれて」おり, 紡績業を中心としていたことに変わりはない (Goehlert, 1873, 291)。しかし 1754 年には, ヴェール製造業者 Fabrikant[20], クリスティアン・シュミット Christian Schmidt とハインリヒ・コノパッチ Heinrich Konopatsch が新規の作業場建設のための建材供与をハラッハ伯に嘆願しており, 麻糸生産にとどまらない, 加工工程の拡充を強く示唆する (H157/41)。また, 同年には織布工ツンフトも結成されて, 織布用糸 Webergarn を用いた織布業の発展も窺えるのである (H158/25)。

　これらの生産の発展と並行して, 1752 年に麻糸取引におけるボヘミア商人の外国市場向け販売への進出, すなわち, ドイツ商業資本の下請の地位からの脱却の画期をなすトラウテナウ Trautenau 商会が, ロホリッツのアントン・マイスナー Anton Meissner を中心に設立された事実も見逃せない (H157/44)。この商会には, ロホリッツだけでなく, トラウテナウ, アルナウ Arnau などシュタルケンバッハ所領に隣接する北東ボヘミア一帯の麻糸商人も参加し, 低地諸邦との麻糸取引額は年 10 万グルデン以上に達した[21]。換言すれば, この商会の活動のなかに, 域外市場向け手工業の活性化に伴う商人・手工業者の「地域統合」を見て取ることも可能なのである。

　ところで, チェアマンは, プロト工業従事者を領内資源の需要・消費者と理解し, その限りで「領主的貨幣経済」の源泉と見なした。しかし, ここロホリッツでは, ハラッハ伯の麻工業への積極的な関与も知られている。手工業関連の手数料・使用料の増収が目的であったにせよ, 既述の紡績賦役の金納化, および, 1725 年『台帳』での専業従事者や「麻糸集配人」の活動の容認は, その点を示唆した[22]。より直接的な証言は, 次の 1752 年条例第 6 条の規定に見られる。ここでは, 亜麻栽培者への種子 (亜麻仁) の前貸しによる利益の確保と併せ

て,「所領管理人は, 領民の主たる生計の糧である麻糸・麻織物業につき, その没落に至る詐欺まがいの行為が行われぬよう, 十分注意を払うべし。とくに, 麻糸取引に最も関与している下級裁判官に対し, 規格に合った糸車を使用させるよう監督すべし。また, 裁判官らが麻糸購入に際して貧しき者どもを苦しめることを許してはならない」と, 生産手段の規格化, および, 問屋商人の性格を有した裁判官ら上層領民からの直接生産者層の「保護」を指示しているのである (H144 / 6)。

(2) ガラス工業

リーゼンゲビルゲの豊かな森林資源と良質の珪石原料に恵まれたロホリッツには, 17世紀以来ガラス工業が立地し, 17世紀中はザーレンバッハ Sahlenbach とザイフェンバッハ Seifenbach, 18世紀以降はノイヴェルト Neuwelt において, シュレージェンとの工程間分業のもとで活発な営業が展開された。ロホリッツで生産された未加工ガラスがシュレージェンへ運搬されて, ガラス彫刻, カッティング, 絵付・彩色などの仕上が施された後, 高い工芸価値をもった商品として市場で販売されたのである (Parsche, 1977, 20–38: Donth, 1993, 14–5)[23]。

しかし, ガラス工業も1740–50年代に大きな転換点を迎えることになった。それを担った中心人物が, ザッハーリウス・ラングハマー Sacharius Langhammer である。彼は, ハラッハ伯に嘆願して, 1743年領外でのガラス金彩色の修業を許可された (H107)。すなわち, それまでシュレージェンに依存していた仕上工程の自立化を促し, 1752年には12名もの金彩色工を数えたノイヴェルト・ガラス工業の繁栄にとって, その礎を築いたのである (Donth, 1993, 470–1)[24]。

ところで, ガラス工業の発展を支えた労働力は, 彼ら「工場」内の熟練工だけでない。ガラスや鉄・非鉄工業で指摘されているように, 量的にはむしろ, 原材料や燃料の調達, 商品・食糧の運搬などの補助労働に従事する階層が圧倒的であった (Jindra, 1974, 280–3: Klíma, 1984, 500–3: Pickl, 1986, 27–33)。この点でロホリッツも例外でなく, それはゲマインデの社会構造の変化に強く反映している。『領主裁定録』には, 1730年ダニエル・ラングハマー Daniel Langhammer——前記S.ラングハマーの血縁者——を嚆矢として (H17), ノイヴェルトに隣接す

るハラッハスドルフ Harrachsdorf での定住・家屋建設願いに対する許可証が，1751 年まで少なくとも 22 通残されている。また，1737 年にはガラス親方ハンス・ヨーゼフ・ミュラー Hans Josef Müller 自らが，「工場隣接地」に家屋を建設するための援助を嘆願し，それに対して必要とされるだけの木材が供与されただけでなく，伯の定期金勘定への支払いのうち 100 グルデンが免除された (H51)。このような状況を受けて，1754 年にはハラッハ伯も，その使用強制権下にあった製粉所に関して「ハラッハスドルフ居住民が顕著に増加したため，［それまで彼らの製粉所として割り当てられていた］ザイフェンバッハ製粉所だけで賄うことができなくなった」と述べて新設を許可した (H158 / 27)。これらの史料から，ガラス工業の発展と歩調を合わせた，補助労働者の急速な定着が窺えよう。

　その際，ノイヴェルト工場が建設される 1710 年代以前，ハラッハスドルフは「領主採草地」obligkeitliche Wiese として利用されており (Donth, 1993, 546-7)，したがって，彼ら新定住者が伯から小作地（「ドミニカルラント」Dominikalland）を賃借していたことに注意を促しておきたい[25]。また，彼らが保有した土地も，家屋建設許可証での記載が「小家屋」Heüßel/Wohnheüßel となっていることが示唆するように，せいぜい一片の庭畑程度に過ぎなかった[26]。しかし，1730 年代以降の定住増加によって，彼らが「手工業定住」ロホリッツを支える重要な社会層の一角を占めるに至ったことは疑いないのである。

　なお，ノイヴェルト・ガラス工場は，史料中で「お上のガラス工場」herrschaftliche Glashütte と呼ばれたように，ハラッハ伯の所有下にあり，週 7 グルデン (1722 年) と比較的高額の貢租支払いを条件として親方ミュラーに賃貸されていた (H76)。しかし，伯はガラス工場の経営を全面的にミュラーに委ねたわけでなく，領主収入に占める少なからぬ重要性を踏まえて，積極的な支援策を講じていた。この場ではとくに，伯の排他的な用益権のもとにあった森林資源の利用に関する次の三つの措置に注目したい。第一に，ハラッハスドルフの拡大に際して，建材を例外なく無償で供与したこと。第二に，親方ミュラーはシュレージェンから燃料用木材を購入していたが，それに対して伯が，「領内の森林を節約したことの代償として」1726 年には 12 グルデン，46 年にも 25 グルデンの資金を援助したこと (H7, H120)。そして第三に，ノイヴェルトの飛躍的

発展の先駆けとなった金彩色工ラングハマーの登場と時を同じくして，1743年に初めて森林用益権の一部を親方ミュラーに許可したこと。すなわち，小枝と風倒木に限定したものの，木灰・燃料用木材の採取権を「年10グルデンの代価」で認め，より高品質のガラス生産を原料面から支援したのである（H78，H104）。

以上の諸点からも，チェアマンの評価を超えた領主のプロト工業への関与が確認できよう。ただ，この場合でも，1721年ガラス工場の親方ミュラーによる請負権世襲化から看取できるように，ガラス親方の主導力の拡大がその根底にあったことを忘れてはならない（H75）[27]。

（3）　域内市場向け手工業

域外市場向け手工業の成長は，広域的な分業関係の再編を促しただけでなく，シュタルケンバッハ所領全体の経済構造にも大きな影響を及ぼした。この点は，1688年『土地台帳』と1744年『個別経営細目規則』に挙げられた手工業税 steig- und fallende Zinse 賦課の対象職種，および，その金額とを比較するとき，直ちに明らかとなる（表3）。すなわち，職種数は2から13へ増加し，定期金勘定への支払額も倍増した。また，その間の変化は量的な拡大にとどまらない。構成員数は不明ながら，多数の職種での新たなツンフト形成は，H. シュルツが指摘した手工業者の人身支配の弛緩（Schultz, 1984, 15–9: 田北，1987），および，領内での社会的分業関係の深化を強く印象付けたのである。

ロホリッツにおける手工業の多様化・専業化の進展は，『領主裁定録』に収められた嘆願書から看取できる。1730年左官工ハンス・グラーサー Hans Glaser は，シュレージェンでの修業を嘆願してボヘミア左官親方のもとでの修業を許可された（H20）。また1734年にも，鍛冶屋ゴットフリート・シューラー Gottfried Schürer と指物師ハンス・ゲルトナー Hans Geldner が，ゲマインデ内での需要の高まりを窺わせるかのように，いずれも仕事場の拡張を嘆願している（H33，H34）。1730–50年代を画期とした発展の到達点は，1770–99年に伝来する洗礼・埋葬記録簿に基づきドーントが整理したロホリッツの職業一覧から読み取れる。それによれば，「手工業者」に分類された409名のうち，在地市場向け手工業者

表3 手工業税

1688年		1744年	
職種	金額	職種	金額
肉屋	69 fl. 30 xr.	肉屋	56 fl.
靴屋 Z	1 fl. 14 xr.	靴屋 Z	2 fl. 20 xr.
ガラス製造工	2 fl.	ガラス製造工	2 fl.
		パン屋	38 fl. 30 xr.
		鍛冶屋	21 fl. 44 xr.
		錠前工	1 fl. 45 xr.
		石鹸工	1 fl. 10 xr.
		車大工 Z	1 fl. 46 xr.
		桶屋 Z	1 fl. 46 xr.
		仕立屋 Z	4 fl. 40 xr.
		麻織布工 Z	9 fl. 20 xr.
		指物工 Z	52 xr.
		搾油工	4 fl. 40 xr.
合計	72 fl. 44 xr.	合計	146 fl. 33 xr.

典拠：1688年はDonth, 1974, 287–9，1744年はDonth, 1993, 330–1。
注：貨幣単位は「グルデン (fl.) クロイツァー (xr.)」。「Z」はツンフトの略。

が約60％を占めていたのである (Donth, 1993, 12–3)[28]。

ところで，以上の地域内外向けを問わない手工業の発展につれて，領民の手工業修業に際しての手続きも大きく変化してくる。まず，1740年代まで領民が領外に滞在するには多額の貨幣を支払い，保証人を立てた上で，伯の「領外滞在許可証」Loßbriefを得ることが不可欠とされていた。一例を挙げれば，1730年に左官工 H. グラーサーから出された領外修業の嘆願に対して，ハラッハ伯は「嘆願者が信頼の置ける保証人——100ライヒスターラー[グルデンとの交換比率は不明]の保証金を支払い，それに加えて，嘆願者が修業後に再び当所領に戻り，余に帰属する領民に留まることを保証する——を立てた場合に限って，領外滞在を承認する」と裁定を下して，これまでの原則を繰り返している (H20)[29]。

しかし，手工業育成のための措置の一環として，1752年条例第3条では「ラントと所領経営にとって不可欠な手工業の修業につき，それを望む領民に対して例外なく許可されるべし」と規定され，上の制限は撤廃された (H144/3)。そ

ればかりでなく，同第4条では「広範な階層を内包する山地部所領にあって，領民の増加に配慮することが急務となっている」と，領内手工業活動の活性化を念頭に置きながら，人身支配の代名詞ともされる婚姻上の制限の廃止を通じた人口増加・移入さえ図られた (H144/4)。ロホリッツを含めた所領全体の構造変化を的確に認識し，それをさらに推し進めようとするハラッハ伯の意図を看取できるのである。

この点は，手工業税の徴収方法を定めた同第42条の規定から，より明瞭に読み取れる。「手工業税に関する不均等，すなわち，あるゲマインデの手工業者が他のゲマインデの手工業者よりも高額の貢租を支払っていることに鑑みて，所領管理人にあっては，各手工業者間の貢租が公平に保たれるよう対処すべし。その際，手工業税の調整後に現在よりも高額の支払義務を負うことになる手工業者が，それによって苦境に追い込まれぬよう配慮すべし。したがって，現在営業している手工業者は旧来の額に留めおき，新参者に対してのみ，新たに規定した手工業税を支払わせることが最良の措置として考えられよう」と，ゲマインデ間の負担均等化，および，既存の手工業者に課される貢租の据置とを定めた (H144/42)。この場では，手工業関連の「改革」のいわば総仕上げとして，領主・所領管理人の恣意を排して手工業税の定額化が行われたことを確認しておきたい。

III 18世紀中葉シュタルケンバッハ所領の経営再編

1730–50年代の社会経済的発展は，ドーントが指摘した体僕支配の一部弛緩を伴いながら，「手工業定住」を一段高い水準にまで押し上げてきた。その間，チェアマンからはプロト工業の進展と並行して拡充されると考えられた領主直接経営も，新たな再編過程に入る。この問題を，1749年条例 (H129) と1752年条例 (H144) の比較を通じて検討していこう。

(1) 直営地穀作経営

1720年代までの直営地穀作経営では，施肥の促進およびゲジンデ労働と賦役

の監督強化を通じて，その収穫増が図られてきた(碓井，1998, 85)。1749 年条例第 7 条も「直営地での穀作，牧畜および採草地の維持と管理は，従来までの原則に沿って行われるべし」と規定しており，この路線が 1740–50 年代に引き継がれたことは間違いない (H129 / 7)。

ただ，厳しい自然条件下のシュタルケンバッハ所領にあって，穀作経営の改善には自ずと限界があった。むしろ，1752 年条例第 15 条で示された「当所領において最大の利益を生み出すわけではない」との認識から，「手工業定住」ロホリッツを中心とする所領北部では，いち早く「改革」が断行された (H144 / 15)。既に 1743 年には，当地で課されていた灰(直営地での施肥用)の運搬賦役が，「ゲマインデ・ロホリッツ全領民の嘆願」を受けて，年 60 グルデンの代納金支払いと引き換えに廃止されたのである (H98, H105)。

ここで強調したいのは，領主穀作経営に生じた変化が，賦役金納化に限定されないことである。52 年条例第 39 条は，ヴェマーシッツ Wemmerschitz 直営地の解体と領民への賃貸さえ指示しているが (H144 / 39)，それ自体，18 世紀初頭以来の小作化の潮流に沿っていた。すなわち，1740 年代までに開墾された土地は，既述のハラッハスドルフの事例が示すように，多くが小作に出されており，実際に定期金勘定に納められた小作料総額も，1688 年の 158 グルデンから 1744 年には 491 グルデン 31 クロイツァーへと大幅に上昇していた (Donth, 1974, 286–7: 1993, 331)[30]。さらに，この動きが領民の「保有権」の改善に導いたことも見逃せない。52 年条例第 29 条は，「余は，地代支払いと引き換えに小作に出した耕地と採草地について，現在それを賃借している領民に世襲的に委ねることを決定した」と述べて，小作地の世襲を認めたからだ。小作料の設定も，手工業税の定額化を想起させるかのように，「お上も各賃借人も満足できる相応の額での公定」が指示されたのである (H144 / 29)。

しかし，以上の動きがシュタルケンバッハ所領全体を捉えたわけではない。とくに，賦役制に関して前述の 52 年条例第 15 条は，「すべての連畜賦役を穀作に向けるのではなく，それが必要とされる他の労働にも割り振るべし」と，直営地で利用されてきた賦役労働力の再配分を最重要課題としたからだ (H144 / 15)。この南部も含む所領全体の再編の検討は別の機会に譲らざるを得ないが，この

場では，手工業の顕著な発展を示したロホリッツで，直営地をめぐる賦役の金納化，および，小作条件の改善が大きく進展したことを再確認しておく。

(2) 牧畜業

　牧畜業からも，穀作経営とほぼ同様の変化が看取される。先述の1749年条例第7条にも見えるように，経営の「合理化」による増収達成という基本線は継承された。しかし，それも所領全域にわたって一律に適用されたわけではなく，ここでもロホリッツが「改革」の先鞭を付けたからだ。この点を，「擬制直営地」として，ロホリッツ領民に重い連畜賦役を課す根源であった家畜飼育小屋の例に即して明らかにしよう。

　まず，49年条例第8条でハラッハ伯は，施設の維持・拡大が飼料の購入・運搬量の増大に導くことを憂慮しつつ[31]，次のように述べて問題の解決を促した。「山地部[ロホリッツ]の家畜小屋をこれまでと同様に余の直営下に留め置くことが利益となるか，あるいは，賃貸する方が有利であるかにつき，余に寄せられた情報はことごとく異っている。したがって所領管理人は再度話し合いの場を設け，この懸案についての意見を集約した上で余に報告すべし。なお，山地部での牧畜については，余剰の賦役の利用が可能な場合を除き，支払労働を利用してまで維持するつもりはないことを付言しておく」と（H129／8）。

　その最終的な解決は，1752年条例第17条から明らかになる。ここでは，「今後，余の牛と山羊とが領民によって飼育されることはない。その代わりに領民は，これまで負担してきた賦役に相当する貨幣を支払うべし」と，家畜小屋での賦役は金納化され，その上で施設も，直営下にあってゲジンデ労働と賦役とを監督していたシャッファー Schaffer――氏名は不明――に賃貸された（H144／17)[32]。既述の直営地への施肥用灰の運搬賦役と併せて，ロホリッツでの賦役制は大きく後退したのである。

(3) 農業外の領主直接経営

　シュタルケンバッハ所領における領主収入の全体像は明らかでないが，これまで検討してきた領内の社会経済的諸状況と18世紀中の諸措置とから判断する

限り，農業部門が大きな比重を占めていたとは考えられない[33]。したがって，当所領でのハラッハ伯の収入の多くは農業外の営業に由来していたが，ここではビール醸造業を取り上げたい。とくに醸造業は，18世紀前半に繰り返し「最良のレガリア」das beste regal と表現されたように，領主直接経営の焦点として，貨幣収入中でも圧倒的な割合を占めていたからだ (Donth, 1993, 29: 碓井，1998, 84-5)[34]。

　1688-1744年にビール醸造・販売が顕著な発展を示したことは，次の三点から容易に読み取れる。第一に，17世紀に1軒(都市シュタルケンバッハ)であった醸造所が，ロホリッツに新設されて2軒となったこと。既述の「ビール醸造所係争」により一時挫折した計画が，1720年代半ばにどのような経緯で実現したかは不明だが，人口成長の急なロホリッツに新設された意義は大きい[35]。第二に，それを通じて年間醸造量が60樽程度から1,040樽へと著増したこと。一樽当たり9グルデンの居酒屋への販売価格を基準とすれば，年9,000グルデン以上の粗収入が伯の定期金勘定に納められたことになる (Donth, 1993, 334-6)。そして第三に，醸造だけでなく，ビールの販売促進が重視されたこと。この点は販売拠点である居酒屋数の増加(16から25軒へ)に表現されているが，とくに，手工業の活発なロホリッツでは3軒から7軒へと最大の増加を示した。その際，ビール醸造・販売が，領民の需要充足に向けられただけでなかったことに注意したい。ロホリッツでは毎年，教会堂開基祭 Kirchweih に日程を合わせた年市が9月下旬から11月初旬にかけてほぼ毎週開催されており，それに向けた居酒屋での備蓄の確保，および，品質を維持するための「氷室」の設置などの措置を通じて，この時期に数を増してきた外来者に最大限の便宜を与えたからだ。内外流通・生産拠点として「手工業定住」の体裁を整えつつあったロホリッツの社会経済的変化を冷静に見据えながら，それに基づき直接・間接に収入増加を図るハラッハ伯の意図が，鮮明に読み取れるのである(碓井, 1998, 87-8)。

　ところで，ビール醸造業も1750年前後の領主農業経営における再編と決して無縁ではなかった。この点は，醸造原料として不可欠な麦芽用穀物(大麦)の調達方法の変化から看取される。

　まず，1749年条例第7条で「所領管理人にあっては[大麦の]栽培に適した土

地を見つけ出し，十分に施肥を行うように」と，あくまでも領内での栽培が指示された (H129/7)。しかし，52年条例第10条では，シュタルケンバッハ所領で収穫される大麦の品質が劣っていることを指摘しながら，「ビール醸造に向けられる麦芽用穀物はシュテーサー Stösser 所領で調達することが望ましい。したがって，ミレーティン Miletin 所領までは支払労働を，ミレーティンからシュタルケンバッハまでは賦役を利用してそれを運搬させるべし」と，領外からの購入への切り換えが指示された (H144/10)。また，穀物運搬では賃労働も一部採用されているが，他方で，既述の領主農業経営の重要性の低下につれて余剰となった賦役も新たに充当されている。この問題は，所領南部および平野部所領——シュテーサーは，1696年以来ハラッハ伯の世襲領であった[36]——も含めたグーツ経営全体の再編とも密接に関連しているが，この場では，1750年代以降ハラッハ伯に帰属する各所領の社会経済的状況を踏まえつつ，より広域的な再編が始動したことを，「第三段階」の特質として挙げるにとどめておきたい。

おわりに

　本稿では，北東ボヘミアのシュタルケンバッハ所領，とくに「北東ボヘミア手工業定住の代表例」に数えられるロホリッツを対象に据え，18世紀中葉の地域内外市場向け手工業発展と，それにともなう領主制の変化の過程を追跡してきた。その際，ボヘミア経済における「1730–40年代の分水嶺」論を意識し，プロト工業化とグーツヘルシャフトをめぐるチェアマンとドーントの所説から方法的な啓発を受けつつ，その具体相の解明に努めてきた。最後に，標題の「手工業と領主制」に絡めて，本論の検討結果を要約しておく。

　Iでは，1688年『土地台帳』に基づき，シュタルケンバッハ所領全体の構造把握を試みた。その際，領内の南北間では対照的な農業基盤を有していたが，零細保有が圧倒的で，本来プロト工業の立地条件に恵まれた所領北部のロホリッツで重い賦役が課されていたこと，および，それが「擬制直営地」の性格を持つ領主直営の家畜飼育小屋と密接に関係すること，の二点を確認した。それを通じて，ロホリッツにおける地域内外向け手工業発展を踏まえた所領経営再編

の初期状況を明らかにするとともに，18 世紀初頭と 1720 年代を節目とした段階的再編の概要を紹介しながら，本論の検討対象が「第三段階」として再編の仕上局面にあることを指摘した。

II では，1730–50 年代ロホリッツの手工業発展が，それ以前と明確に区別される高水準にまで到達したことを明らかにした。すなわち，域外市場向けの麻・ガラス工業では，地域間分業のもとでの中間製品供給者の地位に甘んずることなく，加工・仕上工程を備えて自立化を達成した。その間，域内市場向け手工業でも，職種の多様化・専業化が進み，一部では，人身支配の弛緩の象徴であるツンフトも形成された。ガラス工場隣接地への多数の補助労働者の吸引・定住化も含めて，質・量両面から文字通り「手工業村落」の輪郭が完成されたのである。

III では，以上の手工業発展と社会構造のいっそうの変化とに対応した，領主制の再編の具体相を考察し，1740–50 年代の「第三段階」では，土地領主制と体僕制の本質部にまで変化が及んだことを明らかにした。

まず，18 世紀前半を通じて一部直営地を含む耕地・採草地の小作化が進められたが，その際，小作地（「ドミニカルラント」）の世襲権容認と小作料決定における領主・所領管理人の恣意の排除が規定され，領民に有利な条件が設定されたことを忘れてはならない。そして，この措置と踵を接して，ロホリッツ領主家畜小屋でも，賦役労働の金納化，シャッファーへの施設の賃貸と，経営の根本的「改革」が進められた。ここに，直営地の土壌改良のために行われてきた「灰」運搬賦役の廃止と併せて，ロホリッツにおける賦役制の解体は大きく前進したのである。

ところで，領主農業経営をめぐるこれらの変化の特質は，手工業部門でも読み取れる。体僕制の象徴であった領外修業の制約，その際の「領外滞在許可証」の取得義務，および，手工業への参入や移入にとって制約条件であった婚姻規制が廃止された。また，小作料の決定方法と同様の原則で手工業税も定額化され，その仕上げとして，上記の域内向け手工業者によるツンフト形成が続くのである。このような変化のなか，領主収入の構成中で，ビール醸造業だけでなく，領主直接経営か否かを問わず，農業外の諸営業に基づく収入の比重が大き

く増加したことは言うまでもない。

　以上のように，所領北部の「手工業定住」ロホリッツについては，プロト工業の発達と領主による領内商・工業促進との並進，および，その内外諸力に駆動された領主制の変容を説くチェアマン説は，領主による積極的なプロト工業支援策の行使を付け加える限り，有効であると言えよう。その意味から，ここロホリッツにおいても，「ボヘミア経済の分水嶺」にあたる 1730–40 年代を境として，領主制の内外にわたる社会諸層の統合は新たな段階を迎えたと見なせる。内的には，社会的階層の多様化により，専業と兼業，熟練と非熟練を問わず「手工業定住」の中核的構成要素となった手工業者層，および，共同体的・職能的結束を形成した領民層との新たな関係が模索された。対外的には，商・工業従事者の領外市場や同職者との比較的自由な往来という能動的側面と，領内市場（とくに年市・居酒屋）への外来者吸引という受動的側面とを併せ持っていたのである。

　このような所領北部の状況を踏まえつつ，本論中でも言及した北部とは対照的な社会経済構造を示す南部および平野部所領を考慮に入れて，ハラッハ伯領全体の制度的特質を把握することが，今後の課題になる[37]。

注

1) 戦後我が国学界でのグーツヘルシャフトをめぐる主要な研究も，クナップ説に大きく依拠してきた(藤瀬, 1960 / 1967: 北條, 1960)。
2) 彼らの所説の批判的検討は，進藤, 1968, 1–18, 161–88 を参照のこと。
3) 近世ボヘミア・オーストリア史をめぐっては，1960 年代以降様々な分野から再評価が進められている。その研究動向の詳細は，碓井, 1996b を参照のこと。
4) ただ彼らも，社会的・文化的・政治的状況に条件付けられた地域工業化の多様性を重視する今日の研究潮流を踏まえて，77 年仮説に修正を加えている（Kriedte, Medick & Schlumbohm, 1998, 12–6）。
5) チェアマンが著した重厚な学位論文は（Cerman, 1996），名古屋大学文学部の若尾祐司教授のご好意により利用することができた。この場を借りてお礼申し上げたい。
6) チェアマンによれば，農村零細民の手工業従事は，同じく所得補完を目的とした林業・牧畜業など多数の選択肢の一つに過ぎず，プロト工業成立を人口要因だけに還元しているわけでない（Cerman, 1997b, 161–8）。中東部ドイツ手工業史については，馬場, 1993, 35–46 および諸田, 1981 も参照のこと。

7) ボヘミア・グーツヘルシャフトの起源については，三十年戦争の歴史的評価とも絡んで論争の的となっている。その際，「封建制の危機」まで遡及するチェアマン説に対して批判的立場をとっているのが，J. チェフラである。彼は賦役制を指標としながら，領主直接経営における三十年戦争以前の全般的な賦役制廃止と賃労働力の利用による「プロト資本主義的」proto-kapitalistisch 経営への転換（Čechura, 1995），および，それらにともなう農民の社会経済的上昇を指摘し（Čechura, 1994），むしろ戦後の「封建反動」の側面を強調する。ただ，この論争は非常に重要な問題を含んでいるが，本稿の時代射程と主旨を超えており，詳細は別の機会を期したい。

8) チェアマンは，H. フロイデンベルガーの研究に基づき，17 世紀末以降の皇帝・領主らによる「プロト工場」設立の事例，および，その温情主義的な特質と地域社会の変容に与えた影響にも言及し，彼らの役割を無視するわけではない（フロイデンベルガーの所説については，Freudenberger, 1963 / 1981 と碓井，1996b, 49–50 を参照のこと）。しかし，17 世紀中の麻工業に限れば，領主の役割はせいぜい「ツンフトカウフ」下での都市・農村間の調整役にとどまっていた（Cerman, 1996, 393–5）。

9) これと同様の見解は，クリーマによっても展開された（Klíma, 1975, 220–2）。

10) この所説が，ハプスブルク経済圏における「長期的で緩やかな経済成長」の再評価，および，工業化に至る条件整備の過程を地域単位で追究する近年の研究動向を踏まえていることを確認しておきたい（碓井，1996b, 58–60）。

11) 1749, 52 年条例が発布された経緯と概要は次の通りである。まず，1749 年条例で従来までの所領経営方針の全面的再検討を 10 ヵ条にわたって所領管理人に指示し，それを踏まえて伯は，1752 年に新たな経営指針を提示した。したがって，52 年条例の構成は，領民支配（1–9 条），ビール醸造業（10–14 条），直営地農業（15–18 条，23–28 条），森林（19–22 条）および地代・手工業税など貨幣貢租の徴収規定（29–46 条）と，所領経営において不可欠な項目すべてを網羅している。

12) ボヘミア農村居住民が保有する土地は，進藤，御園生両氏が指摘されたように，土地の上級所有者との関係によって「ルスティカルラント」と「ドミニカルラント」とに区分された（Donth, 1974, 11–3: 進藤，1968, 163–6: 御園生，1989, 26–33）。前者の上級所有者は，ランデスヘルであるハプスブルクで，それを保有する領民（「ルスティカリスト」Rustikalist）は，ハプスブルクから一般貢租 ordentliche Kontribution を課せられたが，完全には土地の所有権を失っていない。それに対して，後者の上級所有権は領主に属し，その保有者（「ドミニカリスト」Dominikalist）には，土地の用益権と処分権の一部しか認められていなかった。このように，いずれも「保有地」であることに変わりはないが，本稿ではとりあえず，前者を「世襲保有地」，後者を「小作地」と訳し分けておきたい。別掲の表2は，「ルスティカルラント」＝世襲保有地をまとめたものである（「ドミニカルラント」＝小作地の規模は明らかでない）。なお進藤氏は，本来は「ハプスブルクの領民」であるルスティカリストが，その地域を実際に支配する領主に対して賦役を給付するという関係は，プロイセンよりもボヘミアにおいて特徴的であったと指摘されている（進藤，1968, 265–74）。

13) ボヘミア内陸部で 1:4〜6 であった播種・収穫比率も，リーゼンゲビルゲでは 1:3 と低い水準にとどまっていた（Donth, 1993, 12–3）。

14) 規模は不明だが、『土地台帳』には現れない「インロイテ」Inleute と呼ばれる土地無し層が多数存在した事実も無視できない。なお，ガラス工業の発展に伴う定住地の建設・拡大によって、18 世紀末にロホリッツの面積は領内最大の 74 平方キロメートルに達した (Donth, 1993, 7)。
15) 18 世紀末ロホリッツの人口密度は，プロト工業が展開した北部ボヘミア一帯とほぼ同じ水準である (Klíma, 1974, 50–1: 御園生, 1989, 28–33)。
16) したがって，農耕労働の比重が低く，農業外からの家計補完が不可欠な山地・牧畜地帯への手工業立地を説く「プロト工業化」論の当否の判断は，慎重を要する (Coleman, 1983, 440–2: Kriedte, Medick & Schlumbohm, 1977, 40)。
17) この係争の詳細な経緯は，『ビール醸造所係争文書』Bräuhausstreitakten として伝来している (Donth, 1993, 474–536)。
18) 18 世紀中葉以降ボヘミア地方は，帝国内有数の工業地域に成長したが，その促進的契機として，オーストリア継承戦争 (1740–8 年) 後のオーストリア当局による重商主義的産業育成政策——帝国内で最も手工業が発達したシュレージェン割譲による経済的失地の回復を目的とした——があったことも無視できない (Freudenberger, 1960: Komlos, 1989, 119–65)。
19) 18 世紀初頭までの北部ボヘミア麻工業については Cerman, 1996, 396–421 を，生産された麻糸の種類——軽量糸と織布用糸——から生産・流通組織の違いに接近した論考としては，馬場, 1993, 48–51 および御園生, 1989, 36–9 を参照のこと。
20) 「ファブリカント」は，ボヘミア域外市場向け手工業の発展水準を確認するためにオーストリア当局が 1775–98 年に作成した『マニュファクチャー一覧表』Manufakturtabelle において，「親方」Meister とは異なり，ツンフトを構成していない企業家範疇として登場する (Purš, 1965, 104–13)。彼らは，在村の問屋主的性格を有する初期企業家層として，19 世紀初頭からの本格的工業化の基礎を築いたと評価されている (御園生, 1983, 89–92)。ただ，研究の現段階では，C. シュミットらをその先行者と見なすには慎重を要する。
21) 18 世紀末にはイタリア諸都市向け麻織物販売にも乗り出し，クリーマによれば，麻糸・麻織物を合わせた販売額は 50 万グルデン以上に上った (Klíma, 1974, 52–3)。
22) 1725 年『台帳』での「専業織布・紡績工」と「麻糸集配人」に関する記載では，彼らが支払うべき「貢租額」の欄は空白で，詳細は不明である。
23) 管見の限り，ここで生産されたガラスの流通・販売上の具体相は明らかでないが，麻工業とは対照的に，ガラス親方が能動的な役割を担っていたことは知られている。17–18 世紀の交，ボヘミア・ガラスの販売網は西欧だけでなく，ロシア，近東，アメリカ大陸にも広がり，各地の常設店舗には，ガラス親方の血縁者が常駐していたという (Klíma, 1984, 512–8: Schlesinger, 1870)。
24) ノイヴェルト・ガラス工場は，18 世紀末に 100 人以上の熟練工を擁するオーストリア最大の工場に成長し，「ラントの至宝」das beste Kleinod des Landes とも呼ばれた (Otruba, 1965, 295–303)。
25) 前記注 12 を参照のこと。
26) 1715 年ハラッハスドルフ最古の租税表 Zinslist (対象は 9 名) によれば，一人当たりの耕

地・庭畑と牧草地を合わせた小作料は 1 グルデンであった (Donth, 1993, 553–4)。時期と場所は異なるが，1739 年に小作料の据え置きを嘆願したザイフェンバッハのダニエル・シューラー Daniel Schüler は，1 シュトリヒ当たり 28 クロイツァーを支払っていた (H57)。それを基準とすれば，ハラッハスドルフ居住者の小作面積は，2 シュトリヒ (約 0.5 ha) 強に過ぎなかったことになる。

27) 詳しい経緯は不明だが，ガラス工場は一時期 (1763–88 年) 領主直営にも組み込まれた。ただ，直営下でもガラス親方の自立的な活動は保証されていたという (Donth, 1993, 15)。

28) 各職種ごとの人数は不明だが，食糧供給を担当する粉屋・パン屋・肉屋のほか，仕立屋，靴屋，大工，レンガ積み工，指物師，建具屋が挙げられた。ただ，農・工兼営者，1725 年『土地台帳』に登場した専業紡績工，その他の補助・準備工程従事者はこの統計に含まれていない。

29) 1743 年ガラス金彩色工 S. ラングハマーの場合，金額は不明だが，父親ヴァレンティーン Valentin が保証人となった (H107)。また，1730 年「麻糸集配人」C. ベルクマンが嘆願した子息ヨハン Johann への「領外滞在許可証」発給は，理由は不詳ながら当初認められず，5 年後にようやく許可されている (H18, H40)。

30) 前記注 26 の D. シューラーを基準とすれば，小作地の総面積は 1,000 シュトリヒ強，約 270 ha に及ぶ。

31) 史料中では言及されていないが，「領主採草地」が新定住地ハラッハスドルフとして小作化されたことが大きく影響していたことに疑いの余地はない。

32) 52 年条例に基づき，ロホリッツ領民の代納金支払額は 113 グルデンと決定された (H149, H150)。なお，「シャッファー」など，ウィーンに居住するハラッハ伯に代わって現地の所領経営を委ねられていた管理人機構およびその職制については，碓井，1998, 85–89 を参照願いたい。

33) ボヘミア地方のグーツ経営では，三十年戦争の前後を問わず，農業経営の意義は概して低い水準にとどまっていた (Čechura, 1995, 3–9; Klíma, 1975, 222–3; Stark, 1952, 270–3)。この限りで，シュタルケンバッハ所領もボヘミア全体の特色を強く反映している。

34) ビール醸造業とならび「レガリア」と称された森林についても，1750 年代には，20 年代までの「森林保護策」からの転換が確認される (碓井，1998, 85)。52 年条例第 19 条でリーゼンゲビルゲで産出される木材の所領内外への販売促進が指示され (H144)，そのために同年，『森林および狩猟条例』Wald-, Forst- und Jagdordnung (H146) と『森林管区および森林官の人員配置と俸給に関する規定』(H147) の発布を通じて細目が規定された。しかし，販売額を含め，所領経営全体に占める意義については判明しておらず，具体的な検討は別の機会を待ちたい。なお，ボヘミア・グーツ経営における養魚 (鯉) 池の重要性も指摘されているが (Čechura, 1995, 3–9; Klíma, 1975, 221–3)，シュタルケンバッハ所領では 1744 年までに廃止された (Donth, 1993, 349)。

35) ロホリッツ醸造所の史料初出は 1725 年である (Donth, 1993, 452)。なお，その前年にも領主・領民間の「係争」発生が確認されているが，それらの関連は明らかでない (H5)。ただ，1706 年『訓令』では既に，醸造所の建設，および，燃料用木材の運搬など完成後の施設の維持には領内で「遊休状態にある」賦役労働の利用を明記し，ロホリッツ領民への追加的な賦役賦課は免除された (Donth, 1993, 251–2)。

36) 18世紀中の社会経済的状況は不明であるが，1833年『土地台帳』によれば肥沃度は「良」で，山地部所領とは対照的な農業諸条件を有していた（Sommer, 1836, 31-5）。なお，ミレーティンの領主家系は，シュタルケンバッハ所領再編の第一段階で「雛型」となった，東隣ホーエンエルベ Hohenelbe 所領のモルツィン Morzin 伯である（Sommer, 1835, 233-45；碓井, 1998, 84-8）。
37) 地域・定住地ごとの社会経済的な多様性を踏まえた研究の必要性は，我が国学界でも飯田氏によって指摘されており，その問題関心に基づく成果も発表されている（飯田, 1993 / 1997）。

文 献 目 録

刊行史料

Donth, F. & Donth, H., 1974, *Quellen zur Geschichte der Herrschaft Starkenbach im Riesengebirge im 17. Jahrhundert*. München.

Donth, H., 1993, *Rochlitz an der Iser und Harrachsdorf in der frühen Neuzeit; Quellen zu Herrschaft und Alltag in einer ländlichen Industriesiedlung im Riesengebirge*. München.

研究文献

Čechura, J., 1994, *Die Struktur der Grundherrschaften im mittelalterlichen Böhmen; Unter besonderer Berücksichtigung der Klosterherrschaften*. Stuttgart.

Čechura, J., 1995, Die Gutswirtschaft des Adels in Böhmen in der Epoche vor der Schlacht am Weißen Berg. in: *Bohemia*, 36, SS. 1–18.

Cerman, M., 1993, Proto-Industrialization in an Urban Environment; Vienna 1750–1857. in: *Continuity & Change*, 8, pp. 281–320.

Cerman, M., 1996, *Proto-Industrialisierung und Grundherrschaft; Ländliche Sozialstruktur, Feudalismus und proto-industrielles Heimgewerbe in Nordböhmen vom 14. bis zum 18. Jahrhundert (1380–1790)*. Diss., Wien.

Cerman, M., 1997a, Mitteleuropa und die „europäischen Muster"; Heiratsverhalten und Familienstruktur in Mitteleuropa, 16.-19. Jahrhundert. in: Ehmer, J., Hareven, T. & Wall, R. (hrsg.), *Historische Familienforschung*. Frankfurt a.M., SS. 327–46.

Cerman, M., 1997b, Protoindustrialisierung und Grundherrschaft; Sozialstruktur, Feudalherrschaft und Textilgewerbe in Nordböhmen (15. bis 17. Jahrhundert). in: Ebeling, D. & Mager, W. (hrsg.), *Protoindustrie in der Region*. Bielefeld, SS. 157–98.

Coleman, D., 1983, Proto-Industrialization; A Concept too Many? in: *Economic History Review*, 2nd Ser., 36, pp. 435–48.

Freudenberger, H., 1960, The Woolen Goods Industry of the Habsburg Monarchy in the 18th Century. in: *Journal of Economic History*, 20, pp. 383–406.

Freudenberger, H., 1963, *The Waldstein Woolen Mill; Noble Entrepreneurship in 18th Century Bohemia*. Boston.

Freudenberger, H., 1981, Die proto-industrielle Entwicklungsphase in Österreich; Proto-

Industrialisierung als sozialer Lernprozeß. in: Matis, H. (hrsg.), *Von der Glückseligkeit des Staates*. Berlin, SS. 355-81, (御園生眞訳, 1991,「オーストリアにおけるプロト工業的発展局面――社会的習得過程としてのプロト工業化」篠塚信義・石坂昭雄・安元稔編訳『西欧近代と農村工業』北海道大学図書刊行会, 323-54頁。)

Goehlert, V., 1873, Notizen über Böhmen; Gesammelt von dem Staatsminister Grafen C. Zinsendorf auf einer Reise im Jahre 1774. in: *Mitteilungen des Vereins für Geschichte der Deutschen in Böhmen*, 11, S. 199, SS. 289-91.

Grünberg, C., 1893, *Die Bauernbefreiung und die Auflösung des gutsherrlich-bäuerlichen Verhältnisses in Böhmen, Mähren und Schlesien*. 2 Bde., Leipzig.

Jindra, Z., 1974, Zur Geschichte der Eisenerzeugung in Böhmen im 16. und 17. Jahrhundert. in: Kellenbenz, H. (hrsg.), *Schwerpunkte der Eisengewinnung und Eisenverarbeitung in Europa 1500-1650*. Köln, SS. 264-84.

Kaak, H., 1991, *Die Gutsherrschaft; Theoriegeschichtliche Untersuchungen zum Agrarwesen im ostelbischen Raum*. Berlin.

Kaak, H., 1994, Das Modell Gutsherrschaft. in: *Zeitschrift für Geschichtswissenschaft*, 42, SS. 59-60.

Klíma, A., 1965, The Domestic Industry and the Putting-Out System (Verlags-System) in the Period of Transition from Feudalism to Capitalism. in: *Deuxième Conférence Internationale d'Histoire Économique, Aix-en-Provence, 1962, Moyen Âge et Temps Modernes*. Vol. 2., pp. 477-81.

Klíma, A., 1974, The Role of Rural Industry in Bohemia in the 18th Century. in: *Economic History Review*, 2nd Ser., 27, pp. 48-56.

Klíma, A., 1975, Probleme der Leibeigenschaft in Böhmen. in: *Vierteljahrschrift für Sozial- und Wirtschaftsgeschichte*, 62, SS. 214-28.

Klíma, A., 1984, Glassmaking Industry and Trade in Bohemia in the 17th and 18th Centuries. in: *Journal of European Economic History*, 13, pp. 499-520.

Knapp, G., 1887, *Die Bauernbefreiung und der Ursprung der Landarbeiter in der Älterentheilen Preußens*. 2 Bde., Leipzig.

Komlos, J., 1989, *Nutrition and Economic Development in the 18th Century Habsburg Monarchy; An Anthropometric History*. Princeton.

Kriedte, P., Medick, H. & Schlumbohm, J., 1977, *Industrialisierung vor der Industrialisierung; Gewerbliche Warenproduktion auf dem Land in der Formationsperiode des Kapitalismus*. Göttingen.

Kriedte, P., Medick, H. & Schlumbohm, J., 1998, Eine Forschungslandschaft in Bewegung; Die Proto-Industrialisierung am Ende des 20. Jahrhunderts. in: *Jahrbuch für Wirtschaftsgeschichte*, II, SS. 9-20.

Myška, M., 1996, Proto-Industrialization in Bohemia, Moravia and Silesia. in: Ogilvie, S. & Cerman, M. (eds.), *European Proto-Industrialization*. Cambridge. pp. 188-207.

Ogilvie, S., 1996, Social Institutions and Proto-Industrialization. in: Ogilvie, S. & Cerman, M. (eds.), *European Proto-Industrialization*. Cambridge, pp. 23-37.

Otruba, G., 1965, Anfänge und Verbreitung der böhmischen Manufakturen bis zum Beginn des 19. Jahrhunderts (1820). in: *Bohemia*, 6, SS. 230-331.

Parsche, F., 1977, *Das Glasherrengeschlecht Preisler in Böhmen, Bayern und Schlesien*. München.

Pickl, O., 1986, Die Steiermark als Gewerbe- und Industrielandschaft vom Spätmittelalter bis zur Gegenwart; Zur Entstehung moderner Industriereviere in alten Fortschrittsregionen. in: Pohl, H. (hrsg.), *Gewerbe- und Industrielandschaften vom Spätmittelalter bis ins 20. Jahrhundert.* Stuttgart, SS. 16–38.

Purš, J., 1965, Struktur und Dynamik der industriellen Entwicklung in Böhmen im letzten Viertel des 18. Jahrhunderts. in: *Jahrbuch für Wirtschaftsgeschichte,* I, SS. 160–96, II, SS. 103–24.

Richter, K., 1974, Die böhmischen Länder 1471-1740. in: Bosl, K. (hrsg.), *Handbuch der Geschichte der böhmischen Länder,* Bd. 2., Stuttgart, SS. 97–412.

Schlesinger, L., 1870, Reisebeschreibung eines deutschböhmischen Glasschneiders. in: *Mitteilungen des Vereins für Geschichte der Deutschen in Böhmen,* 8, SS. 220–35.

Schultz, H., 1984, *Landhandwerk im Übergang vom Feudalismus zum Kapitalismus; Vergleichender Überblick und Fallstudie Mecklenburg-Schwerin.* Berlin.

Sommer, J., 1835, *Das Königreich Böhmen, statistisch-topographisch dargestellt; Bidschower Kreis.* Bd. 3., Prag.

Sommer, J., 1836, *Das Königreich Böhmen; Königgrätzer Kreis.* Bd. 4., Prag.

Stark, W., 1952, Die Abhängigkeit der gutsherrlichen Bauern Böhmens im 17. und 18. Jahrhundert. in: *Jahrbücher für Nationalökonomie und Statistik,* 164, SS. 270–92, SS. 348–74, SS. 440–53.

Svoboda, G., 1991, The Foreign Trade of 18th Century Bohemia. in: *Journal of European Economic History,* 20, pp. 93–123.

飯田恭, 1993, 「グーツヘルシャフト下の農民家族——18世紀ウッカーマルクの定期小作制度に焦点をあてて」『社会経済史学』59, 505-34頁。

飯田恭, 1997, 「『均等化』をめぐる村落内紛争——18世紀プロイセン王領地アムト・アルト・ルピン(ブランデンブルク州)の事例」『土地制度史学』156, 34-50頁。

碓井仁, 1996a, 「ボヘミア地方における工業化の初期過程——18世紀前半シュタルケンバッハ所領の事例」『九州経済学会年報』34, 139-44頁。

碓井仁, 1996b, 「中欧工業化史研究の新たな展望——1960年以降の業績を中心に」『経済論究(九州大学大学院)』94, 31-60頁。

碓井仁, 1998, 「18世紀前半中部ヨーロッパにおける所領経営の再編——北東ボヘミア手工業定住の事例に即して」『経済学研究(九州大学)』65-4, 71-91頁。

進藤牧郎, 1968, 『ドイツ近代成立史』勁草書房。

田北廣道, 1987, 「ドイツ学界における『プロト工業化』研究の現状(1)——東ドイツ学界の場合」『商学論叢(福岡大学)』32, 133-62頁。

田北廣道, 1997, 「西欧工業化期の経済と制度——第二世代の『プロト工業化』研究の成果に寄せて」伊東弘文・徳増偵洪編『現代経済システムの展望』九州大学出版会, 265-87頁。

馬場哲, 1993, 『ドイツ農村工業史——プロト工業化・地域・世界市場』東京大学出版会。

藤瀬浩司, 1960, 「東ヨーロッパの農場領主制」大塚久雄・高橋幸八郎・松田智雄編『西洋経済史講座III』岩波書店, 139-64頁。

藤瀬浩司, 1967, 『近代ドイツ農業の形成——いわゆる「プロシア型」進化の歴史的検証』御茶の水書房。

北條功, 1960, 「東ドイツにおける『農民解放』」大塚久雄・高橋幸八郎・松田智雄編『西洋

経済史講座 IV』岩波書店, 57-94 頁。
御園生眞, 1983, 「19世紀中葉におけるベーメン(ボヘミア)機械制綿紡績業の成立」『経済学研究(北海道大学)』33, 84-111 頁。
御園生眞, 1989, 「18世紀後半におけるベーメン(チェコ)麻織物工業の展開」『経済学研究(獨協大学)』52, 25-50 頁。
諸田実, 1981, 「16, 17世紀東中部ドイツ麻織物工業における『ツンフトカウフ』」『商経論叢(神奈川大学)』16, 1-57 頁。

第 3 部

生産・流通と社会統合

8–10世紀北イタリアにおける流通構造と地域統合
―― 修道院経済との関係 ――

城戸照子

問題の所在

　中世初期イタリア社会における政治・経済構造を剔出しその変動を追跡するのは，比較的研究の進んでいる北部地域を対象に限っても，容易な作業ではない。まず古代ローマ帝国の遺産の評価といういわば「古代からの連続問題」がある。さらに，イタリアに次々侵入したゲルマン諸部族が，各地域に与えた影響の考察も大きな課題である。中でも大きな存在となったのは，568年にイタリアに到来して王国を建国したランゴバルド族であった。しかし，774年にこのランゴバルド王国はカロリング王権によって取って代わられ，以来，北イタリアは，カロリング朝の政権を支配の枠組としてきた。ただ，この枠組も決して安定したものではなく，ルドヴィクス(ロドヴィーコ) 2世 (イタリア王在位年840–75，皇帝位850年) の後継者問題から，大きく揺らいでいく。
　ルドヴィクスの死後イタリア王位はまたシャルル禿頭王 (在位年875–77) に戻り，その後カルロマン (在位年877–79) とシャルル肥満王 (在位年879–87) に受け継がれた。不安定なイタリア王位はその後も錯綜した継承権争いを引き起こし，9世紀末から10世紀前半には，複数の王が同時に北イタリアに乱立していた。その中では，888年から924年までの長期間権力の座にあり，915年に皇帝位を得たベレンガリウス (ベレンガリオ) の統治が最も安定したものだったといえる。ベレンガリウスの死後後継者争いが再燃する中，962年にザクセン朝のオットーの到来によって神聖ローマ帝国が成立し，北イタリアの政治構造には

一応の大枠が成立することになる ([28]; [58] pp. 64-79, pp. 168-181)。8世紀後半のカロリング朝支配者の到来から神聖ローマ帝国成立までの約200年間の北イタリア社会では，カロリング的なものと在地勢力との融合をどう評価するかという問題が存在するであろう。

いずれにせよ，中世初期北イタリア社会は，さまざまな文化や制度が混在し相互に影響し合って成長している。そして，6世紀から8世紀にかけての時期であれ，8世紀から10世紀にかけての時期であれ，政治変動の諸問題と並んで，その間社会経済構造がどのように変わったかという別の次元の大きな課題が存在することは言うまでもない。

本稿では，中世初期をめぐる多くの検討課題の中でも，8世紀から10世紀における北イタリアのポー河及び支流域での経済活動の分析に課題を絞りたい。特にこの時代を取り上げるのは，一つには紀元千年前後でヨーロッパ中世社会の変動の画期を設定する，近年強調された仮説を検証する試みの一環としたいからである ([10])。また，9世紀には北イタリアの多くの部分がカロリング帝国の一部をなしたために，ヨーロッパの他のカロリング朝支配下の地域との比較が可能となるからである。さらに，イタリアでカロリング朝が断絶しザクセン朝が始まるまでの時期も考察対象となるので，政治史的な過渡期として従来看過されがちだった時代を取り上げる意味もある。しかし最も重要な契機として，カロリング王権支配の影響について，イタリア学界では従来は注目されてこなかった農村の変動に関して，80年代末から重厚な研究成果が蓄積されてきた点が挙げられる。

第1に，北イタリアのポー河流域でカロリング王権支配下に入った地域の河川航行と流通を取り上げ，その構造を検討しよう。次いで，在地の修道院経済がその構造の中にどのように位置づけられていたかを考察したい。対象とするのは，サン・コロンバノ・ディ・ボッビオ修道院とサンタ・ジュリア・ディ・ブレシア修道院の所領経営である。古典荘園制的大経営を志向する中で大修道院という領主が，所領が点在する地域にどのような形で経営の統合を確立したいと企図したか，河川航行と流通について検討する。王権と密接な関係を持つとはいえいわば「私的」な所領経営を通して，修道院が社会統合のためにどの

ような役割を果たしていたか，この大きな課題に答える作業の手始めとしたい。

I　農村と流通をめぐる研究動向

(1)　8-9世紀農村の経済成長

　1980年代以降，イタリアの中世初期の農村研究において最も注目すべきなのは，ボローニャ大学の中世史研究所で，故ヴィート・フマガッリ教授を中心とした研究グループが築いた成果であろう。その多くはボローニャ大学の『中世農村史叢書』のシリーズとして刊行されている。なかでも『イタリアの古典荘園制。8-9世紀における土地所有と農民労働』([9])，『紀元千年前後のイタリア農村。変動期の社会』([10])，『中世イタリア農村の賦役労働』([11])，『中世の森』([12])，『農村と農村が支える都市』([29])などには，カロリング王権支配下の北イタリアにおける都市と農村社会をどのようにとらえるか，一定の見通しが展開されているといってよい。

　研究者によって多少の差があるが，いわばボローニャ学派による成果から，中世初期北イタリアの農村社会の分析視角として，以下3点を挙げることが許されるだろう。第1には，カロリング朝支配の影響力を，特に農村部においてかなり高く評価する見方である。従来は，北イタリアが王国に組み込まれた初期にカロリング家出身の王が当地に長く滞在しなかったこともあり，また既存の在地貴族勢力との融合がガリアなどと比較するとあまり進展しなかったとされることから，安定した政治的な影響力としての評価は一定しなかった。また，北イタリアにおけるカロリング王国形成の重要性が強調された場合にも，C. ヴィオランテの古典的な『コムーネ前期のミラノ社会』におけるように，河川による交通・流通拠点である都市的集落を押さえた広域国家像が，まず前面にでてくる([56])。

　こうした見解とは違いフマガッリらが注目したのは，中世初期の古典荘園制と古典荘園制的経営を確立しようとする領主層の活動であった。まず，領主と，契約関係によって領主の土地を耕作する自由身分の農民との間に結ばれた

農地契約文書が，詳細に分析された（[60]）。領主が農地契約を結んだ農民への人身的支配を強化するためには，農地契約における賦役労働給付が鍵となった（[9] pp. 85-128）。領主は賦役労働の給付を理由に，自由身分を有していたはずの農民を保有農民と同一視して自らの荘園経営へ取り込み，農民層の平準化をはかったのである。また農地契約と並んで，領主による所領経営の基礎である所領明細帳における賦役労働の記載も注目された（[11]）。こうした分析からボローニャ学派は，中世初期の古典荘園制はローマ期からの継続ではなく，農民に賦役労働を課すことを鍵としてカロリング王朝の支配者が新たに持ち込んだものと捉えたのである。従って，北イタリアにおける古典荘園制的な農村経営と領主＝農民関係の広がりは，カロリング王権の影響力拡大の指標と考えられ，古典荘園制を志向する所領経営の重要性が従来よりもかなり高く評価されることになった。

　第2に，ボローニャ学派では，北イタリアの中でも，カロリング王権の支配下に入らなかった旧ビザンツ領ロマーニャ地域と，カロリング王国支配下に入ったランゴバルド地域とを明確に区分し比較する地域史の観点が重視されている（[26bis]；[39]；[42]）。前述のカロリング王権による影響の評価から言えば論理的必然ともいえるのだが，北イタリアで古典荘園制的な経営が見られるのはランゴバルド地域のみで，従ってロマーニャ地域には古典荘園制的な経営がないとされる。いずれの地域にも，農地契約の慣行はあるが，その契約内容にはかなりの相違が見られる（[8]）。特に農民の賦役労働が，ロマーニャ地域ではごく軽微なものにとどまっている（[44]）。中世初期のイタリアは確かに錯綜した政治状況の中で動いており，北イタリアに限ってすら，その中で社会経済構造を総合的に捉えようとする試みは，簡単なことではない。しかし，農地契約といった経営慣行に投影されている地域性を明確に打ち出し，こうした社会を地域類型で整理しようとする試みは，今後の研究進展に重要な手がかりを提示したものといえよう。

　第3に，ボローニャ学派は都市と農村とを対立的にではなく相互補完的にとらえて，その2つが組み合わさった局地的な単位をもとに地域史を考える，都市＝農村関係の視角を持つ。そこには，実態としての集落を，「都市」か「農

村」かに峻別して固定的に捉えず，地域の長期的時間軸の中で，ある集落が一時期在地の都市的機能を担うが，ある時期からその機能は別の集落に受け継がれるといった，柔軟な見方が内包されている([27])[1]。中・北部イタリアではむしろ中世後期に関して，都市と周辺農村(コンタード)を組み合わせて領域都市国家と捉える見解がなじみ深いであろう。しかし，中世初期については，都市と農村を二元論的に対立させて捉えていた。すなわち，流通拠点である都市は外部と結びつき経済的に発展した特権的な場所であり，他方農村は自家消費に閉ざされた経済的にも停滞している場所という図式が，その二元論に結び付いていたのである。紀元千年の「商業の復活」という構想もこうした図式を固定化してきた。しかし，近年の研究動向では，農村史研究の充実からも都市＝農村関係の再検討からも，こうした図式は乗り越えられている。フマガッリらの見解も，近年の大きな研究潮流に与したものといえよう。

(2) 中世初期の商業と都市の問い直し

中世初期の都市と商業，都市と市場との関係，都市＝農村関係に関しては，現在さまざまな議論が錯綜している。大きな展望を得るために，中世初期を対象とする最も重要な国際研究集会の一つとしてスポレートで開催される研究集会の，中世初期の商業と流通をテーマにした1977年『中世初期の地中海航行』([6])と1992年『中世初期の市場と商人——ユーラシア地域と地中海域——』([7])の成果を参照してみよう。1977年には，「ピレンヌ以後40年」というタイトルでR.S.ロペツが報告した([36])。イスラーム勢力の進出によって，地中海を舞台とする遠隔地商業と隔絶したことが，ヨーロッパ経済の収縮を招いたとするいわゆるピレンヌ＝テーゼに対し，イタリア学界は常にこれに懐疑的であった。ロペツやG.ファゾーリらは中世初期イタリア都市の活発な商業活動を強調して，改めてその反証としたのである。しかし，その後80年代からはむしろ農村研究に重要な成果が上げられたのは，前節で見たとおりである。中世イタリアに関するこうした様々な水準の議論はなお集大成されることなく，1992年の大会を迎えている。ここでは，ヨーロッパではなくユーラシアと地中海という言葉がタイトルに使われ，ビザンツ研究及び，近年進展しているイスラー

ム研究との接合が，中世初期についても一部で試みられている。イスラーム研究との交流もまた，ピレンヌ＝テーゼ批判の遠いこだまと聞くことができよう。ともあれ，70年代までの都市＝農村関係の狭い枠組をうち破りながら80年代に新たに農村研究は深化したものの，都市論の方は特に中世初期に関しては相対化されたまま議論が継続し，まだ新しい展望を得られないでいるようである。

また近年，中世初期に関しても一連の中世考古学的研究が進展し，発掘成果も公刊され始めている。中世初期の集落，特に都市をどう捉えるかという問題は，この新しい学問分野からも再提起されているといえよう（[25]; [45]; [49]）。北イタリア中世初期の発掘作業も進む中で，文献史料で構築してきた都市像に対し，発掘による考古史料は補完的というよりもその見方を修正するようである。ポー河流域の考古学研究からの問題提起は，II (1) で8世紀の文書をめぐる論争を通して紹介したい。ともあれ，中世初期の都市論は，このように都市＝農村関係から，また考古学的研究の進展から，問い直しを迫られている。

(3) 中世初期北イタリアの大修道院の所領経営と所領明細帳

中世初期の荘園制を中心とする農村経済の高い評価，従来の都市像をめぐる議論の錯綜といった研究動向を踏まえれば，カロリング王権下の北イタリア農村では，多様な所領を古典荘園制に再編し，在地での流通をも統括した経営統合を目指す農村領主の存在がことに注目されることになる。北イタリアでは，歴代王権との関係が深い，サンタ・ジュリア・ディ・ブレシア修道院とサン・コロンバノ・ディ・ボッビオ修道院が，教会大領主として注目される（[57]）。この2つの大修道院にはいずれも詳細な所領明細帳が伝来しており，9世紀から10世紀にかけての農村社会が，修道院の所領経営からの視点に限られるとはいえ，明らかにされうるのである（[1] サンタ・ジュリア・ディ・ブレシア修道院 V, pp. 41–94; サン・コロンバノ・ディ・ボッビオ修道院 VIII / 1, pp. 119–192）。

サンタ・ジュリア・ディ・ブレシア修道院はブレシアに修道院本院があり，この所領明細帳の史料編纂者であるG. パスクァーリの地名比定によれば，北はイゼオ湖とガルダ湖近辺の所領から，ポー河支流のミンチオ川，オリオ川，アッダ川などの河川沿いとポー河沿岸に広がる多数の所領を有している。サン・コ

ロンバノ・ディ・ボッビオ修道院は，ピアチェンツァの南西(直線距離にして約40キロメートル)で，ポー河平野地域よりは標高が高い山間部に入るものの，ポー河支流トレッビア川沿岸平野部の開けた地点に位置している。こちらに関しては残念ながら，サンタ・ジュリア・ディ・ブレシア修道院のものほど地名比定研究が進展していないが，農村所領がどこの司教区に所在するかは分かっており，ポー河沿岸の有力キヴィタスにはブレシアの修道院と同様重要な所領を有している。

この2つの修道院はいずれも広大な領主直領地と多数の農民保有地を擁し，農業，牧畜業のみならず多様な手工業をも統括していたことで知られている。特にサンタ・ジュリア・ディ・ブレシア修道院の所領経営から明らかになるのだが，ここではガルダ湖やイゼオ湖沿岸で，ブドウやオリーヴの果樹栽培や羊の放牧に特化した所領が多数見られる ([43]; [54]; [61])。大規模な羊の放牧から羊毛やチーズなどの乳製品が大量に納められ，織布や鉄生産といった手工業も活発に行われている。そして，その大規模な経営は，決して「閉鎖的」な訳ではない。そこからの大量の収穫は，大修道院が当時持っていたであろう慈善などの社会的機能のための貯蔵分を考慮しても，なお余剰生産物が売却された可能性を想定させる。すなわち，自給的どころかそれ以上に，余剰生産物を通じて外部との結びつきがあったと考えられるのである。

また，P.トゥベールがつとに指摘したように，中世初期の都市＝農村関係において，在地の都市的機能を担う集落は，キヴィタスの衰退が激しかった場合は，実際のところ，大所領の農村・手工業集落であったことが明らかにされている ([53])。ポー河とその支流域でも，キヴィタスと並んで修道院の大所領が在地の大集落として，なんらかの都市的機能を担うということがあり得たのではないか。

そして，修道院の所領経営が実際に外部との流通を持っていたことを示すのが，所領明細帳に記載されたポー河とその支流沿いに位置する舟着き場などの所有である。施設利用に関わる徴収と並んで，そこに荷揚げされる商品の一部が一種の流通税として納付されている。河川交通・流通網の重要な拠点に，修道院が所領を持っていることは決して偶然ではないのである。確かにこの2つ

の修道院は大修道院であり，より規模の小さい修道院や司教領，在地の中小領主がすべて類似する経営を持ち得たわけではない。しかし，大領主がその恵まれた経営を統合しようとする試みにも当時の農村の状況が反映されており，大経営を探ることで在地経済のあり方が浮かび上がって来るであろう。

II　ポー河及び支流の河川航行と流通

(1)　8世紀リゥトプランド王とコマッキオ住民の『約定』«pactum» をめぐる論争

　中世初期のポー河およびその支流域での河川航行については少なからぬ研究が蓄積されているが，1970年代末までの成果を代表するものは，ヴィオランテや，G.ルッツァート ([37])，ファゾーリらの業績であろう。とりわけ8世紀から9世紀中葉頃までを対象とする研究は，その時期のカロリング王国の国家像と不可避的に結び付いている。つまり，ポー河およびその支流域での河川航行と流通はランゴバルド期からカロリング朝を通じて活発であり，それこそが，パヴィアを中心とするカロリング国家の広域支配を支えていると考えるのである ([56] pp. 3–50)。伝来する文書史料の少ないこの時期にあって，河川航行の実際及び河川と王権の関係を明確に示すものとして初出するのが，715年(もしくは730年)のランゴバルド王国リゥトプランド王の『約定』«pactum» である ([24] Appendice, pp. 605–607; [16] Appendix, pp. 127–128)。かねて知られていたこの文書は1977年のスポレートの研究集会でファゾーリによって詳細に紹介，分析されて以来，常にポー河流域の流通研究の出発点に置かれて，その重要性が印象づけられてきた ([24] pp. 583–592)。

　しかしながら，北イタリアポー河流域の中世初期を対象とする考古学的研究の発掘などの調査結果から，とくに8世紀から9世紀初頭の河川航行に関しては，従来の見解を修正する方向で検討が始められており，その先頭にたつのがR.バルザレッティといえよう。ここでは，まずリゥトプランド王の文書が考古学的研究の成果と照らし合わせて現在どのように問い直されているか，簡単に

ふれなければならない。

　この『約定』は，リットプランド王と当時から塩商業で名高かったコマッキオ（ロンバルディア平野東端でアドリア海沿岸の干潟）の住民（文書中では『軍役奉仕者』«miles» «milites» と表記）が，マントヴァ，カポ・ミンチオ，ブレシア，クレモナ，パルマ，アド・アッダ（ベルガモ内），ランブロ（ファゾーリによればミラノ内，バルザレッティによればピアチェンツァ内），ピアチェンツァの『舟着き場』«portus»で，舟を接岸して係留し塩を荷揚げし売却するために必要な，王権への支払いを取り決めたものである（[24] pp. 583–592; [56] pp. 5–6）。舟着き場の下級役人 «riparius» への支払い，舟を係留する棒杭ごとの支払い，荷揚げする商品にかかる『十分の一支払い』«decima»（現物納付として塩）が，«portus»ごとに定められている。ただ，パルマでの支払いは例外的に塩ではなく，1ソリドゥス，オリーヴ油1リブラ，ガルム（魚醤の一種）1リブラ，コショウ2ウンキアが要求されている。断片的な言及ながら，8世紀にもコショウのような遠隔地からの商品がもたらされていることが分かる。また河川航行のために，別の支払いが要求される場合がある。ガルダ湖とラリオ湖へ行くためにポー河支流をそれぞれミンチオ川とアッダ川を通って遡行する場合は，ポー河との合流地点であるカポ・ミンチオやクレモナで『河川航行税』«transitura» を支払わなくてはならない。

　ファゾーリはこれらの舟着き場での塩の十分の一支払いが各地でまちまちであることから，この貢租は船荷全体にではなく，個々の舟着き場で実際に荷揚げされた分量それぞれにかかる納付だとして，複数の舟着き場を順次周航して荷揚げするコマッキオの塩商業というモデル像を作り上げた。さらに，舟着き場があるとされたキヴィタスごとに9, 10世紀の史料での言及を緻密に重ねて，あたかもこうした河川航行と流通が8世紀以来連続していたかのような印象を与えたのである（[24] pp. 595–602）。

　これに対し，現在進行中のポー河流域の考古発掘調査を考察しつつ，リットプランド王の文書を検討したバルザレッティによる反論は，次のように集約される（[15]; [16] pp. 123–124; [17] pp. 219–225）。まず，リットプランドの文書で名の挙がった場所の発掘では，いずれも8世紀の大きな集落跡や奢侈品などの遺物

が発掘されない。8世紀に都市的集落が復活してそれを拠点とした奢侈品をも対象とする広域流通網が形成されたという，ファゾーリの描いた華やかな広域商業活動はあり得なかったのではないか。同様に，ランゴバルド期からカロリング期を通じてポー河流域における河川航行が連続した点や，有力な «portus» すべてを周航する広域流通網の存在も，必ずしも想定できない。また «portus» に塩以外の多様な商品が，頻繁に(あるいは安定的に)もたらされていたことを示す言及がない[2]。また，コマッキオ住民を指す «miles» という用語も，取引を意味している «negoitum» という用語も，十分の一支払いという高額の貢租(バルザレッティによれば，一般の商人なら貢租は象徴的なもので，もっと少額のはずであるという)も，王権に直結した特別な流通を示唆している。すなわち，多くの商人によって築かれた活発な広域商業活動網という見取り図はやはり，不可能というのである[3]。

　バルザレッティは，少なくとも，700年代から875年(カロリング朝ルドヴィクス王の死)までのポー河流域社会では，「地域性」(= regionalism)よりもっと小さい単位である「局地性」(= localism)に区切られた経済圏を提唱している([17] p. 228)。そうした展望の基礎に，考古学的発掘調査の成果があることは興味深い。考古学的発掘調査の結果，いままであまり知られていなかった農村の小集落が注目されるようになってきているのである。ランゴバルド王の居住館が建設され短期的に王領地経営の中心となったようなモンツァやコルテオローナがそうした例である。また，小規模なものも含めて，農村に密着した在地の修道院経営の重要性が，特に強調される([17] pp. 225-228)。こうした農村集落が「局地」的経済の核になっていると想定されるからである。さらに，墓地の発掘から居住跡が明らかになった場所，丘陵地に防備施設とともに作られその後放棄されたことが明らかになった集落なども，その人口を支えた農村の存在とともに注目される。農村の小集落は今まで看過されがちだったところで，重要な指摘といえよう。こうした農村の見方から，ポー河の河川航行について，8世紀の評価に慎重であり，また8世紀以降を連続させて捉えず，9世紀のうちに少なくとも一度変動があったのではないかと捉えるバルザレッティの大きな展望には，学ぶところが多いと思われる。

しかし，バルザレッティの反論に対する再批判を試みることもできる。バルザレッティの批判の根底にあるのが，経済の発展要因を遠隔地商業か在地の農業発展のいずれと見なすかという二元論のように思われる点が最も問題であろう。商業に関して言えば，王権や一部エリート主導の遠隔地商業か，王権と無関係の（とバルザレッティが主張する）在地商業か，という二者択一論である。しかし，バルザレッティ自身が交易を考える際には，貨幣を仲立ちとした「市場」での正式な取引と並んで，贈与や略奪，徴税，物々交換など多様な交換の形式が複合的に存在することの重要性を強調している（[16] pp. 122-123）。「市場」での取引自体も，多様な性格を持つ商業活動が複合的に並存していたとは考えられないだろうか。

中世初期における，都市よりも農村の経済発展の重要性を強調する余り，河川を舞台とした商業活動を遠隔地商業と直結させて過小評価することもまた，適当ではあるまい。在地での農業活動と商業活動を統合すること，また，商業活動も，局地的であれ地域間であれ，また遠隔地間であれ，種類も交易の頻度も異なる活動が複合的に展開されているのを解明することが，現在必要な課題だと思われる。

本稿では，ポー河とその支流域での航行と流通の三層性ということを仮説として提唱したい。第1に，従来から強調されてきた，王権とその周辺貴族層を中心的な消費層とする，広域的な航行と流通がある。奢侈品の供給に必要な商業路であるという経済的関心とともに，そこでの航行の安全保障や軍事的な意味からも河川は公権力にとって不可分の存在であろう。これが関与する地理的範囲は，中世初期であれば北イタリア全域であり，ヴェネツィアを介してより「遠隔地」との交易も想定される。第2に，移動の範囲がもっと限られた都市的集落間，もしくは都市的集落と所領を結ぶいわば「地域間」流通が考えられる。ここで実際の航行と流通を組織するのは修道院・司教も含む在地の領主であり，移動する商品も在地で生産された日常的な食料品などが考えられる。ただ，やや特殊ながら，塩をこの流通水準の商品に入れることができる。塩はコマッキオやヴェネツィアといった北イタリア内部で生産され，それを入手すべく史料に現れるのは在地の司教や修道院領主であり，その消費の末端には農村所領の

農民達もいたはずだからである。地理的な範囲としては，北イタリア内部に限られるであろう。本稿では，主としてこの地域間流通を検証する。第3に，史料上の言及が少なく検討が困難ではあるが，個々の農村所領と領主館や修道院などを結んだり，農民が自分の余剰生産物を運搬するために河川航行が利用されているような「局地的」な航行と流通が考えられる。重層的なこうした活動のうち，いずれが都市や農村の経済成長に最も影響を与えたのか，いずれが商業の発展を最も促進したのかは，これらの活動を検出した後の問題となろう。

　バルザレッティの分析視角でさらに問題となるのは，公権力の関与しない流通を強調しようとする余り，そもそも公権力と流通の関係が曖昧になってしまう点である。バルザレッティ自身も，「regionalism ではなく localism」の時代は，直系のカロリング王家が断絶した875年を一定の画期としているが，こうした時代区分の意味が明確ではない。もちろん政治的変動が河川航行と流通に影響したこと自体は十分考えられる。事実，888年から北イタリアで最も有力な王であったベレンガリウスは，もともとイタリア北東部のフリウーリ出身（ルイ敬虔帝の娘ギゼラとフリウーリ辺境伯エヴァラルドゥスの息子）で，コマッキオと並び後にこれを凌駕した塩生産・商業の拠点であるヴェネツィアとの政治的関係もある。また王権支配を確立する中で，伯権力を削ぎキヴィタスの司教権力を支持基盤として優遇したとされ，事実，流通や市場開設に関わる多くの特権を司教に与えている。確かに，在地勢力の自生的成長と公権による上からの促進の，いずれが原因で結果であるか循環論法に陥る危険もあるが，河川航行における王の政策の重要性は否定できない。8世紀からカロリング期にかけて継続的に，活発な広域流通網があったという見解は再検討されつつあるが，9世紀末以降には河川航行と流通がどのように変化したのか，あるいは政権交代にも関わらず本質的には連続していたのか，なお見通しがない。9世紀末以降は「localismから regionalism」の時代になるのであろうか。本稿では，こうした問題に応えるための最初の作業として，9世紀末から10世紀のベレンガリウス王の文書を検討することから始めたい。

　最後に，最も大きな問題が残る。バルザレッティが依拠している考古学的発掘調査やそこからの新しい展望は，北イタリアのカロリング国家像の再検討に

結び付く重要な指摘となるであろう。ただカロリング国家像の再構築といった大問題に関しては，とうてい本論の扱える範囲ではないためここでは取り上げない。三層の重層性を持つ流通という仮説に基づき，農村の経済活動を基盤とした地域間流通の検出という課題に限って着手したい。

バルザレッティは考古学的研究の成果から，文献にのみ依拠していた従来の研究を大胆に批判し，王文書には登場しないとしても在地経済には重要な，今まで看過されてきた「局地」的な活動を文字通り掘り起こして評価しようとしている ([15])。農村での経済活動の評価という大きな観点からは，80 年代以降の研究潮流とも適合的である。しかし特にポー河流域の考古学的研究による発掘調査自体がまだ継続中であることから，従来の図式に代わる新たな社会像を提示するにはなお至っておらず，結局のところ，挑発的な論考で議論の活性化に寄与するにとどまっているように思われる ([16] p. 120)。

(2) 9-10 世紀の王文書に見られる河川航行と流通

9 世紀および 10 世紀の文書で手がかりとなるのは，舟着き場などの施設の存在，施設の利用や流通に関わる徴収，在地市場に関わる付言である。市場に関しては II (3) で後述し，施設や租税についてまず確認しよう。

まず，舟がやってくる施設として，『舟着き場』«portus»，『停泊場』«stazio navium» などの表現が見える。舟着き場での施設利用の対価として支払われるのが，『係留税』«ripaticus»，『舟着き税』«palifictura»，『リパリウス（係留税徴収人）に対する食物提供』«pastus ad riparios» などである。また，河川航行とそれによる商業に関わる諸税はもともと王権に属すると考えられるが，その徴収が特権として司教などに譲与される。河川流通に関わる租税として，売買に際しての『流通税』«teloneum»，『河川航行税』«transitorium»，『渡河税』«portora» などが挙げられる[4]。

さらに，こうした文書に河川航行の当事者たちが明示されている場合がある。9 世紀中葉のルドヴィクス王の文書，9 世紀後半からの 5 通のベレンガリウス王文書，10 世紀末ザクセン朝の 2 通の皇帝文書には，コマッキオ，ヴェネツィア，クレモナ，さらにパヴィア，フェラーラなどからやって来た人々がポー河と支

流域に登場している。なかでもルドヴィクス2世の文書は、塩商業の変遷を辿るのに不可欠であり、II(4)で詳述したい。

　9世紀後半、河川航行や施設や租税徴収の言及があるベレンガリウス王の文書は、マントヴァのものが初出である。火災によって文書を焼失したマントヴァ司教に対し、伯の取りなしによりかつての王文書の内容の確認がなされた際に、マントヴァでの河川航行にかかわる諸税も確認された(894年)。『さらに余は、同教会に、あらゆる流通税、キヴィタス・マントヴァの川岸の係留地と舟着き場における係留税と舟着き税を確認する』«verum etiam confirmamus eidem ecclesie omne teloneum, ripas et ripaticum et ficturas palorum ripe Mantuane civitatis et porti.»（[3] no. 12, p. 44）。

　次に、ボローニャでは司教の請願により、司教座教会にレノ川にある舟着き場が譲与され、ポー河とレノ川への自由な通行の保証の上、係留税が譲与されている(905年)。『レノと呼ばれる川で舟が係留される舟着き場を、余が王の法により、彼ペトルスとその教会に永遠に譲与するようにと請い願った。それ故、余は以下のように定め命じた。いかなる者も、妨害や攻撃、簒奪や差し押さえを敢えてすることなく、どのような場合でもこの川の流れを敢えて封鎖することはないように。そうではなくて、どのような者もまた彼らの舟でもたらされる商品や所領の産物も、心安んじて穏やかに、いついかなる時でも、ポー河と前述のレノ川までやってくることができるように。……余は、余の忠実なる者の誰も、いかなる時でも、これに背くようなことをそこではせず、その流通税と係留税をあわせて、上述のボローニャ教会へ譲与するようにと、定めた』«nostro iussu regali ei et sue eclesie a modo et usque in sempiternum concederemus portum ubi fuit catabulum navium in flumine quod Renum dicitur. Ideo statuimus atque precipimus, ut nemo presumat aliquod inpedimentum aut invasionem aut predacionem vel pignorationem facere, nec ipsum flumen sub aliqua ocasione claudere presumat, sed liceat omnibus hominibus atque mercationibus cum suis navibus et supellectilibus quiete et tranquille venire omni tempore a flumine Pado usque ad memoratum flumen Renum. ... ut nullus ex nostris fidelibus audeat aliquam controversiam ullo tempore ibidem exercere, sed ipsum teloneum et ipsum ripaticum concedimus integriter ad iam fatam sanctam Bononiensem eclesiam.» ([3] no. 63, p. 172)。

　第3に，907年から911年の間に，ベレンガリウス王がノナントーラ修道院（モデナ東約60キロ）とその附属教会に保護を与える際に，河川航行している者に言及している。『また，パヴィアの者，クレモナの者，フェラーラの者，コマッキオの者及びヴェネツィアの者は誰であれ，また，余のイタリア王国全土で上級役人，下級役人も誰であれ，当該修道院の池・養魚池・梁（やな）場を，航行しながら通過しないように……，この修道院の修道院長か，その時に上述のピスカリアに任命されている役人が，その者たちに行き来し漁をすることを許し与えるのでない限りは』«nullus quoque Papiensis, aut Cremonensis, Ferariensis, vel Comaclensis, sive Veneticus aut aliquis magnus vel parvus minister cuiuslibet ordinis in toto nostro Italico regno existens in eiusdem monasteri paludes vel piscariis aut cuculariis navigando transire vel quascumque piscationes cum alico piscationis argumento introire praesumat, nisi forte ab abbate illius monasterii vel a praeposito qui in praedictam Piscariam pro tempore ordinatus fuerit eis ire aut piscare concesserit.» ([3] no. 81, p. 219)。

　第4に，クレモナ司教と教会守護が，諸所領とヴルパリオルスの舟着き場とそれに付属するものの正当な権利を要求して，王領地セクスピラスの所領役人と所領差配に対抗した裁判集会の文書がある。ベレンガリウス王が臨席したこの裁判集会には，カール大帝，ロタリウス1世，ルドヴィクス2世とアデルギスス伯の裁判集会の文書計4通が提出された(910年)。最初のカール大帝の文書では河川に関わる権利が以下のように記録されているという。『また，ヴルパリオルスの舟着き場でカプッド・アッドゥア(ポー河とアッダ川の合流する地点)へミーレスたちが航行する際は，水車からの収入とともに，カプッド・アッドゥアに向かう舟の渡河税』«et porto Vulpariolo transitorio militum usque in capud Addue cum molitura et portoras usque in capud Addue.» も，当該司教座教会に結び付いたものとしていた ([3] no. 73, p. 198)。

　この舟着き場と徴収については，916年のベレンガリウス王文書で，クレモナ司教に『ヴルパリオルスからカプッド・アッドゥアまでの当該教会の養魚池は，水車，舟着き場，河川航行税とともに，所有として永遠に，余は当該司教に譲

与する』«piscaria quoque eiusdem ecclesie a Vulpariolo usque ad Caput Addue cum molendinis et portubus transitoriis eidem episcopio confirmamus jure proprietario usque in perpetuum.» とされている（[3] no. 112, p. 289）。また，この舟着き場の諸権利は，この後 978 年のオットー 2 世文書でも，確認を得ている（[4] no. 176, pp. 200–202）。

こうした特権の賦与は，ザクセン朝のオットーが到来した 10 世紀後半になっても継承されている。968 年にオットー 1 世がベルガモ司教宛に諸権利を譲与する中で，舟着き場の新設とそこでの徴収特権の賦与が以下のようになされた。『モナステリオロと呼ばれている修道院のその地に，舟着き場を建設しようと余は決心した。……さらに，ヴェネツィアの者，コマッキオの者，フェラーラの者，あるいはどこからでもやってきた者のため，舟着き場と停泊場も強固なものとし，係留税はすべて先述の教会に与え譲与しようと決心した』«et constituere portum in loco et abbatia que dicitur Monasteriolo, . . . stabilire portum et stationem navium scilicet venientium ex Uenetiis et Clumaclis, Farariensis partibus sive undecumque venientium cum omni ripatico prefate ecclesie donare atque concedere dignaremur.» ([5] no. 364, p. 500)。

さらに，オリオ川にすでにある舟着き場については，『従って，余は以下のように定め命じる。すなわち，……いかなる者も，上述の市場及び流通税については，またオリオ川に位置している舟着き場と係留税については，先述の聖なるベルガモ教会に対し，いかなる暴力的な行為をも引き起こさず，いかなる縮小もなさず，いかなる公的な職権も行使することのないように』«Statuentes itaque precipimus ut nullus. . . . de predictis mercatis vel teloneis atque portu et ripaticis in flumine Olei statutis aliquam violentiam prefate sancte dei ecclesie Pergamensi inferre aut diminorationem facere sive aliquam publicam functionem exigere audeat.» (ibid., p. 500) としている。

ベレンガリウス王は在地勢力の懐柔のため，伯よりも司教勢力を優遇し自らの支持勢力としたとされるが，上述のような司教への様々な特権賦与は，まさにそうした政治的配慮の現れであろう。9 世紀から 10 世紀のポー河の河川航行に，司教が強い利害を持っていたのは確かである。しかもマントヴァやクレモ

ナ，ベルガモ(オリオ川の舟着き場)では，既存の施設や権利が再確認されており，以前からの権利を有していたと思われる。

ただしこれらの司教領を地図の上で結んで，それらの都市的集落の間に広域流通網があったと想定するのは，適当ではない。上述のように司教が持つ舟着き場への権利は一律に与えられたものではない。逆に，ボローニャやベルガモでは10世紀になぜ舟着き場が新設され，舟着き場での係留税や流通税があわせて譲与されたかという方が重要である。例えばベルガモの場合は，舟着き場を新設する土地は，『かつて異教徒たちによって破壊された修道院』«abbatia a paganis olim destructa» を司教が修復したその跡地であると詳述される。それぞれの農村と都市の経済成長の相違を反映し，特権賦与という形で王権が介入しているのが重要である。その相違を検出することで，地域ごとに農村の経済成長を背景にした都市的集落の安定と成長が浮かび上がってくるであろう。

また，ノナントーラ修道院の場合は，司教による領域支配とは異なり，修道院の漁場経営の保護という経営内部の問題であり，交通路としての川と水資源利用としての川との対立が見られるのが興味深い。王への請願という形を取ったことや特に地域名を名指ししての文言に，修道院の被害がまれではなかったこと，特定地域からの航路が固定的であったことが考えられる。

(3) ベレンガリウス王文書に見る市場

ポー河と支流域を航行していた人々は，どのような場で商業活動を行っていたのだろうか。ヨーロッパ中世の市場については，前に引用したように，1992年の国際研究集会でテーマとして改めて取り上げられるほど，近年再び関心を集めている分野である。わが国でもヨーロッパ学界での研究潮流を踏まえ，単なる経済的取引の場だけではない「市場」を浮き彫りにしようと，地域比較も盛り込みながら，学際的なアプローチも視野に入れた新たな試みが提唱されている ([62])[5]。とはいえ，中世初期北イタリアの市場に関する研究は，史料上の制約から決して多くない。史料が増加し始めるのは10世紀以降で，流通税などとあわせて市場の開設や市場に関する特権を賦与するベレンガリウス王の文書の頃からである ([18] p. 161)。ただし，史料の伝来状況が直接10世紀以前の市場

の不在を示すとする考えは少なく，新しい研究を発表した F. ボッキによっても ポー河流域の市場については，既存の市場が史料に追認されたことも考えられている（[18] pp. 154-155）。

150 通あまりのベレンガリウス王の文書の中で，«mercatus» や «mercatum» は，流通税などの他の特権と並んで定型的文言として記載されることも多く，市場の実際の姿をうかがわせてくれるものは少ない。ベレンガリウス王の文書では，修道院に宛てたものはなくポー河流域の有力キヴィタスの司教に宛てて，流通税や舟着き場での特権などが併せて譲与されている市場の特権文書が多い[6]。中でもヴェルチェッリ，ノヴァーラにおける週市，コモの月市及び，マントヴァ，ヴェルチェッリ，クレモナ，ノヴァーラの年市が確認される。ボローニャでは，週市か年市か言及のない «mercatum» の開設が確認される。ベレンガリウス王の後も，ベルガモ司教に宛てたオットー 1 世の文書及びクレモナ司教に宛てたオットー 2 世の文書が 1 通ずつ伝来している。舟着き場の引用で既出したものも多いが，それらの当該箇所を確認しよう。

最初のものは，既に引用した 894 年のマントヴァ司教へのもので，『また，伯管区内での年市を完全に確認する』«confirmamus..., et cuncta annualia mercata ipsius comitatus» ([3] no. 12, p. 44)。

さらに，905 年には，ボローニャの司教座教会にレノ川をめぐる特権を譲与した後，新たな市場開設を認めている。『そして，そこで当該教会の所有するピスカリオーラと呼ばれる森の中に，新たに市が開催されなくてはならない』«... ubi mercatum noviter fieri debet in silva que dicitur Piscariola proprietas eiusdem eclesie» ([3] no. 63, p. 173)。

911 年の文書では，コモ司教ヴァルペルトゥスに対し，月一回の市の開催を認めている。『余は，前述の(聖アボンディウス)教区で，前述の司教が市を設営し開設するよう，当文書によって許可を与える。毎月の月半ばの開催で，当司教とその後継者たちは，当該司教区の利益となるよう，拘束も反対もなしに流通税を持つように。そしてこの市と流通税に属するものは何であれ，また何らかの仕方で王権に属しえたものはなんであれ，持つように』«in iam dicta plebe edificando et construendo mercatum prefato episcopo presenti conscriptione licenciam

dedimus unoquoque mediante mense, habeatque ipse et sui successores ad partem ipsius episcopii theloneum libere et sine contradictione et quicquid de eodem mercato et theloneo pertinet et publice parti aliquo modo potuit pertinere.» ([3] no. 77, p. 212)。

また，913年には，ヴェルチェッリ司教座教会参事会に，Curtis Regiaと呼ばれた王領地と水車2基と，以下の年市と週市が譲与された。『余は確かに同司教座教会参事会に，王権に属する市を譲与する。それは，毎年8月1日の聖エウセビウスの祝日に開催され，祝日に先立つ7日と祝日当日，さらにそれに続く7日にわたる市である。そしてまた，毎週土曜日のその日一日限りで終わる週市も譲与する』«concedimus quidem super hec ipsis canonicis mercatum publicum, qui singulis kal.aug. in beati Eusebii festivitate fit, septem precedentibus totidemque eandem festivitatem continuatim subsequentibus, et mercatum ebdomadalem qui omni die sabati perficitur donec dies est.» ([3] no. 87, p. 234)。

クレモナに関しては，すでに引用した916年の文書の中で，個別の市ではなく市の開設と設営の特権そのものを認めている。『そしてもし，当該司教がクレモナのキヴィタスの内部及び外部のぐるり一帯で，市を持つことができるなら，聖ナザリウスの市とともに，当文書によって皇帝たる余の許可を持つように。そして，この市は聖ナザリウスの市とともにクレモナ教会司教の権能の下にあるように，その際セクスピラス所領からの王権に由来する公租の徴収やその妨害からは排除されているように』«et si mercata infra spacium Cremonensis civitatis aut extra circumquaque consectare idem episcopus poterit, una cum mercato Sancti Nasarii nostram imperialem habeat licentiam presenti inscriptione, sintque eadem mercata simul cum mercato Sancti Nazarii in potestate episcopi Cremonensis ecclesie, omni publica datione remota et contradictione curtis Sexpilas expulsa.» ([3] no. 112, p. 288)。978年にオットー2世もほぼ同じ文言でこの権利を確認している ([4] no. 176, p. 201)。

919年には，ノヴァーラ司教が以下のように請願し，認められている。『9月1日に，……ノヴァーラ司教の礼拝堂の側で，年市を開設する許可を譲与するよう，余が決心するように。同様に，寛容にも……土曜日に週市を開催する許可を与えるよう，……そして聖人の祝日である11月5日に，同じ場所で，年市を開催する許可を与えるようにと，請い願った』«licentiam constituendi annuales mercationes et nundinas per septimum videlicet kalendarum septembrium iuxta quoddam oratorium ipsius Novariensis episcopii..., simul quoque implorantes, ut eodem modo largiremur facultatem exequendi ebdomadalem mercatum, scilicet per omnem sabbatum, ... et annuale quoque in eodem loco nono kalendarum novembrium» ([3] no. 123, p. 321)。加えて，今まで王権に徴収されてきた流通税と貢租も，ノヴァーラ司教の徴収となるように，譲与した。

　オットー1世も968年にベルガモ司教宛に，舟着き場建設を決め諸権利を譲与し，年市を開設している。『余は，聖シシニウスと呼ばれるベルガモのその修道院で，祝福された殉教者アレクサンドルスの祝日に，その市に関するあらゆる流通税と貢租とともに年市を創設しようと決心した』 «hedificare mercatum annualem in insula Pergamensi in loco qui dicitur sanctum Sisinium, in festivitate videlicet ipsius beatissimi martiris, cum omni teloneo et reddibitione ipsius mercati ... dignaremur.» ([5] no. 364, p. 500)。

　こうした文書から，週市と年市ははっきり区別されており，その2つがあわせて譲与されることも多いことが分かる[7]。週市は1日限りの市であること，年市は教会ゆかりの聖人の祝日にあわせてもっと長い期間開催され，前後1週間ずつ計2週間開設される場合もあることなどが，明らかになる。クレモナの場合は，おそらく年市である聖ナザリウスの市を既に持っている上に別の市を譲与されているが，これが週市に該当するかもしれない。そして，新しい市の開催場所がキヴィタスの内外一帯とされている点から，近郊農村からの産物が集積される市場を想定してもよいのではないだろうか。一般に年市は商品の取引とともに大がかりな催しものとしても重要であり，週市の方は在地の経済生活に密着していたと思われる ([18] pp. 161–170)[8]。

　市場で取り扱われている商品には，残念ながら特別の言及はない。905年の文書でボローニャのレノ川の舟着き場に，«mercatio»『商品』とともに運ばれた«supellex»『所領の産物』が，在地での生産物を示唆する程度である。また，取引に携わる人物の言及も少ない。968年オットー1世がベルガモへ年市を譲与し，舟着き場と停泊場の新設も認め，あわせて諸権利を譲与した際，その舟着き場には『ヴェネツィア，コマッキオ，フェラーラ，あるいはどこからでも

やってきた舟』が来るとされているのが，例外的な言及である。ヴェネツィアとコマッキオが並んででてくるのは，塩商業の担い手を意味すると思われる。しかし，塩の返り荷になるはずのベルガモで売られていた商品は，こうした史料には言及されない。

市場開設と舟着き場の新設が同時に認められているこのベルガモの例から，市場の設営には，河川航行による商品の搬入が重要視されていることが分かるが，もちろん河川航行だけが市場開設の要件ではない。916年にベレンガリウス王がクレモナに諸権利を譲与した際，既存の年市とこれ以降の市場新設の権利を確認して，さらに『通行税，流通税，市門税のいかなるものも』«quicquid curature, telonei aut portatici» 司教が徴収するとしている ([3] no. 112, p. 287)。『市門税』では陸路からの徴収がうかがわれ，荷揚げした商品を市場と内陸部に運搬する陸路の管理も，市場の設営に不可欠であることが示唆される。

王の文書で，クレモナは別として新たに特権が賦与されたのが，コモやヴェルチェッリ，ノヴァーラ，ベルガモといったポー河からやや離れた支流域のキヴィタスの司教が多いことが注目される。むしろその時点で既存の市場が成長していない場所が，王権から特権を得ようとしたとも考えられる。そうすると，市場があってそれが安定している場合は，逆に王文書では言及されないということになる。いずれにせよ，王権の政策によって市の新設が認められたキヴィタスの発展は，後背地である農村の経済成長に依拠していると考えられる。

(4) 9世紀の塩商業

9世紀および10世紀にポー河及びその支流域を航行していた人々を，すべて専門商人と考えることはできないかもしれない。舟着き場の利用頻度も不明である。舟着き場でも市場でも，取引されている商品の示唆が少ない。しかしこうした中でも，史料上はっきりと確認できる重要な商品が，塩である。中世初期のイタリアでは，アドリア海の干潟，ピサ南部ヴァダの干潟，ローマのティベレ河河口などの塩田で製造される海塩が一般的だとされる ([58] pp. 89–90)。なかでもアドリア海の干潟での製塩業は，すでに6世紀にそれ以前からの連続が指摘されているほど古い ([31]; [32])。ポー河とその支流域で塩商業を独占して

いたのは，リゥトプランド王の『約定』の頃はコマッキオ商人だった。やがてコマッキオの独占は崩れ，さらに9世紀末，製塩業を大規模に行い塩商業にも精力的に乗り出したヴェネツィアとの抗争に敗れ，取って代わられる。889年にコマッキオはヴェネツィアから襲撃され焼き討ちにあって，回復できなかったとされるのである（[31] p. 552; [58] p. 90）。ポー河流域での塩商業の変遷は，どのように史料に現れているのだろうか。

　9世紀の塩商業について示唆に富み，その転換点をかいま見せてくれる係争がある。ルドヴィクス2世の治世下851年か852年に，司教の舟着き場での徴収をめぐるクレモナ司教とクレモナ住民の係争がそれで，裁判集会後，パヴィアで文書が発給された（[2] No. 92, no. 56, pp. 193-198）[9]。

　その裁判ではクレモナ住民の代表は以下のように申し述べた。『司教ベネディクトゥスは，不法にも彼らにしばしば暴力的なふるまいをなした。司教は，あたかもコマッキオのミーレスたちに対してするごとく，係留税，舟着き税，係留税を徴収する役人リパリウスに提供する食物を，力ずくで彼らから徴収したのである。彼ら住民たちもその前の住民たちも，以前にはこれを支払っていなかったし，法によって支払わなければならないということもない』«Benedictus episcopus eis multas violentias iniuste facit, eo quod eis ripaticum et palificturam et pastum ad riparios per vim accipiat, sicut ad milites Comaclenses; quod nec ipsi nec antecessores eorum umquam dederint, nec cum lege dare debeant.» (ibid., p. 195)。

　これに対し司教は次のように答えている。『どれほど頻繁であろうと，自分の舟をこの舟着き場に停泊させる商人は誰であれ，係留税，舟着き税，リパリウスに対する食物提供といったすべてを，皇帝故カロルス（シャルルマーニュ）陛下が確認したあの約定に基づいて，我らの教会の利益になるよう，納めなければならない』«Quotienscumque quislibet negotiator cum suis navibus in ipsum portum aplicat, omnia hec, scilicet ripaticum, palificturam et pastum, ad riparios dare debeat ad partem Ecclesie nostre iuxta istud pactum, quod domus bone memorie Karolus imperator confirmavit.» (ibid., p. 195)。

　証人の司祭オデペルトゥスは以下のことを覚えていると証言した。『聖なる教会に反抗して舟着き場を利用しているクレモナの住民たちは，王カロルス陛下，

王ピピヌス陛下より前の時代には，自分たちもその親族たちも自分たち自身の舟を持っていなかった。コマッキオからこの舟着き場に，取引される塩をかつては運んできていなかった。それは司教パンコアルドゥスの時代の最近になってからのことだ』«ante tempora domni Karoli et Pipini regis, quod isti homines, qui contra hac sancta Ecclesia de ipso porto agunt, nec ipsi nec sui parentes naves proprias numquam habuerunt suas, nec de Comaclo salem ad negotiandum in istum portum numquam adduxerunt, nisi moderno tempore Panchoardi episcopi.» (*ibid.*, p. 195)。

さらに，司祭グンデペルトゥスは以下のことを知っていると証言した。『王カロルス陛下と王ピピヌス陛下の時代には，クレモナの住民たちは自分たちの舟を持っていなかった。コマッキオから，商業のために塩を運んできていたが，それはコマッキオの住民の舟で，ミーレスたちと一緒になって塩とその他の香辛料を運んできていたのである。そして，一緒になって，あの約定により王と聖なるクレモナ教会の利益になるように，係留税と舟着き税を納めていた』«ad tempota domni Karoli et Pipini regis, quod isti numquam suas habuerunt naves, quod de Comaclo sale ad negotium peragendum adduxissent, nisi cum nave Comaclense comuniter cum militibus sale aut alias species adduxerunt, et comuniter ripaticum et palifficturam dabant parti regie et Ecclesie Cremonensi iuxta istud pactum.» (*ibid.*, p. 195)。

証人カスタビレースは，以下のことを知っていると証言した。『30年のうちに，彼らの(＝クレモナ住民)舟で，［塩商業に］着手しようとし始めたとき以来，係留税と舟着き税を納め始めていた』«infra triginta annos, postquam cum suas naves ceperunt pergere, dare ripaticum et palifficturam.» (*ibid.*, p. 196)。結局裁判は15人の証人を立てた司教側に有利に終結する。

これらの証言でミーレスと呼ばれたコマッキオ住民たちは，塩商業のためカロリング朝の統治以前からクレモナに来ていたとされる。クレモナ住民はカロリング期初期からコマッキオの塩商業に従事していたが，自前の舟で塩商業に参入し始めたのはここ30年(820年代か)であるという。9世紀中葉には，コマッキオの独占的な塩商業は掘り崩されていく一方，『どれほど頻繁であっても』«quotienscumque» という語から示唆されるように，クレモナ住民の塩商業と舟運業は盛んになってきていると思われる。

ベレンガリウス王の治世では，ことさら塩商業についての文書がない。王の統治の最初の年888年には，王はヴェネツィア総督及び近隣住民(19集落中にコマッキオも含まれる)の間に，軍事盟約的色彩の強い重要な『約定』を結んだ([3] no. 3, pp. 13-25)。相互の安全保障や軍事協定に加え，取引の自由や木の伐採に関する慣習の尊重，舟着き場で慣習以上の課税をしない，係留税は全額で40分の1を上限とする(2.5%以下)などの確認，王への年貢租25リブラの支払い，キリスト教徒奴隷の売買の禁止条項などの経済活動に関わる規定が見られる([48] p. 552)。しかし，ここでも重要であったはずの塩商業には言及がなく，王権が徴税を要求している様子はない。『約定』を締結する際の住民側の筆頭となったヴェネツィア側が，塩商業への王権の関与を忌避したためかもしれない。

　ともあれ，確認される河川航行と塩商業では，主としてコマッキオ住民が塩商業の担い手として登場し，後にクレモナ住民が参入したことが分かる。ヴェネツィア商人は，塩商業については9世紀末まではなおコマッキオに並んだ存在であった。コマッキオとヴェネツィアの舟は北イタリア東部のポー河河口やアドリア海干潟といった製塩業の盛んな地域からやってきており，両者の名は塩と結びついていたと思われる。コマッキオの塩商業が9世紀末以降は衰退したといわれながら10世紀末のオットー1世の文書でなお，『コマッキオとヴェネツィアから来た者』という表現が見られるのも，その表れと思われる。

III　修道院経済と流通構造

(1)　修道院経営と河川航行

　ポー河及びその支流域での航行と流通に関与したのは，キヴィタス住民や司教，伯ばかりではない。それは，修道院の経営にも不可欠であった[10]。862年のサン・コロンバノ・ディ・ボッビオ修道院所領明細帳の記載をまず参照してみよう([1] VIII / 1, pp. 119-144)。公権力による特権賦与文書とは異なり，所領明細帳は基本的には領主の収入の記録であり，「年間」の収入や「年」貢租が記載されている。特権賦与文書では，河川航行のリズムや舟がやってくる頻度などは

不明であるが，所領明細帳では「年間」と記入されていれば，少なくとも修道院では一年間の収入を算出できるほどに，その舟の到来が安定的だったと考えることができる。この点で，所領明細帳の記述には特に注目される。

まず，河川航行を示唆するのは，修道院が所有している『舟着き場』«portus»の存在である。サン・コロンバノ・ディ・ボッビオ修道院では，所領明細帳での記載が «In Portu de Mantua...» と始まるマントヴァに舟着き場がある (ibid, p. 138)[11]。ただし，ここでは，舟からの徴収と舟着き場からの徴収がおそらく区別されずに記述されている。6 ソリドゥスと 4 デナリウスという貨幣支払いが舟着き場の貢租と思われる。

サンタ・ジュリア・ディ・ブレシア修道院所領明細帳では，7 ヵ所の舟着き場が記載される。数が多い上に，ポー河沿岸だけではなく，支流の川沿いやブレシア北部で河川航行からはやや離れた湖近辺の所領にも，舟着き場がある。こうした舟着き場は，領主の経営中心地と所領間の，また在地の所領間の交通も示唆して重要である。サンタ・ジュリア・ディ・ブレシア修道院では，舟着き場からの徴収と，舟からの徴収が明確に分けられており，舟着き場から修道院に納付されるのは，多くは貨幣貢租である。

まず，イゼオ湖近辺の 2 所領にそれぞれ舟着き場がある。イゼイス所領（イゼオ湖南端）では，『舟着き場 1, そこから年間貢租として銀貨で 5 ソリドゥスが来る』 «portum I, unde venit in anno ad censum de argento solidos V» ([1] V, p. 57) と記され，ブラッデラース所領（イゼオ湖北端カモニカ渓谷 Val Camonica 入口）では，『そして，舟着き場 1 から 5 ソリドゥスが来る』 «et de uno porto venit solidos V» (ibid, p. 72) との記載がある。さらに，ポー河沿岸の重要な拠点にある所領の舟着き場が記載される。

ピアチェンツァ内にある所領では『舟着き場 1, そこから年間銀貨 5 リブラが来る』 «et est portum I, inde veniunt in anno librae V de argento» (ibid, p. 89)，インスーラ所領（クレモナ）では『舟着き場 1, 年間 10 ソリドゥスを納める』 «est portus unus, quod reddidit in anno solidos X» (ibid, p. 84)，パヴィア内にある所領では『パヴィアに舟着き場 1, これは年間銀貨 15 リブラを納める』 «est etiam portus unus in Papia, quod reddit in anno de argento libras XV» (ibid, p. 92) の記載がある。い

ずれもかなり高額な貨幣貢租が修道院に納付されている[12]。舟1隻が支払う貨幣貢租の額は不明だが、例えばボッビオ修道院の舟着き場を訪れたコマッキオの舟1隻の場合は、4デナリウスを支払っている[13]。それほど高額ではないこの金額をもとに考えれば、年間で舟着き場の利用頻度は高かったといえるのではないか。

　また、貨幣に加えて穀物の納付がある舟着き場が2ヵ所ある。ビサリッス所領(クレモナ)では、『舟着き場1、ここから年間穀物30モディウスおよび60デナリウスが来る』«portum I, inde veniunt in anno de grano modia XXX et denarii LX» (*ibid*, p.78)、アルフィアーノ所領(ブレシア、オリオ川近く)では、『舟着き場1、ここから穀物60モディウスおよび銀12モディウス(ママ)が来る』«est portum I, unde veniunt de grano modia LX, et de silva modia (sic) XII» (*ibid*, p.81)と記載されている。

　舟着き場利用の対価としては貨幣貢租が支払われ、現物は、基本的には一種の流通税であり、荷揚げされる商品からの十分の一徴収と思われる([24] pp.585-586; [30])。後述するように、ビサリッスとアルフィアーノの舟着き場にやってきた「舟から」の現物納付は別に記載され、穀物はでてこない。一体なぜ、舟からの徴収にはない穀物が舟着き場からの徴収として、記載されるのであろうか。

　ビサリッス所領とアルフィアーノ所領には、いずれもかなり大きな直領地経営が展開され穀作地も広い。特にアルフィアーノには穀作を含む保有地も数多く、修道院所領中第2の大所領である。修道院は所有する舟着き場で、外からの舟が商品を荷揚げする際の徴収だけではなく、逆に外にむけて荷が積み込まれ搬出される際にも、何かを賦課しえたであろうか。この限られた文言からだけでは明確にできないが、そうした可能性を考えてみよう。修道院領の中でも有数の大きな農村所領に舟着き場があり、そこにやってきた舟は、持ってきた商品(後述するように塩と思われる)の対価としてあるいは購入したものとして、この舟着き場で穀物を積み込んでいると想定できないだろうか。修道院は、荷の積込みと搬出についても一定の徴収をする。いわばここには、在地の市場を通さずに生産地で直接穀物を買い付けている商人・舟運業者の存在が示唆され

ていると考えられるのではないか。

(2) 修道院と塩

　修道院の舟着き場に接岸した舟がどこからやって来ていたのか，明らかになっているのは，コマッキオとヴェネツィアの舟だけである。その主要な商品は塩であった。塩が修道院での所領経営にどれほど重要であったかは，塩が微量であれ食生活には不可欠のものであったという一般的な事情以上に，所領明細帳に大量の記載があるチーズを想起するとよい（[61] p. 221）。チーズ作りには大量の塩が必要だからである。

　ボッビオ修道院所領明細帳には，2ヵ所に塩の言及がある。1ヵ所はすでに引用したマントヴァの舟着き場で，『マントヴァの舟着き場において，……われわれ修道院側の利益となるよう，15隻の舟がやってくる。ヴェネツィア住民の舟については，そこから6ソリドゥス，コショウ3リブラ，シナモン同様に，亜麻4リブラが来なくてはならない。そして，コマッキオ住民の舟からは，8モディウスの塩，4デナリウスが来る』 «In Portu de Mantua, ... Venit ad nostram partem XV navis, Veneticis navibus, unde debent venire solidos VI, piper libras III, cyminum similiter, linum libras IIII; et de Comaclense nave venit sal modia VIII, denarios IIII.» ([1] VIII / 1, p. 138) と言及される。塩はコマッキオの舟の積荷であり，修道院は荷揚げされた商品の流通税として，塩を徴収している。それ以外の塩はマントヴァに荷揚げされ，売却されるはずである。

　この記述は，『あの貢租に関しては，養魚池の魚のために，十分なだけの塩と亜麻16リブラが来なくてはならない。そして，ガルダ[湖]のため，また筵（むしろ）12枚分収穫されるオリーヴのために，十分なだけの塩が来なくてはならない』 «De isto censo debet venire ad piscaria propter pisces sal sufficienter, linum libras XVI, et ad Garda sal sufficienter et ad olivas colligendum storias XII.» ([1] VIII / 1, p. 138) と，続く。

　ここには，マントヴァの舟着き場に着いたヴェネツィア（亜麻の支払いから）とコマッキオ（塩の支払いから）の舟が，ポー河から支流を北上して，ガルダ湖まで遡航しているのが示唆されてはいまいか。地名が明示されている上，修道

院の『養魚池』はマントヴァ近郊ではなくガルダ湖北端のスモラク所領にあるからである (*ibid*, pp. 137–138)。スモラク所領は修道院本院がある方向とはポー河を挟んで反対方向の，遠隔地所領といえる[14]。舟が，『ガルダ(湖)のため』に塩を支払うのは，おそらくマントヴァからガルダ湖へ行くためにミンチオ川を遡航するのに，河川航行税が要求されたからと思われる。

『養魚池の魚のため』『筵(むしろ) 12 枚分のオリーヴのため』という文言は，ヴェネツィアとコマッキオの舟が現地で亜麻と塩を引き渡して，その対価としての魚(おそらく干物)とオリーヴの実を得ているように読める。そして修道院の方は，この現物の交換とも思われる取引からは何も徴収しなかったようである。『十分なだけの』«sufficienter» 塩という定量化を避けた表現も，交換の現場での裁量を認めているかのように思われる。

サンタ・ジュリア・ディ・ブレシア修道院でも，舟着き場にやってくる舟から積荷の一部が現物で徴収されており，4 件の記載がある。アルフィアーノ所領では，『舟 3，ここから塩 30 モディウス，12 デナリウスが来る』«naves III, inde venit sal modia XXX, denarios XII» と記載される ([1] V, p. 81)。続いてクレモナに少なくとも次の 2 ヵ所の舟着き場がある。ビサリッス所領では，『舟 6，ここから年間塩 42 モディウス，10 ソリドゥスが来る』«naves VI, unde veniunt in anno de sale modia XLII, soldi X» (*ibid*, p. 78)と記載されている。また，インスーラ所領では舟の数は不明だが，『ミーレスたちの舟から，年間塩 48 モディウスおよび 2 ソリドゥスと 8 デナリウスが来る』«de navis militorum veniunt in anno de sale modia XLVIII et soldi II cum denariis VIII» と言及されている (*ibid*, p. 84)。この『ミーレスたちの舟から』という表現は，リゥトプランド王の『約定』での表現を踏まえ，コマッキオ住民であると考えられている。

リヴァルタ所領は地名比定されておらず，マントヴァもしくはクレモナにあると考えられているが，舟着き場がないにもかかわらず以下のような記載がある。『舟 3，ここから年間塩 20 モディウスおよび穀物 15 モディウス，12 デナリウスが来る』«naves III, inde venit in anno de sale modia XX et de grano modia XV, denarios XII» (*ibid*, p. 80)。舟着き場の施設と徴収はないにしろ停泊できる場で荷揚げを行っていたのかもしれない。リヴァルタは『養魚池』«lacus ad piscandum»

もある重要な所領であり，例外的な記載である穀物も登場することに注意しよう。舟は，塩の荷下ろしをして穀物を購入し船積みして，搬出していたのではないだろうか。修道院は，在地所領での穀物売買に一定の租税支払いを課し，その分が修道院に穀物で納付されていたと想定される。

これらの記載から明らかなのは，塩を運んできた舟が修道院領の舟着き場で商品の塩を荷下ろしし，修道院側は流通税として現物の塩を納付させていることである。そして，所領明細帳からは不明だが荷揚げされた塩は売買され，修道院ももちろん租税として納付させたものとは別に塩を購入できたであろう。塩という特殊な食品は大修道院にとっては，中世初期のポー河河川流通によって，比較的安定して供給されていたと思われる。

また，塩を運ぶ舟が，農村所領の現地で，魚，オリーヴの実，穀物といった生産物を塩との交換によって入手しているのを示唆するような言及があったのも重要である[15]。そして塩を運ぶ舟が到来する農村所領では，特に塩が必要な生産活動が行われていたのも興味深い。スモラク，リヴァルタといった所領には『養魚池』がある。魚もまた，塩漬けにして干物にする保存食品としての加工に，塩が不可欠だったと思われるのである。また，サン・コロンバノ・ディ・ボッビオ修道院，サンタ・ジュリア・ディ・ブレシア修道院とも所領を持つスモラクでは，チーズも作られている[16]。

想定されたこうした現地での交換とは別に修道院が舟から徴収した塩が，所領経営の中でどのように管理され農村所領へ再分配されていたかはよく分からない。ただ，サン・コロンバノ・ディ・ボッビオ修道院にある特別な所領が，この点についてわずかな手がかりを与えてくれる。修道院所在地の，トレッビア川上流でアヴェト川との合流地点あたりまでを指すヴァレ・ディ・ボッビオ(ボッビオ渓谷)に，『塩売場』«salina» と呼ばれている所領が4ヵ所あるのである[17]。

『当修道院の渓谷には「塩売場」という4所領がある。そのうち1所領は，修道院全体の必要のために，塩284モディウスを納める。そこは，豊作の時はブドウ酒8アンフォラ，乾草荷車30台分を産する。別の所領は，ライ麦45モディア，蜂蜜5セクスタリア，蜜蠟5リブラを納める。ブドウ酒3アンフォラ，乾草8台分を産す。3番目は，スペルト小麦100モディウス，羊12頭，蜂

蜜1コンギウムを納める。ブドウ酒4アンフォラ，乾草荷車8台分を産す。4番目は塩67モディウスを納める。ブドウ酒3アンフォラを産す』«Sunt namque infra valle ipsius monasterii salinae quattuor, reddit una ex illis ad cunctas necessitates monasterii sal modia CCLXXXIIIIor, fit ibi per bonum tempus vinum anforas VIII, feno carra XXX; alia reddit seligine modia XLV, mel sextarios V, cera libras V, facit vinum anforas III, feno carra VIII; tertia reddit spelta modia C, vervices XII, mel congium I, facit vinum anforas IIII, feno carra VIII; quarta reddit sal modia LXVII, facit viunm anforas III» ([1] VIII / 1, p. 128)。

4所領の直領地にはブドウ畑と採草地がある。農民からは蜂蜜や蜜蝋，羊，穀物(ライ麦とスペルト小麦)が納付され，標準的な所領でないのは確かであるが，塩だけに関わるわけではない。そもそも第2，第3の所領には塩の言及がない。しかし，もともと『塩売場』という名を持つ所領であり，第1と第4の所領からは塩の納付が確認されることから，なんらかの形で塩と関係した所領であったのは明らかである。

«salinae»所領から納付されている塩はトレッビア川を通じて運び込まれていると思われる。所領名の«salina»『塩売場』という語義を考えれば，ここで塩取引に関して修道院は一定量を徴収していると想定されるのではないか。そして同時にここは修道院全体のための塩の保管場所なのではないか。ともあれ，ポー河とその支流を運搬された塩が，修道院の管理下で保管され売買されていると考えてみよう。塩は，コショウと並んで言及されているものの，決して王や貴族のみが消費する商品ではなかった。王権に連なる大土地所有者という特権的立場にあるにせよ，農村領主としての修道院に届き保管され，『修道院全体の必要のために』毎年ある量が納められる。そこから所領の農民たちにも再分配されていた，もしくは農民自身にも購入の機会が与えられていたと考えてもいいのではないか。

塩は，北イタリア内部で生産されポー河流域を移動する。修道院領主の手を通じて在地での再分配が管理され，生活必需品として農民にも入手可能性があった点で塩は，やはり，地域間流通の要の商品ではないかと思われる。

(3) 所領内部での河川航行の可能性
——サンタ・ジュリア・ディ・ブレシア修道院の場合——

　河川航行と流通の三層性を想定したとき，在地での最も日常的な活動として考えたのが，所領における農民の活動であった。農村所領と領主の経営拠点，また所領間をつなぐ交通や，農民自身の商業活動はどれほど可能であったのだろうか。9世紀にサンタ・ジュリア・ディ・ブレシア修道院所領が広がる地域では，クレモナ司教やマントヴァ司教の市場の存在が分かっているが，保有農民がそこに保有地からの余剰生産物を運搬し売却できたかは，残念ながら不明である。農民による「局地」的な交通を考えるための手がかりとなるのは，所領明細帳での運搬賦役労働の記載であろう。しかしサンタ・ジュリア・ディ・ブレシア修道院では，非自由民の『領主給養民』«prebendarius» が多いためか，ブレシアから離れた大所領のミリアリーナで荷車での運搬賦役を課した1例しかない ([61] p. 227)。

　ただ，農民が関与しえたと思われる所領内部での河川航行に関して，1つだけ，イゼイス所領とブラッデラース所領での言及が，手がかりとなる。ここには舟着き場があって年間それぞれ5ソリドゥスを修道院に納めているが，舟の言及がない。外部からの商品の到来が不明なのである。イゼイス所領はイゼオ湖南端に位置し，『1000リブラのオリーブ油を産するオリーヴ畑』«olivetum unum ad libras M» ([1] V, p. 57)，栗林，ドングリのなる森，養魚池，オリーヴ搾り機のある，果樹栽培や未耕地(森林，湖)利用に特化した所領である。羊の放牧地も広くチーズの納付は100リブラに上る。他方ブラッデラース所領はイゼオ湖北端のやや山間部，イゼオ湖に流れ込むオリオ川近辺に位置する。この地域にはブラッデラース所領を含め4所領があり，ブラッデラースはそれらの中心所領である。直領地と保有地の双方に広大な羊の放牧地が広がる牧畜経営の拠点であり，大量の羊毛とチーズ(ブラッデラース所領と他の所領ではそれぞれ100リブラ)が納められる。さらに，ブラッデラースも含め3所領では鉄製農具の生産や織布などの手工業も営まれており，水車も設置されている。イゼイス所領とブラッデラース所領はちょうど湖の両端に位置し，イゼオ湖を縦断して

2つを結ぶ航行が可能である。

　舟とその商品からの徴収の記載がないこの2ヵ所の舟着き場は、修道院にとって、何かを搬入するより、搬出する方が重要であったと思われる。ボッビオ修道院領のガルダ湖畔にあるスモラク所領には、塩を載せた舟が遡航してきたことを示唆する言及があったが、ここではそうした言及もない。ブラッデラースを中心とする所領群は、おそらく領主の直接的な経営と管理が必要だったため、チーズ作りに不可欠の塩も、直接修道院から運び込まれていたのではないか。イゼイス所領も同様である。

　搬出されるのはイゼオ湖南部所領からのオリーヴ油、北部所領からの羊毛や羊の毛皮、チーズである。イゼイスの舟着き場からオリオ川を下るとマントヴァ近郊でポー河に合流できる。より手前の合流地点でメッラ川に入り、再度北上すればブレシアにも容易に着く。また、ブラッデラースからイゼイスへは、イゼオ湖を縦断するだけでよい。その搬出は誰が担ったのであろうか。保有農民もしくは領主給養民が所領明細帳に記載されないにしろ、領主のための運搬を負担したとしたら、所領内の舟着き場での貢租は要求されないであろう。とすれば、搬出のための領民以外の舟運業者の存在が示唆されるかもしれない。

　舟着き場での貢租支払いの今ひとつの可能性は、領主への納付のためでなく、農民自身が保有地からの余剰生産物を運搬して売却する際に、舟着き場を利用している場合である。ただこの場合には、農民が舟を所有もしくは保有していたことが前提となるが、所領明細帳には舟の製造や利用については一切言及がない。ともあれ、所領内で領民が河川航行に携わることができた可能性については、所領明細帳からだけでは限られたこうした想定しか許されないのである。

今後の課題

　北イタリアを対象とする研究では、80年代からの研究によって中世初期の新しい農村像が提示された。その一方で、継続的に成果は蓄積されているものの、学界を主導するような新しい都市像はまだ生みだされていない。史料伝来も数多く研究蓄積も重厚である領域で、今までに練り上げられた枠組から踏み出し

て新しい都市＝農村関係に立脚した中世初期社会を描くためには，新しい研究手法と分析視角が必要であろう。考古史料と考古学的研究の成果への注目もその試みの一つである。ただ考古学的研究も，イタリア北部の特にポー河流域についてはなお発掘作業が継続中であり，その成果は完全ではない。また，もとより考古学的研究には独自の手法と論理があり，たとえ成果が出揃ったとしても文献史料の単なる補完にはとどまらないであろう。文献史料と考古史料それぞれの性格と限界を常に意識しながら2つの分野の研究成果を統合し，相互補完的に利用して1つの地域を描き出すためには，なお多くの時間が必要であろうと思われる。

新しい研究手法の利用が今のところ困難ならば，旧来の史料を新たな分析視角で読み直すのはどうだろうか。実のところ，新しい都市論の提唱が容易でないのは，都市とは商業拠点であるという従来の定義から，都市の考察がなお，商業活動を支える様々な「市場」，「商人」，「貨幣」，「商品」，「集落」といった個別の要素の考察に拡散していくためでもある。これらの問題一つ一つが相互に絡み合い検討されながらも，まだ統合されていない。こうした中で，限られた同じ文献史料を新たに読み解いていく作業は，容易ではない。

本稿では，かねてよく知られた王文書のうち「河川航行」と「市場」について個別に読み直して，文書に現れた地域ごとの相違を強調した。他方修道院経営にあらわれた農村での流通を取り上げて，これまで以上にそれを積極的に評価しようと試みた。そして，北イタリアで地域間，また地域と在地をつなぐ「商品」として，特に塩に注目し，最終的には農村構造と結びつく流通・消費形態を考えようともした。

こうした作業を通じて，農村領主である修道院が流通をも統括し，中世初期に，在地での経済的・社会的統合の要となっている姿を検出するのが，本稿の大きな目的であった。ここで取り上げた2つの修道院は，その役割を果たしているように思われる。もともと，社会統合の要としての修道院は，王権と関係の深い大領主という政治的側面と，所領経営を積極的にすすめる農村領主という経済的側面と，カトリック信仰のための団体という宗教的な側面と，多面性を備えている。その多面性は流通構造にも反映しており，ボッビオ修道院は，王

や貴族層を主たる消費者とすると想定した奢侈品のうち，コショウ，シナモンといった香辛料をヴェネツィアの舟から入手している。また，三層の流通という複合性を考えた場合でも，大修道院は，奢侈品などの第1層，塩を中心とする第2層，そして，場合によってはその内部に第3層の流通も内包した複合的な流通を統括しうる存在といえよう。

ただし本稿では修道院の多面的な活動の一部しか考察対象とすることができず，また，小規模な教会所領や修道院については検討はこれからである。さらに，塩に関しては，購入側のポー河流域の史料しか取り上げておらず，生産地の史料を検討するに至らなかった。塩を売却した側がその対価として何を運んで帰ったか，製塩地で塩商業の担い手のコマッキオやヴェネツィア側の史料から手がかりを得ることができないだろうか。こうした点を今後の検討課題としたい。

注

1) 中世の都市＝農村関係の問い直しは，ロワール＝ライン間地域に関して研究が先行し，広く共有された問題関心となって，ヨーロッパ全体を考察対象として展開された。ヨーロッパ学界での研究潮流を受けて，日本でも画期となる研究成果が発表されている（[65]）。
2) バルザレッティは，そもそも *portus* の語義を問い直している（[17] p. 223）。確かにこの語には多様な意味があり，J.F. Niermeyer 編纂による標準的な中世ラテン語辞書（*Mediae Latinitatis Lexicon Minus*, Leiden, 1984, pp. 816–817）の基本的な語義でも，landingstage at a riverside, ferry, ferry-money, store-house, marchants' settlement, gulf, mountain-pass が列挙されている。8, 9 世紀北イタリアの *portus* を商人定住地と捉える研究者はいないが，単なる租税とその徴収をさすのか，それともある種の施設を想定するのかという点では，確かに一通の文書からだけでは，断定できない問題が残ると思われる。本稿では，8 世紀の文書に関してはファゾーリらの解釈に依拠した。また 9 世紀から 10 世紀については，同時代の修道院所領明細帳で，*portus* が 1 と数字で形容されていることからも考えて，少なくともある種の施設を想定して，舟着き場との訳を当てている。
3) 実はバルザレッティは，この文書が 8 世紀のものであることに疑問を提示している。リウトプランドの文書は 13 世紀のクレモナ司教シカルドゥスが編纂させたいわゆる «Codex Sicardus» の中に伝来しており，年号の表記や用語法を論拠とした，年代比定から踏み込んで，多少挑発的ながらその真正性をも問い直しているのである（[17] p. 223）。
4) 係留税，河川航行税，リパリウスへの食物の提供は，8 世紀の『約定』でも出てくる。
5) 近年，前近代社会の市場をも対象にした 2 つの研究集会が開催された。第 19 回市場史研究会『前近代の市場と都市―西欧の場合―』（1993 年 5 月 18 日，於熊本商科大学），

第 65 回社会経済史学会『市場史の射程』(1996 年 5 月 11–12 日, 於 九州大学)．

6) ベレンガリウス王文書からは，従って修道院の市場に関しては，手がかりが得られない。ヴィオランテによれば，860 年にルドヴィクス 2 世がボッビオ修道院に，所領内で年市の開催を認め譲与したとされるが，その文書は筆者未見である ([56] p. 20, note., 63)．

7) ボッキは，中世初期の史料ではほとんど出てこないが，食料品を扱う毎日の市が週市と年市に加えて，都市的集落には存在したのではないかと考えている。後代の史料から都市内でそうした市の設営が可能な場所を考えることで，その手がかりを得ようと試みているが，なお問題提起的な議論にとどまっている ([18] pp. 147–160)．

8) かつてヴィオランテらによれば，年市は国際商業に，週市は在地商業に機能分化していたと捉えられ，年市の存在こそが都市の経済力のシンボルとされていたが，ここでは両者の相違があるのは重要としても，そうした二元論を繰り返すことは避けたい。

9) またクレモナ近郊には有力な王領地セクスピラスがあるために，王領地役人がクレモナ司教の権利に異議がない旨述べているのが興味深い。前節で引用したように，910 年になると王領地役人は，ヴルパリオルスの舟着き場(これが当該文書で言及された舟着き場か，正確な比定はないが)での権利を主張して司教と対立しているからである。

10) 荘園制を巡る問題については，幸い森本芳樹氏による詳細な学界動向研究があり，そこで荘園と流通に関しても最近の研究状況をつぶさに知ることができる ([68] (3) pp. 232–234; [68] (4) pp. 1–5)．それによれば，荘園制と商品＝貨幣流通をめぐる議論では，領主による「荘園商業」の重要性は共通認識となりながらも，当時の社会構造に占める地位については，その商業的性格の評価とも絡んでなお議論は継続中であるという。本稿は，森本論文で紹介されている P. トゥベール氏，丹下栄氏と同じく，イタリア北部についても「生産だけでなく流通も含めたカロリング期の社会・経済構造が大所領によって規定されている度合いを，極めて高く評価」する構想を持っている。しかしトゥベール＝丹下の分析視角として議論の中核をなす，「荘園制の空間構造」構築とそれを同時に流通網と捉える観点についてはなお検討中で，ここではその分析は十分展開できなかった。

11) ベレンガリウス王は 888 年にボッビオ修道院に寄進文書を賦与した際に，マントヴァの舟着き場も譲与している ([3] p. 3–8)．

12) 舟着き場についての記載で，ある金額が「来る」(venire)，「納める」(reddere) という表記の相違で何か区別されているだろうか。reddere は本来義務としての支払いを意味し，所領明細帳では一般的な表記で領主への支払いを指す。舟着き場に関しても，本来王権に属しているものが領主に譲与されている場合は，舟着き場(の利用者)が，領主である修道院に対して支払うと理解してよい。reddere で表記されているパヴィアやクレモナはいずれも王権の影響力の及ぶキヴィタスだが，修道院が王へ負う支払いを指しているようには思われない。

13) 本稿 233 頁参照．

14) ボッビオ修道院のスモラク所領の記述は，『豊作の際には 2430 リブラのオリーヴ油を産す』«fit per bonum tempus oleo libras duo milia CCCCXXX», 『そして，ここには養魚池があり，そこからマスとウナギがあわせて 500 匹，やってくる』«Est ibi piscaria, unde

exeunt inter troctas et anguillas D»（［1］VIII / 1, p. 138）。サンタ・ジュリア・ディ・ブレシア修道院のスモラク所領には直領地に『オリーヴ油 40 リブラ分のオリーヴ畑』«olivetu I ad libras XL» があり，3 農民保有地から『オリーヴ油 40 リブラ』«oleo libras LX» が納付される（［1］V, p. 61）。当修道院のオリーヴ栽培全体については［61］(pp. 218-219) 参照。

15) ガルダ湖周辺の一帯はオリーヴ栽培に特化しており，両修道院の農地経営の様相と「オリーヴの実の支払い」は適合的でもある。

16) ただし，サンタ・ジュリア・ディ・ブレシア修道院では，最も大量にチーズを生産しているのは，ブラッデラース所領を含むイゼオ湖北部の所領群である。この点と塩の関係については，III (3) で後述する。またボッビオ修道院では，パヴィアのスタフォーラの谷に比定されるカニアーノ所領からチーズ 160 リブラの納付があるが，ここには塩を運ぶ舟が直接訪れていることを示唆する言及はない（［1］V, p. 144）。

17) このラテン語の解釈についてはなお問題が残る。*Mediae Latinitatis Lexicon Minus* には salina の語はない。これと近い語の salinum では，1141 年頃の「塩市場」の語義と 1150 年代の「塩にかかる税」の 2 つが挙げられている（p. 933）。最も収録語数の多い *Glossarium Mediae et Infime Latinitatis*（Du Cange (ed.), 1954）では salina が「塩税」(gabella, Tributum ex sale) と説明されている (p. 283)。salinum は，ここで関連する語義としては「塩を並べて売る場所」(Locus ubi sal venum exponitur)，「塩からの国庫収入」(Vectigal ex sale) の 2 つが挙げられる (p. 284)。ここで salina と salinum を同義ととれば，塩税か塩売場のどちらかである。4 という数での修飾，valle 内にあるとの場所の説明から，「塩を並べて売る場所」に近いかと解釈した。ただし，所領には他の記載もあるため，「市場」という言葉は避け，売場とした。また，修道院が塩の売買に関わることと，後代塩税の徴収権を持つと考えられている公権力との関係は，よく分からない。

参考文献

史料

［ 1 ］ Castagnetti, A. / Luzzati, M. / Pasquali, G. / Vasina, A. (ed.): *Inventari altomedievali di terre, coloni, e redditi* (Ist. Stor. Ital. per il Medio Evo. «*Fonti per la storia d'Italia*» No. 104), Roma, 1979.

［ 2 ］ Manaresi, C. (ed.): *I placiti del «Regnum Italiae»* (Ist. Stor. Ital. per il Medio Evo. «*Fonti per la storia d'Italia*», No. 92, 96, 97), vol. 3, Roma, 1955-1960.

［ 3 ］ Schiaparelli, L. (ed.): *I diplomi di Berengario I* (Ist. Stor. Ital. per il Medio Evo. «*Fonti per la storia d'Italia*» No. 35), Roma, 1903.

［ 4 ］ Sickel, Th. (ed.): *Die Urkunden Ottos des II und Ottos des III*. (*Monumenta Germaniae Historica.*), 2 vol., Hanover, 1883-1893.

［ 5 ］ Sickel, Th. (ed.): *Die Urkunden Konrad I. Heinrich I und Otto I*. (*Monumenta Germaniae Historica.*), Hanover, 1884.

研究文献

[6] AA.VV.: *La navigazione mediterranea nell'alto medioevo*, XXV Settimana del CISAM, Spoleto, 1978.

[7] AA.VV.: *Mercati e mercanti nell'alto medioevo: L'area euroasiatica e l'area mediterranea*, XL Settimana del CISAM, Spoleto, 1993.

[8] Andreolli, B.: Le enfiteusi e i livelli del «Breviarium», in *Richerche e studi sui «Breviarium ecclesiae Ravennatis» (Codice Bavaro), Studi storici*, fasc. 148-149, Roma, 1985, pp. 163-177.

[9] Andreolli, B. / Montanari, M. (ed.): *L'azienda curtense in Italia. Proprietà della terra e lavoro contadino nei secoli VIII-XI*, Bologna (Biblioteca di storia agraria medievale, 1), 1983.

[10] Andreolli, B. / Fumagalli, V. / Montanari, M. (ed.): *Le campagne italiane prima e dopo il mille. Una società in trasformazione* (Biblioteca di storia agraria medievale, 2), Bologna, 1985.

[11] Andreolli, B. / Fumagalli, V. / Montanari, M. (ed.): *Le prestazioni d'opera nelle campagne italiane del Medioevo* (Biblioteca di storia agraria medievale, 3), Bologna, 1987.

[12] Andreolli, B. / Fumagalli, V. / Montanari, M. (ed.): *Il bosco nel Medioevo* (Biblioteca di storia agraria medievale, 4), Bologna, 1988.

[13] Ausenda, G. (ed.): *After Empire. Towards an ethnology of Europe's Barbarians*, Woodbridge, 1995.

[14] Azzara, C.: *Venetiae. Determinazione di un'area regionale fra antichità e alto Medioevo*, Treviso, 1994.

[15] Balzaretti, R.: The Curtis, the archeaeology of sites of power, in [25], Firenze, 1994, pp. 99-108.

[16] Balzaretti, R.: Cities and markets in the early Midlde Ages, in [13], pp. 113-133.

[17] Balzaretti, R.: Cities, emporia and monasteries, Local economies in the Po Valley, c.Ad 700-875, in [22], pp. 213-234.

[18] Bocchi, F.: Città e mercanti nell'Italia padana, in [7], pp. 137-176.

[19] Bordone, R.: La città italiana fra tardo antico e alto Medioevo: Catastrofe o continuita? Un dibattito in *Società e storia*, 45, 1989, pp. 711-728.

[20] Brogiolo, G.P.: A proposito dell'organizzatione urbana nell'alto Medioevo, in *Archeologia medievale*, 14, 1987, pp. 27-46.

[21] Brogiolo, G.P.: Brescia. Building transformations in a Lombard city, in [45], pp. 156-165.

[22] Christie, N. / Loseby, S.T. (ed.): *Town in transition. Urban evolution in the late Antiquity and the early Middle Ages*, Aldershot, 1996.

[23] Delogu, P.: Il regno Longobardo, in G. Galasso (ed.), *Storia d'Italia*, Torino, 1980, pp. 3-215.

[24] Fasoli, G.: Navigazione fluviale. Porti e navi sul Po, in [6], pp. 566-620.

[25] Francovia, R. / Noyé, G. (ed.): *La storia dell'Alto Medioevo italiano (IV-X secolo) alla luce dell'archeologia* (Convegno Internazionale Siena, 2-6 dicembre 1992), Firenze, 1994.

[26] Fumagalli, V.: *Terra e società nell'Italia padana. I secoli IX e X*, Torino, 1976.

[26bis] Fumagalli, V.: 《Langobardia》 e 《Romagna》: L'occupazione del suolo nella Pentapoli

Altomedioevale, in *Richerche e studi sul《Breviarium ecclesiae Ravennnatis》(Codice Bavaro)*, *Studi storici*, fasc,. 148–149, Roma, 1985, pp. 95–107.

[27] Fumagalli, V.: *Città e campagna nell'Italia medievale*, Bologna, 1985.

[28] Fumagalli, V.: Il Regno Italico, in G. Galasso (ed.), *Storia d'Italia*, Torino, 1986, pp. 1–320.

[29] Galetti, P.: *Una campagna e la sua città* (Biblioteca di storia agraria medievale, 10), Bologna, 1994.

[30] Ganshof, F.: A propos du tonlieu à l'époque carolingienne, in *La città nell'alto Medioevo*, VI Settimana del CISAM, Spoleto, 1959.

[31] Hocquet, J.-C.: Le saline, in [50], pp. 515–548.

[32] Hocquet, J.-C.: *Le sel et la fortune de Venise*, I, *Production et monopole*, Lille, 1982.

[33] La Rocca, C.: Trasformazioni della città altomedievale in «Langobardia», in *Studi storici*, 30, 1989, pp. 993–1009.

[34] La Rocca, C.: Public buildings and urban change in Northern Italy in the early medieval period, in [45], pp. 161–180.

[35] La Rocca, C.: "Dark Ages" a Verona. Edilizia privata, aree aperte e strutture publiche in una città dell'Italia settentrionale, in *Archeologia medievale*, 13, 1986, pp. 31–78.

[36] Lopez, R.-S.: Quaranta anni dopo Pirenne, in [6], pp. 15–44.

[37] Luzzatto, G.: *Storia economica d'Italia. Il Medioevo*, Firenze, 1963.

[38] Menant, F.: *Campagnes lombardes au Moyen Age*, Rome, 1993.

[39] Montanari, M.: *Contadini e città tra "Langobardia" e "Romania"*, Firenze, 1988.

[40] Ortalli, G.: Venezia dalla origini a Pietro II Orseolo, in [50], pp. 339–438.

[41] Ortalli, G.: Il mercante e lo stato: Strutture della Venezia altomedievale, in [7], pp. 85–137.

[42] Pasquali, G.: *Agricoltura e società rurale nel Romagna nel Medioevo*, Bologna, 1984.

[43] Pasquali, G.: Gestione economica e controllo sociale di S. Salvatore – S. Giulia dall'epoca longobarda all'età comunale, in Stella, C. / Brenregani, G. (ed.), *S. Giulia di Brescia. Archeologia, arte, storia di un monastero regio dai Longobardi al Barbarossa*, Brescia, 1992, pp. 131–145.

[44] Pasquali, G.: La corvée nei polittici italiani dell'alto Medioevo, in [11], pp. 105–143.

[45] Randsborg, K. (ed.): *The Birth of Europe: Archaeology and Social development in the first Milenium A.D.*, Roma, 1989.

[46] Rich, J. (ed.), *The city in late antiquity*, London / New York, 1992.

[47] Rosada, G. (ed.): *La venetia nell'area Padano-Danubiana. La vie di comunicazione (Convegno itnernazionale, Venezia 6–10 aprile 1988)*, Padova, 1990.

[48] Rosch, G.: Mercatura e moneta, in [50], pp. 549–573.

[49] Rossi, F. (ed.): *Carte archeologica della Lombardia. I. La Provincia di Brescia*, Modena.

[50] Ruggini, L.C. / Pavan, M. / Cracco, G. / Ortalli, G. (ed.): *Storia di Venezia. Dalle origini alla caduta della serenissima*, I, *Origini- Età ducale*, Roma, 1992.

[51] Squatriti, P.: *Water and society in early medieval Italy, AD 400–1000*, Cambridge, 1998.

[52] Tange, S.: La formation d'un centre économique en Ardenne au haut Moyen Age: Saint-Hubert dans sa région, in Duvosquel, J.-M. / Dierkens, A. (ed.), *Villes et campagnes au Moyen Age*.

[53] Toubert, P.: *Les structures du Latium médiéval. Le Latium méridional et la Sabine du IXe à la fin du XIIe siècle* (Bibliothèque des Ecoles Française d'Athènes et de Rome), n. 121, Rome, 1973.

[54] Toubert, P.: La strutture produttive nell'alto Medioevo: le grandi proprietà et l'economia curtense, in Trafaglia, N. / Firpo, M. (ed.), *La storia. I grandi problemi dal Medioevo all'Eta Contemporanea*, I/1, *Il Medioevo. I quadri generali*, Torino, 1988, pp. 51–90.

[55] Verhulst, A.: Marchés, marchands et commerce au haut moyen âge dans l'historiographie récente, in [7], pp. 23–50.

[56] Violante, C.: *La società milanese nell'età precomunale*, Roma-Bari, 1974.

[57] Wemple, S.: S. Salvatore – S .Giulia. A case study in the endowment and patronage of a majour female monastery in Nothern Italy, in *Women of the Medieval World. Essays in Honor of John H. Mundy*, 1985.

[58] Wickham, Ch.: *Early medieval Italy*, London, 1981.

[59] Wickham, Ch.: Italiy and early Middle Ages, in [25], pp. 140–151.

[60] 城戸照子「9世紀イタリア中・北部の農地契約――中世初期イタリア農村社会解明のために――」、『経済学研究』、57-1、1992年、131–156頁。

[61] 城戸照子「中世初期イタリア北部の農村構造――サンタ・ジュリア・ディ・ブレシア修道院所領明細帳の分析から――」、『経済学研究』、59-3・4、1994年、211–234頁。

[62] 田北広道「市場史の射程 問題提起」、『社会経済史学』、63-2、1997年、1–9頁。

[63] 丹下栄「西欧中世初期における塩の生産と流通――ロワールとロレーヌ――」、『下関市立大学論集』、39-1、1995年、35–54頁。

[64] 丹下栄「中世初期における市場の地位――カロリング期パリ地方を中心として――」、『社会経済史学』、63-2、1997年、10–31頁。

[65] 森本芳樹編著『西欧中世における都市＝農村関係の研究』、九州大学出版会、1988年。

[66] 森本芳樹「カロリング期所領明細帳研究の成果と課題」(1)、『経済学研究』、53-4・5、1988年、69–83頁；(2)、『経済学研究』54-1・2、1988年、249–270頁。

[67] 森本芳樹「西欧中世初期農村史研究の最近の成果と課題」、『経済学研究』、52-1・2、1990年、316–319頁。

[68] 森本芳樹「西欧中世初期荘園制の諸側面」(1)、『経済学研究』、58-2、1992年、51–66頁；(2)、58-4・5、1993年、223–241頁；(3)、59-5・6、1994年、231–243頁；(4)、60-1・2、1994年、1–15頁。

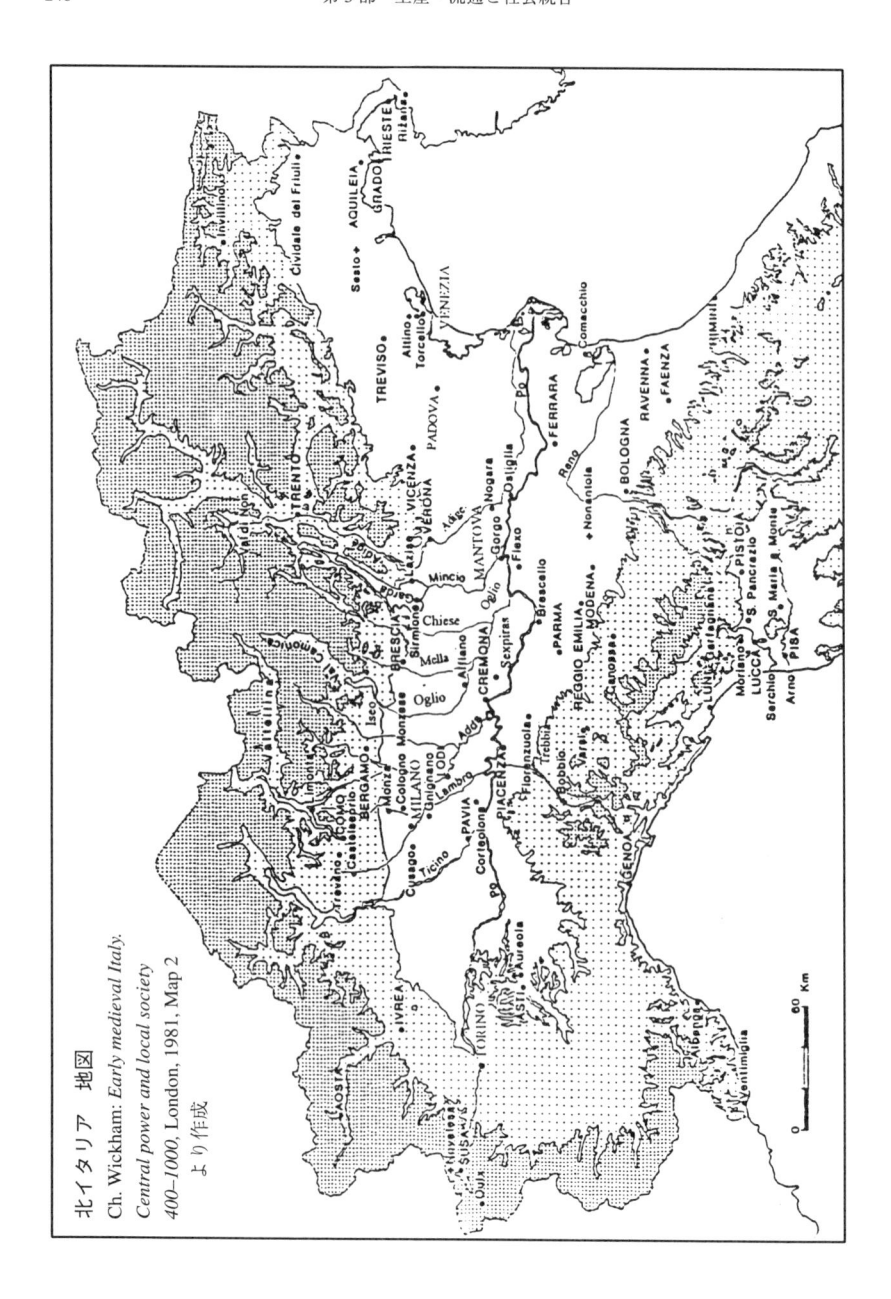

北イタリア 地図
Ch. Wickham: *Early medieval Italy.*
Central power and local society
400–1000, London, 1981, Map 2
より作成

15世紀フランデレンの穀物流通とその構造[1]

奥 西 孝 至

はじめに

　15世紀はヨーロッパにおける中世から近代への転換期であり，連続性と断絶性が混在した時代であった。商業史では，これまでも流通制度，商業組織について中世から近代への連続性を重視する傾向が強く，最近の研究では，中世ヨーロッパに成立した都市ネットワークのもつ構造の連続性が注目されている[2]。そのような都市ネットワークに基づく地域間流通の量的・質的拡大は，近代における新たな変化として注目されてきた現象である。毛織物，胡椒，塩などの伝統的な商品に加えて，それまでは基本的に地域内流通に止まっていた様々な普及財が中世末期より地域間で流通しはじめたことが分業化——農産物の特産地形成，遠隔地向け工業品生産の多様化——をうながし，ヨーロッパの近代へと続く経済成長を促進した。ただし，その成長は一様でなく，地域間流通の進展には「地域」・「財」による大きな差異が存在し，都市ネットワークとの係わり方の違いがヨーロッパ諸地域の経済構造変化のあり方に大きな影響を与えたと考えられてきている[3]。
　穀物は地域間流通の進展が遅れた普及財であり，18世紀においても多くの地域では穀物流通は地域内に限られ，価格の地域差が大きかったことが知られている[4]。中世ヨーロッパでは低収穫率であるものの，それぞれの気候・地理的条件に応じた麦類が山岳地帯など一部の地域を除く広範な地域で，天水型農法により生産された。低生産性の耕地が面的に広がるという生産状況と畜力主体の

輸送という状況は，穀物流通の形態に大きな影響を与えた。すなわち，近隣地域からの供給に依存した数千人規模の小都市が多数点在するという地理的景観を形成し，安定的供給のための様々な規制下で都市と周辺農村間の取引を核とする地域内流通および各地域の需給関係にもとづく穀物価格の地域差が長く存続した。それだけに，穀物の地域間流通の拡大とそれに対応した流通制度・市場規制の形成，地域間価格差の縮小は，近代ヨーロッパの諸地域の経済的結合を示すものとして理解され，低地地方(フランデレンを中心とする南部，およびホラントを中心とする北部)は，中世末期に穀物の地域間流通が進展し，それに応じて地域間価格の同期性が高い先駆的な地域とみなされてきた[5]。そこで本論文では，南低地地方の中心地域であるフランデレンを対象に，穀物生産状況，輸送経路，取引形態などをふまえフランデレンの流通構造はどのようなものであったのか，流通制度・規制が流通構造との係わりの中でのどのような機能を果たしていたのかを検討する。

I　フランデレン穀物流通研究の動向と問題の所在

(1)　ベルギーにおける流通史研究

　ベルギーの中核をなすフランデレン，ブラバントは，中世西ヨーロッパ最大の毛織物生産地域であり，ヘント，ブリュッヘ，ブリュッセルなどの都市が経済的に繁栄した。さらに，政治的には19世紀のベルギー王国成立までブルゴーニュ公国期を除き，非居住外国君主の支配下に入り行政上はフランス，スペイン，オーストリア，オランダの一地域であった。このような歴史的経緯が都市史を中心とするベルギーの歴史研究の方向性と，中世経済史における毛織物業研究の比重の高さをもたらした。ところが，1950年代に入り，それまでの研究が都市史・毛織物業史に偏りすぎたことに対する反省から，農村史，農業史の研究が促進された。同時期より価格史，数量経済史の研究が増え，社会史の観点での都市市民層の多面的分析や救貧活動などをテーマとした研究，1980年代後半からは都市相互，都市と農村の関係を，中心地理論に基づく都市ネット

ワークとして捉える研究が進展して現在に至っている[6]。このような中で，穀物流通史も，制度・規制および商業活動そのものに焦点を当てた研究として20世紀初頭に始まり，1950年代から農村史の進展を受け，農村の経済状況をふまえた構造面からの研究が本格化し，この時期より穀物流通の研究における価格分析の利用も始まった。さらに，1960年代以降の研究では，生活水準との関係，政策決定における社会層など社会史の観点がとりいれられている。また，1980年代末より穀物流通を都市ネットワーク論の中に位置づける研究が行われている。

フランデレンと北フランス地域を結ぶスヘルデ，レイエ流域に対するヘントのスターペルを対象に，14–18世紀にかけての流通制度，市場規制の形成と変容について検討したビッグウッドによる研究 G. Bigwood (1906) は，フランデレン穀物流通史の先駆的な研究である。ヘントの穀物スターペルは自己の利益のために経路強制，積替強制，販売強制などの特権を行使して自由な穀物流通を阻害したとする同研究の見解は，その後の研究に大きな影響を与えることになる[7]。

20世紀初頭は同時にドイツハンザ，ホラント，ゼーラント商人による海上ルートを用いたバルト海・北フランス地域との穀物取引に関する研究が活発に行われた時期で，中世のバルト海・北海の穀物取引の状況が史料的に確認され，低地地方に対するバルト海地域穀物の重要性が注目されるようになる[8]。

1950年代ではレスニコフによる画期的な研究 M. Lesnikov (1957/58) である。15世紀前半の低地地方・バルト海地域間の取引に関して価格高騰期を除き両地域の価格差は輸送費用を大きく上回らないことを示した同研究は，それまでのバルト海地域穀物を重視する研究姿勢に修正を迫るものとなった。一方，農村史研究の進展により，中世フランデレン農村における経営面積の狭さと労働集約農業の発展，北フランス地域における小麦生産の比重の高さ，さらに，中世末期の寒冷化・戦乱の影響による北フランス地域，フランデレンの農村の荒廃が明らかにされた。これらの研究をふまえ，中世末期の農業危機を契機とした北フランス地域からバルト海地域への漸進的な供給地域の移行，外部に穀物供給を依存する中での農村における生産の多様化という，穀物流通の変化を農村

の構造変化との関連でとらえる見解が一般化した[9]。

　15世紀のフランデレンとブラバントの価格変動を，収穫率の変動，穀物輸出禁止の実施と合わせて分析したティツ・ディユエイドによる研究 M. -J. Tits-Dieuaide (1975) は以下のような諸点を指摘した。各都市の穀物価格変動の同期性から穀物流通の広域化が進展していること，両地域には穀物流通の広域化に対応した流通制度がみられること，レスニコフの1957/58年の研究での算定は特殊史料に基づくため一般化できず15世紀当初より平常時の大量のバルト海地域との穀物取引が史料で確認できること，バルト海地域の輸出禁止措置の存在が他の要因よりも穀物価格に与える影響が大きいこと。同研究はそれまでにはない実証性をもつものとして評価され，それ以降のベルギーにおける研究では低地地方におけるバルト海地域穀物の重要性が(少なくとも価格動向に関して)認められることになった[10]。もっとも，15世紀後半の政治的危機がフランデレン，ブラバント社会経済に与えた影響を考察したファン・ウィトフェンによる研究 R. Van Uytven (1975) では，レスニコフらのハンザ史研究に基づきバルト海地域の穀物は15世紀末からようやく輸入量が増加するだけであり穀物供給においては北フランス地域が重要であるとの見解がだされていた。さらに，同時期の北フランス地域を対象とする農村史研究では，価格変動の同期性などから両地域の関係の深さが想定され，フランデレンに対する穀物供給地域としての北フランス地域役割が指摘されていた[11]。その後1987年には穀物供給地域としての北フランス地域の重要性を強調するデルヴィルの研究 A. Derville (1987a, 1987b) がだされ，ベルギーの研究者のあいだでも北フランス地域の供給地としての役割の再評価が進んでいる[12]。

　穀物流通政策史に関しても前述のティツ・ディユエイドの1975年の研究は重要な意味を持つ。同研究は，フランデレン，ブラバントにおける域外持出禁止措置，都市による直接購入などの政策について編年的にその存在を確認し，穀物流通の広域化が進んだフランデレン，ブラバントにおいては域外からの穀物の通過を認めるなど一般的な政策の特徴として規制が緩やかであること，ヘントの穀物スターペルがその特権を用いて様々な形で広域流通の自由な流通を阻害したことの2点を示している[13]。

さらに、ティツ・ディユエイドは1982年のスパの研究集会での報告において、1975年時点の見解を発展させ、フランデレン、ブラバントの穀物流通政策を以下のように整理している。両地域においては中世盛期までは穀物流通に関する規制は少なく徴税費用・取締費用の軽減、不正行為の防止を主目的としており、その後中世末期の危機の中で安定供給確保を目的とした制度が整備された。それゆえ、中世盛期には多くの規制があったとする古典的なピレンヌ学説は誤りであるとしている。さらに中世末期になり整備された流通規制・市場制度の特徴として、凶作時における域外穀物の通過の容認、価格統制の少なさ、商業的取引に対する規制の少なさなどを挙げ、「自由」な性格を強調している。一方、ヘントについては、14世紀中頃に強制的な性格を持つ穀物スターペルが形成されるとともに厳しい市場規制が整備され、凶作時における域外穀物の通過の容認など他の都市と共通性をもつものの、ヘントを経由しない取引を実力行使で阻止するなど、ヘントは自己利益のために他を犠牲にするような「専制的」な政策を展開したことを強調している。ただ、そのような強権的な政策を展開したヘントといえども価格高騰は免れなかったとその政策には限界があったことを想定している[14]。

　この研究にみられる規制の多い中世から規制の少ない自由な近代への移行を考えるピレンヌ以来の古典的な発展論に対する批判は近年のベルギー中世経済史に共通するものである。このようなこともあり、中世末期の危機の中で安定供給確保を主目的に、穀物流通の広域化の進展に対応して、一般的には取引に対する規制の少ない「自由」な制度が、広域流通を支配しようとしたヘントでは強制的な制度が発達したとする同研究の見解は、現在のベルギーにおける基本的な考え方となっている。

　なお、1983年のフラランの研究集会においてファン・ウィトフェンはその時点までの研究を基に中世の低地地方都市の食糧・原料供給を概観し、低地地方の中でもフランデレン、ホラントでは都市人口の増大、農村部を含む人口密度の高さにより都市の需要を周辺農地では支えられないこと、供給確保を主要な目的として食糧・原料のスターペル、域外持ち出し禁止、市場における購入量制限、最高価格の設定などの諸制度・規制が形成されたこと、例外的措置とし

て購入補助や直接購入が行われたこと，低地地方の外から様々な食糧・原料が供給されたことなどを指摘した。この研究では，穀物は他の食糧と並列的に扱われており，スターペル全般について供給確保に有用であり経済を活性化させるものの，自由な流通を妨げる存在ではあると位置づけられている。さらに，ヘントの市場規制は想定されているほど厳しくないとする一方で，フランデレンの大都市も供給確保のために飢饉時における域外持ち出し禁止などを周辺の小都市や農地所有者に対して，その利益を阻害しても行ったとして，ヘントのみが特別に強権的な存在であるとはしていない。なお，これまでの研究に比べて穀物およびヘントの独自性が強調されていないのは，この研究では低地地方の流通構造が中心地理論の枠組みで捉えられていることと関係している[15]。

　ベルギーにおいて，その後中世フランデレンの穀物流通を主対象とした研究はみられないが，ヘントの上層市民，市の行政・財政についてのボーネによる一連の研究 M. Boone（1984, 1990a, 1990b, 1991）では，穀物スターペルがヘントにとり重要な制度であることが強調され，スターペルの存在がブリュッヘと比べたヘントの価格水準の低さをもたらし，価格高騰期でも小麦の価格は一般市民が購入不可能な水準には至らなかったと指摘している。さらに，ボーネはハウエルとの 1996 年の共同論文において中世末期のフランデレンの大都市が組織的な硬直性と衰退にみまわれたとするピレンヌ学説を批判し，ヘントとドゥエを事例に大都市が上層市民の主導のもとで中世から近代への移行を能動的に成し遂げたことを論じる中で，穀物商業は両市にとり毛織物業と並ぶ基幹産業であるとともに，両市の経済構造変換には重要であったスターペルの活動は他都市，周辺地域に対しては犠牲を強いるものであったことを指摘している（M. Howell & M. Boone（1996））。中心地理論に基づきフランデレンにおける大都市と中小都市の相互関係を検討したスターベルによる研究 P. Stabel（1995, 1997）では，地域内供給不足より北フランス，後には次第にバルト海地域より穀物を輸入し穀物流通の広域化が進んだこと，14 世紀の中頃に形成されたヘントの穀物スターペルは流通をヘントに有利な形で歪める形でヘントに経済的繁栄と穀物の安定的供給をもたらしたことを指摘し，周辺の中小都市はヘントのスターペルにより穀物流通中心として発展することを妨げられ，飢饉時には近接農村からヘントに

穀物流出するなど供給が不安定になったため市民による近接地域での農地所有などの対応を迫られたとの見解を示している。

(2) 問題の所在

　以上のような穀物流通史の研究により明らかにされたこと，および残されている課題は，次のように整理することができる。

　フランデレンの穀物供給に関して，これまで最も注目されてきたこととして，社会経済構造の特殊性に由来する地域外からの穀物供給の重要性がある。フランデレンは手工業が発達し都市人口比率が36%，農村部においても小規模経営の集約的農業が展開され人口密度も 78 人 / km^2 と当時の西ヨーロッパでは最も都市化が進んだ高人口密度の地域であることに加えて，かなりの面積の土地が穀作に余り適さない砂質土壌であった[16]。その一方で，12世紀の史料にも活発であると言及されるスヘルデ，レイエ河の上流である北フランス地域(アルトワ，カンブレ，エノー，ワールス・フランデレン)からの穀物の輸入，13世紀より史料で確認されるバルト海地域からの穀物輸入が行われていた。そのため，これまでの研究では，地域外からの穀物輸入は地域内の穀物生産を上回る需要により生じているとしてその重要性を認めたうえで，中世末期については北フランス地域からバルト海地域へという主要供給先の移行の有無が研究史の焦点とされてきた。現在では，中世末期における北フランス地域の重要性の再評価が進み，バルト海地域の穀物は恒常的な取引は存在するものの取引量自体は多くないとして一時期の評価は過大であったと修正されている。ただし，地域外からの穀物の重要性の程度については諸説がありその評価は一定していない。このことには，数量史料が限られ需要全体に占める比重の算定などの分析ができないことが大きな要因になっている[17]。それに加えて，フランデレンの穀物流通の広域化の進展は明らかにされたものの，外部地域の穀物がどのような形で流通に組み込まれ，各地で受容されていったかという流通構造のより個別的な状況が不明であるということも，全体的な考察以外はできないという状況を生みだしている。そこで，価格変動の一体性の高さを前提にフランデレン全体を穀物の統一的な「広域市場」とみなし，個別の史料に基づく数量データにより

地域全体に関するマクロ分析が行われているといえる[18]。

　フランデレンの流通構造に関して，上で述べたようにこれまでの研究で注目されてきたのは，中世末期における穀物流通の広域化とそれにともなうフランデレンの穀物流通の一体化である。フランデレン及びその近接地域のブラバント，北フランス地域の各都市の価格変動の高い同期性は，地域外からの穀物輸入の増加およびフランデレン内での各都市間の穀物流通量の拡大により諸都市の穀物需給における相互関連が強まったことの表れと捉えられている。このようなマクロとしての流通構造の一体化と，穀物取引における売り手と買い手，穀物がもたらされる経路，都市当局による穀物購入，土地所有に基づく直接調達などの多様な活動の実態などの，これまでの研究により明らかにされているミクロとしてのそれぞれの都市における穀物流通の状況[19]，この両者を結合させること，つまり，存在が確認される穀物流通における多様な諸活動がどのように相互に関係して全体の流通構造を作り上げていたかが残された課題となっている。ベルギーでは史料が極めて限られている状況のもとで理論的枠組みを先行させた形で，1980年代以降中心地理論に基づき流通構造を体系的に把握しようとする研究が活発化してきている。ただ，地理学の概念である中心地理論は，都市を規模と機能により，財を流通範囲と普及性により類型化し，両者を階層をもつ流通構造として位置づけるものであり，個別の財の具体的な流通状況の解明を目的としたものではない[20]。そこで本論文では，フランデレンの穀物流通における諸活動について，会計帳簿を中心とする史料を基に検討し，一体化が進んでいるとされるフランデレンの流通構造がどのように構成されていたのかを明らかにする。

　流通制度についても，先に明らかにしたようにこれまでの研究で強く意識されてきたのはフランデレンの特殊性であり，地域外からの穀物が輸入され穀物流通の広域化およびフランス王とフランデレン＝フランドル伯（ブルゴーニュ公）との微妙な政治関係の中での経済力のある大都市の政治的影響力の強さが都市を主体とする広域流通に対応した流通制度・市場規制を成立させ，そのようにして成立した流通制度・市場規制は一般的には規制の少ない自由な特徴をも

つものの，穀物流通の拠点であったヘントにおいては強権的穀物スターペルと規制の厳しい市場規制が存在したと考えられるにいたっている[21]。

　流通制度・市場規制は最初に穀物流通の研究が取り組んだ対象であるだけに，近年の研究での検討の主要な関心は，それらの制度・規制が流通に果たした役割，機能に向けられている。その中で示された最近のベルギーの都市史・毛織物業史に共通してみられる中世都市の規制の多さ，中世末期における制度的硬直性による衰退というピレンヌ以来の古典学説を修正しようという視点は規制から自由へという単純な発展史観に再考をせまるものといえる[22]。ただ，ヘントの穀物スターペルについての強権的で広域流通を歪める非市場的存在という位置づけはビッグウッドから基本的に変わっていない。確かにハウエル・ボーネの共同論文では，ヘントの社会経済構造が近代に向けた変換を成し遂げる上で重要な制度であったとの評価が与えられている。しかし，その場合でも，史料的に確認されるヘントのスターペル権，航行特権を巡る紛争およびヘントの価格水準が他都市より低いことからヘントの利益のために全体には不利益な形で広域流通をコントロールした存在であるとみなされている。なお，穀物流通の一体化を示す現象として理解されている価格変動の同期性に関連して，ティツ・ディュエイドはヘントは穀物スターペルが存在したにもかかわらず価格変動を免れないとのスターペルの有効性に疑問を提する見解を示していたのに対し，ボーネは穀物スターペルが存在することの優位性を価格水準面で示したものといえる。しかし，問題点として指摘したように，そもそもフランデレンの流通構造の実態が必ずしもはっきり捉えられていない以上，穀物スターペルが穀物流通にどのような役割を果たしていたのかは流通構造を明らかにした上で改めて検討し直す必要があると思われる。その際には，穀物スターペルの存在と価格変動の関係について上記のような位置づけでよいのかも検討する必要がある[23]。

　さらに，15世紀のフランデレン穀物流通におけるヘントの穀物スターペルという特定の時代と地域に生じた制度を分析対象としているという限定性の認識が重要になる。スターペルと呼ばれる特権に基づく指定市場は，中世から近代にかけてヨーロッパ各地に存在し，羊毛，鉄，ワインなど多様な財を対象とし

て成立していた。たとえ，同じ制度であっても対象となる財，流通状況が異なれば流通において果たした役割は異なるという可能性を十分考慮しなければならず，特に，普及財として広く存在していた穀物スターペルの機能を特定産地からの流入の側面が強い羊毛，鉄，ワインなどの上記のスターペルに対してあてはめることには慎重にならざるえない[24]。しかも，穀物スターペルが制度である以上，制度そのものも変化・発展するが，流通における機能の変化は，そのような制度的変化と同一とは限らない。当時の認識・意図の場合も，事件史的な経緯において紛争があるということ，強制的な活動があるということと，流通における機能において経済的合理性があるということは相反する事象とはいえない。この視点は市場規則の機能を検討する際に必要であり，固有の状況の中でのそれぞれの特定の機能として検討を行う必要がある。

　これまで整理してきた穀物流通史の残されている課題に関して共通していることとして，史料的制約からの実証分析の難しさがある。特に，機能面での分析には数量分析が大きな役割を果たすにも関わらず，15世紀に関しては，分析に用いることができる数量史料はほとんど価格史料に限られ，取引量などの史料はあっても断片的である。さらに，地域間の価格比較などでこれまでの穀物流通の研究に用いられてきた価格史料は，主対象地域については研究者自身で価格史料を調査している場合でも，比較の対象となる都市には既存の刊行されたデータを使うことが多い。ベルギーの価格史では史料刊行にあたって，多くの場合，年平均価格の時系列など加工されたデータの形で価格情報を提供してきた。これは中世及び近代初頭に関して主に景気動向や生活水準などを分析するためのマクロ的なデータの作成が求められたためで，個々の史料のもつ多様性は偏差として処理され，また，ほとんど散発的にしか残っていない史料の場合は離散性が高すぎて十分に利用されてこなかった。ところが，穀物流通を分析するには，このような史料の持つ多様性が大きな意味を持つとともに散発的に残る史料を使う必要性がでてくる。その上で，それぞれの史料に応じたどのような分析手法を適用するかが重要になる[25]。

II　15世紀フランデレンの地理的状況と穀物流通構造

(1)　フランデレンの都市と農村

　中世のフランデレンは，なによりも毛織物業が発達し，都市化の進んだ商工業地帯として注目されてきた。しかし，人口の約三分の二は農村に居住し生産に占める農業部門の比重も高く，休閑地を廃して輪作を取り入れた新農法による労働集約的な農業経営と多様な農産物の生産が行われていた農業の先進地域でもあった。しかも近年の研究では，このようなフランデレンの農業における特殊化，高度化は12-13世紀にかなり進行していたことが明らかにされている。

　中世盛期の農業における特殊化は，それぞれの土地の土壌などの地理的条件に対応した形で進展していた。北海沿岸部およびスヘルデ河口部の低湿地の塩分を含む粘土質地帯では牧畜業が発達し，羊毛，乳製品，食肉用牧畜が生産され，沿岸部のポルダーおよび北フランス地域(水系の上流という地理的条件および当時のフランドル伯領の一部であるフランデレンの一地方として位置づけられている)を含む南部フランデレンの粘土質地帯では，小麦，中央フランデレンの砂質地帯では，エール醸造の原料ともなるオート麦が生産されていた。さらに，都市近郊においては花，野菜，牛乳という市場向け農産物，織物業の発展に対応して北海沿岸部では茜，スヘルデ，デンデル河流域の一部では大青および亜麻という工業原料となる植物が栽培されていた。フランデレンはこのように各地で特色をもって生産された農産物が他の地区に運ばれるというある種の「地域内分業」が中世盛期に生み出されており，これまで中世末期の現象として考えられていた特殊化の進展は，このような変化の延長上に位置づけられるにいたっている[26]。しかし，注意しなければならないのは，穀作形態の多様化の進展の中でも輪作に基づく耕作サイクルの主要な部分としてライ，オート麦の生産が持続していることである。北フランス地域やフランデレン内のアールスト地区の穀物が広く流通する一方で，砂質地帯で穀物耕作が不適と考えられてきたヘント近郊においてもライ麦，オート麦の生産が続けられていた[27]。つま

り，フランデレンにおいて流通している穀物には，それぞれの土地で生産され地域内の狭い範囲で流通する穀物と，生産余力の高い特定地域の主力産物としてより広い範囲を流通する穀物という二タイプが存在し，後者の一つとしてバルト海穀物がフランデレンに入ってきたのが中世末期の状況であったといえる[28]。

都市化の進展と人口密度の高さもフランデレンの特殊性の要因として指摘されてきている。15世紀において低地地方の中で最も人口の多い地域がフランデレンであり，1469年の推定総人口は66万 (リール管区であるワールス・フランデレンを除く) と低地地方全体の1/4を占め，それに次ぐブラバントは41万，北低地地方の中心であるホラントは26万であった。フランデレンの都市人口比率36%は北低地地方諸州に比べて若干低いものの78人/km^{2}の人口密度は低地地方では最も高く，農村部のみの人口密度45人/km^{2}はホラントの47人/km^{2}に次ぐものであった。フランデレンの都市人口は1469年においてヘントが最大で6万で全都市人口の27%を占め，ブリュッヘ45,000，イーペル9,900，スリュイス9,700，コルトレイク9,500，オゥデナールデ7,300と続いていた[29]。

これまでの研究では，都市化の進展，人口密度の高さから，穀物需要がフランデレンでの穀物生産量を上回る穀物不足 (schaarste, shortage) の状態になり，外部地域からの穀物輸入が行われたと想定してきた。確かに，外部地域からの穀物輸入が恒常的に行われ地域内生産と地域外からの穀物の両方の供給で需要を満たしている以上，計算上は後者が無ければ供給不足の状態になる。しかし，このような状況は，地域内の生産が需要を満たすだけの供給が不可能という文字どおりの不足なのか，それとも，生産能力があるものの外部地域からの穀物が流入した結果，フランデレンの農地が他に転用されたことのあらわれであるのか，現存の史料から算定することは難しい[30]。

フランデレンにおける穀物流通の広域化に大きな影響を与えた地理的条件に，平坦な土地であることによる河川輸送と陸上輸送の容易さがある。フランデレンにおいてはスヘルデ，レイエ水系を中心とした河川，運河による水運網が発達し，アルトワ丘陵地帯北部を水源としスヘルデ河に合流するレイエ河はワールス・フランデレン，アルトワ北部地域の穀物，アルトワ南部からカンブレ，エノー，フランデレンを経て北海に至るスヘルデ河はアルトワ，エノーの穀物を

下流のフランデレンに運ぶ重要な河川網であり，両河川の合流点に位置したヘントは穀物流通の拠点として重要な役割を果たしていた[31]。さらに，陸上輸送路の発達も軽視できず，フランデレン，ブラバントの主要都市を結びケルンに至る東西ルート，ブリュッヘから南へパリ，シャンパーニュへと延びる南北ルートは遠距離商業において重要な役割を果たし，また，網目状に広がった道路網は地域内流通を支えていた。河川輸送と陸上輸送は相互に補完しながら存在しており，例えば，シント・ピーテルス修道院の救貧のための費用であるアルモゼニー（aelmoezenie）会計帳簿に残された穀物輸送費用記録によると，河川輸送は陸上輸送に比べ費用的に 1/2–1/3 であるが，状況によっては同一距離でも陸上輸送が行われるなど，港湾施設のある特定の地点までの輸送，そこでの荷役作業が必要な河川輸送と，少量であれば直接目的地まで輸送できる陸上輸送の使い分けが行われていた[32]。

（2） 穀物市場と市場外取引，直接調達

各都市に設けられた穀物市場，取引所は生産地から水路・陸路を通じて運ばれた穀物が取引される場所であり，中世末期には多くの場合ここでの取引は都市当局の管理の下で行われていた。フランデレン，ブラバントにおける穀物市場の存在が史料で確認されるのは 13 世紀であり，成立の時期についてははっきりしたことがわからない。なお，13 世紀になり穀物市場が史料で言及されるのは，主に領主より穀物市場にかかる徴税権・管理権が都市当局に移行された際の特許文書においてであり，13 世紀の都市のいわゆるコミューン運動の流れの中で，穀物流通に関わる市場開設権・監督権が領主から都市に移行していた状況を反映している[33]。

ラテン語で "Forum Segetum"，中世ネーデルラント語で "Korenaerd" として 13 世紀の史料に現われるヘントの穀物市場は，レイエ河に並行する細長い広場で数本の小道でレイエ河岸とつながっていた。レイエ河には船着き場が設けられるとともに，スターペルハイスやトルハイスなどの穀物取引を管理する施設が並び，レイエ河，穀物市場を中心に穀物倉庫，穀物商家が存在していた。1545 年にはその数が 224，貯蔵総量は 4,000 ムデであり，ヘントにもたらされる穀物

の量は 16 世紀では年間に 2 万 5 千から 3 万ムデ, その 1/5 がスターペル権に属しヘントでの販売を義務づけられていた[34]。15 世紀に関する取引量を直接知らせる史料は存在しないが, 15 世紀中ごろに課せられた穀物消費税に基づき筆者が行った推計では, 課税対象穀物量は 1 万 5 千から 2 万 5 千ムデ, ヘントで売却されない穀物を含めた総取引量は 16 世紀と余り変わらない 2 万〜3 万ムデ, 1,300〜1,900 万リットルの範囲であり, 当時のフランデレン, ブラバントの中ではぬきんでて取引規模が大きい存在であったといえる[35]。なお, 当時のヘントで用いられていた計量単位であるムデは約 600 リットルで 12 ハルステルが 1 ムデであった。

　ヘントにおける 15 世紀の具体的な穀物取引の状況は, 現存している 8 つのホスピタールの会計帳簿に記載された穀物調達記録により明らかにすることができる。中世末期のヘントのホスピタールは, その運営を自己の所領からの貨幣地代と借地契約による貨幣収入を基に行い, パンに焼くための麦には主に購入した小麦をあてていた。所領からの地代, 借地契約の形で直接もたらされたライ麦の占める割合は 15 世紀当初より既に小さく, その後, それらのライ麦は売却されるか, パン焼き親方に差額を払う形で小麦パンに交換された[36]。ヘントのホスピタールの穀物購入には多様な形態があり, 中心となるのは, 市場規制の下で公的に管理されている穀物市場での購入およびレイエ河岸での船からの購入であった。穀物市場では主に 1 回あたり 1 ムデ以下の比較的少量の, 購入量制限が行われている際には 2 ハルステル(約 100 リットル)の購入が行われた[37]。この他に, 穀物市場・レイエ河岸以外での穀物商人からの購入, ホスピタールの所領を借地契約により借り受けている借地農からの購入, パン焼き親方からの購入, ヘントから 30 km ほど離れたアールスト, アクセルでの買い付けなどの形態がみられた。アールストはヘント南に広がりフランデレンの中では穀倉地域であったアールスト管区の中心都市, アクセルはヘントの北東にあるスヘルデ河口部に位置した港町で周辺の干拓地では穀物生産がなされていた。15 世紀の前半には頻度は高くないもののほぼ毎年みられたこの両都市での購入は 15 世紀後半にはみられなくなる[38]。穀物商人からの購入では, 穀物市場の外でも行われ, 特に 15 世紀後半以降に行われた穀物倉庫から直接ホスピタールに

搬入する形での購入は一回の購入量が3〜9ムデと多く，搬出入・輸送費用を計上する形での直接買い付けを行っていた[39]）。借地農からの購入は15世紀中頃以降に増加し，ホスピタールによっては必要な穀物すべてを特定の借地農から何年にもわたり継続的に購入を続けており，年2〜8回程度に分けてホスピタールに直接運ばれている。1480年代には一時借地農からの購入が途絶えた後，1490年代には穀物市場での購入と並行した形で借地農からの購入が復活する[40]）。パン焼き親方からの購入は15世紀後半より見られるもので，パン焼き親方に小麦代金と焼く費用を払い，小麦パンを受け取る形の取引を行っていた。さらに，規模の小さいホスピタールの場合はパンそのものを購入する事例もある。

　15世紀前半の会計帳簿が現存するホスピタールは限られているため断定はできないが，伝来史料から判断する限り，ホスピタールの購入形態は次第に変化し，15世紀前半では穀物市場など公定の場所での購入が中心だったが，15世紀中頃より借地農などからの購入が増加して多様化している。

　ホスピタールの価格高騰期の購入では，1436–39年，1456–59年，1490–93年の高騰期には穀物市場での購入量制限に基づく2〜4ハルステルの購入が行われている。しかし，その一方で穀物市場以外ではより多量の購入も行われ，さらに，1480年代前半では，価格が高騰する中で大量の麦を倉庫から直接搬入する形での購入が行われていた。確かに，ホスピタールは救貧などに関わる宗教施設であり，その個々の購入には固有の要因が加わっていたことは考慮に入れる必要がある。しかし，史料にあらわれる穀物商人，パン焼き親方，借地農等の多様な購買者層や，最大購入量制限の実施時期などは，ヘントの一般的な取引状況を反映したものと考えられ，ホスピタールの購入記録にみられる穀物取引から，ヘントの穀物取引においては，市場規制の下で行われる穀物市場・レイエ河岸での取引とともに，公的な市場外での借地農との土地所有を前提にする取引やパン焼き親方・穀物商人などとの直接取引が並存し，15世紀を通じて後者の比重が高まる形でヘントの穀物流通拠点の機能が強化され，それとともにヘント外での直接買い付けが減少したと想定することができる。

　特定のつながりを前提とした穀物調達の手段の一つに，土地所有に基づく直接調達がある。中世末期の一般市民による周辺農地の所有においては，食糧供

給の確保も一つの目的であったとされており，ホスピタールの会計帳簿に見られたような借地農からの購入とともに地代や借地契約に基づく現物給付の形で穀物を入手したことが知られている。しかし，一般市民については所有面積やその保有形式以上の詳しい状況は，現存史料では知ることができない。その点で輸送費用の検討でも用いたシント・ピーテルス修道院のアルモゼニー会計帳簿は，穀物の直接調達の具体的な状況が確認できる貴重な史料である[41]。

シント・ピーテルス修道院にはアルモゼニーとして，ヘント近郊およびアールスト地区の丘陵地帯，スヘルデ河沿岸地帯，デンデル河沿岸地帯，オゥデナールデ管区のスヘルデ河沿岸地帯などヘントからの距離がほぼ30 km以内までの所領における地代，借地契約，十分の一税の形で徴収される麦が主にもたらされていた。それより遠距離にあるのはスヘルデ河上流のオゥデナールデ管区の西にあるアーヴェルゲム (40 km) およびその上流のトゥルネ管区エスティムブルグ (50 km) のみである。これらのアルモゼニーとして徴収された麦はほぼ陸上輸送され，河川輸送で運ばれたのはアーヴェルゲムおよびオゥデナールデの近くの幾つかの所領からの麦のみである。大量の麦が徴収されているのはほぼ近郊地域の所領に限られ，6ムデ以上の麦が現物で徴収されたのはアーヴェルゲム以外ではレッテルホウテムの18 kmが最も遠く，残りはヘントからの10 km圏内の所領である。

14世紀末から15世紀初めの時期には，ほとんどの穀物が貨幣に換算されるか，売却（アーヴェルゲムの穀物はオゥデナールデまで運ばれ売却）されたが，ヘントから10 km以内の地点からの徴収規模の大きい穀物のみはヘントに運ばれ続けていた。その後，次第に多くの穀物がヘントに運ばれるようになる中で，アールスト丘陵部からの遠方かつ少量の穀物地代は15世紀中頃まで貨幣に換算されていた[42]。

一方，広域な穀物流通を前提とした調達活動に，都市による直接買い付けがある。この活動はこれまでの研究にもしばしば取り上げられ，ホラント，ゼーラントでの買い付けやドイツハンザ商人からのバルト海地域の穀物の買い付けが行われていることから，バルト海地域の穀物の重要性を示す記録の一つとして扱われている[43]。ところが，ブリュッへの購入先の変化をみると，15世紀当

初はドイツハンザ商人からの購入が中心であったものが、購入先が多様化し、ホラント、ゼーラントでの買い付けとともにフラームス語系の名前の人物からの購入の比重が高まっている。また、イーペルの場合は、南のレイエ河沿いの町の他にスリュイスでの買い付けもみられ、1490年ではフランス語系、フラームス語系の名前を持つ穀物商人からの買い付けとなる。このように直接買い付けにおいてフランデレンの穀物商人の比重が増加しており、フランデレンの穀物広域流通が15世紀を通じて成長していることを窺わせる[44]。

　以上のようにフランデレンの穀物流通では、これまでの研究でも指摘されてきた多様な穀物取引・調達が存在しており、それらが相互補完的な形で関係していた。周辺農村地域と北フランス地域・バルト海地域からの穀物は、それぞれ狭い範囲で流通する穀物および広い範囲を流通する穀物の一部として、フランデレンの重層的な流通構造に基づく商業的穀物取引が広範囲に展開されていたことを示している[45]。それに応じる形で、市民、宗教施設の周辺地域における直接調達から都市による各地での直接買い付けまで、多様な形態で穀物取引が行われ、都市における穀物売買においても、市場での取引とともに、市場外の取引の存在が確認され、市場外取引では売買契約相手としての借地農・パン焼き親方という特別の個人的関係を有する取引も存在していた。しかも、その購入・取引形態は15世紀を通じてそれぞれの比重を変えながら多様化の様相を示している。15世紀は14世紀に比べると飢饉の頻度は減少しているもののⅢ(3)でみるように1436-39年、1456-59年、さらに1470年代から90年代初頭にかけて厳しい価格高騰が起こり、それ以外の時期でもかなりの価格変動がみられた。このように考えると、購入形態の多様化、および穀物供給先の多元化は、供給の安定性を強める手段であったといえる。

　その中で特に注目されるのは、15世紀中ごろよりヘントのホスピタール、修道院による土地所有に基づく購入・直接調達が増加していることである。すでに述べたように、15世紀のフランデレンの穀物流通については、バルト海地域からの穀物輸入および地域間流通の拡大に伴い穀物流通の一体化が進展し、価格の同期性として現れるフランデレン各地での輸入穀物の比重の増大が生じたと考えられている。穀物流通の広域化が進展していると考えられているこの時

期に,フランデレンの穀物流通の中心であるヘントにおいて周辺地域の土地所有に基づく穀物調達・購入が増加していることは,広域流通が進展する中で,都市の直接的な影響圏にある穀物供給地域としての都市周辺地域の性格が強まっていることを反映しているように思われる。確かに,スヘルデ,レイエ河により北フランス地域からの小麦が大量にもたらされているヘントにとって,周辺地域は野菜,工業原料など市場向け作物の供給地域として重要であり,穀物価格の低下傾向が続く15世紀においては都市近郊の農民にとっても収益性の高い市場向け作物の生産の比重が高くなっていた。しかし,飢饉の際には,III (2)で見るように市当局は周辺地域に役人を繰り返し派遣して穀物のヘントへの搬入を促している。周辺地域で生産される穀物は緊急時には迅速に馬車でヘントまで運ぶことが可能であり,緊急性が高い際には重要な穀物供給地であったといえる。このことから平常時より複数の供給先の一つとして穀物を直接的に確保することは継続的な供給の安定性につながり,生産する側にとっても継続的な需要の存在は経営の安定化につながったといえるだろう。

　以上のことから,15世紀のフランデレンにおいては,影響力のおよぶ周辺地域から直接に確保する供給の増加と商業的行為による広域流通の発展が,性質の異なる穀物流通形態として相互に補完しながら供給の安定性を高めていた。その中にあって供給の全部を担うのでなくその一部を担い,補完性を持つ周辺地域からの穀物流入が持続したからこそ,商業的行為に基づく広域流通は拡大し,その一部としてバルト海地域からの穀物が少量でも継続的に輸入されたと考えられる。

III　15世紀フランデレンの流通制度と価格変動

(1)　フランデレン・ブラバントの流通制度

　ヘントの流通制度の検討に先立ち,15世紀のフランデレン,ブラバントの流通制度・市場規制の一般的な特徴を整理する。

　フランデレン,ブラバントにおいては,中世末期に至るまでは,安定供給を

目的とした流通制度・市場規制は史料にみられない。史料的に確認されるのは徴税方法，不正行為の禁止などの限られた内容の規則である。なお，取引場所の限定は，上記の目的を達成するための費用の削減につながる規制と位置づけられる。

14–15世紀に入り，史料で確認される市場規制の種類は増加し，さらに，飢饉の際の周辺地域に対する穀物持ち出し禁止令などの史料も現れる。これらの禁止令の発令は，個別の都市およびヘント，ブリュッヘ，イーペル，ブリュッヘ・フライにより構成された「四者会議」により行われた。さらに，これらの都市は，ブルゴーニュ公に対してフランデレン，アルトワ，エノーの穀物のフランデレン外への持ち出し禁止令の発令を要請した。このようなフランデレン外への持ち出し禁止令は15世紀に14年間出されたことが知られている[46]。これらの禁止令の内容はフランデレンの穀物流通の多重構造が反映し，それぞれの都市周辺地域の穀物については都市の影響圏から外への持ち出しを禁止される。ところが，都市の周辺地域の外側からもたらされた穀物の場合は，都市の影響圏から外へ持ち出されることが認められていた。しかし，大都市と周辺の中小都市の影響圏が重なる場合は，大都市の都市当局は周辺の中小都市にその近郊地域から大都市に穀物が運ばれることを認めさせた[47]。

より積極的に商業に依拠した供給確保の措置として，1480年代のブリュッヘ市当局による穀物購入に対する補助金が知られている。その補助金の対象となった購入穀物量は第II節で取り上げたブリュッヘ市当局の直接買い付けよりはるかに多く，補助金という価格的誘因により大量の穀物が確保できることは，飢饉時においてもフランデレンの重層的な流通構造にもとづく商業的穀物取引が広範囲に展開されていたことを示している[48]。

(2) ヘントの流通制度・市場規制

ヘントの流通制度・市場規制については，14世紀中頃に形成された穀物スターペルの存在が大きく関わっている[49]。スターペルの対象となったのはスヘルデ，レイエ河，ヘントとスリュイスを結ぶリーブ運河の流域の麦であり，ヘント経由での輸送，ヘントの穀物市場での一定比率での売却が強制された。販

売強制の比率は1/2～1/6と時期により変化し，15世紀では基本的に1/4であった。販売を強制されない「自由（Vrij）」な麦は穀物商人の判断によりヘントで販売されるかヘントの外へ運び出された。

　スターペルの形成過程は，条項数も少なく規定も緩やかであった1337年の法令から，条項数が多く規定も厳しくなる1366年の法令までの間に出された条項内容の変化として確認される。その期間内に出されている法令の条項の内容はその時々で異なり，規制が強められたり，弱められたりしながら徐々に形を整え1366年には基本的な体系ができあがる。それ以後の法令は，その基本的な体系を肉付けする形で改訂や追加が行われる。

　穀物スターペルに関する法令には，スターペル権に関わる穀物を市場にもたらすまでの諸規則に関する条項と穀物市場での取引に関わる条項がともにふくまれる。後者は市場規制として位置づけられるもので，同一都市の市民の間での取引の禁止，売却を目的として市場で穀物を購入することの禁止，飢饉時におけるヘント市民2ハルステル，非ヘント市民半ハルステル以上の購入の禁止などを定めている。一方，スターペル権に関わる条項としては，ヘント周辺で購入された麦の市場への搬入と，そこでの一定割合の販売義務，河を下ってきた穀物の市場での一定割合の販売義務などがある。これらのヘントの法令により定められた条項にはヘントに限らず中世末期フランデレンに一般的にみられた内容のものもある。

　以上のような条項の内容をもとにこれまでの研究では，ヘントの特徴として，穀物取引を様々な規定により制限し，非ヘント市民を排除しようとした強権性が示されているとの位置づけがなされる一方で，一般的にみられた規制，特に，価格高騰期の購入量制限については買い占め・投機の防止を意図したものと考えられてきた[50]。しかし，すでにI(2)問題の所在で指摘したように，ヘントの流通制度・市場規制が強権的とみなしうるかどうか，どのように機能していたかは，流通構造の中での位置づけではじめて考察できるものである。IIで明らかにしたように，15世紀のフランデレンでは穀物流通の中心であるヘントを経由する中継取引がさかんに行われていた。ヘントの中でも穀物市場での取引はヘント全体の穀物取引の一部分であり，穀物市場の外では穀物商人の倉庫での

取引など多様な穀物取引が行われていた[51]。ヘントにおける市場規制は，このような重層的な流通構造の中で機能していたことを考えなければならない。

　価格高騰期に穀物市場において購入量が制限されていたことは，1436–39年，1455–58年，1490–92年のホスピタールの購入記録から確認される。これらの時期にホスピタールは市場規制に従い穀物市場では2ハルステル，条件がゆるめられると4ハルステルを頻繁に購入している。この2～4ハルステルずつの購入は価格がかなり下がっても続けられており，価格高騰がほぼ収束するまで購入量制限が続けられていることが推定できる。しかし，この時期に市場外では，ホスピタールはより大量の穀物を様々な形で調達している。ところで，上限として定められた2ハルステルは1家庭の1ヵ月分の消費量であり，買い占めを図る可能性のある穀物商人の穀物市場での購入は別の形で制限されていた。このようなことを考えると，ホスピタールにも適用されていた2ハルステルという購入量制限の執行状況は，この規制が特定の人物の投機を目的にした買い占め防止を意図して行われていたのではなく，穀物市場において，すべての市場での購入者を対象として価格高騰期の穀物需給関係が逼迫する中での穀物市場における需要の抑制を図ることを目的にしていたと考えた方がより適切に状況を説明できる。

　ヘント市当局にとって穀物取引は，一方では経済的繁栄を支える基幹産業であり他方ではヘント市民への供給を確保するための手段でもある。ヘントを経由する穀物の中継取引は前者の立場からは促進するべきものであり，後者の立場からは市民への供給に優先して行われるものでない。この二律背反は価格高騰期により激しくなったと考えられる。このような状況において，穀物商業の拡大と発展に伴い流通全体の一部となっていたヘントの穀物市場を，穀物商人・非ヘント市民への購入の制限，購入した麦の転売の制限などの市場規制により市場参加者・取引方法を厳格に規定することで「ヘント市民への供給の場」として明確に位置づけ，市場外の取引と区分することは，両者を並存させる有効な方策になったと考えられる。価格高騰期の需給関係が切迫しているなかでも，ヘントの流通制度の下では，穀物市場にはヘントに至る穀物の一定割合が常に供給されている。購入量制限により穀物市場の総需要を抑制すれば，価格

統制の行われない市場での価格上昇が抑えられることになり，ヘント市民は相対的に安価に穀物を入手できる。一方，市場の外での穀物取引については大規模な穀物取引こそがヘントに穀物をもたらすための必要な商業活動である。その意味で，特定の人物(具体的には穀物商人)の投機目的の買い占めとみなされる行為を禁止しようとする意図がヘント市当局にどの程度あったのかということも考えなければならない問題である。買い占めを図ると想定されている穀物商人に対しては，確かに，穀物市場での購入に関する制限や飢饉時の周辺地域における購入の制限が課されている。しかし，前者の場合は，市民への穀物供給の場であることが，後者の場合も，都市の政治的影響力により穀物を穀物市場に供給する地域であることが影響しているととらえられる。ヘント市当局にとって，穀物商人の広域流通における活動はヘントに穀物を供給するための重要な柱であり，価格高騰期のヘント市当局の穀物流通政策の基本は商業的流通によりヘントに穀物がもたらされることを促進することであった。その中には穀物商人の購入を妨げないように各地の都市当局に要請しただけでなく，12人の公式穀物商人を認定して各地での購入行為に法的保証を与えた。ヘント市当局は，ドイツの都市に見られたような公的な備蓄倉庫は造らず，穀物商人，修道院が貯蔵する穀物の在庫により一定の割合を穀物市場で売却することを要請した。このような都市当局の施策はまさに穀物商人の商業活動を利用した裁定といえるものである。穀物商人により広域流通する穀物がヘントにもたらされ，穀物倉庫に貯蔵されるという恒常的に行われる活動が，高価格期には投機的行為そのものとなる。以上のことから，ヘントの市場規制の目的は，穀物市場，穀物商人の流通におけるそれぞれの役割を明確に区分することであったと考える方がより適合的であるといえる。

　つづいて，スターペル権によるヘントの優位性を示すとされたヘントの価格水準の低さについて検討する。ヘントの価格水準が他都市よりも低いことによるヘント市民の有利さは否定できない[52]，しかしここで問題とするのは，フランデレンの穀物流通において中継地であるヘントの価格水準が低いことがどのような意味を持つかである。その点で注目すべきなのは，前述のスターペル権に服さない自由な麦の存在である。この麦はヘントから他都市に運び出すこ

とを認められており，他の都市の穀物価格が輸送費用及び一定の利潤分だけヘントの価格より高ければ，穀物がヘントからその都市に送られる可能性が高くなる。フランデレンの穀物流通の中心であるヘントにおいてその価格が低ければ，ヘントより穀物を調達する都市にとっても，より低い価格で穀物を調達することが可能になる。そのような状況で，ヘントの穀物市場において価格が相対的に低く抑えられれば，自由な麦を他の都市に向かわせる誘因になる。つまり，価格高騰時の穀物市場において，スターペル権に基づく一定比率の穀物の売却強制とヘント市民の購入穀物量の抑制という需給調整により，ヘント市民が相対的に安い価格で穀物を購入することが可能であるということは，同時に他の都市への供給量の安定化につながり，流通圏に属する他の都市・地域は一定の恩恵を得ることになる。

　価格高騰期の穀物流通に関する諸活動はそれぞれの都市の流通制度・市場規制を基に展開されるため，それぞれの特徴がはっきりと示される。フランデレンの一般的な特徴としては穀物流通の多重構造が反映し，都市に近接する周辺地域の穀物を都市の供給にあてるために持ち出し禁止令を出すとともに，商業的流通を利用して穀物調達を図っていた。ヘントの場合は穀物スターペルの存在がその活動にどのように影響を与えていたのかを以下に検討する。15世紀において史料的に詳しい活動がわかる価格高騰期は1430年代後半のみで，ヘント市の会計帳簿に「穀物に関する活動費用の章」が1437〜1441年度に設けられ，個々の活動が記録されている[53]。なお，記録されている項目数は1437, 38, 39, 40, 41年度がそれぞれ112, 150, 57, 54, 11である。

　1436-39年高騰期において，数名のシェッペン(schepen; 参審人)および多数の執行官(bode)，穀物監査官(korenwachter)，文書伝達官(meesagier)などにより周辺地域(ヘント近郊およびアールスト地区，オゥデナールデ管区，ワース地区，デンデルモンデ管区，ヴィールアンバハテン地区など)さらには北フランス地域(エノー，アルトワ，トゥルネ，リールなど)において幾つかのタイプの異なる活動が展開されていた。

　周辺地域に対しては，基本的に執行官以下の官吏が穀物に関する法令の布告，規制違反の取締，調査，流入促進などの目的で通常は数日間派遣され，複数の

集落を廻りそれぞれの目的を果たしている。また，アールストなどの周辺地域の中小都市の都市当局に対しては書面での要請を行っている。一方，北フランス地域への派遣は少ない。しかし，派遣されるのは主にシェッペンで穀物に関する交渉を行っている[54]。さらに，スリュイスやアールスト，アクセルなどから穀物に関する情報を集めておりスリュイスにバルト海からの穀物の到着の知らせが届くとシェッペンが前述の公認穀物商人と共にスリュイスに向かっている。

　これらの1436-39年の価格高騰期にヘントが行った諸政策には，次のような特徴がある。第1には広域流通の維持を図っていることで，特に北フランス地域に関してはシェッペンを直接派遣して交渉に当たらせている。なお，それに関連してスターペル権を侵害する行為に対する取締を行っている。第2には，周辺地域では各集落に執行官などの官吏を派遣し取締などのより直接的な行為により穀物流入の促進に努めている。その場合には，商人，農民などが穀物をヘントに来て売却することを中心としており，官吏が直接的に購入を行うことは少ない。さらに，それに関連して，周辺地域から穀物が持ち出されることについては積極的に取り締まっている。第3には，穀物流通に関わる諸情報の収集に努めていることで，それらの情報にもとづく対処が行われている。

　このように価格高騰期におけるヘントの諸穀物政策は他都市と同様に狭い地域を流通する穀物と広域を流通する穀物という多重構造で流通する穀物をヘントにもたらそうとするものである。スターペル権を有していることからより積極的に広域流通の維持に努め，その政治的影響力を利用して周辺小都市が近郊を自己供給地域として確保することを阻み，それらの地域からも穀物がヘントにもたらされるように図った。さらに，スターペル権を侵害する行為の取締を行い，都市の近郊地域より広範囲の地域において直接的な行動をとった。

　このような強権的と従来呼ばれてきたヘントの強制的な行為により，それぞれの地域にとまっていた穀物のある程度の量がヘントに集められ，すでに明らかにしたようにヘントにおいて相当部分が消費された後，他都市へと運ばれていくことになる。つまり，以上のようなヘントの高価格期におけるヘントの政策はヘントの利益の延長上に，地域全体の穀物需給調整を行うという面を有し

(3) 15世紀の穀物価格変動と流通構造

　15世紀のフランデレンの穀物価格変動に関して長期的動向および穀物価格高騰、平準期のより詳しい変化をヘントのホスピタールの購入記録と修道院の地代記録を基に明らかにする。

① 長期的な動向としては、1463年を境にする下降局面と上昇局面の交代があり、下降局面、上昇局面のそれぞれに数度の価格高騰が生じている。なお、1460年代以降の価格上昇にはこの時期からの貨幣の銀含有量の低下の影響も加わっており、特に1480年代後半の貨幣価値の下落は激しいものがある。

② 15世紀の価格高騰は価格変動パターンの違いから類型に分類することが可能である。持続的な上昇、高原状態、急速な低下を示す価格変動は1436–39年において現れるパターンである(図1を参照)。それに対して、急激な上昇、ある程度低下した後緩やかな低下は1455–58年において現れるパターンである(図2を参照)。一方、ヘントの反乱とその敗北に関係して生じる1452–53年の高騰は極めて短期間で収束している。

③ 価格平準期における価格変化の類型としては、鋸刃状下降、つまり収穫期後の通期的下降と夏期(端境期)の上昇を示す1440年代、波行型で収穫期後の通期的上昇を示す1460年代後半、多収穫年にわたる季節性が現れない連続的変化を示す1490年代後半の変化がある。

　このような価格変動の要因は気候、人口、貨幣、政治的混乱や戦争による生産・流通の不安定さが複合的に絡まり合ったものといえるが、短期的な変動においては気候、政治要因と流通構造の関係がより強く影響を与えたと考えられる。

　1436–39年および1455–58年のそれぞれの価格高騰とその後の時期における価格変動パターンの違いには1453年のヘントの敗北を契機とした流通構造の混乱が窺われる(図1および図2を参照されたい。)。

　1436–39年価格高騰の場合、それに先立つ1420–30年代には短期的高騰が繰り

返しおこっている。価格高騰は1436–37年の冬から漸次的に上昇しハルステル当たり15グロートであった小麦価格が37–38年の冬には30グロート，38–39年冬には少なくとも45グロートまで上昇し，1439年夏には1ヵ月余りで40グロートから25グロートまで急速に低下し，その後の1440年代には，毎年収穫後の秋から初夏までの通期的下降のあと，端境期である夏期に一時的な価格上昇を伴いながら通年的に価格が低下した。この時期は上記で見たヘントが積極的に穀物流通維持と穀物供給確保に努めていた時期であり，このような急速な下降はその年度に収穫された麦が市場で出回る前の夏に，流通在庫が市場に現れたことの結果であったと考えられる。ただし，需給関係はある程度までしか改善されず，1440年代の端境期の価格上昇は夏場には在庫が少なくなる状態が続いたことを示している。ヘント市の会計帳簿に1441年度まで穀物費用の章が設けられていたことはヘント市がこの状態に対応したことを示している。

　1455–58年高騰の場合は，それ以前の時期は比較的安定しており，高騰収束後の1463年は15世紀で最も価格が低かった年であり，その前後の年でも端境期の上昇などは観察されず，小麦価格の高さも最高で35グロート程度と1436–39年ほどではない。ところが，1455年の初夏には15グロートであった価格は急速に上昇し，冬には35グロート近くまで上がり，その後，端境期に下がるが収穫期から再び上昇という価格変動を示しながら1458年の夏に価格はそれ以前の水準に戻る。このような収穫後に価格上昇が繰り返される形での高騰は，収穫後に市場に十分な形で供給がなされないことに起因する典型的な高騰類型である。この時期は反乱を起こしたヘントが1453年に敗北してスターペル権などの諸特権を失った時期であり，ヘント市の会計帳簿にも穀物に関する活動の記録は確認されていない。このことは，ヘントがフランデレンの穀物流通の統制能力を失った結果による広域流通の混乱がこのような高騰パターンの発生につながったことを示唆している。さらに，1457年1月のヘント市によるブルゴーニュ公に宛てた，スターペル権を喪失したことでヘントが衰退し，フランデレン全体に及ぶ価格高騰を引き起こしているとするスターペル権復活を願う嘆願が出され，ブルゴーニュ公フィリップはそれを認め，アルトワ，エノー管区のバイイにヘントのスターペルの承認を伝える書簡を出している[56]。

15 世紀フランデレンの穀物流通とその構造　　273

グロート／ハルステル

図1　1436–39 年価格高騰

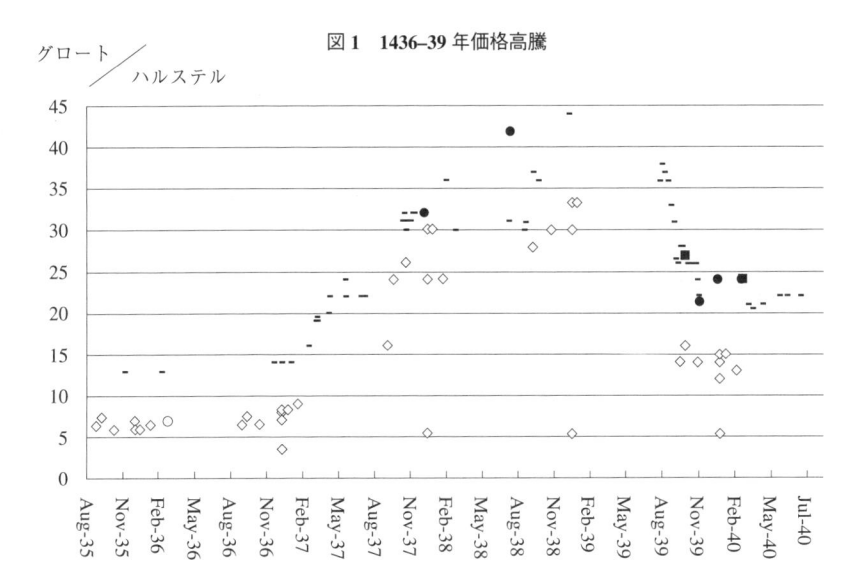

図2　1455–58 年価格高騰

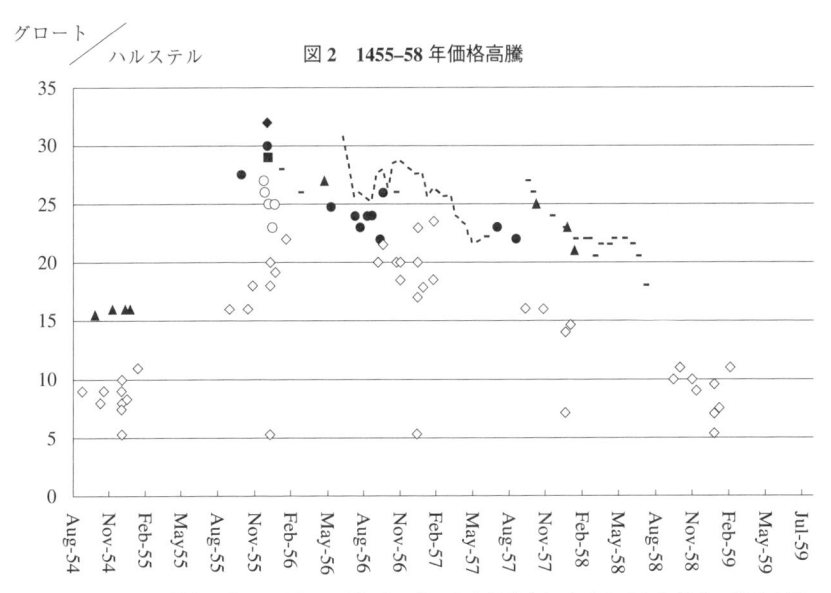

穀物市場での購入(●)，購入の明細不明(—)，購入人名記載もしくは倉庫より穀物の購入(◆)，借地農からの購入(▲)，ヘント市外での購入(■)，パン焼き親方からの購入(×)，ホスピタールでの購入(+)，ライ麦の購入(○)，ライ麦の地代価格(◇)

以上のような2つの価格高騰の違いは，当時のフランデレンの都市の穀物供給における流通構造の重要さ，さらにはヘントの穀物スターペルにより維持された広域流通がその安定性を支える大きな柱であったことを示している。

おわりに

本論文では，まず，15世紀のフランデレンの流通構造を検討し，都市周辺の20～30 kmの狭い地域の穀物の流通と，フランデレン全域と北フランス・バルト海沿岸からの穀物の広域流通の多重構造を大きな枠組みとした上で，複数の流通経路が相互に補完しながら存在していることを明らかにした。その上で，穀物の広域流通の発達にとっては都市の影響力がおよぶ周辺地域からの穀物供給の存在が重要であり，供給先の多元性がフランデレンの穀物流通の安定性を増加させ，それぞれの流通経路はその中で限定的な存在であることが広域流通の発達を容易にしている状況を示した。

フランデレンの流通制度・市場規制は，このような流通構造に対応する形で展開されていた。これまで強権的とされてきた穀物スターペルに基づくヘントの流通制度・市場規制も，フランデレンの穀物流通の多重構造を生かしてヘントに穀物の集積を図ったもので，広域流通は飢饉時には強制権を持ったスターペルに支えられる形で存在していた。確かに，ヘントは穀物商業による利益を享受するとともにヘント市民に対する安定的供給を可能にしていた。しかし，その際には，ヘントのスターペル権により統制されている流通の枠組みの中ではあっても，他の都市・地域にも一定の利益をもたらしていたという点を見逃すわけにはいかない。なぜなら，ヘントの市場規制は一定割合の穀物の搬出を許容するものであり，穀物市場での低穀物価格水準は搬出穀物の価格を押し下げる効果を有するものだからである。しかも，穀物流通経路の役割を厳格に規定する市場規制により，商業行為による穀物調達の重要な場として他の流通経路と区別された広域流通は，飢饉時においてヘントの諸活動により維持されていた。その意味で，上記のヘントを経由する穀物の流れは，ヘントの制度・規制により守られた広域流通における価格差に基づく地域間の需給調整と位置づけ

られるものである。その限りにおいて，これまで強権的とされてきたヘントの制度・規制は，広域流通における市場機能を生かす形で地域全体の穀物需給を調節していたといえる[57]。

フランデレンにおける穀物流通をめぐる都市の相互関係は，重層的な穀物流通構造の中で形成された利害が交錯する中で，双方がある程度の利益を得ることができる相互関係として理解されうるものといえる。それゆえに，スターペルの強制力により支えられた広域流通は，ある種の経済的合理性をもって存続している。しかし，ヘントのスターペル権をめぐる諸都市との抗争にみられるように，穀物に関するヘントのスターペルは都市の相互の合意に基づき恒常的に認められている権利とまではいえない。また，1455-58年の価格高騰としてあらわれるようにスターペル権が弱体化したときにはこの多重的な流通構造が有効に機能しておらず，スターペル権に基づく強制力に支えられた広域流通のもつ市場機能も恒常的なものとはいえない[58]。それゆえ，フランデレンの諸地域，諸都市がフランデレンの穀物流通にどのように係わり，相互に影響を与えているかについてのさらなる実証の積み上げが筆者の今後の課題となっている[59]。

注

1) 本論文は筆者の学位論文「15世紀フランデレンの穀物流通における市場機能」(「中世ヨーロッパの市場と規制——15世紀フランデレン穀物流通における市場機能——(仮題)」として勁草書房より刊行予定。)の骨子をまとめたものである。筆者の個別論文としては，中世末期フランデレンの穀物流通を概括した奥西(1985)，価格高騰期のヘントの流通政策に関する奥西(1990a)，穀物広域流通におけるスターペルなどの強制的制度・政策に関する奥西(1993a)，流通構造の多元性と供給地域の重層性を考察した奥西(1993b)，(1994)，(1997)，フランデレンの穀物価格についての史料的検討，学界動向を行った奥西(1989)，(1994)，(1995)，T. Okunishi (1993)，(1994)，価格変動に対する流通構造の影響を考察した奥西(1993a)，T. Okunishi (1996) がある。
2) 中世末よりの都市ネットワークの構造についての代表的な中心地理論を批判的に摂取した研究としては田北氏の研究がある。田北 (1986 / 87, 1997a)。
3) B. Yun (1994) は，その時点までの研究業績をふまえてこの時期の地域間流通の拡大と地域分業について手際よく概観している。
4) 18世紀に至るまで穀物流通が地域内にとどまっていたことを価格変動の分析から明らかにした研究としては A. J. S. Gibson & T. C. Smout (1995) がある。なお，地域内の流通とそれにともなう分業化は限られた地域においては中世においても生じている。フラ

ンデレンはまさにそのような地域である。E. Thoen (1997)。
5) かつての東ヨーロッパの再販農奴制論，また，ウォーラーステインによる世界システム論が問題とした東西ヨーロッパの地域分業につながる象徴的な取引である低地地方・バルト海地域間穀物取引も中世末より恒常的に行われていた。ただし，16世紀後半でも低地地方の穀物消費量に占めるバルトからの穀物量の割合は小さく，中世の時点では東西の地域分業を引き起こすには至っていないと考えられている (R. W. Unger (1983))。
6) なお，ベルギーにおいては，研究史に残したアンリ・ピレンヌの足跡の大きさゆえに，中世初期から近代に関する多岐にわたるピレンヌ学説が研究史の基調として強く意識されてきた。農村史・農業史の提唱もピレンヌを批判して始められた面があり，毛織物業史においてもピレンヌの諸説を修正して研究が進展してきている。ピレンヌ批判としてのベルギーの農村史と位置づけについては L. ジェニコ著，森本芳樹監修，大嶋誠他訳『歴史学の伝統と革新――ベルギー中世史学による寄与――』，九州大学出版会，1984, 33-34 頁に明快に語られている。中世フランデレン・ブラバントの毛織物業に関しての研究史は，藤井 (1998) において詳細に紹介されている。
7) スターペル(英語ではステープル)は中世に起源を持つヨーロッパ各地にみられた特権を有した流通制度であり，近代に入り自由な流通を阻害する強権的性格をもつものとして廃止される経緯をたどっている。中世においてもスターペルが強制的存在として自由な取引を阻害したとの評価は，近代の状況を遡及的に中世にも適用した面があり，ドイツに関するシュターペル研究史の概観とその問題点を明らかにした田北 (1999) でも，ドイツ学界の同様の傾向が指摘されている。
8) この時期の主要な研究として，ホラントと北フランス地域との海上輸送に関しては W. S. Unger (1926), Z. W. Sneller (1925), ドイツハンザによるバルト海地域との穀物取引に関しては，先駆的なハンザ研究である W. Naudé (1896) において重要な取引として位置づけられている。
9) 農業史の観点で穀物流通を構造的に位置づけた論文として A. Verhulst (1963), J. A. Van Houte & A. Verhulst (1965) があり，バルト海地域の穀物についてはレスニコフに基づく位置づけがなされている。なお，1960 年代の穀物価格・流通政策を扱った主な研究としては，生活水準に関する E. Scholliers (1960), レウヴェン経済・都市財政史の中で穀物流通，価格変動，価格政策を検討した R. Van Uytven (1961) がある。また，アントウェルペンの経済成長の分析の中で穀物を含む多くの財の価格変動を明らかにした H. Van der Wee (1963a), 15-16 世紀の価格高騰の類型について研究した H. Van der Wee (1963b) は価格史におけるこの時期の最も重要な研究である。
10) 中世末期においては，バルト海地域からの穀物は量としては限られたものであったが，穀物価格には影響を与える存在としての位置づけが定着し，特に価格高騰の終息にはバルト地域からの輸出再開が大きな意味を持つとされた。W. Prevenier en W. Blockmans (1983: 37-46), A. Verhulst (1990: 105) なお，M. -J. Tits-Dieuaide (1985) では，13 世紀からバルト海地域の穀物が既に重要であるとされている。
11) G. Sivery (1974, 1976, 1979-80), H. Neveux (1973, 1980), A. Derville (1977) など，その分析においては両地域の価格変動の同期性が両者の関係の深さを表すとされていた。
12) M. van Tielhof (1995), P. Stabel (1997), なお，中世北フランス地域の農業について生

産性，価格動向を検討した A. Derville (1999) でも，北フランス地域の生産性の高さを強調し，フランデレンの諸都市にとり北フランス地域の穀物の方が重要であると繰り返し主張されている。

13) なお，中世末期の低地地方における公及び都市の行政機構，政策決定過程を検討した W. Blockmans (1978) では，公，都市の連合体，個別都市が相互に関係しながら穀物の域外持出禁止令などを発令していることを指摘した。さらに同年には，オランダの価格，食糧政策を検討した R. van Schaïk (1978) が出されている。また，都市と農村の対抗関係を研究した D. Nicholas (1971) においても，ヘントの穀物スターペルが検討されている。なお，ニコラスはその後も多くの研究を明らかにしているが，その見解については研究姿勢そのものもふくめ，多くの疑問が投げかけられている。中世フランデレンの都市・君主関係については，斎藤 (1998)。

14) この報告は，M.-J. Tits-Dieuaide (1984) として刊行されている。

15) この報告は R. P. Van Uytven (1985) として刊行されている。なお，穀物供給地域に関して，ティツ・ディユエイドの見解は，北フランス地域の重要性を軽視した点に問題はあるものの，レスニコフの問題点を指摘しバルト海地域からの穀物輸入の恒常性を明らかにした点が重要であるとして 1975 年段階での自説を一部修正している。ファン・ウィトフェンは低地地方の都市ネットワークをテーマにした 1990 年のスパの研究集会においてブラバントの流通構造を中心地理論に基づき検討している。ボーネ，スターベルも報告したこの研究集会の報告集は 1992 年に刊行されている。

16) 都市化率数値は W. Prevenier en W. Blockmans (1983: 392) に，人口密度は W. Blockmans, G. Pieter et al (1980: 46) による。

17) 例えば，北フランス地域の穀物の重要性を強調する研究 G. Sivery (1974, 1976, 1979–80)，H. Neveux (1973, 1980)，A. Derville (1977, 1987a, 1999) が論拠とする主要な数量データは平均収量と推定耕作面積から推計された剰余穀物量の多さおよび地域間の価格変動の相関性の高さであり，前者は憶測の域を出ない推定値，後者は用いられている価格時系列などの基になる価格史料の特性より分析方法の選択，分析結果の解釈を慎重にする必要がある。

18) 農業構造変化と穀物輸入の相互関係に関する検討でも同様の問題があり，流通構造の解明が不十分なゆえに議論が混乱している。地域外からの穀物供給に関してはフランデレンでは外部地域から穀物を輸入する一方で，新農法の進展・市場性作物栽培の拡大により，都市人口の増大により生じた農産物需要の多様性に対応する農業生産の多様性を進行させている。このような並行現象に対して，外部地域に穀物の供給をゆだねることにより収益性の高い市場性作物に特化した農産物の地域分業として説明されることが多く，都市の穀物需要を問題にした場合の穀物輸入をめぐる議論とは必ずしも整合性がとれていない。

19) このような多様である穀物流通に関わる購入・直接調達自体が多様でかつ時間的にも変化している。例えば，奥西 (1994)，T. Okunishi (1994) において明らかにしたように 15 世紀のヘントのホスピタルの購入形態に見られるように多様であるばかりでなく時間的にも変化している。さらに，奥西 (1997) で明らかにしたようにシント・ピーテルス修道院近郊を中心にした土地所有に基づく直接調達もその規模と範囲は時期によって大

きく異なる。このことは改めて触れる。
20) 構造の発展は想定されているものの基本的には静態的な構造としての理論化である。つまり，その目指すところは，地域，時代の固有性を捨象した抽象度を高めた理論的枠組みでの分析である。
21) すでに述べたように，R. Van Uytven (1985) の場合は，G. Bigwood (1906) 以来のヘントの強制的性格との見解を強調していない。
22) このような視点はすでに述べたようにヨーロッパ史における大きな潮流ともいえるものである。このような動向を摂取し，さらに，それ以上の理論的統一性を持って体系化しようとしているのが，ケルンを中心にギルド，最近では，シュターペルに関する田北氏の一連の研究である。ここでは代表的なものとして田北 (1997a, 1997b, 1998-99) を挙げる。
23) ヘントのスターペルの果たした役割について，筆者は，奥西 (1990a) において，1436-39年の価格高騰では，都市により価格上昇率に差があることを確認した上で，ヘントの穀物政策が広域流通を維持する上で大きな役割を果たしていることを明らかにした。さらに奥西 (1993a) では，ヘントのスターペルの強制力により広域流通が維持されている状況で，最高価格令が存在せず個々の都市での自由な価格決定による価格差が存在することは地域間流通における価格による需給調整を行うことを可能にしているといえるため，強権的なスターペルの存在はその都市にのみでなく全体にとっても利益になり，広域流通における価格による需給調整を可能にするという点でスターペルのもつ経済的合理性に注目すべきとの見解を示していた。しかし，その時点では，流通構造についての検討が不十分な仮説に止まっていた。
24) もちろん，R. Van Uytven (1985) が行ったような諸スターペルの持つ共通の性質を導きだし，フランデレンの供給政策の特徴をとらえる研究も必要であり，R. Van Uytven (1985) などをふまえフランデレン，さらには，ヨーロッパ全体の市場の発展の俯瞰を行った山田 (1999) はそのような研究と位置づけられる。
25) ベルギー価格史の問題点は，奥西 (1995) で取り上げている。
26) E. Thoen (1995, 1997)，なお，山田 (1999) では，E. Thoen (1997) に基づきフランデレンの農村状況を説明している。
27) ヘント近郊でのライ麦，オート麦生産は，シント・ピーテルス修道院の会計帳簿の地代，借地契約でも確認される。奥西 (1997)。なお，その生産性を知らせる史料は極く限られており，オゥデナールデ地区でのライ麦ではヘクタール当たり 1,700 リットル，オート麦では 3,000 リットルと，北フランス地域の小麦の 2,000～3,000 リットルとそれほど変わらない数値も提示されているが (E. Thoen (1996: 74-81))，それに対しては，極くわずかな史料で一般化しているとの批判もある (A. Derville (1999: 306))。
28) 性格の異なる穀物の併存は後述のように流通制度・市場規制のあり方にも大きな影響を与えている。
29) 地域の人口密度，都市人口比率は注 16 と同じ W. Prevenier en W. Blockmans (1983: 392)，都市人口は W. Prevenier, J-P. Sosson et M. Boone (1992: 191)。
30) 一人当たりの年間穀物消費量の推定値は穀物(パン)以外の食糧の比重をどれぐらいに設定するかによっても異なり 365 リットル (W. Prevenier en W. Blockmans (1983: 58))，250

リットル (R. Van Uytven (1985: 78)), 126 リットル (H. Van der Wee (1978: 65)) などと研究により大きな隔たりがある。W. Prevenier & W. Blockmans (1983) では, 365 リットルの値を用いて総人口 66 万の年間消費量は 2 億 4090 万リットル, その生産に必要な面積はヘクタール当たりの収穫量を 1,100 リットルとして 21 万 9,000 ヘクタールとフランデレンの総面積 8,480 km^2 の 1/4 に相当するとの推計を行っている。これまでの研究では, 推計値は様々とはいえこのような必要面積の比率の高さが生産能力を上回る需要の存在の根拠とされてきた。もっとも, 史料の制約より推計は大まかな概算でしか行えない。また, 例えば, 上記の推計値を受け入れるとしても, 休閑地, 共有地, 他の農作物の栽培地の存在を考慮しても耕作可能な土地の割合が高いとされているフランデレンでは, 総人口 66 万人, 都市人口 24 万人をまかなう地域内の穀物生産が物理的に不可能であったとは言い切れない。逆に, 上記で述べたようにフランデレン都市の人口拡大期である 12–13 世紀にも上流地域からの穀物が広範囲に流通している。このことから, 上流地域の穀物を都市の需要に充てる形で都市人口が増大し, 一方, 都市の周辺地域では他の農産物が生産されたと地域分業的な理解をすることも不可能ではない。しかし, 史料の制約から需給関係のあり方を十分に分析することは困難である以上, 与件としての「穀物不足」を想定することは慎重さを欠くといえる。

31) 13 世紀に成立したリーブ運河はヘントとスリュイスを結び, また, 北方の小河川はスヘルデ河口部の港町アクセル, ヒュルストへとつながっていた。

32) 供給地域については奥西 (1997) で触れている。なお, オゥデナールデは周辺地域の穀物を集積してスヘルデ河ルートに乗せる機能と, ヘントの航行特権に基づく積み替え地としての機能を果たしていた。

33) アールストは, フランデレンでは最も早期の史料の存在が確認されている都市である。O. Reyntens (1906)。

34) 16 世紀の取引量, 建物数などは G. Bigwood (1906) の記述による。

35) 穀物消費税の税額は M. Boone (1990b) を用いた。また, 穀物量の算定は, ホスピタールの会計帳簿に現れる容積あたりの課税額も基に行った。なお, 14 世紀末のデンデルモンデの流通税記録にみられる (D. Nicholas (1978)), 8 千ムデから 3 万ムデと大きく変化している通過穀物の量のかなりの量がヘントを経由して運ばれたと想定できる。

36) これらのホスピタールの購入についてこれまでに発表した論文として奥西 (1993b, 1994), T. Okunishi (1994) がある。

37) 購入相手の名前が記載される場合もあるが, 通常は「穀物市場で購入」とのみの記述である。量と購入額のみなどの細目が書かれていない購入の多くは穀物市場での購入と推定される。また, レイエ河での購入は通常より量が多く 2～3 ムデ程度の購入が行われた。

38) アールストから来た船の穀物をレイエ河岸で購入することは行われている。

39) 買い付けた相手の名前が記載された購入記録には, 購入場所を穀物市場と記載した物もある。ただし, 多くは購入場所の記載は見られず, 倉庫からの買い付けのようにホスピタールに麦がもたらされた事例もある。

40) 例えば, シント・ヤコブス・ホスピタールでは, 15 世紀中頃ピーター・ウォンターという借地農から継続的に穀物を購入し続け, そのうちに数年間は全量を彼より購入して

41) P. Stabel (1995, 1997) では中小都市市民の土地所有の食糧供給における重要性が指摘されている。ヘント市民の土地所有については L. Wynant (1973)，アルモゼニー帳簿に見られる直接調達については奥西 (1997) で検討している。金額で計上する主記録の後の穀物記録に直接調達された穀物について，所領名および穀物量が再録されている。主記録において金額が計上されないオート麦は馬の飼料にと書かれており，ヘントには運ばれていない。
42) 穀物の直接調達に関しては近距離の地域が重要な役割を果たしてきたが，アールストの丘陵地帯はフランデレンの穀作地帯であり現金地代を含めた収入の面では所領経営に占める割合は高い。
43) ブリュッヘとイーペル市当局の購入の記録は年代別に刊行されている。M.-J. Tits-Dieuaide (1975: 329–344) なお，1470 年代には一時的にスペインからの穀物が存在している。
44) ブリュッヘが 1438 年にのみリールで購入を行っていることは供給における北フランス地域の重要性が低いことを示していると捉えられているが (M.-J. Tits-Dieuaide (1975: 149))，むしろ，商業的広域流通の発達を受けて，直接買い付けに向かわず穀物商人を介してと捉えることができる。
45) 穀物流通重層性の点で，ヘントとオゥデナールデの並存関係は興味深い。周辺地域の穀物の集積地，港湾関係で周辺の穀物を集めてヘントへ，かつ，ヘントの航行特権との関連でスヘルデを下る穀物の積み替え地点である。
46) W. P. Blockmans (1978: 461–470)。
47) 例えば，後述のように 1436–39 年高騰期においてヘント市当局はアールスト市当局に対してその周辺地域の穀物がヘントに運ばれることを認めるよう役人を数度にわたり派遣している。
48) W. P. Blockmans (1978: 461–470)。
49) G. Bigwood (1906), M.-J. Tits-Dieuaide (1984), H. Howell & M. Boone (1996)。
50) 代表的な見解は M.-J. Tits-Dieuaide (1984)，P. Stabel (1997) など購入量制限の意図として買い占め・投機の防止を想定している。なお，P. Stabel (1997: 163) では，実効性は薄いと述べられている。
51) 倉庫での穀物取引などはホスピタールの購入記録にもみられるが，ヘントの法令の中でもスターペル権に服していない麦についての倉庫での取引を認めている。
52) M. ボーネの分析は年平均価格の算定の仕方などで検討の余地がある刊行された価格史料に基づいており，ヘントの価格水準が他都市と比べてどの程度であったのか自体，さらに検討しなければならない課題である。
53) 他の年度については，15 世紀第 1 四半期の年度のように，役人の派遣費用の章の中に穀物に関する派遣が記録されるか 1470 年代のように各地域の穀物監視官への年間費用の一括支払いが記録されているだけである。
54) 1437, 38 年度に行われ，その中で最も長期に及んだ派遣は「この市に穀物が来るように (この部分は常套句) 門を開けさせるために」omme de gaten te doen openene ende t' cooren te doen commene te dezer stede waert と目的が書かれている，1438 年度にエノーとアル

トワの各地を 24 日間かけて廻った記録である。
55) ヘントがフランデレンの総人口の 10%，都市人口の 1/3 を占める都市であることも，このような不可能を可能にしたといえる。
56) SAG reeks 110bis no 1 f. 6. ヘントのスターペル権の重要性を示す史料として G. Bigwood (1906) でも引用され，M. Boone (1990a) にも言及されている文書であるが，価格変動パターンの違いに関連させた形の検討は行われていない。なお，ホスピタールによる借地農からの穀物購入の比重が最も高くなるのは 1460 年代である。また，1480-90 年代のハプスブルグとの抗争に絡んだヘントの政治的位置の変化が穀物流通状況にも影響を与えている。ハプスブルグ家がヘントなどのフランデレン都市に譲歩した時期である 1482-83 年の価格高騰期には最高価格令が実施され，ブラバントに比べてフランデレンの穀物高騰は激しくない。また，1492 年に最後まで抵抗したヘントはハプスブルグ家に降伏している。ヘントの降伏後の 92 年高騰の後に価格はなかなか低下しないが，このときには周辺地域は戦乱の影響で荒廃した農地が増えており，地代が徴収できない場合もあった。
57) このような広域流通における市場機能は，広域流通の穀物供給にはたす役割が限定的であるからこそ機能したといえ，都市が影響力を行使できる周辺地域からの直接調達などの非市場的流通の存在や，市場機能にゆだねることにより時にはより激しくなる価格高騰の社会下層民に与える影響を緩和できるような施策，救貧施設，兄弟団などの相互扶助組織の存在も重要であったといえる。
58) 地域間流通を維持してきたこのようなスターペルの機能は，アントウェルペンを核とする更なる国際的穀物流通の発展の中で，次第に中世末期には有してきた経済的合理性を失い，阻害要因になり始めていたものの，16 世紀末のオランダの独立で，フランデレンが国際的穀物流通から切り離されたことでその後も存続する。しかし，スペイン領ネーデルラント全体の経済統合が進む過程で，統合を阻害する地域の旧来からの特権と見なされるようになり，その使命を終えたと考えられる。
59) これまでの見解では，市場間取引の発達は，個々の市場における価格決定構造の同質化として現れ，それまで個々の市場での需給関係で決定された価格が，市場の結合の深化により平準化，短期的変動の地域的差異が減少し周期性の同調とともに価格水準も次第に同じになるとされていた。しかし，本論文で明らかにした，重層的な流通構造で，その中での部分調整としての広域流通発達がより一般的に見られる現象であるとするならば，少なくともある段階までは広域流通の発達には，むしろ，流通のセグメント性と多重価格の併存が重要な意味を持つ。そうであれば，流通の広域化を検討するに当たって，価格変動における地域・取引形態による偏差やセグメント間の裁定行動をとりこんだ新たな分析方法の構築が必要であるといえる。

文 献 目 録

未刊行史料
a. Vlaandern
Rijksarchief Gent (RAG)

Fonds Sint-Pietersabdij Reeks I Rekeningen, II en Bisdom K
   INV: C. Marechal, Inventaris van de rekeningen van de Sint-Pietersabdij te Gent, Brussel, 1984.
   Pitantie: Algemene rekeningen door de monnik pitantier.
   Infirmerie: Algemene rekeningen door de monnik infirmerier.
   Aalmoezenie: Algemene rekeningen door de monnik aalmoezenier.
   Kwartier van Gent: Rekeningen van de heerlijke renten, cijzen en pachten door de ontvangers.
   Kasselrij Oudenaarde: Algemene rekeningen door de ontvangers.
   Land van Aalst: Algemene rekeningen door de ontvangers.
   Land van Waas: Rekeningen van het Land van Waas en Temse door de ontvangers.
   Hebberechtshospitaal: Rekeningen van het Hebberechtshospitaal.
Fonds Bisdom-Sint-Baafs Reeks
   Sint-Anna Hospitaal: R 766, B 905–909 rekeningen.
Stadsarchief Gent (SAG): Oudarchief
   INV: J. Decaville en J. Vanieuwenhuyse, Stadsarchief van Gent. Archief Gids deel 1: oudarchief, Gent, 1983.
Reeks 400: Stadsrekeningen 16–22
Reeks 110 bis.
Reeks LIV: Wolweversgodshuis, rekeningen
Reeks LV: Voldersgodshuis, rekeningen
Reeks LXIV: Sint-Jakobshospitaal, rekeningen
Reeks LXV: Hospitaal van Sint-Jan ten Dulie, 159–207: rekeningen
Reeks LXVI: Godshuis van Sint-Jan en Sint-Pauwel, 27–30: rekeningen
Reeks LXIX: Wenemaarhospitaal, 284: rekeningen
Reeks LXXVIII: Sint-Elisabethbegijnhof, 1: rekeningen

引用文献

Le réseau urbain en Belgique dans une perspective historique (1350–1850); *une approche statistique et dynamique-Het stedelijk netwerk in België in historisch perspectief* (1350–1850); *een statistische en dynamische benadering: Actes du 15e Colloque International-Handelingen van 15e internationaal Colloquium, Spa, 4–6 sept. 1990*, Bruxelles-Brussel, 1992.

G. Bigwood (1906), Gand et la Circulation des Grains en Flandre, du XIVe au XVIIIe siècle', in *Vierteljarhschrift für Sozial- und Wirtshaftsgeschichte*, IV, pp. 397–460.

W. P. Blockmans (1978), *De volksvertegenwoordiging in Vlaanderen in de overgang van middeleeuwen naar nieuwe tijden, 1384–1506*, (Verhandelingen van de Koninklijke Academie voor Wetenschappen, Letteren en Schone Kunsten van België, 90), 1978, Brussel.

W. P. Blockmans, G. Piters, W. Prevenier, R.W.M. van Schaïk (1980), Tussen crisis en welvaart: sociale veranderingen, in *Algememe Geschiedenis der Nederlanden*, 4, Haarlem, pp. 42–86.

M. Boone (1984), Openbare diensten en initiatieven te Gent tijdens de late middeleeuen (14de-15de eeuw), in *Het openbaar initiatief van de gemeenten in België. Historische grondslagen* (Ancien régime), pp. 71–114.

M. Boone (1990a), *Gent en de Bourgondische hertogen ca. 1384-ca. 1453: Een sociaal-politieke studie van een staatsvormingsproces,* 1990, Brussel.

M. Boone, (1990b), *Geld en Macht: De Gentse stadsfinanciën en de Bourgondische staatsvorming (1384–1453),* Gent.

M. Boone (1991), Gestion urbaine, gestion d'entreprises: l'élite urbaine entre pouvoir d'état, solidarité communale et intérêts privés dans les Pays-Bas méridionaux à l'époque bourguignonne (XIVe-XVe siècle), in *Atti della XXII Settimana di Studi Prato, 30 Aprile-4 Maggio 1990 L'impresa,* 1991, pp. 839–862.

M. Boone (1994), Les métiers dans les villes flamandes au bas moyen âge (XIVe-XVIe siècles): images normatives, réalités socio-politiques et économiques, in P. Lambrechts et J.-P. Sosson ed., *Les métiers au moyen âge: aspects économiques et sociaux* (Actes du Colloque international de Louvain-la-Neuve, 7–9 octbre), Louvain-la-Neuve, pp. 1–21.

M. Boone et W. Prevenier (1993), ed., *La draperie ancienne des Pays-Bas: débouchés et stratégies de survie, XIVe-XVIe siècle, Actes du Colloque tenu à Gand, le 28 avril 1992,* 1993, Leuven / Apeldoorn.

A. Derville (1977), Le marché lillois du blé à l'époque bourguinonne, in *Revue du Nord,* 59, pp. 45–62.

A. Derville (1987a), 'Dîme, rendements du blé et Révolution agricole dans le Nord de la France au Moyen-Age', *Annales ESC,* 42, pp. 1411–1432.

A. Derville (1987b), 'Le Grenier des Pays-Bas médiévaux', *Revue du Nord,* 69, pp. 267–280.

A. Derville (1999), *L'agriculture du Nord au Moyen Age* (Artois, Cambrésis, Flandre wallone), Paris.

A. J. S. Gibson and T. C. Smout, (1995), Regional prices and market regions: the evolution of the early modern Scottish grain market, in *Economic History Review,* 48, 2, pp. 258–282.

M. Howell & M. Boone (1996), Becoming early modern in the late medieval Low Countries, in *Urban History,* 23–3, pp. 300–324.

M. Lesnikov (1957 / 58), Beiträge zur Baltisch-Niederländischen Handelsgeschichte am Ausgang des 14. und zu Beginn des 15. Jahrhunderts, *Wissenschaftliche Zeitschrift der Karl-Marx-Universität Leipzig,* 7, 613–626.

W. Naudé, (1896), *Die Getreidehandelspolitik der europaeischen Staaten vom 13. bis zum 18. Jahrhundert, Einleitung in die preussische Getreidehandelspolitik,* Berlin.

H. Neveux (1973), Les prix du froment dans une region expotatrice de céréales: le Cambrésis de 1370 à 1540, in *Revue Historigue,* 250, pp. 321–336.

H. Neveux (1980). *Les grains du Cambrésis* (fin du XIVe-début du XVIIe siècle). *Vie et déclin d'une structure économique,* Paris.

D. Nicholas (1971), *Town and Countryside: Social, Economic, and Political Tensions in Fourteenth Century Flanders,* Brugge.

D. Nicholas (1978), The Scheld trade and the "Ghent War" of 1379–1385, *Bulletin de la commission royale d'Histoire,* 144, pp. 189–359.

T. Okunishi (1993), Grain Price Information in the Register of Rent of fifteenth century Flanders, *Kobe University Economic Review* 38 (1992), 1993, pp. 109–150.

T. Okunishi (1994), Hospital Purchase Records containing Grain Price Information in fifteenth cen-

tury Ghent, *Kobe University Economic Review* 39 (1993), 1994, pp. 57–75.
T. Okunishi (1996), Grain Price fluctuation in fifteenth century Ghent, *Kobe University Economic Review* 41 (1995), 1996, pp. 31–57.
W. Prevenier (1983), La démographie des villes du comté de Flandre aux XIIIe et XIVe siècles: Etat de la question. Essai d'interprétation, *Revue du Nord*, 65, 1983, pp. 255–275.
W. Prevenier en W. Blockmans (1983), *De Bourgondische Nederlanden,* Antwerpen.
W. Prevenier, J.-P. Sosson et M. Boone (1992), Le réseau urbain en Flandre (XIIIe-XVIIIe siècle): composantes et dynamique, in *Le réseau urbain en Belgique dans une perspective historique (1350–1850)*, 1992, pp. 157–200.
O. Reyntens (1906), *Oorkondenboek der Stad Aelst, Boeck met denhaire,* Aalst.
R. van Schaïk, (1978), Prijs-en levensmiddelenpolitiek in de Noordelijke Nederlanden van de 14e tot de 17e eeuw: bronnen en problemen, in *Tijdschrift voor Geschiedenis*, 91, pp. 214–255.
E. Scholliers (1960), *Loonarbeid en Honger: De Levensstandaard in de XVe en XVIIe eeuw te Antwerpen,* Antwerpen.
G. Sivery, (1974), La fin de la guerre de Cent Ans et les malheurs du Hainaut, in *Revue d'Histoire économique et sociale*, 52, pp. 312–338.
G. Sivery, (1976), Les profits de l'éleveur et du cultivateur dans le Hainaut à la fin du Moyen Age, in *Annales ESC,* pp. 604–630.
G. Sivery, (1979–80), *Structures agraires et vie rurale dans le Hainaut à la fin du Moyen Age,* Lille, 2 tome.
Z. W. Sneller, (1925), De hollandsche korenhandel in het Somme-gebied in de 15e eeuw, in *Bijdragen voor vaderlandsche geschiedenis en oudheidkunde,* 6, pp. 161–178.
P. Stabel (1995), *De kleine stad in Vlaanderen (14de-16de eeuw)*, Brussel.
P. Stabel (1997), *Dwarfs among Giants: The Flemish Urban Network in the Late Middle Ages,* Leuven.
E. Thoen (1988), *Landbouwekonomie en bewerking in Vlaanderen gedurende de late Middeleeuwen en het begin van de Moderne Tijden,* Gent,, 2 delen.
E. Thoen (1995), Précis d'histoire du seigle en Flandre du XIIe au XVIIIe siècle: culture et consommation, in J.-P. Devrory, J.-J. Van Mol et C. Billen, eds., *Le seigle, histoire et ethnologie,* pp. 101–116.
E. Thoen (1997), The Birth of "the Flemish Husbandry": Agricultural Technology in Medieval Flanders, in G. Astill & J. Langdon eds., *Medieval Farming and Technology: The Impact of Agricultural Change in the Northwest,* Leiden, pp. 69–88.
M. van Tielhof, (1995), *De Hollandse graanhandel, 1470–1570, koren op de Amsterdamse molen,* Den Haag.
M.-J. Tits-Dieuaide (1975), *La formation des prix céréaliers en Brabant et en Flandre au XVe siècle,* Bruxelles, 1975.
M.-J. Tits-Dieuaide (1984), Le grain et le pain dans l'administration des villes de Brabant et de Flandre au Moyen Age, in *Het openbaar initiatif van gemeenten in België, historishe grondslagen (Ancien régime)*, Brussel, pp. 454–494.
M.-J. Tits-Dieuaide (1985), The Baltic grain trade and cereal prices in Flanders at the end of the Middle Ages : some remarks, in W. Minchinton ed., *The Baltic grain trade,* Exeter, pp. 11–20.

R. W. Unger (1983), Integration of Baltic and Low Countries Grain Markets 1400–1800, in W. J. Wieringa eds., *The Interactions of Amsterdam and Antwerp with Baltic Region, 1400–1800: De Nederlanden en het Oostzeegebeid, 1400–1800*, Leiden, 1983, pp. 1–10.

W. S. Unger, (1916), De Hollandsche graanhandel en graanhandelspolitiek in de Middeleeuwen, in *De Economist*, pp. 249–269, 337–386, 461–507.

H. Van der Wee, (1963a) *The Growth of the Antwerp Market and the European Economy*, (fourteenth-sixteenth centuries), 3 vols, Den Haag-leuven.

H. Van der Wee, (1963b), Typologie des crises et changements des structures aux Pays-Bas (XVe-XVIe siècles), in *Annales ESC*, 18, pp. 209–225.

H. Van der Wee (1978), Price and Wages as Development Variables: A Comparison between England and the Southern Netherlands, 1400–1700, in *Acta Historiae Neerlandicae*, 10, pp. 58–78.

H. Van Houtt / A. Verhulst (1965), L'approvisionnement des villes dans les Pays-Bas (Moyen Age et temps modernes), in *Troisième conférence internatrionale d'Histoire économique*, pp. 73–77.

R. Van Uytven, (1961), *Stadsfinaniën en stadsekonomie te Leuven van de XIIe tot het einde der XVIe eeuw*, Brussel.

R. Van Uytven, (1975), Politiek en economie: de crisis der lare XVe eeuw in de Nederlanden, in *Belgisch Tijdschrift voor Filologie en Geschiedenis*, 53, pp. 1097–1149.

R. Van Uytven, (1985), L'approvisionnement des villes des anciens Pay-Bas au moyen âge, in *L'approvisionnement des villes de l'Europe occidentale au moyen âge et aux temps modernes* (Flaran 5), Aurch.

A. Verhulst (1963), L'économie rurale de la Flandre et la dépression économique du bas Moyen Age, in *Etudes Rurales*, 10, 68–80.

A. Verhulst (1990), *Précis d'histoire rurales de la Belgique*, Bruxelles.

J. de Vries en A. van der Woude (1995), *Nederland 1500–1815: De Eerste Ronde van Moderne Economische Groei*, Amsterdam, (in English, 1997, Cambrige).

L. Wynant (1973), Peiling naar de vermogensstruktuur te Gent op basis van de staten van goed 1380–1389, in W. P. Blockmans, e.a., *Studiën betreffende de sociale strukturen te Brugge, Kortrijk en Gent in de 14e en 15e eeuw*, Heule, pp. 47–159.

B. Yun (1994), Economic Cycles and Structural Changes, in T. A. Brady, H. A. Oberman & J. D. Tracy ed., *Handbook of European History 1400–1600: Late Middle Ages, Renaissance and Reformation;* vol. 1: *Structures and Assertions*, Leiden, pp. 113–195.

邦語文献

奥西孝至 (1985),「中世末期低地地方における穀物取引」,『史林』, 68 巻 3 号, 87–123 頁。

奥西孝至 (1989),「15 世紀フランデルンにおける穀物価格——シント・ピーテルス修道院会計帳簿を中心に——」,『西洋史学』, 153 号, 56–70 頁。

奥西孝至 (1990a),「1437–39 年のネーデルラントにおける穀物価格高騰」,『国民経済雑誌』, 162 巻 1 号, 71–104 頁。

奥西孝至 (1990b),「15 世紀南ネーデルラントの穀物価格に関する分析」, 神戸大学経済学研究年報 37 (1990 年), 190–93 頁。

奥西孝至(1993a),「15世紀低地地方における穀物流通と価格変動」,『国民経済雑誌』, 167巻1号, 101–112頁。

奥西孝至(1993b),「15世紀末期ヘントにおける「穀物市場」と「市場価格」」,『国民経済雑誌』, 168巻3号, 103–127頁。

奥西孝至(1994),「15世紀ヘントにおける都市の穀物市場とホスピタール」, 関西中世史研究会編『西洋中世の秩序と多元性』, 311–331頁。

奥西孝至(1995),「ベルギーにおける中世価格史研究の動向」,『国民経済雑誌』, 171巻3号, 99–125頁。

奥西孝至(1997),「中世末期フランデレンにおける穀物供給」,『国民経済雑誌』, 175巻4号, 45–63頁。

河原温(1999),「中世後期フランドル都市史研究の動向」,『比較都市史研究』, 18巻1号, 49–65頁。

斎藤絅子(1998),「中世フランドル伯領」,『岩波講座世界歴史8 ヨーロッパの形成』, 岩波書店, 101–123頁。

田北廣道(1986/87),「1960年以降西ドイツ学界における中世盛期・後期の都市・農村関係に関する研究(上),(中),(下)」,『商学論叢』(福岡大学) 31巻1号, 113–166頁, 32巻2号, 59–93頁, 32巻3号, 131–162頁。

田北廣道(1997a),『中世後期ライン地方のツンフト「地域類型」の可能性――経済システム・社会集団・制度――』, 九州大学出版会。

田北廣道(1997b),「中世後期ケルン空間における経済・社会・制度――社会統合論としての「市場史」研究に向けて」,『社会経済史学』, 63巻2号, 56–80頁。

田北廣道(1998–99),「中世後期ケルン空間の流通と制度――シュターペル研究序説 (1), (2)――」,『九州大学経済学会 経済学研究』, 65巻4・5号, 1–25頁, 49–66頁。

藤井美男(1998),『中世後期南ネーデルラント毛織物工業史の研究――工業構造の転換をめぐる理論と実証』, 九州大学出版会。

山田雅彦(1999),「ヨーロッパの都市と市場」, 佐藤次高・岸本美緒編,『市場の地域史』, 山川出版社, 35–89頁。

中世後期ケルン空間における「市場」統合と制度
——15世紀ケルン・ノイス間のシュターペル抗争を素材として——

田 北 廣 道

はじめに

　1447年国王フリートリヒ3世が都市ケルンに発給した特権文書は，ゲルデルン大公位継承戦争期に帝国追放を宣告された低地諸邦の領民・市民のうち食料供給者に限り，1年を通じて安全護送を与え取引を認めたが，それはケルン市当局とライン選帝諸侯(ケルン，マインツ，トリーア，プファルツ)からの切実な嘆願を考慮してのことであった。「その(ケルンによる帝国追放者の保護を理由としたケルン市民への攻撃の)結果，商人は排除され，都市ケルンの共同体全体の利益は損なわれ，ひいてはケルンに多数集う聖職者・俗人，貴族，この地方の出身者・余所者，なかんずく大勢が集う高等学校・大学校(の学生達)は，何も責任がないにもかかわらず，生活必需品，食料品・飲料を奪い取られている」，「朕の親愛なる甥で選帝侯でもある高貴なケルン選帝侯ディートリヒは，以前も今回も朕らに嘆願し，また彼以外の聖・俗の選帝諸侯も，彼らの領民達が前述の都市ケルンから食料品の供給を受けているので朕らに書簡を送り，ケルン市当局が直面している窮状にご寛大な配慮を賜るようにと，熱心に嘆願してきた」(Lacomblet-IV, 339–40: 田北 1999, 398–401)。この史料には，15世紀半ばケルン食料市場が広範な社会層を相手に担う広域的な分配機能が明瞭に表現されている。このようなケルン市場を結節点とした「社会統合」の諸相を，ケルンの「高次の分配機能」を支える経済制度の一つであるシュターペルに焦点を合わせつつ考察したいのである。

ただ，誤解を避けるために一言しておくが，本論で用いるシュターペル概念は，人口に膾炙する「通過・販売・積替え」強制の体系として互市強制権の意味においてではない(諸田 1960, 224)。別の機会に論じたように，「17世紀までドイツ全土に共通なシュターペル法については語れない」(Gönnenwein 1939, 234) との認識から出発し，時代を追って変化する「動的な制度」としてのそれである(田北 1998/99)。本稿が対象とする「ドイツ最古のシュターペル地」，都市ケルンについては，次の2つの論点が継承されねばならない。

　第一に，シュターペルは，皇帝・諸侯による特権発給・追認といった法行為によって確立され貫徹される性質の制度ではない。通説によれば，ケルン・シュターペルは1170年頃フランドル商人とのライン河の航行自由をめぐる抗争を契機に整備され，1259年ケルン大司教による追認をもって確立したという(林 1997, 161-8)。しかし，今日それは時代状況に応じて弾力的に運用されたことで，ほぼ意見の一致をみている。すなわち，13-14世紀にシュターペルは緩やかにしか適用されず，15世紀になって初めて「ケルン・シュターペルは，その経済的・法的な完成に達した」(Gönnenwein 1939, 98: Kuske 1939: Dirlmeier 1987, 21-2) のである。

　第二に，シュターペルは「自由に対する規制」の体系としてケルンによる商業・交通独占という消極的文脈においてだけ理解されてはならない。クスケによれば，シュターペルは「生活必需品確保，検査・規格化，積替え」(Kuske 1939) の複合的な政策体系をなし，その内部で重心移動を伴いつつ時代状況に応じて重要な役割を担ったからである。その意味から，シュターペル法のヨーロッパ全土への浸透を，都市建設ラッシュに伴う都市飽和と経済基盤の狭隘化や危機と関連づけて説明することは許されない。そもそも「経済的・法的な完成に達する」15世紀のケルン経済は「危機」のではなく，部門間・工程間の隆替に彩られる「構造転換」(Irsigler 1979) の過程にあった。しかも，域外市場向け手工業部門では周辺中小都市・村落との間に原料・中間製品の供給とその仕上げ・再輸出を基軸関係とする分業圏が形成されており，鉄シュターペルの例に明らかなように，「必需品確保」政策としてシュターペルはケルン「経済統一体」の形成に積極的に寄与さえしている (Irsigler 1979, 179-83: 田北 1988)。また，ディルルマイアーは，西欧中世の流通税・シュターペルが商業・交通の展開に

与えた否定的作用を一方的に強調する通説を再検討し，イルジーグラーと重なる見解を提示する。すなわち，15世紀にケルン・シュターペルが再建された理由を，「ライン商業の広域的な通過商業から地域的な商業的結びつきの緊密化」への重心移動のなか「中心的な分配市場機能を強化するための梃子」(Dirlmeier 1987, 36-8) として利用されたと，積極的に評価する[1]。

ところで，以上のように手工業・商業の地域的レベルでの凝集化に際しシュターペルが積極的な役割を果たしたことは間違いないが，その場合にも冒頭に挙げたケルン市場の広域的な分配機能を，そのような狭い周辺地関係から説明することは，とうてい不可能であろう[2]。とりわけ，この時期ケルンの「重要な食料基地」(Kuske 1939, 27) をなす低地諸邦・下ライン地方との安定的な商業関係抜きにそれは考えられないからである。そして，15世紀にケルン・シュターペルが確立したのであれば，この「食料基地」との商業にとって，それはどのような影響をおよぼしたのだろうか。この問いに答えなければならない。

もちろん，この問題は，これまでにも取り上げられてきた。ディルルマイアーは，15世紀ライン河の通過商業の後退をもたらした最大の元凶を政治的混乱に求め，流通税徴収所の乱立説を相対化したが，15世紀のケルン・シュターペル再建との時期的符合から阻止的な作用を前提としている[3]。他方，ケレンベンツは，中世都市ケルンが西欧屈指の遠隔地商業拠点に成長する過程を概観した論考において，「都市ケルンが目的意識的にシュターペルを拡充している時代 (15世紀) に通過商業の停滞や後退について論ずることは誤りであろう」(Kellenbenz 1967, 30) と述べ，対照的な立場を表明する。また，ポールは，15世紀を頂点にして南部低地諸邦とケルンの経済関係が退潮に向かうとする通説を俎上に載せ，とくに15–16世紀交アントウェルペンとの活発な商品交易の存続を検出して，ケレンベンツ説を別の角度から確認している (Pohl 1971)。イルジーグラーも，中世後期ケルン中継商業の拡大を前提にしつつ，商業の市場・取引所への集中と徴税・検査徹底の文脈でシュターペルを取り上げて，中継商業の拡大とシュターペル拡充の並進を指摘する (Irsigler 1975, 219–35)。

以上の概観から，ケルン・シュターペルは経済基盤の狭隘化に対する防衛手段，つまり独占達成のための法的梃子とは解釈できないことは，明らかになっ

たろう。本論は，これまで研究史上ケルン・シュターペル確立の画期とも考えられてきた15世紀後半ノイスとのシュターペル抗争(以下「抗争」と略す)を素材としながら，ケルン市当局による「高次の分配機能」確保のための格闘の足跡を追究する。それを通じて「検査・規格化」政策としてシュターペルの積極的寄与にも光を当てつつ，標題に掲げた広範な社会層の「市場統合」の一側面を鮮明に浮き彫りにできると考えるからである。その意味から，本論は社会統合論としての「市場史」研究を目指す作業計画の一環をなし，方法的にも前稿を踏襲している(田北 1997c)。すなわち，市場を含む制度は利害当事者間の合意形成やゲームルールの軌道修正の「場」と，そして制度の変化はその深部で進行する経済・社会・政治的な変化を映し出す鏡と，理解されることを付言しておく。

I　15世紀ケルン・ノイス抗争をめぐる研究史と史料の概観

15世紀ケルン・ノイス「抗争」の詳細はIIで検討するので，この場では研究史上での「抗争」の扱いと伝来史料とを概観するに留めたい。

(1)　研究史の検討

都市ノイスは，ケルン以北およそ30キロのライン河沿いに位置する人口約5,000の中都市である。政治類型の点ではケルン大司教を都市領主に仰ぐラント都市に属し，経済類型の点では商業都市——傑出した輸出産業こそないが，多様な手工業がバランス良く立地する——としてケルンに次ぐ第二の地位を占めていた。この地方の中都市のなかでノイスは，研究文献・史料刊行の点で屈指の条件を備えている。まず，1960年以降に限っても包括的市史が3点刊行されており(Bömmels 1961: Wisplinghoff 1975: Huck 1984/91)，また『ライン諸都市の法史・経済史関係史料集』(Lau 1911)の1巻がノイスに当てられている。それに加えて，『中世ケルン商業・交通史関係の史料集』(Kuske 1917 / 34，以下，K-I / IVと略す)を利用できる有利な条件にある。

まず，この「抗争」の受難者であるノイス側の扱いをみよう。都市ノイス史

料集の編者のラウは，15世紀にケルン・シュターペルが強化されるにつれ，ノイス商人によるライン上流向けの能動的商業は後退したと考えていた (Lau 1911, 46-7)。ただ，「抗争」に特別の1節を当て，シュターペル問題を正面から扱ったのは，ベンメルスとフックである。ベンメルスは，ケルンによる競合相手の抑圧手段として「通過・販売・積替え」強制策の史的展開を追跡する (Bömmels 1961, 145-53)。12-13世紀にシュターペル設立の試みは始まり，1349年国王カール4世の都市特権追認によって法的に確立し，その後1474-75年ノイス戦争後に対象品目の拡大と「通過・積替え」強制がいっそう徹底されて，ノイス商人の上流向け活動は大きく制限されたという。フックの所説も，法的画期を1259年ケルン大司教のシュターペル法追認に求める通説を踏襲したこと，また経済的確立の促進因として1494年ケルン流通税廃止後の財政的要請を重視したこと，の2点を除けば大差はない (Huck 1991, 31-40)。ただ，「抗争」に決着をつけた1505年皇帝特権を引き合いに出し，ケルン・シュターペルの衝撃をベンメルス以上に強く評価していることに注意したい。

　他方，都市ケルン側の扱いに目を移そう。ゲンネンヴァインは，1497年10月のシュターペル法令を1370-90年以降の食料，石材，木材関係の法令整備の延長線上に位置づけ，同時に「抗争」に触れつつ「ケルン・シュターペルの法的・経済的な完成」を結論する (Gönnenwein 1939)。クスケも，「15世紀末ないしその後になってケルンは初めて（シュターペル法の）通過・販売強制を，これまで以上に一貫して利用し，また近隣の場所（ノイスやモンハイムなど）による違反と力を入れて闘い始めた」(Kuske 1905, 242)と述べ，シュターペル確立の画期と位置づけている。

　ところで，15世紀末「抗争」をシュターペル確立の画期と理解することで，おおよそ意見の一致はあるが，それを境にして「通過・販売・積替え」強制が貫徹したと考えられているわけではない。ヴィスプリングホーフは，ノイス経済・人口的発展の数量的把握を試み，ノイス商人による不断の葡萄酒，塩，雄牛の取引を検出して，法と現実の乖離を印象づけた (Wisplinghoff 1975, 308-24)。ミリッツアーは，中世後期下ライン地方の3都市（ケルン，ノイス，ツォンス）における経済生活の複合性を扱った85年論文のなかで，鰊，雄牛，葡萄酒をめ

ぐる「抗争」に言及する。しかし，シュターペルは「せいぜい競争相手の活動範囲を狭めるための牽制手段」(Militzer 1985, 69) と理解されており，むしろケルンへの取引集中をその資金・信用力，巨大市場の購買力，厳格な検査・検印制度，周辺諸侯・都市との協定など経済・制度の相乗作用からなる吸引力から説明する。ただ，シュターペルをこのように経済の単なる従属変数，「牽制手段」と捉える氏の所説には不満が残る。

　この点で傾聴すべきは，クスケの所説である。とくに，自由主義的色眼鏡を通してシュターペルを見る危険性を十分に意識し，それぞれの時代の経済にとってそれがもつ意味を再考する必要さえ論じている。ただ，その後の紛争の継続やシュターペル迂回の横行に鑑みるとき，いささか楽観的にすぎる憾みはあるが，啓発的な観点を多数含むので引用しておこう。

　「ケルン・シュターペルは，魚あるいはより広く『ヴェントグート(湿気を帯び易く傷みやすい財，とくに塩，乳製品，油，蜂蜜)』に関する限り，上部ドイツの都市から公認されており，衛生管理上有用な制度とみなされていた。したがって，ケルンはシュターペルにより可能となっているヴェントグート，魚，塩に対するポリツァイを引き合いに出すことで，ライン諸侯・競合都市の攻撃から，十分正当な根拠をもってシュターペルを防衛できたのである」，「ケルン・シュターペル(の例)が教えるように，今日往々にして人為的で不適正で理解不可能なものとみえるその種の制度の背後に，制度の発展と全盛の時代には，深遠な経済的意味合いと重要な経済的要請が横たわっていたのである。その場合にシュターペルは，経済的な諸関係の拡大と洗練化に寄与し，同時により広大な経済地域 Wirtschaftsgebiete の形成にも貢献した」(Kuske 1905, 259)。

　以上のように，「検査・規格化」政策としてシュターペルの根底にある「公益」擁護，「自由 vs 規制」に囚われずシュターペルを要請する経済の仕組みそのものを考察する必要，およびそれを梃子にした広域的な経済地域(「高次の分配機能」)の形成，の諸論点は本論にも継承されることになる。

(2) 伝来史料の概観

　本論で利用する「抗争」関係の史料は，表1に掲げたように，種類も点数も

多く質量両面から群を抜いた水準にあるが，この場では主要なものに限り紹介しよう(典拠は特記しない限り，表1による)[4]。

(a) シュターペル法令

基本史料だが伝来点数は少なく，1497年10月に微修正を施した「新法令」とそれ以前の旧法令の2点に留まる。このうち「新法令」はシュタイン編の行政・制度関係文書集に収められているが，誤りが多くクスケはそれを修正の上「新・旧法令」の対照表を別途刊行しており，本論が依拠するのは後者である。それは，前書を除き全5条から構成され，内容的には，特定財のシュターペル・積替え義務，ケルンを仕向地とする財の途中販売・積替え禁止，積込地への返送処分を受けた財の販売禁止，都市外での先買禁止，誓約した運搬人・荷役夫の使用義務に関わっている。

ところで，この「新・旧法令」に時代的に先行し，それらの下敷きとなったシュターペル法令の存否について正確なところは分からない。ゲンネンヴァインは，わずか5条項と内容が手薄なことから編纂説には懐疑的である(Gönnenwein 1939, 98–101)。筆者は，1497年10月の「新法令」と1476年魚取引法令の比較検討から，内容・文言ともほぼ重なり合っており，前者が後者を下敷きにして作成されていることを発見した(表2)。すなわち，双方の前書，「新法令」の第1条と魚取引法令の第11条，「新法令」の第2・3条と魚取引法令の第12条，「新法令」の第4条は魚取引法令の第15条，「新法令」の第5条は魚取引法令の第16条が，いずれも対応している。したがって，1497年に1476年魚取引法令をもとに作成された「新法令」が発布され市門わきに掲示されざるをえなかった，その理由が問われねばならない。この問題は，Ⅲで詳しく検討される。

(b) 皇帝・国王ないし諸侯の発給・追認した特権文書

これも標準的史料であるが，本稿の扱う時代では1505年皇帝マクシミリアン発給の積替え強制をめぐる特権状に限られる。この史料は，Ⅱで考察するように1497年10月を頂点として闘われた「抗争」に一応の決着をつけたもので，ゲンネンヴァインの著書に部分的な刊行がある。

ところで，この種の特権は，12世紀後半フランドル商人とのライン河の航行

自由をめぐる抗争にまで遡及可能だが，その後も1259年ケルン大司教による特権追認，あるいは1349, 1355年の国王による都市の既得特権の追認など様々な機会を通じ更新されており(田北1998/99, 8-9)，15世紀「抗争」に際しケルン市当局も，「古い慣習・自由・特権」(K-II, 124)として常に拠り所にしている。しかし，特権状を振りかざしてみたところで「抗争」はいっこうに解決せず，その意味からケルン市当局が1497年11月のライン選帝諸侯宛の書簡のなかで「賞賛さるべき法令や制定法をみつけたり作ったりするだけでは十分ではなく，むしろそれをどのようにして遵守させるのか，どのようにして行使すべきかを考慮しなければならない」(K-II, 755-6)と，述べたのも当然なのである。

(c) 会談議事録ないし会談用「資料」

これらは，その時々のシュターペルに関わる実際の問題の所在，当事者の意識，あるいは利害当事者間での合意・妥協形成の仕組みについての情報を含む第一級の史料である。主要な3史料を紹介しよう。

① 1472年「ライン諸都市のシュターペル一覧」(以下「シュターペル一覧」と略す)は，マインツにおいて開催されたライン選帝諸侯とマインツ市当局の会談のために準備された資料である。その内容の大半は都市マインツに関わるが，ケルン，シュトラスブルク，シュパイエル，ドルトレヒトの4都市の状況も各市当局による実情報告の形で載せており，各都市の直面する課題を読みとれる。そのうち都市ケルンに関係するのは2項目だけである。しかし，ケルン市当局は情報収集のためレントマイスターに会談出席を促し，懸案の「都市特権・自由にもとづくシュターペル再建」(K-II, 276)に向けて並々ならぬ熱意を示していただけに，その内容は注意を引く。

第一の項目は，余所者同士の葡萄酒取引を禁止した「ガスト・レヒト」，ノイスでの荷車から船への積替えの禁止，および積替えに不可欠な起重機や商品の検査・徴税，販売，貯蔵に利用される取引所などシュターペル関連施設に言及する。これが，この時期ケルン市当局のシュターペル観を表現している。第二の項目は，低地諸邦の財を積んだ荷車と上部ドイツの葡萄酒を積んだ船の遭遇地としてノイスにおける積替えの非難に関係する。

② 1473年ケルン・ノイス間の鰊シュターペルをめぐる会談(以下「鰊会談」と

略す)の記録は, ノイス市長・市参事会員の計3名がケルンを訪問して市参事会員と「鯡をノイスで積替え, そこから船で運ぶこと」をめぐり協議した内容を載せている。

③ 1497年10月17・18の両日オーバーヴェーゼルにおいてケルン市当局者とライン選帝諸侯の評議会員の間で開かれたシュターペル会談(以下「シュターペル会談」と略す)の議事録である。そのきっかけは, 同年10月ケルン都市役人がノイス船主に行使した強硬手段に対しノイス市当局が寄せた苦情が, ケルン側の事情聴取にもかかわらず実を結ばず, やむなくライン選帝諸侯に提訴したことにある。それを受けてライン選帝諸侯は, ケルン市当局との意見交換をはかった。ケルンは経済通の市長G. ヴェーゼルをはじめ7名の代表を送り, 他方, 選帝諸侯はマインツ大司教の尚書(官房)官のペファー博士を中心に質疑に当たらせており, まさに「抗争」のハイライトに位置する史料である。

ところで, この議事録は2種類伝来する。一方は, 会談の進行と質疑応答の要旨を, 没主観的に項目だけを列挙した文書である。もう一方は, 時間を追って協議内容を克明に書き留めた, いわば「速記録」型の文書である。「ケルン市長は礼儀にかなった適切な表現を選びつつ回答した」(Ebenda. 741), あるいは「ケルン市参事会の代表団が答弁を行うため昼食後ふたたび市庁舎にやってきたとき, 尚書官のペファー博士は, 選帝諸侯の評議会員・友人達との協議を踏まえ, 食前にケルン市長の行った説明は十分な根拠があるとは認められず, 納得できないと伝えた」(Ebenda. 746), の表現からも明らかなように, 臨場感あふれる超一級の史料である。

(d) 苦情(改善要求)書

これら苦情書の作成主体は都市ケルンやノイス, あるいはライン選帝諸侯と多様だが, その時々の争点を浮き彫りにする好史料である。シュターペル関係の書簡をはじめ伝来史料の大半が, この範疇に分類できると言っても過言ではない(表1の1446年, 1448年, 1461年, 1489年3・5月, 1497年10月の項をみよ)。また, 既述の(c)会談議事録や下記の(e)事情聴取記録とあわせて利用することで, この時期の苦情処理手続きについても情報がえられる。

このように多数の苦情書が伝来する事実, しかもノイスにおける積替え禁止

という同一の問題をめぐり苦情が繰り返し寄せられている事実は，15世紀にも「通過・販売・積替え」強制は徹底できなかったことを，別の角度から裏付けている。ここでは「抗争」が次第にエスカレートし頂点に達する時期の2点だけを紹介しよう。

　①　1489年5月ケルン市当局からユリヒ・ベルク大公宛の苦情書(以下「ドルマーゲン苦情書」と略す)は，ノイス南方数キロに位置するドルマーゲンの流通税徴収所開設を契機にしたノイスの積替え活動の活性化に関わっている。ただ，この史料を狭義の「抗争」の文脈でだけ理解してはならない。1475年皇帝特権に基づき新設されたケルン流通税は，周辺諸侯・都市から猛反発を受け，とくに1487年ライン選帝諸侯(評議会)はケルンのガッフェル宛の書簡を送り，2年後のライン河の逆封鎖という強硬手段で威嚇しつつ，流通税撤廃のための市参事会への働きかけをつよく要請しているが，このユリヒ大公の措置も，それと無縁とは考えられないのである。

　②　1497年10月ケルン都市役人のシュターペル権濫用に関してノイスが送った苦情書(以下「ノイス苦情書」と略す)は，17・18の両日「シュターペル会談」開催の直接のきっかけとなった。この苦情書は全10項目からなり，とくに1497年10月「新法令」の発布と市門わきへの掲示を「新たな企て」と非難した第10項を除けば，いずれも個々の商人・船主に対しケルン都市役人がとった強硬手段を糾弾したものである。

　(e)　事情聴取記録・調査報告書(証言録)

　上記のように対外的な苦情を受け取った場合，市当局は当該問題の関係者から事情聴取をした上で回答を送るのが常だった。それはケルンに限らず，他の都市にも共通する。例えば，1448年ノイス市当局は，ケルンに向けて運搬途上の家畜を買占めたとする苦情書に対し，次の返書を寄せた。「我らは，我らの市民・家畜商数名と件の問題につき話し合いを行ったが，その際得られた回答は，彼らがケルンで販売される予定の雄牛数頭を購入して貴兄らの市民にたいし買占めを行った事実はないということです」(K-I, 431)。

　ところで，「抗争」の頂点をなす1497年には重要な史料2点が伝来する。一方は，(d)-②で取り上げた「ノイス苦情書」に対し，ケルン市当局が起重機係

Kranmeister——起重機と付属用具の管理から記録簿作成・都市会計局への報告など統括責任者 (Kuske 1914, 7-19)——を相手に行った事情聴取記録(以下「聴取記録」と略す)である。苦情項目のそれぞれにつき聴取記録が載せられているが，刊行されているのは 10 項目のうち最初の 4 項目にすぎない。史料集の編者クスケが指摘するように，第 5–10 項は加筆・修正箇所が多く判読不能だという。しかし，1497 年 10 月の「シュターペル会談」において「ノイス苦情書」が議論に付された折に，幸い第 5, 6, 9, 10 項をめぐり質疑応答があり，ケルン市長の答弁によってそれら 4 項目の「聴取記録」に代えることができる。

もう一方は，1497 年 10 月の「シュターペル会談」において積み残しとなった問題につき，ケルン市当局者が調査後にライン選帝諸侯宛に書き送った 11 月 4 日付けの書簡である。実際の調査方法は不明だが，その内容は，「ヴェントグート」の説明，塩，乳製品，油の厳格な検査手続きと関連づけた公益性の主張，「新法令」における修正箇所についての解説など 10 項目にわたっている。

(f) 財の没収と商人・船主の身柄拘束に関する記録

ケルン・シュターペル法のもとで行われるライン交易の実情，すなわち財・人の流れ，その季節的変化，商業の方向，商業の形態などに関する情報の宝庫である。ゲルデルン領内におけるケルン市民からの財没収にたいする報復措置として，1465 年 10 月 5 日—1466 年 2 月 4 日，1470 年 7 月 20 日—1471 年 1 月 27 日の 2 度にわたり導入されたゲルデルン大公領民所有の財没収記録(以下「没収記録」と略す」)が利用できる。この記録は，1475–1494 年ケルン流通税徴収記録と並びライン交易の実情を伝える貴重な史料である (John 1889)。

ところで，この史料にはケルン市参事会・44 人委員会の決定事項 7 項目も併記されており，財没収を実施するための手続きも読みとれる(田北 1998 / 99, 51-2 を参照)。ライン河上で完全な臨検体制を敷くために，ケルン対岸の都市ドイツ側に杭打ちをして舟曳道の利用を左岸に限定し，同時に昼夜を問わず兵船を配し，さらに不法通過船を威嚇すべく大砲まで設置した。その際，配備された兵員総数は 80 人を越え，彼らに支払われる給与だけで一日当たり 80 マルクにも達する。ライン河上で臨検体制を敷くためには，このように膨大な出費・労力と利害当事者である諸侯・都市の了解が必要だったのであり，特別な事情がな

い限り,採用されることはなかった。ライン河を航行する船舶すべてに「通過・販売・積替え」強制を課すことは,技術的に見ても困難だったのである。

II　15世紀ケルン・ノイス抗争の展開

(1)　15世紀前半；蜜月時代

　1423年ゲルデルン大公ラインアルトの死後,大公位継承をめぐりエグモント伯(皇太子)とベルク大公の間に勃発した私闘は,それぞれクレーフェ伯とケルン大司教を同盟者に加え他の私闘を連鎖的に誘発することで,下ライン地方全土を巻き込む一大争乱の幕開けを告げる事件となった(詳細は,田北1999を参照)。この15世紀前半のゲルデルン戦争は,ライン河と陸路の封鎖,あるいは商人の身柄拘束と商品の没収によって直接にケルン商業に影響を与えただけではない。帝国への不服従を理由として国王が発した帝国追放令は,追放者との事実上の通商停止を意味したため,はるかに大きな衝撃を与えた。エグモント伯領,ゲルデルン大公領,ツトフェン伯領,ブルグンド大公の支配領(ブラバント,エノー,ホラント,ゼーラント)などケルンの「食料基地」との通商が禁止されたからである。この困難に直面した都市ケルンは,追放状の執行者との交渉や国王への嘆願などを通じて安全護送状・特権の獲得に努め,それと同時に,戦乱の影響の少なかった都市との商業関係を強化することで追放地域との交易維持をはかった。

　都市ノイスも,その意味での中継商業拡大の受益者の一人であった。とくに,都市ノイスは河川・陸上交通の要衝に位置し,中世盛期以来低地諸邦・マース諸都市とドイツ内陸部を結ぶ鰊,燻製鰊,干魚,家畜,毛織物,麻織物と葡萄酒,穀物,金属,石材,木材など食料品や手工業製品・原料を中心とした必需品の中継商業の重要な拠点をなしていた(Bömmels 1961, 142–53: Wisplinghoff 1975, 308–25)。さらに,「ノイス商人も,おそらくゲルデルン大公位継承戦争の混乱に巻き込まれたろうが,ノイス市立文書館にノイス・ゲルデルン間商業の攪乱について語るものは何もない」(Huck 1991, 7)と言われるように,この戦乱の影響

をほとんど受けなかった事情が加わる。ここではゲルデルン戦争期のノイス・ケルン間の共同商業を示す史料証言を挙げておこう（表1参照：田北 1999, 401-6）。

1430年6月ノイスの代理人によるケルン市民所有債権の回収，1431年6月ユリヒ・ベルク大公に対するノイス船上のケルン市民所有財の返還要求，1434年3月ユリヒ・ベルク大公に対するケルン近郊のリールで没収されたノイス市民所有財の返還要求，1437年6月ケルンからノイスに対するライ麦購入に際しての協力要請。その間，メルス伯らを仲裁人とする和平の努力にあってノイスが会談開催候補地にしばしば挙げられた事実も，両都市の緊密な関係を示唆する (K-I, 253, 278)。

1437年「私闘」の一方の当事者であるベルク大公が死去して，小競り合いが次第に沈静に向かう1446年，ケルン市当局はノイス市当局に働きかけてシュターペルの再建をはかる。「ユリヒとゲルデルンの間に発生した私闘のために，ケルン向けに荷車で運ばれるべき塩漬魚をノイスにおいて(船に)積替え，その後ケルンまで運ぶことが許容されてきた。それが続いていることから，(ケルン)商人は損害をこうむり，我らのシュターペルも打撃を受けているので，ノイス市民・住民に警告を発して我らのシュターペルに関わる財を船積みしたり運んだりしないように徹底していただきたい」(K-I, 308)。どの時点でケルン・シュターペルに抵触する積替え許可が与えられたのか，史料の制約から正確なところはわからない。いずれにせよ，この蜜月時代に終止符を打ち将来の「抗争」の火種をまいたのは，積替えを許可したケルンに他ならなかった。

(2) 1460年代―70年代；小競り合いの時代

1461年ノイス市当局は積替え禁止令を「新たな企て」としてつよく非難した。上記のように，一度ケルン市当局から許可された積替えが今回禁止されたのだから，「新たな企て」の反論も決して理由のないことではない。それに対しケルン市当局は，「シュターペルに関する古い慣習，自由，特権に基づく」(K-I, 124-5) 正当な行為であると述べ，これから繰り返し引き合いに出される原則を主張する。ただ，この抗争は，それ以上発展することはなかった。1465年と1470年ケルン・ゲルデルン大公間に発生した商業紛争が，ゲルデルン大公位継承戦争

期と同じようにノイス・ケルンの連携を強化する結果をもたらしたからである。1465-66 年, 1470-71 年の「没収記録」に載せられたノイス商人・船主関係の項目は 31 にものぼり，その点を雄弁に物語っている (Bömmels 1961, 141)。

ところで，このゲルデルン大公との商業紛争が一段落すると，その間に力を増した競合都市ノイスとの関係調整が再び課題とされる。1472 年 3 月ケルン市当局が「我らの都市特権・自由に従ってシュターペルを再建したいと考えている」(K-II, 277) と述べたこと，同年の「シュターペル一覧」においてケルンがノイスの積替え行為を厳しく非難していたこと，の 2 点には先に触れた。この場では，ノイスとの争点を浮き彫りにするために，「シュターペル一覧」の一節を紹介しよう。「上部ドイツの船主が葡萄酒を積んでケルン前面を通りライン河を下ってノイスまで行き，他方，そこに低地諸邦の荷車が鰊，燻製鰊，皮，油や他の財を積んで来るので，ノイスにシュターペルを設定しようとする試みがある」(Ebenda. 284)。すなわち，上部ドイツと低地諸邦の船主・商人の遭遇地としてノイスで行われる葡萄酒，鰊，油，皮の積替えは，ケルン当局者の目には独自のシュターペル設定の試みと映っていたのである。

ただ，この史料証言からケルン・ノイス間に決定的な亀裂が生じたと考えてはならない。1473 年「鰊会談」の記録が，「ノイス市参事会と両都市の友好」(K-II, 295) の継続を明らかにする。すなわち，ノイス市当局者が今後ノイス市民に対し積替え禁止を徹底することを条件として「ノイス船主はケルンの法に反して行ったことを知らなかった」という言い分を認め，その違反を不問に付している。そして，今回もそれ以上事態が進行する前に 1474-1475 年「ノイス戦争」が勃発する。その詳細は省くが，ブルグント大公による 11 ヵ月にわたるノイス攻囲戦は帝国防衛戦争の性格を帯びていただけに，ケルン市当局も全力を挙げて支援に当たった。ケルン市当局の行った「数十万グルデン」に上る支援はケルン都市財政を債務地獄に陥れ，その穴埋めの一環として皇帝フリートリヒ 3 世は 1475 年流通税徴収特権を発給した。それが「抗争」を一段とエスカレートさせる遠因となる。その後，1476 年には 1497 年シュターペル法令の下敷きとなった魚取引法令も発布され，ケルン市当局による財政再建に向けた悪戦苦闘が始まる。

(3) 1480年代—90年代前半；抗争のエスカレート

　1475–94年ケルン流通税徴収は，皇帝特権に基づき，しかも形式的には帝国諸身分の合意をえて始まったが，その直後から諸侯・都市の強い反発を受けることになった。

　1497年10月の「シュターペル会談」においてケルン市長をして「彼ら（ノイス市当局者）の思い違いに端を発した苦情が23年前に寄せられていれば，40–50万グルデンの出費を節約できたであろうに」（K-II, 742）とまで言わしめ，そもそも今回の財政破綻を招いた張本人のノイスも，1476年に批判者の隊列に加わる（John 1889, 12–18）。しかし，このケルン流通税徴収と関連してノイスとの積替え抗争が激しさを増してくるのは，ライン選帝諸侯による報復措置——コブレンツでのライン河の逆封鎖とコブレンツ・ツォンス間の陸路輸送への切り替え——が日程に上る1489年以降のことである。したがって，1487年ライン選帝諸侯の評議会からケルン・ガッフェル宛の書簡は，まだ「新設の流通税を撤廃して貴兄らの以前の状況，すなわちシュターペル都市・商業都市に見あった状況で満足すべきです」（K-II, 544–5）と述べ，シュターペルそのものに矛先を向けてはいない。

　1489年11月の報復措置の採用と前後して，第二期を想起させるような積替え抗争が再燃してくる。同年3月ケルン市当局は，ノイスでの「鰊，燻製鰊，魚や他の財」の荷車から船への積替えの横行とその後のケルン市場搬入をつよく非難している。とくに，1473年「鰊会談」の確認事項が守られないためにケルンのアクチーゼ収入が減少しており，この状況が改善されない限り，実力行使も辞さないと強い調子で警告を与えている。この警告も，決して理由のないものではなかった。同年5月「ドルマーゲン苦情書」が，ノイスの積替え地としての繁栄ぶりを余すことなく示している。

　まず，低地諸邦商人と上部ドイツ商人を結ぶ中継商業が活性化して，「2–3人のノイス市民は年1,200–1,300フダー（1ケルン・フダー ≒ 875リットル）の葡萄酒を扱い売買している」（K-II, 572–3）。ただ，ノイス側に伝来する葡萄酒アクチーゼ・起重機利用料徴収記録から推計される輸入量は1493年に607フダー，

1501年にも1,421フダー程度であり，ノイス商人の取扱い量に多分に誇張が含まれているが (Bömmels 1961, 119: Wisplinghoff 1975, 317–9)，ノイスの積替え機能の高まりは否定しようもない。また，ノイス市民によるケルン・シュターペルへの挑戦は，それだけに終わらない。ノイス商人・船主は「低地諸邦産の商品をミュルハイムやニールで積替えたあと，ケルンを迂回しつつ都市ドイツ側をボルまで遡航している」(K-II, 573) とあるように，ケルン大司教の「高権」下にある対岸の都市ドイツ側を航行している。

ところで，1494年ケルン流通税が皇帝とライン選帝諸侯に対する多額の補償金支払いと商業的混乱を残したまま廃止されると，「シュターペル法の(財政的目的のための)利用はケルンにとって再び死活問題となった」(Huck 1991, 36) と言われるように，「抗争」を次第にエスカレートさせシュターペルを確立に導くことになる。

(4) 1496–1505年；抗争の頂点

1496–97年に頂点を迎える「抗争」も，原因の点では低地諸邦産(ないし経由)の商品の積替えと変わりはないが，実力行使を含む強硬措置も採用されて新たな展開を見せる。

1496年には，これまでの友好的関係とはうって代わって，対決姿勢がはっきりしてくる。同年4月ケルン市当局は積替え違反の嫌疑でノイス船主の身柄拘束に踏み切り，「ライン下流域で積込まれた財は，ケルン・シュターペルまで分割せずに unverteilt 運ぶこと (1497年「新法令」に明記される原則)」を再度つよく要求した。他方，ノイスも対抗措置を講じた。すなわち，同年12月ケルンまで荷車で財を運ぶノイスの運搬人は空荷でノイスに戻るよう誓約を強要されており，結局，彼らは採算に合わないケルン市場訪問を見合わせざるをえなくなっているというのである。

1497年が「抗争」のまさに頂点をなす。その発端は，10月ケルン市当局による「新法令」の発布と市門わきへの掲示である。Iで見たように，「新法令」それ自体1476年魚取引法令の当該条項の焼き直しにすぎず，市門わきへの掲示を除けば目新しい点はないが，第2ステップの実力行使に弾みをつけた。同年10

月「ノイス苦情書」と「聴取記録」を手がかりにして争点を探ってみよう。

　先例のない強硬手段が採られたことが，まず目を引く。第4項の船室破壊と臨検，第5項の寄港強制，第6項の曳き綱の切断，第8・9項の船・積荷の引き返し命令が，それに当たる。ノイスの苦情とそれに対するケルンの回答を2例だけ紹介しよう。第4項，ノイス船の臨検と船室破壊に関する苦情に対する起重機係の回答，「都市役人，とくに起重機係には，誰かの船に暴力を加えたり，船室を破壊したり，あるいは誰かに不当な振る舞いを行う権限はない。ただし，その者の意に反して強行せざるを得ない場合，従って(それによって発生した損害に)市参事会も共同責任を負わざるを得ない場合(慣習的な証明書を携行しない不適正な魚・塩などのシュターペル財，夜陰に乗じてケルンの前面を船で通過する者)は，例外とし，シュターペル財の投棄処分を命じてきた」(K-II, 737)。第5項，ケルン対岸の都市ドイツ側を航行していたノイス船主に対する寄港強制に関する苦情に対するケルン市長の答弁，「それも早朝に行き来する船主 froeschiffer に関連している。彼らは艫綱を船縁にのせ相並んでブレーマン小路まで遡上しており，しかも誰かに強制されてではなく自発的に(ケルンの)対岸側を航行していた。起重機係が彼らに停船を命じたとき，40–50マルターの積み荷のなかに不正が見つかった。すなわち，鰊，油のヴェントゲートが含まれていたので，起重機係は(シュターペルとアクチーゼの迂回から発生する)都市の損害について次のように警告を発した。諸君は，ケルンに運ぶべき財に関する法令に違反した行為をしていることを十分に承知しているのか。ケルン市参事会は，他の者たちに対するのと同じように諸君にも公正な振る舞いを強要せざるをえなくなることを，よく考えるように」(K-II, 749)。

　これら強硬措置の適否はおくが，次の2点は間違いない。まず，苦情書のうち第1, 2, 3, 4, 5, 8, 9の7項目が，鰊，燻製鰊，干魚，塩，油に関連しており，この措置が市当局の「ヴェントゲート」に対する厳格な品質管理との関連をうかがわせている。この点は後に詳しく考察する。次に，これらの強硬措置に苦情が寄せられた事実は，水も漏らさぬ「通過・販売・積替え」強制が日常的ではなかったことを逆照射している。

　ところで，「抗争」の第3ステップは，1497年10月「シュターペル会談」の

場で交わされた「ノイス苦情書」,「聴取記録」,および「新法令」に関する質疑応答である。まず,マインツ大司教の尚書官ペファーは,「旧法令」の修正と「新法令」の掲示を「新たな企て」と,厳しく糾弾することから始めた。それに対しケルン市長は,皇帝・国王やケルン大司教の特権に裏打ちされており「新たな企て」の批判は当たらないと主張した。それに続く答弁は,鰊,塩,バター,チーズなど「ヴェントゲート」の例を引いた「公益性」の主張に関わるが,ここでは最も詳細な鰊の例を中心に挙げておこう。

「我らのご寛大なヘルである選帝諸侯閣下と,すべての自由都市・帝国都市の商人・住民達が,その賞賛すべき法令について詳しい報告を受ければ,上部ドイツと行き来する人々もそれに満足して不満をもらさなくなるだろう。なぜなら,その法令は,下記の財を運搬し取り扱う人々が欺かれないように,そしてケルンにおいてはるか以前から享受してきたように,利益と福祉が増進されるようにすることで,得るべき利益の少ない都市ケルンにだけでなく,選帝諸侯閣下のすべての領民と共同体に利益をもたらすからである。すなわち,『ヴェントゲート』,『乾燥した商品』,塩漬け魚の取引拠点として,それら(の容器)を開封し,検査を執り行うことで,その種の財につきものの様々な欺瞞の回避をはかってきたからである」(K-II, 743)。ここでは検査制度と絡めて「公益性」が高らかに謳い上げられているが,とくに大括り財(湿った・乾燥した商品)とは別途に,「塩漬け魚」が挙げられている点に注目したい。

それに続き,上部ドイツ諸都市からの「14樽の鰊のうち12樽も良質なものが見いだせないほど,不良品が出回っている」(Ebenda. 743)との苦情と鰊取引改善要求(表2の1494年7月の項目を参照)を受けて,ケルン当局が行った積極的対応が論じられる。「そのような不正を回避して商人の利益の擁護とその法令の遵守とをはかるべく,ケルン市参事会は多額の出費のうえで適格な市参事会職経験者数名を低地諸邦に送り,ホラント,ゼーラントおよび(北海)沿岸の諸都市と,次の諸点をめぐり協定を結び,印章付きの協定書を交わした。すなわち,鰊は海辺で樽詰めすること,その際どのような種類の塩が鰊漬けに許されるかということ,一年のうちどの季節に鰊漁を行うことが許されるかということ,の3点についてである」(Ebenda. 744)。すなわち,検査・検印の徹底を行い不良品を廃

棄処分にし，さらに生産地に対し樽詰め・焼き印（検査・証明書）に細心の注意を促し，鰊の樽詰め場所，使用すべき塩の種類，および鰊の漁獲の時期について協定を結んだ（表2, 1480年10月，81年7月と1494年8月，95年の項目を参照）。この証言に従えば，「塩漬け魚の取引拠点」ケルンにおける厳格な検査・検印制度は，生産地に強い影響を行使して「規格化」を押し進める結果をもたらした（Kuske 1939, 18-24）。

　このようにケルン市当局は，「検査・規格化」政策に力を尽くしていたが，それだけではない。それと同時に，上部ドイツ市場において不良品が発見され，正規な手続きを踏んで損害賠償請求が行われた場合，それに答える体制が敷かれていた。「そのような（鰊の）損傷・腐敗を隠した（見過ごされた）財が人手を経て上部ドイツや他の場所で取引きされ，そしてその隠された損傷・腐敗を発見した人が，その発見者の居住する都市やランデスヘルの（発給した）信頼すべき証書を添えて，当該財の受け取り発送を担当した（ケルンの）委託商に送り返して損害賠償を請求したとき，その委託商は営業を継続しようと考える限り，請求に応えるべし」（K-II, 744）。

　この鰊に続きケルン市長は，塩，油，バターについても同じ主旨の論陣を張り，ケルン市場の「高次の分配機能」にとって検査・検印制度のもつ有効性を再度強調した。「ケルン市参事会は，油・バターの検査のために財の荷詰めに十分な知識をもち，有徳の信頼できる人物に命じて誠実かつ真剣に対処させており，そのために誓約を義務づけている。それも，それらの財が消費される利益共有地 gemein land 全体の利益と福祉のために行うのである」（Ebenda. 745）。ここでは，ケルンの「高次の分配機能」の恩恵を受ける地域に「利益共有地」の語が当てられていることに注目したい。この語は，1430年代の穀物取引・流通税関係の史料に初めて登場し，15世紀後半にはシュターペル関係の史料に急速に浸透して，「高次の分配機能」の拡充をつよく印象づけている（田北 1998／99, 58-9と表6を参照せよ）。

　ところで，ペファーの次なる質疑は，上記の「ヴェントグート」に関連した一対の問いからなる。一方は，「ヴェントグート」とは何か，という問いである。ケルン市長は「食料品と傷みやすい財のすべて，例えば，湿気る前に販売さる

べき調理用の香辛料や一定期日のうちに傷みやすい鰊，燻製鰊，魚，バター，チーズなどが理解されている」(K-II, 746)と答えたが，本来「乾燥商品」に分類さるべき香辛料も含まれて混乱がある。その後11月4日付けの書簡においてケルン市当局は再調査の上，「食料品と湿った商品で，あらゆる種類の魚，塩漬け魚，干魚，樽詰め鰊，籠入り鰊(以下，魚の名を列挙)，その他の塩漬け魚と食料品」(Ebenda. 755)と回答した。

　もう一方は，「新法令」第1条における「ヴェントグート」文言の削除による対象品目の拡大に関係する。「シュターペル一覧のなかに，ケルンを通過してライン上下流に送られる毛織物や他の『乾燥商品』をはじめ，あらゆる財が挙げられているのはなぜか」(Ebenda. 746)という問いに対し，ケルン市長は「その一覧表に『湿った商品』以外の若干の財を載せている理由は分からない」と答えた。ここでも，11月4日付けの書簡の回答は，「シュターペル一覧の条項は，誰が見ても理解できるような印象的な言葉で説明されており，『湿った商品』が挙げられている」(Ebenda. 755)と，あくまで理解の容易な代表例を挙げただけで，「ヴェントグート」と食料品以外の財も含まれうると述べている。

　ところで，この会談の目的はケルン当局者との意見交換にあり，「抗争」はその後も終結せずにくすぶり続ける。1497年11月ライン選帝諸侯は，「シュターペル会談」での質疑応答に不満の意思を表明し「新たな企て」の撤回を再度要求しており，他方，同年11月14日付けのケルンの返書は，「シュターペル会談」で説明された諸原則を繰り返して平行線を辿っている。その後，1499年にもノイスとの間に雄牛の先買禁止をめぐり抗争が発生しているが，もはや強硬手段を講ずることはなく「抗争」は下火に向かう。

　そして，15世紀末のこの「抗争」に一応の決着をつけたのが，1505年皇帝マクシミリアンのケルン特権の追認である。「ケルンの思慮深き者たちは，都市ケルンのそば，前面のライン河のシュターペル・積替え法を永久に維持し，行使すべきであり，誰からも妨害されないこととする。低地諸邦の船も上部ドイツの船も，何らかの種類の商品・財を積んでケルンのそばを通過してはならないのである。彼らは，まずもって彼らの商品・財をケルン・シュターペルにもたらし，またそれを下ろして別の舟に積替えるべきである」(Gönnenwein 1939, 423)

と定めて，積替え強制を公認した。それをもって，少なくとも形式的には「ケルン・シュターペルは法的・経済的完成に達した」わけだが，それも揺るぎないものではなく「確立」にはほど遠かった。早くも1540年代にはケルン商人の鉄シュターペル迂回を始め問題が再燃し，1545年にはライン選帝諸侯からケルン・シュターペルに対する不満が再度表明されて，国王のケルン訪問を契機とした再調整が政治日程に上っている。

III　15世紀鰊取引をめぐる制度整備とシュターペル抗争

以下では，15世紀ノイスにおける積替えの主要品目の一つ「鰊」に焦点を合わせ，鰊取引をめぐる制度整備の足跡をたどる（典拠は特記しない限り，表2による）。それを通じて，1497年10月「シュターペル会談」においてケルン市長が公益性を標榜しつつ詳論したその主張の当否を吟味し，それと同時に1497年「新法令」が他ならぬ1476年魚取引法令を下敷きに作成された意味も，いっそう鮮明となると考えるからである[5]。

（1）　15世紀前半；シュターペルの基礎条件の形成

中世ケルン経済において鰊は，低地諸邦・上部ドイツ間の重要な中継商品となっていた。ただ，ケルン商人自身が漁獲地まで買い付けに赴く能動的活動はまれで，その分ハンザ・低地諸邦出身の商人への依存度が高かった。15世紀のうちに鰊の主要漁場がショーネンから北海に漸次移動したため，ハンザ商人に代わりホラント，ゼーラント，ゲルデルンなど低地諸邦・下ラインの商人が前景にでてくる。この変化に対応するかのように，鰊樽の標準規格も1420–30年頃を境にロストック産からブリエーレ産にとって代わる。漁獲地・加工地から消費地までの距離が遠く，しかも損傷・腐敗しやすい商品を扱う鰊商業にとって不可欠な制度条件の整備にケルンが本格的に乗り出すのも，この時期のことである。

1425年ケルンに「シュターペルハウス」の異名をとる魚取引所が新設され，将来の卸取引の集中，検査・徴税，3日間の販売強制にとってその礎石が据えら

れた。また，取引所の管理・運営と計量・徴税の責任者である取引所長官を頂点に仰ぎ，卸取引の仲介と品質の確認に当たる都市役人(市長に直属)の仲介人 Unterkäufer，樽の計測と漁獲・樽詰め時期の証明書の確認に当たる樽計測官，開封検査後の鰊の樽詰めに当たる包装官と役職組織も整ってくる。この制度が完成するのは 15 世紀の第 4 四半期のことだが，取引所の建設直後からすでに始動していた。

ところで，ケルンによる制度整備の努力は，都市内に限らない。1424 年「ブリエーレは，鰊の大規模な積替え地」(K-I, 244) であり，鰊樽情報が不可欠であるとの理由から，ケルンはアントウェルペンに標準樽の送付を依頼しており，また 1428 年にはブリエーレにたいし樽詰め方法の改善を要求している (K-I, 253–4)。1450–60 年代には，一歩進んで漁獲期や樽材の指定などの働きかけを進める。しかし，主要な消費地である上部ドイツと生産地(経由地)の低地諸邦との間を取り持ち，法制的整備のコーディネーターの役割を本格的に担うのは 1470 年代からである。

(2) 1470 年代―80 年代；生産地・消費地間の調整者機能の拡大

1470 年 1 月にケルン市当局はマインツ大司教とマインツ，シュパイエル，シュトラスブルクなど上部ドイツ諸都市に働きかけて，フランクフルト大市での「鰊」会議の開催を呼びかけている。そのきっかけは，聖ヤコブ祝日(7 月 25 日)以前に捕獲され損傷のひどい鰊が上部ドイツ諸都市で広く取引きされているため，生産地に対し漁獲期の遵守を徹底できないというジレンマにある。この会談は実施され，漁獲期に関する証明書のない鰊の取引禁止が決められた。その決定は，同年 6 月ブラバント，ホラント，ゼーラント諸都市に通知された。その内容は，塩漬・樽詰め用は聖ヤコブ祝日以降の捕獲に，そして燻製用は聖母マリア清めの祝日(2 月 2 日)以前の捕獲に限定されること，また若鰊や不良鰊を樽詰めしないこと，の 2 要求から構成されている。

しかし，1470 年 7 月に再発したゲルデルン大公との商業紛争は，鰊取引量の減少をもたらし，生産地・消費地双方による協定の遵守を困難にした。この鰊取引の混乱ぶりは，1470 年 7 月―71 年 1 月「没収記録」からも明瞭に読みとれ

る。例年,秋の上流向け財の筆頭にくる鰊は9,10月になっても1度も現れず,11月にも数度しか記録されていない (K-II, 232–46)。さらに,1473年ケルン大司教と領内諸身分の対立に端を発し,1474年7月—75年5月のノイス攻囲戦にまで拡大した政治的な混乱が,それに追い打ちをかけた (Kuske 1905, 244–5)。この「ノイス戦争」の余韻漂う1476年ケルン市当局は魚取引条例を発布して,シュターペルの再編をはかる。全33条からなるこの法令は,これまでの対外的な協議事項をひろく摂取し,同時に取引所への集中,検査・徴税,3日間の販売強制,3日以内の現金払い原則などを盛り込み,シュターペルの基本的要素を網羅している。しかし,ケルン流通税抗争の混乱も加わり実効性は乏しく,1470年鰊協定に反した低地諸邦での直接購入も横行していた (K-II, 403: Gönnenwein 1939, 99)。

　それと並行してケルン市当局は,品質維持のために生産地との関係調整に乗り出す。1479年ホラント・ゼーラント諸都市にたいし上記の1470年協定の遵守を訴える。また,翌80年5月ドルトレヒト・ツィルクゼー両都市に書簡を送り,次のアントウェルペン大市での「鰊会議」開催を提案した。この会談も実現し,その席上アントウェルペン・ツィルクゼーの代表から,「都市ケルンはシュターペル(法)をもっているのだから,ブルグント世襲大公のマクシミリアン様に使節を送り,大公閣下に要請してケルンと他の都市が作成した法令(草案)の発布と,(法令徹底のために)徴税官と船乗りに対し特別な誓約をおこなわせるように」(K-II, 408) との提案をうけたことから,事態は大きく進展する。

　まず,同年10月ケルンは上に名の挙がった3都市と協議して全7条からなる草案を作成した。この法令では,鰊の塩漬けに好適な種類として「バイエ産の塩か海塩」が初めて指定されるなど,これまで以上に厳しく品質管理に臨もうとするケルンの意気込みが伝わってくる。この草案はブルグント大公に送られ,1481年7月若干の条項を追加の上,鰊法令として発布された。翌8月ケルンは,生産地側との協議から生まれた成果(法令)を,上部ドイツ諸都市に通知した。この書簡には,不良品商業の責任の所在を明らかにするために,ケルン検印(焼き印)を追加することが併記されている。しかし,同年8月,9月のケルン・ブリュッヘ(ドイツ商人団)の往復書簡は,ホラントの内部事情による法令徹底の遅れ,証書・検印のない鰊取引の横行,およびケルンの信頼喪失を伝えており,

ブルグント大公発給の法令も実効性には欠けていた。事実，1493年にもなおホラント，ゼーラント，フリースラント諸都市に1481年法令の徹底が要求されているほどである。ただ，1480年の時点で，ケルン・シュターペルが生産地ないし集散地の諸都市からすでに認知されており，それが今回の法令発布の起点となっていたことに注意しておきたい。

ところで，1480年代後半にもケルン流通税抗争の余波の一齣として混乱は続いたが，その間ケルンが拱手傍観していたわけではない。1487年11月ハルデヴィクからの苦情に対しケルン市当局は，魚市場長官・仲介人といった都市役人に加え検査の立会人からも事情聴取を行い，品質管理に真剣に取り組んでいた。そのような地道な努力の積み重ねが，ライン選帝諸侯(評議会)から「シュターペル都市」の承認を受ける際の基礎となったのである。

(3) 1490年代—1505年；「検査・規格化」政策の確立

以上のように，1480年代までにクスケのいう「検査・規格化」政策の骨格はできあがっている。まず，生産地・消費地間の関係調整を通じ，漁獲期，漁法，樽材の種類，樽のサイズ，塩の種類，鰊の選択，樽詰めの方法，検査・検印・証明書の発行が出揃ってくる。また，ケルンは生産地・消費地双方と個別に協定を結び，その周知徹底をはかるためにランデスヘルの追認を受け，この情報をただちに消費地側に通達して，法的条件も整えている。さらに，苦情処理に際しては厳格な事情聴取を行い，誠意をもって真剣に対処していた。しかし，上部ドイツ商人の直接購入や，生産地側の協定違反は跡を絶たず，1494年6月ケルン流通税の廃止後ケルン市当局は財政収入増も狙ってシュターペルの本格的な再建に踏み出すことになる。

この動きを加速したのが，1494年7月粗悪鰊の大量流通に関するシュパイエル，フランクフルト，及びマインツ大司教からの相次ぐ苦情書送付である。それらの主要な苦情内容は，漁獲期日(聖ヤコブ祝日以後)を遵守しない樽詰め鰊の取引が横行して，「大量の鰊が品質不良のために水中・火中に投棄されざるをえず，共同体全体の利益と商人の生業に多大な阻害がもたらされたこと」(K-II, 680)と，これまでと変わるところはない。新しいのは，ケルンの検査制度の根

幹を揺さぶるような，生産地とケルンの品質管理における「なれ合い」の指摘である。「ここシュパイエルでは，次のような声さえ挙がっています。聖ヤコブ祝日以前に捕獲された鰊が危険を承知の上で(ケルンの検査を)通され，あたかも規定通りの時期に捕獲されたかのような体裁を与えられている」(Ebenda. 680)と。この点フランクフルトの表現はより直截的である。「都市ケルンの検印が付されているので人々の口端に上っているのは，それら(不良鰊)がケルンの悪意に発している」(Ebenda. 681-2)と。

「シュターペル都市ケルンの悪意」に発するとの苦情を受けて，翌8月ケルン市当局はただちに行動を起こす。ホラント，ゼーラント，フリースラントの諸都市と新たに鰊協定を結び，1481年の先例にならって，翌1495年6月ドイツ国王マクシミリアンから追認を受けることになる。ここに樽材，樽のサイズ，塩の種類，漁獲期・漁法，樽詰め，数次の検査制度など33項目にわたる鰊法令が発布され，生産地側の法的条件は整えられた。

この生産地との関係調整と並び，ノイスにおける鰊積替えの制限にも力を注ぎ始める。とくに，ノイス市当局は1493年から2人の検査官を任命しており(Lau 1911, 118)，ケルンにおける検査・検印の徹底にとり大きな障害となっていたからである。1496年4月ケルン市当局が積替え違反の容疑でノイス船主の身柄を拘束し，双方の実力行使にエスカレートするきっかけとなったことは，先に触れた。翌1497年10月には「新法令」が発布され，市門わきへの掲示を通じてつよく実施がはかられた。そして，この「新法令」の条項が1476年魚取引法令を下敷きにしていた事実が，鰊の積替え・先買禁止による取引の集中と検査・検印体制の再編の意図を浮き彫りにしている。このことは，市民・余所者に科される重い罰則──100グルデンの罰金，3ヵ月の市塔投獄，市民権の喪失，営業停止──からもうかがえる。その後，1497年10月ケルン役人がノイス商人・船主にとった強硬措置が，「ノイス苦情書」の提出から「ケルン事情聴取」を経て「シュターペル会談」にまで発展したことは，既述の通りである。

ところで，ケルンによる「検査・規格化」政策の実効性を高めるための努力は，ライン選帝諸侯からの了解獲得といった政治的折衝に限られはしない。「ケルンの悪意」という風評の芽を摘むために独自の対応を試みた。1500年11月ケ

ルンからアントウェルペン宛の書簡が興味ある情報をふくんでいる。「貴兄らの都市が法令に従って検査を行い，検印（焼き印）を付け包装した樽詰め鯡につき，我らの都市内でその検印を削り落とし，我らの都市ケルンの検印だけを残すことは，商人・共同の利益に反し，貴兄らのシュターペルの悪評につながるやもしれません。このような心ならずも採用した新たな試みが，貴兄らの都市とシュターペルに抵触し，あるいは貴兄ら以外の人々の悪評と不利益をもたらすことが起こりうることを，賢明にもご理解いただきたいのです……我らのシュターペルに財を搬入することをいとわず，かつそれらが適正であると認められた者は，その後商業旅行を継続して上流に向かってよいこととする」(K-II, 814-5)。すなわち，アントウェルペン検印の効力をケルンまでの範囲に限定し，そしてケルン以南の上流域に対してはケルン検印で代え，それによって責任の所在を明らかにしようというのである。

　この思い切った措置をとった理由についてケルン市当局は，「我らの都市において以前の公正さと適正さとは似ても似つかない事態が発生していると，不愉快な解釈をする人々がいる」(Ebenda. 815)と説明し，前述の1494年7月の3書簡に挙げられた非難をそのまま引いている。当然，このケルンの新たな企ては，低地諸邦側から強い反発を招き，その後の押し問答のなか1520年頃にはケルン・アントウェルペンの検印上の「棲み分け」も定着してくる[6]。1497年「シュターペル会談」でケルン市長が鯡の例を使って，その「利益共有地」に対してもつシュターペルの公益性を主張できたのも，そうした実績を踏まえてのことだったのである。

む　す　び

　本稿では，15世紀ケルン市場を結節点とした広域的な「社会統合」の諸相を，ケルンの「高次の分配機能」を支える制度の一つとしてシュターペルに注目しながら考察してきた。その際，これまでシュターペル法令に分類されてきた「新法令」に関する史料論的な吟味から始め，それが1476年魚取引法令を下敷きに作成されている事実を確認し，さらに1497年10月「新法令」が発布・掲示さ

れざるをえなかった意味を問いつつ接近した。すなわち，15世紀末ケルン・シュターペルを「経済的・法的な完成」に導いたといわれる都市ノイスとの「抗争」を克明に辿り，同時にケルンの「食料基地」である低地諸邦・下ライン地方と一大消費地の上部ドイツを結ぶ中継商業の円滑な運行にとってそれが果たした積極的役割を照射した。最後に，本論の検討結果を簡単に要約してむすびにかえたい。

　第一に，15世紀末に頂点に達した「抗争」がケルン・シュターペルの確立の画期となったとはいっても，それを「通過・販売・積替え」強制の貫徹の契機と捉えてはならない。1497年10月ケルン都市役人による船室破壊や曳き綱切断などの強硬措置も，日常的に実施されていたわけではなく，逆にそれだからこそ，それを糾弾した「ノイス苦情書」が送られ，ライン選帝諸侯との「シュターペル会談」も開催されたのである。1465年，1470年のゲルデルン大公との商業紛争期のように航路を限定し兵船を配して厳格な臨検体制を敷くのは，費用的にも諸侯・都市からの了解獲得の点でも容易ではなかった。「シュターペルがなければ自由，あれば規制」のような2項対立を前提としてはならないのである。

　第二に，ケルン・シュターペルの確立は，鰊，塩，乳製品，油など良質な「ヴェントゲート」の安定供給に際してケルンが担う調整者機能を，それに利害関係ある諸侯・都市が認知したことを意味する。その基礎には，生産地・消費地双方との品質管理のための協議の積み上げ，法令草案の作成とランデスヘルによるその追認，および新たな問題発生時のルール変更など多大な費用と労力を要した地道な努力があった。1497年に1476年魚取引法令を下敷きにした「新法令」を作成し市門わきに掲示させたのも，1497年ノイス船主に行き過ぎとも思える強硬措置をとったのも，さらにアントウェルペンの怒りを買ってまで独自の検印制度を導入したのも，「検査・規格化」政策としてのシュターペルの実を挙げる目的からだった。

　第三に，ケルン市場がライン選帝諸侯，領民，都市民を始め広範な社会層を相手に担う「高次の分配機能」は，シュターペルの整備によって安定した制度基盤を受け取ることになった。すなわち，鰊商業では1470年頃からケルンは，

生産地との間で漁獲期,漁法,樽材の種類,樽のサイズ,塩の種類,樽詰め方法,検査・検印・証明書の発行など品質管理の基礎となる詳細な条件を整え,法令のランデスヘルによる追認を通じて周知徹底をはかることで,他方,消費地との間では苦情の集約をはかり,その改善を求めて生産地に働きかけ不良品に対して損害賠償の責任を負うことで,商業ルールの作成・変更において主導的役割を果たしてきた。1470年頃を境に「高次の分配機能」の空間をさす語として「利益共有地」が史料に浸透してくるのも,また1480年代を境に低地諸邦の都市とライン選帝諸侯から「シュターペル都市」のお墨付きをもらうのも,決して偶然ではなかった。

　その意味から,シュターペル研究に際し銘記すべき指針としてIで紹介したクスケの所説,すなわち自由主義的な色眼鏡を通した「自由vs規制」図式に囚われずに,シュターペルによって支えられた経済の仕組みを考察する必要に再度注意を喚起しておきたい。中世後期ケルン・シュターペルは通過商業には「検査・規格化」政策として,地域商業には「必需品確保」政策として十分に機能したのである。

注

1) 山田雅彦氏は,より一般的な文脈ではあれ,通過・販売強制の手段として悪名高いシュターペル(指定市場制)の普及を,農村経済が都市を中心に転回し始めた証の一つとして積極的に位置づけている(山田1999)。
2) ケルン食料市場は,必ずしもシュターペルに基礎づけられていたわけではない。15世紀前半ケルン・周辺諸侯は,穀物の不作・凶作時の備蓄・放出,ビール醸造制限・禁止,他領への禁輸措置など緊密な相互依存関係にあり,1430年代後半の史料には「利益共有地」の用語も登場するほどだったが,穀物取引にあってシュターペル強制は,ノイス戦争期を除き行使された形跡はない(田北 1997c)。
3) ディルルマイアーは「流通税よりシュターペルが商業にとってはるかに阻害的だったというわけではない」(Dirlmeier, 1987, 37)と留保してはいるが,15世紀ライン通過商業の後退にとって決定的要因と見なしていることは,否定できない。
4) この問題については,拙稿「15-16世紀シュターペルの動態分析に向けて——ケルンを中心とした史料論的概観」(印刷中)において史料抄訳を交えつつ詳論している。
5) この章の叙述は,ケルン魚商業史を扱ったクスケの優れた古典的論考に多くを負っている(Kuske 1905)。
6) クスケによれば,ケルン検印は到着時期を表示するもので,この時期10月末までとそれ

以降の 2 種類あった (Kuske 1905, 246-7)。それを担当したのは取引所の仲介人であり，証書に記された漁獲・樽詰め時期を確認の上で検印を捺した。低地諸邦側は，ケルン検印のない鯡が上部ドイツ市場から排除されると強く反発し，2 種類の検印の境界日を聖カタリナ祝日（11 月 25 日）まで延長するように要求したという。

参 考 文 献

刊行史料

Groten, M. (hrsg.), 1990, *Beschlüsse des Rates der Stadt Köln 1320–1550*. Bd. V, Düsseldorf.

Knipping, R. (hrsg.),1897 / 98, *Die Kölner Stadtrechnungen des Mittelalters*. 2 Bde., Bonn.

Kuske, B. (hrsg.), 1917 / 34, *Quellen zur Geschichte des Kölner Handels und Verkehrs im Mittelalter.* 4 Bde., Bonn. (K-I / IV と略す)。

Lacomblet, Th. (hrsg.), 1840 / 85, *Urkundenbuch für die Geschichte des Niederrheins*. 4 Bde., Düsseldorf.

Lau, F. (hrsg.), 1911, *Quellen zur Rechts-und Wirtschaftsgeschichte der rheinischen Städte. Kurkölnische Städte; I. Neuss*. Bonn.

Stein, W. (hrsg.), 1893/95, *Akten zur Geschichte der Verfassung und Verwaltung der Stadt Köln im 14. und 15. Jahrhundert*. 2 Bde., Bonn. (Stein-I,II と略す)。

Stein,W. (hrsg), 1903/07, *Hansisches Urkundenbuch*. Bd. IX, X, Leipzig. (HUB-IX, X と略す)。

研究文献（シュターペル関係の詳細な文献一覧は，田北 1998 / 99（1）所収の目録を参照）

Bömmels, N., 1961, *Wirtschaftsleben in Neuss von den Anfängen bis 1794*. Neuss.

Dirlmeier, U., 1987, Mittelalterliche Zoll-und Stapelrechte als Handelshemmnisse? in: Pohl, H. (hrsg.), *Die Wirkungen von Zöllen und anderen Handelshemmnissen auf Wirtschaft und Gesellschaft vom Mittelalter bis zur Gegenwart*. Stuttgart, S. 19–39.

Gönnewein, O., 1939, *Das Stapel-und Niederschlagsrecht*. Weimar.

Huck, J., 1984/91, *Neuss, der Fernhandel und die Hanse*. Teil-1. 2., Neuss.

Irsigler, F., 1975, Kölner Wirtschaft im Spätmittelalter. in: Kellenbenz, H. (hrsg.), *Zwei Jahrtausende Kölner Wirtschaft*. Bd. 1, Köln, S. 217–319.

Irsigler, F., 1979, *Die wirtschaftliche Stellung der Stadt Köln im 14. und 15. Jahrhundert*. Wiesbaden.

John, W., 1889, Der Kölner Rheinzoll von 1475–1494. in: *Annalen des historischen Vereins für den Niederrhein,* 48, S. 9–123.

Kellenbenz, H., 1967, Der Aufstieg Kölns zur mittelalterlichen Handelsmetropole. in: *Jahrbuch des Kölnischen Geschichtsvereins* (*JbKGV* と略す), 41, S. 1–30.

Kuske, B., 1905, Der Kölner Fischhandel vom 14.-17. Jahrhundert. in: *Westdeutsche Zeitschrift für Geschichte und Kunst*, 24, S. 227–313.

―――, 1909, Handel und Handelspolitik am Niederrhein vom 13. bis 16. Jahrhundert. in: *Hansische Geschichtsblätter*, 15, S. 301–327.

―――, 1913, Die Märkte und Kaufhäuser im mittelalterlichen Köln. in: *JbKGV*, 2, S. 75–133.

―――, 1914, Die städtische Handels-und Verkehrsarbeiter und die Aufgabe städtischer Sozialpolitik in

Köln bis zum Ende des 18. Jahrhunderts. Bonn.

―――, 1937, Zur Rohstoff-und Stapelpolitik der Reichsstadt Köln. in: *JbKGV*, 19, S. 302–311.

―――,1939, Der Kölner Stapel und seine Zusammenhänge als wirtschaftspolitischen Beispiel. in: *JbKGV*, 21, S. 1–46.

Militzer, K., 1985, Wirtschaftsleben am Niederrhein im Spätmittelalter. in: *Rheinische Vierteljahrsblätter*, 49, S. 62–91.

Pohl, H., 1971, Köln und Antwerpen um 1500. in: Stehkämper, H.（hrsg.）, *Köln, das Reich und Europa*. Köln. S. 469–552.

Wisplinghoff, E., 1975, *Geschichte der Stadt Neuss von der mittelalterlichen Anfängen bis zum Jahre 1794*. Neuss.

林毅，1997,『ドイツ中世自治都市の諸問題』敬文堂。

諸田実，1960,「中世都市とギルド制度――ドイツを中心とした概観」大塚久雄他編著『西洋経済史講座』第一巻，岩波書店，所収。

山田雅彦，1999,「ヨーロッパの都市と市場」佐藤次高・岸本美緒編『市場の地域史』山川出版社，所収。

田北廣道，1988,「14–16世紀大都市・周辺地間の経済諸関係の一側面――ケルン甲冑工ツンフトの場合」森本芳樹編著『西欧中世における都市＝農村関係の研究』九州大学出版会，所収。

―――，1997a,『中世後期ライン地方のツンフト「地域類型」の可能性――経済システム・社会集団・制度』九州大学出版会。

―――，1997b,「市場史の射程」『社会経済史学』63–2。

―――，1997c,「中世後期ケルン空間における経済・社会・制度――社会統合論としての『市場史』研究に向けて」『社会経済史学』63–2。

―――, 1998/99,「中世後期ケルン空間の流通と制度――シュターペル研究序説」(1)(2)『経済学研究』65–4, 65–5。

―――，1999,「中世後期下ライン地方の流通と制度――15世紀前半ゲルデルン戦争期のケルン空間」『商学論叢』43–3。

表1　15世紀ケルン・ノイス間シュターペル抗争関係の略年表

（ 1 ）　1423/37年ゲルデルン大公位継承戦時期のケルン・ノイスの緊密な関係；ケルン当局によるノイスでの積替え許可（K-I, 383）と共同商業の活発化（K-I, 272, 282–3, 301, 317）
（ 2 ）　1446年ゲルデルン大公位継承戦時期の積替え許可の撤回；ケルンからノイス宛書簡（K-I, 383）
（ 3 ）　1448年ケルンを仕向地とする家畜のノイス商人による買占めへの苦情；往復書簡（K-I, 431–2）
（ 4 ）　1461年ノイス市民によるケルンの「新たな企て」への苦情；ケルン大司教宛の返書（K-I, 124–5）
（ 5 ）　1465/66年，1470/71年ゲルデルン商業抗争期のケルン当局による制裁；ライン封鎖・ゲルデルン領民所有の財没収（K-II, 162–78, 232–46）
（ 6 ）　1472年3月ケルン市当局からレントマイスター宛の書簡；マインツ・シュターペルをめぐるマインツ・プファルツ選帝諸侯・評議会の会議への出席を指示「シュターペル再建の意思」（K-II, 276–7）
（ 7 ）　1472年ライン諸都市（特にマインツ）のシュターペル一覧；ケルン関係の2項目（K-II, 274–87）
（ 8 ）　1473年ケルン・ノイス市当局者間の鯡シュターペルをめぐる会談；会議録（K-II, 295）
（ 9 ）　1474/75年「ノイス戦争」；ケルンの莫大な財政支援と財政破綻。1475/94年皇帝フリートリヒ3世によるケルン流通税徴収特権の発給（John 1889, 59–60）
（10）　1489年3月ノイスでの魚の積替えへの苦情；ケルンからノイス宛の苦情書（K-II, 569–71）
（11）　1489年5月ユリヒ・ベルク大公によるドルマーゲン流通税徴収の試み；ケルン当局から大公宛の苦情書（K-II, 572–3）
（12）　1496年4月ケルンにおけるノイス船主の身柄拘束について；書簡（K-II, 709–10）
（13）　1496年12月ノイス荷車運搬人に対しノイス市当局がケルンから空車で帰るよう誓約させていることへの苦情；ケルンからノイス宛の書簡（要求）（K-II, 717）
（14）　1497年シュターペル法令；法令（Stein-II, 654–6）（K-II, 732–5）
（15）　1497年10月新旧法令の対照表；法令（K-II, 735–7）
（16）　1497年10月ケルン都市役人によるノイス船主の不当な扱いへの苦情；ノイスからケルン宛の苦情書（K-II, 737–8）
（17）　1497年10月10日ケルン市当局のノイス苦情書に関する事情聴取；聴取記録（K-II, 738–40）
（18）　1497年10月17・18日ケルン当局者とライン選帝諸侯の評議会員のシュターペル会談；会議記録（K-II, 740–9）
（19）　1497年10月18日「シュターペル会談」議事録；要旨（K-II, 749–50）
（20）　1497年10月27日ケルン市当局のシュターペル取扱いに関する調査報告；報告集（K-II, 751–2）
（21）　1497年11月4日以前「シュターペル会談」での説明に対する不満，「新たな企て」の撤回を要求；ライン選帝諸侯からケルン宛の書簡（K-II, 753）
（22）　1497年11月4日「シュターペル会談」で残った問題への回答；ケルン当局からライン

選帝諸侯宛の書簡（K-II, 753–7）
（23） 1498年1月ケルン市当局の説明に対するライン選帝諸侯の態度表明を要請; ケルンから選帝諸侯宛の書簡（K-II, 753）
（24） 1499年10月19日アーヘン市民によるノイスや他の下ラインの場所における雄牛先買いに対する苦情; ケルンからアーヘン宛の書簡（K-II, 794–5）
（25） 1505年国王マクシミリアンによるシュターペル法の追認; 皇帝特権（Gönnenwein 1939, 423）
（26） 1541年鉄シュターペルを迂回した商人の召喚・事情聴取; 市参事会議事録（Groten-V, 42）
（27） 1545年ライン選帝諸侯の評議会によるケルン書簡（シュターペル問題）への不満と今後の対応について; 市参事会議事録（Groten-V, 270）

表2　15世紀ケルンが関与した鰊関係の制度整備に関する略年表

（ 1 ） 1425年魚取引所の開設; 都市会計簿の収入記録（Knipping-I, 66）
（ 2 ） 1456年ケルンからブリエーレ宛の書簡; 鰊漁の解禁を5月末に（Kuske 1905, 242）
（ 3 ） 1467年ケルンから低地諸邦の都市宛の書簡; 均等な樽詰め、漁獲期の遵守、樽材の柏への限定を要求、罰則として投棄・返送処分（K-II, 189）
（ 4 ） 1469年ケルン鰊樽計測官・魚計量官の誓約事項; 樽の計測・漁獲期の証明書の確認、違反樽の没収。仲介人の品質検査、包装人による詰め替え（K-II, 214–6）
（ 5 ） 1470年1月ケルンからマインツ大司教及び都市マインツ、シュパイエル、シュトラスブルク、バーゼル、トリーア、メッツ、ニュルンベルク、フランクフルト、ビンゲン宛の書簡; 聖ヤコブ祝日以前に捕獲された樽詰め鰊の上部ドイツ都市での売買。次のフランクフルト大市で集い協議の上、漁獲期の証明書のない鰊取引の禁止を要請、決定内容はブラバント、ホラント、ゼーラントに通知（K-II, 223–4）（HUB-IX, 638）
（ 6 ） 1470年6月ケルン（マインツ大司教と上記諸市）からホラント・ゼーラント都市宛の書簡; 上記の決定の通達。罰則として不良品のライン投棄処分を明記（HUB-IX, 666–9）
（ 7 ） 1476年ケルン魚取引法令; 取引所における3日間の販売強制、不良鰊の混入した樽の取引禁止、マリア清めの祝日後に燻製された鰊の取引禁止、ケルン委託商への漁獲期・樽詰めの遵守徹底、検印・証明書のない塩漬け鰊の売買禁止（K-II, 369–79）
（ 8 ） 1479年8月ケルンからホラント・ゼーラントの10都市宛の書簡; 鰊の樽詰め・塩漬けの不良と粗悪品挿入の横行による被害。慣習的な品質遵守の徹底を要求（K-II, 408–9）
（ 9 ） 1479年10月ケルンからハルデヴィク宛の書簡; 梁で捕獲された鰊から燻製の製造禁止、網での捕獲証明書の添付義務（K-II, 421–2）
（10） 1480年5月ケルンからドルトレヒト・ツィルクゼー宛の書簡; アントウェルペン大市での鰊の塩漬け・樽詰めをめぐる会議開催の提案（K-II, 408）
（11） 1480年6月ケルン市参事会員からケルン宛の書簡; アントウェルペン会議でアントウェルペン・ツィルクゼーの代表者からの「ケルンと他都市による新法令草案の作成と（ブルグント）世襲大公マキシミリアンへの追認要請」の提案（K-II, 408）
（12） 1480年10月ケルン、アントウェルペン、ドルトレヒト、ツィルクゼーの作成した鰊樽詰め・塩漬けに関する法令の草案; 樽のサイズ、塩の種類、鰊の選別、船長・船員の法令遵守

の誓約，良質塩を使った樽詰め，悪天候時の海上での樽詰め義務など（K-II, 432-3）
(13) 1481年7月ブルグント大公マクシミリアンがホラント，ゼーラント，フリースラントに発布した鰊法令；樽の材質・サイズ，塩漬け用塩の種類指定，徴税官による検査・検印，漁獲期，徴税官による適格証明書の発行，塩枡の指定（HUB-X, 570-2）
(14) 1481年8月ケルンからコブレンツ，トリーア，メッツ，ビンゲン，マインツ，ヴォルムス，シュパイエル，フランクフルト，ニュルンベルク，シュトラスブルク宛の書簡；新鰊法令の発布の通知（K-II, 446）
(15) 1481年9月ニュルンベルクからケルン宛の書簡；新法令の情報提供に謝意，ニュルンベルク周辺都市への法令伝達に尽力すること（K-II, 446）
(16) 1485年魚取引所における魚シュターペルに関する市参事会法令；上部ドイツ商人の低地諸邦からの直接購入と取引所を迂回した運搬横行。取引所への集中を徹底（K-II, 508）
(17) 1487年10月ライン選帝諸侯の評議会員からケルン・ガッフェル宛の書簡；流通税の廃止要求「シュターペル都市・商業都市に留まるべし」（K-II, 544-5）
(18) 1487年11月ケルン・ハルデヴィク間の往復書簡；魚の廃棄処分に対するハルデヴィクによる苦情，ケルン市当局による魚市場長官・仲介人・取引関係者からの事情聴取（K-II, 546-7）
(19) 1493年ケルンからホラント，ゼーラント，フリースラント都市宛の書簡；1481年大公マクシミリアン発布の鰊法令の遵守徹底を要請。過去数年来の杜撰な検査・証明書発行により「シュターペル都市」として責任を取らざるを得ない状況に追い込まれる（K-II, 665-7）
(20) 1494年6月ケルン流通税廃止（1475年5月から）（John 1889）
(21) 1494年7月シュパイエル，フランクフルト，マインツ選帝侯からケルン宛の苦情書；鰊の漁獲時期，塩漬け・樽詰めに関する苦情とケルンによる検査・低地諸邦への働きかけの要請（K-II, 680-2）
(22) 1494年8月ケルンとホラント，ゼーラント，フリースラント諸都市との間の樽・塩漬け・樽詰めに関する協定（Kuske 1905, 248）
(23) 1495年国王マクシミリアンによる上記鰊協定の追認；樽材，樽サイズ，塩の種類，漁獲期・方法，樽詰め方法，検査・検印，ケルン・上部ドイツ諸都市を交えた集会開催（K-II, 697-702）
(24) 1497年10月「新法令」；1476年魚取引所法令を下敷きにしたシュターペル再編（K-II, 735-7）
(25) 1497年10月「ノイス苦情書」「聴取記録」；鰊・塩の積替え強制，燻製鰊の投棄処分，船の臨検と船室破壊など実力行使への苦情とケルン市当局の事情聴取（K-II, 737-40）
(26) 1497年10月ケルン市当局者とライン選帝諸侯の評議会員とのシュターペル会議；ノイスとの抗争をめぐる事情聴取。シュターペルの公益性と適法性の主張（K-II, 740-50）
(27) 1497年11月ケルン市当局からライン選帝諸侯宛の書簡；シュターペル会議で積み残された問題への回答。鰊や各種の魚を中心とした「ヴェントゲート」に関する解説，ケルンの厳格な検査制度のもつ公益性など（K-II, 751-57）
(28) 1500年ケルンからアントウェルペン宛の書簡；アントウェルペンの鰊樽検印に加え，ケルン以南向けの樽にケルン検印を付すこと。マインツ大司教やシュパイエル・ヴォルムス他の都市の苦情と改善要求をうけての処置（K-II, 814-5）

本論と関連した主要な都市・地名

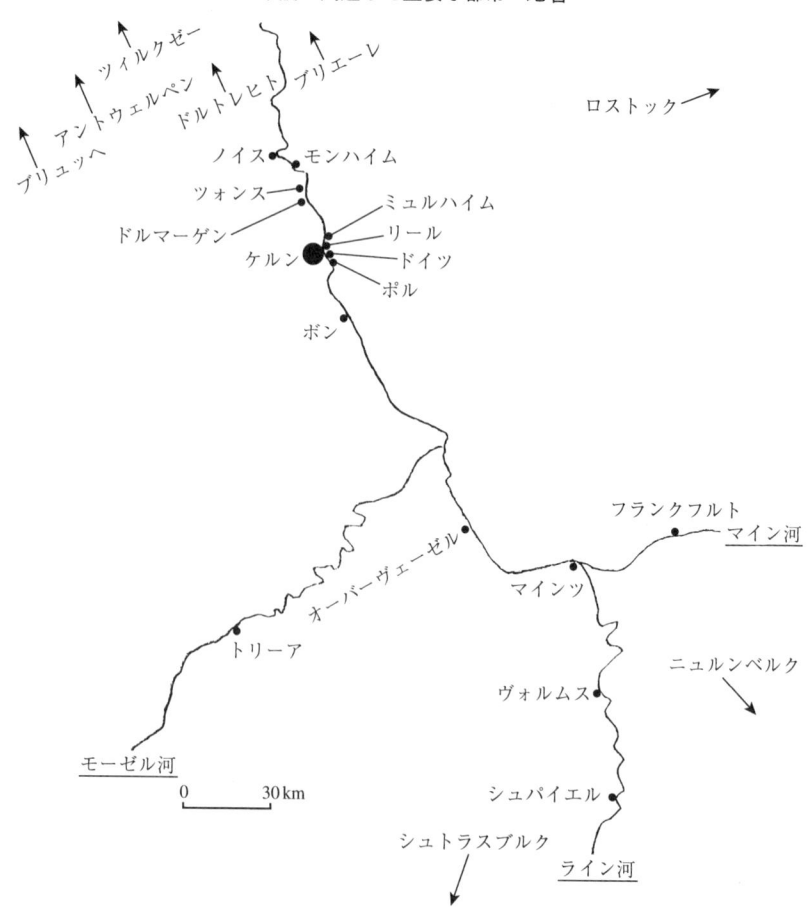

地図中の地名（上から／左から）：

- ツィルクゼー
- アントウェルペン
- ブリュッヘ
- ドルトレヒト
- ブリエーレ
- ノイス
- モンハイム
- ツォンス
- ドルマーゲン
- ミュルハイム
- リール
- ケルン
- ドイツ
- ポル
- ロストック
- ボン
- オーバーヴェーゼル
- トリーア
- フランクフルト
- マイン河
- マインツ
- ヴォルムス
- ニュルンベルク
- モーゼル河
- シュパイエル
- シュトラスブルク
- ライン河

0　30km

［典拠］ Niessen, J. (hrsg.), *Geschichtlicher Handatlas der deutschen Länder am Rhein. Mittel-und Niederrhein*. Bonn 1950, 所収の「中世末下・中部ラインの流通税徴収所・街道」をもとに筆者が作成。

第 4 部

権力構造と社会統合

メロヴィング朝期ル・マン地方の
土地変動と司教管区
――司教ベルトラムヌスの遺言状(616年)を中心に――

佐 藤 彰 一

はじめに

　かつて古代から中世への移行あるいは転換というトピックのもとに考えられてきた西欧中世世界の形成は，いまや後期古代世界の緩やかな構造変化の所産と捉えられ，その変化の時期もかなり遅く7世紀頃に設定するのが，最近の中世初期を問題にする歴史家たちの，ひとつの了解事項になっているが如き趨勢である[1]。帝政後期ローマの諸制度，なかんずく徴税制度が西ローマ帝国の政治的瓦解の後に，いかなる変化も蒙ることなくフランク王国の国制に受け継がれ，中世初期の終わりまで生き延びたとする連続論や[2]，W.ゴファートのように[3]，この時期を論ずるに際して，言語を指示するとき以外は「ゲルマン的(Germanic)」という表現を一切用いないのは明らかに極端な主張であるが，ローマの諸制度や慣行が7世紀頃まで，わずかな残光という程度を越えて維持されたことは，研究が進展するに連れてますます露になってきていると云えるであろう。

　私はこの時代を「ポスト・ローマ期」と形容することを提案しているが，この論文であつかう遺言状に現われる土地変動と，その背景をなす社会過程はまさしくポスト・ローマ期の一つの重要な側面を表わしている。かつてのキウィタスの中心にある司教座教会が，都市および都市近辺ばかりでなく，司教管区全域に人的，物的につよい影響力を浸透させることにより，それを司教権力のうちに統合しようとする動きがそれである。こうした現象に幾人かの中世史家は「司教支配」の名称を冠し[4]，その成功した体制を "Civitasrepublik (キウィタ

ス国家)"あるいは"Bistumrepublik（司教管区国家)"と命名している[5]。

　ル・マン司教区について，こうした関心からの立ち入った研究はまだ緒についたばかりである[6]。本稿は6世紀から7世紀への転換期に，ル・マンの司教を務めたベルトラムヌスが遺した遺言状に記載されている土地財産の状態や，それらの処置についてのこの遺言主の指示を検討することにより，この時代においてル・マン地方の社会と教会組織が直面していた問題や課題について，先の「キウィタス国家」論を念頭におきながら考察しようとするものである。

I　史料に関する若干の考察

　1988年に，私はこのおなじ遺言状を主な史料として，その作成者ベルトラムヌスが生きた6世紀末・7世紀初頭の動乱に満ちた政治世界の再構成を試みる機会があった[7]。その折には，1986年に刊行されたマルガレーテ・ヴァイデマンの本遺言状のテキストと研究の決定版ともいうべき，『ル・マン司教ベルトラムヌスの遺言状(616年3月27日)』[8]を，入手の遅れと脱稿後ということもあり，利用できなかった。現在では，写本間の字句の異同を詳細に吟味し，地名の現在地比定を格段に進めているこのヴァイデマン本が，研究のための依るべき底本であるのは云うまでもない。

　この遺言状の原本は，ベルトラムヌスが創建したル・マンのサン・ピエール＝サン・ポール修道院に大革命まで保存されていて，1790年頃に創設されたル・マン市立図書館(当時ル・マン市公立図書館)の司書であったポール・ルヌアールがこの原本を直接目にし，それが獣皮紙を何枚も継ぎ合わせた幅50センチ，長さ7メートルの巻物であったと証言している[9]。だがこの巻物原本は革命期の混乱の中で破棄されたか，あるいは掠奪され隠匿されたかして，いずれにしても行方知れずとなってしまった[10]。

　現在まで伝来しているこの遺言状の写しの手稿本や印刷刊本の系統的整理から，確実に原本を参照して写しを遺している人物は，17世紀のA.ル・コルヴェジェであったことが判明しており，また一部の筆写しか行なっていないが，J.マビヨンも直に巻物を見た可能性がある。けれども大部分の写しは，857/62年に

編纂された『ル・マン司教事績録（Actus Pontificum Cenomannis in urbe degentium）』（以下『事績録』と略記）から発しており，またル・コルヴェジェの印刷刊本もマビヨンのそれも，いずれも12世紀に作られたこの『事績録』に収録されている遺言状テキストに依拠している[11]。この写本はル・マン市立図書館所蔵手稿本224番として現存している[12]。

　ヴァイデマンの推定によれば，ベルトラムヌスが623年6月30日に死亡した折に，遺言状が開示されたが，作成者が想定したのとは状況が異なり，都市登録簿への登録制度がこの間に消滅していたために，原本そのものが，相続主体であるサン・ピエール＝サン・ポール修道院に，そして新たに作成された写しがもう一つの相続主体であった聖マリア司教座聖堂に賦与されたのである[13]。そのいずれかが，9世紀の『事績録』編纂の際に参照されたと推定されるが，サン・ピエール＝サン・ポール修道院が18世紀末まで原本を巻物状に保管していた事実に鑑みて，また『事績録』の編集が司教座の事業として遂行されたところから[14]，聖マリア司教座聖堂に伝来していた遺言状の写しのほうを利用した可能性が高いと見られる。

　原本の巻物は幅50センチ，長さ7メートルであったが，それは一定の大きさの獣皮紙を糸で継ぎ合せて造った巻子本である。ベルンハルト・ビショッフによれば料紙の判型は正方形のそれと，非常に縦長の判型の二つに分かれるが，古代のコーデクス（冊子本）やカロリング期の修道院学校の写本は，料紙が正方形規格が多かったとされる[15]。この二つの時代に挟まれた時期のベルトラムヌスの遺言状料紙が，おなじような規格であったとするならば，その判型は一辺が50センチ前後ということになろう。この規格の料紙一枚一枚に順次記録する形で遺言状は書き進められたらしいことは，「遺言状のためのこの一葉を通じて遺贈した」[16]という文言から推測されるところである。これら単葉の獣皮紙は最後に糸で縫い合わされ，横長の巻物の形に整えられたのである。

　この仮定が正しいならば，単純に計算して遺言状は一辺が50センチの正方形の料紙14枚から構成されていたことになるが，それだけの枚数が必要なほど遺贈財産の点数は多かった。表1はそのうち本稿の主題である土地財産だけを記載順にしたがって抜き出し，その所在地，ベルトラムヌスがそれを取得した原

因，そして遺贈の相手方などの情報を付して一覧にしたものである。この外に忠実に仕えた家人たちへの財産分与や，隷属民の解放，ル・マンならびにそれ以外の地にある教会や修道院や救貧院への現金による喜捨などもあるが，これは一覧表には加えていない。

　史料論の観点から興味を唆るのは，ベルトラムヌスはこれら膨大な財産に関する情報を何を, 基にして遺言状の形で再現することができたのかという点である。確かに二ヵ所ほど，記載を失念した財産を加えるという表現でそれを列挙している例が見られるが，「私は殆ど忘却の状態にあったが，神の霊感のおかげで記憶に甦った葡萄畑」[17] とか，「当座の記憶の弱さゆえに，深い忘却のうちに沈められていた」[18] などの文章は表現上のレトリックと見るべきであり，ベルトラムヌスが記憶により財産目録を再現したとゆめ信じてはならない。かれはこれらの土地財産を取得した折に作成された権利の移転を法的に証明する文書を慎重に保存管理し，遺言状の作成にあたって，それらの文書を参照しながら作業を行なったのであり，その「措置部 dispositio」をほぼ逐語的にひき写す形で遺言状を作成したと推測されるのである。とりわけ土地財産を記載する際に用いられる従物書式の多様性は[19]，当該不動産の移転の折に作成された文書が下敷きになっている事実をつよく示唆している。

II　記載不動産の概況

　表1には遺言状に見える総数で136件の不動産が記載されている。このうち最大多数を占めるのは，全体の過半数を越える76件の「ウィラ villa」の呼称で挙示されるそれである。「ウィラ」からの派生語で生成途上の小村落を意味する「ウィラーレ villare」も3件見いだされる。

　R. シュプランデルによれば，メロヴィング朝期のル・マン地方には複数のウィラを所有している世俗領主は一人もおらず，領主自身が所領に常住し，経営にあたっていた。さらに，源初的にはこれらウィラには，従属農民の保有地が帰属していなかった[20]。シュプランデルは，86番の "villa secus Pocileno vico" や，88番の "villa secus vicus Berulfus" などの表現に看取されるように，元来住

メロヴィング朝期ル・マン地方の土地変動と司教管区   327

表1 遺言状記載物件の一覧表

	遺贈対象	所在地	取得原因	受贈者
1	villa Bonalpha	Bonnelles (Etampois)	贈与	e. Le Mans
2	ager Cultura	La Couture-s.-Loir (L.-et- Ch.)	贈与 + 購入	e. Le Mans
3	villa Celonia	Kerleau (Cote-d.-N)	贈与 + 購入	e. Le Mans
4	Fano Vicinoniae	Feux-Villaines (Mayenne)	?	e. Le Mans
5	portio in Bructiagus	Brossay (Mayenne)	?	e. Le Mans
6	villa Brea	Brée (Mayenne)	購入	e. Le Mans
7	villa Uuibriaco	lieu disparu (La Couture)	贈与	ss. PP
8	villa Nimione	Nigeon (Paris)	贈与	e. Paris
9	vinea Frontanito	Fontenay-en-Parisis (Val d'Oise)	贈与	e. Paris
10	villa Crisciacus	Crissé (Sarthe)	贈与	ss. PP
11	villa Theodon	Thionville (Essonne)	贈与	ss. PP
12	colonica Telate	Teillé (Sarthe)	贈与	ss. PP
13	villa Buresacus	Boursay (Loir-et-Ch)	交換	ss. PP
14	Wastinense	Gâtines (Loir-et-Ch)	交換	ss. PP
15	villa Dolus	Dollon (Sarthe)	開発	e. Le Mans
16	villa de Gaviaco	Joué-l'Abbé (Sarthe)	購入	ss. PP
17	villa Landolenas	Chandolin (Sarthe)	購入	ss. PP
18	villa Ferrenis	Ferré (Sarthe)	購入	ss. PP
19	villa Cella	Les Celles (Sarthe)	購入	ss. PP
20	villa Samarciaco	Marcé (Sarthe)	購入	ss. PP
21	villa Campo Chunanae	La Chouanne (Sarthe)	購入	ss. PP
22	villa Ludina	La Ludinière (Sarthe)	購入	ss. PP
23	villa Comariago	Commeré (Mayenne)	購入	ss. PP
24	villa Cambariacus	Cambrai (Sarthe)	購入	ss. PP
25	villare Piciniaco	Peigné (Sarthe)	贈与	ss. PP
26	villare Hiliacus	Hilieux (Mayenne)	贈与	ss. PP
27	villa Morenacus	Mornac-s-Seudre (Charente-Maritime)	開発	ss. PP
28	c. in f. Methense	Mayet (Sarthe)	購入	ss. PP
29	p. in f. Voligione	Vaulogé (Sarthe)	購入	ss. PP
30	villa Neolon	Meulan (Yvelines)	贈与	Clothar II

31	villa Walion	Gaillon（Yvelines）	贈与	Clothar II
32	villa Pempina	Pomponne (Seine-et-Mar.)	贈与	Berchtrudis, regina
33	villa Cella	Chelles (Seine-et-Mar.)	贈与	Berchtrudis, regina
34	villa Seuva	La Sauve（Gironde）	相続？	Sigechelmus/Thoringus
35	villa Ripariola	Chateau-Rivaleau (Gironde)	相続？	Sigechelmus/Thoringus
36	villa Briomilia	Brigueil（Charente）	相続	Leutramnus/Sicharnus
37	villa Castolion	Chalon (Charente-Mari.)	相続	Sigelenus/filii ei
38	villa Crisciagus	Croisset（Seine-Mari.）	相続	Sigechelmus/Thoringus
39	villa Botilus	La Bouille (Seine-Mari.)	相続	Sigechelmus/Thoringus
40	villa Bualo	Boullion（Yvelines）	贈与	Leutramnus
41	locellus Fontanido	Fontenay-en-Parisis (S-et-O)	贈与	ss. PP/Leutramnus/ uxor ea
42	villa Boban	Saint-Germain-sur-l'Ecole（Yve.）	贈与	s. Germ. Paris
43	villare in Cramteno	Charenton (Val-de-Marne)	相続	ss. PP
44	colonica Villanova	Villeneuve（Sarthe）	購入	Thoringus
45	villa de Idguino	Euzevin（Mayenne）	?	Sigechelmus
46	viniola Ruilion	Rouillon（Sarthe）	購入	e. Le Mans
47	vinea in Calimarcense	Chaumars（Sarthe）	購入	e. Le Mans
48	colonica Satovera	Les Souvres（Sarthe）	購入	e. Le Mans
49	locellus Condoma	Condé-sur-Sarthe (Sarthe)	?	Cottana/filii ei
50	domus infra civit. Parisiorum	Paris	贈与	ss. PP/e. Le Mans
51	area foris civit. Par.	rive droite de Paris	?	ss. PP/e. Le Mans
52	vineola Arena Cenom.	arène du Mans	開発	ss. PP
53	vineolas Pontleugam	Pontlieu	購入	ss. PP
54	campellos Sarthae	au bord de Sarthe du Mans	交換	ss. PP
55	brugilio apud civit. Cenom.	aupres de la cite du Mans	購入	ss. PP
56	colonica Vatinolonno	Sougé-le-Ganelon (Sarthe)	購入＋贈与	ss. PP

57	locellus Bariacus	Barillé (Sarthe)	購入	ss. PP
58	locellus Stivale	Etivale-les-le Mans (Sarthe)	購入	ss. PP
59	domus matricula ad Ponteleugam	Pontlieu	建設	ss. PP
60	villa Grande-Fontana	Grand-Fontaine (Mayenne)	購入	e. Le Mans
61	villa Conadacus	Saint-Martin-de-Connée (Mayenne)	購入	ss. PP
62	villa Colicas	La Coudrière (Mayenne)	購入	ss. PP
63	agellum Utimiago	Courteaume (Mayenne)	委託	ss. PP
64	villa Murocinctus	Meurcé (Sarthe)	相続	Sigechelmus/ Leodefredus fil. ei
65	casa infra civt. Cenom.	Le Mans	購入	Sigechelmus
66	villa Patriliacus	Parigné-le-Polin (Sarthe)	購入	ss. PP
67	villa Monciacus	Moncé-en-Belin (Sarthe)	購入	e. Le Mans
68	colonica Condite	Condé (Sarthe)	購入	e. Le Mans
69	vinea secus Cariliacenses	Les Carrières (Sarthe)	購入	e. Le Mans
70	Parte divina	Villedieu-le-Chateau (L-et-C)	購入	e. Le Mans
71	vineola Sabonariense	Savonières (Sarthe)	購入	ss. PP
72	locellus Logiagas	Les Loges (Sarthe)	購入	mat. PP/xenod. s. Mart.
73	locellus Nogintus	Nogent-le-Bernard (Sarthe)	購入	mat. PP/xenod. s. Mart.
74	locellus Nova-Villa	Neuville-s.-Sarthe (Sarthe)	購入	mat. PP/xenod. s. Mart.
75	locellus Antoniacus	Antoigné (Sarthe)	購入	mat. PP/xenod. s. Mart.
76	locellus Monasteriolo	Montreuil-s.-Sarthe (Sarthe)	購入	mat. PP/xenod. s. Mart.
77	tributum Taletense	Teillé (Sarthe)	*	ss. PP
78	suffragium Crisciacense	Crissé (Sarthe)	*	ss. PP
79	suffragium Cambriacense	Cambrai (Sarthe)	*	ss. PP

*賦課徴収権の取得

80	villa Balciagus in Burdegalense	Plassac（Gironde）	相続	e. Le Mans
81	colonica Vincentiane	Villeneuve（Gironde）	相続	ss. PP
82	villa Floriacus	Floirac（Gironde）	購入	ss. PP
83	domus infra civ. Burd.	Bordeaux	?	Sigechelmus
84	locus Braesetum	Preignac（Gironde）	購入	ss. PP
85	villa Mareiliacus	Macillé-la-Ville（Mayenne）	購入	Leodochramnus
86	villa Pocilenus	Le Petit-Pezé（Sarthe）	購入	Sigramnus
87	villa Pauliacus	Poille-s-Vegre（Sarthe）	購入	Leodochramnus
88	villa secus vicus Berulfus	Berus（Sarthe）	購入	Leutfredus/Thoringus
89	villa Charisiagus	Cherisay（Sarthe）	?	s. Germ. Le Mans
90	vinea Silviago	Sougé-le-Ganelon（Sarthe）	?	s. Germ. Le Mans
91	reicola Stirpiacus	Etrichet（Sarthe）	?	s. Germ. Le Mans
92	villa Landolenas	Lande-de-la-Plauloyère（Mayenne）	購入	s. Germ. Le Mans
93	villa Graciacus	Grazay（Mayenne）	購入	s. Germ. Le Mans
94	villa Manciacus	Macé（Mayenne）	購入	s. Germ. Le Mans
95	vinea ad Ruillionem	Rouillon（Sarthe）	購入	s. Germ. Le Mans
96	villa de Comanico	Chaoué（Sarthe）	購入	ss. PP
97	reicola Fontanane	Les Fontaines（Sarthe）	贈与	e. Le Mans. ss. PP
98	villa Redonatigus	Roussigny（Essonne）	購入	e. Le Mans
99	villa in Biturico	en Berry	贈与	ss. PP
100	villa in Albiensi	en Albigeois	贈与	ss. PP
101	villa in Cadurcino	en Quercy	贈与	ss. PP
102	villa in Agennensi	en Agenais	贈与	ss. PP
103	villa Nociogolus	Neuilly-le-Vendin（Mayenne）	?	Dundana 〜 ecc. Le Mans/ss.PP
104	villa Vocriomnus	Voiron（Isere）	贈与	Arnulfus Metten.
105	villa Nociogila in Pictavo	不明	贈与	ss. PP
106	villa Marogilus	Marolles-les-Brault（Sarthe）	贈与	e. Le Mans
107	villa Rufiniacus	Roussigné（Sarthe）	贈与	e. Le Mans
108	locellus Lucianus	Lunay（Loir-et-Cher）	?	s. Victor
109	reicola Bauciallus	Boissière（Loir-et-Cher）	購入	s. Victor

メロヴィング朝期ル・マン地方の土地変動と司教管区　　　331

110	villa Tauriacus	Thoiré-sous-Contensor (Sarthe)	贈与＋購入	e. Le Mans
111	locellus Luciacus	Le Grand-Luce (Sarthe)	購入	ss. PP
112	villa Pannonius	La Paimenière (E-et-Loir)	購入	Sigechelmus ～ filii
113	villa Macirias	Mezière en Perche (E-et-L)	購入	Sigechelmus ～ filii
114	reicola Luciniacus	Le Grand-Lucé (Sarthe)	贈与	e. Le Mans
115	reicola Mons	Les Montilles (Sarthe)	贈与	e. Le Mans
116	villa super Ligeri	不明	購入	e. Le Mans
117	villa Brea	Vibraye (Sarthe)	購入	e. Le Mans
118	villa Kairacus	Cherré (Sarthe)	購入	ss. PP
119	villa Sitriacus	Chitré (Mayenne)	購入	e. Le Mans
120	locellus Blaciacus	Blozé (Mayenne)	購入	e. Le Mans
121	villa Cresciacus	Crécy-au-Mont (Aisne)	贈与	s. Steph. Metz
122	villa Vallus	La Valle (Aisne)	贈与	s. Steph. Metz
123	tres partes colonica	Pont-Saint-Mard (Aisne)	委託	s. Pietr. Soissons
124	villa Montiniacus	Montigny (Sarthe)	開発?	e. Le Mans
125	villa in Burgundia	en Bourgogne	贈与	e. Le Mans/ss. PP
126	villa in Provincia	en Provence	贈与	e. Le Mans/ss. PP
127	villa in Pictavo	en Poitou	贈与	Ghiso/Thoringus
128	villa in Herbaticola	Herbauge (en Haut-Poitou)	贈与	Ghiso/Thoringus
129	villa in Cadurcino	en Quercy	贈与	Ghiso/Thoringus
130	villa in Lemovicino	en Limousin	贈与	Ghiso/Thoringus
131	villa de Dracoalde	a Eauze?	購入	Sigechelmus/filius ejus
132	domus Diablentes	Jublains (Mayenne)	建設	e. Le Mans
133	locus Calviacus	Chelé (Mayenne)	購入	e. Le Mans
134	quidquid in oppido Diab.	à Jublains (Mayenne)	?	e. Le Mans
135	Taxonaria	Les Tesnières (Mayenne)	購入	e. Le Mans
136	casella Domnigiseli	不明	建設	Leudochramnus ～ e. Le Mans

人の身分状態が隷属的桎梏から自由であるような居住地とみなされている「ウィクス vicus」を，ウィラが併合することによりウィクス在住の農民その他の人々の隷属化をもたらし，農民保有地を生成せしめたと考えたのであった[21]。こうした事態が進行する前は，ウィラの経営は奴隷的なマンキピアの使役によってなされていたと見なければならない。

　ウィラに次いで多いのが「ロクス locus」，「ロケッルス locellus」と「コロニカ colonica」である。ロクス / ロケッルスは14件が，コロニカは全部で7件挙げられている。その構造は，基本的にはわれわれがトゥール地方に関して縷々明らかにする機会があった，「単位所領」としてのコロニカのそれと同様であったと推定される[22]。すなわちそれは複数の自立的小農業経営の集合体であり，相互に従属支配関係を内的編成原理として有していない，緩やかな地域的纏まりである。ル・マン地方に比定しうる6件のコロニカのうち，4件のみが明示的に複数の農民経営の痕跡を示しているのみで，残りは単一の所有者しかみとめられないところから[23]，あるいはそれは小所領の性格をもち始めていたのかも知れない。ロクスやロッケルス，さらに5件ほど知られる「レイコラ reicola」なども，こうした小所領の初期形態と見ることができる[24]。

　葡萄畑を意味する「ウィネア vinea」ならびに，その指小辞である「ウィネオラ vineola」で表現される物件がそれに次いで多く，総数で9件を数える。このうちクロタール二世から贈与されたパリ近郊の9番を除いて，すべてル・マン地方に位置しており，かつ52番のように市内にあるローマ時代の闘技場跡地を，ベルトラムヌス自身が開発して葡萄畑に変えた例の外は，一部であれすべて対価を支払っての購入である。葡萄栽培が葡萄酒生産を目的とし，商業的関心に支えられた生産活動であることは云うまでもない。ベルトラムヌスはル・マンの司教座教会やその他の修道院に対して，それらを均等に遺贈している。葡萄畑はどこでも確実に貨幣収入をもたらす貴重な手段とみなされ，その賦与が切実に期待されたためであろう。

　都市内の家屋施設が合わせて6件記載されており，このうち4件は「ドムス domus」という特徴的な名前をもっている。残りの2件は，「カサ casa」とその指小辞である「カセッルス casellus」と形容される物件である。4件のドムスは，

それぞれパリ，ル・マン，ボルドー，ジュブランの4拠点都市に配置されている。これらの都市に置かれた家屋施設が，単なる居住機能だけでなく，徴収物資の集積・積替や倉庫機能も具えていた点は，59番のル・マン郊外にあったポンリユ (Pontlieu) の救貧院のそれが，「すべての十分の一，すなわち小麦，葡萄酒，チーズ，ラードのそれを，毎年この大天使聖ミカエルのドムスに集められる」[25] と解説されているところからも明白であり，同時代に隣接するトゥール地方で使われた用語法とも共通している[26]。

遠隔地間の商業流通とも深く関係していると思われるパリ・シテ島内のドムスは，続く51番のセーヌ右岸に比定されると推定される都市内の敷地所有と，おそらくは一つのセットになった施設であったのであろう[27]。

以上が，遺言状に記載されている不動産の内訳と性格についての，ごくかいつまんでの概況説明である。

次にこれらの記載のうち，土地財産を中心にさらに立ち入って検討を加えよう。

III 土地財産の帰属変動

(1) 有償取得

ベルトラムヌスが遺言状に記載した遺贈物件が，いかなる原因でかれの支配下に入ったかを述べた当該物件の取得原因については，12件に関しての欠落は見られるものの，概して几帳面なほど忘れずに記録している。

取得原因のうちで最も多数を占めるのが，代価を支払っての購入であるのは注目すべき事実である。総数で59件を越えるこの種の範疇のうち，4件が一部無償贈与の形になっているが，その外は有償譲渡，すなわち売却で獲得している。一覧表に掲げた物件全体のうちの約40パーセントが購入による取得なのである。

購入を取得原因としている物件のうち約半数が，単に「買得した comparavi」との表現で済ませないで，さらに具体的な価格を明記するなど購入態様や支払

の形態を更に詳しく記述している。この種の記述には三つの形態が認められる。最も多いのは，やや漠然と「代価を支払って dato pretio」と述べるにとどまる形式である。このような事例では価格は明示されない。それに次ぐのは，具体的な価格を表示する形式である。たとえば55番は40ソリドゥスが代価として支払われた[28]。最も高額なのは87番の villa Pauliacus と118番の villa Kairacus であり，その価格は300ソリドゥスであった[29]。最後の型は，21番から24番までの物件がその例であるが，クロタール二世により下賜された貨幣 (pecunia) により買得したと，その特殊な契機を解説している場合である[30]。

第二のカテゴリー，すなわち購入価格が明示されている事例は，しかしながら意外に少ない。確実なのは全体で5例 (55, 87, 112, 116, 118番) である。これに86番の villa Pocilenus を加えることができるかも知れないが，最新の刊本であるヴァイデマンのそれは "Similiter villa secus Pociileno vico, quem genitor Blado victriberno Bessorum nobis pro soledus nostros unde det . . ."[31] のように，「ソリドゥス」という貨幣単位まで記していながら，肝心の金額の部分には所有形容詞「我々の nostros」が続き，結局金額が明示されることがないのである。先に挙げた9世紀中ごろに成立した『事績録』に発するル・マン市立図書館手稿本224番の写本を底本としたテキストは，すべてヴァイデマンとおなじ読解を行なっている[32]。

これに対して，17世紀に巻子本であったオリジナルを，ル・マンのサン・ピエール＝サン・ポール修道院の文書庫で手に取ってみたル・コルヴェジェのみが，これとは異なる読みを行なっている。かれの読解を採録しているパレドゥスュのテキストでは，前述の部分は "Similiter villam secus Pocilenum vicum, quam genitor Hludovicus, tribunus Bessorum, nobis pro solidis M venundedit, . . ."[33] となっている。その意味はそれ自体としては極めて明快であり，訳出するならば「おなじくウィクス・ポキレヌスに隣接しているウィラ，これをベッシ人のトリブヌス，父ルドヴィクスが1,000ソリドゥスで我々に売却した……」となる。ル・コルヴェジェの読解の唯一不可解な部分は「父」を意味する "genitor" という言葉である。肉親としての「父」を意味する場合は，「私の」とか「汝の」のように指示代名詞が付されるのが原則であり，またベルトラムヌスその人の親族関

係の研究においても，86番で言及されている人物がル・マン司教の父親であるとの仮説はこれまで出されていないところから，この場合の「ゲニトール」は，われわれにとっては差し当り未知の意味をもった言葉だとする外はない。

　議論が多少脇道に入り込んでしまったが，われわれが想定するように86番に現われるウィラが1,000ソリドゥスでベルトラムヌスに売却されたとしても，購入価格が判明しているのは6例であり，多くは先に指摘したように"dato pretio"と漠然と表現されるにとどまる。W. ブライバーは7世紀のソンム・ロワール間地域の貨幣経済についての研究の中で，取引における支払の形態を，それを表現する書式の違いに応じて三種類を区別していた。すなわち貨幣そのものによる支払を表わす"soledus tantos"，貨幣以外の何らかの財物での支払を意味する"valente soledos tantus"，そして最後は金銀塊での支払を表現する"in argento soledos tantos"である[34]。われわれが問題にしている"dato pretio"や"per pecuniam"はどうであろうか。ブライバーによれば，これら二つのカテゴリーはまさしく他ならぬベルトラムヌスの所見が妥当するように，遺言状や所領安堵状，寄進文書の類には頻繁に見られるが，売買文書や書式集には見られないという[35]。その理由は，前者においては所有者がすでに代価を支払ってその不動産を獲得しているか，あるいはその購入を国王により確認してもらっているので，それらを遺贈または寄進の形で処分しようとするとき，それらの不動産が取引により正式に自己のものとなっている事実を述べるだけで十分であり，あらためて価格など表示する必要がないからであるとする[36]。けれども，そうであるとするなら先に挙げた5例ないし6例の売買価格が明示されている事実をどのように理解すべきであろうか。

　ここで耳を傾けるべきは，中世初期の史料に現われる"pretium"について徹底的な検討を行なったH. ジームスが，特定の書式文言と支払形態の対応関係を鮮やかに示して見せたブライバーの先の提言への批判を込めた，以下のような主張である。「それゆえ心に留めておかなければならないのは，単なる短い書式文言からだけでは貨幣による支払なのか，あるいは他の財物による支払なのかを結論づけてはならないということである。このことは，まずもって"dato pretio"という表現に妥当する。これは支払がなされ，従ってそれが清算済みの取引物

であることを証言しているにすぎないのだ」[37]と。けれどもプライバーが, "dato pretio" を「貨幣による」支払と一義的にみなしていたわけではなく，上に述べたように，何らかの「代価を支払済みである」という事実だけが重要な意味をもつような証書において使われた文言であることを指摘しただけであった。だからこの点に関するかぎり，基本的に両者の見解に大きな開きはないのである。つまり "dato pretio" は，貨幣による支払以外の形式で清算がなされた物件を指示している可能性が大きいということである。

これ以外の二形態，すなわち21番から24番までのクロタール二世からの下賜金 (pecunia) での取得と，価格がソリドゥスで表示されている5件ないし6件の土地は，現実に貨幣で支払われた取引であった可能性が高い。

(2) 贈　与

購入に次いで多い無償譲渡による取得は，一部分そうであるのを含めると41件を数える。このなかで最大多数を占めているのは，クロタール二世からの贈与であり，これは実に25件を数える。別稿において縷々明らかにしたように，593年のブルグンド分国王グントラムヌスの死と，それを継承したアウストラシア・ブルグンド分国王キルデベルト二世の595年の急逝の後に，熾烈に展開されたネウストリア分国王クロタール二世とブルンヒルド率いるアウストラシア・ブルグンド勢力との20年にもわたる闘いの間，ベルトラムヌスは二度にわたる司教座からの追放にもめげず，一貫してクロタールを支持し，同王に忠実でありつづけたのであった[38]。そのことは1番の villa Bonalpha のクロタール二世からの贈与の説明の箇所で，ベルトラムヌス自身が次のように語っているところからも窺われる。すなわち「そのウィラは，いと尊き国王クロタリウス陛下が，今は亡きその尊き母后フレデグンド陛下とともに，ウァエドラ殿が裁判により陛下に返還されし後に，陛下へのわが忠誠心の微塵も揺るぎなく保持せしを万人の目に明らかなるをもって，卑しきわれに下せしものなり」[39]。

613年のクロタール二世の最終的勝利と，それに続いて翌年に発布されたパリ勅令が，久方ぶりの単一の国王によるフランク王国支配とあいまって，メロヴィング王朝史の重要な画期をなすことは広く周知のことがらである[40]。この

勝利にベルトラムヌスがどれほどの寄与を果たしたのか，正確に判定評価するための史料は遺されていないが，少なくとも確実に云えるのは，クロタールがその功績を極めて高く評価したことであった。ベルトラムヌスへの贈与は，かれへの感謝の表れであり，より客観的な云い方をするならば，論功行賞であった。

　そうした性格が明示的に語られている物件として，99 番から 102 番の宮宰グンドランドゥス[41]と折半する形で領有したブールジュ，アルビ，ケルシー，アジャンの各地方にあるウィラが挙げられる。これは司教フェリックスの息子でアウィトゥスがかつて領有していた所領であった。また 106 番と 107 番，それに 127 番から 130 番までのウィラを挙げることができる。これらのうち前者の二所領はル・マン地方にあり，後者のグループはポワティエ，ケルシー，リモージュ地方に位置していたが，いずれも Nuncia なる人物が以前に領有していた所領であった。125 番のブルゴーニュ地方のウィラは，やはり戦勝後と推定されるがクロタール二世と，ブルグンド宮宰ワルナカリウス[42]およびアウストラシア宮宰ラド[43]らによって与えられている。126 番のプロヴァンス地方のウィラは，アウレリアヌスが領有していたのを，ベルトラムヌスがネウストリア宮宰とアウストラシア宮宰と共同でクロタールにより賦与されている。

　これら一連の新規贈与物件において旧領有者として名前が挙がっている人々は，ブルンヒルドの党派に属していたものと推定される。かれらはおそらく，かつて王権によって賦与された所領に対する権利を剥奪され，それがベルトラムヌスたちに分与されたのであろう。それらの多くはベルトラムヌスの死後，ル・マンの司教座教会やサン・ピエール＝サン・ポール修道院に遺贈されたり，親族の者たちに贈られることになっているが，注目すべきは 30 番から 33 番までで，これらは受贈者として国王クロタール二世とその妃ベルトルードが指名されている物件である。

　これら四つのウィラはもともとクロタール二世から賦与された所領であり，いずれも王権の膝下たるパリ地方に所在している。それゆえ，自らの死後に王権に返還するのは，懇ろな処遇へのささやかな返礼の意味もあったのであろう。4 所領とも国王による賦与であったのに対して，遺贈は国王自身に 2 所領，王妃

に 2 所領と分与されているのは，たとえ国王が与えたものであろうとも，それらの死後贈与についてはベルトラムヌスが一切を決定していた事実を証している。それと同時に，王妃が国王とは別個の独立した家産組織を有するという事態が，7 世紀初頭においてもまだ依然として存続していた事実を明らかにしている[44]。

(3) 変動の社会的位相

ブライバーは先に言及した著書のなかで，7 世紀のフランク王国中核地帯では，土地はしばしば教会や俗人による売買行為の対象とされる流動性の高い財貨であったと結論づけていた[45]。彼女のこうした認識は，7 世紀全体のソンム・ロワール間地域の史料の分析を通じて培われたものであるが，ベルトラムヌスの遺言状は，すでにこの世紀の冒頭からそのような状況は顕著であった事実を示している。

ところで，自身の主導による所領の新規開発や，親族からの相続などによる不動産の獲得は別にして，土地財産の有償取得や無償譲渡は，財貨の社会的移動の構造を知るための重要な手がかりである。またそこには時代の社会状況も映しだされているに違いない。そこで以下若干の紙数を費やして，ベルトラムヌスの手元に集積された不動産が，どのような社会層から析出されたのかを検討してみたい。

極めて顕著な現象として印象的なのは，購入価格がソリドゥス単位で明示されていて，それゆえ確実に貨幣で購われたと思われる事例(55, 87, 112, 116, 118番)のうち 1 例(116番)を除いて，買得の相手方が教会人であるということである。55番はル・マンの abbas Leisius から[46]，87番はアンジェのサン・トーバン修道院長 Boben から[47]，112番は abbas Johannes[48] から，118番は多分ル・マンのそれと思われるが，助祭 Eomerius からの購入である[49]。

このような支払形態が売主の意向がつよく働いた結果であると見るのは，おそらく間違いではあるまい。教会人であるかれらは生産活動に関わっていないだけに，必要が生じたときに利用できる交換手段をもたず，したがって貨幣を準備しておくことへの心的傾斜は，他の階層に属する人々に較べてつよかった

と考えられるからである。この点は，遺言状の末尾に近い箇所で指示されているトゥールのサン・マルタンやアンジェのサン・トーバンなどの近隣有力修道院や，ル・マンの市域内外の諸修道院への現金遺贈とも関連していると思われる。ベルトラムヌスはル・マン教会のすべての聖職者に対して，現金またはその他の形態で50ソリドゥスを賦与するように定めているのである[50]。おそらくこの時代にあっては，貨幣使用が最も普及していたセクターとして教会や修道院が挙げられるであろうが，通常の意味での生産から切り離された宗教的ミリューで貨幣需要が大きかったというのは，まさしく時代の本質に即した逆説であると同時に，この時代における富の分布状態についての証言でもあろう。

このように少なからず見られる教会人による土地処分の現象から，われわれは次のように一般化しうるであろうか。すなわち，聖職者への道を歩む者は，潜在的な土地放棄者である，と。おそらくそれは正しい。けれども聖職は基本的にすべての階層の人々に開かれているから，聖職者というだけで出身階層が不明であるならば，当該不動産がどの階層から切りだされたか確定することができない。

19番と20番はル・マンの近傍にあるウィラであるが，ここには甥のトリングスが持分を有していた[51]。トリングスの父でベルトラムヌスの兄弟であったベルトゥルフスはクロタール二世の側にたって従軍し，戦死していたために[52]，ベルトラムヌスがトリングスの後見人となっていた。この外に villa Cella と villa Samarciaco の二つのウィラには三人の所有者がいた。すなわち Ceta, Mancia, Guntha である[53]。この三人は名前から判断して女性である可能性が大きい。彼女たちが所有の名義人となっていたわけである。

56番の colonica Vatinolonno は半分を Beron なる人物からの購入により取得したが，残る半分は Egydia という名前の女性から贈与された[54]。このエギディアは "matrona" と形容されている。「マトロナ」という形容語は一介の農民女性に用いられることはなく，通常はたとえば "...ideoque inlustres matrona Amanchildes clemenciae regni nostri..."[55] のように，かなり社会的，政治的地位の高い人物を指す言葉である。その少し後に登場する villa Conadacus の売手である Bettana もまた matrona と称されている[56]。彼女は「Maurinus によって遺

された者」と形容されていて，おそらく娘と推定される Belletrudis とともにマウリヌスの寡婦としてウィラを所有し，それをベルトラムヌスに売却したのであった[57]。

このようなマトロナが不動産を売却した後に，どのような運命をたどったか，その一例を示していると思われるのが，103 番の villa Nociogolus の用益権を賦与された Dundana である。彼女は修道女として生活していたが，もとはマトロナと形容される地位にあったことをベルトラムヌスは忘れず記録している。ドゥンダナがベルトラムヌスにこのウィラを売却，もしくは無償で贈与した後に，引き続きの用益権を認められたのは，"precaturia" という概念でそうした法的状態が表現されているところから極めて蓋然的である[58]。

これら女性による所領の売却または贈与は，成年に達していない若者による不動産の売却と対になって，この時代の土地財産移動の特有な原因を開示しているのではなかろうか。すなわち 44 番の colonica Villanova は，Pappolenus の息子で名前不詳の人物が売却した不動産であった[59]。また 60 番の villa Grande-Fontana は，Bavon の息子 Waddoleno から購入したのであり[60]，113 番の villa Macirias は，「今は亡き」Baddon の息子である Bethon から買得したのである[61]。あとの二つの売却に際して，売主側が未成年であったとは明示されていないが，父親の名前を引き合いに出しているのは，かれらが成年に達しておらず，すでに他界している父親の名前を引き合いに出すことにより，その素性を明らかにし，取引の公明さを知らしめようとしたのであろう。

これまで縷々述べてきた女性や未成年者——後者の場合は後見人が媒介しているはずであるが，所有の名義人はあくまで当該未成年者である——による少なからぬ売却や贈与は，およそ 20 年にもわたって断続的に続いた戦争状態が大きく影を落としていると考えてもよさそうである。すでに触れたようにベルトラムヌスの兄弟ベルトルフスは，その戦乱のなかで戦死し，その息子トリングスはル・マン司教が後見の役についていた。ベルトラムヌス自身が対抗司教ベルテギジルスにより投獄され，教会の文書庫にあった一部の文書が火中に投ぜられるという試練を経験しているのである[62]。これらの所領の移動は，少なくともその一部は熾烈な長期にわたる戦争がもたらした社会的帰結であったと考

えられるのである。

　全体を通して見て，現実に農耕活動を実践しているいわゆる農民が土地を売却または贈与していると推定される事例が，はたして確認されるであろうか。可能性があるのは locus, locellus, colonica, vinea, vineola などの小規模な不動産の移転の事例であるが，そうしたものは意外に少数である。かろうじて 44 番，48 番，70 番，72 番から 76 番，84 番などが挙げられよう。このうち 72 番から 76 番まではロケッルスが売却対象である。われわれはこれを小所領と考えたのであるが，ベルトラムヌスはこの併せて五つのロケッルスを Leodelenus と Avantus の二人から購入している[63]。この二人はこれら五ヵ所に自らの持分を所有していたところから，所領の経営を担当していたかどうかは不明であるが，直接に耕作に従事していたのではなかったと考えるべきであろう。84 番の locus Braesetum はル・マンから遠く離れたボルドー地方に所在していて，「今は亡き」Rennoaldus から買得した土地であった。現在は保有農民によって耕作され，また塗料や防水剤となるピッチの納入が義務づけられている[64]。レンノアルドゥスが農民的存在であったかどうかは，判断する材料がない。

　70 番の Parte divina はいささか変則的であり，売主は商人 (negucians) の Sargitus である。この場合 negucians が negotiator 同様の存在を表現する言葉であり，小売商的なそれではなく，比較的遠距離の取引に従事するような商人を指していることを指摘しておかなければならない[65]。この種の商人を階層的にどのように位置づけるかを，簡単に云うことができないけれども，かりに農民類似の階層として捉えておくならば，これを含めて，44 番 colonica Villanova の Pappolenus と 48 番の colonica Satovera の Vulfarius の三人が直接農耕労働に従事する農民の可能性――あくまで可能性であり，正直なところ，むしろかれら二人とも農民よりもさらに上位の階層に属していた可能性のほうが大きいと，私は考える――のある人々として指摘しうるにすぎない。

　こうした傾向を象徴的に語っているのが 26 番と 97 番である。前者は villare と形容される小村であるにもかかわらず，その寄贈者は vir illuster の称号を帯びた Babison という人物であったし，後者では reicola Fontanane のそれは vir magnificus Baudegiselus とその妻 Saucia であったのである[66]。

これら全体を総括してみるならば、6世紀末・7世紀初頭において売買の形式であれ贈与によるのであれ、土地財産の移動は比較的高い社会階層の所有になるものが対象であったと見ることができる。後の9世紀頃の土地変動の社会的位相は、農民水準に焦点があったのに対して[67]、二世紀前のこの時代にあっては、教会に流入した不動産は支配層内部から析出されたものが多数を占めていた。これはベルトラムヌスという教会人の、しかも予めル・マンの教会や修道院に寄進すべく託された財産をも含んだ所見であるが、俗人にあってもその性格は本質に変わらなかったはずである。

　フランク王国の内訌を勝ち抜いたクロタールの党派の有力者には、アウストラシア・ブルグンドのブルンヒルドを支持し敗れた者たちの所領が剥奪され、それらが論功行賞として分与されたのである。また家長が戦いに斃れた一門では、所領を売却せねばならない逼迫した状況におかれることも、珍しくなかったのである。しかし、この変動は直接に農耕活動に従事した農民レベルにまでは、まだ及んでいなかった。土地財産の移動は、支配層内部の還流現象と特徴づけられるような性格のものであった。本稿ではこの点についてこれ以上追究することはできないが、こうした変動は支配集団内部での土地集積と権力掌握を軸とする勢力交替の潮目をはっきりと画し、ベルトラムヌスがクロタールから与えられたような遠隔地への土地領有は、フランク独特の広域的で、地域横断的な貴族門閥が形成される決定的な契機となったであろうという想定を、一つの展望として提示しておきたい。

IV　遺贈財産と司教管区政策

　ベルトラムヌスが死の7年も前に自己が所有する、あるいは他人から教会、修道院に賦与すべく託された膨大な資産を、どのように遺贈するか準備し、遺言状を作成したが、その周到な配慮は、あれこれの所領をル・マンあるいはその外の教会、修道院、救貧院などにただ漫然と配分したのではないらしいことを窺わせている。かれが教会組織に遺贈した不動産の配置や構成を入念に吟味することにより、かれがかくあるべしと考えた管区政策、または未だ十分知られ

るに到っていない，当時の教会による司教管区運営の原則のようなものが探知される可能性が想定される。

(1) 遺贈財産の地理的分布

遺贈先がル・マン司教区外の教会や修道院になされた事例は，8番と9番のvilla Nimione と vinea Frontanito がパリ司教座教会に，42番の villa Boban がパリの——当時は多くの場合サン・ヴァンサン修道院と称された——サン・ジェルマン・デ・プレ修道院に，121, 122 番の villa Cresciacus, villa Vallus がメッスのサン・テティエンヌ教会に，123 番の tres partes colonica はソワッソンのサン・メダール修道院にそれぞれ遺されている。これらの中には，ル・マン地方に比定される所領は一つも含まれてはいない。パリ地方に所在する物件はパリの司教座教会，あるいはこの地方の有力修道院であるサン・ジェルマンに，現在のエーヌ県に位置する tres partes colonica は，おなじ司教座のソワッソンにあるサン・メダール修道院に遺贈するなど，遠隔地の所領が教会施設に遺される場合，当該司教座の教会機関に返還される形での処理が目立つのである。

つねにその原則が貫徹しているわけではないが，一つの傾向として，教会勢力の間では他の司教管区の教会機関が土地財産を領有している場合，機会を捉えてこれを整理して可能なかぎり管区の排他的支配を目指す動きがあったのではないかという推測を，どうしても禁じえないのである。

こうした仮定は，地図に示されているベルトラムヌスの遺言状に記載されている所領の分布状態からも，きわめて印象的に裏づけられるように思われる。すなわちベルトラムヌスが自らのイニシアティヴで取得した土地のほとんどすべてがル・マンの司教管区の境界内に見いだされるという事実がそれである。例外はシャルトル司教管区にある 112, 113 番の二つのウィラであり，両者とも買得しているのであるが，前者はル・マンにある修道院の院長と推定される Johannes から取得しており，必ずしもベルトラムヌスの発意であったとは云いきれない面がある。後者は先に指摘したように，内乱のなかで戦死したなどの，なんらかの理由で親を失った未成年の Betho から買い取った物件であるが，特別の事情が介在した可能性を排除しえない。

地図 1　遺言状記載物件分布図
（ル・マン地方及び近隣地域のみ）

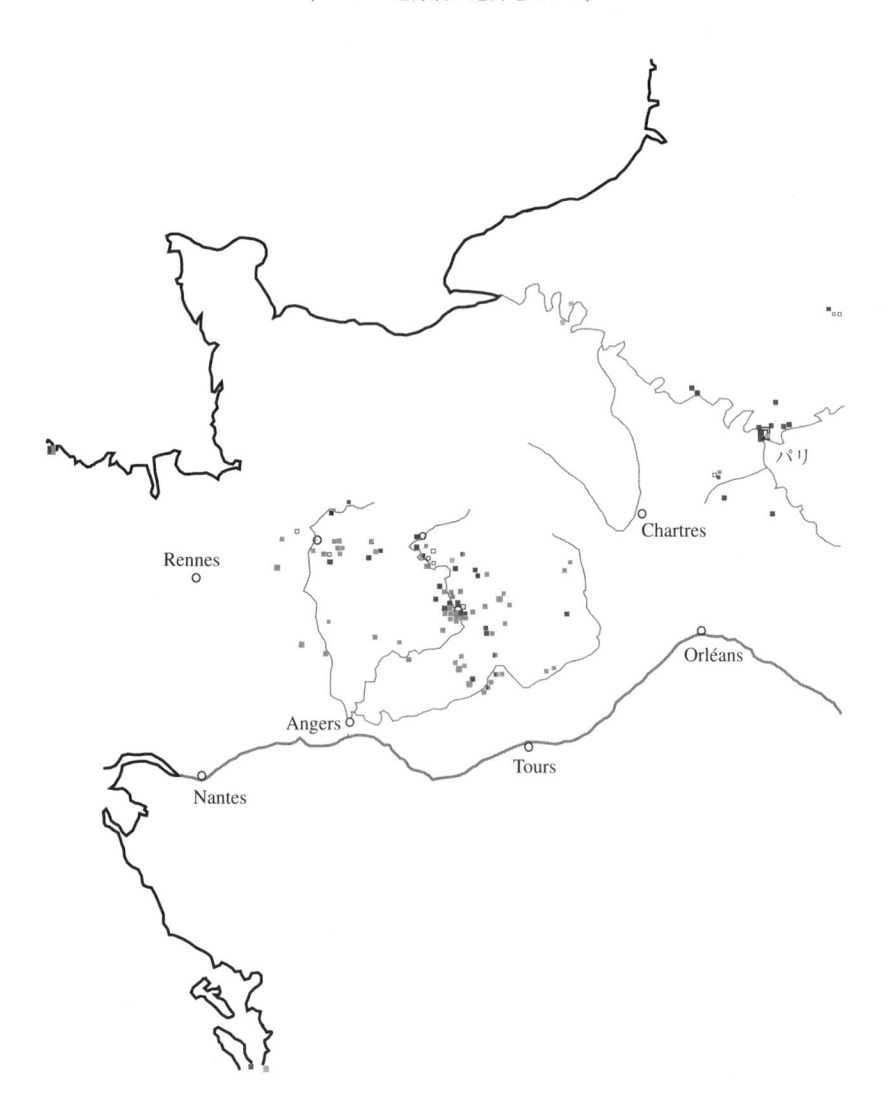

Rennes　Chartres　パリ　Angers　Tours　Orléans　Nantes

メーヌ地方の外に所在する物件は，原則として相続，または一部あるいは全部が贈与により取得したものであり，とくに取得原因が前者の場合はベルトラムヌスにとって選択の余地のない事態であり，当該物件が位置する管区教会への配慮にも限界があったに違いない。興味深いのは，そうした場合にはたとえば34番から39番のように，ル・マンの教会組織ではなく親族の誰かに相続させ教会組織間のありうべき軋轢を回避しようとの思惑が見て取れることである。さきほど取り上げた，例外的に隣接のシャルトル司教区内に貨幣で獲得した2所領とも，教会機関ではなく甥のシゲケルムスに遺贈している事実は，われわれのこうした想定を補強してくれるのである。むろん域外に獲得した所領もしくは家屋施設を，当該資産が所在する管区の教会組織や親族にすべて手渡したわけではなく，ル・マン司教座教会や，ベルトラムヌス自身が創建したサン・ピエール＝サン・ポール修道院などの枢要な機関に，幾つかを忘れずに遺している。パリのシテ島にあった倉庫兼家屋(50番)や，おなじくパリの交易拠点であったと推測される右岸の一角の敷地(51番)がそれである。またボルドー地方の幾つかの土地(80，81，82，84番)などもそうした例として挙げることができよう。

ル・マンから比較的離れた遠隔の土地に，とくに教会や修道院経済が深く関わった流通活動の観点から，何らかの利用しうる拠点を確保しておきたいとの，あるいは遠隔地の所領の特産物を自家経済の中で取得したいとのル・マン教会の要請を無視することができないのも明らかである。しかしながら，これまで見たように教会組織レヴェルでの他司教管区への所領保持はかなり吟味され，決して経済の論理に委ねられる形で展開されたわけではなかった。わけても隣接する司教管区との関係には，特別に慎重な考慮がはらわれたようである。遠隔地の司教管区については，場合によって所領経済からの関心が優越することはあっても，隣接する司教管区に関してはそうした観点は完全に後退して，近隣の司教の容喙の可能性を可能な限り排除するというのが，メロヴィング朝期前半における司教管区組織上の原則であったのではなかろうか。

以下ではこのような仮説の妥当性の根拠を，別の観点から論じてみたい。

（2）ル・マン教会機関への遺贈とその意味

　地図 2 と地図 3 はそれぞれル・マン司教座教会と，おなじくル・マンに所在するサン・ピエール＝サン・ポール修道院が，ル・マン司教管区内でベルトラムヌスにより遺贈された所領を図示したものである。これら二つの地図に示されている所領の空間的配置には，歴然とした差異が認められるのである。すなわち司教座教会への遺贈は，司教管区の境界地帯を縁取るように配置されている。これに対して，サン・ピエール＝サン・ポール修道院に遺された所領は，ル・マンを中心にして，この主邑都市への交通が容易であるサルト川およびその支流域に，集中的に配置されている事実が明らかに見て取れるのである。

　この点についていま少し詳しい検討を進めてみたい。ル・マン司教管区は合計で五つの司教管区と境を接している。北にはセーズ管区，西にはレンヌ司教管区，南にはアンジェおよびトゥール司教管区，そして東にはシャルトル司教管区という具合にである[68]。このような隣接管区との境界紛争を避け，同時に何よりも隣接司教管区からの侵食を阻止するために，管区内の境界地帯にル・マン司教座教会に直属する所領を配置するのが，有効な手立てであったと推測するのは容易に理解できることである。ル・マン管区の西半分を占めるメエンヌ (Mayenne) 地方は，ル・マンを中心とする東半分に較べて比較的開発が遅れた地方であったが，この地方の管区境界地帯に在る villa Sitriacus（119 番），portio in Bructiagus（5 番），fanum Vicinoniae（4 番），locellus Blaciacus（120 番）などはすべて買得によって入手しており，ベルトラムヌスの管区統合戦略の発露とみなしてよいであろう。

　トゥール司教管区と接する colonica Condite（68 番），vinea secus Cariliacenses（69 番），Parte divina（70 番）などの購入も，そうした管区統合策の表れと考えることができる。2 番の ager Cultura と称するいかにも古風な名称の土地は，最初にパリ王カリベルト一世の妻インゴベルガが半分だけをル・マンの司教座教会に遺贈した物件であったが，その後残る半分をベルトラムヌスがインゴベルガの兄弟であるマグヌルフスから代価を支払って購入したのであった。こうした経緯に鑑みて，この土地はもともと王領地であった可能性が高いのである。

メロヴィング朝期ル・マン地方の土地変動と司教管区　　347

地図 2　ル・マン司教座教会への遺贈物件の分布

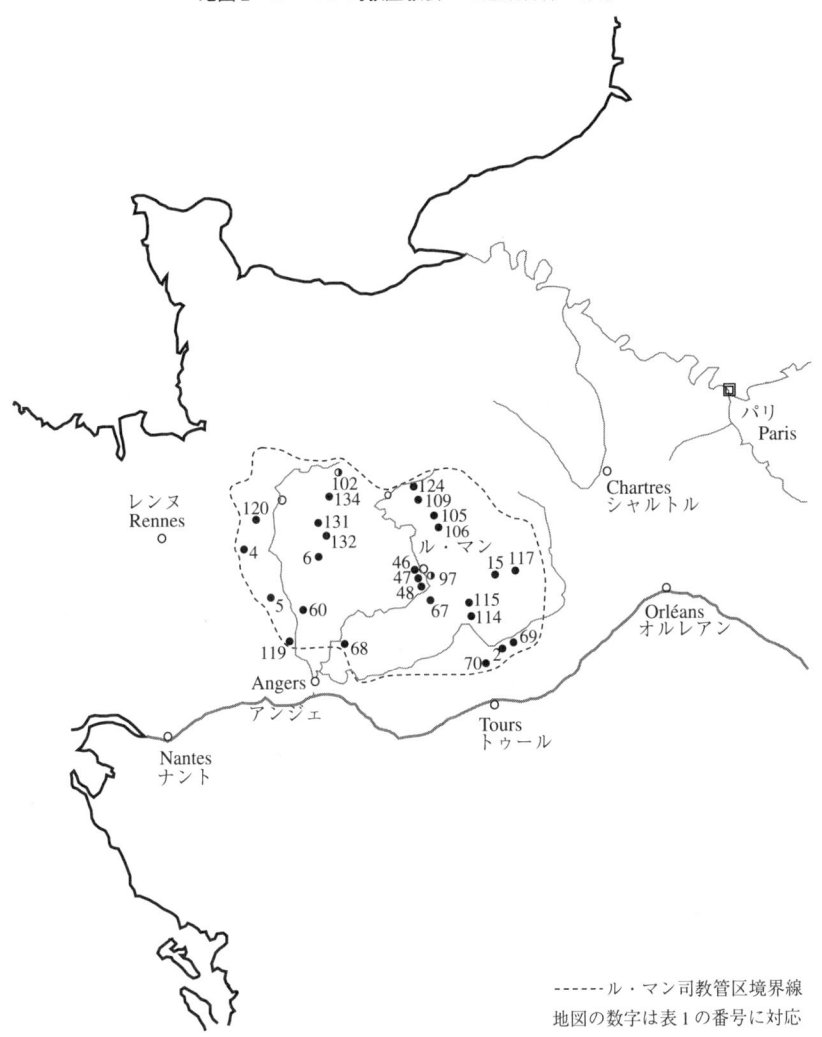

------ ル・マン司教管区境界線
地図の数字は表1の番号に対応

348 第4部 権力構造と社会統合

地図3 サン・ピエール＝サン・ポール修道院への遺贈物件の分布

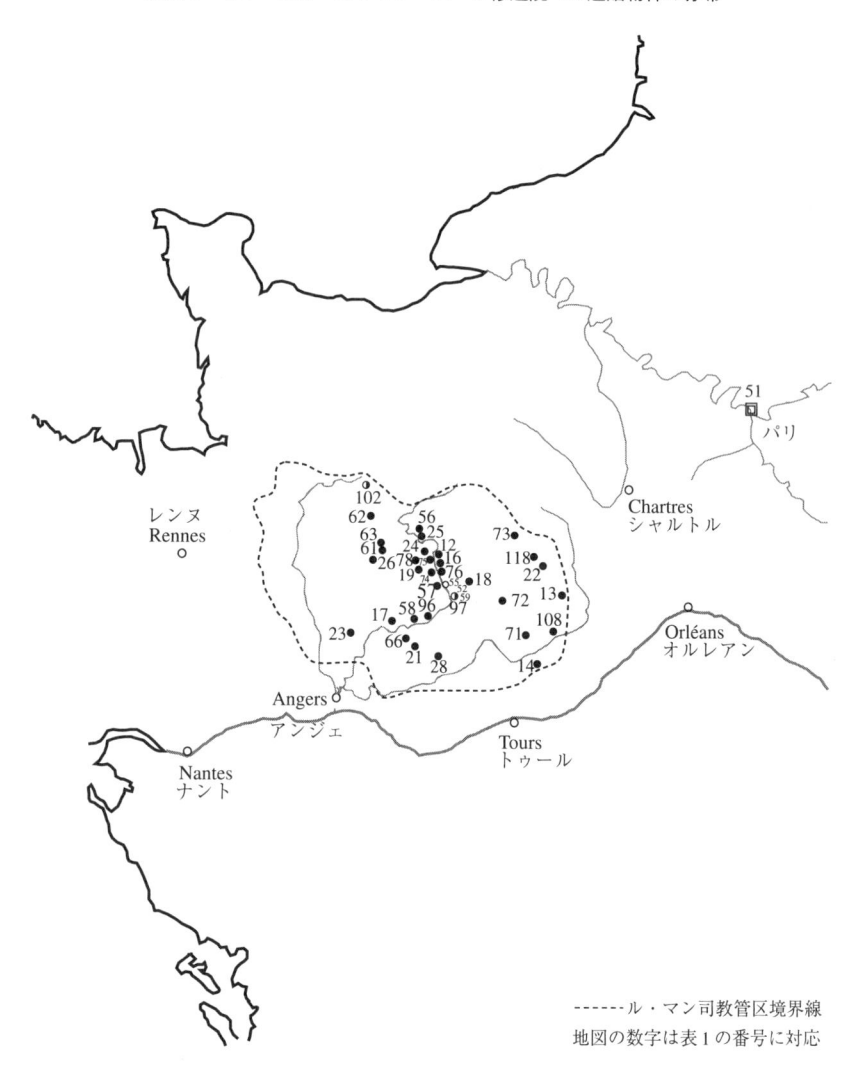

レンヌ
Rennes

Chartres
シャルトル

51
パリ

102
62 56
63 25
61 24 12 73
26 16 118
27 76 22
19 74 18
57 55 72 13
96 97 71 108
17 58
23 66 14
21
28

Angers
アンジェ

Nantes
ナント

Tours
トゥール

Orléans
オルレアン

------ ル・マン司教管区境界線
地図の数字は表1の番号に対応

地図4　遺言状記載物件の分布状態
（ル・マン地方及びその近隣地方を除く）

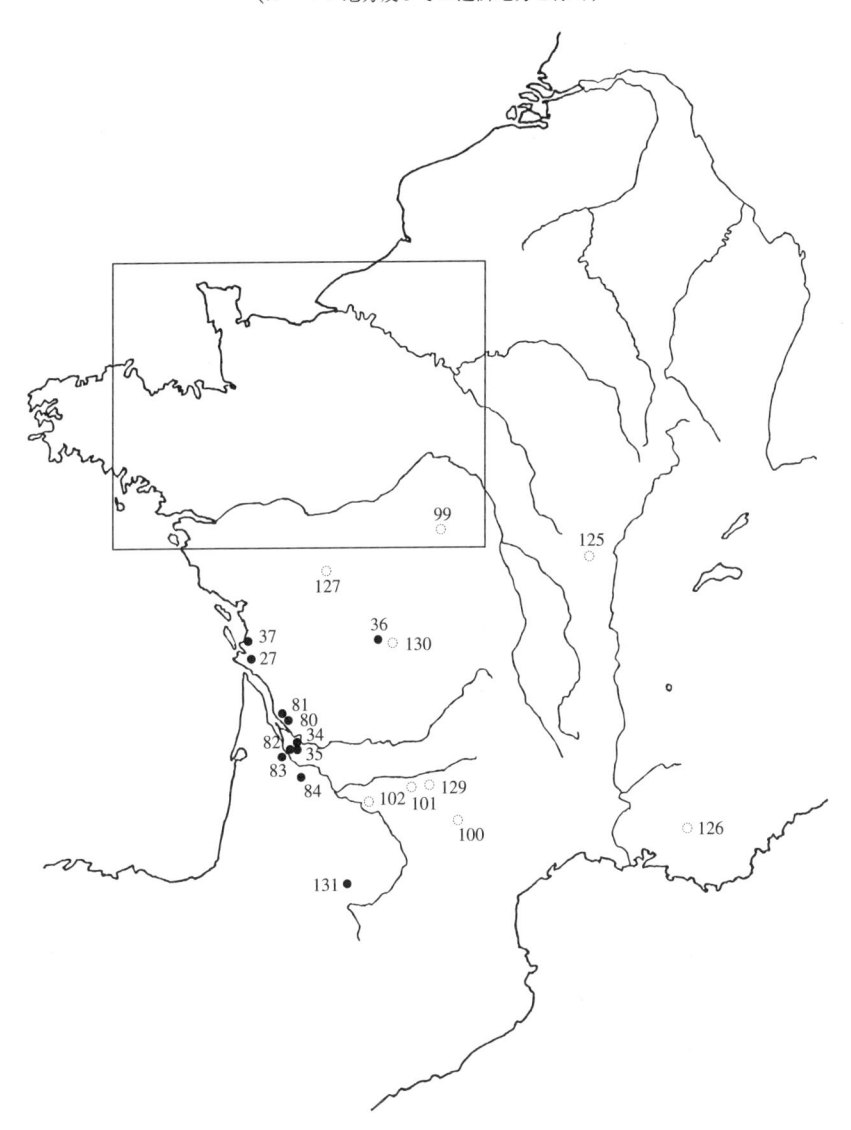

シャルトル司教管区と踵を接する東辺では，たとえば境界に最も近接した所領である 117 番の villa Brea は，買得により得たものであったし，北のセーズ司教管区と隣接する 124 番の villa Montiniacus はベルトラムヌスのイニシアティヴにより開発された所領であった。

他方においてベルトラムヌスがサン・ピエール＝サン・ポール修道院に遺した所領は，聖母マリア教会のそれに較べれば贈与・寄進により得た土地が相対的にではあるが多く，司教管区の一体的把握のための配慮よりは，むしろベルトラムヌス自身が創建し，かつ自らが永遠の眠りにつくべき菩提所と定めた施設の滞りない給養を，第一の関心事項として配分されたらしき様相が濃い。ル・マン地方第一の幹線水路であり，フランク王国でも有数の交通動脈たるロワール川に流れ込むサルト川とその支流への所領の配置は，それらの所領で産み出された生産物をサン・ピエール＝サン・ポール修道院に供給したり，あるいはより遠隔の地との流通交易に充てることにより，同修道院の所領経済に資することを優先的な目的としてベルトラムヌスが構想したものと推定されるのである。管区の東半分にあたるメエンヌ地方はもともと Civitas Diablintum と称する独立のキウィタスであったが，5 世紀に著しい衰退を見せ，主邑都市はベルトラムヌスの遺言状においてまさしくそう呼ばれているように[69]，小集落を指すのに用いられる名辞である vicus と形容されている[70]。疲弊著しく，結局 5 世紀から 6 世紀にかけてのいずれの時期にカル・マン司教管区に統合された幻の教会管区であった[71]。そうした来歴のこの地方に，サン・ピエール＝サン・ポール修道院に遺された所領が欠如しているのは，逆にこの修道院に向けられた所領に託された第一義的機能がいかなるものであったかを如実に示す事実である。

他に依るべき情報が皆無であるために，もっぱら地図学(カルトグラフィー)的視点からの推論に終始したのであるが，それをあらためて確認するならば次のようになる。すなわちベルトラムヌスは，その波乱に満ちた司教在位期を通じて，当然ながら自らの任地であるル・マン司教管区の管区としての一体性の保持に常に配慮を怠らず，ことあるごとにそのための手立てを講じていた。そして，その遺言状を通じてル・マン司教の管轄区の中に散在する所領を，親族

の者に遺贈した9所領（44, 45, 64, 65, 83, 85, 86, 87, 88番）を除いたものを二つの範疇に分割し，それぞれのカテゴリーを異なる機能を担った実体として意味づけた。すなわち司教管区の中心である聖母マリア聖堂教会に賦与された所領は，なによりもまず管区の輪郭を固定し，ついで管区の空間的統合を意図して，その実現に資するべく配置されたのであった。これに対してサン・ピエール＝サン・ポール修道院に遺贈された所領は，司教座聖堂の責務からは解放されていて，聖堂教会と共にこの修道院が担ったであろう所領経済における機能と利便性を優先しての配置であったのである。

結論と展望

　6世紀の80年代から7世紀の初頭にかけてのフランク王国の内訌は，メロヴィング的というより，むしろポスト・ローマ的という表現が的確と思われるような社会の既存の諸局面に深い動揺をもたらした。変動は未だ社会の全局面を覆うまでにはいたらず，生産を担う社会の下層大衆の存在形態は依然として後期ローマ的な枠組のもとにあったが，それにもかかわらず7世紀の経過中に着実に社会的ヘゲモニーを握りつつあった形成途上のフランク貴族層と，教会，大修道院などの聖界領主による大土地所有制の展開の圧力のもとに，しだいに領主制的桎梏のうちに服さざるをえない過程が着実に進行する気配を見せていた。

　けれども，本稿が分析の対象としたベルトラムヌスの遺言状が作成された616年の段階においては，戦乱と政治的混乱によって最も打撃を受けたのは，社会の比較的上層に位置づけられる階層であった。遺言状という，社会を観察する「窓」としては極めて限られた視界しか提供しない観察地点ではあるが，そこに書き込まれた土地の帰属変動の有様から，そうした様相が充分窺われる。武力，実力を背景としての土地財産の強制的再分配がネウストリア政権により実施されたのである。北フランス，ベルギー地方における大所領形成史の観点から，かつてA. ベルゲングルーエンが主張した7世紀をフランク支配層の所領形成が開始されたとする説は，もっと高く評価されて然るべきである。そして特

にパリ地方への「ゲルマン」人の進出も同じ頃とする，地名研究を踏まえた議論もまた同様である[72]。このような支配層内部の交替劇において，退場しなければならなかったのはフランク人が到来する前から，ガリアに盤踞してきたセナトール貴族をはじめとするガロ・ローマ系の上層民であった[73]。遺言状に映しだされている土地変動は，このような大状況を背景として聖界領主がおこなった実践の具体的な局面を物語っている。

　限られた情報のゆえに，議論は止むをえず仮説的たらざるをえなかったのであるが，ベルトラムヌスが指示した遺贈の細目から，かれが教会によるル・マン司教管区の一体的掌握に寄せた構想が浮かび上がってくる。それは自らが買得，あるいは寄進によって獲得した夥しい所領のうち，ル・マン司教管区に位置するそれらを用いて，管区空間の統合をより一段と強化しようする試みとして理解される。実はこれと同様の現象が隣接するトゥール司教区においても，限られた考察から看取されることを，われわれはトゥールの「会計文書」の研究を行なった折に気がついていた[74]。サン・マルタンの所領は原則としてトゥールの司教管区の境界内に収まっていて，例外的な場合しか隣接管区にはみ出すことがないのである。こうした傾向は，ポスト・ローマ期ガリアに広く認められる事態なのであろうか。もしそうであるとするなら，そうした原則がいつごろ何を契機として崩れ，後に見られるように，隣接する管区同士が互いに相手の管区に所領を持ち合うという錯綜した，優れて中世的な状況が生まれたのであろうか。

　さらに問題を探れば，本論で指摘したような司教座教会に帰属させられた所領と，サン・ピエール＝サン・ポール修道院に遺されたそれとの間に，そもそも託された役割の差異があったと仮定したのだが，もしこうした認識が妥当であるとするならば，この種の機能上の分離は，これに見合う形での司教支配の在俗教会と修道院の間での分裂という事態を自然の想定たらしむる。M. ヴァイデマンは冒頭に触れたル・マン司教区における司教支配と，その成果としての「キウィタス国家」の形成について考察した論文において，660年頃に王権から特権を獲得した司教が，都市伯や大公の任命権や司教座権力から独立していた修道院なども自己の支配下に収め，「キウィタス国家」を発足させたと論じてい

る[75]。まさしくこの同じ時期に，南に隣接するトゥール司教管区では，それまで司教の支配監督下にあったサン・マルタン修道院が，そうした体制から自立するという，まったく逆の事態が展開したのである[76]。わずかに半径100キロほどしかないミクロな世界でほぼ同時に生じた，互いに倒立した写像のように対蹠的な歴史過程を，われわれはどのように理解すべきなのであろうか。トリーア[77]やル・マンのように，論者が云うところの「キウィタス国家」と呼ばれるような司教支配の体制を堅固に築き上げた都市と，トゥールのようにそうした体制の構築が不発に終わった都市の間には，いかなる条件の差異が存したのか。ポスト・ローマ期から中世初期への移行を研究するにあたっては，安易な一般化に流れることなく，地域的な差異とそれをもたらした要因に細心の配慮が必要であることを，これらの事実は教えている。

注

1) たとえば P. ブラウン（後藤篤子訳）「古代から中世へ――ポスト帝国期西ヨーロッパにおける中心と周縁――」『史学雑誌』108-6（1999年）70頁; Ph. Contamine et al., *L'économie médiévale*, Paris, 1993; K.R. Dark, *Civitas to Kingdom: British Political Continuity, 300–800*, Leicester / London / New York, 1994 などを挙げておこう。

2) 代表的な業績として，J. Durliat, *Les finances publiques de Dioclétien aux Carolingiens (284–889)*, Sigmaringen, 1990; E. Magnou-Nortier, *Aux sources de la gestion publique*, 3 vols, Lille, 1993–1997 が挙げられる。

3) W. Goffart, *The Narrators of Barbarian History*, Princeton / New Jersy, 1988 を参照。

4) *Herrschaft und Kirche. Beiträge zur Entstehung und Wirkungsweise Episkopaler und Monastischer Organisationsformen*, hrsg. von F. Prinz, 1988 に収録されている F. Prinz, M. Heinzelmann, R. Kaiser らの諸論考，ならびに問題の先駆的な指摘を行った E. Ewig, Milo et eiusmodi similes, in *Sankt Bonifatius. Gedenkgabe zum 1200. Todestag*, Fulda, 1954, pp. 412–440 を参照。

5) F. Prinz, Herrschaftsformen der Kirche vom Ausgang der Spätantike bis zum Ende der Karolingerzeit. Zur Einführung ins Thema, in *Herrschaft und Kirche, op. cit.* p. 3.

6) 概論的なレベルでは R. Kaiser, *Bischofsherrschaft zwischen Königtum und Fürstenmacht. Studien zur bischöflichen Stadtherrschaft im westfränkischen-französischen Reich im frühen und hohen Mittelalter*, Bonn, 1981, pp. 450–451 を，また最初の本格的な検討として M. Weidemann, Bischofsherrschaft und Königtum in Neustrien vom 7. bis zum 9. Jahrhundert am Beispiel des Bistums Le Mans, in *La Neustrie. Les pays au Nord de la Loire de 650 à 850*. Colloque historique international publié par H. Atsma, t. 1, Sigmaringen, 1989, pp. 161–191 を

参照。
7) 佐藤彰一「ル・マン司教ベルトラムヌスの遺言状 (616 年) ―― ある聖界貴族を通して見たフランク社会 (1) ――」『名古屋大学文学部論集』CI, 史学 34, 1988 年, 139–179 頁。
8) M. Weidemann, *Das Testament des Bischofs Berthramn von Le Mans vom 27 März 616*, Mainz, 1986.
9) 佐藤前掲論文, 139 頁, Weidemann, *Das Testament*, p. 1; F. Gadby, *Le testament de Bertrand du Mans,* Mémoire de maîtrise inédit présenté à l'Université de Paris X, 1969, pp. 16–17; U. Nonn, Merowingische Testamente. Studien zum Fortleben einer römischen Urkundenform im Frankenreich, in *Archiv für Diplomatik*, Bd. 18, 1972, p. 29.
10) Weidemann, *Das Testament*, p. 1; Nonn, Merowingische Testamente, p. 29.
11) Weidemann, *ibid.* pp. 1–5.
12) *Ibid.*; Gadby, *op. cit.* pp. 14–16.『事績録』に具現した 9 世紀のル・マン教会関係文書の編纂作業が体系的な文書改竄作業であったとして, 徹底的に史料価値に疑問を投げ掛けた W. Goffart, *The Le Mans Forgeries. A Chapter from the History of Church Property in the Ninth Century*, Cambridge, Massachussets, 1966 を参照。ゴファートの研究が史料の過剰批判であるとして, 価値ある史料を救い出そうとする試みとして, Ph. Le Maître, *Le Corps du Mans: étude critique*, thèse dactylographiée, Université Paris X, 1980 がある。Id. Évêques et moines dans le Maine: IVe-VIIIe siècle, in P. Riché (éd), La christianisation des pays entre Loire et Rhin (IVe-VIIe siècle) (= *Revue d'Histoire de l'Église de France*, no. 168, janv.-juin,) 1976, pp. 91–101.
13) Weidemann, *op. cit.* p. 1.
14) Goffart, *op. cit.* pp. 41–42.
15) B. Bischoff, *Paléographie. De l'antiquité romaine et du moyen âge occidental*, Paris, 1985, p. 33.
16) " . . . per hanc folium testamenti delegavi . . ." Weidemann, *op. cit.* p. 22, Verfügung no. 25.
17) "Pene michi in oblivione fuit positum, sed divina inspirante gratia memoravi viniola . . ." *ibid.* p. 21, Verfügung no. 25.
18) "Ad hoc parva memoravi quod valde in oblivione tradidi." *ibid.* p. 47, Verfügung no. 71.
19) Weidemann, *ibid.* p. 103 参照。
20) R. Sprandel, Grundbesitz-und Verfassungsverhältniße in einer merowingischen Landschaft: die Civitas Cenomannorum, in *Adel und Kirche. Festschrift für Gerd Tellenbach*, Freiburg, 1968, p. 41.
21) *Ibid.*
22) 佐藤彰一『修道院と農民――会計文書から見た中世形成期ロワール地方――』名古屋大学出版会, 1997 年, 625 頁以下参照。
23) Weidemann, *Das Testament*, p. 107.
24) M.-J. Tits-Dieuaide, Grands domaines, grandes et petites exploitations en Gaule mérovingienne. Remarques et suggestions, in *Le grand domaine aux époques mérovingienne et carolingienne*, A. Verhulst (éd), Gent, 1985, p. 29 参照。
25) " . . . omnibus vel in omnibus decimas annone, vini, casei, lardi — omnes decimas in domo ipsa

sancti Michaelis archangeli — annis singulis congrgentur, ..." Weidemann, *op. cit.* p. 22, Verfügung no. 25.

26) 佐藤前掲書，244-245 頁参照。
27) 佐藤彰一「9 世紀末パリの教会と土地所有―― Saint-Maur-des Fossés 修道院土地台帳の分析を中心として――」『社会科学ジャーナル』（国際基督教大学）第 16 号，1978, 133-159 頁参照。
28) "... cum brogilio, quem de fratre meo Leusio abbate datos quadraginta sol[idos] redemi, ..." Weidemann, *op. cit.* p. 21, Verfügung no. 25.
29) "Similiter villam Pauliacum, quem ego — datos Id tregentos auro vunerabile Bobene abbate — de basilica domini Albini comparavi." Verfügung, no. 42., "Kairaco villa vero, quam de Eomerio diacono datos sol[idos] CCC comparavi et nunc in dicione mea Dei nomine esse dinoscentur." Weidemann, *ibid.* p. 32 et 39, Verfügung, no. 57.
30) "Similiter et villas, quas in honorum basilicae domni Petri et Pauli comparavi de pecunia, quam gloriosus domnus Chlotharius rex nobis dedit, vel nos cum ipso pro fidei nostrae undique conquisivimus, haec sunt villae ipsae: Campo Chunane Ludina et Comariago, vel Cambariaco, sicut venditiones edocent." Weidemann, *ibid.* p. 13, Verfügung, no. 6.
31) *Ibid.* p. 32.
32) Gadby, *op. cit.* p. 50.
33) Pardessus, *Diplomata, Chartae, Epistolae, Leges*, t, 1, p. 208, réimp. Aalen, 1969, p. 208.
34) W. Bleiber, *Naturalwirtschaft und Ware-Geld-Beziehungen zwischen Somme und Loire während des 7. Jahrhunderts.* Berlin, 1981, p. 71 参照。
35) *Ibid.* p. 72.
36) *Ibid.*
37) H. Siems, *Handel und Wucher im Spiegel frühmittelalterlicher Rechtsquellen,* Hannover, 1992, p. 388.
38) 佐藤彰一前掲論文「ル・マン司教ベルトラムヌス」158 頁以下参照。
39) "... et michi praecelemus domnus Chlotharius rex suo munere una cum praecelsa domna Fredegunda regina quondam genetrice sua, postquam eis domnus Vaedola justicia eorum reddidit, in me humilem eorum pro fidei meae conservationem, quae semper circa ipsum principem inviolabilem tenere habere visus sum concesserunt ...," Weidemann, *op. cit.* p. 8, Verfügung, no. 1.
40) 汗牛充棟ただならぬこの問題についての論考のなかで，最新の研究として A. Murray, Immunity, Nobility, and the Edict of Paris, in *Speculum,* 69, 1994, pp. 18–39; S. Esders, *Römische Rechtstradition und merowingisches Königtum*, Göttingen, 1997 の 2 点だけを挙げておく。
41) Gundolandus については，H. Ebling, *Prosopographie der Amtsträger des Merowingerreiches von Chlothar II. (613) bis Karl Martell (741)*, München, 1974, no. CXCVI 参照。
42) *Ibid.* no. CCCIX.
43) *Ibid.* no. CCLVIII.
44) 佐藤彰一「六世紀メロヴィング王権の宮廷と権力構造」，『法制史研究』28, 1978, 1-34

頁参照。
45) Bleiber, *op. cit.* p. 72.
46) Weidemann, *op. cit.* p. 21, Verfügung, no. 25 参照。
47) *Ibid.* p. 32, Verfügung, no. 42 参照。
48) *Ibid.* p. 38, Verfügung, no. 55 参照。
49) *Ibid.* p. 39, Verfügung, no. 57 参照。
50) *Ibid.* pp. 45–46, Verfügung, no. 68 また p. 61 も参照。
51) *Ibid.* p. 13, Verfügung, no. 6. トリングスについては佐藤前掲論文「ル・マン司教ベルトラムヌス」146 頁参照。
52) "... germanus meus Berthulfus in expeditionem domni Chlotharii regis interemptus ..." *ibid.* p. 24, Verfügung, no. 28.
53) "... quod Ceta et Mancia velguntha illuc possedisse jure visae furant et ad meam pervenit ditionem ...", *ibid.* p. 13, Verfügung, no. 6 参照。
54) *Ibid.* p. 21, Verfügung, no. 25 参照。
55) Diplôme de confirmation attribuée à Clovis II. Le roi accorde, sur sa demande, à la dame Amanchildis une confirmation de ses biens, in *Charta Lotinae Antiquiores*, no. 559, t. XIII, Zürich, p. 44, 1981.
56) Weidemann, *op. cit.* p. 23, Verfügung, no. 27 参照。
57) "... dona villa Conadaco, quem debelletrudisve Bettane matrona, relicta quondam Maurini, dato pretio comparavi ...", *ibid.*
58) "Et Nogiogilo villam quam et ego et vir inli[ster] Gundolandus filiae meae et parente Dundanae usu fructu concesserunt post ipsius obitum vos, sacrosancta aecclesia et basilica, communiter mediatate, sicut precaturiam jam dictae matronae convenit, ad vestram ..." *ibid.* p. 36, Verfügung, no. 49.
59) "Dono ei colonica, cui vocabulum est villa nova, quem de filio Papoleno quondam dato pretio comparavit." *ibid.* p. 19, Verfügung, no. 20.
60) "... dono villa cui vocabulum est grandefontana, quae dato pretio deuuaddoleno — compatri meo, filio Bavone — comparavi, cum omni jure vel terminum suum ..." *ibid.* p. 23, Verfügung, no. 26.
61) "... et villam Macirias, quam de Bethone, filio Baddone quondam, similiter visus sua comparasse, ..." *ibid.* p. 38, Verfügung, no. 55.
62) "Et postea, cum alia vice gloriosus domnus Clotharius de regno suo in insidiis pertilit et iterum ego pauper ipsum valde in captivitate fui, et in ipso nec nominandus Berthegisilus iterum vastatur aecclesiae invenit, eam igni comburi precipit, ..." *ibid.* p. 21, Verfügung, no. 25.
63) "... locum locella his nominibus: Logiagas, Noginto, Nova villa, antoniaco, et de Monasteriolo partem illam, quem de Leodelene dato pretio comparavi et Avanto, ..." *ibid.* p. 26, Verfügung, no. 33.
64) "Locum vero qui appellatur Braesetum in territorium Burgigalense, ubi peccarias habere videmur, et dato pretio eum a Rennoaldo quondam comparavimus: ipsam rem cum praecariis inibi manentibus et familias eorum vel ..." *ibid.* p. 29, Verfügung, no. 37.

65) この種の商人と思われるトゥールのニケフォルスについて，グレゴリウスの『歴史十書』がその活動の姿を具体的に描いている。Gregorii Turonensis episcopi Historiarum libri X, lib. VII, c. 47, in *MGH.SS. Mero.* t. 1, pp. 365–366 参照。この時代の地方商人については，D. Claude, Aspekte des Binnenhandels im Merowingerreich auf Grund der Schriftquellen, in *Der Handel des frühen Mittelalters*, K. Düwel et al. hrsg. Göttingen, 1985, Bd. 3, pp. 9–99 参照。

66) "... pariter et Hiliaco, quem de viro illustri Babisone percipimus..." Weidemann, *op. cit.* p. 13, Verfügung, no. 6; "Reicola quae appellatur Fontanas infra terminum Alaunense, quam michi vir magnificus Baudegiselus et Saucia conjux sua condederunt et donationes facerunt..." *ibid.* p. 34, Verfügung, no. 46.

67) カロリング期における領主制の進展や，度重なる軍役負担を免れるために有力修道院や世俗領主のもとに隷属する事態が頻々と現れ，農民的土地所有が衰退したという古典的通説については岩野英夫『成立期中世の自由と支配――西欧封建社会成立期の研究・序説――』敬文堂，1985 年参照。

68) これらの司教管区の概要については，*Topographie chrétienne des cités de la Gaule des origines au milieu du VIIIe siècle, V. Province ecclésiastique de Tours*, éd. par L. Piétri / J. Biarne, Paris, 1987; *IX. Province ecclésiastique de Rouen*, éd. par N. Gauthier/M. Fixot, Paris, 1996 をそれぞれ参照。

69) Weidemann, *op. cit.* p. 31, Verfügung, no. 40.

70) Topographie chrétienne, *V. Province ecclésiastique de Tours, op. cit.* pp. 47–48.

71) *Ibid.*

72) A. Bergengruen, *Adel und Grundherrschaft im Merowingerreich. Siedlungs-und standesgeschichtliche Studie zu den Anfängen des fränkischen Adels in Nordfrankreich und Belgien*, Wiesbaden, 1958, pp. 124–127 参照。

73) たとえば J.-P. Poly, Agricola et eiusmodi similes. La noblesse romane et la fin des temps mérovingiens, in *Haut Moyen-Age. Culture, éducation et société. Études offertes à Pierre Riché*, M. Sot (éd.), La Garenne-Colombes, 1990, pp. 197–228 参照。

74) 佐藤前掲書『修道院と農民』235 頁，図 10 参照。

75) Weidemann, Bischofsherrschaft und Königtum in Neustrien vom 7. bis zum 9. Jahrhundert am Beispiel des Bistums Le Mans, *op. cit.* pp. 166–171.

76) 佐藤前掲書『修道院と農民』111 頁以下参照。

77) この都市における「司教国家」については，たとえば H.H. Anton, *Trier im frühen Mittelalter*, Paderborn, 1987 や，邦語文献では日置雅子「司教による都市支配権の形成――6 世紀から 10 世紀にかけての司教都市トゥリア――」『愛知県立大学文学部論集』第 44 号，1995 年などが挙げられる。

中世後期フランス都市行・財政制度の特質
—— シャンパーニュ諸都市の場合 ——

花田洋一郎

はじめに

　中世後期(14・15世紀)のヨーロッパを，飢饉・疫病・戦争からなる三位一体の災厄の時代として捉え，「農業危機」「封建制の危機」という言葉に代表されるような社会経済の全般的危機を想定する通説は，現在大きく相対化されつつある(高橋[78]; 田北[80])。一方で人口減少，経済活動の衰退，社会不安の増大，支配権力の動揺といった危機的状況の再検討を通じて，危機的現象発生の規模・場所・時間の相違から現象の多様性・地域差を浮き彫りにし，そこから地域の特徴を引き出す試みがなされ (Favier [45]; Goldsmith [48])，他方で危機的状況を切り抜けるために生み出された様々な制度が，近代ヨーロッパ社会経済の基礎となってゆくことから，この時代を「転換期」として中・近世社会経済史の枠内に積極的に位置付ける作業が進められている(ファヴィエ[86]; ヴォルフ[91])。フランス学界では，都市史研究の著しい進展もあって後者の視点からの研究が活発のようである。中でも近年注目を集めているのが，都市の防備施設強化 «fortification» を発端とする都市共同体の行・財政制度の創出・変革プロセスに関する問題であり，それは本書のテーマである「社会統合」とも深く関わっている。

　すなわち14世紀前半百年戦争などによる社会不安の中，大多数のフランス諸都市は崩壊状態にあった旧防備施設の改修・全面的再構築を余儀なくされるとともに，そのための人員と財源の確保が急務となっていた。都市の安全を保障

し，さらに都市統治の安定と工事の速やかな進行を実現するために，都市制度は急速に整備され，それは特に行・財政面で顕著であった。こうした制度の発展には，それが都市全体の利害あるいは公益 «utilitas publica»[1] に関わるだけに，都市住民全体の合意と協力が不可欠であった。実際そこから都市内諸勢力の横断的協調が生み出され，その結果として社会統合が実現されるに至ったと考えられている (Contamine [39] 30; Chevalier [30] 199–200)。

　本稿は，このような中世後期フランス都市における社会統合の在り方をシャンパーニュ地方の都市について明らかにしようという試みである。シャンパーニュを選んだのは，この地方の都市史を筆者が専門的に研究していることに加えて，この地方の諸都市が中世の政治・経済において重要な役割を果たし，北フランスの中世都市制度の典型をなすと考えるからである。具体的な検討対象としては，後述する史料の伝来状況と研究の蓄積とから，トロワ，ランス，シャロン＝シュル＝マルヌ，プロヴァンの4都市が最も適当と思われる（地図1を参照）。そこでこれらの都市における行・財政制度の展開を社会統合の視点から見てゆこうと思う。なお本稿では制度の意味を，「様々な社会集団の間でなされる合意・妥協の産物」，「それぞれの社会の深部において進行する社会経済的変化を映し出す鏡」(田北 [81] 5) として捉える。そして制度展開の動因を，百年戦争のような外的インパクトに求めるのではなく，都市内社会諸層の協力関係の変化という，より長期的な観点から考察したい。

　本稿の考察手順は次のとおりである。まずIでは，都市行・財政制度に関する研究史の概観を通じてフランス学界における分析視角などを確認し，同時に本稿の位置付けを行う。IIでは，都市行政制度の展開を，主に都市評議会と住民総会に焦点を当てて検討する。IIIでは，都市財政・税制の展開に着目する。そしてIVにおいて，シャンパーニュ都市行・財政制度の展開に窺える社会統合の性格を考察する。

I　研究史の概観

　百年戦争に起因する戦時状況（とりわけ対応策としての都市の防備施設強化）

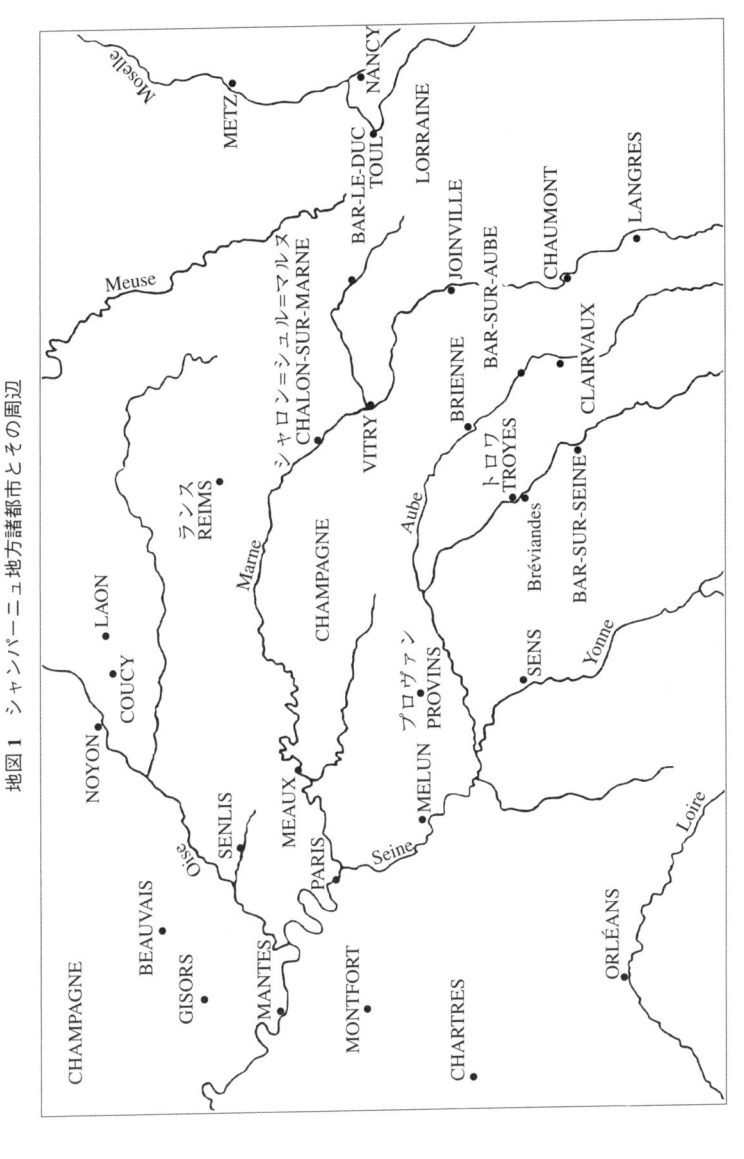

中世後期フランス都市行・財政制度の特質　361

地図1　シャンパーニュ地方諸都市とその周辺

《典拠》Evergates, Th., Champagne, in Kibler, W.W., et Zinn, G.A., (Ed.), *Medieval France. An Encyclopedia*, New York/London, 1995, p. 191.
《注記》トロワの Les Deux-Eaux 癩病院が立地する Bréviandes は、筆者による追加。

が，フランス都市行・財政制度の発展に大きな影響を与えていたことを最初に指摘したのはヴィオレ[73]である。その後リジューに関するレスキエ[63]，トロワに関するビボレ女史[19]～[25][2)]，シャブリに関するベセ[17]の研究により，防備施設工事関係見積書・書簡，都市評議会審議録，都市会計簿，租税記録などを利用して防備強化工事の進展と都市行・財政制度の展開との実態が明らかにされ，両者の関連性について具体的な裏付けがなされた。しかしその後この問題に対する関心は薄れ，1950年代以降の都市全体史やアナール学派の仕事に代表される都市史の新潮流の中でも正面から取り扱われることはなかった。

ところが1960年代に入り，それまで都市史の1分野にすぎなかった財政史・租税史の側から，この問題が新たに注目され始める。この問題の重要性を新たに喚起したのは，1962年のグレニソンとイグネによる論文[47]である。彼らはフランス中・南西部諸都市を主たる対象として，都市会計簿などの会計記録の出現と都市の防備強化開始との同時性，都市財政支出に占める防備費の高い割合，防備費調達のための財源確保に注目し，防備強化を発端とする都市財政・税制の発展を指摘した。

彼らの問題提起を受け，この点を踏まえた個別都市研究が進む中で[3)]，1978年のコンタミーヌ論文[39]は，それまでの研究成果を総合しながら論点整理を行った。彼は防備強化を経済・社会・文化という広い観点から捉え直し，議論を都市財政との関連に限定せず，行政機関の整備，都市計画への配慮，囲壁のシンボル性，都市内諸勢力の社会統合を指摘し，その帰結として都市諸制度の発展を跡付けた。

続いて1980年代までの研究成果を基に，防備強化のための資金調達方法の変化とそれに伴う都市財政制度の発展を，フランス全土に関して網羅的に検討したのが1985年のリゴディエール論文[68]である。戦争以前における防備費用は都市所有財産賃貸料，罰金，君主からの贈与などで賄われていたが，戦争の長期化によりこれだけでは対応できなくなり，防備施設への充当を目的とした租税制度が必要となった。そこで導入されたのが，ぶどう酒・塩・小麦に対する間接税であった。共同体の利益に関わるだけに，資金の管理方法も厳密になった。すなわち，資金の徴収・管理を担当する行政機関の整備(防備関係収入

役や特別委員会の設置），会計記録の系統化（複数の当座的覚書から都市会計簿の作成へ），さらに様々な社会層の代表を取り込んだ監査制度の確立[4]などである。

　こうした防備強化政策の推進と行・財政制度の発展との相関性をめぐる研究が進展する中で，都市-王権(都市税制 «fiscalité urbaine»-国家税制 «fiscalité d'État»)関係の視点から，14世紀中葉以降のフランス都市制度の展開を捉え直そうとしているのが，シュヴァリエである。彼はすでに1982年に，優良都市(=ボンヌ・ヴィル。王権と密接な関係をもった都市のことで，当時のフランス都市の典型)に関する包括的な研究 [30] の中で都市行・財政制度の特質を論じているが，近年の仕事はそこでの議論を一層深めている ([31]〜[33])。彼は，中世後期の都市(ボンヌ・ヴィル)-王権(国家)関係の変化を次の3局面で捉えようとする。すなわち，第1局面 (1250-1350年)：早熟な中央集権化と都市の支援，第2局面(1350-1450年)：中央集権化の後退と都市の一時的自立，第3局面 (1450年-16世紀)：両者の勢力均衡=相互補完的体制，である。この3局面における都市制度の具体的な検討を，彼はまず税制面から始めている。彼によれば，第2局面において都市税制と国家税制とが同時に確立するが，課税権の明確化，会計制度の整備，課税基礎及び税額決定の技術は都市共同体において早期に準備され，国家税制はそれを真似るしかなかった。そして13世紀に出現しすぐに破綻した都市臨時財政のノウハウを受け継いで確立し，競合し始めた国家税制と調和を図りながら，都市税制は，都市の健全・均衡財政を支えた。このように主に財政・税制の観点から，防備強化のための資金調達のみならず，この時代の都市制度を動態的に再検討する試みは大きく進展しており，個別都市に関する研究も盛んである (Leguay [59]; Flandin-Bléty [46]; Wolfe [76]; Clauzel [35]; Lardin [57]; Wilsdorf-Colin [75])。

　こうした財政・税制研究の着実な進展とは対照的に，中世後期の都市行政制度に関する研究は大きく後れをとっていた。周知のごとくフランス学界には，19世紀末以来膨大な数の都市制度史研究の蓄積がある。しかしそこでは中世盛期の制度に重点が置かれ，中世後期の都市行政機関の根幹をなす都市評議会 «conseil de ville»，住民総会 «assemblée générale des habitants»，各種委員会(防備，

税額査定, 監査など)には全く触れないか, もしくは表面的・断片的に言及するだけで, 「ほとんど知られていない……歴史家の注目を特に必要とする」制度とされていた (Rigaudière [69] 504-509)。しかしながら, これまで基本的研究が数えるほどしかなかったこの分野においても (Dubled [42]; Durbec [43]; Chevalier [29] [30]; Rigaudière [67]), 1990 年代に入りようやく個別都市に関する研究が現れ (Maurice [64]; Teyssot [71]; Neveux [66]; Theurot [72]; Dutour [44] 107-137), 財政・税制面における前述の成果と組み合わせて, 中世後期における都市制度の展開を多面的に検討する条件が整いつつある[5]。

翻って, 本稿が対象とするシャンパーニュの 4 都市に関して研究状況を概観すると, いずれの都市についても都市行・財政制度に関する基本的研究がある。例えばトロワについては, ブティヨの研究 ([6][27][28]) とビボレ女史の研究 ([1][19]～[25]), ランスについてはアンベールの研究 [53] とデポルトによるランス全体史 [40][41], シャロン＝シュル＝マルヌについてはクローズとラヴォーによるシャロン史 [34] とギルベールの研究 ([49]～[52]), プロヴァン[6]についてはメスキの研究 [9] が豊富な情報を与えてくれる。また史料の刊行状況も他のフランス地方に比べて良好である(本稿末尾の文献目録参照)。従って, これらの都市には本稿のテーマを追究するために適当な素材がそろっていると言えよう。

II シャンパーニュ諸都市における行政制度：住民総会と都市評議会

従来フランス都市の行政制度は法制史の分野で盛んに研究が行われてきた。とりわけ中世都市が「自由と自治」の場として現れてくる 12・13 世紀について, フランスの地帯区分に対応させた北仏のコミューン都市, 南仏のコンシュラ都市, 中仏のプレヴォ都市という A. ティエリー以来の伝統的都市類型を基に, そこでの自治のあり方に着目した行政制度の性格付けがなされてきた[7]。ところが 14・15 世紀になると, 都市行政に関する叙述は極端に少なくなる。その理由は様々であるが, その 1 つとして中央集権化を推進する王権による都市特権の剥

奪論[8])に代表されるように，王権の支配下に入った都市はそれまでに築き上げてきた独自の制度を失ったとみなされ，研究者の関心を引かなくなったことが挙げられる (Chevalier [30] 197)。

しかし近年の都市制度史研究は，これまで支配的であった，王権による都市特権剥奪論を相対化し，むしろ都市—王権間のもたれあいによる相互依存関係の成立を強調することで，この時代の都市制度を動態的に評価しようとしている。ここでは前述のシュヴァリエによる3局面を念頭におきながら，都市行政制度の特徴を明らかにしたい。具体的には，住民総会と都市評議会という2つの制度に焦点を当てて，それらの形成過程・構成・機能をシャンパーニュの4都市を舞台に検討してゆく。

(1) トロワ

トロワ住民総会は，毎年6月11日聖バルナベの祝日の朝早くから鐘楼館1階の回廊で開催され，聖バルナベ総会と呼ばれていた。住民はそこで都市の道路管理官 «voyeur»[9]) を選出する慣わしであったが，この役職がシャンパーニュ伯により設置されたのが1270年であることから，この時から住民総会も定期開催されるようになったと考えられている。以来1547年まで総会という形式は継続する[10])。

総会には，原則的に聖界・俗界に関係なくすべての住民が出席できた。すなわち名望家，評議員，聖堂参事会員，サン＝テチエンヌ教会参事会員，貴族，国王役人，公証人，商人・手工業者(車大工，蹄鉄工，羊皮紙工，毛皮工，縮絨工，舗装工，粉挽き，大工など)である。総会議長を務めたのは通常は教会関係者(例えば1448年はサン＝テチエンヌ教会参事会長)，特に司教であった。出席者数は，通常は100～150名ほどであったが，重要な問題を検討する場合には，例えば1430年のように400名の参加を数えることもあった。

総会の主要な役割は次のようなものであった。① 公共工事実施・租税徴収・都市財産の売買・武器購入に関する計画，訴訟の継続，住民からの請願などの討議，② 国王などの書簡の読み上げ，③ 道路管理官及びその書記の選出とその会計簿の承認，④ レ・ドゥー＝ゾ Les Deux-Eaux 癩病院長[11]) の選出とその会計

簿の承認，⑤都市役人の選出(1434年から1450年まで)[12]など。

トロワ都市評議会の史料初出は1358年6月22日であるが，正確な設立年は不明である。まずトロワ市政機関の変遷を簡単に辿りながら，この機関の形成過程を見てみよう。トロワでは1180年頃から1242年の間にコミューンが機能していたが，莫大な負債を抱えて市政が麻痺したため廃止された。その後約30年かけてシャンパーニュ伯の直接支配下で負債清算を完了し，1270年道路管理官の設置から徐々に住民による自主的な市政活動を回復させる試みが始まる。いずれも短命に終わった税務委員会(名望家3名と教会代表3名)の設置(1298年)，住民代表(8～12名)による軍事委員会に関する言及(1317年)[13]，トロワのバイイによるある調査への住民代表3名の関与(1340年)を経て，1354年6月13日には評議員に関する最初の言及[14]が見られ，その4年後に都市評議会が史料に初出することになる。その後都市評議会は1470年の市制改革で廃止され，市参事会(エシュヴィナージュ)によって代替されることになるが，統治機関としての役割はいずれにおいても基本的に変わらなかった。また評議員は市参事会体制においても市政役人として革命期まで存在し続けた[15]。

評議員の選出は，前述の住民総会とは別個に，旧伯館の国王広間における選挙総会で行われ[16]，発声投票で決められた。評議員数は，14世紀後半には18名ほどであったが，15世紀に入ると30～32名(1419-29年) → 37名 (1431-32年) → 36名(1445年) → 25名(1458年)と変化した。都市評議会の構成はおおよそ次のとおりである。半分を富裕な毛織物業者を中心とする名望家，1/4を司教，教会参事会会長及び会員(サン＝ピエール，サン＝チュルバン，サン＝テチエンヌ参事会教会)，修道院長(モンチエ＝ラ＝セル，サン＝ルー，サン＝マルタン＝エ＝ゼール)，ノートル＝ダム＝アン＝リル修道分院長，施療院長などの聖界代表，残り1/4をバイイ代理 «lieutenant du bailli»，国王弁護士 «avocat du roi»，国王検事 «procureur du roi»，プレヴォ «prévôt»，年市守護 «garde de foires»，徴税役人 «élu» などが占めていた。評議会の集会は15世紀前半までは毎週水曜と木曜に，15世紀中葉には15日毎に，国王広間あるいは国王役人の事務所，司教館，修道院，などで開催された。

評議会はバイイ代理もしくはカピテーヌ «capitaine» (＝都市守備隊長かつ防備

責任者)の出席及び許可を得て開催された。評議会は都市に関わるあらゆる問題を討議し,決定を遂行させる権限をもっていた。主な議題は,防備施設の維持,治安維持,財政管理,市道管理,市場統制(特にパンと小麦の供給),教会施設や学校の整備,王権との交渉であった[17]。

(2) ランス

ランスにおいて,住民総会が決議機関として機能していることを示す最初の言及は,1347年5月初頭に「防備担当者」«Élus sur le fait de la forteresse» が,住民全体により選出されたという文言である (Desportes [40] 542, 552)。同年5月18日には,この防備担当者の管轄であるかどうかは不明であるが,防備関係会計簿が大集会の場で提出されたという言及がある (Ibid., 541, note 14)。さらに1356年10月6日には,住民全体により選出された名望家4名が大司教によって防備強化工事の指揮権を委任されている (Ibid., 552)。1358年頃には,すべての徴税が住民総会で決定され,またすべての評議員とカピテーヌ代理(評議会の決定を実行する役割を持つ)もそこで選出されているとされている。1346–1360年の間に住民総会の役割が大きくなり,その頻繁な開催が都市評議会の権威を確立させたとされ (Ibid., 564),14世紀中葉以降,主に防備工事・徴税の決定や役人選挙を担う制度として確立していたと考えられる。16世紀以降総会の機能は縮小し始め,開催頻度も少なくなってゆくが,18世紀までは開催されていたようである (Humbert [53] 62, note 1)。

ランスでも総会には原則として都市住民のすべてが参加できたことは,「聖職者であれ俗人であれ,できるだけたくさんの住民を……集める」«assembler... le plus grand nombre possible des habitans clercs ou laïcs» [1366年3月19日付文書] (Varin [13] t. 3, 304) という文言が示している。実際の参加者数について,いくつかの例を挙げると,1,500名以上(1394年),300名(1421年),4〜500名(1422年),800名(1424年),600名(1426年),1,000名(1436年)とかなり変動が見られるが,平均して5〜600名が参加していたとされる (Desportes [40] 591, 653)。開催の場所について14・15世紀に関しては不明であるが,16世紀には教会参事会室,フランシスコ会修道院,市庁舎などで開催されていた (Varin [14] Statuts, t. 1)

ことから，おそらくそれ以前も同じであったと思われる。開催期日については，トロワのように特定の日時が定められていたわけではなかったようである。

　ランスにおける都市評議会の形成は複雑な過程をたどった。その始まりは1347年5月の「防備担当委員会」の設置である。それは市民3名に大司教権力代表，教会参事会代表，サン＝レミ修道院代表の3名が加わった6名で構成され，防備工事のための資材・資金調達を担当したが，数年で消滅したとされる。1356年10月には，大司教の支配域(＝バン)に属する名望家4名で構成される「防備担当委員会」が設置され，彼らもまた防備工事とそのための徴税を担った。この体制はしばらく続くが，1358年の夏に大司教はランスを離れ[18]，住民は6月10日に6名の代表を「新しい統治者」«nouveaux gouverneurs» として選び，それは大司教の反対にもかかわらず，王権により同年9月9日に認可され，広範な権限を与えられた。その後大司教との和解を経て，この6名が都市評議会の最初の構成員となった。1415年からはカピテーヌ代理[19]を長とする都市評議会の新体制が生まれ，以後，17世紀中葉に大司教直属の市参事会(エシュヴィナージュ)との合併を経て18世紀まで続く (Humbert [53] 111–115)。

　都市評議会はおおよそ次のような構成であった。最初は，6名の住民代表だけで，彼らは，大司教，サン＝レミ修道院，サン＝ニケーズ修道院，教会参事会それぞれのバンの住民から総会で選ばれていた。その後これにサン＝レミ修道院長，サン＝ニケーズ修道院長，ノートル＝ダム教会参事会員2名，大司教を代表するエシュヴァン2名が加わり，総計12名となったと考えられる。聖界代表が評議会に加入することになった背景は不明だが，その時期については評議会設置まもなくとされる (Desportes [41] 164)。14世紀末には2人の収入役(俗人1人と聖職者1人)を持つようになる (Desportes [40] 589)。15世紀には，これに大司教の司教総代理，サン＝ドニ修道院長，街区長 «quartenier» 6名，カピテーヌあるいはその代理が加わり21名になるが，有力者などが加わることもあって人数が固定されることはなかった。評議会は毎週水曜あるいは木曜の朝早くから大司教館の広間で開催されていた。

　都市評議会の役割は，都市統治に関するあらゆる問題の処理であったが，防備施設・武器の維持と警備，財政管理と課税(特にエドやタイユの徴収)，王権

との交渉が主であった[20]。

(3) シャロン＝シュル＝マルヌ

シャロンにおける住民総会については，少なくとも13世紀中葉以降，何らかの形で集会を開こうとする住民の動きが見られるが，起源は不明である。ただしそれについて次の点を指摘しておきたい。13世紀にはシャロンの人々の約半分が毛織物業に従事していたとされ，彼らは1つのギルドに結集し司教権力から独立した執行機関を持っていた。毎年サン＝テスプリ施療院で集会を開いて，そこで代表4人[21]を選出し，彼らがシャロン産毛織物の品質管理などを行っていた。集会には例えば1323年に約700名が参加したとされ，実質的に住民総会に近いものと考えられるが，詳細は不明である (Clause et Ravaux [34] 76-8, 86, 111-2)。

住民総会が決議機関として最初に現れるのは1375年6月3日であり，1375-1379年の都市会計簿の冒頭部にある住民総会議事録[22]においてである。司教館で開催されたこの総会で，都市の防備と財政を担当する4名の委員の内の2名[23]が選出された。続いての言及は1394年12月27日で，タイユ収入役会計簿の監査と担税者リストの改訂のために，トゥサン修道院長と複数の委員が選出されている。14世紀末から15世紀初頭にかけては頻繁に開催されるようになるが，その後は年に1度聖マルタンの祝日(11月11日)に開催されるようになった。この制度は18世紀まで続いたとされる (Pélicier [11] II)。

総会には聖界・俗界を問わずあらゆる階層の人々が参加できた[24]。参加者数については，例えば1417年2月6日の総会では400名以上，1440年1月27日の総会では100名以上と報告されている (Pélicier [10] 303, 318)。シャロンの場合，住民総会の開催には司教の許可が必要であった。実際シャロン住民は13世紀中葉から15世紀中葉まで何度も集会の自主開催権を王権に求めていたが，高等法院判決によりすべて却下されていた (Barthélemy [4] 10)。たいていの場合，総会は司教館で司教の主宰のもとで開催された。

総会の機能は，トロワやランスと同じく防備工事・租税(特にタイユ)の決定，評議員や委員など役人の選出であったが，1417年2月6日の総会のように政治

的立場を討議することもあった。この時は，当時フランスを内戦状態に陥れていたブルゴーニュ派とアルマニャック派との争いの中でシャロンの人々がアルマニャックを支持しないよう要請するブルゴーニュ派の書簡が読み上げられた (Pélicier [10] 302-304)。

シャロンにおける都市評議会の形成過程も複雑であった。前述したように 13 世紀には毛織物業者の代表機関が，司教などの聖界領主権力からある程度自立した形で機能していたが，この機関と都市評議会との関係は不明である。1375 年 6 月 3 日には都市の防備政策と財政管理を担う委員 4 名と収入役 1 名で構成される「財務委員会」が設置され，実質的な市政運営者として活動した。1394 年には委員の数が 3 名(内 1 名はシャロンの聖界都市領主 4 名が任命)に減少するが，彼らは「統治者」«gouverneur» と呼ばれるようになった。この委員会は決して都市評議会の名を持つことはなかったようだが，その構成員と機能から見て都市評議会の原型に当たるものと考えて良いだろう (Barthélemy [4] 14)。

都市評議会が正式に発足する契機となったのは，シャロンからアルマニャック派の一掃を求めるブルゴーニュ公の 1417 年 10 月 8 日付書簡によってであり，これを受けて 11 月 12 日には名望家を主とする「8 名委員会」が設立された[25]。この委員会は急速にその権限を拡大して都市の様々な問題を処理するようになり，ついに 1418 年 7 月 24 日の住民総会において 51 名の評議員が選出され，これが都市評議会となった (Clause et Ravaux [34] 119-120)。そこには統治者 3 名と収入役 1 名，街区長 4 名，エシュヴァン 13 名，防備地区長 «connétable»[26] 27 名，都市検事 «procureur de ville» 1 名，国王検事 1 名とその代理 1 名が加わっていた (Barbat [16] 293)。人数は 1514 年に 40 名に削減されたが，都市評議会は革命まで存続したとされる (Clause et Ravaux [34] 120)。評議会の集会は毎週月曜と木曜に朝 7 時から行われ，教会関係者が主に議長を務めた。場所は一定しておらず，17 世紀になってサン゠テスプリ館で開催されるようになった。

評議会の役割はここでも都市に関わるあらゆる問題の処理であり，基本的に防備工事・公共事業の実施，財政管理，治安維持，王権との交渉が主であった。また伝染病対策にも熱心であった (Guilbert [49])。場合に応じて評議会はいくつかの委員会に分かれて，それぞれ防備施設の調査やタイユ税額査定などを行っ

ていた (Barthélemy [4] 16-30)。

(4) プロヴァン

　プロヴァンにおける住民総会についての最初の言及は 1451 年都市会計簿の冒頭部においてであり (Compte [3] F°1r°)，これ以前については全く情報がなく不明である。従って起源も分からない。しかし上述の 3 都市における状況との比較と，さらに「毎年慣習的になされているように」«ainsi qu'il est acoustumé faire chacun an» (Compte [3] F°8r°-v°) という文言から判断して，かなり以前から機能していたと考えて良いだろう。総会はその後も存続し，17・18 世紀においても機能していることから革命期までは続いたと思われる (Bourquelot [5] t. 2, 303-308)。

　住民総会は毎年 3 月にモーのバイイ及び代理の出席を得て，ドミニコ修道会教会において開催された。参加者数とその構成については不明であるが，原則的にはすべての住民が参加できたと思われる。この年の総会では，都市役人の改選の他に，当該年度の国王エド拝領分の確認や都市治安に関わる諸問題が討議された。また「総会の決議により」«par conclusion en l'assemblée»，当該年度のパン従量税について 3 月分しか徴収しないことが決定されたという文言 (Compte [3] F°4v°) から，少なくとも総会が王権側の決定事項を通達され承認するだけの受動的な集会ではなく，住民側も案件の是非を積極的に論議する場として機能していたと考えられる。

　プロヴァンはシャンパーニュ諸都市の中で，最も長く統治機関としてコミューンを維持した都市であり，1350 年代まで存続したと考えられている[27]。プロヴァンにおいてもコミューン廃止後の都市統治は都市評議会が担うことになったが，それがいつどのような背景で創設されたのかを知る手掛かりはない。しかし伝来史料からその構成と機能について次の点が確認できる。

　都市評議会に関する最初の言及は，1360 年会計簿に添付された国王軍長ロベール・ド・フィアンヌの特任状 (Compte [2] 204-5) に見られる。この史料から，都市評議会においてカピテーヌが責任者の役割を果たしていると思われること，都市会計係と会計監査役数名の存在から評議会が財政活動を担っていたこと，が確認できる。続いて 1367-1370 年の防備工事関係記録 (Mesqui [9] 232-244) から

は，都市評議会が防備工事と徴税の実行主体であることが判明する。すなわち都市評議会と工事請負人・徴税請負人との間で交わされた契約書末尾には契約に立ち会った評議員名が署名されており，そこには複数の市政役人(役職不明)，カピテーヌ代理，教区代表4名，聖界代表として教区司祭，サン＝ジャック修道院長，ノートル＝ダム・デュ・ヴァル教会参事会長，国王役人としてトロワ及びモー管区のバイイ代理，国王検事，国王セルジャン，プレヴォの名が確認でき，聖俗両界の代表が評議会を構成していたことが分かる。最後に，1451年都市会計簿からは，都市役人(市政管理官，道路管理官，収入役，布告役人，セルジャン)と国王役人(国王弁護士，モーのバイイ管区の在プロヴァン書記)が評議会を構成していることが判明する。またこの時期，評議会はバイイ(代理)あるいはカピテーヌの開催許可と出席を得て市庁舎で開催されていた。

　以上の情報だけでは，評議会の開催形式・頻度・構成員数についてはほとんど分からず，また構成員が変化している理由も不明である(実際1451年には聖界代表が現われていないが，トロワなどのケースを見る限り，プロヴァンだけが例外であったとは考えにくい)。しかし，都市評議会が防備工事と租税徴収を基本的な活動内容としていたことは確かである。なおプロヴァンでは，16世紀以降について都市評議会の存在は確認できないが，ただし18世紀には都市評議員《conseiller de ville》が高い地位を占めており，何らかの形で評議会が存続している可能性を示唆している (Bourquelot [5] t. 2, 308)。

　以上，トロワ，ランス，シャロン，プロヴァンの4都市について，住民総会と都市評議会の形成過程・構成・機能を概観してきた。住民総会についてはその起源を正確に特定するのは難しいが，トロワやシャロンのように13世紀後半以降機能していることが分かり，恐らくほかの2都市も同様であったと思われる。都市評議会については，固有の社会構造に影響されて，それぞれの都市において複雑な形成過程を経つつも全体として14世紀中葉にはその原型が出現している。この2つの組織は，14世紀後半以降顕在化する社会不安の中で徐々に合議機関として相互に関与しあうようになり，社会不安が遠ざかってもその機能を維持し，市政の合議機関としての性格を強めていったと思われる。この合議

機関に都市内の聖俗社会諸層が関与し，互いに協力関係を築いている点は，中世後期の西欧について都市社会層間の対立や争いを強調する従来の歴史像からすれば奇妙に映るかもしれない。実際，この時代のシャンパーニュでも都市住民の反乱や社会層間の対立が全くなかったわけではない。しかし筆者がここで注目したいのは，そうした対立の裏に隠された相互に接近しあう動きであり，それを社会不安の増大により一時的に生み出されたものとしてではなく，むしろ長期にわたり営まれてきた不動産所有や大市経営などの経済活動を通じて築き上げられてきた，都市内社会諸層の協力関係の発露として捉えたいのである。

III シャンパーニュ諸都市における財政制度

　前章で明らかにしたように，中世後期シャンパーニュにおける都市行政は住民総会と都市評議会の2つの合議機関から成り立っており，それらの主要な活動は防備強化工事の実施とそのための資金調達，とりわけ租税徴収に関する討議と決定であった。それでは，彼らの関心を常に引き何度も討議された租税はどのような性格を持っていたのか，そしてそれは都市財政の中でいかなる地位を占めていたのか。本章ではこの点を追究したい。

　なおここでは各都市に伝来する都市会計簿，租税帳簿などが主要な史料となる。これらの財政史料の多くは未刊行史料であるため，本来ならば史料論の観点から史料の性格と射程をまず明らかにして分析に入るべきであるが，本章ではそのための紙幅と筆者の準備が十分でないので，未刊行史料の利用は最小限に留めて主に刊行史料に基づいて考察する。また同じ理由から，各都市の財政を全体的に検討することはせずに（従って別会計問題もここでは触れずに），財政・租税制度の素描に留め，時代幅も都市評議会を中心とする統治機関が都市全体の財政を管理し始める14世紀中葉以降を対象とし，それ以前の財政活動には触れないことをお断りしておく[28]。なおトロワ以外の都市の収支項目については，都市財政史の慣行に従って筆者が分類した。

(1) トロワ

トロワ財政・租税制度については次のような特徴が指摘できる。

まず収支の構造から見てゆこう。時代によって多少変更があるが，収入内訳はビボレ女史によると次のように整理される (Bibolet [1] 270-418)。経常収入として ① 都市所有財産収入(都市所有物件の賃貸料，道路管理向けの通過税 «chaussée»，通過税 «pontenage»[29])，② 間接税(ぶどう酒[搬入・売上]税，粉挽税 «moulage»，白パン税 «maille sur le pain blanc»，塩税 «gabelle / crue sur le sel»)，③ 塩売却収入。臨時収入として ① タイユ，② 国王収入の一時的譲渡(売上税，外来者税 «impôt sur les forains»[30]，戸税 «fouage»)，③ 造幣権，④ 借入，⑤ その他。支出内訳については大きな変化はなく，経常支出として ① 防備施設，② 道路管理と景観美化，③ 役人への給与，④ 塩の購入，臨時支出として ① 軍事装備と兵員確保，② 有力者への贈物，③ 国王役人・修道院への贈与，④ 訴訟経費，⑤ 旅費，が見られる。

トロワの財政活動は5つに区分され，そこに上述の収支項目が分散している(従って史料類型も5種類ある)。その中で最も重要な地位を占めているのが「公金」 «deniers communs» と称された，1358年に創設された会計[31]であり，主要な財政活動が含まれている。ここでは，行政諸経費をおさえて，ぶどう酒税・塩税を中心とする間接税が収入の大部分を占め，「防備施設の強化のためになされたエドから」 «de l'aide fait pour l'enforcissement des forteresses»[32] という文言から，その収益の大部分が防備施設に充当されたことが分かる。例えば1359年3月7日—11月8日の会計簿では，ぶどう酒税が収入の84.2%，塩税が15.4%を占め，支出の71.4%が防備施設に充当された[33]。1388年9月1日—1389年8月31日の会計簿[34]でも同じ傾向が見られ，これは15世紀中葉まで続く (Ibid., 405)。従ってトロワの場合，14世紀中葉に既に間接税を基軸とする財政構造が確立していたと言える。

なおぶどう酒税は基本的に2種類あり，1つは都市内に搬入されるぶどう酒に課される一種の通過税で，例えばボーヌ産ぶどう酒1樽6エキュ，オセール産3エキュなど[1359年]，産地を問わず1樽につき5ソリドゥス[1369年]というも

のである (*Ibid.*, 307–8)。もう1つは売上税で，卸売ぶどう酒の1/6，小売ぶどう酒の1/4，売手自家消費分は1/12が課された（ただし実際は価格上乗せではなく，相当分の減量という方法が取られた）[1369年]（*Ibid.*, 311, note 1)。塩税は，例えば塩1ミュイにつき4リブラ［1387年］→10リブラ［1419–20年］→6リブラ［1431年］であった (*Ibid.*, 337–8)[35]。

(2) ランス

ランス財政・租税制度については次のような特徴が指摘できる。

まず収支の構造を整理しよう。収入構成は次のとおりである。すなわち，①都市所有財産収入（ヴェール川の1区画の漁業権，採草地・沼沢地・堀と囲壁の賃貸料），②裁判収入（罰金），③直接税（タイユ），④間接税（ぶどう酒税，塩税，市門通過税，毛織物税，鰊税，国王エド拝領分[36]など），⑤その他（借入，舗装税 «droit des chaussées»，市民権認可税など）である。支出構成は，①防備施設（道路管理費を含む），②大砲・軍事装備購入，③国王・都市役人の歓待費，④役人への給与，⑤旅費，⑥有力者への贈物，⑦訴訟経費，⑧その他（行政関係雑費，臨時支出として聖別式費用を含む）である。

ランス都市財政でも，莫大な防備強化工事費をいかにして調達するかが中心的な問題であった。最初は，聖職者を含む都市住民全体に対するタイユによって防備費は調達されており，伝来する最古の会計簿（1346年10月1日—1347年1月14日）では83.4％が防備費に充当され（Desportes [40] 541)[37]，1357年7月24日—1358年6月10日の会計簿では92％が充当された（Varin [13] t. 3, 96–99)[38]。しかし1358年6月11日—1360年末の会計簿では防備に充当された割合は不明であるが，「防備強化のために」«pour cause de ladicte fermeté» 調達された資金内訳が，タイユ・借入31％，間接税69％となり，この時点で防備資金源の直接税から間接税への移行が認められる (*Ibid.*, 104–109)[39]。この時期の間接税は，市門を出入りするすべての商品に対する従価税 «ad valorem»（＝市門通過税)[40]，ぶどう酒小売・卸売税（1瓶1デナリウス），塩税（小売塩1ミュイにつき4エキュ＝6リブラ），羊毛・麻糸売上税から成っていた。こうした間接税への重心移動は15世紀に入りより鮮明になる。

15世紀初頭には，防備費を中心とする支出増大に対応するために多様な間接税が次々と導入された。1411年塩税(塩1ミノにつき2ソリドゥス)，小売ぶどう酒に2.5%の売上税，1412年鯡税(鯡1樽及び燻製鯡千尾につき12デナリウス)，1417年には卸売ぶどう酒の売上1樽につき2ソリドゥス，小売ぶどう酒の売上1リブラにつき2ソリドゥス，小麦1スチエの価格に16デナリウス，同じくライ麦は6デナリウス(1424年廃止)，毛織物1反の売上に2ソリドゥスの税が設定された。その中でもぶどう酒税は圧倒的な地位を占め(86%［1424–25年］，88%［1425–26年］)，これが実質的にランスの経常一般財源となった(Desportes [40] 657–660)。こうした状況は16世紀初頭まで確認できる(Varin [14] Statuts, 610–679)。

(3) シャロン＝シュル＝マルヌ

シャロン財政・租税制度に関してはおおよそ次のような概略を描くことができる。

まずシャロンに伝来する最古の会計簿(1375年6月24日—1376年6月24日)[41]を基に収支構成を見てみる。収入部は①タイユ(仏王への戸税 «fouage» 支払いのため)，②借入(防備施設と軍備のため)，③教会関係者など個人からの贈与，④間接税(国王エド拝領分)。なお，この他に都市所有財産賃貸料があるが，これは会計簿には記載されていない。支出部は①国王エド上納分，②防備施設，③行政・司法諸経費，④仏王への弩隊派遣費，⑤守備隊兵士への俸給，⑥タイユ徴収経費，⑦役人への給与，⑧借入返済，⑨会計簿作成費と収入役の給与，からなる(Barbat [16] 305–6; Barthélemy [4] 100–102)。

1375年度会計簿では防備費は借入で調達され，間接税の割合は5%にすぎない。また防備費は総支出の11%を占めるだけで防備強化政策はまだ本格化していないようである。少なくとも1383年までは，防備費はタイユか借入で調達されていたようである(Pélicier [11] 181, 189)。ところがこの年に税制改革が行われ，防備施設の維持のために，ぶどう酒税(高級ぶどう酒は1樽20デナリウス，それ以外10デナリウス)，荷車への市門通過税(4輪10デナリウス，2輪1デナリウス)，小売ぶどう酒の1/8，からなる間接税が設定された(Barbat [16] 306–7; Pélicier [11] 181)。その後も税制改革[42]が行われ，特に1417年には11課税品目

に対する税額変更が行われた (Barthélemy [4] 103)。1396 年には塩税も現れている (Pélicier [11] 181)。トロワ，ランスのように財政収支における間接税と防備費の占める割合を正確に算出することは困難であるが[43]，シャロンでも 14 世紀末から 15 世紀末にかけて導入された多様な間接税を通じて，防備資金が調達されたことは確かである (Barthélemy [4] 120)。

(4) プロヴァン

プロヴァン財政・租税制度については次のような特徴が見て取れる。

まず 14 世紀中葉以降について都市財政活動の全体像を伝えてくれる 1451 年度会計簿に基づいて，財政収支の構造を整理すると次のとおりである。収入部は ① 前会計年度繰越金，② 間接税(市門通過税・国王エド拝領分)，③ 前会計年度未領収金(ぶどう酒税・塩税・タイユ)，④ タイユ，⑤ その他，支出部は ① 防備費(防備強化工事と公共設備整備費)，② 出張費，③ 役人への給与，④ 贈与，⑤ 訴訟費用，⑥ 国王役人などの歓待費，⑦ 会計監査諸経費，⑧ その他，からなる (Compte [3]; Mesqui [9] 257–276)。残念ながらこの年度の前後に関しては記録が伝来していないので，この構成が一般的かどうかは確認できないが，上述の 3 都市のケースから判断する限り他年度もおそらく同じような構成であったと考えてよいだろう。

プロヴァンでもやはり莫大な防備費のための資金調達は大きな問題であった。この点に関する最初の情報を与えてくれるのは 1360 年会計簿 (Compte [2]) である。この記録の末尾に筆写された国王軍長の特任状にある，「兵士そして都市の改修のためのタイユ」《pour taailles genz d'armes et pour la refection de la dicte ville》という文言から，防備施設改修費用にタイユが充当されていたことが分かる (Ibid., 204)。しかしこのタイユ以外に，1 リブラにつき 4 デナリウスの租税と塩税に関する言及があり，これらも防備費に充当された可能性は否定できない。続いて 1367–70 年にはぶどう酒税《retraict de la pinte dou vin》・粉挽税《morage》の徴税請負契約に関する記録が複数伝来しており (Mesqui [9] 245–256)[44]，これらの収益は防備費に充当された (Ibid., 233)。1402 年には防備強化のためのぶどう酒税・塩税徴収権の更新を認可する王令 (Ibid., 204–5)[45] が伝来していることか

ら，14世紀後半から15世紀初頭にかけて間接税による防備費調達方法が確立したと考えられる。上記の1451年度会計簿にはそれが一層鮮明に現れており，実際市門通過税・ぶどう酒税・塩税などで構成される間接税は収入の約80%を占め，それが支出の50%を占める防備費に充当されていた。

　以上，シャンパーニュ4都市における財政・租税制度について概観してきた。ここでは制度の輪郭を明らかにすることに重点を置いたので，市当局の財政・租税政策に対する都市住民の反応については言及できなかった。そこでこの点について少し触れておくが，租税の新規導入に際して住民側は常に抵抗することなくそれを受け入れていたわけではない。実際，租税の新規導入・廃止，課税対象品目・税額の変更の背景に，都市経済状況の悪化だけでなく，住民による反税の意思表明も見て取ることができる(例えばシャロン住民の抵抗についてはPélicier [10] 311–314; ランスについてはDesportes [40] 657–8)。しかしシャンパーニュ諸都市では，1382年パリのマイヨタン《Maillotins》の反乱に代表される大規模な反税闘争は見られず，全体として住民の抵抗は小規模であり，間接税体制は比較的順調に確立したように思われる。ただしこの点は，その理由(例えば豊かな経済力に裏打ちされた住民の担税能力など)も含めて，今後より深く追究せねばならない。

IV　シャンパーニュ諸都市の行・財政制度における社会統合の諸側面

　II・IIIで確認したように，14世紀中葉以降顕在化する社会不安の中でシャンパーニュ諸都市は都市全体を包括する行・財政制度を生み出した。その制度に基づいて，都市は防備施設強化とその主要な資金源である租税徴収を通じて難局を乗り越えようと努力するが，それには市当局の力だけでは不十分であり，様々な社会層からなる都市住民の合意と協力が不可欠であった。本章では，この点を都市における社会統合の在り方と結び付けて具体的に考察するが，それが印象的に現れていると考えられる政治面と経済面を主に取り上げたい。

(1) 政治面

　政治面では次の2点を指摘すべきであろう。まず都市統治の舵取を行う役人を選び，都市全体にかかわる様々な問題を討議・決定する場である住民総会，してそこで選出された評議員などで構成され，都市行・財政の執行機関として政策の立案から実施までを担う都市評議会，この2つの合議機関の共生が第1の特徴である。シャンパーニュ諸都市では，この共生が14世紀後半から15世紀の間に機能していることが確認できる。ただし都市評議会は14世紀中葉以降の創設であるが，トロワのケースが示すように住民総会の方はそれ以前から機能していたようである[46]。起源はともあれ，様々な階層からなる都市住民の利害を調整し合意を得て政策実施を行う制度的基礎がこの時期に確立していた。

　第2の特徴は，この合議機関に市民 «bourgeois»[47] のみならず国王役人，聖職者が構成員として加わっている点である。IIで見たように，都市毎に若干の相違があるが，全体として住民総会においては彼らは主に議長を務め，都市評議会では必ず一定の席を占めていた。国王役人の出席は王権の利害あるいは意向を都市政策に反映させるためである[48]。興味深いのは聖職者の関与である。同じ都市空間に居住しているとはいえ通常市民との対立関係を我々は想定しがちであるが，彼らが世俗的な都市統治に協力するのは，囲壁などの防備施設によってその世俗財産が保護されるからだけでなく，キリスト教の隣人愛から都市住民をあらゆる危険から守らねばならないという意識も大きく働いたからと思われる[49]。換言すれば，シャンパーニュ大市に代表される定期市運営，そこでの裁判権・租税徴収，そして都市内不動産経営に見いだされる，国王役人・教会関係者・都市住民の長い協調関係の歴史が大きな役割を果たしていたといえる（この点について，例えばプロヴァンに関しては拙稿 [84] を参照）。

　ところで，彼ら聖職者の協力は物理的にもまた社会的にも都市空間の統合に大きく貢献した。それはとりわけランスとシャロンにはっきりと認めることができる。ランスは13世紀末以降，大司教，サン＝レミ修道院，サン＝ニケーズ修道院，教会参事会の4人の聖界領主がそれぞれのバンを持ち，また独自の行政機関と支配住民を持つ多核都市となっていた (Desportes [41] 99-100)。シャロ

ンも同じく，最初は司教のみが都市領主であったが，13世紀初頭の第3期囲壁構築により都市内が分断され，その結果司教，サン＝ピエール＝オ＝モン修道院長，聖堂参事会，トゥサン修道院長の4人の聖界領主がそれぞれのバン，行政機関と支配住民を持つようになっていた (Clause et Ravaux [34] 109-110)。彼らは都市空間を分断状態にし各々独自に活動していたが，14世紀中葉以降になるとそれぞれの支配下にある住民代表と共に2つの合議機関に出席し，都市全体にかかわる問題を討議し，そこでの決定の実施に協力するようになった。その結果，これまで物理的に分断されていた都市空間全体は1つの壁で囲まれ，それは必然的に各バン住民の社会的交流を促進させることになり[50]，都市における社会統合を強固にした。こうした合議機関の制度化を受け皿とする様々な都市社会層の行政参加は，都市における社会統合を最も印象的に示していると言えよう[51]。

(2) 経済面

以上のような異なる社会層の政治的協力体制は，彼らが討議し合意した防備向租税の負担によって確固たる基礎を持つことになる。それというのも，防備費の資金源として設定された間接税が，14世紀中葉から15世紀前半にかけて徐々に都市全体の財政・租税制度の中で中心的地位を占めるようになったからである。

そうなる背景には，フランス全体について言えることだが，まず防備施設構築を許可し監督する権利を持つ王権(場合によっては都市領主)に，都市の防備費を負担するだけの十分な資金がなかったという事情がある (Mesqui [9] 157)。従って都市の防備費は市当局(＝都市評議会)が独自に調達せねばならず，最初は都市所有財産収入，罰金，贈与，租税(タイユなど様々)もしくは借入によって調達されていた (Rigaudière [68] 423-444)。実際シャンパーニュ諸都市でもそうであった。しかし，防備強化工事が定期的に実施され始め大規模になってくるとすぐに資金不足となった。従来，短期間で莫大な額を調達する手段としては直接税(タイユ)が知られていたが，その利用は徐々に限定的になっていった (Ibid., 456)。というのも直接税は徴収の実施に至るまでの手続きが複雑で(実際北フラ

ンスは南フランスに比べて直接税徴収システムが未整備であった)[52]，また実際に徴収を行っても支払い拒否や未納が多く目的額を調達することが困難であり[53]，さらに免税基準が曖昧で多くの場合都市役人は大幅に免税されるなど，一般担税者にとって不満が大きかったからである。こうした状況において王権が取った方法は，都市に対して防備費への充当を条件に，本来王権に帰属する間接税徴収権を譲渡するというものであった[54]。徴収権は，最初は2～3年の期限で更新しなければならなかったが，15世紀を通じて徐々に年限が延長され，最終的には永続的になり(Ibid., 448; Wolfe [76] 58)，実質的に都市財政の経常収入となるに至ったのである。

　基本的に間接税は，階層・貧富の区別なく消費行動のすべてに平等に課された。シャンパーニュ諸都市の事例が示しているように，主に日常消費物品，とりわけぶどう酒・塩・小麦(パン)が課税対象であった。中でもぶどう酒税の地位は圧倒的で「防備向財源の支柱」(Rigaudière [68] 456)であり，シャンパーニュ諸都市では収入の約80％を占めていた。ぶどう酒税は，ぶどう酒樽が都市に入ってくる時(市門通過時)と居酒屋などで小売される時に徴収されるため，誰であれぶどう酒を飲む者に課された[55]。従って，防備のためという大前提の下で国王役人，聖職者，都市役人などの特権階層の人々[56]のみならず，近隣村落民[57]までも負担することになり，この税はすべての人々を「防備のための資金調達に関与させる，巧妙な手段」(Ibid., 451)とみなされたのである。こうした負担の平等性は間接税の大きな特徴であり，それは都市財政の支柱となることによって，様々な社会層の協力体制を基礎から支える役目を果たしたと言える[58]。

むすび

　西欧中世後期の社会経済状況は，従来災厄の到来や既存体制の動揺を強調する「危機」論に代表されるように，全体的にネガティブなイメージで捉えられることが多かった。しかし近年「危機」論相対化の強まりを受けて，この時代の人間活動をより積極的に評価し近世以降につながる長期の位相において捉える試みが現れてきている。本稿では，そうした潮流を意識しつつ，筆者の専門

領域であるシャンパーニュの4都市を舞台にして，フランス都市行・財政制度の特質を社会統合の視点から探る作業を試みた。そこでの分析結果は次のように整理できる。

　14世紀中葉に社会不安が増大する中で，シャンパーニュ諸都市は防備施設の再構築に迫られていた。しかし防備強化工事の実施とそのための莫大な資金調達にもはや旧来の行・財政制度は対応できなかった。そこで新しく出現した制度は，まず政治面では都市評議会と住民総会という2つの合議機関の共生，経済面では都市財政・税制における間接税体制の確立，という要素で構成され，それらは都市の様々な社会層の合意と協力を前提とするものであった。実際，都市内に居住する複数の聖俗両界の共同体代表で構成される都市評議会は，都市が直面するあらゆる問題の討議と政策立案・執行を担っていた。また重要な案件(防備強化・租税・都市役人選出など)については，都市住民によって構成される住民総会において議論され，最終的な決定がなされた。そして政策実施のための資金は，その大部分が都市住民の消費行動に平等に課される間接税(特にぶどう酒税)によって賄われていた[59]。このように中世後期のシャンパーニュ諸都市において，都市住民の利害に直接かかわる問題には，聖俗に関係なく様々な社会層間の合意と協力をもって対応する体制が形成されていた。こうした都市社会諸層を統合する体制の確立と維持，これこそがシャンパーニュ諸都市の行・財政制度の特質であったと言えよう。それはまさに，「すべての人々に関係することは，すべての人々により討議され，そして承認されねばならない」«Quod omnes tangit, ab omnibus tractari et approbari debet» という古きローマ法の法諺を体現するものであった[60]。

　こうして中世後期に確立した行・財政制度は，時代に応じてその形と性格を少しずつ変えながらも，大枠としては16世紀以降アンシャン・レジーム期の都市制度へと受け継がれてゆく[61]。この点の具体的な追究は今後の課題である。

注

1)　ローマ法を源とするこの観念は，中世後期の都市行・財政政策の重要な行動指針の1つとされている。詳細については Rigaudière [69] 512–3; Leyte [61] を参照。

2) ビボレ女史のトロワ都市制度史研究はこの分野での本格的なものであり，現在も常に参照すべき仕事である。この文献は未刊行だが，1996 年のフランス滞在中に筆者はトロワ市立文書館及びビボレ女史御本人の御好意により複写を許可して戴いた。ここにお礼申し上げる。
3) この間の研究動向については，拙稿 [82] 90–91 を参照。
4) 都市の会計監査制度に関しては，オーヴェルニュ及びヴレ地方の都市を検討した Rigaudière [70] の仕事が，動態的な制度分析を行っている。
5) 本稿で詳しく述べることはしないが，近年進展著しい中世考古学において都市防備施設も重要な研究対象と認識されてきている (Les Enceintes [62]; Mesqui [65])。シャンパーニュ諸都市のそれについては特に Collet [36]～[38] を参照。なお，本稿と関連性をもつ我国の業績として，それぞれマールブルク，ティロール諸都市，ケルン，ブリュッセルを対象とした次の文献を挙げておきたい。小倉 [77]; 若曽根 [90]; 田北 [79]; 藤井 [87]～[89]。
6) プロヴァンにおける都市行・財政制度の展開については，筆者の学位論文 [85] の第 3 章，第 5 章，第 7 章において詳細に分析している。
7) 都市の政治的三類型に関する説明は，Ch. プティ＝デュタイイ (高橋清徳訳・解説)『西洋中世のコミューン』東進書林，1998 年，124 頁以降を参照。
8) その典型として，Flammermont, J., *Histoire des institutions municipales de Senlis*, Paris, 1881.
9) 道路管理官は 2 名で，1 人は住民によって住民の中から，もう 1 人は伯・仏王が住民の中から選んだ。道路と橋の維持のために通行税・舗装税を徴収し，その運用について会計報告を行い，後には警備も担った。この役職は 17 世紀中葉まで存在した (Bibolet [19] 8; [25] 57)。
10) 総会の開催形式は 15 世紀中葉以降少しずつ変化するが，この点については (Bibolet [24] 7) を参照。なお住民総会は 16 世紀中葉以降，機能が大幅に縮小されるが，少なくともルイ 14 世の治世までは制度として維持される。ルイ 15 世の治世以降は出席者数が 72 名に固定され (Boutiot [28] 24)，この時点で自治的制度の意味を失っていたようである。
11) トロワの南 Bréviandes に立地し (地図 1 参照)，11 世紀以来この施設の経営権はトロワ都市共同体に属していた (Bibolet [25] 118)。
12) 1450 年以降総会は 2 つに分離する。1 つは従来の総会，もう 1 つは 6 月 17 日に国王広間で開催されるもので，そこで評議員が任命された (Bibolet [21] 24; [24] 7)。
13) 1317 年 4 月 28 日に都市守備隊長にして都市防備最高責任者であるカピテーヌ (通常は貴族身分で国王が任命) と交渉を行っているが，1319 年には消滅したとされる (Bibolet [19] 11–12)。
14) 薪の秤と商人の不正防止の調査のために，水利・森林監督官によって，森林裁判官，バイイ代理，年市守護代理，名望家，道路管理官，諸修道院代表の計 16 名が召集され，彼らは「評議会に属すすべての名望家にして最も有力な者たち」«tous personnes notables et la plus grant partie du consoil» (*Ibid.*, 16) と呼ばれていた。ビボレ女史によれば，この集団は 1346–48 年の最初の市壁工事の時には存在していた ([25] 66)。
15) 都市評議会が市参事会体制に移行した背景は非常に複雑であるので，詳細な説明は別の

機会に譲りたい。とりあえず Boutiot [28] 11–22; Bibolet [25] 129–134 を参照。
16) 1388–1405 年間は 9 月 1 日，1430–1450 年間は 10 月 1 日，1450 年からは 6 月 11 日に行われた (Bibolet [22] 32)。
17) トロワ都市評議会については伝来する最古の審議録 (1429–1433 年) が刊行されている (Roserot [12])。住民総会議事録も，1466 年について Boutiot [27] に，1470 年について Bibolet [1] 595–6 により断片ではあるが刊行されている。
18) 大司教がランスを離れた理由は不明だが，ともかく大司教と住民との対立が背景にあると考えられる (Desportes [40] 554)。
19) カピテーヌ代理はカピテーヌの補佐役として 1369 年以来存在し，1392 年からは市民の 1 人がそれに任命されるようになった (Desportes [40] 569–70; [41] 164)。15 世紀にはその役割が大きくなり，カピテーヌ代理というよりも都市評議会の代理として実質的に市長としての地位にあった (Desportes [40] 653)。
20) 伝来する最古のランス都市評議会審議録 (1422–1436 年) は刊行されている (Guilbert [8])。またそれ以降の審議録も Varin [14] Statuts, t. 1 に刊行されている。
21) 内訳は，司教のバンから 3 名，サン＝ピエール＝オ＝モン修道院のバンから 1 名である (Clause et Ravaux [34] 77)。ここでの毛織物業者のギルドは，都市を分節する 4 つの聖界領主のバンに関係なく，すべてのドラピエ (織元) と織布工で構成されていた。
22) Archives Communales de Châlons (= ACC), CC82, F^{os} 1–4; Pélicier [11] 188–9.
23) この 2 名は住民代表で名望家。他の 2 名はシャロンの 4 名の都市領主によって選出された (Barthélemy [4] 99)。またこの 4 名が総会で選出された 1 名を収入役に任命した。
24) 1417 年 2 月 6 日，1440 年 1 月 27 日の総会議事録には参加者の概略が記されており，そこには貴族，聖職者，住民が一緒に現れている (Pélicier [10] 302–304, 316–319)。
25) ACC, BB1, pp. 1–4.
26) 1375 年頃防備体制を強化するために都市は 4 つの地区に分割され，4 名の街区長が防衛を指揮した。地区はさらに 50〜75 家族を単位とする 24 防備地区 «connétablie» に細分され，その責任者が防備地区長である (Barthélemy [4] 81)。
27) コミューンが都市統治機関として機能していた時代については，拙稿 [85] 第 3 章，第 5 章を参照。
28) シャンパーニュ 4 都市の財政制度には別稿で詳細に取り組む予定である。そこでは 14 世紀中葉以前の都市統治機関の財政活動 (トロワ，プロヴァンのコミューン財政，ランス，シャロンのエシュヴィナージュ財政) も考察対象となるであろう。なおプロヴァンに関しては拙稿 [83] [85] を参照。
29) この税については Boutiot [6] t. 2, 351–355; Bibolet [1] 289–290 を参照。
30) これは，トロワに居住せずそこに家屋あるいは定期金を持つ者の収入に対して徴収された (Ibid., 380)。
31) 残りの 4 会計の特徴は次のとおり。道路管理会計 (13 世紀末設置) には，馬や馬車に対して課された市門通過税が記載され，収益は橋の建設・通りの舗装・街道の維持に使われた。塩取引会計 (1451 年設置) では，収入部に塩の売却収入が記載され，支出部には塩の購入費用の他に贈与・旅費・定期金支払・国王への貸付などの様々な負担が記載されていた。レ・ドゥー＝ゾ癩病院会計 (13 世紀末設置) は病院経営収支を記載してお

り，タイユ会計(14世紀中葉設置)ではタイユ税収が軍事目的の支出に使われた (*Ibid.*, 419–423)。

32) *Ibid.*, 419.
33) Archives Municipales de Troyes (= AMT), fonds Boutiot, B1–2; Boutiot [6] t. 2, 166 のデータを基に筆者が計算。
34) AMT, fonds Boutiot, B4; Bibolet [1] 511–552.
35) トロワのぶどう酒税と塩税の税率は時代によって変動している。この点については，Bibolet [1] 306–318, 336–341 参照。後注 55) も参照。
36) 国王エド «aide royale» 拝領分とは，本来国王財政の財源のために都市で徴収された租税(たいていは間接税)の一部を，都市財政に国王が配分を許可したものである。通常国王エドの1/4が都市に交付された (Chevalier [30] 211–2)。後注 54) も参照。
37) Archives Communales de Reims(= ACR), Cart. 706, Div. Mat., 1, 38, suppl. II.
38) ACR, Registre no. 154, cahier 7, f°s 291–302.
39) ACR, Registre no. 154, cahier 8, f°s 307–354.
40) 税額は通過商品1リブラにつき12デナリウス。ただし初物のぶどう酒は1樽2グロであった (Desportes [40] 559, note 108)。
41) ACC, CC82, F^{os} 5–16r^o.
42) 例えば 1409, 1417, 1418, 1421 年。その後 16 世紀初頭まで数年おきにエド徴収権更新が国王から許可され，同時に税額調整も行われた (Pélicier [11] 181)。
43) 1491 年においても防備費は支出の 47% を占め，15 世紀を通じて支出の大部分がこれに費やされた (Guilbert [50] 198)。
44) ぶどう酒税の税額は不明。粉挽税は小麦1スチエにつき2ソリドゥス。
45) ぶどう酒税は1樽につき15デナリウス。塩税は塩1ミュイにつき4リブラ。
46) 住民総会の起源は伝来史料がなく不明であるが，農村であれ都市であれ共同体組織が生まれたころの慣習的な集会(教区集会のようなもの)が発展したものと考えられる。それがより政治的な色彩を持ち独自の機関として機能し始めるのは，12世紀からとされる (Babeau [15] 5–19)。
47) ここでは都市に居住し，市民権を認可され都市法を享受する俗人という意味である。ところで，住民総会にはもちろんすべての住民が現実に参加した訳ではなく，たいていは家長と寡婦が出席し，独身の息子，家庭を持たない職人，誰かの庇護下にある下層民は排除されたとされるが (Chevalier [30] 208)，実際は時代と地域によって大きな差があり，例えば女性の参加が原則に近い場合もあった (Babeau [15] 49–62)。
48) もちろん都市側も，彼らを通じて租税徴収などの点で王権からより良い条件を期待していた面は無視できない (Bibolet [23] 8)。
49) Bibolet [20]; Rigaudière [68] 463; Leguay [60]. ビボレ女史は，市当局と聖職者との間には本質的な対立はなく基本的に平和な関係であったと考えている。
50) ランス，シャロンでも各バンの住民はかなり早くから経済的に交流していたようである。そして実際バン間の移動も可能であった (Desportes [40] 203; Clause et Ravaux [34] 110–111)。
51) これはトロワとプロヴァンについても言えることだが，ランス，シャロンほど明確な教

会機関による都市分断はなかった（Bibolet [25]; Veissière [74]）。それゆえ特にトロワの場合がそうであるように，都市内の社会統合はよりスムーズに進行したのではないかと考えられる。

52) 実際直接税徴収の基本である査定帳簿 «livre d'estime» は南仏に多く伝来している。とはいえ北仏の徴税技術が劣っていた訳ではない。北仏では早くも13世紀から定期金市場が活発でありまた間接税の萌芽的形態も現れていたため，手間のかかる査定簿の作成をしてまで直接税を取る必要はなく，せいぜい戸毎のタイユ徴収記録の利用で十分であった。他方南仏では定期金市場が小さく，直接税に頼るしかなかったため，そのための技術が進んだとされる（Chevalier [33] 65, 76）。

53) プロヴァンの1360年会計簿末尾には，タイユ未納者リストが記載されている（Compte [2] 196–205; 拙稿 [85] 183頁，表10）。

54) この権利は，王権からの権限の正当な委譲であることから「授与」«octrois» と呼ばれた（前注36）も参照）。従って，間接税徴収については市の方が技術的に進んでおり，王権が国家税制の枠内で間接税システムを整備したのは1439年になってのことだったとされる（Chevalier [31] 22, note 3）。

55) ぶどう酒は価格に課税分を上乗せして売られたのではない。居酒屋では市当局に支払う税の価値に等しい量だけ容積を減らした桝でぶどう酒を売った。税率は平均して価格の1/10であり，従って消費者は通常よりも1/10分減らされたぶどう酒を飲んでいたので税を取られているという感覚はあまり感じなかったようである（Rigaudière [68] 451–2; Chevalier [30] 212）。

56) 俗人はともかく聖職者も居酒屋でよく飲んでいた（N. ゴンティエ（藤田朋久・なち子訳）『中世都市と暴力』白水社，1999年，65頁）。ただしぶどう酒の市門通過税については，托鉢修道会など一部の修道会は免税されることがあった（Bibolet [20] 64）。

57) 敵軍・野盗に村を襲われると，彼らは都市に避難してくるので，その際の保護の代償として租税を負担していた。同じ理由で彼らには防備工事における労働賦役も課された（Rigaudière [68] 470）。これはシャンパーニュ4都市についても確認できる（Bibolet [25] 65; Desportes [40] 553; Berland [18]; Mesqui [9] 157, 169）。

58) 同じく14世紀中葉以降，資金の適正運用と管理の合理化のために体系的な都市会計簿の作成が始まり，多くの場合聖俗両界の代表で構成される監査委員会にて監査・承認されるようになったが，これも同じ役割を果たしたとされる（Rigaudière [69] 481–483; [70]）。シャンパーニュ諸都市でもこの点は認められるが，具体的な追究は他日を期したい。

59) シュヴァリエは，当時の人々は「たくさん飲んで都市の防備強化とその維持に成功した」と巧みに表現している（Chevalier [30] 213）。

60) Rigaudière [69] 504; Congar, Y.M.J., Quod omnes tangit, ab omnibus tractari et approbari debet, dans *Revue historique de droit français et étranger*, t. 36, 1958, pp. 210–259.

61) Chevalier [30]; Ch. ケタリング（林田伸一訳）「フランスにおける国家統制と都市」鵜川馨，J.L. マックレイン，J.M. メリマン編『江戸とパリ』岩田書院，1995年，117–144頁。

中世後期フランス都市行・財政制度の特質　　　　　　　　　　　387

文 献 目 録

省略形

MSAA : *Mémoires de la Société académique d'agriculture, des sciences, arts et belles-lettres du département de l'Aube.*

MSACSAM : *Mémoires de la Société d'agriculture, commerce, sciences et arts du département de la Marne.*

未刊行史料

[1]　Bibolet, Fr., Les institutions municipales de Troyes aux XIVe et XVe siècles (1356–1493), Thèse de l'École Nationale des Chartes, 1941 [Bibliothèque municipale de Troyes, Manuscrits n° 3316 et n° 3317].

[2]　Compte de frere Pierre de Juilli (1360) [Bibliothèque municipale de Provins, Manuscrit n° 166] transcrit dans Provins. Notes et documents recueillis par Félix Bourquelot pour servir à une histoire de cette ville et rangés par ordre chronologique, t. 4, pp. 196–211 [Bibliothèque municipale de Provins, Manuscrit n° 150].

[3]　Compte de Pierre Fréron (1451) [Bibliothèque municipale de Provins, Manuscrit n° 166].

刊行史料

[4]　Barthélemy, E. de., *Histoire de la ville de Châlons-sur-Marne et de ses institutions depuis son origine jusqu'en 1848*, 2e éd., Châlons-sur-Marne, 1888.

[5]　Bourquelot, F., *Histoire de Provins*, 2 vol., Provins / Paris, 1839–1840.

[6]　Boutiot, Th., *Histoire de la ville de Troyes et de la Champagne méridionale*, Troyes / Paris, 5 vol., 1870–1880.

[7]　Grignon, L., *Documents inédits pour servir à l'histoire de Châlons, 1422–1430*, Châlons-sur-Marne, 1880.

[8]　Guilbert, S., (éd.), *Registre de délibérations du Conseil de Ville de Reims (1422–1436)*, dans *Travaux de l'Académie nationale de Reims*, t. 169, Reims, 1990–1991.

[9]　Mesqui, J., *Provins. La fortification d'une ville au Moyen Age*, Paris, 1979.

[10]　Pélicier, P., Copies de pièces extraites des Archives municipales de Châlons, dans *MSACSAM*, 1899–1900, pp. 287–349.

[11]　Id., *Inventaire sommaire des Archives communales antérieures à 1790*, Châlons-sur-Marne, 1903.

[12]　Roserot, A., (éd.), *Le plus ancien registre des délibérations du Conseil de Ville de Troyes (1429–1433)*, Troyes, 1886.

[13]　Varin, P., *Archives administratives de la ville de Reims*, 5 vol., Paris, 1839–1848.

[14]　Id., *Archives législatives de la ville de Reims*, 6 vol., Paris, 1840–1853.

研究文献

[15]　Babeau, H., *Les assemblées générales des communautés d'habitants en France du XIIIe siècle*

à la Révolution, Paris, 1893.
[16] Barbat, L., *Histoire de la ville de Châlons-sur-Marne et de ses monuments depuis son origine jusqu'en 1855*, Châlons-sur-Marne, 1855–1860, 2ᵉ éd., Roanne, 1979.
[17] Bécet, M., Comment on fortifiait une petite ville pendant la guerre de Cent Ans. Les fortifications de Chablis au XVᵉ siècle, dans *Annales de Bourgogne*, t. 21, 1949, pp. 7–30.
[18] Berland, J., Un document épigraphique du XIVᵉ siècle. A propos de la construction et de l'entretien des fortifications de Châlons par les habitants des villages voisins, dans *MSACSAM*, t. 19, 1923, pp. 339–383.
[19] Bibolet, Fr., Le rôle de la guerre de cent ans dans le développement des libertés municipales à Troyes, dans *MSAA*, t. 99, 1939–1942, 23 p. (tiré à part).
[20] Ead., La participation du clergé aux affaires municipales de la ville de Troyes aux XIVᵉ et XVᵉ siècles, dans *MSAA*, t. 100, 1943–1945, pp. 51–70.
[21] Ead., Les assemblées générales des habitants de Troyes aux XIVᵉ et XVᵉ siècles: La Saint-Barnabé, dans *MSAA*, t. 101, 1946–1953, pp. 15–25.
[22] Ead., Réunions du conseil de ville de Troyes aux XIVᵉ et XVᵉ siècles, dans *MSAA*, t. 101, 1946–1953, pp. 31–51.
[23] Ead., Les fonctionnaires royaux à Troyes aux XIVᵉ et XVᵉ siècles, dans *MSAA*, t. 103, 1961–1963, pp. 5–17.
[24] Ead., Le rôle des beffrois au Moyen Age, dans *La Vie en Champagne*, nº 402, 1989, pp. 1–11.
[25] Ead., et al., *Histoire de Troyes*, Troyes, 1997.
[26] Blieck, G., La mise en défense de Lille en 1452–1453, dans [58] pp. 195–209.
[27] Boutiot, Th., *La Saint-Barnabé à Troyes en 1466*, Troyes, 1853.
[28] Id., Décentralisation administrative des mairies, des échevinages et des conseils de ville, depuis le XIIᵉ siècle jusqu'en 1789, dans *MSAA*, t. 34, 1870, pp. 5–29.
[29] Chevalier, B., *Tour, ville royale (1356–1520)*, Paris / Louvain, 1975.
[30] Id., *Les bonnes villes de France du XIVᵉ au XVIᵉ siècle*, Paris, 1982.
[31] Id., Genèse de la fiscalité urbaine en France, dans *Revista d'Història Medieval*, 7, 1996, pp. 21–38.
[32] Id., Pouvoir central et pouvoirs des bonnes villes en France, aux XIVᵉ–XVᵉ siècles, dans Gensini, S., (a cura di), *Principi e Città alla fine del Medioevo, Collona di Studi e Ricerche*, 6, Pisa, 1996, pp. 53–76.
[33] Id., La fiscalité urbaine en France, un champ d'expérience pour la fiscalité d'État, dans Sánchez, M., i Furió, A., (Curadors del volum), *Actes. Col·loqui Corona, Municipis i Fiscalitat a la baixa Edat Mitjana*, Lleida, 1997, pp. 61–78.
[34] Clause, G., et Ravaux, J.-P., *Histoire de Châlons-sur-Marne*, Roanne, 1983.
[35] Clauzel, D., Lille et ses remparts à la fin du Moyen Age (1320–1480), dans [56] t. 1, pp. 273–293.
[36] Collet, B., Evolution de la fortification, dans *La Vie en Champagne*, nº 389, 1988, pp. 10–33.
[37] Id., Troyes, Châlons, Reims et leurs fortifications au début du XVIᵉ siècle, dans *La Vie en Champagne*, nº 445, 1993, pp. 1–29.

[38] Id., Le financement de la fortification de la ville de Troyes au XVIe siècle, dans Leroy, P.E., (éd.), *Le beau XVIe siècle troyen. Aspects de la vie politique, économique, artistique, littéraire et religieuse à Troyes de 1480 à 1550*, Troyes, 1989, pp. 7–22.

[39] Contamine, Ph., Les fortifications urbaines en France à la fin du Moyen Age: aspects financiers et économiques, dans *Revue Historique*, t. 260, 1978, pp. 23–47.

[40] Desportes, P., *Reims et les Rémois aux XIIIe et XIVe siècles*, Paris, 1979.

[41] Id., (dir.), *Histoire de Reims*, Toulouse, 1983.

[42] Dubled, M.H., Aux origines des communes. Les syndics et conseillers de Carpentras du XIIIe au XVe siècle, dans *Bulletin philologique et historique*, 1965, pp. 449–462.

[43] Durbec, J.A., Les premières délibérations des conseils de la ville de Nice en 1454–1457, dans *Bulletin philologique et historique*, 1965, pp. 463–506.

[44] Dutour, Th., *Une société de l'honneur. Les notables et leur monde à Dijon à la fin du Moyen Age*, Paris, 1998.

[45] Favier, J., (dir.), *XIVe et XVe siècles. Crises et genèses*, Paris, 1996.

[46] Flandin-Bléty, P., Le pouvoir municipal en Limousin au bas Moyen Age, dans Cassan, M., et Lemaitre, J.L., (éd.), *Espaces et pouvoirs urbains dans le Massif central et L'Aquitaine du Moyen Age à nos jours*, Ussel, 1994, pp. 3–45.

[47] Glénisson, J., et Higounet, Ch., Remarques sur les comptes et sur l'administration financière des villes françaises entre Loire et Pyrénées (XIVe–XVIe siècles), dans *Finances et comptabilité urbaines du XIIIe au XVIe siècle (Colloque international Blankenberge 6–9-IX-1962)*, Bruxelles, 1964, pp. 31–67.

[48] Goldsmith, J.L., The Crisis of the Late Middle Ages: the Case of France, dans *French History*, vol. 9–4, 1995, pp. 417–450.

[49] Guilbert, S., A Châlons-sur-Marne au XVe siècle: Un conseil municipal face aux épidémies, dans *Annales. E.S.C.*, t. 23, 1968, pp. 1283–1300.

[50] Ead., Les fortifications de Châlons-sur-Marne à la fin du Moyen Age, dans *Actes du 95e congrès national des sociétés savantes (Section d'archéologie et d'histoire d'art), Reims, 1970*, Paris, 1974, pp. 195–203.

[51] Ead., Relations entre les administrations municipales des villes champenoises pendant la guerre de Cent Ans, dans Clause, G., Guilbert, S., et Vaïsse, M., (dir.), *La Champagne et ses administrations à travers le temps*, Paris, 1990, pp. 131–140.

[52] Ead., Le recours au prince: villes champenoises et ducs de Bourgogne au début du XVe siècle, dans Cauchies, J.-M., (dir.), *Les relations entre princes et villes aux XIVe–XVIe siècles: aspects politiques, économiques et sociaux. Actes du congrès du centre européen d'études bourguignonnes (XIVe–XVIe siècles). Rencontres de Gand (24–27 sep. 1992)*, n° 33, Neuchâtel, 1993, pp. 177–185.

[53] Humbert, G., *Institutions municipales et administratives de la Ville de Reims sous l'Ancien Régime*, Paris, 1910.

[54] Jones, R., Les fortifications municipales de Lisieux dans les chroniques et dans les comptes (première moitié du XVe siècle), dans [56] t. 1, pp. 235–244.

[55] *La fiscalité des villes au Moyen Age (France méridionale, Catalogne et Castille)*, t. 1, *Étude des sources*, Toulouse, 1996; t. 2, *Les systèmes fiscaux*, Toulouse, 1999.

[56] *La guerre, la violence et les gens au Moyen Age*, t. 1, *Guerre et Violence*, t. 2, *La violence et les gens. Actes du 119ᵉ Congrès national des sociétés historiques et scientifiques, Amiens, 1994*, Paris, 1996.

[57] Lardin, Ph., Le financement des fortifications en Normandie orientale à la fin du Moyen Age, dans *Les Normands et le fisc. Actes du 29ᵉ Congrès des sociétés historiques et archéologiques de Normandie, Elbeuf, 1994*, Elbeuf, 1996, pp. 47–58.

[58] *La ville au Moyen Age, t. 1, Ville et espace. Actes du 120ᵉ Congrès national des sociétés historiques et scientifiques, Aix-en-Provence, 1995*, Paris, 1998.

[59] Leguay, J.P., Les villes fortifiées de la Guerre de Cent Ans, dans *L'Histoire*, n° 166, mai 1993, pp. 22–28.

[60] Id., L'Évêque et la Cité aux XIVᵉ et XVᵉ siècles. Exemples bretons et savoyards, dans Bériac, Fr., (Textes réunis par), *Les prélats, l'église et la société XIᵉ–XVᵉ siècles. Hommage à Bernard Guillemain*, Bordeaux, 1994, pp.269–283.

[61] Leyte, G., *Domaine et domanialité publique dans la France médiévale (XIIᵉ–XVᵉ siècles)*, Strasbourg, 1996.

[62] *Les Enceintes urbaines (XIIIᵉ–XVIᵉ siècle). Actes du 121ᵉ Congrès des sociétés historiques et scientifiques, Nice, 1996*, Paris, 1999.

[63] Lesquier, J., L'administration et les finances de Lisieux de 1423 à 1448, dans *Études Léxoviennes*, t. 2, 1919, pp. 37–175.

[64] Maurice, Ph., Un exemple d'organisation municipale au XVᵉ siècle: Le syndicat de Chirac, dans *Annales du Midi*, t. 105, 1993, pp. 183–208.

[65] Mesqui, J., Introduction, dans [62] pp. 7–12.

[66] Neveux, Fr., *Bayeux et Lisieux. Villes épiscopales de Normandie à la fin du Moyen Age*, Caen, 1996.

[67] Rigaudière, A., *Saint-Flour, ville d'Auvergne au bas Moyen Age. Etude d'histoire administrative et financière*, 2 vol., Paris, 1982.

[68] Id., Le financement des fortifications urbaines en France du milieu du XIVᵉ siècle à la fin du XVᵉ siècle, dans *Revue Historique*, t. 273, 1985, pp. 19–95 (reproduit dans [69] pp. 417–497).

[69] Id., *Gouverner la ville au Moyen Age*, Paris, 1993.

[70] Id., Le contrôle des comptes dans les villes auvergnates et vellaves aux XIVᵉ et XVᵉ siècles, dans *La France des principautés. Les Chambres des comptes, XIVᵉ et XVᵉ siècles*, Paris, 1996, pp. 207–242.

[71] Teyssot, J., Les institutions communales de Riom, XIIIᵉ–XVIIIᵉ siècles, dans *Histoire en Auvergne. Revue archéologique et historique*, n° 2, 1995, pp. 63–70.

[72] Theurot, J., Un corps de ville dans la tourmente. Dole, de 1480 à 1493, dans *Mémoires de la Société pour l'Histoire du Droit et des institutions des anciens pays bourguignons, comtois et romands*, vol. 53, 1996, pp. 103–141.

［73］ Viollet, P., Le compte-rendu du livre de F. Bechard, *Le droit municipal au Moyen Age,* dans *Bibliothèque de l'École des Chartes,* t. 30, 1869, pp. 337–345.
［74］ Veissière, M., (dir.), *Histoire de Provins et de sa région,* Toulouse, 1988.
［75］ Wilsdorf-Colin, O., La mise en défense de Langres au lendemant de la bataille de Poitiers (1356), dans ［58］ pp. 167–180.
［76］ Wolfe, M., Siege Warfare and the Bonnes Villes of France during the Hundred Years War, in Corfis, I.A., and Wolfe, M., (ed.), *The Medieval City Under Siege,* Woodbridge, 1995, pp. 49–66.
［77］ 小倉欣一「ランデスヘルの租税政策と中世都市の自治――ヘッセン方伯居城都市マールブルクにおける「領邦と都市」論――」『経済経営論集(経済学部編)』(東洋大学経済経営研究所), 1967年, 109–151頁。
［78］ 高橋清徳「中世の社会――都市と産業――」樺山紘一・柴田三千雄・福井憲彦編『世界歴史体系 フランス史1』山川出版社, 1995年, 327–383頁。
［79］ 田北廣道「中世後期のケルン財政構造と『ツンフト闘争』――ケルン都市会計簿の分析を中心に――」『社会経済史学』43–5, 1977年, 19–39頁。
［80］ 田北廣道「都市と農村」朝治啓三・江川 ・服部良久編著『西欧中世史［下］』ミネルヴァ書房, 1995年, 131–156頁。
［81］ 田北廣道「中世後期ケルン空間の流通と制度――シュターペル研究序説(1)(2)――」『経済学研究』(九州大学)65–4, 1998年, 1–25頁; 65–5, 1999年, 49–66頁。
［82］ 花田洋一郎「フランス中世都市財政史研究の動向――1950年以降のフランス学界――」『史学雑誌』104–4, 1995年, 79–103頁。
［83］ 花田洋一郎「15世紀中葉プロヴァン都市会計簿の分析――中世後期フランス都市財政の1例――」『経済論究』(九州大学大学院)94, 1996年, 435–458頁。
［84］ 花田洋一郎「シャンパーニュ大市, 都市当局, 在地住民――プロヴァンを中心にして――」『経済学研究』(九州大学)65–1・2, 1998年, 53–79頁。
［85］ 花田洋一郎『フランス中世都市制度と都市住民――シャンパーニュの都市プロヴァンを中心にして――』(未刊行博士論文), 九州大学, 1999年。
［86］ J.ファヴィエ(内田日出海訳)『金と香辛料――中世における実業家の誕生――』春秋社, 1997年。
［87］ 藤井美男「中世後期南ネーデルラントにおける君主財政――都市財政との関係をめぐる予備的考察――」『商経論叢』(九州産業大学)32–1, 1991年, 157–188頁。
［88］ 藤井美男「中世後期ブリュッセルの財政構造――毛織物ギルドとショセの財政をめぐって――」『経済学研究』(九州大学)59–3・4, 1994年, 193–210頁。
［89］ 藤井美男「中世後期ブリュッセルの財政に関する一考察――財政をめぐる中世都市と領邦君主――」『商経論叢』(九州産業大学)35–4, 1995年, 103–132頁。
［90］ 若曽根健治「領邦ティロール都市部における租税制度」『社会経済史学』42–1, 1976年, 1–25頁。
［91］ Ph.ヴォルフ(山瀬善一・尾崎正明監訳)『近代ヨーロッパ経済のあけぼの――中世の秋から近代の春へ――』晃洋書房, 全2巻, 1991–1993年。

14–15世紀ブリュッセルにおける権力構造の再編
―― 毛織物ギルドとナシオンの統合をめぐって ――

藤 井 美 男

はじめに*

　中世後期南ネーデルラントの都市毛織物工業史については，その単線的衰退を強調した旧説が排されると同時に，とりわけ70年代以降の多面的な再検討により，逆に都市工業の根強い成長力へと光があてられるようになってきた。筆者はそうした研究動向を背景に，イープル及びメヘレンという南ネーデルラントを代表する都市工業を取上げ，それらが高級品への生産特化を通じて，都市の政治・経済的な生命力を維持したことを明らかにしようと試みた(藤井[1998])。この特化を可能にしたのが，工業構造の転換――この場合とくに小企業家を中核に据えるような生産組織の再編を重点とする――であり，しかもそれは，新興手工業者の市政参与という政治状況の変化と切離し難く進行していた。従って必然的に「工業組織と市政構造双方の変化における交互作用力の存在」という点が，拙著における結論の1つとなったのである。

　本論はそうした議論の延長上に位置している。つまり，中世後期のブリュッセルを対象として[1]，その毛織物工業の成長と変容という動態の内部に，市政構造の変化と密接に絡んだ生産組織の再編が進行していたことを明らかにしようというのである。筆者はかつて中世ブリュッセルの行財政制度の変革を検討する中で，都市行財政のありようと工業組織の変容との緊密な連関について，ある程度の知見は得ていた(藤井[1994])。従ってここではそれをより実証的に深化させることが狙いである。

以下主題へ直接立ち入る前に，本論の大枠をなすブリュッセル毛織物工業史の変遷を研究史に沿いつつ予備的に概観しておくこととしよう。

I　研究動向と史料伝来の状況

ベルギーを中心とする学界での研究史と史料の伝来・刊行状況については，毛織物工業に直接関わる分野[2]を別にしても，中世後期ブリュッセルの政治・制度史への接近を課題とする我々の論考に対して，以下のように十分な蓄積を重ねている。

(1) 研究史

中世都市ブリュッセルの研究[3]は，政治史に主眼をおいた A. エンヌと A. ワウテルスの 19 世紀半ばの通史叙述 (Henne [1845])[4]を以って嚆矢とする。その後ベルギー学界では，フランドル都市へ強い傾斜を示す都市史研究の進捗に比べ，ブラバント諸都市[5]とりわけブリュッセルには大きな注目が払われないまま推移していた[6]。こうした潮流を批判的に回顧しつつ，本格的な研究に着手したのが，G. デ＝マレ (Des Marez [1904]: [1906]) である。しかしこれらは，前者が時代射程を 15 世紀にほぼ限定し，また後者は——本論にとって興味深いものではあるが——政治史的変化を叙述する素描の域を出ていないため，いずれも中世盛期から後期にまたがる都市の社会経済史的変化の実証追究にはなお不十分なものに留まっていた。しかもその後デ＝マレの関心が，ブリュッセルの地政学的・地誌的側面に移る (Des Marez [1927]: [1935]) ことにもよって，限界を一層強調して見せることにもなった。

こうした状況を突破したのがデ＝マレの弟子 F. ファヴレスであった。1930 年代から大戦を挟んだおよそ 20 年にわたる彼の業績は，中世ブリュッセル史研究へ強固な基盤と複数の方向性を与えた。つまり，都市の行財政制度の解明に力点を置いた初期的研究から (Favresse [1930]: [1931b]: [1932]: [1934a]: [1957])，経済的基盤を成す毛織物工業史の検討にも着手することによって[7]，都市の制度史と社会・経済史とを融合させ，両者の有機的な分析の可能性を示唆したのであ

る。

　ファヴレスの示した多元的方向は 50 年代以降大きく開花していく。まず M. マルテンスが，既に 40 年代から着手していたブラバント公の直轄領支配と経営に関する諸研究 (Martens [1943]: [1953b]: [1959a]: [1962]) を，ブリュッセルの宮廷都市としての在り方をめぐる考察へ関連づけることに成功し[8]，やがて，初期史から総覧した 76 年の論文集『ブリュッセルの歴史』編纂とブラバント公領における中核都市への成長を跡づける諸論考とを結実させることとなる (Id. [1976 a・c・d])。これらと並行して，経済的側面にも考慮を払いつつ (Godding [1960] p. vii)，都市内外の不動産の法的諸関係をめぐる分野を開拓した P. ゴダンは (Id. [1959]: [1960]: [1965])，ブリュッセル市民の権利・義務をめぐる市内外の法制史的側面 (Id. [1954]: [1962]: [1973]: [1975]) を切拓き，それを南ネーデルラント全体へ拡大していった (Id. [1981]: [1987]: [1995]: [1997])。

　また，都市の行政・諸制度という本論に最も関連の深い分野についても，一方では，中世後期に市政を掌握した都市貴族家系の出自と変遷過程が，家系名の確定という極めて詳細な領域にも分入りつつ，H. ヴァン＝パレイスやマルテンスらによる綿密な史料調査と分析とによって明らかにされ (Libois [1956]: [1958] / Van Parys [1956]: [1958]: [1959]: [1960] / Martens [1959a・b]: [1966])，それらが，市政執行官の構成などブリュッセル市政の人的側面での解明と連繋することとなる (Vandervelde [1958]: [1959])。他方で，P. ゴリッセン (Gorissen [1956]) に端を発し，A. ムロー＝ファン＝ネック (Moureaux-Van Neck [1965]: [1966]) と C. ディックステイン＝ベルナール (Dickstein-Bernard [1959]: [1966]) によって進展されたブリュッセル内外の財政史研究の延長上に，社会・経済の全般的発展に関する洞察 (Id. [1976a・b]: [1979a・b]) が加わり，ショセ Chaussée や毛織物ギルド Gilde といった個別論点の掘下げが，後者の学位論文へと昇華する諸論と相まって (Id. [1965]: [1974]: [1977a])，ファヴレス以降の研究史を底上げすると同時に，ギルドとナシオン Nation の社会的統合という，本論で主題とする議論に新しい地平を拓いたのである[9]。

(2) 史料

ブラバント公・ブルゴーニュ公の宮廷所在地という地位が (Avonds [1991] / De Ridder [1979] / Stengers [1979])，ブリュッセルに領邦君主との関係を示す史料を多数伝来させていることは至極当然で，ブリュッセル史研究での1つの特徴をなす。しかもここで重要なことは，それらが市内外の権力諸関係をも反映する内容を多く含み，従って本論の課題にとって極めて有効な分析素材となっている点である。

こうした史料の発掘と刊行においても，ファヴレスの貢献は極めて大きい。ブリュッセルの政治・経済構造を明確にする行財政史料[10]を皮切りに，初期から成長期にかけての都市法整備を示す史料の刊行が30年代の成果 (Favresse [1931a]: [1934b・c]: [1938]) だとすれば，それ以後，毛織物工業史をめぐる諸史料の公刊 (Id. [1945]: [1946a・b・c]: [1947b]: [1959]) の中でも，本論で主に取上げる毛織物ギルドに関係したもの (Id. [1947a]: [1955b]) は，彼の後期の業績といって良いだろう。

次いでマルテンスが，ブラバント公の直轄領経営と都市支配をめぐる上述の研究と並行して，それらに密接な関わりを持つ史料を刊行し (Martens [1943]: [1958]: [1962]: [1977])，他方，M.-T. デルーレールと P. ド゠リッデルは，ブリュッセル当局による市内外の不動産所有に関する発令および，ブラバント公発給による諸都市への特許状をそれぞれ世に問うことで (Deleurère [1968] / De Ridder [1974a・b])，直接間接を問わず，ブリュッセルが内外の諸権力と取結ぶ関係を示す素材を提供している。またこれらに，ブリュッセルを含むブラバント公領全体を対象に，A. アウトブルークと P. アーヴォンズが，未刊行史料を駆使してジャン3世 Jean III 治世期以降の社会・経済・政治史を詳細に辿っていることをつけ加えよう (Uyttebrouck [1975] pp. 153–224 / Avonds [1984]: [1991])。

以上の諸史料を背景として，我々の問題関心により直接に関わる史料群が公刊されていることに注意を払おう。それは例えば，ブリュッセルの有力市民の法的な (Godding [1953]: [1987]) あるいは──都市貴族家系名といった──社会的側面を示すもの (Martens [1966])，商工業 (Laurent [1934]: [1935]) および毛織物

ギルドやナシオンに直接言及したもの (Peeters [1992] / Dickstein-Bernard [1977a]: [1995] / De Ridder [1996]) である。これらは必ずしも主題毎にまとまった形で刊行されている訳ではないが，各所に散在したテキストを読みほどくことによって，我々に課題への接近を可能にしてくれる。

II　都市貴族7家門の成立

　14–15世紀のブリュッセル史を大きく特徴づけているのは，7つの都市貴族家系 Sept Lignages と呼ばれる名望家層(以下しばしば「家門」と略称)の挙動である。彼らは都市の公的職務を遂行する特権集団として，また，市内外の不動産所有者・毛織物商工業者として姿を現わし (Van Parys [1959] t. 3, pp. 107, 122)，その政治・経済的な力は中世盛期から後期にかけてのブリュッセルの命運を決定づけるほどの意義を帯びていた[11]。

　ブリュッセル7家門名がすべてはっきりした形で現われるのは，1306年2月以降公布された一連のブラバント公ジャン2世 Jean II の命令においてである。後述する通り，毛織物手工業者層が14世紀初頭の一時期内乱によって市政の民主的改革を図った後，介入してきた公の命令で都市貴族による反動体制が復活し (Bonenfant [1921] pp. 566, 584 / Favresse [1932] pp. 24–5)，その際7家門——Serhuigs, Weerts, Leus, Rodenbeke, Seroloefs, uten Steenwegs, Coudenbergen——が正統なブリュッセルの市政掌握者として指名されたのだった(史料[1])。

　ただし，市政における都市貴族体制が14世紀初頭になって成立したという訳ではない。実証的に詳細な軌跡をたどることは困難であるが，13世紀を通じて有力市民家系が市政の寡占を実現しようとしていたことは，研究者たちのほぼ共通した認識となっており[12]，それを確定させる契機を，例えばマルテンスは1235年のブラバント公アンリ1世 Henri I の命令 (Favresse [1938] p. 405) に求めている。7人の参審人 échevins と13人の宣誓官 jurés を正式に認可するとともに，彼らの毎年の改選を求めたこの公令以後，1306年に至る過程で上記7家門が形成されてきた，というのである (Martens [1959b] pp. 173–4)[13]。

　こうして，14世紀初頭に公の確定した7家門とその血統を公称する権利を与

えられた都市貴族たちが，都市の政治・経済において強い権限を発揮するようになっていったことは疑いない。とはいえ，彼らは必ずしも一枚岩の結束を誇った訳ではなかった。むしろ逆に，権力集中を図る過程において，都市貴族間の内部対立が先鋭化する状況をしばしば見ることができる。ここではそれを示す典型的な2事象を挙げよう。

第1は，1375年6月に公布されたブラバント公の命令である。それは，例えば父子で異なる家門名を巧妙に使い分けることにより，市政官職で多数を占めようとする動きと，それに対する反発から生起した都市貴族間の係争を鎮めようとしたもので，これにより，①7家門の嫡男ないし，ある家門と婚姻関係を結んだ男子は，28歳になるといずれか1つの家門名のみを公称することができ，②参審人か毛織物ギルドの主席Doyenになる資格を持つ，との原則(Dickstein-Bernard [1976a] pp. 132-3. 史料[2])が確立されたのである[14]。

第2は，15世紀中葉の市政をめぐる都市貴族2派閥の対立である。これは，J.バルティエによる史料発掘（Bartier [1942]）とそれに基づいたディックステイン＝ベルナールの分析（Disckstein-Bernard [1965]）によって次のように鮮明に描き出されている。即ち，ブリュッセル代官職アマンammanの告発を受けたブルゴーニュ公シャルル＝ル＝テメレールCharles le Téméraireは，1467年6月Philippe de NuwenhoveとGautier van den Wincleという2人の参審人への査問を命じることとなった。査問審判の中で明らかにされたのは，過去十数年にわたるド＝モルde Mol一派の寡頭支配と，彼らの市政での不正を糾弾しようとするケステルガートKestergat派の敵対的な動きであった[15]。つまり，対抗勢力がなおひ弱な中，15世紀半ばまでJean de Molの率いる一派が多数派を形成し市政を牛耳っていた。ところが，1455年頃ド＝モル派とその反対派として成長したケステルガート一派が，シャルトル会修道院建設の是非と都市財政問題を契機として激しく対立し始める。ド＝モル派は1463年までは市長職を独占し続ける一方，ケステルガート派も1461年から都市当局へ代表を送りこみ，不透明な都市財政に対する非難と告発によって，市政における発言力を増大させていった。後述するように，当時ブリュッセル市政全体は，Loiと呼ばれる法務行政団，評議会Conseil，第三会Troisième Membreの3市政機関から構成されており，最

高権限は Loi にあったが，市政とりわけ財務行政遂行にあたって他2機関の影響力も無視することはできなかった。前2者は主に都市貴族の代表から構成されたが，第三会は一般市民の代表者のみがその構成員となっていた。従って，都市貴族のある一派が Loi と評議会の双方で多数を占めることができない場合，第三会との関係が市政運営において極めて重要となってくる（Dickstein-Bernard [1965] pp. 495-6）。1455年から続いた2派の確執はまさにそのような背景のうちに推移したのである。

むろん，この一連の対立はあくまでも都市貴族内部の権力闘争という側面を脱してはいない。しかし，1467年の査問審判前後はケステルガート派が優勢となり[16]，長年の市政におけるド＝モル派の不正暴露と断罪には，手工業者を中心とする一般市民層との連繫を抜きにすることはできなかった。このことこそが，中世後期ブリュッセルにおける市政構造の変容の実態をなすのである。

III 毛織物ギルドの成長

（1） 経済的機能の拡大

毛織物ギルドとは，中世後期のブリュッセルにおいて都市貴族層が形成した商人団体であり，毛織物商工業に強い統制権を持つとともに，市政全般に影響力をふるう組織であった（Bonenfant [1921] pp. 567-8 / Favresse [1932] pp. 24-45）。その起源について詳細は不明であるが，13世紀初頭頃に成立し，その後ブラバント公によって認知される[17]とともに，独自の財政・会計処理をするなど13世紀を通じて自立した組織体として姿を整えるという経過を辿ったと推定されている（Dickstein-Bernard [1977a] pp. 10-11: [1988] p. 18）。史料での初出は1282年で，都市当局が手工業者の賃金・労働条件や罰金に関わる規則を制定するに際し，ギルド役職者が公布主体として名を連ねているのが見て取れる（史料[3]）。

13世紀末以降ブリュッセル製品の輸出市場での伸長につれて，都市貴族層は織元としての経営を拡大していった[18]。他方，品質管理や外国市場での模造品排除といった面で，生産・流通における自都市製品の地位確保にも努力を傾け

た (Id. [1979b] pp. 52-3)。模造品販売についてフランス王へなされた1375年の請願 (Laurent [1934] no. 32, pp. 390-92) は，その間の事情を雄弁に物語っている。

そうした中，ギルド組織ひいては毛織物工業全体の直接の統括者として立ち現われるのが，2人の主席と八人衆 Huits と呼ばれる幹部指導層である。彼らは既に1282年に言及されてはいるが(史料[3]①)，1306年ブラバント公ジャン2世によってその選出方法——参審人会が7家門の市民の中から八人衆とギルド主席2人を選任する(史料[4])——が明確にされて以降，1423年までは7家門に属する都市貴族のみが選出母体となり続けた (Bonenfant [1921] p. 590 / Dickstein-Bernard [1977a] pp. 285-6)。

14世紀以降増大してくる毛織物ギルドの権威は，ブリュッセル経済の支柱たる高級毛織物——上質の緋色織 escarlate など——の独占的生産・販売権の保持 (Dickstein-Bernard [1976b] pp. 139-40) に由来していた。それを典型的に示すのが，毛織物取引所をめぐる状況である。14世紀前半ブリュッセル中心部に肉・パン・毛織物の取引所が存在していた。それはブラバント公の所有物で，公から与えられた世襲の売台保有者の権利が強かったため，14世紀半ば都市当局が取引所を新たに建設することとなった (Martens [1953b] pp. 242-4)。

新取引所は，毛織物ギルド構成員による高級品の独占的卸売を目的としており，小売は不許可とされた (Dickstein-Bernard [1981] pp. 80-81)。しかし，ブラバント公の旧取引所が15世紀初頭までに売台保有者の減少を見るなど次第にその重要さを失う中で，代わってこの新取引所の機能が次第に変化・拡大し，ブリュッセル商工業の拠点としての地位を担うようになった。このことは，毛織物ギルドの経済的重要性が一層増大していくことをも意味していたのは当然である (Id. [1979b] p. 52: [1982] p. 236)。

(2) 法的・政治的権力の強化

毛織物ギルドは都市当局と緊密な関係を構築することで法的・行政的側面においても権力の増大を実現していった。10人の毛織物ギルド役職者が，市政官とともに毛織物商工業に係る立法権・司法権を行使したことにより (Dickstein-Bernard [1977a] p. 285)，7家門を軸として，毛織物ギルドと都市行政とが不可分

なものとして絡み合うこととなったのである (Id. [1979b] pp. 52-3)。このことを最も明瞭に浮かび上がらせるのが，都市財政と毛織物ギルド財政との融合という過程である。ただし，これについては既に拙稿(藤井 [1994])で触れているため詳細は割愛し，ここでは次のように要点を整理するに留めよう。

前述の通り，毛織物ギルドは恐らく成立当初から，都市財政とは全く別個に独自の会計・財政処理を行っていた。ギルドへの加入金，秤量・検印に対する課税といった通常営為から生ずる収入に加え，毛織物工業規約の違反者に対する罰金がこの組織——特に上記役職者たち——の収入となった (Dickstein-Bernard [1977a] pp. 93-5)。ところが，都市財政全体に対する一般市民層からの不満と糾弾とを背景として，1334年都市当局に2人の会計官receveursが設置され，財政改革が図られる中で，毛織物ギルドの主席と八人衆に対しても，参審人会と評議会へギルドの会計報告をする義務が課されることとなった (Id. [1977a] p. 91 / Favresse [1931a] I, pp. 115-8)。

それ以後，都市当局者や毛織物ギルド役職者の不正及び財政逼迫といった状況を是正するために，14-15世紀を通じて頻繁に改革の試みがなされていく。ギルド財政に対する都市会計官の監査も強化され，次第に毛織物ギルドの会計は都市のそれへの従属度を高めていった (Dickstein-Bernard [1988] pp. 27-8)。これを決定的にしたのが1385年の命令であり，この時ギルド財政を都市会計官の完全な統制下に置くことが定められるとともに，会計処理はなお別個になされるものの，毛織物ギルドの財政は最終的に都市財政の一部として処理されるようになったのである(藤井 [1994] p. 200)。

以上の経過を通じて見て取ることができるのは，毛織物ギルドが中世後期ブリュッセルの行財政においてすぐれて公的な存在とみなされ，それゆえ，市政改革の進行の中で，少なくとも財政的側面では漸次自立性を喪失するに至ったことである。しかも，上記過程において都市当局と毛織物ギルドの間——即ち7家門間——の緊張関係が増幅し，ブリュッセルの運命を単純に7家門による一元的支配という視点では把握できない状況が生まれつつあったことも銘記しなくてはならない。前章で瞥見したように，ブリュッセル7家門間には14世紀以降常に競合・対立が伏在しており，それは当然都市行財政へ投影され，少な

からぬ影響を与えていた。7家門からの毛織物ギルド役職者選出において，特定家系に偏りが生じないような仕方が14世紀半ばに定められたことは，その有力な傍証である(史料 [5])。

しかも，ここで更に次のことを付け加える必要がある。即ち，毛織物ギルドの強力な地位は，都市貴族の毛織物商としての資本力に由来すると同時に，都市当局と並ぶ毛織物関連職種に対する法規制者としての役割に多く負っていた (Dickstein-Bernard [1979b] pp. 52–3 / Godding [1951] no. 37, pp. 144–6: [1960] p. 344)。他面でそれは，手工業者のいわば犠牲の上に聳え立つものであり，手工業者たちは毛織物ギルドへの従属という地位を強いられていた (Dickstein-Bernard [1976b] pp. 139–40)。しかしながら，彼らはその状態に拱手していた訳では決してなかった。14世紀前半以降，7家門間の競合から生起する毛織物ギルド運営と都市行財政との微妙な秤動が，一般市民層に上部権力構造へと参与する可能性を部分的にせよ与えるという結果をもたらすことになるのである。

IV　ナシオンの台頭と毛織物ギルドの再編

(1)　市政改革と反動体制── 1303–1306 年 ──

1280 年に起こったフランドル諸都市の内乱[19]が，やがてブリュッセルにも波及し，縮絨工が賃上げ要求行動を起こすに至った[20]。これは結局成功せず，毛織物ギルド側の全面的勝利に終わった (Des Marez [1904] pp. 8–10 / Bonenfant [1921] p. 575) ものの，これを契機として，下層市民による都市貴族層への挑戦が 14–15 世紀を通じて常に見られるようになる (Favresse [1932] p. 16)。しかもその過程において，手工業者の要求は経済的側面に留まらなかった。市政からの排除という旧来の事情を背景に，彼らは民主化を求めて政治行動へも次第に重心をかけていったのである (Bonenfant [1921] p. 578)。

民主化闘争という点で最初の衝突は，14世紀初頭に勃発した。フランドルでの大規模な内乱が，ブラバント公領へ再び伝播し (Blom [1999] pp. 61–6)，1303 年 5 月ブリュッセルでも手工業者の一斉蜂起へと引火したのである。その結果，彼

らは政治経済的特権の獲得という宿願を実現した。残念ながら，この時の成果を直接に示す当該時点での史料は殆ど伝来しておらず，皮肉にも，後述する1306年の反動・抑圧期に布告された幾つかの文書が，内乱の結末を伝えてくれている。それらによれば，ブラバント公は従来都市貴族層のみに許されていた同職組織アンバハトambacht形成や毛織物ギルド参加の特権を，一般市民全体にも与えると同時に，手工業者の利害を代表する市長や宣誓官を選出する権利をも承認した(史料[6][7])。こうして一般市民層は，都市貴族から構成される参審人会とともに，市政における権力の一端を担うこととなったのである(Favresse [1932] pp. 65-6 / De Ridder [1974a] pp. 292-3)。

だが1303年のこの'民主的'改革もそれ自体としては決して長期に持続するものとはならなかった。3年後には都市貴族の反動政治が復活する。それはごく短期間に生じた政治的変化であるが，我々の問題関心からしてすこぶる興味深い経過を示している。

1305年前後に他のブラバント諸都市で次々と旧体制への回帰を見る中(Bonenfant [1921] pp. 580-82)，ブリュッセルでは，1306年2月初めのある傷害事件をきっかけに，手工業者多数による都市貴族屋敷の打壊しが発生した。公妃マルグリットMargueriteは騒擾を鎮圧しようと試みたが，群衆はこれを無視し，その時任にあった参審人7人のうち5人までを解職・交替させた[21]。ところが公妃の面目を失わせるこの顛末にブラバント公は激怒し，事態を急変させる。

暴動沈静化直後の2月22日ジャン2世は，手のひらを返したように，かつて自ら認めた'民主的'市政を破棄し，1303年以前の状態に戻すこと，つまり，ブリュッセルは公の代官たるアマンと都市貴族による参審人会とによってのみ統治されるべき旨を宣告したのである(史料[8])。一旦成立した和解(Bonenfant [1921] pp. 584-5)の後，5月に再発した小競合い(De Ridder [1974a] pp. 294-5)を鎮圧し，ジャン2世は6月に矢継ぎ早に命令を発布し，7家門の諸特権復活と一般市民層の権利喪失を定めた(史料[1]①②[4][7])。そして，叛乱首謀者への苛烈な追求と懲罰(Bonenfant [1921] p. 589)及び手工業者の市壁外居住強制・夜間市内立ち入り禁止(史料[1]④)が宣告されたのである(Dickstein-Bernard [1979a] p. 60)。

こうして7家門による反動体制はほぼ完全に復活し(Favresse [1934a] pp. 54-5)，

毛織物ギルドおよび市政の運営と毛織物商工業全体の統制・支配が，中世後期ブリュッセルを特徴づけていくこととなる（Id. [1932] pp. 13–6 / Dickstein-Bernard [1976b] pp. 139–40）。この1306年以降の状況は，一見すると都市貴族体制の揺るぎない確立を想像させる。しかし旧体制への回帰は，7家門による市政寡占状態の単なる再来を決して意味してはいなかった。この後，手工業者による都市貴族的権威への漸次的追求を我々は見ることになるのである。

（2） 手工業者の台頭──14世紀後半──

14世紀初頭のブリュッセルにおいては，毛織物関連のそれを含めて手工業の職種を多数数えることができる。だが，それらが幹部選出・規約制定・集会開催の諸権利を持つ明確なアンバハトを形成するのは，織布工と縮絨工の場合を除き，14世紀半ば以降だというのが研究者のほぼ一致した見解となっている（Des Marez [1904] pp. 13–4 / Bonenfant [1921] p. 585 / Favresse [1932] pp. 122–3 / Dickstein-Bernard [1976a] pp. 133–4: [1977a] pp. 10–11）。

しかしながら，毛織物手工業者たちは14世紀を通じて次第にその地位を改善していったこともまた間違いない（Favresse [1934a] pp. 58–9）。その端緒は，会計官職の新設を骨子とした1334年のあの財政改革であった（Favresse [1931a] pp. 112–3 / Dickstein-Bernard [1988] p. 11）。それ以後，一般市民層の市政関与という政治的潮流が形成されることとなる。そして，ブラバント公ジャン3世が逝去（1355年12月）した後フランドル伯ルイ＝ド＝マール Louis de Male との間に生じた'ブラバント継承戦争'が重要な転機となった。

公女ジャンヌ Jeanne の婿ウェンセラス Wenceslas は，ブラバント諸都市から必ずしも公位継承者として受容されておらず[22]，中でもブリュッセルのウェンセラスを疎む態度は1356年の戦乱のさなかに顕著となっていた。それは，フランドル伯軍進駐の際，公に対しては閉ざした市門を逆に開いて伯軍を迎え入れるほどだったのである。従って戦役終結後，従来維持されてきた市政主導層──つまりブリュッセル都市貴族──との良好な関係を公が解消してしまったのも当然のなりゆきであった。結果として，非都市貴族層に市長職・評議会職の一部を占める機会が訪れたのである（Favresse [1932] pp. 107–12）。

その後 1359 年には，都市貴族による市政寡占が復活してはいるものの，ここで注目すべきことは，1330 年代に開始した市政改革を，都市当局が一層押進めたことである(藤井 [1994] pp. 197–8)。これは，ジャン 3 世時代繰返された公への多額の財政供与に加え，戦後ウェンセラスに要求された戦費と市壁強化工事などへの出費が，行財政改革の推進を不可避とした結果であった[23]。これと並行して，毛織物ギルドの罰金収入に対する都市からの監査権行使が，次第に強まる傾向を見せ始める。そして，都市当局がギルド役職者へ公然と批判を行い，1374 年にはギルド主席と八人衆に対し，毎年のギルド財政の赤字に対する責任が問われるまでにさえなった (Favresse [1947a] no. 12, 11 mai 1374: ∫ 1, p. 28; ∫ 3, p. 30)。しかも 14 世紀末に至ると，都市貴族による会計官選出の際にアンバハト宣誓役が監視権を持ち，しかもその会計官が都市財政・毛織物ギルドの財政・会計の強力な掌握者となることによって，毛織物ギルドは既に述べたように都市当局への従属度を高めていくのである (Dickstein-Bernard [1977a] pp. 287–8, 376: [1988] p. 18)。

1356–7 年の戦乱後に生じたもう一方の変革を，毛織物ギルド幹部の選出法について見ることができる。14 世紀初頭に一旦確立した役職資格の 7 家門への限定は，そのまま 14 世紀半ばまで推移していたのだが，この戦乱を契機に八人衆の選出方法が次のように正規化された。つまり，8 人のうち交替する者 6 人を 7 家門から各 1 人ずつ，また留任者 2 人については，その年離任する主席の所属していた家門から選ぶ(史料 [5])というもので，いわば家門間均分を確保する方式が採入れられたのである[24]。この変化は，都市貴族層内部の歪みが内乱を契機に表面化したものであることは明白であろう。なぜなら，公ウェンセラスに対する態度は都市貴族全体をうって一丸としていた訳ではなく，戦中・戦後の混乱期において，彼らは親公派と親伯派とに分裂し，微妙な内部対立を抱えていたからである (Favresse [1932] p. 111)。

ブラバント継承戦争時の火種はなおその後もくすぶり，1360 年代にも数度にわたって縮絨工・織布工・食肉工による暴動が発生している。いずれも鎮圧されたのだ (Dickstein-Bernard [1979b] pp. 52–3) が，勝利した筈の都市貴族側がその後手工業者層との宥和策を模索していること (Favresse [1932] pp. 117–20) は注目

に価する。これは、14世紀後半以降都市財政逼迫という状況に加え、皮肉にも毛織物工業の不況という経済的背景の内に、手工業者層が政治・経済的地位を確保する[25]素地を着々と準備しつつあることを示し、15世紀に向けた権力関係変容の端緒となっているからである。

(3) ナシオンと毛織物ギルドの統合——15世紀前半——

　アントワーヌ Antoine の死(1415年)後公位を継いだジャン4世 Jean IV は、その専断政治によりブラバント諸都市の反感を買うこととなった(Martens [1953a] pp. 35–6)。そのため、ブラバント身分制議会 Etats de Brabant の信任厚い弟のフィリップ＝ド＝サン＝ポール Philippe de Saint-Pol が、摂政として公領統治の采配を振るう事態が生じた(Uyttebrouck [1980] pp. 224–40)。やがてブラバント全土がジャン派とフィリップ派に別れる中、彼はブリュッセル手工業者の後楯となり、手工業者たちはジャン4世派だった都市貴族たちの徹底的な粛正に乗出した(Dickstein-Bernard [1976b] pp. 142–4)。これに引続いて公布されたフィリップの命令は、旧来の都市貴族の諸特権を削減し、都市の権力構造に大きな変化を生じさせる、まさに市政の'大改革'をもたらしたのである。

　この時の劇的な変革は、ナシオンと呼ばれる手工業職9団体の台頭に見ることができる。というのもフィリップが、1421年2月11日付の特許状において、この組織を通じた市政参画の諸特権を手工業者層へ一挙に与えたからである(史料 [11])。残念なことに、ナシオンへの言及はこの特許状が初めてのため、その起源は判明しておらず、しかも、9ナシオン名——Saint-Laurent, Saint-Christophe, Saint-Gilles, Notre-Dame, Saint-Géry, Saint-Jean, Saint-Pierre, Saint-Jacques, Saint-Nicolas——が識別できるだけで、手工業者の職種や組織構成などその内実については、16世紀後半に至るまで詳かではない(Des Marez [1904] pp. 165–6 / Favresse [1932] p. 224)。

　ともあれ、この大きな改革は1422・23年の布告(Favresse [1932] III, IV, V, pp. 303–8)によって一層強力に推進されていく(Martens [1953a] p. 40)。その内容を要約すれば、毛織物ギルド幹部と市政官職のほぼ半数——つまり、①毛織物ギルド主席2人のうち1人、②毛織物ギルド八人衆のうち4人、③市長職2人のうち

1人，④会計官4人のうち2人，⑤宣誓顧問官6人 conseillers-jurés——をナシオンから選出することを許可するというものであった(史料[12])。この結果，参審人会・市長・会計官・6宣誓顧問官の計19人が都市行財政・法廷を司る中核的市政機関 Loi を構成し，これに評議会 Conseil，ナシオンの宣誓役 jurés と'百人組長' capitaines[26] による第三会が加わって，15世紀半ば以降の3市政機関が整うこととなる[27]。

もちろん，15世紀前半のこの改革以降について，都市貴族層の決定的な衰退と改革の完全な'民主性'を想定するのは誤りであろう。例えば参審人が依然として都市貴族7家門に限定され (Favresse [1932] II, ∫2, p. 293)，ナシオンの市政官候補者についても彼らに最終決定権があった事実(史料[11]①)からすればそれは明らかである (Dickstein-Bernard [1976b] p. 145)。

だが，毛織物ギルドにおける7家門のかつての比重は縮小したことは疑いない (Van Parys [1959] t. 3, p. 108)。1423年以降ナシオンが毛織物ギルドに直接関与することにより，ギルド加盟金の減額，手工業者の加入許可など，それまで7家門に限定されていた閉鎖的組織が打破され，毛織物ギルド経営は大きな変化を見せるのである (Id. [1959] t. 3, p. 124 / Dickstein- Bernard [1976b] p. 147)。

しかしながら他方で，改変後の毛織物ギルドにおいても，有力家系に属する役職者上層とそうでない下層との分化傾向が内在していた。しかも下層に位置するナシオン宣誓役 jurés もまた親方層——伸長しつつある手工業者上層——であり (Favresse [1934a] pp. 63–4)，その意味でも有力市民層の利害は，むろん内部の隆替を含んでのことではあるが，潜在的に維持されていたと見なければならない (Dickstein-Bernard [1976b] p. 145: [1979b] pp. 52–3: [1988] pp. 12–3)。

ここで想起されてくるのが，本論 II でも言及した都市貴族内部の根深い対立であろう。14世紀初頭の2人の市民暗殺とそれに端を発した，ロンベーク・セルユーグ Lombeek, t'Serhuygs 一派対スレーウス・ズワーフ Sleeus, Zwaef 一派との衝突 (Dickstein-Bernard [1976b] p. 142)，また，1440年代に生じた父子で異なる家門公称をめぐる問題 (Van Parys [1959] t. 3, pp. 112–3) は，家門間の係争が中世後期を通じて常態であったことを改めて見せつけるが，とりわけ，あのド＝モル派とケステルガート派の対立は印象深い。これらの状況は，15世紀前半の大改

革を経由したブリュッセルが，その後「都市貴族対手工業者」という単純な図式ではなく，第三会を捲込みつつ進行する「都市貴族の内部対立およびそれと絡み合うナシオンの成長」という社会的構図を背景としていたことを示している（Dickstein-Bernard［1965］pp. 499–500）[28]。

結　論

　本論では，ブリュッセル都市貴族7家門の市政・毛織物ギルドにおける権力構造の変遷を，ナシオンの台頭とその毛織物ギルドとの統合過程を絡めて考察した。14世紀初頭を最初の画期とするブリュッセル政治経済の再編は，巨視的には7家門と一般市民層との対立という図式を取りつつ，微視的には，都市貴族間・市民中下層間各々の複雑な利害関係の中で推移していった。その結果，手工業者層の上昇過程がナシオンという組織的な結合力を強化するとともに，1421年を第2の画期として都市貴族層の市政寡占体制を掘崩し，ブリュッセルの基幹産業を支える毛織物ギルド組織をも根抵から変容させることへと導いたのである。

　この過程を通観して特に強調しなくてはならないのは，次の2点であろう。第1は，7家門の権力基盤が決して一様なものではなかったことである。14世紀前半以降頻発するブリュッセル財務行政の改革は，覇権を争う7家門間に常に内在する確執の表面化を意味している。無論衝突の個々の原因や現象については不明な点が多い[29]。しかし本論で取上げた幾つかの事例からは，7家門をめぐる複雑な権力諸関係がブリュッセル内外で構築されていったことを見て取ることができる[30]。

　第2は，上記2つの変革が決して真の民主的改革を意味してはいなかったことである。否，ここでは改革の‘民主性’そのものが問題なのではない。より重要なのは，いずれの場合でも，都市貴族層の地位が結果として温存された事実である。とはいえ，それは旧権力構造の単なる再現でもなかった。7家門を中心とする都市貴族内部の流動的な力関係が，市政と毛織物ギルドという制度的基盤の上で，ナシオン上層の手工業者を捲込んで，そうした組織の再編を促した

のである。一般市民層が都市貴族層と市政参与権を分かち合うことにより[31]，それが'擬似'民主的改革という性格を持つことになる一方で，フランス大革命期までそうした体制を存続させた大きな要因であったろう (Des Marez [1904] p. 31)。

従って，最後に次のように結論づけることができる。14–15 世紀ブリュッセルの社会経済は，様々な客観的・外的要因もさることながら，内在的な諸要素——特に毛織物ギルド——によって強く規定されていた。この場合，政治的不安定が中世後期毛織物工業の衰退を招来した，とする見解 (Peeters [1987] pp. 4–5) はありえよう。しかし我々は，毛織物ギルドの再編のもつむしろ逆の意義——つまり一見矛盾しているようだが，実は都市貴族内部および手工業者層の各々の二極分化こそが，中世後期ブリュッセルの社会・経済的持続力の源泉となったこと——こそを強調しなくてはならない。

ブリュッセルでは，14世紀から民主的改革が一元的に貫徹したのでもなければ，都市貴族の影響力がそのまま残存したのでもない。新旧'資本家'層の断続的な融合とそれを取巻く新しい環境への適応が，ブリュッセルの都市社会に新しい相移転をもたらし，それが同時に毛織物工業の変容と重なり合う結果を導いたのである。複雑な利害状況を投影する政治的過程の根底にあるのは，14–15世紀を通じたブリュッセル毛織物工業のダイナミズムである。ここでの結論に合わせて，それを詳細に辿ることが筆者の次なる課題と考えている。

注

* 本論で文献を引用する際には，最末尾に文献目録を掲げ，文中ではその編著者名・番号・頁数を挿入して示す。また史料を参照する時も，原文は後半部分に一括掲載し，文中ではその番号のみをカッコ内に表示する。なお，原文の引用・邦訳などは最小限に留めた。

  本論執筆中史料の解釈に際して，大宅明美氏（九州産業大学経済学部助教授）より貴重な御助言を戴いた。厚く御礼を述べる次第である。

1) ブリュッセルを分析素材とする理由は，一方で，その毛織物生産がブラバントにおける有力工業都市の1つとなっていること，他方で，本文で述べるように，毛織物工業に限らず都市史全体をめぐる膨大な史料の伝来と豊富な研究の蓄積があり，本論の課題への接近を容易にしてくれること，の2点である。

2) 紙幅の制約から，本論では中世後期ブリュッセル毛織物工業史に関する叙述はすべて割愛した。実証研究については別稿を予定している。ここでは，13世紀以降の同工業を

概観するものとして，とりあえず Favresse [1961] / Bonenfant [1965] / Bautier [1966] / Van Uytven [1976] / Dickstein-Bernard [1976a]: [1977b]: [1979a] / Peeters [1985] を掲げる。またブリュッセル以外のブラバント毛織物工業史に関しては，メヘレンに関する古典的な研究（Van Uytven [1965]）と中小都市における工業史の掘起こしを目指したJ.-P. ペーテルスによる精力的な仕事がすぐに想起されよう（Peeters [1971]: [1978]: [1982]: [1983]: [1984]: [1986]: [1988a・b]: [1989]）。

3) 本論と重なる視点——つまり都市財政史のそれ——から見た，中世ブリュッセルの研究動向については，既に拙稿（藤井 [1994] pp. 194-7）でも素描を試みた。

4) これは後にマルテンスによって4巻本として復刻されている（Martens [1969]）。

5) ブラバント都市についてはフランドル都市ほど多くを語る必要はない，としたH. ピレンヌの言葉（Pirenne [1929] p. 295）を見よ。これに対する反発が，例えば Uyttebrouck [1976] において見られる。なお，中世後期のフランドル都市史に関する一般的叙述として，ニコラスの近業（Nicholas [1992] pp. 259-316 / [1997]）並びにピレンヌ以後の研究動向を総括した河原 [1999] を挙げておこう。

6) むろんこの遅滞には，17世紀末の戦乱による史料喪失（Van Parys [1956]）という研究上の痛手があったことは忘れてはなるまい。なお筆者は未見ながら，60年代末までにブリュッセル史の一般的叙述が刊行されてはいる（Louis [1958]: [1965] / Van Hamme [1968]）。しかしマルテンス（Martens [1976b] p. 10）によれば，実証的研究という観点からはいずれも十分なものではない。

7) ここでは，毛織物工業史に関する彼の集大成（Favresse [1961]）を挙げるに留める。

8) Martens [1953a]: [1963]: [1973]. なおブリュッセルのブラバント公・ブルゴーニュ公の宮廷としての位置づけについては，他に Kreps [1953] / Dickstein-Bernard [1976b] / Smolar-Meynart [1985] を見よ。

9) ところで，70年代までの活況に比して，80年代以降ブリュッセル史に関する研究は一服したかのように映る。しかしそれは研究史の停滞を決して意味してはいない。ディックステイン＝ベルナールによる取引所に関する考察と，I (2)で詳述する史料目録および毛織物ギルド法廷史料の刊行（Dickstein-Bernard: [1981]: [1982]: [1988]: [1995]），また16世紀以降についてとはいえ，ギルドやアンバハト史料に出現する仏語・蘭語使用の分析（De Ridder [1996]），そして南ネーデルラント毛織物工業史研究の再構築という包括的議論（藤井 [1998] pp. 75-6）における，ブリュッセル工業の見直しと援用（Abraham-Thisse [1993a・b]）という点からもそれは明瞭であろう。また前注2も見られたい。

10) 以下，中世ブリュッセルの会計史料の伝来状況については，詳細を拙稿（藤井 [1994] pp. 195-7）に譲る。

11) ブリュッセルの都市貴族と市政官職および後述の毛織物ギルドの密接な関連については，Vander Linden [1896] に依拠しつつ，ピレンヌも指摘している（Pirenne [1929] pp. 296-7）。なお，有力市民という範疇での都市貴族は7家門に限定されている訳ではない。後述する通り，市政において種々の特権を行使し得たのが7家門の血統を公称する者なのである。

12) Van Parys [1960] p. 166 / Dickstein-Bernard [1988] p. 6. また，13世紀前半に幾つかのブ

ラバント公家人家系 ministériaux がブリュッセル参審人となり，それが後の7家門の起源となっていったとする説 (Verriest [1960] pp. 15-8, 177-8) を見よ。もちろん都市の門閥支配体制はひとりブリュッセルのみの現象ではない。ブラバントについて他にはレウヴェン・アントウェルペン・ザウトレーウのそれを挙げ得る (Favresse [1932] p. 24: [1934a] p. 48)。

13) このマルテンス説を修正して，7家門すべてが既に13世紀に成立し，ブリュッセル市政に関与していたことを，ヴァン=パレィスは強調している (Van Parys [1960])。なお，7家門の家名研究については A. リボワの研究 (Libois [1956]) を見よ。

14) ただし1375年の命令でごたごたが完全に解決した訳ではない。例えば，15世紀半ばには父親が家門を変更した際，子供が変更前の家門を引継いで市参事会員となれるかどうかをめぐって，ブラバント公評議会 Conseil du Brabant を捲込んだトラブルが発生している。この時は，父親の存命中はその子も同家門を名乗り，父の死後は母方の家門を継承できるということが確認された (Van Parys [1959] t. 3, pp. 111-4)。なお，1375年以降7家門系統の市民たることを公称し，市内で特権を享受するためには，都市当局あるいは家門代表者による認証および儀礼への参加など所定の手続きを経る必要があった。これについて詳細は Id. [1959] t. 3, pp. 253-7 を見よ。

15) ド=モル派はド=モル家を中心に都市貴族を糾合した派閥であり，ケステルガート派は，15世紀半ばから頭角を現す，ケステルガート領主 seigneur de Kestergat の Jean d'Enghien を代表とする一派である (Bartier [1942] pp. 343-7)。

16) 1467年の査問時点で，ケステルガート領主の息子 Louis d'Enghien がアマン職に就いていることは極めて象徴的であろう (Bartier [1942] p. 351)。

17) 本論では詳しい考察を加える余裕がないが，中世後期ブリュッセルの社会経済的成長において，ブラバント公と都市貴族=毛織物ギルドとの結合のもつ重要性ということは銘記しておくべき点である (Bonenfant [1921] pp. 569-71 / Martens [1959a] p. 233 / Dickstein-Bernard [1979b] pp. 51-2)。

18) Van Parys [1959] t. 3, p. 123. ブリュッセルの毛織物ギルド構成員が，かつてピレンヌの主張した商人=企業家 marchands-entrepreneurs としての属性を備えていたことは否定できない。というのも，毛織物ギルドに加入するには高級品生産の場合を除いて，手工業職を放棄することが要求されたからである。そもそも都市貴族に名を連ねるためには，手工業職を営んではならなかった (Id. [1959] t. 3, pp. 123-8 / Dickstein-Bernard [1979b] p. 53)。無論，「都市工業における商人=企業家の遍在」というあのピレンヌ説の無批判な追随は避けなくてはならない。この点については，藤井 [1998] pp. 23-34 を参照せよ。

19) イープルで Cokerulle，ブリュッヘで Moeremeyer と呼ばれた内乱については，Doudelez [1939] / Merlevede [1982] / Wyffels [1973] を見よ。

20) なおブラバント公領全体で見るならば，既に13世紀半ばにはザウトレーウにおける騒擾と鎮圧が指摘されている (Bonenfant [1921] pp. 567, 574-5)。

21) この事件の時点で在職あるいは交替した市参事会員の氏名については Henne [1845] t. 1, p. 82 を見よ。ところで，手工業者たちによって指名され得る都市貴族が存在したという事実は，当時都市貴族層の間に7家門による市政寡占への反発があったことを示唆

しており（Bonenfant [1921] p. 583），注目すべき点である。

22) ブラバント継承戦争の背景と経過について，ここでは詳細に論じる余裕がない。とりあえず，Laurent [1927] / Avonds [1982] pp. 455–6: [1984] pp. 202–24 / Van Uytven [1991] p. 59 / Blom [1999] pp. 65–6 を見られたい。また，ブラバント公とフランドル伯をめぐる複雑な家系図については，藤井 [1991] p. 165 を参照。

23) Favresse [1932] pp. 113–5 / Dickstein-Bernard [1976a] pp. 135–6. 定期金の支払いと市壁建築への財政負担に関する史料 [9] 中の言及は極めて印象的であろう。

24) この仕方では，完全な輪番制を導入しない限り 1 つの家系に皺寄せがくることになる。実際，この時不利な立場におかれたのは Rodenbeek 家であるが，その理由は分かっていない（Dickstein-Bernard [1977a] pp. 285–6）。

25) それを最も印象的に示すのが，14 世紀後半工業規約の公布主体としてのドラピエ drapier の出現である（史料 [10]）。ドラピエの概念と用語法については十分に慎重でなくてはならないが，ここでいうドラピエとは，自立的な経営が可能な手工業者上層を意味していることは明らかである（Bonenfant [1921] p. 590）。

26) 1420 年代の改革において 1 つ際だつのは，市内外の警護を目的として各地区の住民が互選して形成した十人組 dizaines および百人組 centeniers である。後者の代表は史料中，'組長' copitayn と呼称され（史料 [12] ①），15 世紀末には第三会のメンバーとなっていく（Dickstein-Bernard [1976b] p. 146）。

27) Des Marez [1904] pp. 31–3 / Dickstein-Bernard [1976b] p. 146: [1988] pp. 6–7. なお，15 世紀半ば以降の Loi を中心とする都市行財政の在り方については，Favresse [1934a] pp. 62–77 を見よ。

28) 本論の時代射程からは外れるが，15 世紀後半以降，とりわけ 1477 年ハプスブルグ家領に帰属する前後にも，手工業者の内乱と市政改革運動が発生している。これについてはとりあえず，Dickstein-Bernard [1976b] pp. 160–63 を参照せよ。

29) 都市貴族の内部対立が都市工業の動態に反映したという事例は，フランドル都市イープルにも見られた（藤井 [1998] pp. 79–107）。中世ブリュッセルについてこのことは，実証的研究として残された課題の 1 つであろう。

30) 近年 'エリート' という言葉を鍵として，中世都市内外における社会経済的主導層の普遍的存在とその意義を読み取ろうとする試みが展開されている。ここでその詳細に立ち入る余裕はないが，南ネーデルラントについては Clauzel [1996] / Derville [1997] / Le Goff [1997] / Prevenier [1998b] といった興味深い研究が現われていることを一言しておきたい。

31) この点に関連して，中世都市の内乱に関する P. ボナンファンの次の指摘に注目せよ。即ち，市民下層による叛乱は成功しないが，都市貴族寡占の市政に不満を持つ中産市民層が，一部都市貴族を取りこんで起こす敵対行動はしばしば成功をもたらすのだ，と（Bonenfant [1921] pp. 572–3, 578）。

参照史料

[1] ブラバント公ジャン 2 世による，ブリュッセル 7 都市貴族家門への言及とその 1306 年

以前の特権の確認および織布工・縮絨工の夜間市壁外退去命令(1306年6月)
(De Ridder [1974a] ∫5, pp. 309–12)

① «Wi Jan, bi der gratien ons Heren, hertoghe van Lothrike, van Brabant ende van Lymborch, maken cont allen den genen die dese letteren selen sien ende horen lesen dat, omme die twist ende omme die discorden die gheweest heet tuschen onse gebortege liede van den seven geslachten van onser stat van Bruessel ende die te hen behoren; dats te verstane: <u>Shuges, Skints</u> geslachte, des <u>Weerts</u> geslachte, des <u>Leus</u> geslachte, die van <u>Rodenbeke, Seroloefs</u> geslachte, die <u>Uten Steenwege</u> ende die van <u>Coudenbergen</u> ende die te desen seven geslachten horen in die ene partie ende die gemeinte van der selver stat in dander partie ...» （下線は引用者）

「我ブラバント公ジャンは，この命令状にて都市ブリュッセル7家門間の不和を(鎮めるべく)，これら各7家名を持つ者とそれに属する者たちが一方を成し，それ以外の者共が他方を成す……よう命ず……。」

② «Voert es onse seggen dat wi setten onse voergenoemde liede van der voergenoemden sevenen geslachten van Bruessel in alle die vriheit, in alle die macht ende in allen dien selven staet daer si in waren te voren bi onsen vader, bi onsen ouden vader ende bi onsen out vorderen si ende hare out vorderen alse onse stat voergenoemt te berechtene overmids onsen rechtere ...»

「上記7家門の者達は，我が父祖諸公の時代に有していた自由と権利を取戻し，我らの法に拠り，かつての如く(ブリュッセルを)治めんことを命ず……。」

③ «Voert es onse seggen dat negeen scepene langer dan een jaer tenden een scepen sijn en sal.»

「参審人は1年を超えてその職にあってはならない。」

④ «Voert es onse seggen dat en geen wevere noch volre binnen den mure van Brussel bliven en sal noch en mach over nacht, wat wevere ofte wat volre daer binnen bleven onver nacht, si waren tonsen wille van live ende van goede.»

「織布工と縮充工はブリュッセルの市壁外に居住すべし。また夜間の市内立入りを禁ず……。」

[2] ブリュッセル都市貴族家門の公認手続きを定めたブラバント公の命令状(1375年6月)
(Van Parys [1960] p. 166, n. 3, p. 180, n. 36)

① ブリュッセル都市貴族各々へ公称し得る家門名を1つに限定するよう定めた命令

«In den eersten, dat elcker male soo wie hy zy DIE VAN DEN SEVEN GESLACHTEN KOMEN ES die in state van huwelec zit ocht gheeten heeft, ende die te synen acht-en-twintig jaren komen es, keisen zal moeten een Geslachte van de voors. Zeven Geslachten, dwelc hy wilt, OPDAT HY DAER AF KOMEN ES ...»

「7家門の家系にある者は，28歳になりたる時，いずれか1つの家門のみを名乗るべし……。」

② ブリュッセル市政官および毛織物ギルド主席への就任の際，7家門の系統であることを正式に届出るよう定めた命令

«...Want mits groot ongonst, discoort ende hatien die op verstaen waeren in onse Stadt van Brussel, onder de gebortige lieden der selver stadt, mits den schepenschappe ende andere regementen onser voors. stadt ... ende en dat geslachte die hy dan kiest, sal hy hem houden moeten alle syne

leefdage sonder veranderen omme schepen van der stadt oft guldeken te syne...»
「ブリュッセル内の紛争・対立を（鎮めるべく），市民権を持ち7家門を公称しようとする者は，参審人ないし毛織物ギルド主席にその旨を届出るべし……。」

［3］ 都市当局および毛織物ギルドによる工業規約の公布（1282年）
(Favresse [1938] ∫ 33, pp. 455-6, 457-8)

① «dat di scepenen, di guldekene, di achte van der gulden ende gemeinlike di raet van der stat van Bruessel, om gemeinen orboere der voergenoemder stat ende mit wilcore der volders — beide der meisters ende der knapen — ende oic om twest, di vormails geshiet es ende namails gevallen mochte, te verhudene, hebben gemaict ende geordineert dese poenten di in desen brief bescreven sijn, in derre manieren, ...»
「参審人・ギルド主席と八人衆およびブリュッセルの参事会は，縮充工の同意とともに，過去と将来の問題を解決すべく以下の諸規則を定める……。」

② «Men sal geven te huren van enen scarlakene ende scarlakens lingde Xs.; des selen hebben di meisters IIII s. ende di kanapen VI s. Van desen lakenen en sal men geven nemmeer dan II s. t'eerdene ende III s. doechgelts.»
「緋色織の縮充賃銀は10スーとし，各々親方が4スー，職人が6スー（を得べし）……。」

③ «Di corte lakene — blauwe ende witte — selen geven te huren IIII s. ende VIII d.; des selen hebben di meisters XX d. ende di knapen III s.»
「青・白の短織は4スー・8ドニエとし，親方が20ドニエ，職人が3スー（を得べし）……。」

［4］ ブリュッセル参審人と都市貴族7家門に，毛織物ギルド主席2人と八人衆とを選出するよう定めたブラバント公ジャン2世の命令（1306年6月）
(De Ridder [1974a] ∫ 6, p. 317)

«Voert es onse seggen dat die scepene van onser stat van Bruessel met vollen gevolge vanden sevenen scepenen ochte met gevolge der meerre partien van hen sevenen kesen selen van jare te jare op haren eet ute den voergenoemden sevene geslachten ende die ten sevenen geslachten behoren, die achte van der gulden die wettechste ende die orborleecste die si daer inne kinnen ende alse die achte gecosen sijn soe selen die scepenen metten achten kiesen twee guldekene ute die voergenoemde sevenen geslachten.»
「参審人は，毎年7家門に属する者達から毛織物ギルドの八人衆を選ぶべし。しかる後，その八人衆とともに7家門から2人のギルド主席を選出すべし。」

［5］ 毛織物ギルド八人衆選出方法の改変（1356年6月）
(Favresse [1932] 1356, 30 juin, pp. 290-91)

«Allen denghenen die dese letteren sullen zien ende hoiren lesen, scepenen ende raed van der stad van Bruessele, saluit ende kennesse der warheit.
Cont zij allen dat wij, op groot discort te bevelne dat in de voirs. stat jairlecx heeft geweest, als van den guldekenen, ende omme te verhuedene voirtane alle twest ende discort diere afcomen mochten

in de voirs. stad, soe hebben wij geoidineert ende overeengedragen, alle jare voirtane te houdene, de poenten die hierna bescreven sijn.

In den iersten: dat van nu voirtane, alle jare, twee guldekene sijn selen uten seven geslechten, dat's te verstane: op dierste jaer, na dit jaer, selen sijn guldekene een goed man uten geslechte van dien an Uten Steenwege ende een goed man van den geslechte van Rodenbeke; item, op dander jair, een uten geschechte van Coudenberge ende een van 't Sherhuugskints geslechte; item op 't derde jair een ute Sleus geslachte ende een van 't Sweerds geslachte; item op 't vierde jair een van Serroelofs geslechte ende een weder ute dien van Uten Steenwege; item op 't vifste jair een ute dien van Rodenbeke ende een ute dien van Couwenberge; item op 't seste jair een van 't Serhungskints geslachte, ende een van Sleus geslachte; . . . ende also voirtane, ewelec durende, van jare te jare, naest volgende de geslachten, diere naest gescreven staen, altoes ute elken tween geslachten diere naest volgen twee guldekene te kiesene, soedat die guldeken es op een jair niet weder guldeken sijn en sal, . . . »

「本状を見聞きするすべての者，参審人およびブリュッセルの評議会に栄えあれかし，また真実の恵みあらんことを。以下のことを知られたし。ギルド主席(の選出)をめぐって毎年のように生じてきた不和を終わらせ，今後市内に起こりうるすべての対立を止めるべく，我々は，爾後下記の諸点に同意し，命令することとした。第1に，今後毎年7家系から2人のギルド主席を選ぶこと。つまり具体的には，来年を第1年目として Uten Steenweg 家とRodenbeke 家からギルド主席1人ずつを選出する。翌年は，Coudenberge 家と 't Sherhuug-skints 家から。3年目は，Sleus 家と 't Sweerds 家から。4年目は，Serroefs 家と再び Uten Steenwege 家から。……以上のように毎年各家系に所属する者の中から2人の毛織物ギルド主席を出し，1家系から2年続けて主席が選ばれたりしないようにする……。」

[6] 1303年に与えた一般市民の特権を廃止するブラバント公の宣言(1306年)

(Bonenfant [1921] p. 580, n. 1)

«Alle die Letteren ende die Charteren die wi gegeven habden der stadt ende der gemeinte van Brussel, van dien dage dat men schreef die jare ons Heeren duysentich drie hondert ende drie des sesten dages van ingaenden Meye tot op den dag van hede te niete zijn, ende, emmermeer te niete bliven selen . . . »

「我がかつて1303年5月の最初の6日から今日まで都市ブリュッセルおよび一般の者共に与えてきた特許状(の内容)はすべて廃止し，(それは)今後とも効力を持たない……。」

[7] ブリュッセル一般市民層へ認可したギルド形成権を取り消す旨のブラバント公命令状 (1306年6月)

(De Ridder [1974a] ʃ 6, pp. 315-6)

«Wi Jan bi der gratien ons Heren hertoghe van Lothrike, van Brabant . . . doen cont dat wi met . . . omme die quaetheit ende die onorborlecheit van diere geminre neringen die men ghehanteert ende ghebesecht heeft metten gulde die wi der gemeinten van Bruessel gegeven hadden. . . . Soe es onse seggen ende seggen die gulde die wi der gemeinten van onser stat van Bruessel gegeven hadden ave ende te nieute ende dat si te nieute bliven sal emmermeer.»

「我ブラバント公ジャンは以下のように知らしむ。即ち，毛織物ギルドと共に許され，行

われてきた一般(市民たち)のギルドを，その悪行と不正とを理由として取消し，将来にわたって無に帰さしめんことを。」

[8] ブリュッセル市政の旧体制復活を宣言するブラバント公特許状(1306年2月)

(De Ridder [1974a] ∫3, pp. 303–4)

«Wi Jan bi der gracien van Gode, hertoghe van Lothrike, van Brabant..., maken cont al den genen die..., onsen goeden lieden van onser stat van Brussel, dat es te verstane allen den genen die den sevenen geslachten ende tote hen behoren ende haren oire, weder te brengene ende te settene in den poent ende in den state daer si ende hare vorderen bi ons ende onsen vorderen hier vormaels in waren ende hebben geweest: alsoe dat onse stat van Brussel bi onsen rechteren ende bi den scepenen die uut hen selen worden gecozen die stat berecht sal werden ende bi den rechte van der stat ende bi den core ende gelijc dat die privilegien spreken die daer op gemaect sijn van outs.»

「我ブラバント公ジャンは以下のように知らしむ。即ち，我が都市ブリュッセルの善良なる7家門に属する者達は，かつての地位に帰すべきことを。そしてその中から選ばれし参審人によりてブリュッセルは統べられ，都市の法に則り，古えより彼の者達に認められてきた特権を膽炙すべし。」

[9] ブリュッセル当局による行財政改革令(1359年)

(Favresse [1931a] IV, p. 133)

«... Cont zij allen, wat wij aenzien den last ende den commer van der voirs. stad, als van der lijftocht die zij sculdich es, jaerlecx, vele persoenen ende van andren scouden die de voirs. stad oic sculdich es, als van den vesten van der stad...»

「我が都市は毎年支払うべき定期金のみならず，市壁建築費のように他にも多くの支払うべき債務を負っていることを認める……。」

[10] 工業規約制定におけるドラピエの公布主体宣言(1376年6月26日)

(Favresse [1946a] no. 1, p. 147; no. 9, pp. 162–3)

① «In't jaer Ons Heren..., so was gemaect, ten stoele van der gulden, bi her Reyneren Clutinghe ende her Zegeren van Wolue, guldekens van Bruessel, ende metten achten van derselver gulden, bi rade der scepenen ende der trapperiere gemeinlec.»

「以下のように定める。毛織物ギルドの名において，主席たる R. Clutinghe 殿と Z. van Wolue 殿，ギルド八人衆ならびに参審人とドラピエの同意により……。」

② «In't jare Ons Heren..., doen guldekens waren..., soe was overdraghen ende gheordineert metten scepenen, metten drapiers ende metter ghemeynder stat van Bruessel,...»

「毛織物ギルド主席・参審人ならびにドラピエと都市ブリュッセルの総意により，(以下のように)定める。」

[11] ナシオンから市政官を選任することを許可する摂政フィリップの命令(1421年2月)

(Favresse [1932] II, 1421, 11 février, ∫1, pp. 291–2; ∫9, p. 295)

① «Philips van Brabant, greve van Lyney ende van Saint-Pol, ruwaert des lands van Brabant, scepenen, rentmeesteren, guldekenen, raet ende alle die van den zeven gheslachten van Bruessel gemeinlec, allen denghenen die dese onse letteren sullen zien, saluyt. Wij doen te wetene dat . . . men ierst can — nadat de scepenen gemaict sijn ende gezwoeren selen hebben —, de gezwoirne van den neghen nacien, van den jare voirleden, kyesen ende nemen sullen uut elker van den selven neghen nacien . . . , drie goede wetteghe knapen, . . . die den voirs. scepenen overgheven ende presenteren, om, uut elker van neghen nacien voirs., eenen van den drien personen te nemene, . . . »

「ブラバント摂政フィリップ＝ド＝サン＝ポール，ブリュッセル参審人，市長，毛織物ギルド主席，評議会員並びに7家門の者すべては，……次のように知らしむ。今後は，（ブリュッセルの）参審人と宣誓官が選ばれた後，9つのナシオンの宣誓役が各々のナシオンから3人の市政官候補者を選任して参審人会にそれを提示し，（参審人会は）各ナシオン候補3人のうちから1人を（市政官として）認定することを。」

② «Item, selen de borghermeester ende rentmeesteren van den neghen nacien, die nu sijn ende namaels wesen sullen, ewelic van nu voirtane in den raide van der stad van Bruessel sijn ende bliven, gelijc den raidsluden van den waelgeborenen luden in der zelver stad.»

「9ナシオン出身の市長と会計官は，……この都市の高貴なる出生の者(7家門)の場合と同様な仕方で，ブリュッセル都市評議会の構成員となるべし。」

[12] 毛織物ギルド・都市法廷などに関する諸権利の7家門からナシオンへの譲歩(1423年6月10日)

(Favresse [1932] VI, 1423, 10 juin, ∫1, p. 310; ∫6, p. 311)

① «In den iersten. Dat van nu voirtaene, t' ewelijken dagen, alle de rechten ende regimenten, ter stad van Bruessel voirseit behoirende, geregiert ende gedragen sullen werden, gelijkerhand van der zeven geslechten ende van der negen nacien weghen, behoudelic der scepenen vonnessen, dair nochtan de copitayn, burgermeesteren ende raidslude, ten tijden sijnde, in 't gebannen gedinghe of anders, dairbij ende over wesende metten selven scepenen, te raide selen gaen om 't voir vonnis te hulpen maken, soe wanneer de voirs scepenen hen dairop beraden selen, maer dat vonnisse sal uutgaen ende geweijst werden an den scepenen, na inhoudt der priviligien van den drien, genechten, die hertoge Jan verleent heeft sijnre stad van Bruessel, . . . »

「第1に，今後将来にわたってブリュッセルに係わる法務と政務は，7人の参審人と9人のナシオンにより行われるべし。参審人の判決についても同様とする。つまり，今後百人組長・市長・評議会員が，必要に応じ参審人とともに法の執行に関与し，参審人が求めたる際には判決の陪審を行うべし。ただしその判決は，公ジャンがブリュッセルに与えたこれら3者の権限内で，参審人によってなされるべし。」

② «Item, 't recht van der gulden ende paysmakeren sal gvuert werden ende geregiert bij den zeven geslechten ende bij den negen nacien, gelijkerhant, te wetene: dat die zeven scepenen van den geslechten jairlicx maken sullen eenen guldeken, vier achten an der gulden ende viere paysmakeren; ende die burgermeester ende raidslude van neghen natien, des gelijckx, eenen guldeken, vire achten van der gulden ende vier paysmakeren; welke paysmakeren van nu voirtane mair achte wesen en sal hoewel datter tot hiertoe thyene geweest heeft . . . .»

「毛織物ギルドと都市の法廷は，7家門と9ナシオンにて運営・統制されるべし。即ち，

7人の参審人は毛織物ギルドの主席1人,八人衆のうち4人そして都市法廷官4人を毎年(7家門中から)選出し,9ナシオンの市長と評議員も全くこれと同様な仕方で同じ人員を(ナシオン中から)選ぶべし。これにより,従来10人だった都市法廷官は8人となるべし……。」

文献目録

欧 語

省略形

ASAB → *Annales de la Société royale d'Archéologie de Bruxelles.*
BCRH → *Bulletin de la Commission Royale d'Histoire.*
RBPH → *Revue Belge de Philologie et d'Histoire.*

Abraham-Thisse, S. [1993a] Le commerce des draps de Flandre en Europe du Nord: Faut-il encore parler du déclin de la draperie flamande au bas moyen âge? in Boone, M. [1993a] pp. 167–206.

Abraham-Thisse, S. [1993b] Achats et consommation de draps de laine par l'hôtel de Bourgogne, 1370–1380, in Contamine [1993] pp. 27–70.

Actes [1997] *Les élites urbaines du moyen âge. XXVIIe Congrès de la Société des Historiens Médiévistes de l'Enseignement Supérieur Public (Rome, mai 1996), (Série histoire ancienne et médiévale-46)*, Publication de la Sorbonne, Paris.

Avonds, P. [1982] Brabant en Limburg 1100–1403, in *Algemene Geschiedenis der Nederlanden*, t. 2, Haarlem, pp. 452–482.

Avonds, P. [1984] *Brabant tijdens de regering van hertog Jan III (1312–1356): De grote politieke krisissen (Verhandelingen van de koninklijke acedemie voor wetenschappen, letteren en schone kunsten van België, klasse der letteren*, Jg. 46, nr. 114), Brussel.

Avonds, P. [1991] *Brabant tijdens de regering van hertog Jan III (1312–1356): Land en instellingen (Verhandelingen van de koninklijke acedemie voor wetenschappen, letteren en schone kunsten van België, klasse der letteren*, Jg. 53, nr. 136), Brussel.

Bartier, J. [1942] Un document sur les prévarications et les rivalités du Patriciat bruxellois au XVe siècle, in *BCRH*, t. 107, pp. 337–379.

Bautier, R.-H. [1962] Note sur les bruxellois aux foires du Lendit au XIVe siècle, in Cahiers bruxellois, t. 7, pp. 175–180.

Bautier, R.-H. [1966] La place de la draperie brabançonne et plus particulièrement bruxelloise dans l'industrie textile du moyen âge, in *ASAB*, t. 51, (1962–1966), pp. 31–63.

Blom, J.C.H. [1999] / Lamberts, E. (eds.), *History of the Low Countries*, New York/Oxford.

Bonenfant, P. [1921] Le premier gouvernement démocratique à Bruxelles, in *Revue de l'Université de Bruxelles*, pp. 566–594.

Bonenfant, P. [1953] Bruxelles et la maison de Bourgogne, in Bruxelles [1953] pp. 21–32.

Bonenfant, P. [1965] Achats de draps pour les pauvres de Bruxelles aux foires d'Anvers de 1393 à 1487. Contribution à l'histoire des petites draperies, in *Festschrift für Hektor Ammann*, Wiesbaden, pp. 179–192.

Boone, M. [1993a]/Prevenier, W. (eds.), *La draperie ancienne des Pays-Bas: débouchés et stratégies de survie, XIVe-XVIe siècles. Actes du colloque tenu à Gand, le 28 avril 1992*, Leuven / Apeldoorn.

Bruxelles [1953] *Bruxelles au XVe siècle (Editions de la Librairie Encyclopédique)*, Bruxelles.

Clauzel, D. [1996] Les élites urbaines et le pouvoir municipal: le "cas" de la bonne ville de Lille aux XIVe et XVe siècles, in *Revue du Nord*, t. 78, pp. 241–267.

Contamine, P. [1993] et al., *Commerce, finances et société (XIe-XVIe siècle): Recueil de travaux d'histoire médiévale offert à M. le professeur Henri Dubois*, Paris.

Deleurère, M.-T. [1968] Oorkonden betreffende het onroerend bezit te Brussel en omgeving in de 13de-15de eeuw, in *BCRH*, t. 134, pp.1–73.

De Ridder, P. [1974a] De oorkonden verleend door Hertog Jan II van Lotharingen van Brabant en van Limburg (1294–1312) aan de stad Brussel (1303–1312), in *Eigen schoon en de Brabander*, Jg. 57, pp. 289–321.

De Ridder, P. [1974b] Onuitgegeven oorkonden van hertog Jan II (1294–1312) van Brabant in verbant met de Mechelse opstand, in *Handelingen van de koninklijke kring voor oudheikunde, letteren en kunst van Mechelen*, t. 78, pp. 71–92.

De Ridder, P. [1979] Brussel, residentie der hertgogen van Brabant onder Jan I (1267–1294) en Jan II (1294–1312), in *RBPH*, t. 57, pp. 329–341.

De Ridder, P. [1996] Taalgebruik bij de lakengilde, de ambachten, de naties en de sermenten van de stad Brussel (1500–1794), in *Eigen schoon en de Brabander*, Jg. 79, pp. 365–428.

Derville, A. [1997] Les élites urbaines en Flandre et en Artois, in Actes [1997] pp. 119–135.

Des Marez, G. [1904] *L'organisation du travail à Bruxelles au XVe siècle (Mémoires de l'académie royale des sciences, des lettres et des beaux-arts de Belgique*, t. 65), (1903–1904).

Des Marez, G. [1906] Les luttes sociales à Bruxelles au moyen âge, in *Revue de l'Université de Bruxelles*, (1905–1906), pp. 287–323.

Des Marez, G. [1908] Deux fragments de comptes communaux de Bruxelles du XVe siècle, in *ASAB*, t. 22, pp. 229–246.

Des Marez, G. [1927] *L'origine et le développement de la ville de Bruxelles, le quartier Isabelle et Terarken*, Paris / Bruxelles, 1927 (réimpr. 1982).

Des Marez, G. [1935] Le développement territorial de Bruxelles au moyen âge, in Bonenfant, P. / Quicke, F., *1er Congrès international de géographie historique*, t. 3, Bruxelles, pp. 1–90.

Dickstein-Bernard, C. [1959] Le compte mensuel de la ville de Bruxelles d'octobre 1405 et la construction de l'aile orientale de l'hôtel de ville, in *Cahiers bruxellois*, t. 4, pp. 246–294.

Dickstein-Bernard, C. [1965] La voix de l'opposition au sein des institutions bruxelloises 1455–1467, in *Hommage au professeur Paul Bonenfant (1899–1965)*, Bruxelles, pp. 479–500.

Dickstein-Bernard, C. [1966] Les comptes bruxellois comme source pour l'histoire des finances urbaines avant le XVIe siècle, in *ASAB*, t. 51, (1962–1966), pp. 219–229.

Dickstein-Bernard, C. [1974] L'administration de La Chaussée à Bruxelles aux XIVe et XVe siècles, in *Annales du XLIIIe Congrès de la fédération des cercles d'archéologie et d'histoire de Belgique*, pp. 79–83.

Dickstein-Bernard, C. [1976a] Une ville en expansion (1291–1374), in Martens [1976a] pp. 99–138.

Dickstein-Bernard, C. [1976b] Bruxelles, résidence princière (1375–1500), in Martens [1976a] pp. 139–165.

Dickstein-Bernard, C. [1977a] *La gestion financière d'une capitale à ses débuts: Bruxelles, 1334–1467*, Bruxelles.

Dickstein-Bernard, C. [1977b] Paupérisme et sources aux pauvres à Bruxelles au XVe siècle, in *RBPH*, t. 55, pp. 390–415.

Dickstein-Bernard, C. [1979a] Activité économique et développement urbain à Bruxelles (XIIIe-XVe siècles), in *Cahiers bruxellois*, t. 24, pp. 52–62.

Dickstein-Bernard, C. [1979b] De Gilde, in Stengers [1979] pp. 51–55.

Dickstein-Bernard, C. [1979c] Sociale aspecten, in Stengers [1979] pp. 69–74.

Dickstein-Bernard, C. [1981] L'organisation du commerce dans les halles aux draps: l'exemple de Bruxelles au XIVe siècle, in *Mélanges Mina Martens* (*ASAB*, t. 58), Bruxelles, pp. 69–90.

Dickstein-Bernard, C. [1982] L'organisation du commerce dans les halles aux draps de Bruxelles au XVIe siècle, in *Revue du Nord*, t. 44, pp. 235–236.

Dickstein-Bernard, C. [1988] Répertoire chronologique et analytique des comptes complets, fragments et extraits des comptes communaux de Bruxelles qui subsistent pour la période antérieure à 1570, in *Cahiers bruxellois*, t. 29, pp. 5–78.

Dickstein-Bernard, C. [1995] Actes du tribunal de la gilde drapière de Bruxelles, 1335–1435, in *Bulletin de la commission royale pour la publication des anciennes lois et ordonnances de Belgique*, t. 35 (1992–1993), pp. 1–44.

Dickstein-Bernard, C. [1997] La construction de l'enceinte bruxelloise de 1357: essay de choronologie des travaux, in *Cahiers bruxellois*, t. 35 (1995–1996), pp. 91–128.

Doudelez, G. [1939] La révolution communale de 1280 à Ypres, in *Revue des questions historiques*, t. 132, mars, 1938, p. 58–78; t. 132, mai-septembre, 1938, pp. 3–25; t. 133, janvier, 1939, pp. 21–70.

Favresse, F. [1930] Le Conseil de Bruxelles, 1282–1421, in *RBPH*, t. 9, pp. 139–148.

Favresse, F. [1931a] Documents relatifs aux réformes financières entreprises par Bruxelles de 1334 à 1386, in *BCRH*, t. 95, pp. 111–149.

Favresse, F. [1931b] Les significations du mot "jurés" dans les actes bruxellois au moyen âge, in *RBPH*, t. 10, pp. 141–166.

Favresse, F. [1932] *L'avènement du régime démocratique à Bruxelles pendant le moyen âge (1306–1423)*, (*Académie royale de Belgique, classe des lettres et des sciences morales et politiques; Mémoires*, t. 30, fasc. 1), Bruxelles.

Favresse, F. [1934a] Esquisse de l'évolution constitutionnelle de Bruxelles depuis le XIIe siècle jusqu'en 1477, in *ASAB*, t. 38, pp. 46–82.

Favresse, F. [1934b] Documents relatifs à l'histoire politique intérieure de Bruxelles, de 1477 à 1480, in *BCRH*, t. 98, pp. 29–125.

Favresse, F. [1934c] La keure bruxelloise de 1229, in *BCRH*, t. 98, 311–334.

Favresse, F. [1938] Actes intéressant la ville de Bruxelles 1154–2 décembre 1302, in *BCRH*, t. 103, pp. 355–512.

Favresse, F. [1945] Le premier règlement accordé au métier des tisserands de lin de Bruxelles par l'Amman et la "Loi" de la ville, in *BCRH*, t. 110, pp. 51–73.

Favresse, F. [1946a] Dix règlements intéressant la draperie bruxelloise, 1376–1394, in *BCRH*, t. 111, pp. 143–166.

Favresse, F. [1946b] Règlements inédits sur la vente des laines et des draps et sur les métiers de la draperie bruxelloise (1363–1394), in *BCRH*, t. 111, pp. 167–234.

Favresse, F. [1946c] Les premiers statuts connus des métiers bruxellois du duc et de la Ville et note sur ces métiers, in *BCRH*, t. 111, pp. 37–91.

Favresse, F. [1947a] Actes inédits du Magistrat et de la Gilde de Bruxelles relatifs à la draperie urbaine depuis 1343 environ jusqu'à l'apparition de la "nouvelle draperie" vers 1440, in *BCRH*, t. 112, pp. 1–101.

Favresse, F. [1947b] Note et documents sur l'apparition de la "nouvelle draperie" à Bruxelles, pendant les XIVe et XVe siècles, in *BCRH*, t. 112, pp. 143–167.

Favresse, F. [1949] Le complexe des métiers du tissage à Bruxelles pendant les XIVe et XVe siècles, in *RBPH*, t. 27, pp. 61–84.

Favresse, F. [1950] Les débuts de la nouvelle draperie bruxelloise appelée aussi draperie légère de la fin du XIVe siècle à 1443, in *RBPH*, t. 28, pp. 462–477.

Favresse, F. [1951] La petite draperie bruxelloise, 1416–1466, in *RBPH*, t. 29, pp. 486–496.

Favresse, F. [1952] Sargie, Sargieambacht et petite-draperie à Bruxelles à la fin du XIVe siècle, in *Mélanges Georges Smets*, Bruxells (reprod. in Favresse [1961] pp. 85–93).

Favresse, F. [1955a] Les draperies bruxelloises en 1282, in *RBPH*, t. 33, pp. 295–316.

Favresse, F. [1955b] Sur un passage du privilège ducal du 12 juin 1306, concernant la Gilde bruxelloise de la draperie, in *RBPH*, t. 33, pp. 602–608.

Favresse, F. [1957] Comment on choisissait les jurés de métier à Bruxelles pendant le moyen âge, in *RBPH*, t. 35, pp. 374–392.

Favresse, F. [1959] Considérations sur les premiers statuts des métiers bruxellois, in *RBPH*, t. 37, pp. 919–940.

Favresse, F. [1961] *Etudes sur les métiers bruxellois au moyen âge*, (Université libre de Bruxelles) Bruxelles.

Godding, P. [1951] Actes relatifs au droit régissant la propriété foncière à Bruxelles au moyen âge, in *Bulletin de la commission royale des anciennes lois et ordonnances de Belgique*, t. 17, fasc. 2, pp. 87–164.

Godding, P. [1953] Liste chronologique provisoire des ordonnacnes intéressant le droit privé et pénal de la ville de Bruxelles (1229–1657), in *Bulletin de la commission royale des anciennes lois et ordonnances de Belgique*, t. 17, fasc. 4, pp.339–400.

Godding, P. [1954] Les conflits à propos des lettres échevinales des villes brabançonnes (XVe-XVIIIe siècles), in *Revue d'histoire du droit*, t. 22, pp.308–353.

Godding, P. [1956] Les quatre hamèdes de la ville de Bruxelles, in *Cahiers bruxellois*, t. 1, pp. 249–259.

Godding, P. [1959] Seigneurs fonciers bruxellois (ca. 1250–1450), in *Cahiers bruxellois*, t. 4, 1959, pp. 194-223; t. 5, 1960, pp. 1-17, pp. 85-113.

Godding, P. [1960] *Le droit foncier à Bruxelles au moyen âge*, Bruxelles.

Godding, P. [1962] La bourgeoisie foraine de Bruxelles du XIVe au XVIe siècle, in *Cahiers bruxellois*, t. 7, pp. 1-64.

Godding, P. [1965] Courtes et longues prescriptions aux XIIe et XIIIe siècles, principalement en Brabant, in *Hommage au professeur Paul Bonenfant (1899-1965)*, Bruxelles, pp. 151-167.

Godding, P. [1971] Les suretés personnelles dans les Pays-Bas méridionaux du XIe au XVIIIe siècle, in *Recueils de la société Jean Bodin*, t. 29: *Les suretés personnelles*, 2e partie; *Moyen Age et Temps Modernes*, Bruxelles, pp. 263-364.

Godding, P. [1973] Le pouvoir urbain en Brabant au moyen âge, in *Wavre 1222-1972: 750e anniversaire des libertés communales. Colloque historique: Les franchises communales dans le Brabant Wallon (Wavre, 23-24 Sept. 1972)*; *Actes*, pp. 95-122.

Godding, P. [1975] Impérialisme urbain ou auto-défence: Le cas de Bruxelles (XIIe-XVIIIe siècles), in *De Brabantse stad. 4de Colloquium, Brussel 29-30 maart 1974 (Bijdragen tot de geschiednis*, Jg. 58, no. 1-2), pp. 117-138.

Godding, P. [1981] Droit et paysage urbain: Les répercussions du système hypothécaire dans les Pays-Bas méridionaux (XIVe-XVIIIe siècles), in *Mélanges Mina Martens* (ASAB, t. 58), Bruxelles, pp. 91-102.

Godding, P. [1987] *Le droit privé dans les Pays-Bas méridionaux du XIIe au XVIIIe siècle* (*Académie royale de Belgique: Mémoires de la classe des lettres,* Collection in 4°, 2e série, t. 14, fasc. 1), Bruxelles.

Godding, P. [1995] Les ordonnances des autorités urbaines au moyen âge. Leur apport à la technique législative, in Duvosquel, J.-M. / Thoen, E. (eds.), *Peasants & townsmen in medieval Europe-Studia honorem Adriaan Verhulst-* (*Centre belge d'histoire rurale*, nr. 114.), Gent, pp. 185-201.

Godding, P. [1997] Les aubergistes bruxellois au XVe siècle: Hommes d'affaires et auxiliaires de la justice, in *Cahiers bruxellois*, t. 35, pp. 129-144.

Gorissen, P. [1956] Les finances de la Ville de Bruxelles au XIVe siècle. A propos de trois fragments de comptes (1371-1372-1382), in *Cahiers bruxellois*, t. 1, pp. 161-194.

Henne, A. [1845]/Wauters, A., *Histoire de la Ville de Bruxelles*, 3 vols., Bruxelles.

Kreps, D.J. [1953] Bruxelles, Résidence de Philippe le Bon, in Bruxelles [1953] pp. 155-163.

Laurent, H. [1927] / Quicke, F., La guerre de la succession du Brabant (1356-1357), in *Revue du Nord*, t. 13, pp. 81-121.

Laurent, H. [1934] Choix de documents inédits pour servir à l'histoire de l'expansion commerciale des Pays-Bas en France au moyen âge (XIIe-XVe siècles), in *BCRH*, t. 98, pp. 335-416.

Laurent, H. [1935] *Un grand commerce d'exportation au moyen âge. La draperie des Pays-Bas en France et dans les Pays méditerranéens (XIIe-XVe siècles)*, Paris.

Le Goff, J. [1997] Tentative de conclusions, in Actes [1997] pp. 443-456.

Libois, A. [1956] Notes sur deux Steenen bruxellois: le Serhuyghenoyssteen et le Serhuyghskintssteen, in *Cahiers bruxellois*, t. 1, pp. 25-40.

Libois, A. [1958] Une source inédite d'histoire sociale bruxelloise sous l'Ancien Régime: Les registres aux admissions et résolutions du Lignage Serhuygs à Bruxelles (1528–1794), in *Cahiers bruxellois*, t. 1, 1956, pp. 260–313; t. 2, 1957, fasc. 1, pp. 73–97; fasc. 2, pp. 37–54; fasc. 3, pp. 181–191; fasc. 4, pp. 240–251; t. 3, 1958, pp. 8–26.

Louis, M. [1958] *Bruxelles et son agglomération de 1830 à nos jours*, Bruxelles.

Louis, M. [1965] *Un millenaire d'histoire de Bruxelles*, Bruxelles.

Martens, M. [1943] *Actes relatifs à l'administration des revenus domaniaux du Duc de Brabant*, Bruxelles.

Martens, M. [1953a] Bruxelles, capitale, in Bruxelles [1953] pp. 33–52.

Martens, M. [1953b] *L'administration du domaine ducal en Brabant au moyen âge (1250–1406)*, (*Académie royale de Belgique, classe des lettres*, t. 48, fasc. 3), Bruxelles.

Martens, M. [1958] *Le censier ducal pour l'ammanie de Bruxelles de 1321*, Bruxelles.

Martens, M. [1959a] Bruxelles en 1321 — D'après le censier ducal de cette année, in *Cahiers bruxellois*, t. 4, pp. 224–245.

Martens, M. [1959b] Note sur l'époque de fixation du nom des sept lignages bruxellois, in *Cahiers bruxellois*, t. 4, pp. 173–193.

Martens, M. [1961] Introduction à l'étude des moulins à eau de Bruxelles, in *Folklore brabançon*, pp. 5–54.

Martens, M. [1962] *Le censier ducal pour une partie de la circonscription de Louvain en 1366*, Bruxelles.

Martens, M. [1963] Les survivances domaniales du castrum carolingien de Bruxelles à la fin du moyen âge, in *Le moyen âge*, pp. 641–655.

Martens, M. [1966] Une source perdue: Les listes ou les livres où l'on inscrivait le nom des échevins et leur appartenance lignagère, antérieurement au XVIIe siècle, in *ASAB*, t. 51, (1962–1966), pp. 157–192.

Martens, M. [1967] Du vestgeld aux droits d'usage concédés sur les premiers remparts des grandes villes brabançonnes au moyen âge, in *Miscellanea Mediaevalia in memoriam Jan Frederik Niermeyer*, Gronigen, pp. 283–292.

Martens, M. [1969] (ed.), Henne, A./Wauters, A., *Histoire de la Ville de Bruxelles*, 4 vols., (1968–1969), Bruxelles.

Martens, M. [1973] Bruxelles, capitale, de fait sous les Bourguignons, in *Westfälische Forschungen. Mitteilungen des Provinzialinstituts für westfälische Landes- und Volksforschung des Landschaftsverbandes Westfalen-Lippe*, 25. Bd., pp. 180–187.

Martens, M. [1976a] (dir.), *Histoire de Bruxelles*, Toulouse.

Martens, M. [1976b] Introduction, in Martens [1976a] pp. 5–10.

Martens, M. [1976c] Bruxelles, centre d'un comté de type seigneurial (1040–1291), in Martens [1976a] pp. 47–83.

Martens, M. [1976d] Du site rural au site semi-urbain (695–1040), in Martens [1976a] pp. 27–46.

Martens, M. [1977] *Les chartes relatives à Bruxelles et à l'ammanie (1244–1338), conservées aux archives de la ville de Bruxelles, (Recueil VI des Tablettes du Brabant)*, Château de Grandmetz.

Merlevede, J. [1982] *De Ieperse stadsfinanciën (1280–1330). Bijdrage tot de studie van een Vlaamse stad*, Brussel.

Moureaux-Van Neck, A. [1965] L'aide brabançonne de 1374, in *Hommage au professeur Paul Bonenfant (1899–1965)*, Bruxelles, pp. 267–283.

Moureaux-Van Neck, A. [1966] Un aspect de l'histoire financière du Brabant au moyen âge: Les aides accordées aux Ducs entre 1356–1430, in, *ASAB*, t. 51, (1962–1966), pp. 65–94.

Nicholas, D. [1992] *Medieval Flanders*, London / New York.

Nicholas, D. [1997] *The later medieval city, 1300–1500*, London / New York.

Peeters, J.-P. [1971] Bloei en verval van de middeleeuwse stadsnijverheid Vilvoorde, in *Eigen schoon en de Brabander*, Jg. 45–47, 1971–1974.

Peeters, J.-P. [1978] Nieuwe gegevens betreffende de draperie te Vilvoorde op het einde der middeleeuwen, in *Eigen schoon en de Brabander*, Jg. 61, pp. 157–184.

Peeters, J.-P. [1982] De betekenis der stad Zoutleeuw als centrum van lakennijverheid in Brabant van de 13de tot de 16de eeuw, in *Eigen schoon en de Brabander*, Jg. 65, no. 1–3, pp. 14–54; no. 4–6, pp. 193–215; no. 10–12, pp. 430–473.

Peeters, J.-P. [1983] De economische, sociale en politieke corporatieve structure der wolwevers in de grote draperie centra in Vlaanderen, Brabant en Artesië tijdens de 13de en de 14de eeuw: Gegevens voor een comparatief onderzoek, in Craeybeckx, J./Daelemans, F. (eds.), *Bijdragen tot de geschiedenis van Vlaanderen en Brabant: sociale en ecomonisch*, t. 1, Brussel, pp. 1–60.

Peeters, J.-P. [1984] De productiestrructuur der Mechelse lakennijverheid en de ambachten van wevers en volders van 1270 tot 1430, in *Handlingen van de koninklijke kring voor oudheidkunde, letteren en kunst van Mechelen*, t. 88, pp. 93–158.

Peeters, J.-P. [1985] Een bedrijf tussen traditie en vernieuwing: De Brusselse draperie in de 15de eeuw (1385–1497), in *Tijdschrift voor Brusselse geschiedenis*, Jg. 2, pp. 123–162.

Peeters, J-P. [1986] Sterkte en zwakte van de Mechelse draperie in de overgang van middeleeuwen naar nieuwe tijd (1470–1520), in *Handelingen van de koninklijke kring voor oudheidkunde, letteren en kunst van Mechelen*, t. 90, pp. 129–176.

Peeters, J.-P. [1987] De weversambachten te Brussel en te Leuven in de 14de eeuw: Een vergelijkend overzicht, in *Tijdschrift voor Brusselse geschiedenis*, Jg. 4, pp. 3–28.

Peeters, J.-P. [1988a] De-industrialization in the small and mediumsized towns in Brabant at the end of the Middle Ages. A case study: The cloth industry of Tienen, in Van der Wee[1988a] pp. 165–186.

Peeters, J.-P. [1988b] De stedelijke lakennijverheid en haar alternativen te Tienen op het einde van de mideleeuwen, in *Eigen schoon en de Brabander*, Jg. 71, pp. 121–142.

Peeters, J.-P. [1989] De middeleeuwse lakennijverheid in de stad Diest tot omstreeks 1400: Organisatie en betekenis, in *Eigen schoon en de Brabander*, Jg. 72, pp. 245–279.

Peeters, J.-P. [1992] Het register van de Brusselse lakengilde uit de jare 1416–1417: Een getuigenis van de praktijk van de gereglementeerde draperie in de stad Brussel tijdens de late middeleeuwen, in *BCRH*, t. 158, pp. 75–152.

Pirenne, H. (1929) *Histoire de Belgique*, t. 1, (5ᵉ éd.), Bruxelles.

Prevenier, W. [1998a] (dir.), *Le prince et le peuple: Images de la société du temps des ducs de Bourgogne: 1384–1530*, Antwerpen.

Prevenier, W. [1998b] Elites, classes moyennes et ouvriers, in Prevenier [1998a] pp. 72–91.

Renouard, Y. [1935] Achats et paiements de draps flamands par les premiers papes d'Avignon, in *Mélenges d'archéologie et d'histoire*, LII (Ecole française de Rome), pp. 273–313.

Smolar-Meynart, A. [1963] Un conflit entre la ville de Bruxelles et la justice ducale: L'affaire Van Uytven (1465), in *Cahiers bruxellois*, t. 8, pp. 1–12.

Smolar-Meynart, A. [1985] Bruxelle; l'élaboration de son image de capitale en politique et en droit au moyen âge, in *Bijdragen tot de geschiedenis, inzonderheid van het oud hertogdom Brabant*, t. 68, pp. 25–45.

Spallanzani, M. [1976] (ed.), *Produzione, commercio e consumo dei panni di lana (nei secoli XII-XVIII)*, (Istituto internazionale di storia economica F. Datini, Prato), Firenze.

Stengers, J. [1979] et al. (eds.), *Brussel. Groei van een hoofdstad*, Antwerpen.

Uyttebrouck, A. [1975] *Le gouvernement du duché de Brabant au bas moyen âge (1355–1430)*, (*Travaux de la faculté de philosophie et lettres de l'Université libre de Bruxelles*, t. 59), 2 vols., Bruxelles.

Uyttebrouck, A. [1976] De politieke rol van de Brabantse steden in de late middeleeuwen, in *Bulletin du crédit communale de Bruxelles*, no. 116, pp. 115–130.

Uyttebrouck, A. [1980] Brabant-Limburg 1404–1482, in *Algemene Geschiedenis der Nederlanden*, t. 4, Haarlem, pp. 224–246.

Van der Wee, H. [1988a] (ed.), *The rise and decline of urban industries in Italy and in the Low Countries (late Middle Ages-early Modern Times)*, Leuven.

Van der Wee, H. [1988b] Industrial dynamics and the process of urbanization and de-urbanization in the Low Countries from the late Middle Ages to the eighteenth century: A synthesis, in Van der Wee [1988a] pp. 307–381.

Van Hamme, M. [1968] *Bruxelles, de bourg rural à cité mondiale*, Bruxelles/Antwerpen.

Van Parys, H. [1956] Le bombardement de 1695 et les archives de l'hôtel de ville, in *ASAB*, t. 48, pp. 152–155.

Van Parys, H. [1958] Notes sur les lignages de Bruxelles en 1376, in *Brabantica*, t. 1, 1956, pp. 305–331; t. 2, 1957, pp. 93–112; t. 3, 1958, pp. 195–216.

Van Parys, H.C .[1959] L'admission aux lignages de Bruxelles, in *Cahiers bruxellois*, t. 3, 1958, pp. 107–137, 253–281; t. 4, 1959, pp. 9–30.

Van Parys, H.C. [1960] A propos de l'époque de fixation du nom des sept lignages bruxellois, in *Cahiers bruxellois*, t. 4, pp. 165–192.

Van Uytven, R. [1965] De omvang van de Mechelse lakenproductie vanaf de 14de tot de 16de eeuw, in *Noordgouw*, t. 5, pp. 109–130.

Van Uytven, R. [1976] La draperie brabançonne et malinoise du XIIe au XVIIe siècle: Grandeur éphémère et décadence, in Spallanzani [1976] pp. 85–97.

Van Uytven, R.[1991] (ed.), *De geschiedenis van Mechelen. Van heerlijkheid tot stadsgewest*, Tielt.

Vander Linden, H. [1896] *Les gildes marchandes dans les Pays-Bas au moyen âge*, Gent.

Vandervelde, J. [1958] Liste des échevins de Bruxelles depuis leurs premières mentions jusqu'en 1306, in *Brabantica*, t. 3, pp. 169–192.

Vandervelde, J. [1959] Recherches sur les origines du patriciat bruxellois, in *Tablettes du Brabant*, t. 3,

1958, pp. 25–40; t. 4, 1959, pp. 23–34.

Verriest, L. [1960] *Noblesse. Chevalerie. Lignages. Condition des biens et des personnes. Seigneurie. Ministerialité. Bourgeoisie. Echevinages.* Bruxelles.

Wyffels, C. [1973] Kanttekening bij de Brugse Moerlemye 1280–1281, in *Album Albert Schouteet*, Brugge, pp. 253–258.

邦　語

河原温［1999］「中世後期フランドル都市史研究の動向」『比較都市史研究』第18巻第1号，pp. 49–65。

藤井美男［1991］「中世後期南ネーデルラントにおける君主財政――都市財政との関係をめぐる予備的考察――」『商経論叢』〈九州産業大学〉第32巻第1号，pp. 157–188。

藤井美男［1994］「中世後期ブリュッセルの財政構造――毛織物ギルドとショセの財政をめぐって――」『経済学研究』〈九州大学〉第59巻第3・4合併号，pp. 193–210。

藤井美男［1998］『中世後期南ネーデルラント毛織物工業史の研究――工業構造の転換をめぐる理論と実証――』九州大学出版会。

14–16世紀の巡礼路都市アストルガの兄弟団

関　哲行

I　問題の所在

　中世中期以来ヨーロッパ世界では，兄弟団 cofradía, freria と呼ばれる人々の自発的意思に基づく社団が数多く組織され，「封建制の危機」の時代にあたる中世末期──貧富の差と社会不安が拡大した時代でもあった──から16世紀前半に頂点に達した。俗人を中心としながらも聖職者や女性を含めた様々な職業，身分の人々に開かれた兄弟団は，中世ヨーロッパを代表する社会的結合のひとつであるといってよい。それは血縁関係を越えて，同一の守護聖人の下に「死者」をも含めた多様な人々を結集させた擬制的家族としての性格をもち，「儀礼を通じて統合される枠組みの内部で福祉と安全を促進しようとする意図的選択による団体であった」[1]。中世ヨーロッパの兄弟団総体についての河原氏のこの指摘は，イベリア半島に関しても妥当する。

　1990年の論稿の中で中世ポルトガルの兄弟団を概観したゴディーニョ・ヴィエイラは，ポルトガルの兄弟団の目的を相互扶助と連帯，宗教的機能の追求とした上で，擬制的家族としての兄弟団のもつ開放的で水平的な性格を強調し，兄弟団を「死者と生者」を包摂した社会的結合と定義している。特定の階層や身分に限定された兄弟団が一部に存在したにしても，多くは「地域」の住民すべてに開かれており，垂直的結合の支配的な中世社会にあって，開放的で水平的な社会的結合を代表するものと位置づけているのである[2]。中世カスティーリャの兄弟団については，既に1942年にルメウ・デ・アルマスが先駆的研究『スペ

イン社会保障史』を発表している。擬制的家族,「死者と生者」を含む社会的結合という表現こそみられないものの, ルメウ・デ・アルマスは兄弟団の相互扶助と連帯機能, 慈善活動, 宗教的機能などに言及し, ゴディーニョ・ヴィエイラと同様の結論を導いていた[3]。1970年代に入ると中世カスティーリャの貧困問題に関するバルデオンの研究や, ドゥエロ川流域の兄弟団とその慈善活動を扱ったサンチェス・エレーロの研究が出され[4], 以後スペインでも兄弟団への関心は高まりつつあるが, 研究蓄積が乏しいのが現状である。こうした中にあって本稿にとり重要な位置を占めるのが, 有力巡礼路都市で中世末期に羊毛貿易の拠点都市となり, 多数の施療院 hospital, espital が建設されたブルゴスについての研究である。1981年のマルティネス・ガルシアの研究『中世末期のブルゴスにおける貧民救済』はそれを代表するものであろう。教区司祭を中心に都市寡頭支配層を加えて組織されたサンタ・マリア・ラ・レアール兄弟団は, 開放的な兄弟団とはいえないまでも, 相互扶助と連帯, 宗教的機能を併せもち, 豊かな財源を背景に施療院での活発な慈善活動を展開したのであった[5]。中世末期のブルゴスを展望したボナチア・エルナンドとカサード・アロンソの1984年の研究によれば, 開放的であるか否かにかかわらずブルゴスの兄弟団全体がそうした機能を有し, 複数の兄弟団への多重所属も少なくなかったのである[6]。

　以上の諸点を踏まえて本稿では, サンティアゴ巡礼路沿いの中小都市アストルガ Astorga を例に, 14–16世紀の兄弟団の実態と施療院での慈善活動について追究したい。それは周辺農村部をも巻き込んで展開された, アストルガ「地域」住民の多様な社会的結合を抉り出すにあたり, 重要な指標となる。中小都市でありながらアストルガ市には, ブルゴスに次ぐ多くの兄弟団と施療院がつくられ, 史料状況にも比較的恵まれている。市政と都市・農村関係についてのマルティン・フエルテスの研究[7]もあり, アストルガ市の実態分析を通じて, 中世末期から近世への転換期における中小都市――巡礼路都市の大多数を占める――とその周辺農村部住民の社会的結合の一端を探ることができるからである。

　アストルガ市の兄弟団に関する主要な研究は, 管見の限り二点を数えるにすぎない。ひとつは1908年に出版されたサン・ロマンの『アストルガ慈善史』で, 中世から近世を中心に19世紀までのアストルガ市の兄弟団とその慈善活動を

扱った浩瀚な研究である[8]。もうひとつはサン・ロマンの研究に依拠しながら，社会史的視点も導入して1992年に公刊されたカベーロ・ドミンゲスの『中世アストルガの兄弟団』である[9]。カベーロ・ドミンゲスの研究は，巡礼路都市の兄弟団研究の白眉ともいうべきものであるが，兄弟団を介した「地域」住民の結集や，都市寡頭支配層の権力維持装置としての兄弟団といった視点が稀薄である。本稿ではこうした欠を補いながら，アストルガ市の兄弟団の分析を進めたい。史料としては両研究に収載された兄弟団規約——施療院に関する規定を含む——を主に利用した。しかしここには兄弟団の会計簿や会員名簿はほとんど収載されておらず，規約を中心とした兄弟団分析にならざるをえなかった。兄弟団の財源に関しては，カベーロ・ドミンゲスの研究に主に依拠した。こうした限界があることを，あらかじめ指摘しておきたい。「地域」住民による社会的結合の析出を目的とした本稿の行論にあたっては，まずアストルガ市の基本構造を概観し，その上で幾つかの代表的兄弟団を取り上げ，それらによる施療院での慈善活動を分析するという方法をとる。

II　巡礼路都市アストルガの基本構造

　アストルガ市はレオン市の西方約46キロメートルに位置するローマ起源の都市で，イスラームの侵入後その支配下に組み込まれたが，9世紀半ばに再征服された。再征服後アストルガ市はアストルガ伯領の政治・行政・軍事上の中心となり，司教座教会が設置されたばかりか，10世紀末には一時ここに宮廷が移設されている。サンティアゴ巡礼の盛行を背景に司教座都市として都市的成長を開始したアストルガは，11世紀末以降レオンと聖地サンティアゴ・デ・コンポステーラ間の最重要投宿地となった[1]。

　中世末から16世紀のアストルガ市は囲壁内面積約12ヘクタール，人口約2,500人を擁する巡礼路沿いの典型的中小都市であった。しかも16世紀以降サンティアゴ巡礼が衰微すると，経済基盤の脆弱な内陸部の中小都市アストルガは都市的発展をほぼ停止し，中世都市そのままに「化石化」された[2]。従って中世末期のアストルガ市の都市景観は，16世紀についても妥当するものと考えてよい。

(1) 都市景観

　中世末期のアストルガ市の市門は五つで，巡礼者はレオンからの巡礼路に繋がる「太陽の門」から市内に足を踏み入れた。「太陽の門」からプラサ・マヨールを経由して「司教の門」に至る街路がアストルガ市の主要街路で，様々な店舗や宿屋，居酒屋などが立ち並んでいた。特に「太陽の門」からサン・フリアン教会，プラサ・マヨールに通じる二街路は重要であり，都市東部に位置するこれら二街路近辺がアストルガ経済の中心地であった。巡礼者は主要街路で巡礼行の継続に必要な食料品・衣類・靴などを調達し，聖遺物の安置された司教座教会(サンタ・マリア教会)や教区教会，聖フランシスコ修道院に参詣して，「司教の門」から聖地サンティアゴを目指した[3]。市場はプラサ・マヨールと司教座教会広場，サン・フリアン教会広場に設置された。週市は毎週火曜日に開かれ，1496年以降はサン・フリアン広場とプラサ・マヨールで時期をずらして半年ずつ開催された。この他に鍛冶職，皮革職，靴職，肉屋，パン屋などの常設店舗がみられ，16世紀初頭にはプラサ・マヨールで年市も開催された[4]。

　教区数はサンタ・マルタ，サンタ・クルス，サン・バルトロメ，サン・フリアン，サン・アンドレスの五つで，サン・アンドレス教区を除く四教区は囲壁内にあった。しかも囲壁内四教区のうち三教区は「太陽の門」とプラサ・マヨール間に集中しており，アストルガ市東部地区の人口密度が高かったことを窺わせる。教区は都市行政や都市課税の基本単位で，都市役人の一部も教区を基礎に選出された。囲壁に隣接した郊外区 arrabal は，サン・アンドレス，サン・ペドロ・デ・フエラ，サン・フェリスの三つで，鍋職と農民を中心としたサン・アンドレス郊外区のみが教区を組織し市民と同様の課税を負担した。サン・ペドロ・デ・フエラとサン・フェリスの住民は，主に農牧業や果樹栽培に従事した[5]。

　アストルガ地域の政治・行政，社会・経済，軍事，宗教的中心地であった中世末から16世紀のアストルガ市には，司教座教会と司教館，聖堂参事会館，市参事会館，城塞，アストルガ公をはじめとする貴族の邸館，教区教会と修道院，店舗や市場に加え，二つのユダヤ人街とシナゴーグもみられた。ユダヤ人街と

シナゴーグは，1492年のユダヤ人追放まで存続していた。さらにアストルガ市の内外に司教座教会や聖堂参事会，各種兄弟団の運営する多数の施療院が散在し，15世紀末に約10,000人の人口を数えた巡礼路沿いの有力都市ブルゴスに次ぐ施療院数を誇った。アストルガ市が「施療院の都市」といわれる所以である[6]。

(2) 経済・社会構造

　アストルガ地域の経済・社会的中心地機能を有したアストルガ市では，中世末から近世にかけて週市と年市が開催されたものの，大規模商業や金融業の発展は制約され，都市市場は巡礼者と地方市場向けに編成されていた。宿泊業やワイン商業を除けば活発な商業活動はみられず，他には肉屋，パン屋，魚屋，居酒屋をはじめとする食料品関連の小売り商業，建設業関連(大工，石工など)，皮革関連(靴職，皮革職，皮袋職)，繊維工業関連(仕立て職，織布工，起毛工，飾り職，刺繍職など)，金属加工関連(鍛冶職，鍋職，錠前職，武器製造職など)の手工業と，女性労働によって担われた蠟燭職が確認される程度である。毛織物工業も地方産の羊毛を使った地方市場向けの並製品の供給に終始していた。下級貴族を含む都市寡頭支配層，聖職者(司教，聖堂参事会員，教区司祭，修道士)，医者や弁護士・公証人・薬剤師といった自由業従事者，施療院従事者も散見されるが，これとて少数であった[7]。その一方で郊外区を中心に農牧業や果樹栽培に従事する農民が少なからず居住し，商業・手工業基盤の脆弱性と農業的性格の強さは否定できない。「封建制の危機」の時代とサンティアゴ巡礼が衰微し都市経済が停滞した14–16世紀に，アストルガ市でも貧民が構造化された要因であった。しかも巡礼路都市であったことから，アストルガ市には多くの貧民が滞在し，1521年主要兄弟団は不品行な貧民であるバガボンド(浮浪者)を排除するための統一規約を作成せざるをえなかった[8]。

　12世紀以降アストルガ市民は，司教のもつ領主裁判権の弱体化に努め，アストルガ市を自治権をもつ国王都市へと転換させる。1465年まで国王都市であったことから，アストルガ市内に有力貴族が居住することは稀であったが，14世紀以降，後にアストルガ公に任じられるオソリオ家，バサン家，ネイラ家，カレーラ家，オルダス家などアストルガ近郊の下級貴族が市内に定住していた。こ

れらの下級貴族が金融業や大規模商業に従事する一部の有力商人と一体化し，レヒドール regidor 職などの上級都市役人職を独占して，都市寡頭支配層を構成したのであった。有力商人による貴族身分の取得や下級貴族と有力商人との婚姻関係は，それをいっそう促したであろう。都市寡頭支配層は司教・修道院長などの高位聖職者，聖堂参事会員と親族関係にあることが多く，下級貴族，有力商人，高位聖職者・聖堂参事会員は社会的に一体であったとみてよい9)。その下に市民権をもつ小売り商人や手工業者，自由業従事者などの中下層市民が位置したが，これらの中には属域 alfoz や属域外辺部 comarca の出身者，レオンなどの近隣都市とイングランド，フランスなどからの移住者も含まれていた。属域やその外辺部の富裕農民，農村教区司祭の一部が市内に定住したことが知られているし，奉公人と貧民の半もそこから抽出された可能性は大きい。郊外区に定住したのも，主として属域とその外辺部出身の農民であった10)。

(3) 市　政

12–13 世紀に都市自治権を強化し市参事会を組織したアストルガ市政の中心となったのは，上級都市役人のフエス juez とアルカルデ alcalde であった。都市裁判権を行使したフエスとその判決執行にあたったアルカルデの半は，住民総会 concejo abierto で有力住民の中から選出され，他の半はアストルガ司教の任命であった。アストルガの有力住民は司教の都市領主権力を残存させつつ，それとの妥協の上に自治権を強化し市政を担ったのである11)。

1345 年アルフォンソ 11 世の導入したレヒドール制が，アストルガ市で定着し市政上の変革がもたらされた。レヒドールは市参事会が推薦した在地の寡頭支配層の中から，王権によって任命された上級都市役人であり，寡頭支配層による伝統的な都市支配権を王権が追認したことを意味した。レヒドール制を介して国王の都市支配権もまた，強化された。レヒドール制定着を機に，市参事会はレヒドールとフエス，文書の作成・管理にあたった書記，マヨールドーモ mayordomo（都市財務役人）などから構成されたが，その実権を掌握したのは 1393 年以降 7 名とされたレヒドールであった。国王の任命した終身もしくは世襲の上級都市役人レヒドールは，住民総会で有力住民の中から任命された一年

任期のフエス(2名)やマヨールドーモの選出に，決定的な影響を与えたからである。14世紀後半にはアルカルデも下級都市役人に転落しており，市参事会で数的にも多数を占めたレヒドールの優位は動かし難いものとなっていた[12]。しかも15世紀前半には下級貴族のオソリオ家とネイラ家によるレヒドール職の長期保有が開始されており，市参事会の閉鎖化と住民総会の弱体化がいっそう進行していたのである。週3回サン・バルトロメ教会で開催された住民総会は，上級都市役人のフエスやマヨールドーモの選出，都市課税や都市共有地の利用，属域との関係調整などに一定の役割を果たしたものの，その権限はレヒドール制の下で事実上空洞化していた。アストルガ市で最も多くの兄弟団が組織されたのは，住民総会が形骸化し都市寡頭支配層が市政運営の実権を掌握したこの時期であった[13]。

　1449年フアン2世はレオン地方の貴族反乱と市政をめぐる混乱を収拾すべく，戦略拠点であったアストルガ市のレヒドールの親族で国王派の下級貴族ペドロ・ガルシア・オソリオをトラスタマラ伯に任命した。次いで1465年エンリケ4世はトラスタマラ伯アルバロ・ペレス・オソリオをアストルガ公に叙任し，アストルガ市とその属域の裁判権を恵与した。ここにアストルガ市は従来の自治権を一部残存させつつも，国王都市からアストルガ公(オソリオ家)支配下の都市へと転換し，都市行政も大きく変化した。既に形骸化していた住民総会の権限はほぼ停止され，寡頭支配層による市参事会の権限がさらに拡大されたばかりか，都市領主のオソリオ家が都市の政治・軍事・財政機構の大半を独占したのであった。それはレヒドール職を併せもち都市内外で権力拡大を追求してきたオソリオ家による，市政独占化政策の総決算でもあった[14]。

　市参事会はコレヒドール corregidor，レヒドール，マヨールドーモ，書記，ディプタード diputado (市民代表)から構成され，コレヒドール職の定着にともないフエス職は廃止された。レヒドールも市参事会の実権を喪失した。コレヒドール，レヒドール，書記はアストルガ公が親族や封臣，領主役人の中から任命し，マヨールドーモとディプタードは，コレヒドールやレヒドールの提示した候補者名簿を基に住民総会で選出された。住民総会が直接的に一部の市参事会員の選出に関わる道は，完全に閉ざされたのである。市参事会にあってとり

わけ重要な役割を果たしたのは，市参事会を主宰し都市と属域の裁判権と軍事権を行使したコレヒドールであった[15]。一般に中世末期から近世のコレヒドールは，下級貴族や有力市民の中から王権によって任命され，各都市に派遣されたのであり，レヒドール以上に王権への従属性の強い上級都市役人とされる。しかしアストルガ市のコレヒドールは例外的にアストルガ公の任命で，領主役人としての性格を強く帯びていた。このコレヒドールは，同じくアストルガ公の任命でコレヒドール判決の執行にあたった領主役人のアルカルデや治安維持機能を担ったメリーノ merino と共に，アストルガ公の市政運営に中心的役割を果たした。しかもコレヒドールの上席には，アストルガ市を含めたアストルガ公支配下のすべての集落住民への裁判権を行使したアルカルデ・マヨール alcalde mayor が配置された[16]。レヒドール職を輩出した伝統的な都市寡頭支配層がアストルガ公の親族や封臣，領主役人と一体化し，その領主裁判権の下に包摂された15世紀後半—16世紀は，サンティアゴ巡礼の衰微を背景に都市経済が停滞し，慈善活動への王権の介入もあり，兄弟団の統廃合が進んだ時期でもあった[17]。

(4) 都市財政

アストルガ市は都市役人や都市共同体に雇用された医者への俸給の支払い，城壁や市場，街路の維持・管理，属域防衛や祝祭，15世紀後半以降はアストルガ公の賓客の接待費などに多くの財源を必要とした[18]。アストルガ市の主要財源となったのは，直接もしくは間接的な都市財産の運用と流通税収入，臨時課税，属域住民への課税であった。都市財産は都市内外の穀作地，牧草地，果樹園，ブドウ畑，屋敷地と水車，店舗などの不動産と動産から成り，一部は都市当局が直接経営したものの，大部分は入札により都市寡頭支配層を含む様々な市民もしくは属域住民に，現物・貨幣地代の支払いを条件に貸与された。最大の財源となったのは流通税収入で，市内に持ち込まれた一般商品課税，ワイン，肉，魚，オリーブ油，塩，野菜，果物といった食料品課税，水売買税などから構成された。これらの多くは一年契約の徴税請負に出され，落札者が都市当局に納税した。しかし都市財政は慢性的な欠損状態にあり，教区単位での臨時課税が

不可欠であった[19]。そのためアストルガ市では，都市当局による慈善活動は行われなかった。教会や多くの兄弟団による慈善活動も，都市当局による慈善活動を抑制させた一因であったと思われる。

(5) 都市・農村関係

アストルガ市の都市裁判権下に置かれた属域は，約65平方キロメートルで11の属村から構成された。15世紀の属村の平均人口は20世帯——家族係数を5として約100人——であり，属域全体の人口は1,000人程度と推定される。アストルガ市は属域への課税権と軍事権，警察権をもち，王権などの外部権力への属域代表権も行使した。課税額についていえば，属域はアストルガ市に課せられた国王課税の三分の一～三分の二を負担しなければならなかった。さらに属域住民は小麦や肉などの食料品を都市当局によって定められた価格で，アストルガ市の市場で売却する義務を負っていた。アストルガ市の手工業製品も，属域を主要な市場とした[20]。その一方でアストルガ市は都市共有地を属域住民に貸与したり，共有地の共同利用権を保証し，市参事会員を定期的に派遣して外部権力からの属域境界の防衛にも努めた。属域内部に教会や貴族所領，王領地などが含まれており，山林や放牧地利用権，境界をめぐる係争事件が頻発したためであった[21]。そればかりではない。属村の多くはアストルガ市の都市裁判権下に一定の自治権を認められ，郊外区のサン・フェリス教会で開催された属村住民集会において属村代表を選出した。これらの属村代表はアストルガ市の住民総会に参加し，都市共有地の利用権や貸与条件，国王課税をめぐり都市役人と協議することもできた[22]。このようにアストルガ市と属域は，支配・従属関係を前提としながらも，政治・経済的に一体であり，それが都市への属村住民の移動や属村住民の兄弟団への参加，兄弟団への寄進を促した要因であったと考えられる。

属域外辺部は都市以外の領主裁判権に服属しつつも，軍事・経済的にアストルガ市と密接な関係を維持した40以上の村落から構成される。属域の世帯数がここにも当てはまるとすれば，属域外辺部の人口は4,000人以上と推定され，属域外辺部の村落の多くが，アストルガ市に城壁や城塞などの軍事施設の維持・管

理税を負担した。属域と同様にアストルガ市が食料品の独占購入権をもち，都市手工業製品の市場となった地域でもあった[23]。14世紀半ばにアストルガ市が国王裁判権からの免除特権を付与されると，オソリオ家，ネイラ家，カレーラ家をはじめとする属域外辺部の下級貴族の一部は，国王役人の介入なしに下級裁判権を行使することのできたアストルガ市内に移住した。これらの下級貴族は政治・経済的中心地機能をもつアストルガ市の都市行政にも関与し，それを通じて属域外辺部の支配強化を目指した。特にアストルガ公に任命されたオソリオ家の都市居住は，属域外辺部との関係を決定的に変化させた。アストルガ市がアストルガ公領の政治・経済的中心となり，その領主役人が都市役人に任命されたからである。都市と属域の裁判権を有するアストルガ公を介して，これら両者と属域外辺部の関係はいっそう緊密化し，より密度の濃い「地域」社会の形成を促した[24]。アストルガ市の兄弟団への属域外辺部住民の参加やそれへの寄進は，これと深く関わっているとみるべきであろう。

III　アストルガ市の兄弟団

　中世末期に16とも24ともいわれたアストルガ市の兄弟団は，主として地縁的関係に基づいて自発的に組織された社会的結合で，特定の守護聖人と規約，財源をもち，施療院などで財源に応じた慈善活動を展開した。それは戦争や飢饉，疫病に絶えず晒され，職業や身分，裁判権によって分断された都市内外の住民にとって不可欠の装置であった。住民総会が事実上機能を停止する中で，「地域」住民を再結集させる回路ともなった。兄弟団の空間配置は囲壁内部と外部にほぼ半数ずつ，また教区教会と司教座教会を本部とした兄弟団は7，残りは固有の礼拝堂や施療院を本部とした[1]。都市寡頭支配層や聖職者を中心とした兄弟団も一部にみられたが，多くの兄弟団は都市と周辺農村部の様々な職業，身分，性別の人々に開かれていた。例えばアストルガ市の平均的兄弟団のひとつとされるコルプス・クリスティ兄弟団は，寄進文書からみて郊外区の教区司祭，アストルガ市の手工業者，寡頭支配層に属するレヒドール，属域外辺部の住民など職業や身分，裁判権を異にする多様な人々を会員としていた[2]。

これらの兄弟団は，兄弟団の起源，会員の職業・身分構成，労働規約の有無により，ギルド型兄弟団，信徒会型兄弟団，聖職者兄弟団，ハンセン病患者や孤児を対象とした特殊兄弟団の四つに大きく分類された[3]。以下ではギルド型兄弟団に属するサン・マルティン兄弟団とサンタ・マリア兄弟団，信徒会型兄弟団のサン・フェリス兄弟団とサンタ・マルタ兄弟団，サン・フェリスとサンタ・マルタなど五つの信徒会型兄弟団を結集して16世紀前半に統合へ向けての第一歩を踏み出したシンコ・リャーガス(五つの聖痕)兄弟団，もともと聖職者兄弟団として発足したサン・エステバン兄弟団，特殊兄弟団であるサント・トメ兄弟団を例に，アストルガ市の兄弟団の在り方を具体的に検討したい。

(1) 兄弟団の理念と目的

兄弟団規約は各兄弟団の理念と目的を端的に示したものであるが，すべての兄弟団規約に，会員の物的・霊的な相互扶助と連帯，兄弟団内部の平和に関する規定(自治規定)が含まれ，しかもそれらが規約の大部分を占めた。病気で貧窮した会員への看護や食事給付，総会や死去した会員への追悼ミサ，宗教行列への参列義務と共食(饗宴)規定は，物的・霊的相互扶助と連帯の表明であったし，フエスjuez(兄弟団長)の有する下級裁判権や規約に違反した会員への罰金，総会での秩序維持規定は，兄弟団内部の平和維持(自治)と深く関わっていた。ギルド型兄弟団に属するサンタ・マリア兄弟団規約は，全31条のうち25条をこれらにあてているし，前文を除いて全22条から成る信徒会型兄弟団のサン・フェリス兄弟団規約でも，16条がこれらに関する規定である[4]。アストルガ市の兄弟団もまた，会員の物的・霊的な相互扶助と連帯，内部の平和に支えられた擬制的家族にほかならず，死去した会員への追悼ミサにみられるように，死者をも兄弟団の一員とする「死者と生者の共同体」であったということができる[5]。

1539年のシンコ・リャーガス兄弟団規約によれば，総会では「有力会員も一般会員も対等」とされ，コレヒドール以下の都市寡頭支配層が権威の象徴である官杖をもって，総会に参加することは禁じられた[6]。多様な会員構成と相まって，このことはアストルガ市の兄弟団が，開放的で水平的な社会的結合をも目

指したことを意味している。

(2) 兄弟団の類型と統廃合

　前掲の四類型兄弟団のうちギルド型兄弟団は，同職者を中心に 13–14 世紀に結成された兄弟団——ただし同職者以外の男女も参加した——で，病気や貧窮時の相互扶助規約，宗教儀礼関連の規約に加え，労働規約をもつ点に特色がある[7]。聖マルティヌスを守護聖人とした靴職のサン・マルティン兄弟団，聖母マリアを守護聖人とした大工職のサンタ・マリア兄弟団は，それを代表するものである。14 世紀頃のサン・マルティン兄弟団規約によれば，すべての会員は死亡した会員の埋葬と葬儀への参列義務，結婚や出産時の会員への祝福義務を負い，病気で貧窮した会員に関しては施療院に収容し衣類と食事を与えて，回復するまで看護しなければならなかった。巡礼者のための労働を除き，祭日の労働は禁止され，イェルサレム巡礼を発願した会員には祝宴や祝い金供出など「何らかのことをなさ」ねばならなかった。14 世紀から 15 世紀初頭のサンタ・マリア兄弟団規約にも，大工職会員から仕事の要請を受けた場合，すべての会員がそれに応ずべきとの労働規定が含まれている[8]。「慈善活動のために存する」とされた信徒会型兄弟団も，守護聖人と規約をもつが，会員の職業・身分・居住地・性別構成は，ギルド型兄弟団以上に多様であった。信徒会型兄弟団では労働規約は存在せず，宗教儀礼と慈善活動関連の規約が中心となる[9]。聖フェリクスを守護聖人としたサン・フェリス兄弟団は，この典型である。聖ステファヌスを守護聖人とし，もともと聖職者によって属村のブリメーダ Brimeda 村で結成されたサン・エステバン兄弟団は，聖職者兄弟団の一例で，他の類型の兄弟団と同様に規約をもち，14 世紀には聖職者と都市寡頭支配層を中心に様々な身分・職業・性別の会員を含んでいた[10]。特殊兄弟団としては，聖堂参事会が直接関与した，孤児のためのサント・トメ兄弟団とハンセン病患者を対象としたサン・ラサロ兄弟団の二つが知られている。このうちサント・トメ兄弟団はカンタベリー大司教トマス・ベケットの親族で，アストルガ教会の聖堂参事会員ペドロ・フランコに由来するといわれる[11]。

　これらの兄弟団は統廃合を繰り返し，15 世紀以降ギルド型兄弟団はすべてが

信徒会型兄弟団に吸収された。サンティアゴ巡礼の衰微に伴ってギルド型兄弟団の財政基盤と組織が動揺したこと，治安維持や物価抑制を目指した王権のギルド型兄弟団禁圧策が，その一因であったと思われる。サン・エステバン兄弟団も14世紀以来信徒会型兄弟団へと転換しており，二つの特殊兄弟団を除けば，16世紀にはすべてが信徒会型兄弟団となった[12]。サン・フェリスやサンタ・マルタをはじめとする五つの信徒会型兄弟団も，16世紀に入ると財政基盤と組織を弱体化させ，1539年，財政再建と兄弟団所有地などをめぐる対立の緩和，兄弟団への司教権の介入阻止，より効率的な慈善活動と宗教儀礼実現のため統一規約策定に着手せざるをえなかった。五つの信徒会型兄弟団を糾合して1635年に正式発足するシンコ・リャーガス兄弟団結成へ向けての第一歩が，踏み出されたのである[13]。

15世紀末—16世紀のスペイン王権は，神と一体とされ「王国の神秘的身体」の最下層を占める貧民と弱者への救済義務を負った。施療院と兄弟団の統廃合による慈善活動の活性化は，王権の使命であり，その聖性強化に寄与した。1532年のセゴビアのコルテス（身分制議会）条例も，各都市の施療院数を二つに限定して，慈善活動の効率化を要請していた。アストルガ市の兄弟団の統廃合は，こうした動きとも連動していたのである[14]。そればかりではない。セゴビアのコルテス条例は，施療院での効率的な慈善活動が寡頭支配層の権力維持と救霊にとっても不可欠であったことを示している。コルテスに参加した都市代表は，各都市の寡頭支配層の利益を代弁していたからである。寡頭支配層による政治・経済・軍事的支配は，兄弟団を介した慈善活動に支えられて正当化され，「地域」住民に受け入れられたのであり，彼らの救霊は神への仲介者と目された貧民への慈善活動に依拠していた[15]。

近代カトリック運動の出発点となったトリエント公会議後の1590年に，シンコ・リャーガス兄弟団は病気の貧民と健康な貧民を区別した上で，病気の貧民のための施療院を二つに統合した。それは，中世末期以来表面化していた貧民の差別化と健康な貧民への強制労働，貧民救済への王権の直接介入によって特色づけられる近世的救貧制度が，アストルガ市でも定着したことを意味するものであった[16]。

(3) 兄弟団の組織と構成

(a) 兄弟団の構成と総会，会員数

すべての兄弟団において，会員は都市と周辺農村部の正会員 servientes と免除会員 escuntados から構成された。役職者と一般会員から成る正会員は，病気などの場合を除き原則として兄弟団の総会や祝祭，会員の葬儀などの行事に参加しなければならず，それに違反した場合は罰金を科せられた。これに対し免除会員は，正会員とは異なる入会金支払いを条件に，それらの一部を免除された会員である[17]。前掲のサンタ・マリア兄弟団規約は，正会員と免除会員を区別し，後者に関しては免除金の支払いを義務づけている。都市寡頭支配層の兄弟団であったサン・エステバン兄弟団では，免除会員の入会金は正会員のそれより高額で，しかも1413年に免除会員として入会したガルシア・アルバレスは，「参列できる場合を除き」職務を免除されたのであった[18]。こうした免除会員となったのは，聖職者や都市を留守にする機会の多い特定の商人・手工業者――石工はその一例――，複数の兄弟団に所属している人々であったと思われる。15世紀初頭のサン・エステバン兄弟団では年平均新入会員6～8名のうち，半分以上が免除会員であったし，14世紀初頭のアストルガ市の富裕市民の妻フアナ・ミゲーレスは，その寄進先――寄進者は寄進先兄弟団の会員である場合が少なくない――からみて，三兄弟団の正会員もしくは免除会員であった可能性が大きい。属域やその外辺部の会員も，すべての行事に参加することは物理的に不可能であり，義務の一部を免除されたものと思われる[19]。

兄弟団はこれらの正会員と免除会員，施療院でのサービス提供などに直接あたった下級専従職の施療院管理人 hospitalero，会員を総会や葬儀などに招集するコレドール（触れ役）corredor――施療院管理人が兼ねる場合が多かった――から構成された。ミサや医療サービスの必要が生じた時には，会員である司祭や医者にそれを委ねた[20]。

総会は兄弟団の守護聖人の祭日に，兄弟団本部の置かれた礼拝堂や施療院で開催され，開催日時は下級専従職を通じて全会員に通知された。総会には女性と病気の会員を除くすべての会員が参加しなければならず，違反者からは罰金

が徴収された。総会はフエスが主宰し，フエスを除く役職者の選出，新会員の承認，規約改正，会計報告などが行われ，総会終了後に会員の親睦と連帯強化のための共食が催された[21]。会員数については，1415年に約100名の会員を数えたサン・エステバン兄弟団を除けば不明である。会員の中には都市寡頭支配層を中心に，複数の兄弟団に加入する多重所属が広範にみられた。多重所属が彼らの政治・社会的地位の強化につながると考えられたためであった[22]。

(b) 兄弟団執行部

女性を除く正会員の中から選出された兄弟団執行部は，フエス(兄弟団長)，マヨールドーモ mayordomo やペロステ peroste と呼ばれた財産管理官，フエス補佐のプロクラドール procurador, 書記から構成されたが，これらの役職者の名称や権限，職務内容は各兄弟団と時代によって変化した[23]。

サンタ・マリア兄弟団規約によれば，フエスは会員への下級裁判権を行使し兄弟団の平和維持にあたった執行部代表で，債務をめぐる会員間の係争事件などは都市裁判所や教会裁判所ではなく，まず第一に彼の下に提訴されねばならなかった[24]。それは兄弟団自治の表明でもあった。フエスは総会招集権や違反会員からの罰金徴収権をもち，新任のマヨールドーモやプロクラドールの提出した保証金――職務怠慢の場合に没収された――を預かったばかりか，兄弟団代表として祝祭日の宗教行列には兄弟団の旗を捧持した。フエスに任命されたのは「その役職に相応しい」名誉ある者で，レヒドールなどの都市寡頭支配層から選出されることが多かった。任期一年1名であったが，名誉職であったため前任フエスが後任フエスを指名したり，一定期間をおいて再選される場合も少なくなかった[25]。マヨールドーモとペロステは兄弟団財産の管理にあたった財産管理官で，フエス判決の執行，貸与された兄弟団財産から発生する地代や家賃の徴収，施療院の管理，会員への施し物の分配などに従事した。任期一年1名を原則とし，総会で都市寡頭支配層などの有力会員の中から選出されたが，就任時に保証金を提出しなければならず，退任時には同じく有力会員から成る会計監査人 contador に詳細な会計報告を行わねばならなかった[26]。プロクラドールは15世紀以降に登場する役職者で，フエスを補佐して総会の招集，下級専従職の監督，外部団体との訴訟事件の指揮にあたり，マヨールドーモと共に兄弟団

財産の管理にも従事した。任期一年1名で，総会においてマヨールドーモと同じく有力会員の中から選出された。会員名簿，総会議事録などの文書の作成や管理にあたり，公証人や都市役人としての書記の中から選出された兄弟団の書記も，同様であった[27]。

ギルド型兄弟団を別とすれば，多くの場合兄弟団執行部を構成したのは，都市寡頭支配層をはじめとする有力会員――女性を除く――であり，そのモデルとなったのは，自治権と財源をもち寡頭政的支配を特色とした市参事会にほかならなかった。市参事会との共通性は，フエスやマヨールドーモといった兄弟団役職者名が都市役人のそれと同一であること，女性の排除や固有の財源の存在からも窺われる[28]。それは，水平的結合をめざしたアストルガ市の兄弟団が現実には，封建制社会の構成原理である垂直的結合との交点の上にしか成立しえなかったことを意味する。この点は兄弟団と都市寡頭支配層の関係を理解する上で，決定的に重要である。都市と周辺農村部の支配層から成る都市寡頭支配層は，「地域」の政治・経済的中心地であったアストルガ市の市参事会を独占したばかりか，「地域」住民の相互扶助と慈善活動を担った兄弟団も掌握したのである。兄弟団の掌握は彼らの社会的威信を強め，「地域」民衆による寡頭政的支配の受容へとつながっていったに違いない。だからこそアストルガ市の平均的兄弟団とされるサンタ・マルタ兄弟団にさえ，都市寡頭支配層や聖堂参事会員が会員として加入し，13世紀末―14世紀初頭には聖堂参事会員がフエス職を務めたのである[29]。

(c) 入会規定と兄弟団の選択

入会希望者は入会金を支払い，役職者の前で規約遵守を誓約し，総会で承認された後に会員として認められた。新会員は会員名簿に登録され，会員としての様々な義務を負担した[30]。都市住民であれ周辺「地域」の住民であれ，誠実な人物である限り男女を問わずすべての住民に兄弟団は開かれていたが[31]，入会金額と血縁関係，兄弟団の職業・身分構成，帰属教会が兄弟団の選択を左右した。

入会金が最も高かったのはサン・エステバン兄弟団で，1475年の男女会員の入会金は貨幣3,000マラベディと2レアル銀貨，小麦1モヨ，蠟4リブラ，ワイン1カンタラ，それに役職者とコレドールへの12マラベディの支払いであっ

た[32]。貨幣と現物から成るこうした高額の入会金を支払うことができたのは，都市寡頭支配層と司教，聖堂参事会員，周辺農村部の下級貴族などに限定され，従ってサン・エステバン兄弟団は「地域」の「エリート層」の兄弟団であったということができる。平均的兄弟団のサンタ・マルタ兄弟団規約によれば，男性の入会金は「旧来の単位で小麦1ファネガ，旧来の貨幣で10マラベディ，良質のワイン1カンタラ，蠟1リブラ」である一方，「女性の場合には小麦2ファネガ，蠟2リブラと役職者への手数料」であった[33]。サン・エステバン兄弟団と異なり，男女会員の入会金が区別されていることは明らかであり，単位換算が難しいものの，これまでの研究からみて男性の入会金が女性のそれより高かったであろうことは推察される。会員の寡婦は入会金を減額されたし，聖職者や医者，公証人といった専門職も，会員のためのミサ，施療院での医療サービス，兄弟団の書記就任を条件に入会金の一部を減額された。こうした入会金に加え会員は，ミサや葬儀に際し聖職者への奉納を負担しなければならなかった[34]。

サン・フェリス兄弟団，サンタ・マルタ兄弟団，サン・エステバン兄弟団は会員の長男への特別入会金を定めており，血縁関係が兄弟団の選択に影響を与えたことは間違いない。そのためサンタ・マリア兄弟団は，新会員の入会にあたり役職者の立ち会いを規定し不正防止に努めている[35]。都市とその周辺の「エリート層」を結集したサン・エステバン兄弟団や，大工職を中心としたサンタ・マリア兄弟団にみられるように，兄弟団の身分や職業構成も兄弟団の選択を左右した。また教区教会を本部とし，それと密接な関係を維持した兄弟団にあっては，入会希望者の帰属教区が兄弟団選択に影響した可能性も少なくない[36]。地縁的関係を基礎にすべての住民に開かれたはずの兄弟団とはいえ，職業・身分構成や血縁関係，帰属教会の影響は否定できないのである。

(d) 会員の権利・義務と脱会規定

前掲のようにギルド型兄弟団に属するサン・マルティン兄弟団の会員は，会員の埋葬や葬儀への参列義務，結婚・出産時の会員への祝福義務の一方で，病気で貧窮した場合には施療院で食事と衣類を与えられ，看護される権利を有した。サンタ・マリア兄弟団の会員は，守護聖人の祭日に行われる総会，ミサ，宗

教行列への参加,会員の葬儀と会員の家で死去した巡礼者の葬儀への参列に加え,会員から要請された時の共同労働を義務づけられた。その一方,貧窮した会員が死去した時には兄弟団の負担で埋葬されたし,有料とはいえ会員の家族や奉公人も,兄弟団による葬儀の対象となった。そればかりか会員間で金銭等の貸借も行われており,兄弟団は貧窮した会員などへの「銀行」機能すら果たしたと思われる[37]。信徒会型兄弟団である 14 世紀のサンタ・マルタ兄弟団規約では,守護聖人の祭日に行われる総会,ミサ,宗教行列への参加,会員や奉公人の葬儀への参列が義務づけられ,貧窮した会員に対しては兄弟団の負担による埋葬がやはり保証されている[38]。信徒会型兄弟団のサン・フェリス兄弟団規約にあっては,サンタ・マルタ兄弟団規約の事項に加え,病気の会員への共食取り分の配布,会員の家や施療院で死去した貧民の葬儀への参列が義務づけられている[39]。このようにギルド型兄弟団と信徒会型兄弟団では,病気や貧窮した会員への物的・霊的相互扶助——施療院における食事・衣類の提供や看護サービス,貧窮した会員が死亡した場合の兄弟団による埋葬,貧窮した会員への金銭等の貸与——が確認されるのであり,サン・マルティン兄弟団を除けば会員の家族や奉公人にも,それが適用されているのである。

脱会規定はギルド型兄弟団のサンタ・マリア兄弟団規約と,信徒会型兄弟団に属するサン・フェリス兄弟団規約の二つにみられ,前者においては全会員への 5 ソリドゥスの支払い,後者では単に 5 ソリドゥスの支払いと記されている[40]。脱会理由はいずれも会員の自由意思によるものとしているが,全会員への 5 ソリドゥスの支払いを規定したサンタ・マリア兄弟団の脱会金は重く,事実上脱会を不可能とさせたに違いない。サンタ・マリア兄弟団の会員数は不明だが,14–15 世紀に免除会員だけでも 26 名に上ったことから[41],正会員はそれとほぼ同数あるいはそれ以上であったと推定されるからである。自由意思による脱会のほかに,罰金未納や不品行に起因する強制脱会があった。自由意思によるものであれ強制であれ,脱会者の再入会は認められなかった[42]。

(4) 兄弟団財産

アストルガ市の兄弟団は,会員の物的・霊的な相互扶助,共食や祝祭,慈善

活動のために財源を必要とした。固有の財産所有は兄弟団自治の基盤でもあった。会員からの寄進などによって形成された兄弟団財産の規模は，兄弟団によって異なり，都市とその周辺部に多くの財産を所有した「エリート層」のサン・エステバン兄弟団を除けば，兄弟団の大半とりわけギルド型兄弟団は貧弱な財産を所有したにすぎなかった[43]。

　1515-17年にサン・エステバン兄弟団は，都市と属域，その外辺部にライ麦畑90ヘクタール，小麦畑88ヘクタール，亜麻畑3ヘクタール，牧草地95，果樹園8，家屋19軒，水車2を所有した[44]。サン・エステバン兄弟団はこれらの多くの不動産と動産——主として会員からの寄進によるもので，同兄弟団の会員が都市と周辺農村部の「エリート層」に跨がっていたことを示す——を会員に優先貸与し，家賃と地代収入を得ていた。会員は入会時に兄弟団の利益擁護を誓約しており，兄弟団執行部の監督権が及んだためであった[45]。耕地の貸与に際してサン・エステバン兄弟団は，主として都市内外の寡頭支配層から成る会員間で入札を行い，落札者（会員）と小作契約を結んだ。貨幣と現物の混合地代は直接契約者（落札者会員）が兄弟団に納入しなければならなかったが，直接契約者はこれらの土地を，都市共有地と共に周辺農民へ再小作に出し，兄弟団倉庫への現物地代運搬を義務づけた。直接契約者はこれらの土地を，農業労働者を雇って直接経営することもできた。直接契約者（会員）への地代額は低く設定されており，会員は再小作を利用して地代の差額を得ることができた[46]。この他にサン・エステバン兄弟団には，現物と貨幣から成る入会金と脱会金収入，免除会員の支払う免除金収入，規約違反会員に科せられた罰金収入などがあり，1499年にサン・エステバン兄弟団の総収入——同兄弟団では穀物地代はすべて会員間に分配され，穀物売却益は計上されなかった——は，約35,000マラベディに達した[47]。平均的兄弟団とされるサンタ・マルタ兄弟団も，アストルガ市とその周辺農村部に少なからぬ土地と家屋を所有し，1499年同兄弟団の総収入は穀物地代売却益を含めて，約20,000マラベディに上った。これらの不動産と動産は会員でもあった都市と周辺農村部の住民に貸与されており，アストルガ市の兄弟団が「地域」の住民にとって経済的にも重要な存在であったことを窺わせる[48]。

売却された穀物は，役職者や下級専従職への現物俸給，会員間の分配，祝祭などに必要な穀物を除いた余剰穀物であった。穀物価格は季節によってしばしば変動したため，売却益を最大限にすべく売却時期が分散された。1539年のシンコ・リャーガス兄弟団規約によれば，大麦は3月中旬まで，小麦は5月中旬まで売却が禁止された一方，5月以降はプロクラドールの立ち会いの下で穀物を売却できると定めている[49]。アストルガをはじめとする二圃農法地域では，少なくとも5月は小麦の端境期にあたり，小麦価格が高騰することがしばしばであった。この時期に小麦を放出することは，最大の売却益の確保と共に，貧民救済の一面があったことを窺わせる。シンコ・リャーガスのような信徒会型兄弟団は，何よりもまず「慈善活動のために存するからである」[50]。

　こうした財源を基礎に各兄弟団は，それぞれの経済力に応じて役職者や下級専従職，医者や司祭に貨幣もしくは現物による俸給を支払い，また施療院での慈善活動費用，礼拝堂の維持費用，貧しい会員の葬儀費用，宗教行列や闘牛などの祝祭費用，総会時の共食費用，所有地をめぐる教会や他の兄弟団などとの裁判費用を捻出したのである。祝祭日の会員へのパンやワイン，肉，イワシ，チーズの分配も，兄弟団の負担であった[51]。特に多くの支出を強いられたのが，役職者や下級専従職などへの俸給支払いであり，1499年のサンタ・マルタ兄弟団では，全穀物収入の約60パーセントを占めた。16世紀に祝祭関連費用として兄弟団総収入の約20～25パーセントが支出される一方，施療院での慈善活動費用は，兄弟団総収入の10パーセント程度にすぎなかった。共食時の冗費節減を規定したサン・フェリス兄弟団規約とシンコ・リャーガス兄弟団規約にみられるように，財政状況は逼迫しており，しかも施療院関連の支出割合が少ないことから，施療院での慈善活動は大幅な制約を受けた[52]。

IV　施療院での慈善活動

　アストルガ市の兄弟団はほとんどすべてが施療院を所有・経営し，そこで慈善活動の大半を行った。兄弟団にとって施療院での慈善活動は福音書の実践，「富の社会的還元」の表明であり，「天に富を積む」ことにより兄弟団への神の

恩寵を期待した。不十分ながらもそれは，構造化された「地域」の病気や死，貧困問題への対応策のひとつでもあった[1]。

アストルガ市の施療院の多くは，囲壁内とりわけ都市経済の中心で巡礼路の入り口にあたる「太陽の門」と，その出口に位置する「司教の門」周辺に集中した。囲壁外の施療院は，サン・ラサロ施療院など一部に限定された。アストルガの施療院数は24を数えたが，それらは同時期に存在したのではなく，兄弟団の統廃合にあわせ頻繁に統廃合を繰り返した[2]。施療院には免税特権が認められており，自治権をもつ各兄弟団はそれぞれの財政状況に応じ，その所有施療院で質素な慈善サービスを提供した。慈善活動の対象となったのは，都市内外の兄弟団の会員とその家族や奉公人，外部の貧民，病人，巡礼者などであった[3]。

(1) 施療院設備と備品

アストルガ市の施療院の大部分は，質素な作りの二階建てで，中庭に井戸とブドウ棚があった。屋根は瓦葺きだが外壁や天井は板張りで，切り石の使用は建物の角，軒下，壁の開口部に限定された。土間もしくは敷石の空間から成る一階に，台所と暖炉，男性と女性宿泊者のための部屋各1，施療院管理人家族の部屋1が配置されていた。台所には食卓1台と暖や休憩をとるためのベンチ数脚が置かれた[4]。宿泊部屋のベッド数は不明だが，巡礼路都市レオンのサン・フロイラン施療院の例からみて，一部屋のベッドは数台，1台のベッドを二人で共用したものと考えられる。従って男女を合わせた最大収容人数は，十数人程度であったろう。二階の大部屋で総会が開催される時，施療院管理人は非会員を総会に近づけないよう，階段の下で人々の出入りをチェックしなければならなかった[5]。

慈善活動への支出割合が少ないことなどを反映して施療院の備品は貧弱であり，ベッドを含む寝具類も大半が会員からの寄進によるものであった。15世紀のサンタ・マルタ兄弟団の施療院を例にとれば，粗末なベッドと新しい枕12個，毛布14枚(新しいのは2枚だけで，古毛布3枚，すり切れた毛布8枚，使用不能のぼろ毛布1枚)，古いシーツ4枚，古い枕カバー2枚が寝具類のすべてであった[6]。寝具類の他に施療院は，少数の家具と食器，台所用品，埋葬用備品

(屍衣，遺体運搬のための戸板や棺，鋤やシャベルといった墓掘用具)，宗教・祝祭儀礼用備品(聖職者用の祭服，聖杯，十字架，聖体顕示台，典礼書，ロザリオ)，会計簿と会員名簿，兄弟団規約などを納めた文書箱，兄弟団のシンボルである旗とエンブレム，計量升やパン籠といった地代徴収用器具を備えていた。これらのうち宗教・祝祭用備品の一部は，他の兄弟団や個人に有料で貸し出された。宗教・祝祭用備品に比べると，寝具類や家具，食器，台所用備品はいっそう貧弱であったが，それは施療院の設立目的——兄弟団が慈善活動を通じて神の恩寵を期待した——と関連しているものと思われる[7]。

(2) 施療院組織

施療院を直接管理したのは，夫婦で住み込んだ下級専従職の施療院管理人で，多くの場合，総会や葬儀の日時などを会員に通知するコレドールを兼ねていた。施療院管理人は兄弟団から貨幣と穀物の混合給の他に，寝具一式，靴と妻用のスカート，兄弟団のマーク入りの服を支給され，施療院の一室を無料で使うことができた。男女会員が死去した時にも，その靴やズボン，半靴を恵与されたし，病気になった場合には兄弟団の保護を受けることができた[8]。その反対給付として施療院管理人は，夏場は夜の9時まで，冬場は夜の7時まで門を開けておかなければならず，役職者に無断で施療院を離れてはならなかった。門を閉じた後であっても役職者や会員が貧民や巡礼者を伴ってきた場合には，二晩を限度に無料で貧民を宿泊させ，暖炉の火は夜の12時まで絶やさずに維持しなければならなかった[9]。施療院管理人はコレドールを兼ね総会その他の会合，会員や施療院で没した貧民などの葬儀とミサに全会員を招集し，役職者の命令により兄弟団の穀物倉庫に納められた穀物を計量する義務を負った。一方，施療院管理人の妻は部屋の掃除やベッドメーキング，寝具類の洗濯，宿泊者への食事提供に従事した。職務違反の施療院管理人は罰金を徴収されたが，宿泊者に料金を請求するという重罪を犯した場合には罷免された[10]。慈善施設としての施療院の性格は，ここからも窺うことができる。

施療院管理人を監督したのは役職者のマヨールドーモであったが，16世紀以降になるとビシタドール visitador と呼ばれる専門の施療院監督官2名が置かれ，

毎晩施療院を訪れて貧民の受け入れ状況を調査した。ベッドに空きがある限りビシタドールは，市中の貧民を施療院に宿泊させることができ，病気の貧民の遺言状も作成した。マヨールドーモは食料や馬車2台分の燃料，薬草，衣類や寝具類など慈善活動に必要な物資を施療院管理人に支給した。そのため施療院管理人はマヨールドーモへの会計報告を義務づけられ，違反した場合は罰金を科せられた[11]。

(3) 慈善対象者と慈善サービスの内容

サン・マルティン兄弟団規約によれば，病気で貧窮した会員は「回復するまで施療院で衣類を貸与され」たのであり，施療院での慈善対象者が第一義的に会員であったことが端的に示されている。その他の兄弟団も同様であったと思われる。こうした会員への慈善活動は，貧困と病気が都市部以上に深刻であった周辺農村部の会員にとって，大きな救いであったろう。その延長線上に，会員の家族や奉公人，外部の貧民，病人，巡礼者への慈善活動が実践された[12]。

外部者への慈善活動は多くの兄弟団で確認されるが，シンコ・リャーガス兄弟団の施療院にあっては，重病の場合を除き貧民の宿泊日数は二晩に限定された。ここでいう貧民の中には，遺言状を作成し一定の宗教儀礼を経て「聖なる空間」に参入した，「神の貧民」としての巡礼者も含まれていた。年間20万人とも50万人ともいわれる巡礼者の多くは，来世での救済と病気治癒などの現世利益を求めて苦難の長旅を続けた人々であり，何らかの病気を抱えていることが少なくなかった。多くの場合病人であり貧民でもあった巡礼者が，アストルガ市の施療院での慈善対象者の半分を担った[13]。その一方でハンセン病患者は囲壁外の特定の施療院(サン・ラサロ施療院)に「閉じ込め」られたし，1521年には財政難を背景に「1ないし2ヵ月以上前掲都市(アストルガ市)に滞在し，あちこちの施療院を渡り歩いている」バガボンドもシンコ・リャーガスとサン・エステバン兄弟団の施療院から排除された[14]。貧民を選別し神の恩寵獲得に寄与する「真の貧民」だけを受容しようとの姿勢が，鮮明に打ち出されたのである。従ってアストルガ市の兄弟団が対象としたのは，病気や貧窮した「地域」の会員とその家族や奉公人，バガボンドなどの不品行な貧民とハンセン病患者を除

く外部の貧民,病人,巡礼者であったということができる。

　この他,聖堂参事会が運営し特殊兄弟団に分類されるサント・トメ兄弟団の施療院は,孤児の養育と授産施設として機能した。1575年サント・トメ兄弟団のマヨールドーモで聖堂参事会員のアンブロシオ・コロモは,5歳前後の少年を属域外辺部の住民の養子とし,養育料として17ドゥカードを支払っている。同施療院では孤児の自立を助けるために,大工,鍛冶職,仕立て職などの職業教育も行われた[15]。

　施療院での慈善サービスの内容は,質素な宿泊・食事サービス,医療サービス,宗教サービスが主たるものであった。会員への宿泊・食事サービスについて,サン・マルティン兄弟団規約は病気で貧窮した会員に施療院でのそれを認めているし,サン・フェリス兄弟団規約は,自宅で病床にある会員への食事サービスに言及している[16]。外部者への宿泊・食事サービスは多くの兄弟団に事例がみられ,1539年のシンコ・リャーガス兄弟団規約では,外部者への宿泊サービスは二泊が原則とされた。夜の12時まで暖炉の火をともし続け,宿泊者への暖房サービスも提供された。食事サービスの内容はパン,ワイン,肉,野菜が基本で,16世紀末のシンコ・リャーガス兄弟団における1日平均の食事代は,20～30マラベディであった。子連れの貧民や病人の場合は食事代が増額され,祝祭日には施療院の貧民に貨幣やイワシなどが施された[17]。病人に対しては薬草や軟膏が給付され,15世紀以降は兄弟団に雇用された医者が,施療院の病人を治療することもしばしばであった。1590年のシンコ・リャーガス兄弟団規約によれば,病気の貧民向けの施療院は男性用と女性用の二つに集約されて慈善活動の質が高められ,医者とビシタドールが施療院で病人を手厚く看護したのであった。医者は施療院の衛生状態にも配慮したし,16世紀になると病人をレオンなどの有力都市に搬送する例も散見される[18]。宗教サービスとしては,兄弟団が教区司祭を雇用して宿泊者の信仰告白や救霊にあたらせたり,施療院で死去した貧民や巡礼者などの葬儀を兄弟団の負担で行ったことが知られている。こうした様々なサービスの中でも,特に重視されたのが宗教サービスであった。それは施療院の設立目的,病気治癒が神の恩寵に帰せられた中近世ヨーロッパ社会の集合心性と深く関わっていたとみるべきであろう[19]。ともあれ多くの兄

弟団が逼迫した財政状況の中で，都市内外の会員と外部者への多様な慈善活動を展開し，職業や身分，裁判権などにより分断された「地域」住民の社会的結合を強化する役割を果たしたことは注目してよい。

V 結 び

　巡礼路沿いの中小都市アストルガでは，14–16世紀にかけて市政上の変化を伴いながらも，有力商人や下級貴族から成る都市寡頭支配層，下級貴族から社会的上昇を遂げたアストルガ公が市政を掌握し，15世紀後半には都市と属域住民による受動的な「代表機関」としての住民総会も事実上機能を停止した。アストルガ公が市内に居住した15世紀後半以降，政治・経済・軍事的中心地機能をもつアストルガ市と周辺農村部との関係はいっそう緊密化し，より密度の濃い「地域」社会の形成を促した。その一方アストルガ市の経済基盤は脆弱で，一部の大規模商業と金融業を除けば，商業・手工業活動は主として巡礼者と地方市場向けに編成されていた。都市財政も慢性的な欠損状態にあり，都市当局が直接慈善活動を組織することはなかった。

　こうした中小都市にあっても，特定の守護聖人と規約，財源をもち，主として地縁的関係に基づいて自発的に組織された多数の兄弟団が確認されるのである。アストルガ市の兄弟団は起源などから四類型に区分されるが，統廃合を繰り返し15世紀以降多くが信徒会型兄弟団に集約される。原則として兄弟団は職業や身分，性別，裁判権を異にする都市内外のすべての「地域」住民に開かれており，固有の財源を基に自治権を行使した，開放的で水平的な社会的結合としての側面を保持した。それは，物的・霊的な会員の相互扶助と連帯，内部の平和に支えられた擬制的家族であり，死者をも一員とする「死者と生者の共同体」にほかならなかった。住民総会が形骸化する中で，職業や身分，性別，裁判権によって分断された「地域」住民を再結集する機能も担ったのである。

　兄弟団会員は正会員と一定の義務を免除された免除会員から構成され，正会員は総会やミサ，葬儀に参加しなければならず，ギルド型兄弟団では共同労働義務も負った。他方，病気や貧窮時には食事や衣類の提供，看護サービス，金

銭等の貸与を受けることができ，病気と貧困が構造化された「地域」住民にとって，兄弟団は不可欠の装置であった。兄弟団執行部——市参事会をモデルに組織され女性を排除した——を構成したのは，都市寡頭支配層を中心とする有力住民であり，市参事会を独占した都市寡頭支配層にとって，兄弟団の掌握は重要な意味を有した。都市寡頭支配層による政治・経済・軍事的支配と救霊は，「地域」住民の慈善活動を担う兄弟団の掌握と連動しており，それを通じて彼らの支配は正当化され，「地域」住民に受容されたのである。慈善に裏打ちされた富と権力こそが，寡頭政的支配の重要な根源であり，神と一体化され貧民救済義務を負ったスペイン王権についても，同様のことが指摘できる[1]。15世紀末以降，より効率的な慈善活動を目指して王権が推進した施療院の統廃合政策，1532年のセゴビアのコルテス条例，1539年のシンコ・リャーガス兄弟団による規約統合は，その一環であった。そしてトリエント公会議後の1590年には病気の貧民を対象としたシンコ・リャーガス兄弟団の施療院が二つに統合され，アストルガ市でも貧民の選別と王権の直接介入などによって特色づけられる，近世的救貧制度が定着したのであった。

　兄弟団の選択にあたっては，入会金や兄弟団の職業・身分構成，親族関係が影響を及ぼしており，兄弟団を「地域」の全住民に開かれた水平的な社会的結合とする見方は一面的である。兄弟団がそうした方向を目指したことは間違いないが，現実には封建制社会の構成原理である垂直的結合や血縁関係を包摂せざるをえず，兄弟団は水平的結合と垂直的結合の交点の上にしか成立しえなかったのである。

　兄弟団財産は都市内外の会員からの寄進財産によって主として構成され，周辺農村部の土地は会員に有利な条件で貸与された。会員はこれらの土地を都市共有地と共に，属域農民などに再小作に出すことができ，会員の物的利便を計った。兄弟団所有地からの現物地代は，最大の売却益を狙って端境期などに売却されたが，そこには貧民救済の一面も含まれていた。兄弟団所有地からの地代収入，会費収入を中心とした兄弟団収入の大半は，役職者や下級専従職の俸給，祝祭関連費用にあてられ，施療院での慈善活動費用は兄弟団収入の10パーセント程度にすぎなかった。しかも兄弟団財政は逼迫しており，施療院で

の慈善活動は大幅に制約された。そのため施療院の設備と備品は貧弱であり、施療院管理人による宿泊者へのサービス内容も、二泊を限度とした質素な宿泊・食事サービス、医療サービス、宗教サービスなどであった。これらの中でも特に重要であったのは、宗教サービスであり、それは施療院の設置目的、人々の集合心性と深く関わっていたとみるべきであろう。

施療院での慈善対象者となったのは、第一義的には兄弟団の会員であり、その延長線上に会員の家族や奉公人、外部の貧民、病人、孤児、巡礼者への慈善が行われた。外部の貧民、病人、孤児、巡礼者への慈善は、兄弟団への神の恩寵を期待した福音書の実践であり、「富の社会的還元」、「貧者と富者の弁証法」にほかならなかった[2]。16世紀に入ると、中世末期以来の貧民の差別化と健康な貧民への労働強制がいっそう鮮明となるが、逼迫した財政状況の中でも兄弟団がより効率的な慈善活動を追求したことの意味は大きい。富と権力、病気と貧困などすべてが神に淵源するとされた中近世スペイン社会にあって、兄弟団の守護聖人を介した神への祈りと施療院での慈善活動は、神と一体化した王権、都市寡頭支配層のみならずすべての兄弟団会員の平和と安寧にとって決定的に重要だったのである[3]。兄弟団が職業や身分、裁判権などにより分断された「地域」住民を糾合できた主たる理由も、ここにある。

16–17世紀前半のスペインでは、カスティーリャ語で書かれ、都市特権と理想の「祖国」としての地方都市を擁護した多くの地方地誌が出版された。司祭の説教、祝祭や演劇を通じて民衆に浸透した地方地誌の言説は、共通の歴史認識を基礎に都市を含めた「地域」住民のアイデンティティーを強化し、「祖国」としての地方意識を育んだ[4]。兄弟団はこうした「地域」社会形成との関連の中でも、検討されなければならない。

注

　本稿では中近世スペイン語で書かれた兄弟団規約の原文を逐一引用しない。兄弟団規約の原文については、Ⅰの注8と9の研究を参照されたい。

Ⅰ

1) 河原温「フラテルニタス論」、『岩波講座世界歴史8』、岩波書店、1998年、175–7、197頁；同「都市における貧困と福祉」、『西欧中世史(下)』、ミネルヴァ書房、1995年、162、172–5頁。

2) M.Â. Godinho Vieira, *Confrarias medievais portuguesas*, Lisboa, 1990, pp. 7–47.
3) A. Rumeu de Armas, *Historia de la previsión social en España*, Madrid, 1942, pp. 35–136.
4) J. Valdeón Baruque, Problemática para un estudio de los pobres y de la pobreza en Castilla a fines de la edad media, *Comunicación a las primeras jornadas luso-espanholas de historia medieval*, t. 2, Lisboa, 1973, pp. 889–913; J. Sánchez Herrero, Cofradías, hospitales y beneficencia en algunas diócesis del Valle del Duero, siglos XIV y XV, *Hispania*, 1974, vol. 126, pp. 5–51.
5) L. Martínez García, *La asistencia a los pobres en Burgos en la baja edad media*, Burgos, 1981, pp. 51–81.
6) J.A, Bonachia Hernando, H. Casado Alonso etc, *Burgos en la edad media*, Valladolid, 1984, pp. 454–60.
7) J.A. Martín Fuertes, *El concejo de Astorga（siglos XIII-XVI）*, León, 1987.
8) A. San Román, *Historia de beneficencia en Astorga*, Astorga, 1908. 兄弟団規約原文については，41–2, 57–64, 124–5, 162–9, 194–211, 224–32, 332–51 頁に収載されている。
9) G. Cavero Domínguez, *Las cofradías en Astorga durante la edad media*（以下 [C] と略記），León, 1992. 兄弟団規約については，259–81 頁を参照。

II
1) G. Cavero Domínguez, [C], pp. 199–200; A. Quintana Prieto, Astorga en la edad media, *Astórica*, 1983, num. 1, pp. 16–26; O. Avelló, El archivo de hospital de las Cinco Llagas de Astorga en el camino de Santiago, *Archivos Leoneses*（以下 AL と略記），1968, num. 43, p. 151.
2) 地図 1 参照; G. Cavero Domínguez, [C], pp. 164, 246; A. San Román, *op. cit.*, pp. 313–5; F. Cantera y Burgos, Juderías medievales de la Provincia de León, *AL*, 1974, num. 55 y 56, p. 91; 関哲行「中世のサンティアゴ巡礼と民衆信仰」，『巡礼と民衆信仰』，青木書店，1999 年，134–5 頁。
3) 地図 1 参照; J.A. Martín Fuertes, *op. cit.*, p. 43; G. Cavero Domínguez, [C], pp. 200–2.
4) J.A. Martín Fuertes, *op. cit.*, pp. 58–61.
5) 地図 1 参照; J.A. Martín Fuertes, *op. cit.*, pp. 64–5, 71–5; G. Cavero Domínguez, [C], pp. 205–6.
6) J.A. Martín Fuertes, *op. cit.*, pp. 49–55; O. Avelló, Cuentas de la cofradía astorgana de "Las Cinco Llagas"（以下 Cuentas と略記），*AL*, 1974, num. 49, p. 167; G. Cavero Domínguez, [C], p. 164; F. Cantera y Burgos, *op. cit.*, p. 195.
7) G. Cavero Domínguez, [C], pp. 221–30, 241–9, 252–3; J.A. Martín Fuertes, *op. cit.*, pp. 125–7.
8) G. Cavero Domínguez, [C], pp. 129, 214, 243, 253, 265; J.A. Martín Fuertes, *op. cit.*, pp. 273–80; A. San Román, *op. cit.*, p. 333.
9) G. Cavero Domínguez, [C], pp .219–21, 231–4.
10) *Ibid.*, pp. 213–8, 230, 250–3.
11) J.A. Martín Fuertes, *op. cit.*, 143–6.
12) *Ibid.*, pp. 147–50, 160, 174, 201–3, 205–6, 208, 221.
13) *Ibid.*, pp. 169–74, 183–4, 259; G. Cavero Domínguez, [C], p. 57.
14) J.A. Martín Fuertes, *op. cit.*, pp. 183–92, 229–32.

15) *Ibid.*, pp. 233–4, 255–8.
16) *Ibid.*, pp. 236–8.
17) G. Cavero Domínguez, [C], p. 59.
18) J.A. Martín Fuertes, *op. cit.*, pp. 263, 316–24.
19) *Ibid.*, pp. 263–309.
20) 地図 2 参照; J.A. Martín Fuertes, *op. cit.*, pp. 81–6, 93, 106. 隣接する 2 属村を 1 属村として，属村数を 11 とした。
21) J.A. Martín Fuertes, *op. cit.*, pp. 85, 95–9.
22) *Ibid.*, pp. 104–13.
23) 地図 2 参照; J.A. Martín Fuertes, *op. cit.*, pp. 120–7.
24) J.A. Martín Fuertes, *op. cit.*, pp. 129–37.

III
1) G. Cavero Domínguez, [C], pp. 36–8, 41.
2) A. San Román, *op. cit.*, pp. 265–70.
3) G. Cavero Domínguez, [C], pp. 41–2.
4) A. San Román, *op. cit.*, pp. 57–62, 196–200.
5) G. Cavero Domínguez, [C], pp. 36–40, 45.
6) *Ibid.*, pp. 277, 280.
7) *Ibid.*, pp. 44–6.
8) *Ibid.*, p. 61; A. San. Román, *op. cit.*, pp. 41–2, 60.
9) G. Cavero Domínguez, [C], p. 51–2; A. San Román, *op. cit.*, p. 226.
10) A. San Román, *op. cit.*, p. 162; G. Cavero Domínguez, [C], p. 50.
11) G. Cavero Domínguez, [C], pp. 56, 66–7.
12) *Ibid.*, pp. 43, 49; A. Rumeu de Armas, *op. cit.*, pp. 62–3.
13) G. Cavero Domínguez, [C], p. 70; A. San Román, *op. cit.*, pp. 316–20. シンコ・リャーガス兄弟団を組織したのは，サン・フェリス，サンタ・マルタ，コルプス・クリスティ，ロス・マルティーレス，サン・ニコラスの五つの兄弟団であった。
14) V. Gómez Mampaso, *La unificación hospitalaria en Castilla*, Madrid, 1996, pp. 85–7;（ed.）La Real Academia de la Historia, *Cortes de los antiguos reinos de León y Castilla*, t. 4, Madrid, 1882, p. 556.
15) C. López Alonso, *La pobreza en la España medieval*, Madrid, 1986, p. 650; B. Bennassar, *La España del siglo de oro*, Barcelona, 1990, pp. 204, 214, 217; M. Fernández Álvarez, *La sociedad española en el siglo de oro*, t. 1, Madrid, 1989, p. 152.
16) A. San Román, *op. cit.*, pp. 344–5; B. Bennassar, *op. cit.*, pp. 204, 206.
17) G. Cavero Domínguez, [C], p. 97.
18) A. San Román, *op. cit.*, pp. 63, 126.
19) G. Cavero Domínguez, [C], pp. 96, 100; A. San Román, *op. cit.*, pp. 19–22, 39.
20) G. Cavero Domínguez, [C], pp. 84–6, 89.
21) *Ibid.*, pp. 105–7, 269, 274, 278.

22) *Ibid.*, p. 54; A. San Román, *op. cit.*, p.356.
23) C. Cavero Domínguez, [C], pp. 78, 80–1.
24) A. San Román, *op. cit.*, p. 60.
25) G. Cavero Domínguez, [C], pp. 78–9.
26) *Ibid.*, pp. 80–1. サン・エステバン兄弟団のみマヨールドーモは2名おかれた。
27) *Ibid.*, pp. 78, 81, 88–9; A. San Román, *op .cit.*, p. 62.
28) G. Cavero Domínguez, [C], pp. 90–1, 240, 287–8.
29) A. San Román, *op. cit.*, pp. 217–9.
30) G. Cavero Domínguez, [C], pp. 91, 95–6.
31) *Ibid.*, pp. 94–6.
32) A. San Román, *op. cit.*, p. 125.
33) *Ibid.*, p. 61.
34) G. Cavero Domínguez, [C], p. 96, 272–3.
35) A. San Román, *op. cit.*, pp. 62, 163, 196, 226.
36) G. Cavero Domínguez, [C], pp. 40–1.
37) A. San Román, *op. cit.*, pp. 57–62.
38) *Ibid.*, pp. 225–9.
39) *Ibid.*, pp. 196–8, 200.
40) *Ibid.*, pp. 63, 196.
41) *Ibid.*, p. 69.
42) G. Cavero Domínguez, [C], p. 104.
43) *Ibid.*, pp. 128, 286.
44) 地図3参照。
45) G. Cavero Domínguez, [C], pp. 116, 131–3. なお15世紀末以降，周辺農村部の非会員との小作契約が増加する。
46) *Ibid.*, pp. 130–1, 147.
47) *Ibid.*, pp. 133–4, 142.
48) *Ibid.*, pp. 128–9, 142–3, 147. G. Cavero Domínguez, Pergaminos de las Cinco Llagas, *Astórica*, 1986–7, num. 5 y 6, pp. 110, 133–5.
49) G. Cavero Domínguez, [C], pp. 142–5, 276.
50) A. San Román, *op. cit.*, p. 226.
51) G. Cavero Domínguez, [C], pp. 148–56.
52) *Ibid.*, pp. 148, 150–1, 155, 176, 276; A. San Román, *op. cit.* pp. 203–4.

IV

1) G. Cavero Domínguez, [C], pp. 163–4, 170–1, 269–70, 273; A. Rubio Vela, *Pobreza, enfermedad y asistensia hospitalaria en la Valencia del siglo XIV*, Valencia, 1984, p. 17; A. San Román, *op. cit.,* p. 186; 前掲拙稿，148–9頁。15世紀のサン・フェリス兄弟団のように，一時期複数の施療院を有する兄弟団も存在した。
2) G. Cavero Domínguez, [C], pp. 164–7.

3) *Ibid.*, pp. 163, 286–7; A. San Román, *op. cit.*, pp. 297–301.
4) G. Cavero Domínguez, [C], pp. 175–6.
5) *Ibid.*, p.1 76; 前掲拙稿, 149 頁。
6) G. Cavero Domínguez, [C], pp. 177–8.
7) *Ibid.*, pp. 180–1. O. Avelló, Cuentas, pp. 167–70.
8) G. Cavero Domínguez, [C], pp. 173, 278–9; A. San Román, *op. cit.*, pp. 199, 347.
9) G. Cavero Domínguez, [C], pp. 173–4; A. San Román, *op. cit.*, pp. 337, 339–40.
10) G. Cavero Domínguez, [C], pp. 174, 279; A. San Román, *op. cit.*, pp. 338, 343–4, 347–8.
11) G. Cavero Domínguez, [C], p. 174; A. San Román, *op .cit.*, pp. 345–7.
12) G. Cavero Domínguez, [C], p. 184; A. San Román, *op. cit.*, pp. 41–2.
13) G. Cavero Domínguez, [C], pp. 181–2, 185, 277–8; A. San Román, *op. cit.*, pp. 351–2; 前掲拙稿, 131, 135, 148–9 頁。
14) A. San Román, *op. cit.*, pp. 333–5.
15) *Ibid.*, pp. 283–5.
16) *Ibid.*, pp. 41–2, 198.
17) *Ibid.*, pp. 337–8, 347–8; O. Avelló, Cuentas, p. 165; G. Cavero Domínguez, [C], p. 187.
18) G. Cavero Domínguez, [C], pp. 184, 186, 188, 191–2; A. San Román, *op. cit.*, pp. 344–5.
19) G. Cavero Domínguez, [C], pp. 189–90; 前掲拙稿, 152 頁。

V
1) B. Bennassar, *op. cit.*, pp. 37–40; C. López Alonso, *op. cit.*, p. 650.
2) B. Bennassar, *op. cit.*, p. 204.
3) M. Fernández Álvarez, *op. cit.*, p. 152; 前掲拙稿, 139–40 頁; 関哲行, 立石博高編訳『大航海の時代——スペインと新大陸——』, 同文舘出版, 1998 年, 29–30 頁。16 世紀のスペイン帝国を神の恩寵に帰する「メシア帝国主義」は, 神と一体化した王権の端的な表明であった。
4) 関哲行, 立石博高編訳, 前掲書, 31–2 頁。

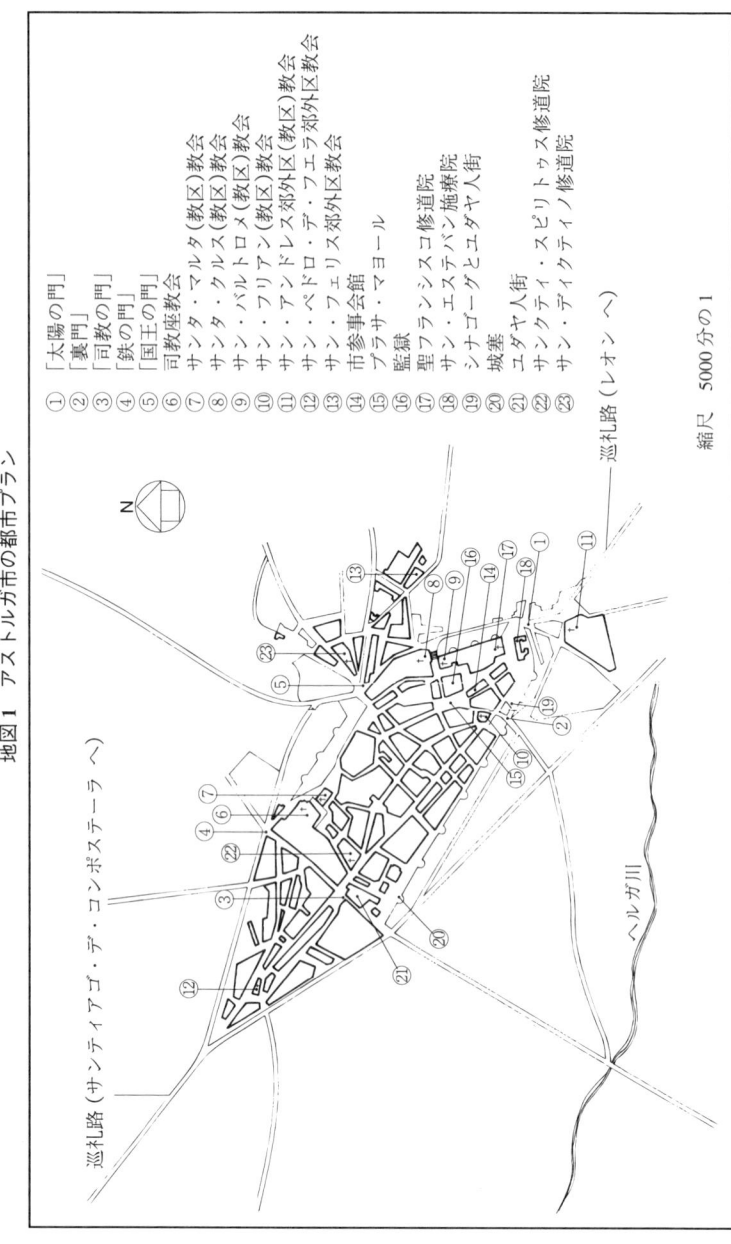

458　第4部　権力構造と社会統合

地図1　アストルガ市の都市プラン

① ［太陽の門］
② ［裏門］
③ ［司教の門］
④ ［鉄の門］
⑤ ［国王の門］
⑥ 司教座教会
⑦ サンタ・マルタ（教区）教会
⑧ サンタ・クルス（教区）教会
⑨ サン・バルトロメ（教区）教会
⑩ サン・フリアン（教区）教会
⑪ サン・アンドレス郊外区（教区）教会
⑫ サン・ペドロ・デ・フエラ郊外区教会
⑬ サン・フェリス郊外区教会
⑭ 市参事会館
⑮ プラサ・マヨール
⑯ 監獄
⑰ 聖フランシスコ修道院
⑱ サン・エステバン施療院
⑲ シナゴーグとユダヤ人街
⑳ 城塞
㉑ ユダヤ人街
㉒ サンクティ・スピリトゥス修道院
㉓ サン・ディクティノ修道院

巡礼路（サンティアゴ・デ・コンポステーラへ）
巡礼路（レオンへ）
ヘルガ川

縮尺　5000分の1

出典　[J.A. Martín Fuertes, *El concejo de Astorga (siglos XIII-XVI)*, pp. 56-7]

地図 2 アストルガ市の属村と属域外辺部の村落

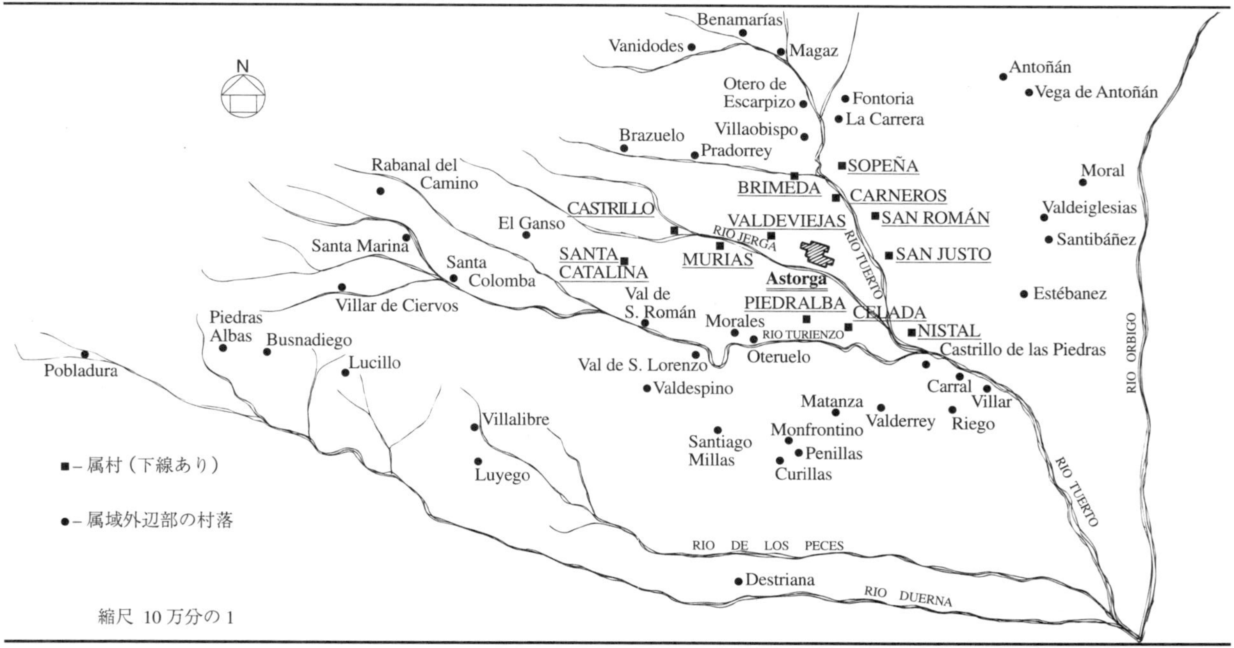

出典 [J.A. Martín Fuertes, *El concejo de Astorga* (*siglos XIII-XVI*), p. 128]

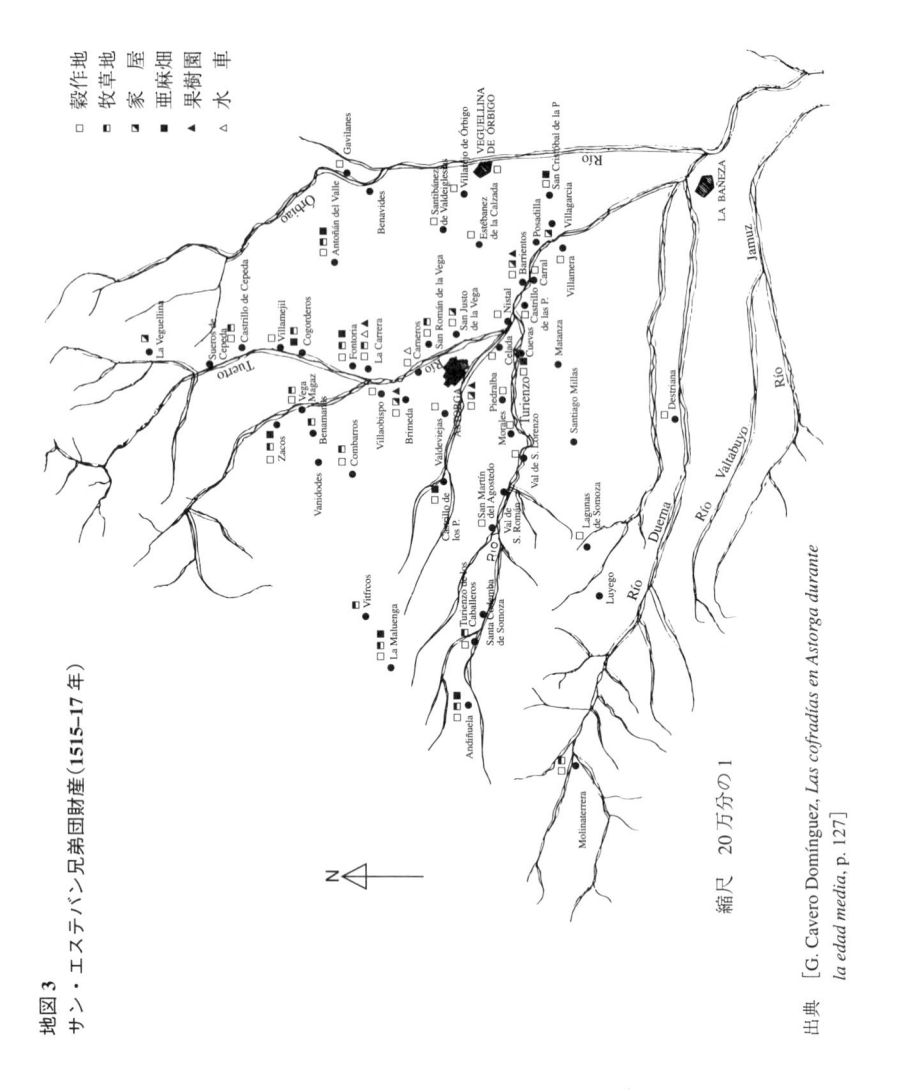

地図 3
サン・エステバン兄弟団財産（1515–17 年）

□ 穀作地
■ 牧草地
■ 家　屋
▲ 亜麻畑／果樹園
△ 水　車

縮尺　20万分の1

出典　[G. Cavero Domínguez, *Las cofradías en Astorga durante la edad media*, p. 127]

人名索引（五十音順）

あ 行

アーヴォンズ Avonds, P. 396
アーデルマン Adelmann, C. 74
アウトブルーク Uyttebrouck, A. 396
アルフォンソ11世 Alfonso XI. 432
アンドレー Andreae 79–80
アンベール Humbert, G. 364
飯田恭 200
イグネ Higounet, Ch. 362
石川操 124
イスラーム Islam 211, 429
イルジーグラー Irsigler, F. 36, 44–5, 47, 50–1, 53, 55, 289
岩野英夫 357
インノケンティウス2世 Innocentius II. 28
ウォーラーステイン Wallerstein, I. 275
ウォシニスキ Łosiński, W. 20
鵜川馨 386
ヴァイデマン Weidemann, M. 324–5, 334, 352
ヴァルンケ Warnke, D. 11
ヴァン＝パレイス Van Parys, H. 395, 411
ヴィオランテ Violante, C. 209, 214, 241
ヴィオレ Viollet, P. 362
ヴィスプリングホーフ Wisplinghoff, E. 45, 291
ヴィタツィコフスキィ Wieterzichowski, F. 4–5
ヴィルヴェルシュ Willwersch, M. 34
ヴォルフ Wolff, Ph. 359
エーベリンク Ebeling, D. 69
エボー Ebo 27
エルムスホイザー Elmshäuser, K. 99, 107
エンヌ Henne, A. 394
エンリケ4世 Henrique IV. 433
大嶋誠 276
大宅明美 409
オギルビー Ogilvie, S.C. 68
小倉欣一 383
オットー1世, 2世 Otto I., II. 55, 207, 222, 224, 226, 230
オラニエ Oranjen 70
オボドリト人 Obodtrit 4

か 行

カーク Kaak, H. 174
カール大帝 Carlo Magno 221, 228–9
カール4世 Karl IV. 291
カイエ Cayez, P. 76
カエサリウス Caesarius 33, 37, 44–7, 52–4, 57–9
カサード＝アロンソ Casado Alonso, H. 428
カベーロ＝ドミンゲス Cavero Domínguez, G. 429
カルロマン Carloman 207
カロリング朝 Carolingiens 49, 97–9, 101–2, 104, 106, 115–6, 120–3, 125, 207–10, 212, 214, 216, 218, 229, 241, 325, 357
河原温 427, 453
川本和良 84
キッシュ Kisch, H. 69
ギルベール Guilbert, S. 364
クスケ Kuske, B. 288, 291–3, 297, 310, 314
クッヘンブッフ Kuchenbuch, L. 34, 50, 103
クナップ Knapp, G. 173–4, 196
クニッヘル Knichel, M. 57
熊野聰 26
クリーテ Kriedte, P. 66–9, 71, 73, 75, 78, 81–2, 84–5
クリーマ Klíma, A. 174–5, 197–8
クローズ Clause, G. 364
クロタール2世 Clothar II. 332, 334, 336–7, 339, 342
グリュンベルク Grünberg, C. 173
グレニソン Glénisson, J. 362
ケタリング Kettering, Ch. 386
ケレンベンツ Kellenbenz, H. 289
ゲーツ Goetz, H.W. 103–4, 106
ゲラール Guérard, B. 112, 120, 124
ゲルマン人 Germanen 207, 323, 352

ゲンネンヴァイン Gönnenwein, O. 291, 293
コイセン Keussen, H. 67, 75
コンタミーヌ Contamine, P. 362
ゴダン Godding, P. 395
ゴディーニョ゠ヴィエラ Godinho Vieira, M.Â. 427–8
後藤篤子 353
ゴファート Goffart, W. 323, 354
ゴフィネ Goffinet, H. 141
ゴリッセン Gorissen, P. 395
ゴンティエ Gonethier, N. 386

さ 行

斎藤絅子 276
ササン朝 Sassanid 11
佐藤彰一 57, 102, 115, 125, 127
サンチェス゠エレーロ Sánchez Herrero, J. 428
サン゠ロマン San Román, A. 428–9
ザクセン朝 Sachsen 207–8, 219, 222
シャルル禿頭王 Charles I. le Chauve 207
シャルル肥満王 Charles le Gros 207
シュヴァリエ Chevalier, B. 363, 365, 386
シュターク Stark, W. 173
シュタープ Staab, F. 36, 51, 55, 58
シュタイン Stein, W. 293
シュプランデル Sprandel, R. 326
シュミット Schmidt, M. 69
シュルツ Schultz, H. 188
シュワーブ Schwab, I. 34, 37, 45–6, 50, 55, 59
ショクネヒト Schoknecht, U. 13, 18–21
進藤牧郎 196–7
ジームス Siems, H. 335
ジェニコ Genicot, L. 276
スターベル Stabel, P. 252
ゾレール Zoller, C. 37

た・な 行

高橋清徳 359, 383
高橋幸八郎 124
田北廣道 68, 84, 174, 188, 275–7, 359–60, 383
立石博高 457
丹下栄 57–8, 60, 241
チェアマン Cerman, M. 174–5, 179, 185, 188, 190, 194, 196–7
チェフラ Čechura, J. 197
ツィンツェンドルフ Zinzendorf 185

ティツ゠ディユエイド Tits-Dieuaide, M.J. 250, 255, 277
ディックステイン゠ベルナール Dickstein-Bernard, C. 395, 398, 410
ディルルマイアー Dirlmeier, U. 288–9, 314
デスピィ Despy, G. 37, 139, 142, 169
デポルト Desportes, P. 364
デ゠マレ Des Marez, G. 394
デュビィ Duby, G. 97, 102, 123
デルーレール Deleurère, M.T. 396
デルヴィル Derville, A. 250, 277
トゥベール Toubert, P. 213, 241
橡川一朗 120, 129
ドント Donth, H. 176, 179–0, 188, 190, 194
ドヴロワ Devroey, J.P. 37, 57, 60, 114, 123
ドプシュ Dopsch, A. 97
ド゠リッデル De Ridder, P. 396
中村宏 124
ニールメイエル Niermeyer, J.F. 51
ニコライ゠パンター Nikolay-Panter, M. 37
ニコラス Nicholas, D. 410
ノエル Noël, R. 142, 147
野崎直治 124

は 行

ハイドヴァイラー Heidweiler 71, 77
ハウエル Howell, M. 252, 255
ハプスブルク Habsburg 197, 280, 412
林毅 288
林田伸一 386
馬場哲 196, 198
バルクハウゼン Barkhausen, M. 76
バルザレッティ Balzaretti, R. 214–9, 240
バルティエ Bartier, J. 398
バルデオン Valdeón Baruque, J. 428
バルビエ Barbier, V. 141, 169
パスクァーリ Pasquali, G. 212
パリス Parrise, M. 142
日置雅子 357
ビショップ Bischoff, B. 325
ビッグウッド Bigwood, G. 249, 255
ビボレ Bibolet, Fr. 362, 364, 374, 382–3, 385
ピピン Pippin der Kleine 58, 229
ピレンヌ Pirenne, H. 59–60, 211, 251–2, 255, 275, 410–1
ファヴィエ Favier, J. 359

人名索引

ファヴレス Favresse, F. 394–6
ファゾーリ Fasoli, G. 211, 214–6, 240
ファン゠ウイトフェン Van Uytven, R. 250–1, 277–8
フィリップ(善良公) Philippe le Bon 272
フィリポヴィアク Filipowiak, W. 26
フォシエ Fossier, R. 139, 142
藤井美男 276, 383
藤瀬浩司 196
藤田朋久 386
フック Huck, J. 291
フマガッリ Fumagalli, V. 209, 211
フランク Franken 123
フリートリヒ1世，3世 Friedrich I., III. 161, 287, 300
フルヒュルスト Verhulst, A. 98
フロー Floh 71
フロイデンベルガー Freudenberger, H. 197
ブーシャール Bouchard, C. 139
ブティヨ Boutiot, Th. 364,
ブライバー Bleiber, W. 121, 335–6, 338
ブラウン Braun, P. 353
プティ゠デュタイイ Petit-Dutaillis, Ch. 383
プライアース Preyers 79
ヘーゲルマン Hägermann, D. 46
ヘトヴィク Hedwig, A. 99, 107
ヘファト Hefert, P. 27
ヘルマン Herrmann, J. 8, 17, 19, 23, 26
ベセ Bécet, M. 362
ベッケラート Beckerath 79
ベルゲングルーエン Bergengruen, A. 351
ベルトラムヌス Berthramnus 322, 325–6, 332–43, 345–6, 350–2, 354–6
ベレンガリウス Berengarius 207, 218–24, 227, 230, 240–1
ベンメルス Bömmels, N. 291
ペーテルス Peeters, J.P. 410
ペクトール Pector, J.M. 142
ペトリ Petry, K. 36
ペラン Perrin, C. 34, 45, 50, 59
北條功 196
ボーチエ Bautier, R.H. 142
ボーネ Boone, M. 252, 255
ボツェット Botzet, H. 85
ボッキ Bocchi, F. 223, 241
ボナティア゠エルナンド Bonachia Hernando,

J.A. 428
ボナンファン Bonenfant, P. 412
ポール Pohl, H. 289

ま・や行
マクシミリアン Maximilian I. 293, 306, 309, 311
マックレイン McClain, J.M. 386
マルティネス゠ガルシア Martínez García, L. 428
マルティン゠フェルテス Martín Fuertes, J.A. 428
マルテンス Martens, M. 395–7, 410–1
ミシュカ Myška, M. 175
御園生眞 197–8
ミリッツァー Militzer, K. 291
ムロー゠ファン゠ネック Moureaux-Van Neck, A. 395
メスキ Mesqui, J. 364
メディック Medick, H. 68
メリマン Merriman, J.M. 386
メロヴィング朝 Mèrowingiens 98, 323, 326, 336, 345, 351, 356
メンデルス Mendels, F. 67
森本芳樹 26, 112, 124, 126, 128, 241, 276
諸田実 196, 288
山田雅彦 278, 314
ヨエンツ Jöns, H. 6

ら・わ行
ライエン Von der Leyen 66–7, 69–85
ラウ Lau, F. 291
ラヴォー Ravaux, J.P. 364
ランゴバルド人 Langobardi 207, 214, 216
ランプレヒト Lamprecht, K. 34
リール Riehl, H. 65–6, 82, 84
リットプランド Liutprando 214–5, 228, 234, 240
リゴディエール Riguadière, A. 362
リボワ Libois, A. 411
リンゲン Lingen 79
ルイ敬虔帝 Louis le Pieux 218
ルッツァート Luzzatto, G. 214
ルドヴィクス2世 Ludovico II. 207, 216, 219, 221, 228, 241
ルメウ゠デ゠アルマス Rumeu de Armas, A. 427–

8

レヴィー Levie, W. 71
レオポルド1世 Leopold I. 182
レスキエ Lesquier, J. 362
レスニコフ Lesnikov, M. 249–50, 276–7
レチイェヴィチ Leciejewicz, L. 6, 20, 22

レンベルト Rembert, K. 67, 85
ロタリウス1世, 2世 Lotharius I., II. 58, 221
ロペツ Lopez, R.S. 211
ワウテルス Wauters, A. 394
若尾祐司 196
若曽根健治 383

地名索引

あ 行

アーヘン Aachen　56, 69
アール河 Ahr　53
アールスト Aalst　257, 260, 262, 269–70, 279–80
アクセル Axel　260, 270, 279
アジャン Agen　337
アストルガ Astorga　427–40, 442, 444–7, 449, 451–2
アドリア海 Adriatic Sea　215, 227, 230
アルコナ Arkona　13, 27
アルテ・ライエンタル Alte Leyental　75
アルデケルク Ardekerk　75
アルデンヌ Ardennes　140, 142, 149
アルトリップ Altrip　55
アルト゠リューベック Alt-Lubeck　28–9
アルトワ Artois　253, 258–9, 265, 269, 272, 280
アルナウ Arnau　185
アルビ Albi　337
アンジェ Angers　108, 338–9, 346
アントウェルペン Antwerpen　276, 281, 289, 308–9, 312–3, 411
アンラート Anrath　79–80
イーディンゲン Uedingen　80
イーペル(イープル) Ieper, Yper　258, 263, 265, 279, 393, 411–2
イェルサレム Jerusalem　438
イタリア Italy　198, 207–12, 214, 217–8, 221, 223, 227, 230, 236, 238–41
イベリア Iberia　427
イングランド England　432
ヴァハテンドンク Wachtendonk　79
ウィーン Wien　174, 199
ヴィールアンバハテン Vierambachten　269
ヴィク・シュール・セーユ Vic sur Seille　56
ヴェネツィア Venezia　217–9, 221–2, 226–8, 230, 233–4, 240
ヴェルダン Verdun　56
ヴェルチェッリ Vercelli　224–5, 227
ヴォリン Wolin　4, 6, 10, 11, 17, 19, 21–2, 25–7, 29
ヴォルムス Worms　56
ウゼドム島 Usedom　17, 24
ヴッパー川 Wupper　65
ヴュルテンベルク Wurttemberg　68
ヴレ Velay　382
エグモント Egmond　298
エッセン Essen　65
エノー(伯を含む) Hainaut　155–6, 158, 163, 253, 259, 265, 269, 272, 280, 298
エルベ河 Elbe　24–5, 173–4
オーヴェルニュ Auvergne　382
オーストリア Österreich　174, 196, 198, 248
オセール Auxerre　374
オーデル河 Oder　4, 6–7, 17, 20, 23–5, 27
オーバーヴェーゼル Oberwesel　295
オゥデナールデ Oudenaarde　258, 262, 269, 278–80
オランダ Nederland　65, 67, 72, 248, 281
オルヴァル Orval　139–47, 154, 166–70
オルデンブルク Oldenburg　26–9

か 行

カイゼルスベルト Kaiserswerth　79
カウパング Kaupang　18
カスティーリア Castilla　427–8, 453
ガリア Gallia　352
カリン Karrin　17
カンブレ Cambrai　253, 259
クウィリィツ Quilitz　17
クサンテン Xanten　75–7
グラードバッハ Gladbach　85
クライン゠ポルツィン Klein-Polzin　16
クレーフェルト Krefeld　65–7, 69–85
グレーフラート Grefrath　77, 79
クレモナ Cremona　215, 219, 221–2, 224–32, 234, 237, 240–1
グロース・シュトレームケンドルフ Gross Strömkendorf　4, 6–7, 12, 15, 19–21, 24–5, 27–8
グロース・ラーデン Gross Raden　27

ケルシー Quercy 337
ゲルデルン(大公を含む) Geldern 75, 79, 287, 297–300, 307–8, 313
ケルン(大司教を含む) Köln 56, 70, 79, 259, 277, 287–9, 290–315, 383
ケンペン Kempen 78
ゴェルケ Gorke 16
コッヘム Cochem 41
ゴトランド Gotland 16
コブレンツ Koblenz 56, 301
コマッキオ Commacchio 214–9, 221–2, 226–30, 232–4, 240
コモ Como 224, 227
コルトレイク Kortrijk 258

さ 行

ザーレンバッハ Sahlenbach 186
ザイフェンバッハ Seifenbach 186–7, 199
ザウトレーウ Zoutleeuw 411
ザクセン Sachsen 28, 181, 184
ザンクト・ゴア Sankt-Goar 55
サン・コロンバノ・ディ・ボッビオ(都市ボッビオを含む) S. Colombano di Bobbio 208, 212, 230–3, 235, 238–9, 241
サン・ジェルマン・デ・プレ Saint-Germain-des-Prés 57, 98–9, 100–7, 109–121, 123, 343
サンタ・ジュリア・ディ・ブレシア S. Giulia di Brescia 208, 212–3, 215, 231–2, 234–5, 237–8, 241–2
サン・チュベール Saint-Hubert 145
サンティアゴ・デ・コンポステーラ Santiago de Compostela 428–31, 434, 439, 454
サン・ドニ Saint-Denis 57, 101, 115–6, 368
サン・ピエール゠サン・ポール St.Pierre-St.Paul 325, 334, 337, 345–6, 350–2
サン・ベルタン Saint-Bertin 112, 118, 120, 126, 128
サン・マルタン Saint-Martin 57, 115, 339, 352–3
サン・レミ Saint-Remi 109–10, 114–5
シォエンフェルト Schönfeld 17
シチェチン Szczezin 4, 6, 11, 17, 21–2, 24–7, 29
シニイ(伯を含む) Chiney 143–4, 146–52, 154, 166
シャブリ Chablis 362

シャルトル Chartres 343–4, 346, 350
シャロン・シュル・マルヌ Châlon-sur-Marne 360, 364, 369–70, 372, 376, 378–9, 384–5
シャンパーニュ Champagne 259, 359–60, 364–6, 371, 373, 378–84, 386
シュヴェリンスブルグ Schwerinsburg 16
シュタルケンバッハ Starkenbach 173, 176, 179, 181, 185, 188, 190–4, 199–200
シュテーサー Stösser 194
シュトラスブルク Strassburg 294, 308
シュトルペ Stolpe 16
シュパイエル Speyer 294, 308, 310–1
ジュブラン Jublains 333
シュレージェン Schlesien 181, 184–88, 198
ショーネン Schonen 307
スイス Schweiz 67
スウェーデン Schweden 16, 27
スコットランド Scotland 16
ストラールズント Stralsund 27
スパ Spa 250
ズヒテルン Süchteln 76–7, 81
スヘルデ河 Schelde 249, 253, 257–60, 262, 264–5, 279–80
スペイン Spain 248, 279, 281, 428, 439, 452–3, 457
スポレート Spoleto 98, 211, 214
スリュイス Sluis 258, 265, 270, 279
セーズ Sées 346, 350
セーヌ河 Seine 98, 103, 105, 108, 333
ゼーラント Zeeland 249, 262–3, 298, 304, 307–11
セゴビア Segovia 439, 452
セント・テーニス St. Tonis 80–1
ソワッソン Soisson 343
ソンム河 Somme 335, 338

た・な行

チェコ Tschecho 173
ツィルクゼー Zierksee 309
ツォンス Zons 291, 301
ツトフェン Zutfen 298
ツュッソウ Züssow 16
デーン(王を含む) Däne 4, 16, 27–8
低地諸邦(ネーデルラント) Nederlanden 248–53, 258–9, 275, 281, 289, 304, 307–9, 313–4, 393–4, 395, 410, 412

地名索引

ティロール Tirol 383
デュースブルク Duisburg 56
デンデル河 Dender 257, 262
デンデルモンデ Dendermonde 269, 279
デンマーク Dänemark 16, 20
ドイツ(王を含む) Deutschland 8, 28, 48, 54, 67, 175, 184, 196, 249, 268, 276, 288–92, 294, 300–1, 304–11, 313, 315
ドイツ(都市) Deutz 297, 302–3
トゥール Tours 57, 115, 333, 339, 346, 352–3, 357
ドゥエロ川 Duero 428
トゥルネ Tournai 262, 269
トラウテナウ Trautenau 185
トリーア(トリヤー) Trier 287, 353, 357
トリエント Trient 439, 452
トリッテルヴィッツ Trittelwitz 17
ドルトレヒト Dordrecht 294, 309
トルノウ Tornow 28
ドルマーゲン Dormagen 296, 301
ドレシュタット Dorestad 13–5, 18
トロワ Troyes 360–2, 364–7, 369, 372–4, 376, 379, 382–5
ナポリ Napoli 73
ナミュール Namur 140, 143, 155–63, 168, 170
ニール川 Niehl 302
ネイメーヘン Nijmegen 116
ノイヴェルト Neuwelt 186–7, 198
ノイス Neuss 287, 290–1, 294–304, 306–7, 309, 311, 313–4
ノヴァーラ Novara 224–7
ノルウェー Norwegen 11, 16, 26

は 行

バードルフ Badorf 15
バイエ Baye 309
パヴィア Pavia 214, 219, 221, 228, 231, 241–2
ハラッハ(伯を含む) Harrach 176, 179, 181, 184, 185–7, 189–90, 192–4, 196, 199
ハラッハスドルフ Harrachsdorf 187, 191, 198, 199
パリ Paris 57, 101, 108, 115–6, 121, 125, 259, 332–3, 336–7, 343, 345–6, 352, 355, 378
ハルデヴィク Hardewick 310
バルト海 Ostsee 3–4, 7, 10, 12, 17–20, 24–6, 249–50, 252–3, 258, 262–4, 270, 274, 277

パルマ Parma 215
ハンブルク Hamburg 29
ピアチェンツァ Piacenza 212, 215, 231
ピサ Pisa 227
ビザンツ Byzantium 210
ヒュルス Hüls 80–1
ヒュルスト Hulst 279
ビルカ Birka 13, 18
ビンゲン Bingen 59
ピンノウ Pinnow 16
ブールジュ Bourges 337
フィールゼン Viersen 77, 79, 81
フェラーラ Ferrara 219, 221–2, 226
フォルクスドルフ Volksdorf 17
プファルツ Pfalz 287
ブラバント(公を含む) Brabant 155, 164–5, 248, 251, 253, 258–60, 264–5, 276–7, 280, 298, 308, 394–400, 402–6, 409–12
フランクフルト Frankfurt am Main 56, 77, 116, 308, 310–1
フランス(王を含む) France 66–7, 73, 81–2, 142, 248–50, 252–4, 257, 263–4, 269–70, 274, 276–9, 351, 359–60, 362–4, 369, 380–1, 386, 400, 409, 432
フランドル(フランデレン, 伯を含む) Flandre Flaanderen 98, 247–55, 257–60, 263–66, 268–9, 271–2, 274–81, 288, 293, 394, 402, 404, 410, 412
フリースラント Friesland 15, 310–1
フリーセン Friesen 55–6
フリートラント Friedland 174
ブリエーレ Brielle 307–8
ブリュッセル Bruxelles 248, 383, 393–404, 406, 408–12
ブリュッヘ Brugge 248, 252, 258–9, 263, 265, 279, 309, 411
ブリュッヘ・フライ Brugse Vreje 265
プリューム Prüm 33–4, 36–7, 43, 45–6, 48–59, 114, 116, 119
ブルゴーニュ(公を含む) Bourgogne, Burgund 248, 254, 265, 272, 298, 300, 309–10, 336–7, 370, 396, 398, 410
ブルゴス Burgos 428, 431
プロイセン Preussen 70, 73–6, 79–83, 85, 197
プロヴァン Provins 360, 364, 371–2, 377, 379, 383–6

地名索引

プロヴァンス Provence　337
フロレフ Floreffe　139–42, 155–69
ベルガモ Bergamo　215, 222–3, 226–7
ベルギー België　65, 140, 142, 248, 250–2, 255–6, 275–6, 278, 351, 394
ベルゲン Bergen　13
ヘント Gent　248–52, 254–5, 257–72, 274–5, 277–80
ホーエンエルベ Hohenelbe　200
ポー河 Po　208, 212–7, 219–21, 223–4, 227–8, 230–1, 233, 235–6, 238–9
ポーランド Polen　6
北海 Nordsee　3, 7, 15, 17, 20, 25–6, 249, 257, 304
ボヘミア Bohmen　173–6, 179–80, 185, 188, 194, 196–9
ホラント Holland　248–9, 251, 258, 262–3, 276, 298, 304, 307–11
ボルドー Bördeaux　333, 341, 345
ボローニャ Bologna　209–10, 220, 223–4, 226
ポワトゥー Poitou　115
ポワティエ Poitiers　337
ボン Bonn　56
ポンメルン(侯を含む) Pommern　3, 6, 17, 24–5, 27–9

ま行

マース河 Maas　65, 298
マールブルク Marburg　383
マインツ Mainz　287, 294–5, 304, 308, 310
マントヴァ Mantova　215, 220, 222, 224, 231, 233–4, 237–41
ミュールハイム Mülheim am Rhein　80, 302
ミュンスターアイフェル Münstereifel　55
ミラノ Milano　215
ミレーティン Miletin　194, 200
ムーズ河 Meuse　36, 57, 158–9
メーヌ Maine　345
メーリンク Mehring　34, 36–8, 42, 46–55, 57
メエンヌ Mayenne　346, 350
メクレンブルク Mecklenburg　3, 6–7, 15, 20, 22, 24–5, 29
メッス Metz　41, 56, 343
メヘレン Mechelen　393, 410
メルス(伯を含む) Mörs　75–6, 299
メンツリン Menzlin　4, 7, 12–3, 16–21, 23–4

モーゼル河 Mosel　34, 37, 47, 53, 60
モンティエランデル Montierender　107, 114, 119, 128
モンハイム Monheim　291

や・ら・わ行

ユーリッヒ(大公を含む) Jülich　76, 79–80, 85, 296, 299
ヨーロッパ Europe　58–9, 124, 173, 208, 211, 223, 240, 247–48, 253, 255, 275–8, 288, 353, 359, 427, 450
ラーデフォルムバルト Radevormwald　85
ライト Rheydt　85
ライヒェンベルク Reichenberg　174
ライン河 Rhein　15, 53, 57–8, 65, 70–1, 73, 80, 96, 116, 240, 288–93, 297–8, 300–2, 306–7, 310 (選帝諸侯), 313–4
ラルスヴィーク Ralswiek　4, 7–8, 13, 17–24, 27
ランゴバルド(ロンバルディア) Langobard　210, 215
ランス Reims　360, 364, 367–9, 372, 375–6, 378–9, 383–5
リーゼンゲビルゲ Riesengebirge　184, 186, 197, 199
リール Lille　258, 269, 279
リール Liehl　299
リジュー Lisieux　362
リトアニア Litauen　16
リモージュ Limoges　337
リューゲン島 Rügen　8, 11, 22, 27–9
リヨン Lyon　76
リン Linn　80
ルーア川 Roar　65
ルール川 Ruhr　65
ルガルド Rygart　13, 27
ル・マン Le Mans　323–6, 332–5, 337–43, 345–6, 350–6
レーツォウ Reetzow　17
レイエ河 Leie　249, 253, 258–61, 263–5, 279
レウヴェン Leuven　276, 411
レオン León　429–30, 432–3
レオンセル Léoncel　140
レミッヒ Remich　41
レンヌ Rennes　346
ロベリッヒ Lobberich　80

ローマ Rome 97, 117, 143, 207–8, 210, 227, 323, 332, 351, 382, 429
ロシア Russland 198
ロストック(=ディルコウ) Rostock 4, 7, 15, 20–1, 24–5, 28–9, 307
ロタリンギア Lotharingie 142, 144
ロホリッツ Rochlitz an der Iser 176, 179–81, 184–8, 190–6, 198–9

ロマーニヤ Romagna 210
ロルシュ Lorsch 58
ロワール河 Loire 98, 105, 115–6, 125, 240, 335, 338, 350, 354
ロンメルスハイム Rommersheim 40, 44, 50–1
ワース Waas 269
ワロン Wallonie 253, 257–8

〈執筆者紹介〉(論文掲載順)

田北廣道(たきた・ひろみち)
1950年生まれ。九州大学大学院博士課程(西洋経済史)修了。九州大学経済学部教授。著書,『中世後期ライン地方のツンフト「地域類型」の可能性——経済システム・社会集団・制度』(九州大学出版会)。論文, Wirtschaftliche Stadt-Umland-Beziehungen des Kölner Raums im Spätmittelalter. in: A. Verhulst / Y. Morimoto (ed.), Landwirtschaft und Stadtwirtschaft im Mittelalter. Gent / Fukuoka, 他。

市原宏一(いちはら・こういち)
1959年生まれ。九州大学大学院博士課程(西洋経済史)修了。大分大学経済学部助教授。論文,「中世前期北西スラヴ人の定住形態と社会構成——エルベ・オーデル=ナイセ間防備定住遺跡を中心として」『社会経済史学』57,「南部バルト海沿岸西ポンメルンのスラヴ人交易定住」『経論論集』49(大分大学), 他。

森本芳樹(もりもと・よしき)
1934年生まれ。東京大学大学院博士課程(西洋経済史)修了。久留米大学比較文化研究所教授。著書,『西欧中世経済形成過程の諸問題』(木鐸社)。編著,『西欧中世における都市=農村関係の研究』(九州大学出版会)。Economie rurale et économie urbaine au moyen âge, Gent / Fukuoka 1994 (A. Verhulstと共編), 他。

丸田嘉範(まるた・よしのり)
1968年生まれ。九州大学大学院博士後期課程(西洋経済史)修了。九州大学経済学部助手。論文,「18世紀下ライン地方の企業家活動の特質——絹工業都市クレーフェルトを例に」『九州経済学会年報』35,「18世紀都市クレーフェルトの絹工業経営——ライエン会社を中心に」『経済論究』(九州大学大学院)103。

丹下 栄(たんげ・さかえ)
1950年生まれ。早稲田大学大学院博士課程(西洋史)修了。下関市立大学経済学部教授。論文, Production et circulation dans un domaine monastique à l'époque carolingienne: l'exemple de l'abbaye de Saint-Denis. in Revue belge de philologie et d'histoire 75,「カロリング期の市場と地域——パリ地方を事例として——」『比較都市史研究』16-2, 他。

舟橋倫子(ふなはし・みちこ)
1967年生まれ。慶應義塾大学大学院博士課程(西洋史)修了。日本学術振興会特別研究員。論文,「ヴィレール修道院の所領形成——12世紀シトー派の所領形成に関する一事例」『西洋史学』180,「シトー会修道院の所領形成と周辺社会——オルヴァル修道院12世紀文書の分析」『社会経済史学』65-2, 他。

碓井 仁(うすい・ひとし)
1967年生まれ。九州大学大学院博士課程(西洋経済史)修了。九州大学大学院研究生。論文,「中欧工業化史研究の新たな展望——1960年以降の業績を中心に」『経済論究』(九州大学大学院)94,「18世紀前半中部ヨーロッパにおける所領経営の再編——北東ボヘミア手工業定住の事例に即して」『経済学研究』(九州大学)65-4, 他。

城戸照子(きど・てるこ)
1960年生まれ。九州大学大学院博士課程(西洋経済史)修了。大分大学経済学部助教授。論文,「インカステラメント・集村化・都市」江川溫・服部良久編著『西欧中世史(中)成長と飽和』ミネルヴァ書房,「中世初期イタリア北部の農村構造——サンタ・ジュリア・ディ・ブレシア修道院所領明細帳の分析から」『経済学研究』(九州大学)59-3・4, 他。

〈執筆者紹介〉

奥西孝至 (おくにし・たかし)
1959年生まれ。京都大学大学院博士課程(西洋史)修了。神戸大学経済学部助教授。論文, Grain Price fluctuation in fifteenth century Ghent. in: *Kobe University Economic Review* 41,「ベルギーにおける中世価格史研究の動向」『国民経済雑誌』(神戸大学)171-3, 他。

佐藤彰一 (さとう・しょういち)
1945年生まれ。早稲田大学大学院博士課程(西洋史)修了。名古屋大学文学部教授。著書,『修道院と農民――会計文書からみた中世形成期ロワール地方』名古屋大学出版会。論文, L'agrarium: la charge paysanne avant le régime domanial. in: *Journal of Medieval History*, 他。

花田洋一郎 (はなだ・よういちろう)
1968年生まれ。九州大学大学院博士課程(西洋経済史)修了。西南学院大学助教授。論文,「フランス中世都市の財政と 『自治』――プロヴァンの都市会計簿 (1274-1331年)を素材にして」『社会経済史学』61-5,「シャンパーニュ大市, 都市当局, 在地住民――プロヴァンを中心にして」『経済学研究』(九州大学) 65-1・2, 他。

藤井美男 (ふじい・よしお)
1956年生まれ。九州大学大学院博士課程(西洋経済史)修了。九州大学経済学部教授。著書,『中世後期南ネーデルラント毛織物工業史の研究――工業構造の転換をめぐる理論と実証』(九州大学出版会)。論文, Les finances urbaines dans les Pays-Bas méridionaux au bas moyen âge—Quelques réflexions méthodologiques. in: *LIBER ALUMNORUM Herman Van DER WEE*. Leuven, 他。

関 哲行 (せき・てつゆき)
1950年生まれ。上智大学大学院博士課程(西洋史)修了。流通経済大学社会学部教授。論文,「11-13世紀のサンチャゴ巡礼路都市サアグーン」森本芳樹編著『西欧中世における都市=農村関係の研究』(九州大学出版会),「中世のサンチアゴ巡礼と民衆信仰」歴史学研究会編『巡礼と民衆信仰』(青木書店), 他。

中・近世西欧における社会統合の諸相

2000年2月29日　初版発行

編著者　田　北　廣　道
発行者　海老井　英　次
発行所　(財)九州大学出版会
　　　　〒812-0053　福岡市東区箱崎 7-1-146
　　　　電話　092-641-0515　(直通)
　　　　九州大学構内電話　8641
　　　　振替　01710-6-3677
　　　　印刷・製本／研究社印刷株式会社

©2000 Printed in Japan.　　　　ISBN 4-87378-619-3

田北廣道
中世後期ライン地方の ツンフト「地域類型」の可能性
──経済システム・社会集団・制度──

A5判 340頁 6,500円

H. レンツェの提唱した「ツンフト地域類型」を叩き台に一つの動的モデルの提示を狙いとし、「地域類型」の形成過程と、その経済史研究にもちうる可能性とを明らかにする。

藤井美男
中世後期南ネーデルラント 毛織物工業史の研究
──工業構造の転換をめぐる理論と実証──

A5判 320頁 7,000円

本書は、同工業の歴史に関する諸学説を批判的に検討するとともに、2つの有力都市イーブルとメヘレンを実証分析の素材に据え、'産業的中産層'出現の手工業史における意義を解明する。

デュビィ、ミッテラウアー、デスピィ、シュネーデル、キースリンク、ファン・デル・ウェー／森本芳樹 編／宮松・藤田・森本・平嶋・山田・田北・藤井 訳
西欧中世における都市と農村

四六判 320頁 3,200円

地域内部での都市的・農村的諸機能の編成と分布をあらゆる定住地に目を配って再現しようとする地域史の手法により、中世における都市と農村との多様な共生関係が解明される。

斎藤絅子
西欧中世慣習法文書の研究
──「自由と自治」をめぐる都市と農村──

A5判 320頁 7,000円

本書は、中世都市の重要な特徴の1つとされてきた「自由と自治」に焦点を当てて、フランス王国北辺から神聖ローマ帝国西辺の一帯を対象として、中世人の視野の広がりにおける、都市と農村との関係を模索しようとするものである。

（表示価格は本体価格です。）

ジャン・マビヨン／宮松浩憲 訳
ヨーロッパ中世古文書学

B5判 762頁 14,000円

中世ヨーロッパに関する文書史料について、真正文書を偽文書から区別する手続きが、歴史学にとって不可欠の前提となる。著者は文書の材質、書体、文体、下署、印章、日付事項から真偽を判別する新しい合理的方法論を提示する。西洋古文書学の金字塔、世界初の現代語訳。

宮松浩憲
西欧ブルジュワジーの源流
──ブルグスとブルゲンシス──

A5判 536頁 8,000円

中世初期に新生した西欧ブルジュワジーが都市・農村の両性的存在から市民へ収斂していくと同時に、多核構造の中世都市を巨大な共同体へ発展させる過程を、都市と農村を一体とする地域史の視点に立って解明した総合的実証研究。

A. フルヒュルスト、森本芳樹 編著
Economie rurale et économie urbaine au Moyen Age
Landwirtschaft und Stadtwirtschaft im Mittelalter

菊判 228頁 4,500円

ヘント大学中世社会経済史講座と九州大学経済史講座の研究集会「中世における農村経済と都市経済」をもとに編まれた仏文・独文論文集。

L. ジェニコ／森本芳樹 監修
歴史学の伝統と革新
──ベルギー中世史学による寄与──

四六判 288頁 3,800円

社会史による問題意識の革新が豊かな実りをもたらすためには、ますます確実な史料処理が不可欠である。1982年日本での五つの講演から生まれた本書では、コンピューターによる中世文献史料の検索と分析の最近の達成を軸に、現代歴史学の進むべき途を示す。

九州大学出版会刊